教育教学测评

——基于工具与方法的深度解析

武小鹏 / 著

吉林大学出版社

·长春·

图书在版编目（CIP）数据

教育教学测评：基于工具与方法的深度解析 / 武小鹏著. -- 长春：吉林大学出版社，2021.9
ISBN 978-7-5692-8877-3

Ⅰ.①教… Ⅱ.①武… Ⅲ.①课堂教学 – 教学研究 – 高中 Ⅳ.①G632.421

中国版本图书馆CIP数据核字(2021)第186536号

书　　名：教育教学测评——基于工具与方法的深度解析
JIAOYU JIAOXUE CEPING——JIYU GONGJU YU FANGFA DE SHENDU JIEXI

作　　者：武小鹏　著
策划编辑：李承章
责任编辑：安　斌
责任校对：单海霞
装帧设计：刘　丹
出版发行：吉林大学出版社
社　　址：长春市人民大街4059号
邮政编码：130021
发行电话：0431-89580028/29/21
网　　址：http://www.jlup.com.cn
电子邮箱：jdcbs@jlu.edu.cn
印　　刷：吉林省吉美印刷有限责任公司
开　　本：787mm×1092mm　　1/16
印　　张：27.5
字　　数：500千字
版　　次：2021年9月　第1版
印　　次：2021年9月　第1次
书　　号：ISBN 978-7-5692-8877-3
定　　价：128.00元

前　言

中共中央总书记、国家主席、中央军委主席、中央全面深化改革委员会主任习近平 6 月 30 日下午主持召开中央全面深化改革委员会第十四次会议，会议审议通过了《深化新时代教育评价改革总体方案》，会议强调："教育评价事关教育发展方向，要全面贯彻党的教育方针，坚持社会主义办学方向，落实立德树人根本任务，遵循教育规律，针对不同主体和不同学段、不同类型教育特点，改进结果评价，强化过程评价，探索增值评价，健全综合评价，着力破除唯分数、唯升学、唯文凭、唯论文、唯帽子的顽瘴痼疾，建立科学的、符合时代要求的教育评价制度和机制。"可见，教育评价问题成为新时代教育改革的重要议题。

近年来，由于人工智能等新兴技术的蓬勃发展，教育领域也迎来了重大变革。在新的环境下思考"教"与"学"的变革与发展问题，是每一位教育工作者的责任。测量与评价被认为是牵动整个教育领域发展和变革的"牛鼻子"，引领教育发展的方向。教育测评作为一个交叉学科，需要更加专业的理论基础和实践经验。纵观国内教育测评研究现状，除了标准化考试形成了较为稳定的"中国化模式"外，其他测评问题的研究相对比较薄弱。总结下来，现有教育测评至少存在以下两个方面的问题：其一，标准化测评依据的理论基础存在弊端，现有的高考、中考等标准化考试依然依据经典测评理论（CCT），经典测评理论虽然有实施简便、结果易于解释、社会大众接受度高等优点，但存在着分数不等值、测量适应性差、测验风险系数高、结果不稳定等隐性问题；其二，过于强调测评的结果，忽视了测评的过程。随着测评观念从"为了学习的评价"到"评价是学习的一种方式"的转变，测评更加强调形成性，让评价的过程融入学生的学习过程中。随着这些问题的产生和发展，出现了项目反应理论（IRT）、认知诊断测评（CDM）、自适应学习及计算机自适应测评等研究主题。

本书试图对教育测评的新技术进行探索，从方法的角度解析教育测评问题。主要围绕认知诊断测评进行分析，详细论述了认知诊断测评应用于测量学生的核心素养等问题，进一步从测评理论的角度出发，剖析现有测评存在的不足。认知诊断测评是教育心理学和认知测量学有机结合的产物，通过认知分析，将测验目标整合到认知过程模型中，可以反映被试作答项目时的心理特征，进而了解内部知识获得以及被试在细粒度知识点上的掌握情况，因而，它具有较强的潜变量处理能力，可以较好地将核心素养内隐特征外显化，让核心素养的测评从混沌的模糊状态转化为清晰的操作化过程。同时，认知诊断测评可通过知识链间的关系获取更恰当的学习路径和学习进阶，更好地指导教学实践。除此之外，本书还论述了课堂教学评价及其内涵建设问题、教学评价系统及其比较问题，以及教材和试题评价的问题。本书作为一本教育教学研究的方法书，可作为本科生、研究生用于教育教学研究与论文写作的教材；可作为对课堂教学量化方法的系统研究，也可作为师范类本科生、教育硕士研究教学方法的教材，同时可为一线教师提高教育教学提供参考。

本书共分为六章，每章内容概述如下。

第一章，从"教"与"学"的新兴技术出发，对自适应学习技术、人工智能与机器学习、教学设计、学习工程与用户体验设计及 XR（AR，VR，MR，触感）技术等做了阐述，同时对认知诊断的相关理论和技术进行了较为系统的分析。

第二章，从核心素养的认知诊断测评出发，分析了认知诊断用于核心素养测评的合理性和可行性。对认知诊断测评项目的编制过程进行的系统分析。通过案例的方式，论述了认知诊断用于职前教师数据素养的测评和 PISA 数学成就的比较。除此之外，还对国际大规模测评的框架做了论述。

第三章，在深入分析课堂及其内涵建设的同时，叙述了生本课堂教学评价指标的建构。同时对全球教育热点问题——核心素养进行了梳理，从本质上解读课堂和学生发展的内涵问题。

第四章，聚焦课堂教学的评价，主要分析了弗兰德斯互动分析系统用于课堂教学评价的实践问题，在该理论下构建了基于数学学科的弗兰德斯互动分析系统。同时关注到了课堂教学的话语权量化评价和沉默与混乱行为的量化评价问题，进一步将层次分析模型（AHP）和模糊矩阵理论引入课堂教学的评价中。

第五章，从教学评价系统这一核心问题出发，比较论述了国际上主要的教学评价系统。进一步深入分析了教师专业标准及教师专业发展的问题。除此之外，还将图尔敏论证模型应用到教师教学的论证过程，进一步指导教师专业化发展。

第六章，以综合难度系数模型为出发点，构建了高考试题评价的综合难度系数模型，并对模型中的权重系数进行了深入的研究。同时还系统地分析了数学教材评价标准问题。

以上内容是笔者长期研究成果的系统总结，虽然在此过程中做了大量的工作，但是由于笔者研究能力有限，文笔疏浅，肯定存在不少问题，还请广大读者们不吝赐教。借此机会特别感谢精心指教过笔者的恩师孔企平老师，同时也感谢其他给笔者提出宝贵意见的老师、编辑、同学和学生们。本书的出版也离不开黔南民族师范学院和吉林大学出版社的大力支持，此处一并感谢！

2020 年 3 月于美国普渡

目　　录

第一章　教育新兴技术——认知诊断测评

随着大数据时代的到来,人类快速进入了第四次工业革命时期。教育与机器的关系发生了根本性的变革,机器成为人类社会发展的重要组成部分,人工智能成为催生教育结构变革最根本的力量[①]。认知诊断测评作为教育心理学和认知测量学有机结合的产物,通过认知分析,将测验目标整合到认知过程模型中,可以反映被试作答项目时的心理特征,进而了解内部知识获得以及被试在细粒度知识点上的掌握情况,因而,它具有较强的潜变量处理能力,同时认知诊断测评可通过知识链间的关系获取到更恰当的学习路径和学习进阶,可更好地指导教学实践。

第一节　"教"与"学"的新兴技术

随着大数据时代的到来,人类快速进入了第四次工业革命时期,教育与机器的关系发生了根本性的变革,机器成为人类社会发展的重要组成部分,人工智能成为催生教育结构变革最根本的力量。在过去的十余年里,《地平线报告》为教育技术的发展提供了一个清晰的框架,该报告成功地将软件开发、硬件制造和出版商联系在一起,以描绘学习、教学和创新的新兴技术蓝图[②]。2020 年 3 月 2 日,美国高等教育信息化协会(Educause)发布了《2020 年地平线报告:教与学版》,其中详细梳理了教育领域的新兴技术与实践,包括自适应学习技术、人工智能机器学习、学生成功学习分析、教学设计、学习工程和用户体验设计、开放的教育资源和XR(AR,VR,MR,体感)技术等六种新兴技术,该报告对这些技术的概念、发展过程、实践经验与面临的挑战做了详细的分析,其基本框架如图 1.1.1 所示。

通过图 1.1.1 可以看出,《地平线报告》不仅对 6 种新兴技术进行了深入地剖析,同时还从政策、技术、社会、经济及高等教育等 5 个方面对未来新兴技术发展的趋势做了分析。教育界普遍认为技术不会对学习产生重大影响,只有当它嵌入支持学习者和教师的框架中时,才会发挥重大作用。因此,新兴技术在

[①]　刘复兴. 论教育与机器的关系. 教育研究,2019,40(11):28-38.

[②]　李艳,姚佳佳. 高等教育技术应用的热点与趋势——《地平线报告》(2013 高教版)及十年回顾. 开放教育研究,2018,24(06):12-28.

教与学中的应用，是技术促进教育变革的最直接和最根本的立足点。本研究通过梳理该报告中的 6 种新兴技术，提炼出不同技术发展的特点，并对这 6 种技术从投入成本、教师接受度、风险、学习影响和自持平等与包容五个方面做了对比分析，对新兴技术发展遇到的挑战和面临的问题进行了思考，试图为教育技术快速稳定的发展提供参考。

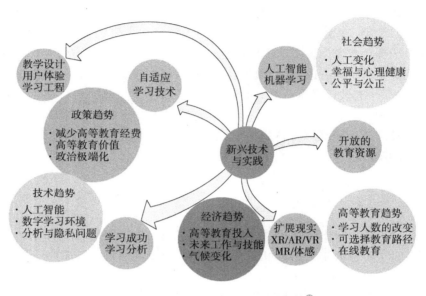

图 1.1.1 新兴技术的实践与影响趋势[①]

新兴技术作为推动教育变革的关键因素之一，正在颠覆性地改变"教"与"学"的传统模式。地平线报告作为全球总结教育成就、展望教育发展的权威报告之一，为教育的发展提供了清晰的路线图。通过分析《2020 年地平线报告：教与学版》中的自适应学习技术、人工智能与机器学习、学生成功学习分析、教学设计、学习工程和用户体验设计、开放的教育资源和 XR（AR，VR，MR，体感）技术等六种新兴技术，得出其发展状况和特点，并对其实践状态进行了对比分析。依据我国教育现状提出了"正确认识人与机器的关系，批判性的接受教育技术的变革；正确审视与权衡新兴技术投入和回报的关系问题；积极应对新兴技术对未来的隐私、数据安全与伦理道德等挑战"的启示。

---

① Educause. Emerging Technologies & Practices and Influential Trends，2020.（2020-03-02）[2020-03-10]. https://er. educause. edu/-/media/files/library/2020/3/horizonr2020infographic.pdf

一、新兴技术支持教与学的发展分析

(一)自适应学习技术

自适应技术在教育中得到了广泛的应用,它已经成为一套重要的教育技术辅助工具,服务于广泛的个性化学习教育实践。该技术从学生学习和成功的角度战略性地重新审视课程,为学校提供更多的学习机会[1]。自适应学习技术与个性化学习、自适应学习有着密切的关系,自适应学习技术是由可购买或构建的数字化平台和应用程序组成的;个性化学习是一种通用的教学实践,旨在使课程更精细地适应学习者的需求;自适应学习是个性化学习的一种形式,其中自适应技术起到了关键作用[2]。

1.自适应技术与学习资源整合

教育技术研究的共识是技术本身并不能产生更好的学习效果。只有当技术整合到学习资源的使用过程中才能发挥应有的作用。如在亚利桑那州立大学的自定进度的代数课程中,整个自适应教学系统与"延展学习"的创新资源相结合,学生的成绩合格率从 54% 提高到了 84%。自适应技术也可以使课程内容脚本化,从而为学生提供与他们课程直接相关的教学资源。在佛罗里达大学,学生练习的类型取决于他们的整个学习过程,会为不同专业的学生匹配不同背景的问题以供解决。自适应技术与学习资源的整合,使得学习更加具有针对性,极大地提高了学习的效率。

2.自适应技术应融入一个完整的学习计划中

自适应技术的使用需要形成一个完整的学习体系,包括资源库的建设、教职员工的培训及硬件设备的支持等。如美国亚利桑那州立大学将布鲁姆的分类法的底部两层(记忆和理解)确定为学生可以在上课前在自适应系统中进行学习的领域,然后,使用翻转模型,教师可以专注于其余四个级别(应用、分析、评估和创建),并基于主动学习过程来组织课堂活动。这样极大地利用了课程资源,有效地将自适应技术融入学生的学习计划中。

3.自适应技术引导教师的角色发展与转变

传统的教学注重照顾学生整体,教师成为教学内容的主宰者。然而,自适应技术辅助下的学习更加注重学生的个性化发展,教师角色也从教学内容的演讲者向主动学习的引领者和服务者转变。自适应系统通过向学生提供所有在

①　Tyton Partners and Babson Survey Research Group. Time for Class Toolkit. (2018-07-24)[2020-03-10]. https://www. everylearnereverywhere. org/time-for-class-toolkit.

②　Michael Feldstein M, Hill P. Personalized Learning: What It Really Is and Why It Really Matters. (2016-03-07)[2020-03-10]. https://er. educause. edu/articles/2016/3/personalized-learning-what-it-really-is-and-why-it-really-matters.

线教学资源,并向教师提供他们需要的知识数据,以使教师成为更明智的教练和顾问,从而使教师角色的改变成为可能[①]。

(二)人工智能与机器学习

埃拉娜·泽德(Elana Zeide)将人工智能(artificial intelligence,AI)定义为"试图创建可以做到以前只能通过人类认知才能完成的事情的机器"[②]。希思·耶茨(Heath Yates)和克雷格·张伯伦(Craig Chamberlain)将机器学习(machine learning,ML)描述为"教机器以学习无须明确编程的知识"[③]。ML通过机器的重复记忆学习和适应性思维,而AI则是指机器可以智能地执行任务。AI与ML在学校学习管理系统(learning management system,LMS)、学生信息系统(student infornation system,SIS)、办公效率应用程序、图书馆和招生服务、自动字幕系统,以及移动产品等方面得到了普遍的应用。尽管AI尚未实现自我意识(即自主操作的能力),但它能够支持通常需要人类处理的低阶过程和重复性认知任务[④]。此外,这些系统中的许多程序都可以随着时间的推移进行"学习",从而提高其准确性、速度和保真度。

AI与ML在教与学中的应用正在兴起,如LMS可以识别和标记那些易发生学术风险的学生,其中的AI技术包含了测量学生表现指数的算法,并生成定期的、自适应的学习路径,使得每个学生都能获得适合他们需要的教学体验,并利用学生数据,基于绩效指标做出智能干预。犹他州立大学还开发了人工智能语音辅助技术,帮助残疾人教师在学习空间内控制教学技术。与此同时,宾夕法尼亚州立大学开发了一个模型,利用SIS的数据,包括成绩单数据和入学申请信息,利用ML算法来预测学生的成绩预测算法还可以帮助大学管理部门识别出发生学术风险的可能性高于平均水平的学生,从而提前制订干预策略。可见,未来AI和ML在教与学中的应用将更加深入,还有很大的潜力可以挖掘。

---

① Johnson C,Zoon E. Want Adaptive Learning To Work? Encourage Adaptive Teaching. Here's How.(2016-09-23)[2020-03-10]. https://www. edsurge. com/news/2016-09-23-want-adaptive-learning-to-work -encourage-adaptive-teaching-here-s-how

② Zeide E. Artificial Intelligence in Higher Education:Applications,Promise and Perils,and Ethical Questions. (2019-08-26)[2020-03-10]. https://er. educause. edu/-/media/files/articles/2019/8/er193104

③ Yates H. Machine Learning and Higher Education. (2017-12-18)[2020-03-10]. https://er. educause. edu/ articles/2017/12/machine-learning-and-higher-education

④ Yong J R. As Instructure Changes Ownership,Academics Worry Whether Student Data Will Be Protected.(2017-01-17)[2020-03-10]. https://www. edsurge. com/news/2020-01-17-as-instructure -changes-ownership-academics-worry-whether-student-data-will-be-protected

（三）学生成功学习分析

在过去的十余年里，教育研究的使命、愿景和战略规划都集中在促进学生成功的高影响力实践上。测量、收集、分析和报告学生进步数据的工具催生了"为学生成功学习分析"（learning analytics for student success），并促进了这个领域的迅速发展。用于学习分析的基础数据包括课程级数据（例如从学习管理系统收集的评估分数），以及存储在学生信息系统、注册记录、金融系统和机构研究单位中的机构级数据。使用分析来支持招生和一般的学习进步的案例已有很多，但在分析评估学生的学习成果和学生个人的成功方面的实践还很少，这种情况随着新技术的发展正得到改善。

1. 学生成绩的早期预警与主动扩展

教师对学生成绩的提升压力越来越大，使用学习分析作为早期预警和主动拓展的工具正变得至关重要。例如加州大学伯克利分校（University of California at Berkeley）的伯克利在线咨询项目（Berkeley online advisory project）①和加州大学尔弯分校（University of California, Irvine）的 COMPASS 项目②都是为学术顾问设计的学习分析工具。这些工具为指导老师提供了信息，使他们能够在个别学生成绩没有达到标准的情况下积极主动地进行拓展和干预。这两种工具都属于校园内部数据创建的解决方案，能够维护数据完整性，并允许机构根据学生的独特需求创建解决方案。这些解决方案可以使用独特的跨功能数据，使得分析更加全面真实。

2. 学生自我反馈的学习分析

随着学习分析的发展，为学生提供自我反馈的学习分析应用程序也变得越来越普遍。通常这种分析工具学生能够通过富有洞察力和易于理解的可视化方式来访问和跟踪个人数据，为学生的成功提供了模型。例如，爱荷华大学（The University of Iowa）部署的面向学生的分析仪表板——"成功的要素"（elements of success）。获取汇总数据和策划可视化的能力，使学生能够更好地衡量他们的进展，并激励他们在没有取得关键成果时采取行动③。

---

① University of California at Berkeley. Berkeley Online Advising（BOA）: A Cohort-Based Student Success & Learning Analytics Platform. (2018-11-06) [2020-03-10]. https://rtl. berkeley. edu/sites/default/files/ general/boa_ platform_ overview. pdf

② University of California, Irvine. Comprehensive Analytics for Student Success. (2019-10-16) [2020-03-10]. https://compass. uci. edu

③ University of Iowa. Student Success Using Learning Analytics. (2019-06-27) [2020-03-10]. https://teach. uiowa. edu/student-success-using-learning-analytics

3.学习分析的跨机构合作

学习分析的成功依赖于几个相互关联的因素,包括领导力支持、对学生成功的共同愿景、机构内的交叉合作、相关政策的提供,以及支持跨功能数据的技术的协调。这就要求跨机构合作,构建一个学习分析系统,用以共享数据和资源。例如南非五所大学联合开发的 Siyaphumelela 项目,他们有相似的目标,能够提高机构收集和分析学生数据、信息技术系统、学术发展,以及规划机构内部学术部门的能力,以提高学生的成功率①。尽管如此,用于学习分析的数据并不能提供影响学生成功的全套信息,数据经常缺失对学习影响最大的因素,如家庭责任或工作安排等。

(四)教学设计、学习工程和用户体验设计

在过去的几年里,教学设计的角色已经超越了标准的课程设计和开发,得到了持续发展和专业认可。项目管理、学习分析、教育研究、教师指导与协作以及更多的额外职责提高了教学设计师的专业身份和专业知识②。新的方法、过程和学术工作在教学、学习和技术社区中涌现,如学习体验设计师和学习工程师等,这些职业都成为各自领域中有力的变革推动者,因为它们在与教师、学生和员工的合作中体现了以学生为中心的包容的思维模式并促进其发展。教学设计生态系统可以包含许多角色,所有这些角色的最终目的都是为了促进学生在学习上的成功③。

1.教学设计师为学习提供了多样化路径

教学设计师正在从服务、支持的角色转变为学习经验设计的重要合作者,其影响超出了在线学习和校园课程。LD 擅长各种方法,如 ADDIE 和综合课程设计,他们在学生如何学习方面拥有专业知识④。一个典型的教学设计工具箱装满了创造性的策略和方法、基于证据的教学策略、以学生为中心的活动、稳健的评估计划,以及在教学中使用技术的创新方法。与教师合作是教学设计生态系统的核心,LD 评估学生的学习方式、衡量用户体验、将设计思维应用到课程开发中并向教师提供新的基础数字技能,其最终目标是为所有学生创造有意义

---

① The Unizin consortium. While in South Africa. (2020-02-21) [2020-03-10]. https://siyaphumelela. org. za

② Linder K, Dello Stritto M E. Research Preparation and Engagement of Instructional Designers in U. S. Higher Education. Corvallis, OR: Oregon State University Ecampus Research Unit, 2017, 9.

③ OLC Research Center for Digital Learning &. Leadership. Instructional Design in Higher Education: Defining an Evolving Field. (2018-07-18) [2020-03-10]. https://olc-wordpress-assets. s3. amazonaws. com/ uploads/2018/07/ Instructional-Design-in-Higher-Education-Defining-an-Evolving-Field. pdf.

④ Instructional Design. org. ADDIE Model. (2018-08-17) [2020-03-12]. https://www. instructionaldesign. org/models/addie/

的学习体验①。

2. 学习工程生态系统加速了技术的融合

在设计思维、用户体验(UX)方法、系统设计、学习科学的进步和学习分析的影响下,学习工程技术正在迅速发展②。它关注工程方法如何为学习技术和相关架构提供信息和改进。"它带来了一种新的系统思考方法和更好的工具,来衡量学习在数字空间中是如何、在何处以及在多大程度上发生。"③如卡内基梅隆大学(Carnegie Mellon University)的西蒙计划(Simon initiative)的目标是通过数据创建、学习理论的应用和支持学习的技术设计的连续反馈循环来提高学生的学习成果。这样的项目扩展了理解技术如何影响学习以及如何更好地设计工具和课程,以达到预期的学习效果的能力。

3. 学习体验设计成为沟通虚拟与现实的桥梁

用户体验、设计思维和认知心理学与教学系统设计的结合催生了学习体验设计④。学习体验设计促进以学生为中心的精神,并更好地理解学生体验的整体。LXD可将翻转课程游戏化,创建虚拟学习环境,设计和开发在线课程。例如滑铁卢大学扩展学习中心(CEL)的学习用户体验设计(UXDL)项目⑤。UX-DL蜂巢框架用来通知和指导教学设计决策,为学习者创造有价值的在线学习体验。UXDL将认知心理学领域的理论和证据编织到设计过程中⑥。

教学设计、学习体验设计和学习工程的提升将继续重塑在教育中教学的方式。随着教学设计生态系统和整个学生体验设计之间的更深层次的联系,教学体验设计师可以为学习者带来新的知识、观点。教学体验设计已成为教育中强大的变革力量,使教师和管理人员更接近包容性设计和以学生为中心的实践。这些新的教学设计实践(学习体验设计和学习工程)与教学设计方法的融合,促

---

① Stein C. Investing in inclusion. (2020-03-11)[2020-03-12]. https://broad. msu. edu/news/investing-in-inclusion/

② Kelley D. Design thinking is a process for creative problem solving. (2019-12-09)[2020-03-12]. https://www. ideou. com/pages/design-thinking♯ldt

③ Wagner E,Barr A,Blake-Plock S,Robson R. 7 Things You Should Know About Learning Engineering. (2018-09-10)[2020-03-12]. https://library. educause. edu/resources/2018/9/7-things-you-should-know -about-learning-engineering

④ Learning Experience Design. The origin of learning experience design. (2019-10-11)[2020-03-12]. https://learningexperiencedesign. com/fundamentals-of-learning-experience-design/the-origin-of-learning-experience-design/

⑤ Kilgore K. UX to LX:The Rise of Learner Experience Design. (2016-06-20)[2020-03-12]. https://www. edsurge. com/news/2016-06-20-ux-to-lx-the-rise-of-learner-experience-design

⑥ University of Waterloo. User Experience Design for Learning (UXDL). (2018-11-20)[2020-03-12]. https://cms. cel. uwaterloo. ca/honeycomb/index. aspx

进了教与学的巨大变革。

（五）开放的教育资源

联合国教科文组织（UNESCO）将开放教育资源（OER）定义为为教学而设计的可供教师、学生免费使用的各种材料[①]。OER 提供了一个独特的视角，正在塑造全球运动的各项努力。例如，乔治梅森大学（George Mason University）开发了一个名为"MOM"的 OER 元爬虫（mason OER metafinder），它允许教师在各种学科和国际索引中搜索开放资源。明尼苏达州立大学（Minnesota State University）启动了 Z-Degree 项目[②]，旨在将课程材料成本降至零。EdTech Books 提供了一个开放的教科书目录，可以在发行平台上轻松地直接编辑，极大地简化了采用和修订过程。开放教材网络包括 120 个附属成员校园和组织，促进与 OER 有关的教育机会、认证和其他利益。

尽管 OER 有着明显的优势，但挑战依然存在。仍然有 73% 的学生和 56% 的教师从未听说过 OER[③]，此外，"OER"经常与"电子教科书"和订阅数据库混为一谈。其中一个重要问题就是检索和定位针对性的资源，同时资源的结构性失调也是面临的重要问题，这些资源针对高入学率、低学制的本科通识教育课程资源较多，在高等教育和研究生水平上较为匮乏。资源的针对性也是一个值得思考的问题，教师可能需要额外的时间来重复使用、修改、组合，以适应自己的教学方法。

（六）扩展现实（AR，VR，MR，体感）技术

扩展现实（XR）是一个综合术语，指的是物理环境与虚拟环境的混合，或提供完全沉浸式虚拟体验的环境。最常见的两种技术是增强现实（AR）和虚拟现实（VR）。AR 用虚拟内容覆盖物理对象和地点，而 VR 通常是一种更沉浸式的体验，包括在完全虚拟的环境中的操作和与虚拟对象的交互。最常见的是通过耳机提供身临其境的体验，但增强现实通常需要智能手机。另一种 XR 是全息技术，通过全息技术将物体成像为三维图像，例如 3D 打印就是用各种技术和材料在三维空间中复制实际物体。目前虽然 XR 还存在一些设备成本高、创建内容复杂等问题，但作为一种学习工具，在教与学的领域，对 XR 的探索已经显露出巨大的潜

① Educause. Educause Horizon Report: Teaching and Learning Edition. （2020-03-02）［2020-03-10］. https://library. educause. edu/-/media/files/library/2020/3/2020horizonreport. pdf? la = en&hash =DE6D8A3EA38054FDEB33C8E28A5588EBB913270C

② Minnesota State University. What are Open Educational Resources（OER）?.（2019-10-10）［2020-03-12］. https://www. minnstate. edu/admissions/oer. html

③ Wakefield. Vital Source Survey QuickRead Report .（2018＝03-25）［2020-03-10］. https://get. vitalsource. com/hubfs/2018％20Wakefield/Wakefield％20Research％20QuickRead％20Report％20for％20VitalSource. pdf

力和优势,已经解决了许多课程面临困难和挑战。例如利兹大学在医疗保健方面的 XR 工作不仅为数百名学习者提供了学习安全实践技能的机会,还使他们能够在《欧洲共识声明》的准则下,使用沉浸式技术解决有关牙科教育中的问题。

1. XR 为残疾学生提供新的访问方式

XR 作为一种辅助工具,为残疾学生提供了许多学习便利。例如内华达大学雷诺分校(University of Nevada Reno)为一名患有脑瘫的学生提供了 XR 体验,让他感觉自己在走路[1]。滑铁卢大学(University of Waterloo)为那些无法在不平坦的地形上进行 1.5 公里徒步旅行的学生设计了一个 360°实地旅行[2]。加洛德大学(Gallaudet University)则主要面向聋哑人和听力障碍的学生,尝试用 VR 技术发明更有效的方法来校准新的助听器。

2. XR 增强了传统教学的有效性

XR 的恰当使用可以扩增传统的教学形式,增强教学的有效性。例如莱顿大学(Leiden University)的两个项目——增强医学(augmedicine)和急救护理课程(emergency care curriculum),加强了传统教学方法,填补了"理论与实践之间的空白"。学习急救护理的学生经常"在第一次遇到危重病人时感到不知所措",但是使用模拟技术可以增强学习者的自信心,使他们能够将学到的技术应用到实际的紧急情况中,从而在理论和实践之间提供一个重要的跳板[3]。同样,利兹大学的工作并没有取代实际的临床经验,而是增加了任务的时间,丰富了学习者的知识,使他们能够从实习和工作中获得更多的经验。

3. XR 提供了强大的学习虚拟体验

在过去三年中,EDUCAUSE 研究发现,XR 可以有效地支持基于技能和能力的教学方法。它可以扩大动手学习经验的范围,同时 XR 可以为学习者提供丰富的共同创建课程内容的学习经验[4]。例如,加州州立大学圣贝纳迪诺分校(California State University,San Bernardino)建立了沉浸式媒体与学习实验室(immersive media & learning lab),使学生能够与教师合作,创建 XR 内容。该

① Stockton J. Opening up a new world for individuals with disabilities through virtual reality. (2016-08-10)［2020-03-12］. https://www.unr.edu/nevada-today/stories/walking-with-reality

② The University of Waterloo. The Spongy Bog 360 VR Field Trip Project. (2020-01-10)［2020-03-12］. https://uwaterloo.ca/open/find-open-materials/open-environment

③ Schipper D. Time To Act-Emergency care:practicing the ABCDE approach in virtual reality. (2019-11-17)［2020-03-12］. https://www.centre4innovation.org/stories/time-to-act-emergency-care-practising-the-abcde-approach-in-virtual-reality/

④ Pomerantz J. Learning in Three Dimensions:Report on the EDUCAUSE/HP Campus of the Future Project. (2018-07-30)［2020-03-12］. https://library.educause.edu/resources/2018/8/learning-in-three-dimensions-report-on-the-educause-hp-campus-of-the-future-project

实验室最近创建了一个扩展现实生产证书,其中可以加入一个创业课程,以帮助学生建立第一个 XR 初创企业,为学生的发展提供有效的平台[①]。

二、不同新兴技术的实践状态对比分析

近年来新兴技术突飞猛进的增长,使得各行各业都发生了翻天覆地的变化,教育领域也发生着技术推动下的教育变革。众所周知,技术是一把双刃剑,它带给人们便利的同时,也带来了许多问题。教育领域缺乏"数据驱动的思维(dat-driven mind-set)"是目前面临的主要障碍[②]。除此之外,新兴技术在教育中的应用还存在着投入成本、教师是否接受、是否存在风险等问题,以下依据《2020 年地平线报告:教与学版》中投入成本、教师接受度、风险、学习影响和自持平等与包容五个方面对以上六种新兴技术进行比较分析,得到如图 1.1.2 所示的结果。

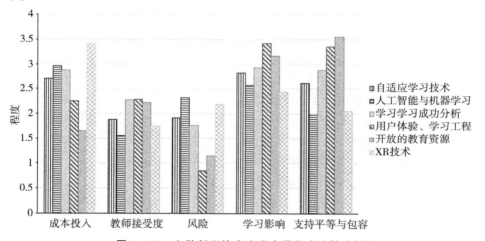

图 1.1.2　六种新兴技术实践应用程度比较分析

依据图 1.1.2,从整体上分析,这六种新兴技术在成本投入、学习影响和支持平等与包容方面体现出较高的水平。目前来看,成本投入高虽然是教育新兴技术应用的阻碍因素之一,但由于国家教育经费预算的增加,企业和科研院所的联合,这一因素将得到了较好的改善。从长远来看,教育技术的高投入往往会得到更高的回报。新兴技术对学习的影响表现出了较高的水平,这表明不但

① California State University, San Bernardino. Immersive Learning Technologies. (2019-04-12) [2020 -03-12]. https://www.csusb.edu/academic-technology-innovation/innovation/immersive-learning-technologies

② Manyika J, Chui M, Brown B. Big data:The next frontier for innovation, competition and produc-tivity. (2018-09-12)[2020-03-08]https://www.mckinsey.com/business-functions/digital-mckinsey/our-insights/ big-data-the-next-frontier-for-innovation.

学习者对新兴技术支持下的教育产生了很大的兴趣,同时新兴技术也进一步拓宽了学习的渠道和空间,给学习者提供了实质性的资源和平台。支持平等与包容也表现出了较高的水平,这为新兴技术的普及提供的基本保障,教育技术在一定的程度上有效地分享了优质教育资源,为解决教育公平问题提供了技术途径。同时可以看出各种新兴技术存在的风险都相对较低,在中等偏下水平,这也为新兴教育技术的广泛应用提供了可能。当然由于数据的保密问题、技术应用过程中的伦理问题等都是亟待解决的问题。图 1.1.2 中,表现出最令人忧虑的是,教师对新兴技术的接受程度普遍较低,这成为新兴教育技术实践的最大障碍,这可能与技术的高速发展导致大部分教师缺乏信息和技术素养有直接关系,例如,有研究表明仍有 56% 的教师从未听过开放教育资源[①]。但总体来看,新兴技术的实践表现出了良好的态势。

　　从各影响因素的统计来看,开放教育资源的成本投入较低,这是由于它的开发需要大量的投入,但是后期的使用都是免费的,因此降低了用户的成本投入。成本投入最高的是 XR 技术,这一技术对设备的要求较高,因此适合特殊群体使用。如研究项目将 XR 技术应用到解剖学中,缓解了对实验对象的需求,同时也有助于动物伦理的保护[②]。教师对新兴技术的接受程度普遍较低,尤其是人工智能与机器学习和 XR 这种门槛较高的技术。在风险方面,教学设计、学习工程和用户体验设计所承受的风险最低,人工智能与机器学习、XR 技术所承受的风险最高,主要涉及学习者安全信息的泄漏和大量数据带来的伦理道德问题[③]。在给学习带来的影响方面,新兴技术都有较为明显的影响,教学设计、学习工程和用户体验设计由于应用得较为广泛,其影响程度最高。在平等与包容方面,人工智能与机器学习、XR 技术表现出较低的平等性和包容性,这可能与其技术障碍和资源分配不均有关。开放教育资源由于其广泛的应用性和免费开发功能,所以它在平等性和包容性方面表现最佳。

三、启示

(一)正确认识人与机器的关系,批判性地接受教育技术的变革

信息技术的高速发展、大数据时代的到来、人工智能与机器学习的深度应

---

①　Mckenzie L. OER Adoptions on the Rise. (2017-11-19)[2020-02-28]. https://www.insidehigh-ered.com/news/2017/12/19/more-faculty-members-are-using-oer-survey-fir.ds

②　Wish-Baratz S,Gubatina A P,Enterline R,Griswold M A. A new supplement to gross anatomy dissection:HoloAnatomy. Medical education,2019,53(5):522-523

③　International Council for Open and Distance Education. Global guidelines:Ethics in Learning Analytics. (2019-03-15)[2020-03-02]. https://static1. squarespace. com/static/5b99664675f9eea7a3ecee82/t/5ca37c2a24a 694a94e0e515c/1554218087775/Global+guidelines+for+Ethics+in+Learning+Analytics+Web+ready+March+2019. pdf.

用、5G 网络及其量子科学的发展及先进通信技术的发展,使得新技术引领下的机器与人之间的关系发生了深刻的变化。以现代科学理论体系与方法论建立的以人为中心的主客二分、人与非人的二元论世界将被打破[①]。随着新兴技术的发展,智能机器人以及万物互联的构成,人与机器之间的界限变得越来越模糊,甚至彻底被打破。在万物互联的世界里,人只是世界中的一部分,只是创造万物互联的工具,不再是世界的唯一主宰者,机器也存在思维,以人为中心的世界观走向以数据为中心的世界观[②]。当更多高度智能化的机器(技术)参与教育时,我们接受技术对教育带来便利的同时,也要承认和接受机器在某些教育领域可能超越人类,至少"算法执行的任务是人类无法完成的"[③]。新兴技术加入教育,尤其是可穿戴设备、虚拟现实以及智能机器人等的参与,人机结合,导致机器的自我学习、自我意识以及自主思维能力越来越强大,因此,还存在如何教育机器人的问题[④]。教育与新兴技术的融合是时代发展的必然趋势,我们在抓住技术带来的机遇的同时,应该全面审视其为教育者带来的挑战。

(二)正确审视与权衡新兴技术投入和回报的关系问题

对于新兴技术而言,由于存在着高额的研发成本,因此新兴教育技术的前期成本投入较大。通过图 1.1.2 的成本投入的分析也可以发现,自适应学习技术、学生学习成功分析以及 XR 技术都存在着较高成本的投入,但这些技术在教育中的应用,会很大程度地提升教与学的效率,降低了大量教育资源带来的高额成本。Educause 研究发现,XR 技术可以"使高接触、高成本的学习体验得到扩展",并且 XR 技术的部署应用实际上帮助降低了总体机构的成本[⑤],就未来的发展趋势来看,随着 XR 技术的提高,设备成本将降低。开放性电子资源更是能够节省学习者巨大的花费,有研究表明,在开放资源的帮助下,高达 75% 的学生推迟购买课本;65% 的学生选择不购买课本;50% 的学生根据教科书价格选择专业;13% 的人考虑过因为教科书价格而放弃他们的课程[⑥]。在人工智能领域,虽然开发一个聊天机器人可能需要投入大量的时间和资源,但这种投

---

① 刘复兴.论教育与机器的关系.教育研究,2019,40(11):28-38.

② 尤尔瓦·赫拉利.未来简史.北京:中信出版集团,2017:345-348.

③ 卢克·多梅尔.算法时代:新经济的新引擎.北京:中信出版集团,2016:203-225.

④ 朱彦明.后人类主义对教育的挑战与重塑.南京社会科学,2018,(11):47-62.

⑤ Educause. 2020 Educause Horizon Report: Teaching and Learning Edition. (2020-03-02)[2020-03-10]. https://library. educause. edu/-/media/files/library/2020/3/2020horizonreport. pdf? la = en&hash=DE6D8A3EA38054FDEB33C8E28A5588EBB913270C

⑥ Wakefield. VitalSource Survey QuickRead Report. (2018=03-25)[2020-03-10]. https://get. vitalsource. com/hubfs/2018%20Wakefield/Wakefield%20Research%20QuickRead%20Report%20for%20VitalSource. pdf

资可能会产生回报,比如延长工作时间,以满足全天候、全年无休的学习者的需求。类似的,机器学习应用程序的开发可以提供有关学生成功指标的重要数据。可见,教育在新兴技术方面的高投入,需要有长远的眼光,不可谋取一时的利益,因为它是一个短期高投入和长久高收益的过程。

(三)积极应对新兴技术对未来的隐私、数据安全与伦理道德等挑战

新兴技术,尤其是人工智能领域的发展给社会秩序以及伦理道德带来了巨大的挑战。2019 年 4 月,欧盟发布了《人工智能伦理准则》,联合国教科文组织也发布了《教育中的人工智能:可持续发展的挑战与机遇》,详细阐述了人工智能给教育带来的巨大挑战。目前大部分技术所用到的数据都是基于云平台的,这就增加了潜在数据滥用的可能性[1]。在学习分析技术方面,由于对学生的早期预警预测和数据的过度使用,引发了关于学生数据隐私和学习分析的伦理方面的问题,特别是对学生成功的预测[2]。随着新兴技术的发展,学生隐私和学生数据的应用引起了教育界的高度关注,有时甚至成为技术在教育中应用的最大难题。如何确保新兴技术被设计成公平、包容、不存在隐性偏见的产品是教育技术发展的重要议题[3],由此引发了围绕数据隐私,公平和道德考量的哲学和政策相关讨论。在这些新兴技术、隐私、伦理和学生数据访问之间的如何保持微妙的平衡仍然是一个具有挑战性的问题。

第二节 认知诊断测评

认知诊断测评是近年来心理计量学研究的一个热点。认知诊断测评与传统的经典测评相比最大的区别是,其不是简单地提供总结性评分,而是将诊断信息反馈给每个考生。此外,认知诊断测评指定了学生所掌握的属性和技能,以及需要补救和提升的相关领域[4]。因此,认知诊断测评不仅可以能用于评价学生的学

---

[1] Jeffrey R Young. As Instructure Changes Ownership, Academics Worry Whether Student Data Will Be Protected. (2020-01-17) [2020-03-10]. https://www.edsurge.com/news/2020-01-17-as-instructure-changes-ownership-academics-worry-whether-student-data-will-be-protected

[2] International Council for Open and Distance Education. Global guidelines: Ethics in Learning Analytics. (2019-03-15) [2020-03-02]. https://static1.squarespace.com/static/5b99664675f9eea7a3ecee82/t/5ca37c2a 24a 694a94e0e515c/1554218087775/Global＋guidelines＋for＋Ethics＋in＋Learning＋Analytics＋Web＋ready＋ March＋2019.pdf

[3] Johnson D. Opening the Black Box of Adaptivity. (2017-06-15) [2020-03-10]. https://er.educause.edu/ blogs/2017/6/opening-the-black-box-of-adaptivity

[4] Leighton J P, Gierl M J. Cognitive Diagnostic Assessment for Education. Cambridge, UK: Cambridge University Press, 2007.

习成绩,还能提供有关每个学生在学习中的优缺点的详细、有价值的信息。

认知诊断模型的开发,试图揭示考生必须具备的潜在技能或属性,以正确回答测试项目[1]。最早的模型是菲舍尔(Fischer)提出的线性逻辑特质模型(LLTM)[2],该模型将考生的能力作为一个单一的维度参数,将试题难度参数分解为离散的认知,这是一种基于 Rasch 的模型,塔素卡(Tatsuoka)从不同的角度提出了一种规则空间方法,将考生的能力(而不是项目)分解为认知成分[3]。规则空间法将考生的一维潜在能力与多维潜在构形联系起来,但没有对项目与项目所要求的属性之间的关系进行建模。后续的研究基本上都是基于这两种模型进行改进的,如多元的项目反应理论模型(MIRT)[4];多元线性特质模型[5];一般多成分潜在性状模型[6];二元技能模型[7];混合模型[8];贝叶斯网络[9];统一模型[10];基于树的方法模型[11];限制潜在类模型(如"确定性输入");"噪声"和"门"(DINA)模型[12];确定性"与"门(NIDA)模型[13];合取型、析取型和补偿型多重分

① Rupp A A,Templin J L,Henson R A. Diagnostic Measurement. New York:Guilford Press. Schafer,J. L. 1997. Analysis of Incomplete Multivariate Data. London,UK:Chapman & Hall,2010.

② Fischer G. The linear logistic test model as an instrument in educational research. Acta Psychologica,1973,37:359-374.

③ Tatsuoka K K. Rule space:An approach for dealing with misconceptions based on item response theory. Journal of Educational Measurement,1983,20:345-354.

④ Reckase M D. Development and application of a multivariate logistic latent trait model (Doctoral Dissertation,Syracuse University,New York). Dissertation Abstracts International,1973:33.

⑤ Whitely S. Multicomponent latent trait models for ability tests. Psychometrika,1980,45:479-494.

⑥ Embretson S. A general latent trait model for response processes. Psychometrika,1984,49:175-186.

⑦ Haertel E. Using restricted latent class models to map the skill structure of achievement items. Journal of Educational Measurement,1989,26:333-352.

⑧ Gitomer D,Yamamoto K. Performance modeling that integrates latent trait and class theory. Journal of Educational Measurement,1991,28:173-189.

⑨ Mislevy R. Evidence and inference in educational assessment. Psychometrika,1994,59:439-483.

⑩ DiBello L,Stout W,Roussos L. Unified cognitive/psychometric diagnostic assessment likelihood-based classification techniques. In P. D. Nichols,S. F. Chipman,& R. L. Bren-nan (Eds.),Cognitively Diagnostic Assessment (pp. 327-361). Hillsdale,NJ:Lawrence Erlbaum Associates,1995.

⑪ Sheehan K. A tree-based approach to proficiency scaling and diagnostic assessment. Journal of Educational Measurement,1997,34:333-352.

⑫ Haertel E. Using restricted latent class models to map the skill structure of achievement items. Journal of Educational Measurement,1989,26:333-352.

⑬ Maris E. Psychometric latent response models. Psychometrika,1995,60:523-547.

类潜类模型[①]；MLTM 的二分法[②]；融合模型[③]；高阶 DINA 模型（genneral deterministic input，noisy and gate model，GDINA）[④]；"确定性输入，噪声或门"（deterministic input，noisy or gate model，DINO）模型[⑤]；广义的 DINA 模型[⑥]。

　　这些模型在复杂性方面各不相同，包括分配给每个项目的参数数量，关于随机噪声如何进入考试过程的假设，以及不同属性之间如何相互作用（例如，综合与析取）以获得正确的响应方式。一般来说，这些模型分为两类：多维项目响应理论（MIRT）模型和诊断分类模型（cognitive classification models，DCMs）。MIRT 和 DCMs 的主要区别在于它们如何概念化潜在空间。在 DCMs 中，潜在空间被认为是由二分类的技能组成的，这些技能组合成形式化的、离散的 K 个维度的认知状态。被试 P 所掌握的知识技能一般可以用向量 $\boldsymbol{\alpha}_p = (\alpha_{p1}, \alpha_{p2}, \cdots, \alpha_{pK})$，如果被试掌握了第 k 属性，则 $\alpha_{pk} = 1$，否则 $\alpha_{pk} = 0$。相反，MIRT 模型由连续的 K 维连续潜在特质向量 $\boldsymbol{\theta}_p = (\theta_{p1}, \theta_{p2}, \cdots, \theta_{pK})$ 来表示，其中每个元素表示考生在相应维度上的相对位置。是否使用特定类型的模型取决于从业者将技能视为是离散的还是连续的[⑦]。决定模型类型的一个经验法则是，如果通过问卷、测试测量的属性是广义定义的（例如数学能力），那么这一属性是这个连续的潜在特征，其信息通常是更丰富的，其他的，如果属性是细粒度的，比如掌握微积分中的基本减法规则，那么应该假设它的这个潜在特征是离散的。[⑧] 最近提出了这两种模型融合的研究，Hong 等人提出了一个混合模型，该模型包含混合类型的潜在变量，连续 θ 变量和离散 $\boldsymbol{\alpha}$ 变量融合在同一个模型中，该模型可以识别细粒度属性以及一个或多个广义的能力。[⑨]

　　① Maris E. Estimating multiple classification latent class models. Psychometrika，1999，64：187-212.

　　② Junker B. Some Topics in Nonparametric and Parametric IRT, with Some Thoughts about the Future. Unpublished manuscript. Pittsburgh，PA：Carnegie Mellon University，2000.

　　③ Hartz S，Roussos L，Stout W. Skills Diagnosis：Theory and Practice ［User Manual for Arpeggio software］. Princeton，NJ：ETS，2002.

　　④ de la Torre J，Douglas J. Higher-order latent trait models for cognitive diagnosis. Psychome-trika，2004，69：333-353.

　　⑤ Templin J L，Henson R A. Measurement of psychological disorders using cognitive diagnosis models. Psychological Methods，2006，11：287-305.

　　⑥ de la Torre J. The generalized DINA model framework. Psychometrika，2011，76：179-199.

　　⑦ Stout W. Skills diagnosis using IRT-based continuous latent trait models. Journal of Educational Measurement，2007，44：313-324.

　　⑧ Wang C，Nydick S. Comparing two algorithms for calibrating the restricted noncompen-satory multidimensional IRT model. Applied Psychological Measurement，2015.

　　⑨ Hong H，Wang C，Lim Y，Douglas J. Efficient models for cognitive diagnosis with continuous and mixed-type latent variables. Applied Psychological Measurement，2015，35，8-26. doi：10. 1177/0146621614524981

　　所有认知诊断模型的核心是一个表示项目-属性关系的矩阵。该矩阵在认知诊断测评中通常称为 q 矩阵,在 MIRT 中称为项目加载矩阵。虽然其中一些模型还处于理论和仿真研究的早期阶段,但许多模型已成功地应用于实际数据集。如塔素卡应用规则空间模型分析了分数减法的数据[①];贝叶斯概率推理模型、DINA 模型、高阶 DINA 模型及通用诊断模型(GDM)等都对 NAEP 数据和 TOEFL 网络考试数据进行了诊断[②]。能力诊断的融合模型软件(arpeggio software system)最近被美国教育考试服务中心用来分析它的许多测试产品。

　　虽然早期的认知诊断模型主要关注理论方面(如模型估计),但是近年来有越来越多的研究关注模型的校准,以促进模型的实际应用。研究人员还在努力开发在大规模评估中实施认知诊断所需的理论,并解决实际应用中固有的问题,包括定期向项目库补充经过良好校准的项目,这些项目属于在线校准的范畴[③];通过机器学习算法识别统计上最优的项目——属性矩阵[④];设计用于认知诊断计算机化自适应评估的高效项目选择算法[⑤]。本章的主要目的是介绍一些基于 MIRT 的 CDM,并通过实际示例说明如何将这些模型合理地应用于分析实际数据。

一、认知诊断的必要性

　　认知诊断测评(CDM)旨在测量学生的专业知识结构和处理技能,从而了解他们的认知优势和弱点。CDM 仍处于起步阶段,但其亲子关系已相当成熟。1989 年,罗伯特·林恩在《教育措施》一文中表明,人们对认知诊断测评的兴趣和需要都在不断提高[⑥]。认知心理学在教育测量中占据着重要的地位。教育测量已经成为教育学和心理学交叉的新兴学科,受到教育学界和心理学界的广泛重视,并形成了心理学中一个相对创新的分支——认知心理学,对测试的发展存在潜在影响。

　　自 20 世纪 80 年代中期以来,认知心理学和心理测量学的结合吸引了研究

　　① Tatsuoka K K. Architecture of knowledge structure and cognitive diagnosis:A statistical pattern recognition and classification approach. In P. D. Nichols,S. F. Chipman,& R. L. Bren-nan(Eds.),Cognitively Diagnostic Assessment(pp. 327-361). Hillsdale,NJ:Lawrence Erlbaum Associates,2004.

　　② Mislevy R. Evidence and inference in educational assessment. Psychometrika,1994,59,439-483.

　　③ Chen P,Xin T,Wang C,Chang H. On-line calibration methods in cognitive diagnostic,2012.

　　④ Liu H,You X,Wang W,Ding S,Chang H-H. The development of computerized adaptive testing with cognitive diagnosis for an English achievement test in China. Journal of Classification,2013,30:152-172.

　　⑤ Wang C,Shu Z,Shang Z,Xu,G. Assessing Item-level Fit for the DINA Model. Applied Psychological Measurement,2015,39:525-538.

　　⑥ Roberts M J. Heuristics and reasoning I:Making deduction simple. In J. P. Leighton & R. J. Sternberg(Eds.),Nature of reasoning(pp. 234-272). New York:Cambridge University Press,2004.

人员和实践者的广泛关注。认知心理学的重点是研究构成可观察行为的心理表征和过程[①]。认知心理学和心理测量学的结合,特别是认知诊断测评的出现,为建立测试效度提供了一个令人信服的途径。认知诊断测评为提高大规模测试的效度提供了一条可操作的路径[②],同时还可以提供测试项目来反映学生认知中过程中的信息。

随着教育的精细化发展,越来越多的人们要求对学生的心理过程做出更详细的评估,特别是采用昂贵的大规模评估的方法来提供有关学生认知强项和弱项的信息压力起来越大[③]。例如,在美国,2001 年的《不让一个孩子掉队法》(*No Child Left Behind Act*)使完成高风险、大规模的州评估成为几乎所有学生和教师的必经之路。这些测试不仅是为了确定学生的学习结果和需求,还是为了评估教学计划(学校的有效性)。由于国际上其他国家和地区也越来越关注教育的问责制和教育标准等问题,进而确保学生具备未来竞争中应的必要知识,这也和国际大规模测试的目标相吻合。从这些测试中寻找的信息,主要是关于学生在思考和学习中的认知能力和弱点的信息,也就是说考试分数在多大程度上反映了与有意义的学习相关的特定思维形式和高阶认知过程,而不是与低水平理解相关的错误观念和本土化的考试策略。人们越来越多地关注大规模评估,看它们能提供什么帮助,以确定学生为什么会有这样的表现,以及如何最大限度地开发学习机会。

二、认知诊断——推断心理过程的实质性方法

早在 1989 年,梅西克(Messick)就已经预见到从考试成绩中可提取有关学生心理过程的重要信息,而不是简单的基于内容的行为。"因此,所谓的内容有效性的概念的核心是,测试项目是行为领域或项目领域的样本,围绕该行为领域或项目领域进行推断。但是这些推论很可能会调用心理过程或行为,而不仅仅只是表面内容。[④]" 梅西克的表述公开地表达了一种合理的观察——许多教育工作者感兴趣的是真正的基于心理和行为过程的观察。众所周知,许多解决问题的行为与认知前因有关,在某些情况下是认知前因的直接后果,如知识不

① Sternberg R J. What psychology can (and cannot) do for test develop-ment. In B. S. Plake (Ed.),Social and technical issues in testing:Implications for test construction and usage (pp. 39-60). Hill-sdale,NJ:Erlbaum,1984.

② Cronbach L J,Meehl P E. Construct validity in psychological tests. Psychological Bulletin,1955,52:281-302.

③ Organisation for Economic Co-operation and Development (OECD). Learning for tomorrow's world:First results from PISA 2003. Paris:Author.

④ Messick S. Validity. In R. L. Linn (Ed.),Educational measurement (3rd ed.,pp. 13-103). New York:American Council on Education/Macmillan,1989.

足或策略选择不当①。如果只是为了向学生提供最有效、最及时的指导的可能性，并且能够直接切入到行为的源头，那么根据考试来推断学生的心理过程是明智的。有了这些信息，教师可以改变学生的错误观念，取代错误的策略。梅本克认为，从学生回答或解决测试项目的心理过程的角度，实质性地理解测试表现是构念效度理论的核心特征。特别是，他认为结构理论中的实质性方法在测试的领域规范中具有决定性的作用："在实质性方法中，项目根据对一个广泛定义的领域的相关性分析而列入原来的数据库，根据经验反映的一致性而选择进行测试。"构念效度的实质性组成部分是构念理论解释测试结果内容的能力。该测试的构念和实质可以通过项目或任务性能的因果模型更直接地解决。这种构建表征的方法试图通过将任务分解为必要的组件过程来识别构成任务性能基础的理论机制②。构念表征以信息处理的认知心理学为基础，它是指任务反应对与测验表现相关的过程、策略和知识（包括自我知识）的相对依赖。"③

　　然而，在信息处理的认知心理学中，基于测试的推理并不简单。在推理的过程中存在一个困难，这个困难包括开发和追求一个相当严格的构造验证过程④中测试开发人员必须从一个有根据的结构理论开始，从这个结构理论中可以生成和选择项目，且这个结构理论可以对分数关系进行预测。对于考虑相关的数据和分析的程序构造验证，梅西克建议：①判断和逻辑分析发现分数解释的替代假说；②相关性或协方差分析，以寻找构造理论预期模式的收敛和判别证据；③分析过程，以探索结构性表征；④分析群体差异及其随时间的变化；⑤分数对实验处理和条件操纵的反应性；⑥跨内容的分数解析的一般性，即跨内容等值性；⑦对研究的可持续性和概括性的挑战。当然，这些步骤不仅与认知诊断测评有关，还能与直接在不同环境中寻求具有不同能力或成就水平的学生相关，以及探知随着教学干预和测试变量的变化而在心理上如何表现和操纵测试信息相关，但是这些步骤还需要测试开发人员投入大量的时间和资源来理解测试的心理过程。以上对测试结果的七项建议，从根本上改变了测试的开发，要求测试开发者将测试项目的开发视为一种科学的、系统的过程，是一种有效的工具。总之，认知诊断测评要求我们追求一个严格的验证程序，一个专注于

① Newell A，Simon H A. Human problem solving. Upper Saddle River. Prentice Hall，1972.

② Embretson（Whitley）S. Construct validity：Construct representation ver-sus nomothetic span. Psychological Bulletin，1983，93：179-197.

③ Messick S. Validity. In R. L. Linn（Ed.），Educational measurement（3rd ed.，pp. 13-103）. New York：American Council on Education/Macmillan，1989.

④ Kane M T. Current concerns in validity theory. Journal of Educational Measurement，2001，38：319-342.

测量学生参加考试行为时的心理过程,然后利用这些信息来增加学生的学习机会的程度的程序。

三、用认知心理学探索实质性的方法

Snow 和 Lohman 明确地说明了认知心理学可以如何用于教育测量:"首先,问题解决的认知心理学是教育测量的核心,因为在某种意义上,所有的智力测试都是问题解决的任务。因此,测试设计应该按照问题解决的心理学的方式进行测评;其次,教育测量的两个最普遍的目的是对学生能力和成就的评估,似乎会以不同的方式跨越认知心理学的领域,因此,认知心理学的不同领域可能需要为测试设计和评估提供信息。[1]"Snow 和 Lohman 还指出,认知心理学的思想、理论和方法可以通过以下三种方式促进测量学的发展。①对现有的测试进行分析以确定其基本结构,从而促进教育测量的发展;②从知识和技能的角度阐明考试的目标,这些知识和技能是数学和理解的真正指标;③加强能力倾向、成就和跨领域学习的理论。认知心理学家至少应在原则上承认,关于个人认知功能预期的最复杂的计算机模型必须通过对个人实际思考和推理方式的实验研究加以验证[2]。计算机模型充其量只能说明人类在面对特定约束时如何进行推理的复杂假设。然而,为了使计算机模型真实地告诉我们人类推理和解决问题的本质,它们必须近似于真实的人类思维。

四、调整心理学理论的教育心理测度模型:结构保真度

虽然在不同的教育心理计量学(educational psychometrics,EPM)模型中做出的特定假设有多种,但总的来说,它们的目标是根据一个潜在的感兴趣的变量,比如科学成就或空间能力,来近似评估一个人的相对位置。人们最终被放置的位置通常被解释为反映该人已获得的变量的总和或数量,例如科学成就的 67% 或空间才能的 85% 的 EPM 模型,如基于项目反应理论的 EPM 模型,通过克服重要的技术障碍,例如,考生的能力评估依赖于所选择的测试项目的特定样本,极大地促进了教育和心理测量。然而,面对不断变化的教育环境,这种开创性的测量方法表现出一定的局限性,因而对学生认知过程信息的需求需要不断增长。Snow 和 Lohman 特别指出 EPM 模型的严重局限性与他们未能结合以下三个方面有关:①未用实质性心理学理论(来解释项目反应的相关性);②未进行关于影响测试项目表现的心理依赖关系和变量的现实假设(三参数逻辑斯克模型 3-PL);③没有明确地描述心理过程,这些心理过程共同反映了测

---

① Snow R E,Lohman D F. Implications of cognitive psychology for educational measurement. In R. L. Linn (Ed.),Educational measurement (3rd ed.,pp. 263-331). New York:American Council on Education /Macmillan,1989.

② Ericsson K A,Simon H A. Protocol analysis. Cambridge,MA:MIT Press,1993.

试所测得的构念。此外,许多教育考试机构所采用的内隐认知模型仍然反映了研究者对学生在考试情境中如何推理和解决问题的期望,但是他们没有基于学生在这种情况下如何思考的经验证据做出推断。[①]

　　为了成功地使用认知诊断测评,必须克服 EPM 模型所表现出的局限性。当然,如果这些理论不能被整合到心理测量模型中,那么最复杂的实体理论可能对认知诊断测评的发展没有什么用处。然而,EPM 模型现在必须进行调整,以吸收和适应考试行为的实质性组成部分。梅西克描述了开发合适的 EPM 模型的价值:"Loevinger 通过创造'结构保真度(structural fidelity)'这个术语,正式提出了对理性评分模型的要求,这是指'测试项目之间的结构关系与被测性状的其他表现的结构关系相平行的程度',构念效度的结构成分包括评分模型对构念非测试表现的结构特征的保真度和项目间结构的程度。"[②]

　　基于以上表述,可认可将认知心理学直接注入 EPM 模型中,并通过较小又巧妙的调整就可以完全转换 EPM 模型。但不幸的是它并不是那么简单。认知理论存在于许多现象中,包括感知、记忆、注意力、推理、问题解决、智力甚至特殊能力[③],但是很少有关于评估的认知理论。有关教育考试或旨在衡量的多方面和复杂的考试过程和行为,或通常通过教育评估来衡量的成就。这意味着,斯诺和洛曼(Snow 和 Lohman Nicholls)提出的认知心理学的挑战——要发展教育目标的才能和改进成就的实质性理论,并且应该设计教育方法来进行评估[④],也就是说仍然需要实质性理论和实证研究。从认知心理学中借用理论并将其引入教育测量计划中是可能的,但是却很困难,因为这些理论主要是在狭窄的学习环境中开发的,并没有正式的评估框架。

五、发展认知诊断评估的概念体系

　　认知诊断评估明确了测试开发人员即将对测试领域的执行者使用的过程和知识结构的实质性进行假设,假设过程和知识结构应如何发展,以及能力强的执

---

　　① Leighton J P,Gierl M J. (in press). Defining and evaluating models of cognition used in educational measurement to make inferences about examinees' thinking processes. Educational Measurement: Issues and Practice.

　　② Loevinger J. Objective tests as instruments of psychological theory. Psychological Reports,1957, 3:635-694

　　③ Healy A F (Ed.). Experimental cognitive psychology and its applications. Washington,DC: American Psychological Association,2005.

　　④ Snow R E,Lohman D F. Implications of cognitive psychology for educational measurement. In R. L. Linn (Ed.),Educational measurement (3rd ed. ,pp. 263-331). New York:American Council on Education /Macmillan,1989.

行者与能力差的执行者之间的区别①。实际上,认知诊断测评要求的强有力的有效性程序既是这种形式的评估的魅力,也可能是它的失败之处。原则上,由于认知诊断必不可少,因此人们对认知诊断测评的追求与有效性程序的弱化是不可调和的。如前所述,认知诊断需要提供有关学生的知识结构和认知过程的个性化信息,以改善教学效果,Nichols 强调了这一点,指出"CDA 为教师和政策制定者提供了有关学生使用解决问题的策略、学生在概念中所感知的关系以及学生在领域中理解的原则的信息。②"这种解释性信息应能够将学生的考试成绩与有关他们的认知优势和劣势的推论明确地联系起来。该链接是通过对基于测试推理的心理学进行调查而建立的,而且这些调查反映的是群体差异研究、随时间变化的研究以及最重要的过程研究③。但是,强大的有效性程序也可能是认知诊断测评的缺点,因为它需要对结构进行充分研究后阐述明确其理论,这会给测试开发人员带来沉重负担④。正如斯诺和洛曼(Snow 和 Lohman)所提到的那样,认知心理学家所面临的挑战是要基于可靠的科学研究来产生这种理论,用于教育测量,但是这一挑战尚未解决。不是因为认知心理学家对测量不感兴趣,而是因为确实有很多困难,大部分研究人员在着手其他学科的研究课题之前,往往首先会专注于使用自己的方法和工具来研究自己学科的问题⑤。

六、教育工作者对认知测评的需求

教育工作者对认知诊断测评的需求是他们能从学生参加的任何评估中获得与教学相关的结果,并且这些评估必须能与课堂实践充分契合,以期具有最大的教学价值。例如在美国,大多数情况下,州规定的评估旨在评估与州立课程标准相关的学生熟练程度,并且将所得的分数报告为熟练水平(例如,基本、熟练或高级)。熟练水平的结果通常由对每个水平的学生所拥有的知识和技能类型的一般描述来定义或进行更详细的针对特定学科的描述,例如,熟练水平的学生"表现出对挑战性学科的扎实理解并可解决各种问题","熟练水平的八

①　Nichols P A. framework for developing cognitively diagnostic assess-ments. Review of Educational Research,1994,64:575-603.

②　Nichols P. A framework for developing cognitively diagnostic assess-ments. Review of Educational Research,1994,64:575-603.

③　Cronbach L J,Meehl P E. Construct validity in psychological tests. Psychological Bulletin,1955,52:281-302.

④　Kane M T. Current concerns in validity theory. Journal of Educational Measurement,2001,38:319-342.

⑤　Sternberg R J. What psychology can (and cannot) do for test develop-ment. In B. S. Plake (Ed.),Social and technical issues in testing:Implications for test construction and usage (pp. 39-60). Hillsdale, NJ:Erlbaum, 1984.

年级数学学生能够""根据显示数据进行预测""采用中心十进制的度量""使用代数方程式描述模式和关系"。[①]

佩莱格里诺(Pellegrino)通过提出一个认知评估框架,阐述了课程、教学和评估的集成系统,该框架包括三个相互关联的要素[②]:①特定学术领域的学生学习模型;②一组关于观察类型的信念(或假设),将为学生在该领域的能力提供证据,而这些能力是由认知模型定义的;③解释评估结果的框架。这个一般的认知评估框架是通过以证据为中心的设计[③],或者有原则的评估设计[④]来实施的。有原则的评估设计是一种设计评估任务的方法,通过使用详细的设计模板,在理论和经验上明确它与测量目标相联系[⑤]。设计模板需要特定关注什么样的知识被测量、测量的目标是什么,以及掌握的领域关联,各种评估任务特性是如何与不同能力理解相关联的,以及如何支持对学生能力评分模型有效的解释。这种对评估论证的精确阐述和记录有助于提高测试设计的透明度,从心理测量学的角度来看,这种透明度往往是考试中所缺乏的。

有人认为,评估设计实践,无论是在一个认知框架还是在一个心理框架内工作,本质上是相同的,因为心理测量的开发测试要求项目编写测试规范,而这些规范通常包括内容,和"认知"技能,如问题解决、推理、分析和应用。然而,这一立场并非完全正确,因为在实践中,大规模评估的测试规范通常只指定内容要求,很少有考虑到构成课程基础的认知技能类型。与未明确评估认知技能的心理测验开发的测试不同,有原则的评估设计可确保在项目和测试开发过程中明确针对目标认知技能。认知技能的目标明确具有三个主要优势。首先,它有

① Missouri Department of Elementary and Secondary Education. (2005). Missouri assessment program: Guide to interpreting results. Retrieved June 24, 2006, from http://dese. mo. gov/divimprove/assess/GIR 2005. pdf.

② Pellegrino J W. Understanding how students learn and inferring what they know: Implications for the design of curriculum, instruction, and assess-ment. In M. J. Smith (Ed.), NSF K-12 Mathematics and science curriculum and implementation centers conference proceedings (pp. 76-92). Washington, DC: National Science Foundation and American Geological Institute, 2002.

③ Steinberg L S, Mislevy R J, Almond R G, Baird A B, Cahallan C, DiBello L V, Senturk D, Yan D, Chernick H, Kindfield A C H. Introduc-tion to the Biomass project: An illustration of evidence-centered assessment design and delivery capability (CRESST Technical Report 609). Los Angeles: Center for the Study of Evaluation, CRESST, UCLA, 2003.

④ Mislevy R J, Riconscente M M. Evidence-centered assessment design: Layers, structures, and terminology (PADI Technical Report 9). Menlo Park, CA: SRI International and University of Maryland. Retrieved May 1, 2006, from http://padi. sri. com/downloads/TR9 ECD. pdf, 2005.

⑤ Riconscente M M, Mislevy R J, Hamel L. An introduction to PADI task templates (PADI Technical Report 3). Menlo Park, CA: SRI International and University of Maryland. Retrieved May 1, 2006, from http://padi. sri. com/downloads/TR3 Templates. pdf, 2005.

助于确保在项目和测试的开发过程中考虑所有相关的认知技能,并且确保测试评估认知技能的适当平衡(这是通过心理学方法开发的测试无法保证的,该测试仅明确考虑了内容)。其次,它有助于确保支持任务设计的基本原理得到明确记录(这将有助于提高透明度并为评估开发人员提供一些有用的证据,以支持其评估的有效性)。第三,也是最重要的一点,它有助于确保所得到的分数能够对学生的认知技能和能力做出有意义而有效的解释。

1.开发基于相同基础学习模型的评估系统

从大规模评估中提供详细的诊断反馈的目的是便于对学生在所测材项目上的强项和弱项进行有效的解释,并有助于将评估范围概括到感兴趣的领域。据推测,评估结果的价值随着其在课堂教学和学习中的可解释性的提高而增加。当课程、教学和评估是基于共同学习模型的连贯系统的一部分时,那么评估结果就会与教学相关。在评估的设计和开发中应用 CDA 原则肯定会在这方面有所帮助,这应该是评估开发人员的最终目标。但是,在无法立即实施的情况下(例如,对于完善的评估计划而言),在分析和报告结果时采用 CDA 原则是一种合理可行的解决方案,可以满足倡导 CDA 的评估开发人员和要求大规模评估从而提供更好诊断信息的教育工作者的一些重要要求。

尽管本节从大规模测试的角度探讨了 CDA 的需求,但从上述结果可以明显看出,绝大多数教师认为基于课堂的评估是衡量学生优缺点的最佳方式。但是有大量研究表明,课堂评估实践并不总是能提供准确和有效的信息,无法衡量完整的认知技能[1]或者与教学尽可能地融为一体[2]。因此,有必要通过测量群体和教师培训计划共同努力,为教师提供一整套评估工具(尤其是那些具有形成作用的评估工具)。许多人讨论了使用认知学习模型作为综合课程、教学和课堂评估系统的基础的好处[3]。将认知诊断测评原则的应用扩展到大规模评估的开发将能够创建一个全面的评估系统,其中所有级别的结果都可以容易地提供与通用的学生学习模型关联并予以解释的补充证据。

2.认知诊断测评与新技术的结合

正如 NRC 指出的那样[4],技术进步正在帮助消除过去评估实践的某些限

---

[1]　Notar C E, Zuelke D C, Wilson J D, Yunker B D. The table of spec-ifications: Insuring accountability in teacher made tests. Journal of Instructional Psychology, 2004, 31(2): 115-129.

[2]　Black P, Wiliam D. Inside the black box: Raising standards through classroom assessment. Phi Delta Kappan, 1998, 80(2): 139-148.

[3]　National Research Council (NRC). Knowing what students know: The science and design of educational assessment. Washington, DC: National Academy Press, 2001.

[4]　National Research Council (NRC). Knowing what students know: The science and design of educational assessment. Washington, DC: National Academy Press, 2001.

制。评估不再局限于纸笔格式,基于计算机的平台将帮助评估开发人员使用创新的项目类型,这些类型的项目会测量知识和技能的种类,这些知识和技能更能反映基于评估的学习的认知模型①②。基于计算机的评估系统的实施还将使评估开发人员摆脱传统的计分方法,该方法仅通过允许学生收集有关学生对项目的选择之类的数据来考虑学生是否对项目提供了正确的答案,包含多个组成部分,回答某项内容时获得的辅助信息以及学生完成某项内容所花费的时间③。

当然,这些进步在带来便利的同时也带来了更多技术性的挑战。例如,成本以及目前许多 K-12 教育学校缺乏合适的设备,这些挑战目前限制了基于计算机的评估在 K-12 教育中的广泛应用,其中包括开发复杂的评分模型,这些评分模型可以利用基于计算机的评估中可获得的所有数据,对被测者采用的认知策略做出有效推断,以诊断被测者的学习状态,并提供与教学相关的反馈信息给教师和学生,这将增加这些结果的使用和价值。此外,希望在 K-12 教育大规模评估的操作约束范围内完善和利用技术进步的其他创造性解决方案,例如最大限度地减少或消除对人类记分员的需求的自动评分。

3.改进程序,提供报告结果的及时性

目前阻碍教师使用大规模评估的诊断信息的一个关键因素是测试管理和结果可用性之间的显著延迟。这是有效使用大规模评估数据的主要障碍,如果这些评估要为教育者、家长和学生提供有用的诊断信息,就应该更加重视这一障碍。大多数评估开发人员和决策者都已意识到,这需要最大限度地缩短管理测试和报告结果之间的延迟时间,然而,许多大规模的评估结果都是在考试后的几个月内发布的,并且往往直到下学年才发布。如果评估开发人员想为教育者提供有意义、有用的诊断信息,则他们必须找到及时的方法,而又不影响评估的质量和完整性。目前,一些教育部门在这方面取得了重大进展。例如,不列颠哥伦比亚省教育局为大约 575 000 名 K-12 教育公立学校学生提供服务④,它改进了评估周期、管理和报告程序,因此他们能够在评估会议之后的 4 周内发

①　Huff K L,Sireci S G. Validity issues in computer-based testing. Educational Measurement:Issues and Practice,2001,20(4):16-25.

②　Sireci S G,Zenisky A L. Innovative item formats in computer-based testing:In pursuit of improved construct representation. In S. M. Downing & T. M. Haladyna (Eds.),Handbook of test development (pp. 329-348). Mahwah,NJ:Erlbaum,2006.

③　Luecht R M(April). From design to delivery:Engineering the mass production of complex performance assessments. Paper presented at the annual meeting of the National Council on Measurement in Education,New Orleans,2002.

④　British Columbia (BC) Ministry of Education. 2004/05 Service plan report. Retrieved June 26, 2006,from http:/www. bcbudget. gov. bc. ca/Annual Reports/2004 2005/educ/educ. pdf,2005.

布结果[①]。除了全年提供多次考试外,BC 省教育局还通过安全的互联网门户,以电子方式给提供学生学校和地区级别的考试结果,现在还可以为学校提供在计算机上进行大量大规模评估的选项,以希望其他 K-12 教育评估计划能够有效地提高发布评估结果的速度,同时保持(甚至改进)评估的质量[②]。

4. 提高评估结果的有用性

可以应用许多技术来改进大型评估评分报告中提供的信息的类型和清晰度,Goodman 和 Hambleton 在对来自州和商业评估的现有学生成绩报告进行审查时,概述了目前应解决的报告实践中的一些弱点,其中包括在某些报告中报告过多的信息,而在其他报告中不报告某些重要信息(例如,评估的目的以及将如何使用结果),不提供有关考试成绩准确性的信息,报告中过多使用教师和学生难以理解的统计术语,以及在太小的空间内报告大量信息等。

由于终结性和高风险目的的大规模评估是 K-12 教育系统的一个组成部分,尽管这些评估通常是出于问责或为学生排名而开发的,但从认知原则的角度重新设计这些评估可以帮助将这些评估与课堂教学相结合,而不必破坏其主要目的。同样,可以在事后使用认知诊断测评原则和实践来识别可以报告的新型信息,这些信息可以用于从心理测量框架内进行的评估。目前教师需要从在各种来源中搜索尽可能多的有关学生的信息,教育工作者的责任是在设计评估以及分析和报告评估结果时,利用有关教学和学习的新知识来创造性地回应教师需要解决的问题。在这方面,认知诊断测评还有很大的发展空间。

简而言之,在心理或教育背景下的认知诊断测试主要关注至少三个方面的认知特征。

(1)在给定认知领域拥有必不可少的技能集或知识清单。

这些技能和知识既代表了该领域最重要的技能和概念,又是发展任何其他高阶能力的基本组成部分。

(2)结构化的程序和知识网络。

知识和技能以一种高度结构化的方式呈现在人们的头脑中[③]。一个领域的专长不仅可以由该领域所拥有的基本技能或知识的数量来表示,还可以由这些

---

① British Columbia (BC) Ministry of Education. Handbook of procedures for the graduation program. Retrieved June 26,2006,from http://www. bced. gov. bc. ca/exams/handbook/handbook procedures. pdf,2005.

② British Columbia (BC) Ministry of Education. E-assessment:Grade 10 and 11-Administration. Retrieved June 26,2006,from http://www. bced. gov. bc. ca/eassessment/gradprog. htm,2006.

③ Rumelhart D E. Schemata:The building blocks of cognition. In R. J. Spiro,B. C. Bruce,& W. F. Brewer (Eds.),Theoretical issues in reading comprehension (pp. 33-57). Hillsdale NJ:Erlbaum,1980.

技能和知识的结构或组织来表示[①]。

（3）认知过程、组成部分和能力。

认知研究的信息加工方式提供了挖掘认知内部过程的方法，因此可以为特定类型的认知任务开发特定的认知模型。因此，观察到的表现可以通过考生在完成这些任务时的潜在认知过程来解释。

这三个方面的认知特征并非全面的。较高阶的思维技能，如认知策略、策略转换和元认知技能，也应该包括在诊断评估中，但可能会受到目前测试技术发展的限制。

第三节　认知诊断测评的口语报告

认知诊断测评是一种特定的学生评估。它与教师设计的基于课堂的测试或开发人员设计的基于某个学科领域的大规模评估不同。认知诊断测评旨在衡量特定的知识结构（例如，数学中的分配率）和计算技能（例如，在适当的数学环境中应用分配率）。CDM 的结果提供的信息类型应回答以下问题：应试者是否充分了解内容材料；考生有什么误解吗；考生是否显示出在某些知识和技能方面的优势，而其他方面则没有。CDM 的目的是通过指出应试者可能在解决问题方面存在特定弱点的位置，从而可能会导致学习困难，进而使利益相关者了解应试者的学习情况。为了实现这一目标，CDM 通常通过实证调查来了解应试者如何理解、概念化、推理和解决内容领域中的问题。

本节将讨论两个方面的问题，以使经验调查有意义，即考生如何理解、概念化、推理和解决内容领域的问题。首先，简要地讨论了认知诊断评估（CDAs）在提供考生的优势和劣势信息方面的重要性，包括 CDAs 与传统的基于课堂的测试和大规模测试的不同之处。基于此，建立收集口头报告以服务于开发 CDAs 的理论基础。其次，阐述了两种口头报告的方法，即协议分析[②][③]（protocol analysis）和言语分析[④][⑤]（verbal analysis），用于指导 CDAs 发展过程中口头报告数据的核对和总结。虽然这两种方法都可以用于开发 CDAs 的前期理论基础，但

① Chi M T H, Glaser R, Farr M. The nature of expertise. Hillsdale, NJ: Erlbaum, 1988.

② Ericsson K A, Simon H A. Verbal reports as data. Psychological Review, 1980, 87: 215-251.

③ Ericsson K A, Simon H A. Protocol analysis. Cambridge, MA: MIT Press, 1993.

④ Chi M T H. Quantifying qualitative analyses of verbal data: A practical guide. Journal of the Learning Sciences, 1997, 6: 271-315.

⑤ Willis G B. Cognitive interviewing: A tool for improving questionnaire design. Thousand Oaks, CA: Sage, 2005.

协议分析最好用于基于规则的情境问题解决(例如数学、科学),验证对考生如何解决问题的期望(假设),而言语分析最好用于研究基于知识的解决问题的环境(例如社会研究、语言艺术),以产生关于考生如何思考问题的假设。

一、认知诊断评估的价值

CDA 不能简单地通过常规测试时间进行开发,例如逓过考虑常用的心理测量标准(如难度、区分度)或内容标准(项目是否符合开发表格对应的内容或者符合双向细目表)是无法判断 CDA 中所包含项目的质量的。CDA 中的项目质量必须通过充分考虑特定的知识结构和处理技能来加以分析。知识结构一般定义为有关对象的含义或感知特性的事实信息。知识结构还包括有关如何发音(例如,一个单词的发音或操作某种类型的机器)的程序信息。认知过程一般定义为对特定心理表征进行的转换[①],并且通常指将一和知识状态转换为另一种知识状态的技能或策略。CDA 中的项目衡量从经验和理论上确定了知识结构和处理技能,这些知识结构和处理技能对于获取通过测试衡量的构造非常重要,因此,管理 CDA 的目标之一是向利益相关者提供有关考生在内容领域内的理解深度的具体且有效的信息。

与其阐述 CDA 是什么,还不如区分什么不是 CDA。这是由于 CDA 相对较新,必须与传统的基于课堂的评估和大规模测试区分开来。首先,CDA 与基于课堂的测试的不同之处在于,它在测试开发中使用了经验和理论证据来源,例如在数学领域内开发的 CDA 应该包含数学推理的心理学研究提供的证据,还包含对领域内容是否掌握等结果相关的知识结构和过程的仔细分析。换句话说,CDA 将期望以足够精确的方式来测量知识和处理技能,从而使考生在错误回答时提供关于学生具体知道什么和不知道什么的信息。虽然课堂评估也可能获得与应试者知识水平和处理技能相关的信息,但是这些测评通常是在缺乏所谓的"评估素养"的情况下进行的,只是一种基于经验的基本原理的设计和底层构造[②]。

CDA 也不同于大规模测试,如国际学生评估计划,学术评估测试,学校成绩指标计划和国家教育进步评估等。这些大规模测试,不论它们是高风险测试还是低风险测试,都是由拥有完善的评估技术和心理测验方法的测试专家来开发的。但是,这些大规模的测试并不是基于人类信息处理研究支持的认知模型

①　Lohman D F. Complex information processing and intelligence. In R. J. Sternberg (Ed.), Handbook of intelligence (pp. 285-340). New York:Cambridge University Press,2000.

②　Lukin L E,Bandalos D L,Eckhout T J,Mickelson K. Facilitating the development of assessment literacy. Educational Measurement:Issues and Practice,2004,23:26-32.

来开发的[①]。例如，一个简单又众所周知的实践由测试开发者生成一个双向细目表，以帮助设计项目来衡量知识和技能需求[②]；另一种实践则是测试开发人员从开发的测试项目库中选择那些符合内容标准和难度、区分度等维度的心理测量标准的项目。

为了说明 CDA 与传统大规模测试之间的区别，首先，考虑测试开发过程中的双向细目表，该表可说明测试专家认为的内容和技能是内容领域专业知识的重要指标，这些指标往往来自国家或地区的课程标准等资料。尽管双向细目表中可能包含要测量的内容和技能，但这不意味着这些是考生在测试时对项目做出回应时所使用的实际内容和技能。通常很难向利益相关者保证考生正在使用测试双向细目表中所示的内容和技能，同时也很难说明这些内容和技能所代表的相关感兴趣的知识，难以掌握考生的心理过程。其次，CPAs 的项目和传统大规模测试的测试项目不同，为 CDAs 设计的项目是从任务表现的认知模型发展而来的[③]。这样的模型代表了经验结构是经过验证的模型，这些模型是知识结构和应试者在响应具有特定特征的测试项目类别时使用的认知过程。任务执行的认知模型通常是从对理论文献的回顾中发展而来的，并且应该遵循人类信息处理的实证研究。最后，由于 CDA 是从任务执行的认知模型发展而来的，所以它们与传统的大规模测试在提供信息方面有所不同。大型测试通常用于汇总目的，以总分的形式提供有关应试者的知识和技能的范围的信息。尽管这种总结性方法值得关注，但它并未提供有关学生成就的多方面性质或他们的表现轨迹的明确信息[④]。如果考生错误地回答了测试问题，那么除了"学生不知道答案"以外，几乎不可能说出任何其他原因来解释错误，可以解读的信息很少，因为测试项目的目的不是查明应试者可能缺乏的知识和处理技能，或者是寻找学生的迷思概念。

鉴于传统的大规模测试所测量的内容和技能范围很广，因此在一次测试中深入测量认知成分将非常耗时。尽管存在时间问题，但开发更多的项目以创建更长的测试可能会引起另外一个问题，如果该错误不是针对其余类似的错误而

---

　　① Leighton J P,Gierl M J,Hunka S. The attribute hierarchy model：An approach for integrating cognitive theory with assessment practice. Journal of Educational Measurement,2004,41：205-236.

　　② Millman J,Greene J. The specification and development of tests of achievement and ability. In R. L. Linn（Ed.）,Educational measurement（3rd ed. ,pp. 335-366）. New York：American Council of Education /Macmillan,1989.

　　③ Leighton J P,Gierl M J,Hunka S. The attribute hierarchy model：An approach for integrating cognitive theory with assessment practice. Journal of Educational Measurement,2004,41：205-236.

　　④ Hamilton L S,Nussbaum E M,Snow R E. Interview procedures for validating science assessments. Applied Measurement in Education,1997,10：181-200.

产生的的话，即应试者的错误是否是由于粗心造成的。即使有更多的项目满足较长测试的要求，只要没有明确设计单个项目来衡量特定的知识结构和处理技能，就会限制对应试者错误性质的推断。只要单个测试项目可代表知识结构和处理技能的结合，就不可能确定考生的错误（在项目上）的根源是由于缺少特定的认知成分。而 CDA 是从心理框架发展而来的，所以 CDA 代表了一种有潜力的选择，可以提供有关学生的错误观念和一般学习的信息用于测试开发的认知模型，代表了新的"适合诊断认知机制的测试理论"（Nichcls，1994；Mislevy，1996）。这些新的测试理论旨在产生可以改善学习和指导的评估（Pellegrino，Baxter，Glaser，1999）。CDA 兼具终结和形成的目的。这些评估是总结性的，因为它们可以在学期末进行评估。但是它们也是形成性的，因为它们的发展考虑了如何为教师和家长生成有意义的信息，以了解学生在内容领域内的认知优势和劣势。CDA 中的"认知"一词起着提醒作用：①测试是根据测试任务的认知模型设计的，该模型指定了对于在测试领域中重要的知识结构和处理技能；②通过关注评估结果，可以提高学生的这些知识结构和处理技能。

二、口语报告

对人类信息处理的调查有许多不同的方法，但这些方法都与连续的依赖措施有关。在最基本的范围内，一方面，记录学生的反应延迟和眼睛注视，分别测量不同认知过程的长度和学生专注注视的持续时间和位置。另一方面，学生会通过口头报告来确定学生在解决问题时所需要立即使用的知识结构和处理技能，并收集扩展的资料信息，以确定需要复杂组织和计划的任务所涉及的思维结构①。

虽然反应延迟、眼神注视、口头报告和已发表的文献都可以用来作为确定人们处理信息的依据，但教育测量的研究人员倾向于收集口头报告来验证认知结构和测试结构。口语报告的收集通常用协议分析和言语分析的方法。虽然这些方法表面上有许多的相似之处，但它们之间却有许多的区别，特别是在涉及口头报告收集的内容领域和它们的认知性质方面。

三、协议分析

协议分析的过程是面对学生解决一个任务或者回答一个测试项目的过程进行的访谈记录②。在面试中，学生被要求用出声思维完成一项任务，即将自己想到的方法、技巧、操作等大声说出来，测试者可以采用例如"请继续说"等标准

① Lohman，D. F. Complex information processing and intelligence. In R. J. Sternberg (Ed.)，Handbook of intelligence (pp. 285-340). New York：Cambridge University Press，2000.
② Ericsson，K A，Simon，H A. Protocol analysis. Cambridge，MA：MIT Press，1993.

化的提示语言,使得整个出声思维正常进行。这一部分通常被称为即时访谈,因为测试者要求学生在解决任务的同时表达自己的想法。学生完成任务并给出最终答案后,测试者可以让学生回忆他们解决问题的过程以及当时的想法。访谈的后半部分通常被称为回顾性面试,因为测试者要求学生进行反思并重新收集所使用的解决问题的过程。收集口头报告后,将对报告进行协议分析,这是根据信息处理的计算模型对报告进行细分和编码的地方①。协议分析提供了有关学生问题解决性质的丰富数据源,因此非常适合用来验证 CDAs 下任务表现的认知模型。

（一）即时访谈

即时面试有一个明确的目标,它旨在揭示学生解决一个任务的处理步骤。这些步骤包括(但不限于)编码和处理信息、选择、操作和应用背景知识和策略、翻译信息和生成响应。这些任务之所以可以让学生单独报告,是基于以下三个方面的考虑:①这些步骤存在于学生解决任务时的工作记忆中;②工作记忆是有意识地解决问题发生的地方②;③研究已经证实,要求学生报告他们的问题解决过程并不会显著改变他们解决问题的性质(被称为非反应性),且确实反映了所使用的认知过程(被称为真实性)③。

由于收集即时的口头报告看似很简单,故一些研究人员认为,在解决任务时询问学生的想法和解决问题的能力不会改变。例如,Russo 等人的研究发现,与控制条件下的学生相比,询问学生在解决博弈任务时的想法会导致这些学生表现出更高的准确性和更长的反应时间。Russo 等人的研究和其他类似研究的重要性④提醒我们需要继续阐明关于正确使用协议分析的指导方针,特别是当该方法被用于潜在高风险的现场时,例如 CDAs 的开发和验证。为此,使用协议分析的最基本要求之一是用于引发口头报告的任务应即时口头化,这意味着任务或问题必须具有这样的性质,以便学生可以在大声描述其思想时解决问题。爱立信和西蒙解释说,为了产生准确的即时报告,言语应该包括"直接表达存储在语言(言语)代码中的信息"或"对非命题信息的表达或言语编码无须额外处理"⑤。他们进一步强调"当被试者直接说出他们已经知道的信息时,

---

① Ericsson,Simon,1993;Leighton,2004

② Baddeley A D. Working memory. Oxford,UK:Oxford University Press,1986.

③ Payne J W,Braunstein M L,Carroll J S. Exploring predecisional behavior:An alternative approach to decision research. Organizational Behav-ior and Human Performance,1978,22:17-44.

④ Nisbett R,Wilson T D. Telling more than we can know:Verbal reports on mental processes. Psychological Review,1977,84:231-259.

⑤ Ericsson K A,Simon H A. Verbal reports as data. Psychological Review,1980,87:215-251.

该模型预测出声思维不会改变认知的过程和结构。当为了完成主要任务而被处理的信息不是言语或命题时，该模型预测的表现可能会减慢，言语化可能是不完整的。"

事实上，有些任务未能满足这一基本要求，因此不应使用这些任务。这些任务有的对学生来说过于容易解决，因此不需要调动认知任务进行解决，例如具有较大运动感知成分的任务；有的要求学生参加复杂的视觉编码等刺激的任务，然而这些刺激的任务无法轻松地翻译成言语代码，故这些任务不能引起口头或命题信息供学生报告。还有一些参加发声思维研究的学生还应该熟悉发声思维的行为，并能自如地表达自己的想法。有表达困难的学生无法给出最好的口头报告[①]。

（二）回顾性访谈

回顾性访谈也有一个特定的目标，目的是确认即时访谈的内容是否准确。对于访谈的回顾部分，标准化的询问语句例如"你能告诉我你在完成任务时所记得的所有想法吗?"如果学生用一系列的步骤或过程来回答这个问题，而这些步骤或过程与在即时访谈中所说的不一致，那么测试者就有证据表明，即时访谈的报告可能是无效的。在回顾性访谈中，学生应该能够回忆起与即时访谈中提到的类似的过程。事实表明，在学生参加即时访谈后立即收集的回顾性报告是学生完成任务的准确指标[②]。当然，需要注意的是，在即时访谈和回顾性访谈之间的时间间隔越长，学生提供的回顾报告就越有可能不符合解决任务的过程。

除了使用回顾性访谈来验证即时访谈的内容外，回顾性部分还为学生提供了机会，可以激发更高水平或元认知的问题解决过程，这些过程在即时口头表达时可能忽略，但确实可以用来指导问题解决[③]，因为元认知过程可以协调问题的解决会涉及计划、组织和执行现有的、较低层次的基本策略，这些策略对于调节和实现目标至关重要[④]，我们已经认识到，如果一个学生的即时报告和回顾性报告在解决问题的知识和策略方面是一致的，那么研究者就有证据证明这些报

①　Lohman D F. Complex information processing and intelligence. In R. J. Sternberg（Ed.）, Handbook of intelligence（pp. 285-340）. New York: Cambridge University Press, 2000.

②　Pressley M, Afflerbach P. Verbal protocols of reading: The nature of constructively responsive reading. Hillsdale, NJ: Erlbaum, 1995.

③　Taylor K L, Dionne J-P. Accessing problem-solving strategy knowledge: The complementary use of concurrent verbal protocols and retrospective debriefing. Journal of Educational Psychology, 2000, 92: 413-425.

④　Sternberg R J. Metaphors of mind: Conceptions of the nature of intelligence. Cambridge, UK: Cambridge University Press, 1990.

告是对学生解决问题过程的真实描述。但是,在即时报告和回顾性报告之间可能存在一些不匹配,就不能有充分的理由表明报告的有效性。特别要考虑的是,在回顾性访谈中,学生可能提到元认知过程,这说明了在即时访谈中报告的基本策略的协调性。尽管这些元认知过程可能尚未得到口头表达,但它们并不与即时访谈的内容相抵触,并且可以使学生对问题的整体分析有个大致的了解。

为了理解元认知过程的作用,可以形象地将这一过程类似地看作游戏指导,没有这种指导,也许也可以完成游戏,但可能更多的是靠运气,而不是有组织地努力完成任务。就像一场胜利的比赛一样,球队的焦点是球员的智慧,而不是教练在赛前的战略分析。在赛后采访中,球队可能会称赞教练组织了精彩的比赛,但这通常不是他们的主要关注点,因为比赛正在进行。同样地,学生可能知道解方程组的步骤,但可能没必要清楚地说明他们如何知道或计划使用这些步骤来解决问题,相反,他们会直接致力于建立和求解方程式。在访谈的回顾部分,当测评人员问学生他们对解决任务的记忆时,学生才有可能评论他们如何组织解决问题的方法。他们记得自己曾学过如何建立方程式,或者他们是如何决定从题目表述中提取方程式的。换句话说,在访谈的回顾性部分中,学生更有可能描述元认知过程,因为这些执行过程现在可以自由考虑,而不是忙于思考现有的解决问题的策略[①]。因此研究者建议同时使用即时访谈和回顾性访谈技术来收集有关学生解决问题的数据。

(三)语言分析

协议分析需要和其他类似的概念加以区分。当目标是识别个人如何理解或解释任务信息以获取答案时,将使用口头分析,包括他们针对任务目标和任务信息生成的知识表示。与协议分析不同,语言分析并非旨在识别个人用于解决问题的处理技能,取而代之的是,语言分析被设计用来识别个人为响应任务而在脑海中产生的知识结构。这些知识结构可以从对任务的理解或解释中找到。因此,言语分析通常被用来识别个体在理解、解释和回答那些没有直接或明显路径的任务时产生的语义或命题网络[②]。

根据 Michelene Chi 的观点,言语分析与协议分析在三个主要方面有所不同。首先,协议分析使用即时和回顾性访谈的指示,积极地阻止参与者解释自

---

① Taylor K L,Dionne J-P. Accessing problem-solving strategy knowledge:The complementary use of concurrent verbal protocols and retrospective debriefing. Journal of Educational Psychology,2000,92:413-425.

② Willis G B. Cognitive interviewing:A tool for improving questionnaire design. Thousand Oaks,CA:Sage,2005.

己在做什么。相反,他们鼓励参与者在解决任务时只报告他们所想的事情:"从我提出每个问题开始,直到您给出问题的最终答案为止,我都希望您能不断地大声讲话。我不希望您尝试计划自己说的话或尝试向我解释您的话。[1]"其次,用于制订调查和问卷的认知访谈技术与语言分析相比,协议分析具有更多相似之处,因为其目的是确定人们如何理解问题以及他们的解释是否符合特定的目标含义。这一说明旨在阻止学生解释其思想和行为,究其原因,是希望最大限度地减少学生在执行任务时学习的可能性,并改变与任务表现相关的处理技能[2]。一个改编自命题网络的例子[3] Anderson(1990)。网络与布什总统(president Bush)给加拿大总理哈珀(Prime Minister Harper)送美式卡车的句子相对应。该句子可分为三个命题单元:①布什总统给哈珀(Harper)送了一辆卡车;②卡车是美国制造的;③哈珀(Harper)是加拿大总理。

Ericsson 和 Simon 建议用于即时和回顾访谈解决问题的任务,从头到尾都应该有明确的解决途径。通过清晰的解决方案路径按兴趣处理技能以及将这些策略从初始状态到目标状态进行排序[4]是学生用来解决任务的策略。任务可能会经过任务分析或针对预期的策略顺序进行仔细检查,以区分问题的早期解决方案与问题的中期解决方案。然后将任务分析用于定义信息处理的计算模型,该模型表示学生的解决问题的路径,并且还具有指导语言报告收集后进行编码和汇总的功能。相反,语言分析可用于收集有关学生在应对可能没有明确解决方案路径的任务时创建的命题网络的数据。对于预期的阶段顺序,不会对语言分析中使用的任务进行审查,也不会先确定计算模型。换句话说,与协议分析相比,言语分析更多的是一种基于知识的问题解决任务的探索性技术,而协议分析则更多的是将其用于基于规则的问题解决任务的确认性技术。

---

[1] Chi M T H. Quantifying qualitative analyses of verbal data: A practical guide. Journal of the Learning Sciences,1997,6:271-315.

[2] Chi M T H,de Leeuw N,Chiu M H,LaVancher C. Eliciting self-explanations improves understanding. Cognitive Science,1994,18:439-477.

[3] Anderson J R. Cognitive psychology and its implications. New York: W. H. Freeman,1990.

[4] Newell A,Simon H A. Human problem solving. Englewood Cliffs, New Jersey: Prentice Hall,1972.

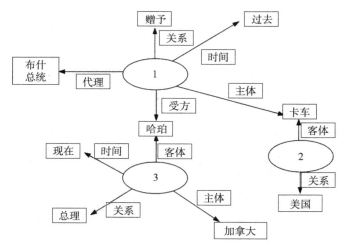

图 1.3.1 语言分析命题网络图

使用协议分析时,大部分工作是在收集语言报告之前完成的。任务分析和计算模型的构成是工作的重要组成部分,将以自上而下的方式对语言报告进行分段和编码,以总结与解决问题相关的处理技能:"即使大多数认知任务都能诱发相对简单的行为,并且发生在相当静态的感知环境中,但如果要使转录任务易于管理,并非所有的相关信息都能被保留。通过对任务本身的分析,通常可以很好地定义与任务性能相关的行为和环境信息[1]。"相反,语言分析的大部分工作是在收集了语言报告之后完成的。收集报告后,调查人员必须决定如何最好地组织和细分报告以及确定要进行编码的知识结构。对报告进行结构化、分段和编码是一种探索性、自下而上的方式,而没有模型来指导流程。由于协议分析和言语分析之间的三个差异,协议分析得出的结论倾向于知识序列和用于解决问题的处理技能,而言语分析得出的结论往往侧重于使用知识结构理解问题[2]。

协议分析和语言分析都可以用来收集考生对测试项目的想法和反应。然而,协议分析更适合用于那些为解决方案提供了一系列策略或规则的任务,例如在数学和科学领域。而语言分析更适合用于需要与丰富的知识结构和思想相关的开放式回答的任务,如人文、社会科学和生命科学。在后面的内容领域中,标准化的策略序列可能并不常见,甚至对理解精通性也没有帮助。相反,为

---

① Ericsson K A,Simon H A. Protocol analysis. Cambridge,MA:MIT Press,1993.

② Chi M T H. Quantifying qualitative analyses of verbal data:A practical guide. Journal of the Learning Sciences,1997,6:271-315.

了理解一项任务而产生的知识代表可能是产生正确答案的最重要因素[1][2]（Chi，1997；Girotto，2004；Leighton，Gokiert，2005a）。

四、协议分析、语言分析和认知诊断评估

协议分析和语言分析都可以指导 CDA 的发展。协议分析适用于验证任务或测试项目的信息处理的计算模型，对这些任务或测试项目具有相当直接的解决方案路径，而言语分析则适用于映射所检查的知识结构模型，可针对很大程度上不确定的测试项目和可能与预期的规则序列无关的项目。在以下分析中，本书将简要说明如何使用从协议分析中获得的证据来验证计算模型。

（一）协议分析和约翰逊·莱尔德（Johnson's Laird's）的心理模型理论

如前所述，进行协议分析以验证信息处理的计算模型（Ericsson & Simon，1980，1993），该计算模型表示一种假设模型，包括一系列综合的认知处理步骤，这些步骤涉及特定能力水平的学生如何解决一类任务。在教育测量中，我们称这种计算模型为任务表现的认知模型[3]。任务表现的认知模型必须说明考生如何理解和表述解决问题的任务，以及他们如何在一个内容域内如同推理和解决这些任务。任务绩效的认知模型最初是通过对与推理和解决感兴趣的任务相关的认知过程的理论回顾和经验发现而建立的[4]。在初始阶段，该模型可能代表考生在执行任务时所期望的知识结构和处理技能的假设。

然而，在使用任务表现的认知模型来设计诊断性测试项目之前，它必须超越考生如何解决测试项目的假设。任务表现的认知模型应该通过考生对感兴趣的任务的认知加工的经验证据进行验证[5]。这意味着模型在其描述中必须足够详细，以使通过实证研究对模型进行验证成为可能。该模型应该描述从初始状态到目标状态的（成功的）解决问题的路径，并确定可能影响一些学生思考的障碍的位置。在某些情况下，任务表现的特殊认知模型可以用来描述某个领域中能力较差的学生在思维过程中所持有的常见误解和错误。这些任务性能的特殊模型可以反映"错误"模型，这些模型描述了可能导致或不导致正确响应的

---

① Leighton J P. Teaching and assessing deductive reasoning skills. Journal of Experimental Education，2005，74：109-136.

② Girotto V. Task understanding. In J P Leighton，R J Sternberg（Eds.），Nature of reasoning（pp. 103-128）. New York：Cambridge University Press，2004.

③ Leighton J P，Gierl M J，Hunka S. The attribute hierarchy model：An approach for integrating cognitive theory with assessment practice. Journal of Educational Measuremen-，2004，41：205-236.

④ Nichols P. A framework of developing cognitively diagnostic assess-ments. Review of Educational Research，1994，64：575-603.

⑤ Frederiksen N，Glaser R，Lesgold A，Shafto M G（Eds.）. Diagnostic monitoring of skill and knowledge acquisition. New Jersey：Lawrence Erlbaum Associates，1990.

错误处理类型。这些特殊的模型可用于开发多项选择的干扰因素项目。

　　说明任务性能认知模型的一种方法是使用属性层次结构。在属性层次结构中,在一组任务中表现良好所需要的处理技能被标记为属性,并按其操作顺序按层次 2 进行排序[1]。例如,考虑如图 1.3.2 所示的属性层次结构。Leighton,Gierl 和 Hunka 将这一属性层次结构重新定义,以说明 Philip Johnson-Laird 在其心智模型理论中所描述的求解多重模型决定性三段论所需的操作序列[2]。一旦指定,此属性层次结构将用作制订测试项目的蓝图,这些测试项目有望测量三段论推理中日益复杂的方面 。

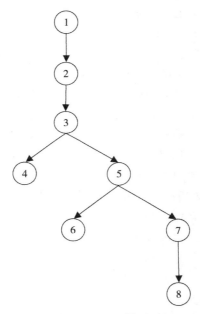

图 1.3.2　Johnson-Laird 心理模型理论的属性等级

　　图 1.3.2 中,①表示全部理解,没有不了解之处;②表示部分理解;③表示建立第一个心理模型;④表示建立一个模型的三段论结论;⑤表示建立第二个心理模型;⑥表示得出两个模型的三段论结论;⑦表示建立第三种心理模式;⑧表示得出三模式三段论的结论。

　　Johnson-Laird 的心智模型理论最初是由具有明确解决路径的逻辑推理任

---

　　①　Tatsuoka K K. Rule space:An approach for dealing with misconceptions based on item response theory. Journal of Educational Measurement,1983,20:345-354.

　　②　Johnson-Laird P N. Mental models. Towards a cognitive science of lan-guage,inference,and consciousness. Cambridge,MA:Harvard University Press,1983.

务分析形成的,通过响应延迟和准确性数据来衡量,该理论已经获得了相当多的经验支持。Johnson-Laird 的心理模型理论认为,个体通过建立心理模型来产生关于逻辑推理的推论(或结论)。心理模型是所关注和讨论的任何事物的信息内容的表征。更具体地说,心理模型是"有限的,可计算的,并且在表示特定事物状态的实体的关系中包含标记"。该理论基于的基本思想是,语义原则监督着这些模型的创建,从而使得从一组前提中得出的推论或结论只有在每种可能的前提解释中都是正确的时才被认为是有效的。尽管 Johnson-Laird 并未将其理论明确地如图 1.3.2 所示地转变为认知属性的层次结构,但从他对该理论的描述中可以清楚地看到他认为加工技能是有顺序的。

根据 Johnson-Laird 和 Bara 的观点,三段论推理始于建立前提的初始心智模型。为了说明这个过程,考虑以下一系列前提。

一些会计师是养蜂人。

所有养蜂人都是化学家。

关于会计师和化学家,您能得出什么结论?

考虑到这些前提,Johnson-Laird 和 Bara 建议一个人可以构建以下初始心理模型。

$$A = B = C$$
$$B = C$$
$$C$$

心智模型中的字母或标记表示前提的类别(A＝会计师,B＝养蜂人,C＝化学家),而等号则反映标记之间的关系。在此示例中,一些会计师被解释为等同于养蜂人,但并非所有会计师都被如此解释(仅将某些 A 表示为与 B 等效)。此外,请注意,在此心理模型中,所有养蜂人都是化学家(所有 B 均表示为与 C 等效)。可以从该模型得出的初步结论是,某些会计师是化学家。此初步结论是可能的,但需要根据场所的所有其他心理模型(即,场所隐含的关系的所有其他解释)进行检查。目的是生成在所有可以解释的前题下的结论,所以成功的问题解决者就是生成附加模型并推导出初始结论。与此示例相关联的分类前提是所有模型都支持某些会计师是化学家的结论。实际上,这是可以从前提的所有解释中有效得出的唯一结论。

依据图 1.3.2 所示的属性层次结构,描绘了 Johnson-Laird 的三段论推理心智模型理论。前两个属性(1 和 2)对应于用于理解量词"all"和"none"(属性1)以及"some"和"some not"(属性 2)的知识结构。理解"全有"和"无"的知识结构被认为比理解量词"some and some not"的结构更基本,因为学生对前者的困难要小于后者①。接下来的两个属性(3 和 4)对应于与创建分类前提的初始心理模型(属性3)以及推断简单的单模式三段论有关的处理技能(属性4)。单模式三段论是指前提的所有可能解释都支持一个单一的结论。接下来的两个属性(5 和 6)对应于创建前提的至少两个不同的心理模型(属性5),并推断出更困难的两个模型的三段论的结论(属性6)。两种模式的三段论是指初始模型可能支持的一个结论,但是在创建第二种模型时,初始结论被推导,以便得出不同的结论。发现这些三段论比单模式的三段论更难解决,因为学生必须创建多个模型来表示前提所隐含的所有可能的关系②。接下来的两个属性(7 和 8)对应于创建前提的至少三个不同模型(属性7),并推断出最困难的三模型三段论的结论(属性8)。三模式三段论要求创建三个模型来表示前提隐含的所有可能的关系。

在一项用来记录解决三段论的知识结构和处理技能的研究中,Leighton 和 Gokiert 采访了 16 名正在学习符号逻辑课程的大学生③。学生被随机分配去解决在建构—回应和选择—回应两种格式中难度越来越大的直言三段论。列出了该研究中使用的一模、二模和三模三段论的示例如下:

单模式三段论:一些图书馆员是旅行者。

所有旅行者都是顾问。

您对图书馆员和顾问的结论是什么?

双模式三段论:有些医生不是舞者。

所有厨师都是舞者。

关于医生和厨师,您能得出什么结论?

三模式三段论:一些运动员是护士。

没有运动员是秘书。

关于护士和秘书,您能得出什么结论?

Leighton 和 Gokiert 采用如图 1.3.1 所示的属性层次作为其任务表现的认知模型,同时进行即时性访谈和回顾性访谈,并使用协议分析总结了口语报告。使用协议分析是因为:①分类三段论具有清晰的,基于规则的解决方案路径;②研究人员试图获得约翰逊·莱尔德(Johnson-Laird)心智模型理论中描述的处

① Johnson-Laird P N,Bara B G. Syllogistic inference. Cognition,1984,16:1-61.

② Begg I,Harris G. On the interpretation of syllogisms. Journal of Verbal Learning and Verbal Behavior,1982,21:595-620.

③ Leighton J P,Gokiert R(April). Investigating test items designed to measure higher-order reasoning using think-aloud methods. Paper presented at the annual meeting of the American Educational Research Association (AERA),Montreal,2005.

理技巧的证据。最终发现了两个主题来表征学生的知识结构和处理技能,这为支持图 1.3.1 中所示的属性层次结构提供了证据。首先,即时性的和回顾性的语言报告显示,与二模式或三模式的三段论相比,学生更容易解决单一模式的三段论。超过 75% 的学生正确回答了单一模式的三段论,而不到 20% 的学生正确回答了双模和三模式的三段论。此外,当要求学生确定最简单和最困难的三段论时,81% 的学生将单一模式的三段论确定为最容易解决的三段论,而超过 85% 的学生将二模和三模的三段论确定为最困难的三段论。与多模式三段论相比,学生发现单一模式三段论更容易解决,因为在单模型三段论中,相关的前提很容易在一个模型中表示出来。学生 N.T. 描述了为什么采用单一模式三段论比较容易。

N.T.:我发现第二个[单一模式三段论]最简单,因为"它只是……"就像一旦拥有了所有东西一样,首先,这使它变得更容易一些,因为那只是直接翻译。"我不知道……只是……"您可以立即将句子连接在一起,因为第一个以旅行者结尾,所以这两个句子马上就连在一起了,第一个是从旅行者开始的,所以基本上…你可以把它们简化成一个。

同样,学生发现很难解决双模和三模式的三段论,因为它们不能轻易地表示前提中的关系。

A.K.:"……因为它并不是很明显,因为……"因为您正试图通过属性来关联厨师和医生。那有意义吗?但是您想将他们作为一组舞者来形容,但是因为它排除了一些医生……只是令人困惑。因此,需要一段时间才能考虑在那里的关系。

学生能够正确地响应单一模型的三段论,并将这些三段论确定为最容易解决的三段论,这为支持图 1.3.1 所示的属性层次结构的排序提供了证据。

即时性和回顾性口头报告中发现的第二个主题为 Johnson-Laird 理论所概括的单一模式和多模式三段论的处理需求提供了一些证据。16 个学生中有 14 个(90%)试图通过在前提中描述的记号或记号集合之间产生等价关系来解决三段论。当学生在一个模型中生成这种关系后,他们试图得出一个结论。成功地生成这些等价关系是至关重要的,因为正是这种处理技能促进了额外的、可允许的心智模型的创建。在此过程中,学生必须理解量词的意义。如(some,all,some,…,not,and no)一些,所有等,它界定了可以在模型中生成的等价类型。以下是学生 A.L. 通过分类三段论提供的口头报告。

A.L.:"有些兽医不是跑步者,有些管家是跑步者。"如果兽医不是跑步者,管家不是跑步者,那么兽医和管家以及对跑步者的提法在这里没有什么共同点,他们之间什么也没说,所以得不到什么关系。"有些图书馆管理员是旅行者,所有旅行者都是顾问"。由于某些图书馆管理员是旅行者且所有旅行者都是顾问,这意味着某些图书馆管理员是顾问。是的,因为只有少量的图书馆管理员是旅行者,如果他们是旅行者,他们就是顾问。有一些……所以有些图书馆管理员是旅行者…还是顾问。"有些医生不是舞者,所有厨师都是舞者。"这并不是说医生和厨师之间有关系。可能会有一个不是舞者的医生,但也可能会有一个是舞者的医生,因此您无法真正得出厨师和医生之间的结论,什么结论都没有。"有些运动员是护士,没有运动员是秘书。"有一小部分运动员是护士,我们可以把他们分成护士和非护士,但是没有运动员是秘书。所以……但那不是……这并不是说护士不能成为秘书,除非她们完全没有时间同时做这两件事。所以有些运动员是护士……没有运动员是秘书……我认为你不能从中得出任何结论。

学生试图分析在前提中提到的隶属关系(属性 5、7 和 9),然后从这些关系中得出结论(属性 6、8 和 10)来解决分类三段论。学生倾向于找出这些关系,这提供了证据来支持约翰逊·莱尔德理论中概述的处理要求,并由此扩展了图1.3.1中所示的属性层次结构。

(二)认知诊断与语言分析

以上描述了如何使用协议分析来验证任务性能的认知模型。使用协议分析是因为分类三段论与客观正确的解决方案相关,并且已经有了与任务执行相关的认知模型,即 Johnson-Laird(1983)的理论,如图 1.3.1 所示的属性层次结构。倘若我们没有满足这两个条件中的任何一个,我们就不会使用协议分析来组织我们的口头报告,相反,我们会使用语言分析。

根据 Chi 的研究,语言分析通常是在大量基于知识的任务中进行的,并且在客观正确答案方面定义不清。语言分析被用来探索个体在解释和理解任务时所拥有和创造的知识边缘结构。因此,语言分析是一种经常用于生成信息处理计算模型的方法。言语分析通常包括以下七个步骤[①]。

步骤 1:抽样用于减少研究内容。

步骤 2:细分简化或采样的协议(有时是可选择的)。

步骤 3:开发或选择编码方案或形式。

步骤 4:实施编码协议中的证据,这些证据构成对某些选定形式的映射。

步骤 5:描述映射的形式。

步骤 6:解释模式。

---

① Chi M T H. Quantifying qualitative analyses of verbal data: A practical guide. Journal of the Learning Sciences,1997,6:271-315.

步骤 7:使用不同粒度大小重复整个过程(可选的)。

在解释这七个步骤的基本原理时,需要注意语言分析的一个重要目标是对与任务的理解和响应相关的知识结构形成理解。在没有任务执行的认知模型来指导口头报告编码的情况下,鼓励研究人员遵循以下步骤来来分析大量数据所隐含的结构。例如步骤 1 和 2 通过减少数据量使得步骤 3 和 4 更加可行,进而可以有效地分析数据单元和分配给口头报告代码的性质,而不会分散太多信息。通过随机抽样减少口头报告的数量通常是最简单、最明显的过程。一旦选择了样本(步骤 1),研究人员就会按需分析单位(步骤 2),例如按特定级别的知识结构(例如句子、构想或推理链)来匹配所探究的问题的粒度。

在第 2 步中对口头报告进行了分段之后,必须在第 3 步中为每个分段分配一个有意义的代码。虽然没有明确的算法来为代码选择合适的形式或框架:"一般的经验法则是,程序性任务倾向于生产系统、问题空间[①]或流程图的形式,而声明性和概念性任务知识则更恰当地由语义和概念网络来表示[②]"。因此,言语分析中的代码通常是简写形式,用以标记和定义报告中的命题网络。

Chi 指出,对研究人员而言,第 3 步是最困难的步骤,因为研究人员选择的代码的性质将取决于他们的理论参考点,所提出的假设或研究问题,任务和内容范围。例如,Chi 和 VanLehn 使用分类学分类方案总结了口头报告,其中包括一系列类别,如用于学生在研究物理学的"实例"时为他们的解释分配代码[③]。Chi 和 VanLehn 将报告中的代码段编码为:①概念解释(例如,基本物理知识-质量、重量和加速度);②原则(例如,将质量与加速度相关的规则);③系统(例如,两个或多个对象的相互作用-倾斜平面上的块);④技术知识(例如,代数运算)。他们之所以开发这种特定的编码方案,是因为他们正在检验一种假设,即学生可以学习正确解决问题的假设,而无须深入了解问题背后的原理或概念。

正确确定这些编码后,步骤 4 涉及判断口头报告中的话语和陈述,并决定哪些代码应该被分配来代表这些学生的言论。这一步中存在两个困难。第一个困难来自学生报告中有时固有的模糊性,以及需要通过特定的陈述来推断学生"真正的意思"。例如,在 Chi 等人的一项研究中,在决定学生在他们报告的推论中所表现出的复杂程度时出现了歧义。因为学生们经常粗略地报告他们

---

① Newell A,Simon H A. Human problem solving. Englewood Cliffs,New Jersey:Prentice Hall,1972.

② Johnson-Laird P N. Mental models. Towards a cognitive science of lan-guage,inference,and consciousness. Cambridge,MA:Harvard University Press,1983.

③ Chi M T H,VanLehn K A. The content of physics self-explanations. Journal of the Learning Sciences,1991,1:69-105.

的想法,没有太多的阐述,调查人员必须谨慎地分析学生们如何解释模棱两可的陈述,以及学生们如何使用这些陈述作为证据来推断复杂的知识结构,而这些结构可能并没有出现在学生的思维中。第二个困难来自学生说话的长度,以及在编写数据时需要决定口头报告的上下文环境。当一个报告有更广泛的背景时,报告中一个特定部分之前和之后的许多行被用来编码学生的陈述,分配给一个部分的任何一个编码的理由都可能是有说服力的。另外,当使用最短的上下文来编码学生的语句时,报告的解释将保持本地化,并可能加快编码,但这是以曲解学生的预期含义为代价的。另一种选择是对数据进行二次编码,一次是上下文最大化,另一次是上下文最小化,然后比较结果。最安全的方法是包含尽可能多的上下文,以确保学生的意图。

第 5 步和第 6 步需要用表格形式或更常见的命题网络图的形式来映射或描述结果。这样做的目的主要是为了检测结果中的模式,这样就可以对学生在对任务做出反应时表示知识的方式形成一般性的结论。在数据中检测到的模式中,确保客观性的一种方法是使用多个证据来源,例如使用独立的评分者对数据进行两次编码,并计算不同评分者间的可靠性系数。

五、讨论与结论

CDA 的价值在于它所提供的信息的完整性和特殊性,这些信息是关于考生对问题类别的思维模式的。要想通过认知诊断测试准确地了解考生的强项和弱项,测试项目必须包括反映某一领域内真实能力的具体知识结构和处理技能的测试。此外,为了提供关于考生的优势和劣势的具体信息,认知诊断测试必须设计一个经验证实的任务表现认知模型。通过这种方式,考生在测试项目上的表现可以真正反映出特定认知成分的存在与否。如果在设计测试时没有任务性能模型,就不能保证测试项目是在度量特定的知识结构和处理技能,并且推论的完整性受到损害。

协议分析和语言分析是确保考生如何思考和解决测试项目数据安全的两种技术。虽然这两种方法在表面上有相似之处,可以用于诊断测试的开发,但它们在指导、分析和结论上有重要的区别。首先,协议分析的使用,尤其是即时访谈,阻碍了语言分析所促进的报告类型:解释、描述、辩护和合理化。在协议分析中不建议使用这些话语,因为在此过程中不希望透露与解决任务相关的工作记忆的直接内容;其次,协议分析主要用于识别应用规则所涉及的顺序处理技能,而言语分析主要用于捕获理解和生成含义所涉及的知识结构。在协议分析中,一项任务要经过彻底的审查,以指定一个根据口头报告验证的信息处理计算模型。相反,语言分析不需要对任务进行彻底的回顾,因为准确的目标是探索学生理解任务的方式以及可能的计算模型。第三,在收集口头报告之前,协议分析的大部分工作都是在计算模型的基础上进行的。生成计算模型后,报告直接按照模型中所示的步骤序列进行编码。同样,与此相反,语言分析的大部分工作发生在语言报告收集之后的编码阶段。在编码阶段,必须从报告的样本中生成代码,然后评估它们在总结报告和回答指导研究的问题方面是否有用。与这三点相关,协议分析的主要目的是验证信息处理的计算模型(尽管决定验证是否成功的标准是模糊的)。在语言分析中,主要目的是通过识别代码之间的模式来生成一个认知模型。因此,从这两种方法得出的结论将是不同的——协议分析主要用于验证关于处理技能的结论,而语言分析主要用于生成关于知识结构的结论。

由于解决问题的任务要求学生同时使用知识结构和处理技能,因此协议分析和言语分析都是开发和验证 CDA 的有用方法。甚至以前呈现的分类三段论都要求学生理解量词的含义,并运用处理技巧来生成心智模型。但是,协议分析和语言分析都旨在根据口头报告数据生成不同类型的结论,这些结论针对不同的研究目标。协议分析最适用于为任务性能模型寻找验证性证据和处理基于规则的解决问题的任务。与此相反,语言分析最好用于为任务表现和任务定义不清且基于知识的模型寻找探索性证据的过程。

当然,这两种方法都有局限性,即必须依靠学生的能力来报告他们认知表现背后的思想。虽然 Ericsson and Simon (1993 年,页 83-107)审查大量的证据表明口头报告,口头报告是在特定条件下收集学生的认知过程的准确方法。然而,与任何方法一样,如果不理解,就可能被误用(Leighton,2004)。另一个限制是在使用口头报告的一个标准假设,即学生将有意识地获得最重要的知识结构和处理技能,以应对他们的回答和解决方案。任何学过认知心理学的人都知道,一个人在解决问题过程中意识到的过程反映了一种算法水平,并且可能没有反映出解决问题的最重要组成部分,而这些最重要的部分仅停留在表面思维水平上(Dawson,1998)。我们从认知心理学、神经科学和连接主义模拟中对大脑了解得越多,我们就越需要仔细检查我们用来评估学生的方法,也越需要验证我们用来评估学生的工具。话虽如此,口头报告是一种很有前途的方法,它通过促进认知模型的发展,为 CDAs 提供信息,从而更接近于测量我们想在考生身上测量的东西。

第四节　利用属性层级方法诊断学生的认知技能

许多教育评估都基于解决问题的认知任务。认知诊断评估的目的是模拟考生对这些任务的认知表现,并得出他们解决问题的优势和弱点的具体信息。虽然大多数心理测量模型是基于潜在特质理论,但是认知诊断评估需要一种认知信息处理方法来模拟测试表现的心理,因为在认知推断模型中分数推断专门针对考生的认知技能。潜在特征理论认为,可以使用少量稳定的基础特征来解释测试性能。这些特质的个体差异可解释一系列测试情况下性能的差异(Messick,1989)。特质表现通常用于对应试者进行分类或排名,因为这些特征是在较大的细粒度下指定的,并且随着时间的推移被认为是稳定的。认知信息加工理论需要对特质表现有更深入的了解,其中,如何产生一个表现的心理特征成为探究的焦点(cf. Anderson 等,2004)。通过认知方法,假设解决问题需要使用相关的操作序列来处理信息。要求考生在所拥有的知识和所采用的过程上有所不同,从而在每种应试情况下都产生不同的响应。因为这些知识结构和处理技能是在很小的范围内指定的,并且在任何测试情况下的考试中预计都会有所不同,因此可以使用认知理论和模型来理解和评估影响考试成绩的特定认知技能。

本章介绍和描述了认知评估的属性层次方法(AHM)(Leighton Gierl 和 Hunka,2004)。AHM 是一种心理测量方法,它将考生的试题反应从任务表现的认知模型中划分为一组结构化的属性模式,这些属性模式与不同的组成部分相关联。这种方法有助于将认知理论与心理测量实践相结合,促进教育和心理测试的发展和分析。AHM 分析的结果提供了考生认知强项和弱项的信息。因此,该方法具有诊断价值。

以下从三个方面对层次分析方法进行分析,首先描述了诊断过程,并将此过程与认知诊断评估联系起来。然后,强调了这种测试方法的一些优点。在此基础上定义了教育测量中的认知诊断模型,并解释了这些模型在认知诊断评估的发展和分析中的重要性。其次分析了 AHM。说明了指定任务表现的认知模型的重要性。提出了四步诊断性测试方法,定义了任务执行的认知模型,利用认知模型指导测试开发,根据认知模型对考生的反应进行分析和评分,并采用基于模型的心理测量法对考生的成绩进行报告。最后给出了总结,并确定了需要进一步研究的领域。

一、诊断推断的特点

著名的哲学家和测量学家 Michael Scriven 将诊断描述为:"确定患病性质,推定的疾病症状或表现不佳的过程,或由该过程产生的报告。这可能涉及也可能不涉及确定病因,但总是涉及根据公认的痛苦或功能障碍类型对疾病进行分类,因此其使用的术语具有评估性。诊断不是评估的主要类型;前提是已经进行了真实的评估(例如年度检查),并得出了错误的结论。诊断的任务是分类的。"[①]

---

① Scriven M. Evaluation thesaurus (4th ed.). Newbury Park,CA:Sage,1991.

这种描述有助于在认知诊断评估中确定一些基本的品质。斯克里文(Scriven)的描述有三个方面值得注意。首先,诊断包括确定性能差的性质并报告结果的过程。类似地,认知诊断评估可以被描述为这样一个过程:测试结果产生关于考生认知技能的信息,并报告评估结果。这种测试方法在认知方面强调了考生与每个项目之间的相互作用,考生对测试项目所使用的知识、心理过程和策略都是明确的①。描述这种互动的一种方法是使用任务表现的认知模型。基于认知模型的考试分数推断对于评估和理解考生的表现应该更具解释性和意义,因为这些项目是用来衡量考生的知识、过程和策略的②。将考生的表现与认知模型联系起来的诊断测试过程需要四个步骤:①指定认知模型;②开发项目来测量模型所描述的认知成分;③根据模型分析和评分项目;④报告结果。

其次,诊断过程应使用公认的报告系统对认知技能进行分类。因此,认知诊断评估结果应依靠一种语言来描述应试者的思维,该语言应易于理解,并提供有关应试者解决问题的认知优势和劣势的信息,供学生,教师,父母和其他人使用。认知诊断评估信息也应该以教育学习和指导的方式报告给教育利益相关者③。

第三,诊断不是主要的评估类型。更确切地说,诊断是在怀疑有问题时所采取的更大行动中的一步④。换句话说,认知诊断评估是更大的教学过程的一部分,其目标是识别学习中存在的问题并帮助纠正这些问题。一个有效的认知诊断评估必须很好地融入到学习环境中,它必须帮助教师理解学生如何思考和解决问题。这些结果也提供了帮助教师和学生构建和分类认知技能的信息。因此,认知诊断评估的分数应该被视为一个信息源,可以与考生的其他信息源(例如,以前的标准化测试、课堂测试、家庭作业、课堂观察的结果)相结合,以做出指导决策。

二、认知诊断评估的潜在优点

认知诊断评估对教学有两方面的贡献。首先,它增加了教师对学生考试成

---

① Embretson S E. Cognitive psychology applied to testing. In F T Durso, R S Nickerson, R W Schvaneveldt, S T Dumais, D S Linday, M T H Chi (Eds.), Handbook of applied cognition, (pp. 629-66). New York: Wiley, 1999.

② Pellegrino J W, Baxter G P, Glaser R. Addressing the "two disciplines" problem: Linking theories of cognition and learning with assessment and instructional practices. In A. Iran-Nejad & P. D. Pearson (Eds.), Review of Research in Education (pp. 307-353). Washington, DC: American Educational Research Association, 1999.

③ Goodman D P, Hambleton R K. Student test score reports and interpretative guides: Review of current practices and suggestions for future research. Applied Measurement in Education, 2004, 17: 145-220.

④ Hunt E. Where and when to represent students this way and that way: An evaluation of approaches to diagnostic assessment. In P D Nichols, S F Chipman, R L Brennan (Eds.), Cognitively diagnostic assessment (pp. 411-429). Hillsdale, NJ: Erlbaum, 1995.

绩的理解,因为许多教育考试是基于认知问题解决任务的。考试分数仅仅是学生思考和解决教育任务的一个指标,因为认知表现不能被直接观察到。相反,假设正确解决任务的学生使用了适当的知识、过程和策略。然而,这一假设很少得到证实。在某些情况下,这种假设可能是错误的。例如,研究人员证明,考生可以使用与项目中指定的推理目标无关的知识和技能来生成正确答案。[1][2]当推断的目标和学生实际表现之间发生脱节时,测试分数的推断可能是不准确的,因为学生没有使用开发人员打算测量的知识和技能。由于认知测试的表现既隐蔽又复杂,因此需要一个框架来将考生解决问题的能力与对测试表现的解释联系起来。任务表现的认知模型的开发和使用为识别和测量这些技能提供了一种方法,因此它们可以与测试表现和测试分数解释相联系。

第二,认知诊断评估为认知理论、学习理论与教学之间的联系提供了一种途径。大多数大规模的教育考试对学生、教师和家长来说,关于为什么有些学生表现不佳,或者如何改变教学条件来改善学习等方面的信息几乎没有[3]。认知理论的研究正日益提高我们对学生在各种学术任务中的表现的理解[4][5]。这种强化的思维方式也有助于更好地理解如评估学习和改进教学。教学决策部分取决于学生如何思考和解决问题。因此,教师必须借鉴,如果可能的话,开发使学生的思维公开化的方法,这样才能对这些认知技能进行评估。指导性的反馈可以集中在克服弱点上。任务表现的认知模型为表达思维提供了一种方法。由于这些模型规定了应对考试项目所需的知识结构和处理技能,因此,考虑到考生的考试表现,它们还可以用来加强对考试分数的解释,并在模型中识别出薄弱的知识和技能,并加以指导。简而言之,教育工作者需要测试来支持考生对不同学术任务认知能力的推断。学生在这些测试中的表现反过来又有助于

[1] Poggio A, Clayton D B, Glasnapp D, Poggio J, Haack P, Thomas J. (April). Revisiting the item format question: Can the multiple choice format meet the demand for monitoring higher-order skills? Paper presented at the annual meeting of the National Council on Measurement in Education, Montreal, Canada, 2005.

[2] Norris S P, Leighton J P, Phillips L M. What is at stake in knowing the content and capabilities of children's minds? A case for basing high stakes tests on cognitive models. Theory and Research in Education, 2004, 2: 283-308.

[3] National Research Council. (2001). Knowing what students know: The science and design of educational assessment. Washington, DC: National Academy Press.

[4] Anderson J R, Shunn C D. Implications of the ACT-R learning theory: No magic bullets. In R. Glaser (Ed.), Advances in instructional psychology: 2000.

[5] Anderson J R. Human symbol manipulation within an integrated cog-nitive architecture. Cognitive Science, 2005, 29: 313-341.

指导教学[①]。由于认知诊断评估会得出关于考生解决问题的优势和劣势的特定分数推断,因此这些测试可以帮助将学生在学术领域的知识(和不知识)与旨在提高学生在该领域解决问题的技能的教学方法联系起来。

三、认知模型与教育测量

为了对问题的解决做出具体的推论,认知模型是很有必要的。教育测量的认知模型是指在一些方便的粒度或细节水平上对标准化的学生问题解释的任务进行模拟描述以便于解释和预测学生的表现,包括他们的强项和弱项[②]。这些模型提供了一个解释性框架,可以指导测试项目的发展,因此考试成绩可以与考生的知识、过程和策略的具体认知推论相联系。这些模型还提供了将认知原理与测量实践相联系的方法,正如 Snow 和 Lohman 所解释的:"作为认知心理学的实质性焦点,EPM(教育和心理测量)模型中的潜在特征 θ"能力"认为是潜在的,无论其如何获得只是作为对正确数量的总结。相反,分数反映了处理技能、策略和知识组成的复杂组合,既有程序性的,也有陈述性的,既有受控的,也有自动的,并且在任何给定条件下,其中一些是可变的,而另一些则是不变的。在人或物的其他样本中,可能会出现不同的组合和不同的变量和常值。认知心理学的贡献就是分析这些复合体。[③]"

认知过程表现为一系列的内部事件,其中信息在短时和长时记忆中相互作用。短时工作记忆被看作是一种与有限的能力、快速的存取和有意识的感知相联系的存储系统。长时记忆被认为是一种与无限的容量、缓慢的访问和无意识的感知有关的存储系统。当所报告的信息进入短时记忆时,口头报告提供了对考生思维过程的描述。如果把长时记忆中的信息转移到短时记忆中,它就可以被有意识的感知到。然而,当这些信息被访问和注意之前,它将不会被有意识地体验。基于这些假设,我们可以通过研究考生对考试题目的反应来建立任务表现的认知模型。这些模型可以通过让考生在解决特定领域或内容领域的任

① Pellegrino J W. Understanding how students learn and inferring what they know: Implications for the design of curriculum, instruction, and assessment. In M. J. Smith (Ed.), NSF K-12 Mathematics and Science Curricu-lum and Implementation Centers Conference Proceedings (pp. 76-92). Washington, DC: National Science Foundation and American Geological Institute, 2002.

② Leighton Jacqueline P, Mark J Gierl. Defining and Evaluating Models of Cognition Used in Educational Measurement to Make Inferences About Examinees' Thinking Processes. Educational Measurement: Issues and Practice: 26. 2 (2007): 3-16. Web.

③ Snow R E, Lohman D F. Implications of cognitive psychology for educational measurement. In R. L. Linn (Ed.), Educational measurement (3rd ed., pp. 263-331). New York: American Council on Education/Macmillan, 1989.

务时出声思考来创建,以识别任务引出的信息需求和处理技能[1][2][3]。然后,通过使用考生响应数据作为构成组件和结构的来进行分析,将其与竞争模型的适用性进行比较,从而对该模型进行评估。经过广泛的评估、审查和修改,该模型也可以推广到其他考生群体和不同的问题解决任务中。

任务表现的认知模型在小粒度上被指定,因为它放大了测试表现的认知过程。通常,任务表现的认知模型也反映了一个领域内的认知过程的层次,因为认知过程在一个更大的相互关联的过程、能力和技能网络中共享依赖和功能[4][5]。应该开发基于任务表现的认知模型评估,这样测试项目就可以直接测量特定的认知过程,这些过程在对某个领域的理解中变得越来越复杂。在设计试题时,可以考虑到这种层次顺序,因此试题的表现与学生的认知优势和弱点直接相关。可以对考生的认知能力做出强有力的推论,因为这些模型中的细粒度有助于阐明掌握测试任务所需的知识和技能。当开发项目来度量模型中的不同组件和过程时,还可以生成特定的诊断推论。

根据任务表现的认知模型开发测试项目的优势在于可以获得关于产生测试分数的知识结构和处理技能的详细信息。每一项的设计都是针对学生的认知强项和弱项。如果推论的目标是有关学生认知技能的信息,则与这些模型关联的细粒度需要生成特定信息。因为这些模型的粒度很少,从而增加了使用测试项目测量知识和技能的深度。任务表现的认知模型还需要来自目标人群的心理学证据的经验支持。一旦使用感兴趣的人群对该模型进行了验证,就可以创建用于测量模型特定组件的项目,从而为开发人员提供一种控制测试所测量的特定认知属性的方法。

根据任务表现的认知模型来开发项目的弱点是目前缺乏有关大规模测试情况下表征学生表现的知识、过程和策略的信息。此外,一些认知研究人员认为这种情况在近期内不太可能改变,因为人们对任务分析的结果兴趣不大,因此,很少

① Leighton J P,Gierl M J,Hunka S. The attribute hierarchy model:An approach for integrating cognitive theory with assessment practice. Journal of Educational Measurement,2004,41:205-236.

② Taylor K L,Dionne J-P. Accessing problem-solving strategy knowledge:The complementary use of concurrent verbal protocols and retrospective debriefing. Journal of Educational Psychology,2000,92:413-425.

③ Royer J M,Cisero C A,Carlo M S. Techniques and procedures for assessing cognitive skills. Review of Educational Research,1993,63:201-243.

④ Kuhn,D. Why development does (and does not occur) occur:Evidence from the domain of inductive reasoning. In J. L. McClelland & R. Siegler (Eds.),Mechanisms of cognitive development:Behavioral and neural perspectives (pp. 221-249). Hillsdale,NJ:Erlbaum,2001.

⑤ Mislevy R J,Steinberg L S,Almond R G. On the structure of edu-cational assessments. Measurement:Interdisciplinary Research and Perspectives,2003,1:3-62.

看到有关于教育任务表现的详细报告。由于人们对学生在教育考试中实际如何解决问题知之甚少，因此存在的模型相对较少。即使这些模型可用，它们也很少指导心理测量分析，因为它们通常局限于一个特定的领域。由于需要对问题的解决进行广泛的研究，因此初期开发和跨时段的改进成本很高，并且他们需要认知测量方面的专业知识，这在教育测试中是缺乏的。

第五节　将认知模型纳入心理测量程序

一、认知评估的属性层次方法概述

认知评价的属性层次方法是一种心理测量方法，用于将考生的测试项目反应划分为一组结构化的属性模式，这些属性模式与任务表现认知模型中指定的不同组件相关。该方法说明了如何使用信息处理方法来评估考生的认知表现，因为 AHM 需要一个结构化属性的认知模型来评估考生的表现。这些结构化的属性，称为属性层次结构，定义了解决测试问题所需的属性之间的心理排序，从而作为任务性能的认知模型。属性的排序可能源于对属性结构的认知考虑。例如，属性 1 是属性 2 的先决条件，属性 2 是属性 3 的先决条件，这意味着属性在层次结构中只出现一次。因此，测试分数推断的重点是属性是否存在。排序还可以从有关在解决问题期间使用属性的方式的过程性考虑中派生出来。

例如，要解决一个项目，考生可能需要首先使用属性 1，然后使用属性 2，然后再次使用属性 1，这意味着属性可能会在层次结构中出现多次。与第一个案例一样，测试分数推断关注的是属性的存在，但也关注这些属性在特定测试情况下的应用。通过使用属性层次结构来创建测试项，以确定模型所描述的认知组件，测试开发人员可以安排哪些属性由哪些项测量。通过使用属性层次结构来解释测试性能，测试者实现了对与性能相关的过程和技能的分数和推论的控制。可见，属性层级就像一张地图，指出考生的长处和短处。因此，属性层次结构在 AHM 中具有基础性的作用，因为它同时表示构成测试性能基础的结构、知识和处理技能。根据前面提出的四步诊断过程来描述 AHM：①指定认知模型；②开发项目来测量模型；③根据模型分析和评分项目；④报告结果。

步骤 1：指定任务执行的认知模型。

AHM 基于一个假设，即测试性能取决于一组称为有序的层次化的能力属性。属性是在特定域中执行任务所需的程序性或陈述性知识的描述。考生必须通过这些属性来正确回答测试项目。属性可以被看作测试中认知复杂性的来源。但是，更一般地说，属性是那些基本的认知过程或正确解决测试项目所需的技能。

AHM产生的测试分数推论的质量取决于准确地识别任务表现的认知模型。该模型指定了解决测试项目所需属性的心理排序。在例子中，这个认知模型是测试性能的属性层次结构，它有一个关键的功能：它提供了感兴趣领域的认知性能的工作表示。属性层次是AHM中最重要的输入变量，因为它用于对考生的表现进行分类并对其认知技能进行推理。

任务表现的认知模型，作为属性层次的操作化，可以用来指定认知技能的不同结构。Leighton等人（2004）确定了四种层次结构形式，如图1.5.1所示，并描述了它们对测试开发和构造表示的可能影响。对于每个示例，属性1可以被认为是一个假设的起点，因为它代表了作为后续属性先决条件的初始能力，或者它可以被认为是一个特定的属性。在图1.5.1（A）中，线性层次结构将属性1视为属性2的前提，将属性1和2视为属性3的前提，将属性1至3视为属性4的前提，将属性1至4视为的前题属性5，属性1到5被认为是属性6的先决条件。将属性1指定为属性2的先决条件意味着除非属性1存在，否则考生不应该拥有属性2。在线性层次结构中，这也意味着如果属性1不存在，那么后面的所有属性都不存在。图1.5.1（D）表示非结构化层次结构，代表另一种可能的层次结构的极端。

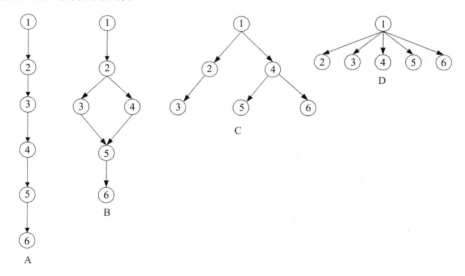

图 1.5.1　四种不同的属性结构

图1.5.1（D）中，属性1被认为是属性2到属性6的先决条件。然而，与图1.5.1（A）不同的是，在这个层次结构中，属性2到属性6之间没有排序，总分数与考生的期望反应模式之间也没有唯一的关系。现有的许多教育测试可以认为是非结构化的，因为这些测试清楚地度量了不同的知识组成部分和处理技能，但是没有指定这

些属性的顺序。图 1.5.1(B)表示收敛层次结构,其中两个不同的分支可以从 1 追溯到 6。属性 2 是 3 和 4 的先决条件,而 3 或 4 是 5 的先决条件。这个层次结构,如图 1.5.1 所示,以单个属性结束。聚合层次结构描述了导致单个最终状态的认知能力,其中该状态表示为测试项所度量的最复杂的属性。收敛层次结构中的最后一个属性非常复杂,因为它的存在依赖于模型中的所有其他属性。相比之下,图 1.5.1(C)表示一个发散的层次结构,它描述了导致多个最终状态的认知能力,这些状态由两个或多个具有层次关系的属性组成。

图 1.5.1 中的示例可以很容易地扩展和组合,从而形成越来越复杂的层次结构网络,其中复杂性随认知问题解决任务的不同而不同。还可以使用认知(即每个属性在层次结构中仅使用一次)或过程(即每个属性在层次结构中可以使用多次)的假设来指定它们。然而,在每个层次结构中,获得考生的预期和观察到的反应模式之间的关系需要相同的条件,即属性是一个考生真正的模型的层次关系的认知属性,可以编写测试项目测量属性和考生正确回答或忽视、猜测之间的关系属性层次结构。为了说明 AHM 在数学领域的应用,以下介绍一个数学代数内容的认知属性,该属性开发了一种认知层次结构来说明应试者在代数中的表现。代数层次结构基于对 2005 年 3 月 SAT 发行的项目的编写。SAT 是旨在衡量大学预备标准化考试,批判性思维和推理能力均得到评估。"数学"部分包含"数字和运算"内容领域中的项目,有代数I、代数II、函数、几何、统计、概率和数据分析。仅评估代数I和代数II中的项目,并将其用于开发代数层次结构。

任务表现的认知模型指导诊断推论,因为它们在细小粒度上被指定,并且它们放大了作为表现基础的认知过程,但这些认知模式目前很少存在。在理想的情况下,一个经过经验检验(或支持)的任务表现的实质性理论将指导任务表现的认知模型的发展。但是,在缺乏这种理论的情况下,仍然必须指定一个认知模型来创建属性层次结构。另一个出发点是向目标人群中的考生介绍任务,并使用口头报告的方法记录这些考生解决任务所使用的知识、过程和策略。创建的模型可以通过评估其构造表示相对于预期的测试成绩推断,并且在开发竞争模型时,可以使用考生的响应数据通过相对于这些竞争模型的适合性和预测效用来对其进行评估。作为实证模型组件和结构的一种方式。简而言之,当无运使用任务表现的理论或模型时,可以从感兴趣的目标人群中对项目和应试者进行抽样,使用任务分析来创建任务表现的最初认知模型。

在进行 SAT 代数题的任务分析时,首先解决了每个测试项目,并试图找出用于解决每个题目的数学概念、操作、步骤和策略。然后,对这些认知属性进行分类,以便将它们按逻辑、层次顺序排列,以总结解决问题的表现。其代数表现的认知模型如图 1.5.2 所示。由于每个属性只使用一次,本节的层次结构是基于对考生表现的认知,而不是程序上的考虑。任务分析中标识的属性含义如下。

在这里,提供了从 SAT 代数项目的任务分析中识别出的属性的描述,这些项目用于创建图 1.5.2 中的代数层次。

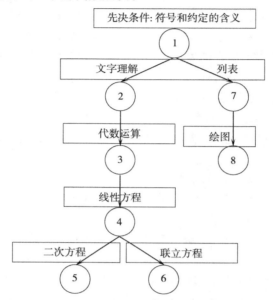

图 1.5.2 代数中任务解决的属性层次结构认知模型

属性 1:符号和约定的含义

a. 知道 $+$,$-$,$\times$,$\div$,乘方,开方,指数,$>$,$<$ 和由符号所隐含的算术运算。

b. 在 $2n$,$n/2$,2 乘一个代数式,以及一个代数式的平方等所隐含的运算。

c. 速度和行驶距离之间存在反比关系。

属性 2:文字理解

a. 知道数学中乘积、时间、等于、结果、平方、差、和及总计的含义。

b. 从问题中推导出表示一个、两个或三个未知数的符号的数学表达式。

c. 与 b 中相同,但未指定未知符号;考生必须分配符号以代表未知数。

d. 可以识别需要解决问题的符号。

e. 确定未知数之间的关系(例如,b 是 a 的三倍,暗含着 $b=3a$,$b/a=3$ 或者 $a=b/3$)。

属性 3:代数运算。

a. 可以对具有符号值和符号未知数的表达式的 rhs 和 lhs 上的项进行操作。

b. 收集表达式中常用的术语。

c. 能展开 $(a+b)^2$。

d. 公因式。

e. 可以进行指数和根式的互换。

f. 可以将指数项从分子移动到分母。

属性 4:线性函数。

a. 解决简单表达式中的未知数(例如 $3a = 21$)。

b. 指定未知数之间的关系时,用一个简单表达式解决多个未知数(例如 $a + b = 21$ 并且 $b = 2a$,被认为是最简单的联立方程)。

c. 会将线性函数 $y = a + bx$ 的一般形式表示成 $f(x) = a + bx$。

d. 指导 a 是常数,bx 表示 b 的 x 倍。

e. x 是自变量,y 是因变量。

属性 5:二次方程。

a. 知道二次函数的一般式: $a^2 + bx = c = 0$。

b. 可以表达式整理成标准形式。

c. 利用因式分解的方法求一元二次方程,并意识到不止一种解法。

d. 使用公式法求解一元二次方程($-b \pm \sqrt{b^2 - 4ac}$)。

e. 可以综合使用 a,b,c 等量解决一元二次方程。

属性 6:联立方程。

a. 解决方程和未知数一样多的方程组。

b. 一个方程成语非零常数不会改变方程组的解。

c. 方程式的任何线性组合都不会改变方程组的解。

d. 可以识别不存在的解的情况:方程不一致、方程不充分、方程之间线性相关;逻辑不一致(例如 $2y + 3 = 4, 4y + 6 = 9$)。

e. 可以利用代入法求解方程组的解。

属性 7:列表。

a. 对于一个未知数的表达式,将结果列表为一系列值。

b. 列出递归表达式的结果($n + 1$ 值是第 n 个值的 $1/2$)。

属性 8:绘图。

a. 可以构造具有确定的轴,原点和刻度线的直角坐标系。

b. 可以在直角坐标系中读出坐标点。

c. 绘制表达式中的列表值。

d. 对于线性函数 $y = ax + b$,计算 a 和 b。

以上例子中代数层次结构只是作为一个例子来说明 AHM 分析。要完善这个模型还需要更多的研究,包括使用出声思维方法关注考生表现的研究。基于考生的研究生成的模型可用于评估每个属性指定的知识结构和处理技能以及属性的层次结构。出声思维研究的结果还将有助于使用与目标人群相似的考生和测试项目来验证属性描述。虽然任务分析的缺点限制了使用代数层次结构对考生进行诊断推断,但它的确使我们能够说明与 AHM 相关的关键概念。接下来介绍这些概念。

为了计算 AHM 中特定层次结构的考生期望的反应模式,需要层次结构的正式表示。通常使用 Kikumi Tatsuoka 的规则空间方法来表示,其中指定了邻接、可达性、关联和简化关联矩阵[①]。为了说明与代数层次结构相关的矩阵,属性之间的直接关系由一个顺序(k,k)的二进制邻接矩阵指定,其中 k 是属性的数量。图 1.5.2 中代数层次结构的 $\boldsymbol{A}$ 矩阵表示为

$$\boldsymbol{A} = \begin{pmatrix} 0 & 1 & 0 & 0 & 0 & 0 & 1 & 0 \\ 0 & 0 & 1 & 0 & 0 & 0 & 1 & 0 \\ 0 & 0 & 0 & 1 & 0 & 0 & 0 & 0 \\ 0 & 0 & 0 & 0 & 1 & 1 & 0 & 0 \\ 0 & 0 & 0 & 0 & 0 & 0 & 0 & 0 \\ 0 & 0 & 0 & 0 & 0 & 0 & 0 & 0 \\ 0 & 0 & 0 & 0 & 0 & 0 & 0 & 1 \\ 0 & 0 & 0 & 0 & 0 & 0 & 0 & 0 \end{pmatrix}$$

在邻接矩阵中,位置 (j,k) 中的"1"表示属性 j 是属性 k 的前提条件。第一行表示属性 1 是属性 2 和属性 7 的前提条件。

为了指定属性之间的直接和间接关系,使用 (k,k) 阶的可达性矩阵 $\boldsymbol{R}$,其中,k 是属性的数量。$\boldsymbol{R}$ 矩阵可以用 $\boldsymbol{R} = (\boldsymbol{A} + \boldsymbol{I})^n$ 来计算,其中,n 是 $\boldsymbol{R}$ 达到不变性所需的整数,可以表示从 1 到 k 的数字;$\boldsymbol{R}$ 是邻接矩阵;$\boldsymbol{I}$ 是单位矩阵。$\boldsymbol{R}$ 也可以由邻接矩阵的一系列布尔行加法组成。$\boldsymbol{R}$ 矩阵的 j 行指定了所有属性,包括第 j 个属性,其中第 j 个属性是直接或间接的先决条件。代数层次的 $\boldsymbol{R}$ 矩阵表示为

$$\boldsymbol{R} = \begin{pmatrix} 1 & 1 & 1 & 1 & 1 & 1 & 1 & 1 \\ 0 & 1 & 1 & 1 & 1 & 1 & 0 & 0 \\ 0 & 0 & 1 & 1 & 1 & 1 & 0 & 0 \\ 0 & 0 & 0 & 1 & 1 & 1 & 0 & 0 \\ 0 & 0 & 0 & 0 & 1 & 0 & 0 & 0 \\ 0 & 0 & 0 & 0 & 0 & 1 & 0 & 0 \\ 0 & 0 & 0 & 0 & 0 & 0 & 1 & 1 \\ 0 & 0 & 0 & 0 & 0 & 0 & 0 & 1 \end{pmatrix}$$

---

① 　Tatsuoka M M,Tatsuoka K K. Rule space. In S. Kotz & N. L. Johnson (Eds.),Encyclopedia of statistical sciences (pp. 217-220). New York:Wiley,1989.

对于 $\boldsymbol{R}$ 矩阵,第 1 行表示属性 1 是所有属性的先决条件,第 2 行表示属性 2 是属性 2 到 6 的前提,其他行以此类推。$\boldsymbol{R}$ 矩阵用于根据属性层次结构创建项目的子集。

潜在项目的集合被认为是在属性独立时探测属性的所有组合。所有可能的大小为 2^k-1,其中 k 为属性数。它由阶数 (k,i) 的关联矩阵 $\boldsymbol{Q}$ 来描述,其中 k 是属性的数量,i 是潜在项目的数量。在 $\boldsymbol{Q}$ 矩阵中,每个项目都是由正确回答该项目所需的属性描述的。$\boldsymbol{Q}$ 矩阵的列是通过将范围从 1 到 2^k-1 的项转换为其二进制形式来创建的。包含八个属性的代数层次结构的 $\boldsymbol{Q}$ 矩阵,大小为 $8*255$(属性按项目排序)。因为矩阵很大,所以不显示。但是当属性在层次结构中相关时,可能会大大减少潜在项的集合,因为层次在属性之间施加了依赖性,从而导致 $\boldsymbol{Q}$ 矩阵($\boldsymbol{Q}_r$)减少。$\boldsymbol{Q}_r$ 矩阵在 AHM 中非常重要,因为它指定了测试的认知蓝图,如下一步所述。

步骤 2:开发测量认知模型的项目

在开发测试之前,必须先确定好感兴趣主题所包含的属性及其属性层次关系,因为属性的层次结构可以准确指导测试项目的开发(Gierl, leighton 和 Hunka, 2000)。通过使用属性层次结构来开发测试项目,开发人员可以完全控制每个项目所测量的特定属性。通过使用布尔包含来确定 $\boldsymbol{R}$ 矩阵的哪些列逻辑上包含在 $\boldsymbol{Q}$ 矩阵的列中,从而生成 $\boldsymbol{Q}_r$ 矩阵,用于代数层次结构的 $\boldsymbol{Q}_r$ 矩阵为

$$\boldsymbol{Q}_r = \begin{pmatrix} 1&1&1&1&1&1&1&1&1&1&1&1&1&1&1&1&1&1&1&1&1 \\ 0&1&1&1&1&1&1&0&1&1&1&1&1&1&0&1&1&1&1&1&1 \\ 0&0&1&1&1&1&1&1&1&1&1&1&1&1&1&0&1&1&1&1&1 \\ 0&0&0&1&1&1&1&0&0&0&1&1&1&1&0&0&0&1&1&1&1 \\ 0&0&0&0&1&1&1&0&0&0&0&1&1&1&0&0&0&0&1&1&1 \\ 0&0&0&0&0&1&1&0&0&0&0&0&0&0&0&0&0&0&0&0&1 \\ 0&0&0&0&0&0&1&1&1&1&1&1&1&1&1&1&1&1&1&1&1 \\ 0&0&0&0&0&0&0&0&0&0&0&0&0&0&1&1&1&1&1&1&1 \end{pmatrix}$$

$\boldsymbol{Q}_r$ 矩阵有一个特别重要的解释:它代表了测试的认知蓝图或规范。此蓝图用于开发度量层次结构中列出的特定属性的测试项目。$\boldsymbol{Q}_r$ 矩阵的 21 列表示必须创建至少 21 个项目来反映层次结构中属性之间的关系。例如,如 $\boldsymbol{Q}_r$ 矩阵的第 1 列所示,必须创建一个项目来度量属性 1。类似地,对于第 2 列,必须创建一个项来度量属性 1 和 2,其余的列以此类推。一些研究者认为认知理论对测试设计的影响是有限的(Embretson,1999;Gierl 等,2000;国家矿究委员会,2001;Nichols 和 Sugoue,1999;佩莱格里诺,1998;Pellegrino 等,1999),使用 AHM,当认知需求在属性层次结构中描述,并且测量这些属性所需的项目在 $\boldsymbol{Q}_r$ 矩阵

中指定时,可以克服这个限制。也就是说,Q_r 矩阵可以作为测试规范来指导项目开发,这意味着认知理论可以在测试设计中有明确的定义。此关键角色还有助于强调在步骤 1 中以属性层次结构形式正确指定认知模型的重要性。然后,完善的过程可从基于层次结构的基础上创建测试内容。

步骤 3:根据认知模型对项目进行分析和评分。

给定一个属性层次结构,就可以计算出理想的考生响应模式。如果属性层次结构为真,则这些模式表示应该观察的那些响应模式。理想的反应模式是由预期的考生产生的,这些假设的考生拥有与层次结构一致的认知属性(当层次结构基于认知考虑时),并且他们能系统地应用这些属性(当层次结构基于程序考虑时)。理想考生不会犯错误或失误,从而不会导致观察到的考生和理想考生的反应模式不一致。对于代数层次结构,理想考生的反应模式和与理想考生相关的得分如表 1.5.1 所示。表 1.5.1 中理性响应矩阵的行和列有不同的解释。理想响应矩阵的第 1 行应该解释为掌握属性 1 的考生(即(10000000))只可能正确回答第一个项目,从而产生期望考生响应模式(100000000000000000000)。理想响应矩阵的第 1 列应解释为所有考生都掌握了属性 1,从而产生理想的响应模式(111111111111111111111)。这些列响应模式中的数据用于使用适当的项目响应理论(IRT)模型来估计项目参数,考生的得分并不一定表明哪些属性被掌握。例如,通过使用属性模式(11111010)或(11110110)可以得到 10 分。如果代数属性层次结构为真,那么在 21 个项目中理想的考生只会得到 14 分。

表 1.5.1　理想反应矩阵与被试属性

被试	理想的反应矩阵	被试属性	总分
1	100000000000000000000	10000000	1
2	110000000000000000000	11000000	2
3	111000000000000000000	11100000	3
4	111100000000000000000	11110000	4
5	111110000000000000000	11111000	5
6	111101000000000000000	11110100	5
7	111111100000000000000	11111100	7
8	100000010000000000000	10000010	2
9	110000011000000000000	11000010	3
10	111000011100000000000	11100010	6
11	111100011110000000000	11110010	8

被试	理想的反应矩阵	被试属性	总分
12	111110011111000000000	11111010	10
13	111101011110100000000	11110110	10
14	111111111111110000000	11111110	14
15	100000010000001000000	10000011	3
16	110000011000001100000	11000011	6
17	111000011000011110000	11100011	9
18	111100011100011111000	11110011	12
19	111110011111001111100	11111011	15
20	111101011110101111010	11110111	15
21	111111111111111111111	11111111	21

　　得分可以用来对考生进行排名或分类,就像潜在特质理论一样。然而,这个分数并不能表明哪些属性产生了考生观察到的反应模式。认知诊断评估试图将考试分数与考生解决问题的能力和弱点的具体推论联系起来。在 AHM 中,这意味着总分应该补充说明哪些属性有缺陷的信息,以便在发现弱点时,学生和老师可以采取更具体的教学措施。当确定了一个属性层次结构后,就可以从中派生出 Q_r 矩阵来指导测试项目的开发,也就可以定义考生的理想响应模式。因此,异常的观测反应模式可以依据一组理想的考生反应模式进行判断。AHM 试图将观察到的项目响应模式与认知属性的层次结构联系起来,观察的相应模式与理想的相应模式往往不是一一配对的,都会出项一些偏差。

　　为了对考生的反应模式进行分类,必须对逻辑上包含的实际反应情况依据理想考生进行评估,当理想模式未包含在观察到的模式中时,要进行实际模式与理想模式的匹配;当理想模式在逻辑上未包含在观察到的模式中时,将计算忽视的可能性。因此,数据格式是 1→0 的形式,这意味着考生应该正确地回答问题,但是对于某些问题,他们的答案是错误的。计算每个忽视的概率的乘积,以给出观察到的响应模式是从给定 θ 的预期考生响应模式岜成的可能性。每个预期的 θ 是使用 IRT 模型的数据产生的。为了说明这种方法,使用了两参数(2PL)逻辑 IRT 模型如下:

$$P(u = 1 \mid \theta) = \frac{1}{1 + e^{-1.7 a_i (\theta - b_i)}}$$

其中,a_i 是项目的区分参数;b_i 是项目的难度参数,θ 是考生的能力参数值。依据表 1.5.1,理想反应矩阵列出的理想反应模式,对每个项目参数 a 和 b 进行评估。

设 V_j 为第 i 个项目的第 j 个考生的理想反应模式,X 为这一项目该生的实际反应模式。然而 $d_j = V_j - X$ 产生的可能值为$(-1,0,1)$,其中,$d_j = -1$,是该考生出现 $0 \to 1$ 的错误,即为该考生猜对该题,其概率就等于 $P_m(\theta)$;$d_j = 0$,则表示没有错误;$d_j = 1$,是该考生 $1 \to 0$ 的错误,即为该考生忽视该题,其概率就等于 $1 - P_m(\theta)$。$P_m(\theta)$ 是预期出现错误的答案但实际上正确的概率,即为猜测正确的概率;$1 - P_m(\theta)$ 是预期出现正确答案但实际上错误的概率,即为马虎的概率。然而,在当前的分类示例中,只关注"1"的位置,因为它们表示 $1 \to 0$ 的忽视。因此,测试中有 m 个($1 \to 0$)的错误的概率为

$$P_{j\text{expected}}(\theta) = \prod_{m=1}^{M} \left[1 - P_m(\theta) \right]$$

其中,m 的范围为1到 M(即误差为 $1 \to 0$ 的项的子集)。换句话说,在给定的 θ 处出现忽略($1 \to 0$)的概率可以估算在给定的 θ 处观察到的响应模式接近预期的考生响应模式的可能性。当对应的 $P_{j\text{expected}}(\theta)$ 高时,应试者被分类为具有第 j 属性集中。

为了演示这种分类方法,下面举两个例子。这些示例基于 2 500 名模拟应试者的样本,这些人具有与表 1.5.1 中的每个理想响应模式相关的总分,且其分布为正态分布。利用计算机程序 BILOG-MG 对项目参数进行估计。表 1.5.2 给出了观测到的没有忽略情况的响应模式(10000001000001000000)的结果。属性模式与这种观察到的反应表明,考生拥有属性1,7,8,这意味着考生拥有必备技能来解决代数项与理解符号的意义。$P_{j\text{expected}}(\theta)$ 中的星号列表明预期考生响应模式逻辑包含在观察到的响应模式中。由于所观察到的反应模式与预期的反应模式相匹配,因此考生的能力水平为 -1.2839,拥有属性1,7 和 8,不可能有其他的属性模式。

表 1.5.2 观察模式(10000001000001000000)的分类

θ		忽视	理想的反应矩阵	被试属性
-2.0228	0.0000	3	00000000000000000000	00000000
-1.2927	*	0	10000000000000000000	10000000
-0.9432	0.0290	1	11000000000000000000	11000000
-0.5974	0.0000	2	11100000000000000000	11100000
-0.5967	0.0000	3	11110000000000000000	11110000
-0.5965	0.0000	4	11111000000000000000	11111000
-0.5965	0.0000	4	11110100000000000000	11110100
-0.5960	0.0000	6	11111110000000000000	11111100

续表

θ		忽视	理想的反应矩阵	被试属性
−1.286 5	*	0	10000001000000000000	10000010
−0.596 0	0.000 0	2	11000001100000000000	11000010
0.377 0	0.000 0	4	11100001110000000000	11100010
0.786 1	0.000 0	6	11110001111000000000	11110010
0.807 4	0.000 0	8	11111001111100000000	11111010
0.807 4	0.000 0	8	11110101111010000000	11110110
1.376 1	0.000 0	12	11111111111111000000	11111110
−1.283 9	*	0	10000001000000100000	10000011
−0.590 5	0.000 0	3	11000001100001100000	11000011
0.775 9	0.000 0	6	11100001100001110000	11100011
1.472 3	0.000 0	9	11110001110001111000	11110011
1.475 2	0.000 0	12	11111001111001111100	11111011
1.475 2	0.000 0	12	11110101111010101111010	11110111
2.218 7	0.000 0	18	11111111111111111111	11111111

　　表 1.5.3 包含了一个忽视的观察到的响应模式的结果（10000000000000 1000000），可以得出，其实际观察模式与第 8 个项目只差 1 个 1→0 的元素。有许多因素可能引起这一结果，如疲劳、注意力分散及考题的难易程度等都会影响考生对一个题目的反应，使得任何观察到的反应模式都容易出现偏差，与理想的考生反应模式产生差异。表 1.5.3 示例中观察到的模式与预期模式之间的不一致可能有两种模式可以配对。在第 9 行，表 1→0 的第 8 个元素在理想和观察到的响应模式之间存在着不一致性。这发生的可能性是 0.963 4，考生的能力估计 $\theta = -1.286$ 5 和一个属性（10000010）的模式。在第 16 行，表单 1→0 的第 8 个元素在预期和观察到的响应模式之间也存在差异。这发生的可能性是 0.950 0，考生的能力估计 $\theta = -1.283$ 9 和一个属性（10000011）的模式。因此，可以得出这样的结论：考生与观察到的响应模式（10000000000000 01000000）拥有属性 1，但是，考虑到属性模式（10000010）和（100000011）的高可能性，这些考生也可能拥有属性 7 和属性 8。因此，即使理想和观察到的响应模式之间存在着不符之处，考虑到备选模式的可能性，仍然可以对考生的属性掌握模式做出推断。

表 1.5.3　观察模式(100000000000010000000)的分类

θ		忽视	理想的反应矩阵	被试属性
−2.022 8	0.000 0	2	00000000000000000000	00000000
−1.292 7	*	0	10000000000000000000	10000000
−0.943 2	0.029 0	1	11000000000000000000	11000000
−0.597 4	0.000 0	2	11100000000000000000	11100000
−0.596 7	0.000 0	3	11110000000000000000	11110000
−0.596 5	0.000 0	4	11111000000000000000	11111000
−0.596 5	0.000 0	4	11110100000000000000	11110100
−0.596 0	0.000 0	6	11111110000000000000	11111100
−1.286 5	0.963 4	1	10000010000000000000	10000010
−0.596 0	0.000 0	3	11000011000000000000	11000010
0.377 0	0.000 0	5	11100011100000000000	11100010
0.786 1	0.000 0	7	11111000111100000000	11110010
0.807 4	0.000 0	9	11111001111100000000	11111010
0.807 4	0.000 0	9	11110101111010000000	11110110
1.376 1	0.000 0	12	11111111111111100000	11111110
−1.283 9	0.950 0	2	10000001000001000000	10000011
−0.590 5	0.000 0	5	11000011000001100000	11000011
0.775 9	0.000 0	8	11100011100001110000	11100011
1.472 3	0.000 0	11	11110001111001111000	11110011
1.475 2	0.000 0	14	11111001111001111100	11111011
1.475 2	0.000 0	14	11110101111010101011010	11110111
2.218 7	0.000 0	19	11111111111111111111	11111111

　　当理想的考生反应模式与大样本考生的观察反应模式相比较时,不可避免地会出现失误。然而,当识别出许多不同的响应模式时,也应考虑模型数据拟合的问题。如果预期考生反应模式的模型与观察到的数据不匹配,那么必须评估:①属性是否被准确识别;②属性结构是否被恰当地标定;③项目测量属性;④测试是否适合学生样本。层次一致性指数(HCI_i)可用于评价模型——数据拟合(Cui、Leighton、Gierl 和 Hunka,2006)。HCI_i 评估所观察到的考生响应模式与属性层次结构一致的程度。假设有 K 个属性和 J 个项目,所见矩阵中 q_{kj} 是指是否第 k 个属性要求去解决第 j 个项目。它可以表示为

$$q_{kj} = \begin{cases} 1, & \text{解决项目 } j \text{ 需要第 } k \text{ 个属性} \\ 0, & \text{否则} \end{cases}$$

当考生正确回答需要该属性的项目时,就会掌握属性。因此,应试者 i 的 HCI_i 为

$$HCI_i = 1 - \frac{2\sum\limits_{j=1}^{J}\sum\limits_{g \in S_j}X_j(1-X_g)}{N}$$

其中,J 是项目的总数量;X_j 是第 j 个考生对该项目的得分(1 或者 0);S_j 表示是一个项目集,该项目集是有由包含项目 j 的属性的子集的项目构成;N 是应试者 i 对正确答项目进行比较的总数。当考生 i 正确答对项目 j 时,$X_j = 1$,考生还应正确回答属于 S_j 的第 g 个项目,$X_j = 1(g \in S_j)$。然而,如果 $X_g = 0$,则 $X_j(1-X_g) = 1$,它被认为是响应向量 i 相对于属性层次结构的不匹配。因此,分子中包含了不符合项的数量乘 2。很显然,HCI_i 的范围在 -1 到 1 之间。例如,当考生观察到的响应模式与层次结构匹配时,分子为 0,HCI_i 的值为 1,相反,当考生观察到的反应模式与层次结构不匹配时(即如果考生正确回答了一个问题,但是没有回答任何需要正确回答的问题的属性子集的问题),则分子为 $(2 \times N_{ci})$,HCI_i 的值为 -1。当一个样本的考生产生低 HCI_i 值时,某些方面的认知模型可能是不够的,需要进行进一步的分析,以评估是否准确地标识了属性,是否适当地指定了层次结构,以及项目是否适当地度量了属性。

为了说明这一方法,本节在 2 500 名模拟考生的样本中添加了马虎的参数,这些模拟考生给出了与表 1.5.1 中每个考生理想反应模式相关的得分。这些马虎是基于 IRT 概率的。IRT 项目反应概率可以计算出每个理想响应模式的 θ 值。观察到的和理性的考生反应模式的变化可以用 IRT 概率来评估其产生两种类型的忽视。概率越高,表明两种响应模式之间的一致性越好。首先,可以为我们希望应试者相对于属性层次结构错误回答的项目子集创建清单(即形式为 $0 \rightarrow 1$ 的清单),可以看出,这些忽视可以指定为 IRT 项概率。其次,可以为我们期望考生能够根据属性层次结构正确回答的子项目集创建凭条(即形式为 $1 \rightarrow 0$ 的凭条),可以指定为 1 减去 IRT 项的概率。例如,考虑用于生成本节模拟数据的频率分布:2 500 名考生中有 87 人具有期望响应模式(10000001000000 1000000),该模式与属性模式(10000011)相关联。

可以在与此理想响应模式关联的 θ 值下计算 21 个项目的项目响应概率。如果只考虑预期响应模式中的前两项的概率,则值分别为 0.999 0 和 0.033 2。虽然每一个项目都有一个 IRT 概率,但是为了便于说明,只给出了前两个项目的结果。由于 $(1-0.999\,0) \times 87 = 0.087\,0$,不随机选择与属性(10000011)相关的响应向量,项目 1 不改变 $1 \rightarrow 0$。87 名考生也有可能答错第 2 题。因此,在模拟数据中随机加入 3 个形式为 $0 \rightarrow 1$ 的忽视的数据,即 0.033 2×87 = 2.888 4。

使用这种数据生成方法,所有数据的 19.8% 是观察到的响应模式与理想的响应模式表现为 0→1 或 1→0 的差异。忽视引导样本数据的 HCI_i 值为 0.8233,表明模型数据拟合较好。

分类和 HCI_i 结果结合在一起,有助于认知模型的发展。我们注意到,任务表现的认知模型通常是通过对考生用于解决测试项目的认知过程进行实证调查而建立的。这些模型描述了特定的一组考生在完成特定任务时的思维过程。利用分类结果的忽视似然度和不同样本考生的 HCI_i 结果以及不同任务表现模型的拟合度,可以对模型进行评估和可能的细化。

步骤 4:报告认知技能。

认知诊断评估可以认为是考试分数产生考生认知技能信息的过程。AHM可用于对考生的认知水平进行分类并报告分类结果。AHM 分析的结果应与考生的现有知识相结合,以确定解决问题的优势和劣势。这些属性必须以一种促进认知能力分类的形式呈现,AHM 分析的结果必须以一种容易被家长、学生、教师和其他利益相关者理解的方式报告。测试分数报告是向所有利益相关者提供关于测试结果的含义和可能的解释的信息的主要方法,因此,报告可以作为诊断测试过程中连接认知理论和学习与教学实践的最关键的一步。考试成绩报告的总体目标很明确:"当向学生、家长、法定代表人、老师、客户或媒体发布考试成绩信息时,负责考试程序的人员应提供适当的解释。解释应以简单的语言描述考试的内容、分数的含义、分数的准确性、对考试分数的常见误解,以及如何使用分数。[①]"

有效考试成绩报告的一般特征是明确的[②]。例如,分数报告应清晰、简洁且具有视觉吸引力;报告应包括可读文本,以支持图形信息的解释;数据应简洁明了地呈现,以便于理解;应定义关键术语并应避免使用统计术语;使用报告之前,应先进行试点测试;报告应包括详细的解释性指南,并在其中解释报告的所有部分;这些指南还应包括示例项目和改善学生表现的策略。

然而,认知诊断评分报告的具体目标和特征既不明确也没有很好的文献记载。因此,关于如何报告这些类型测试的分数的信息很少。显然,属性的详细描述以及示例项是用来说明如何确定属性的。解释这些属性的准则也是需要

① American Educational Research Association (AERA), American Psychological Association, National Council on Measurement in Education. (1999) Standards for educational and psychological testing. Washington, DC: AERA.

② Goodman D P, Hambleton R K. Student test score reports and interpretative guides: Review of current practices and suggestions for future research. Applied Measurement in Education, 2004, 17: 145-220.

的,因为测试分数的推断集中在细小粒度的特定认知技能上。教学的含义也应该包括通过使用诊断性的学生档案、小插图和案例研究,将认知心理学文献与不同的表现结果联系起来[①]。通过识别考生的认知强项和弱项,教师可以更好地了解学生在考试中是如何思考和解决问题的,并帮助遇到问题的学生。然而,只有了解评估信息,将其转化为有效的干预措施,才能对教学过程有所帮助。因此,必须仔细报告来自认知诊断评估的分数。Goodman 和 Hambleton指出,尽管报告过程很重要,但关于学生如何报告传统大型测试结果的研究却很少[②]。目前,还没有关于认知诊断评估评分报告相关实践的研究文献。因此,需要对认知诊断评估过程中的这一重要步骤进行进一步的研究。

在扎根于信息处理传统、关注个体问题解决的当代认知心理学中,研究者为每个问题带来一系列的解决程序,并从这些程序中选择一种方法,这是由于任务和个人特征之间的复杂交互作用的结果。这种选择过程不容易预测,也不需要通过传统的项目特征如内容或难度来可靠地确定。此外,准确性并不被视为认知过程的良好指标,因为正确的答案可以通过测试策略产生,甚至存在细微误解的情况下也可以产生。因此,认知理论与教育心理测量中潜在特质理论的许多假设是不兼容的[③][④][⑤]。由于这种不兼容性,认知心理学家现在正敦促测量专家开发评估程序,以评估考生对一系列项目或任务的反应模式。当项目被设计来测量模型时,这种观察到的反应模式可以相对于任务表现的认知模型进行解释。这种用于测试设计和分析的方法在识别考生的认知强项和弱项方面具有巨大的潜力,特别是当模型提供知识结构和处理技能的认知表示时,这些知识结构和处理技能被认为是某个特定领域的概念理解的基础。例如,Pellegrino 等人认为:"它是在一组项目或任务上的表现模式,这些项目或任务是明确构建的,以区别不同的知识配置,这应该是评估的重点。后者可用于确定某一学生对某一学科领域的理解和能力的水平。这些信息具有解释性和诊断性,

① Pellegrino J W. Understanding how students learn and inferring what they know:Implications for the design of curriculum,instruction,and assessment. In M. J. Smith (Ed.),NSF K-12 Mathematics and Science Curricu-lum and Implementation Centers Conference Proceedings (pp. 76-92). Washington,2002.

② Goodman D P,Hambleton R K. Student test score reports and interpretative guides:Review of current practices and suggestions for future research. Applied Measurement in Education,2004,17:145-220.

③ Gierl M J,Bisanz J,Li Y Y. (April). Using the multidimensionality-based DIF analysis frame-work to study cognitive skills that elicit gender differences. Paper presented at the annual meeting of the National Council on Measurement in Education,San Diego,2004.

④ National Research Council. (2001). Knowing what students know:The science and design of ed-ucational assessment. Washington,DC:National Academy Press.

⑤ Mislevy R J. Test theory reconceived. Journal of Educational Measurement,1996,33:379-416.

信息含量高,而且可能具有规范性。"①

　　认知评估的 AHM 是一种心理测量方法,它将考生的测试项目反应分为一组结构化的属性模式,这些属性模式与任务表现认知模型中指定的不同组件相关联。运用层次分析法进行的认知诊断评价必须以领域知识和技能习得理论为依据,使认知理论与测量实践相结合,从而促进对考生成绩的认知推断。AHM 试图通过一个认知模型来建立这种联系,以指导项目的开发和考试分数的解释。随着认知诊断评估的不断发展,他们必须通过创新的心理测量程序来获得信息,这些程序可以测量表现,并改进报告表现的方法,以符合当代认知理论。潜在特质理论可能适合于等级考试。然而,如果理解和评估考生的认知技能是考试分数推断的主要依据,那么就需要将认知理论与心理测量方法结合的新方法。也就是说,如果要应对认知诊断评估的挑战,认知心理学和教育测量之间需要一种共生关系。

　　我们还注意到,认知诊断评估不应孤立进行。它应该与学生学习和指导教学相结合。许多大规模的教育测试无法向学生和教师提供有关表现特征或技能水平的信息,这些信息可以直接改善学习或指导教学。认知诊断评估,当它被整合到像教室这样的学习环境中时,是通过提供考生的认知优势和弱点的具体信息来帮助教师理解学生如何思考和解决考试中的问题,从而尝试克服弱点的存在。这些诊断性测试的结果,反过来,可以帮助教师组织、分类,并了解学生的问题解决技能,当这些知识与其他有关学生的信息源结合后,可以为教学提供指导。

　　二、未来研究的方向

　　以上分析了 AHM 进行认知诊断的四个步骤,通过四个步骤可以提高测试的准确性。然而,AHM 用于认知诊断测评还面临着许多重大的挑战。考虑对考生反应状态的假设,其中一个统计问题涉及分类方法的准确性。忽视是指观察到的考生反应模式和理想的考生反应模式之间的不一致,我们假设考生的状态是确定的。例如,1→0 表示考生被期望正确地回答问题,但由于某种原因,答题不正确。这些失误可能是疲劳、注意力分散或急躁等因素造成的。然后,考生的回答根据 IRT 项目计算出的忽略的概率和能力参数估计进行分类。项目难度是另一个可能导致忽视的因素。目前在 AHM 中使用忽视的概念是基于以下假设:忽视是由已知的响应状态(即从 0→1 或从 1→0)产生的。然而,在一

　　①　Pellegrino J W,Baxter G P,Glaser R. Addressing the "two disci-plines" problem:Linking theories of cognition and learning with assessment and instructional practices. In A. Iran-Nejad & P. D. Pearson (Eds.),Review of Research in Education (pp. 307-353). Washington,DC:American Educational Research Association,1999.

些情况下,假设被试相应状态可能没有发生。例如,如果一个 1→0 的忽视发生,其 $P(u = 1 \mid \theta) = 0.90$,这一概率高于被试期望的状态 1 的概率。但是如果这一忽视发生,并且 $P(u = 1 \mid \theta) = 0.10$,这一概率低于被试期望的状态 1。但是按照以上分类办法,这个期望状态还是会认定为 1,这意味着相应概率较低。如果要使 1→0 这一状态更加合理,那么其表示的应该是一个概率值。

为了应对这一挑战,研究者正在关注项目难度如何促进做出有关响应忽视过程的更好的决策。项目难度,即 2PL IRT 模型中的 b_i 参数,被解释为能力量表上正确答案的概率为 50% 的点,有 50% 的机会正确回答该项目,这意味着 b_i 的值越大,考生被要求的能力水平就越高。通过在忽视状态中考虑项目难度,可以提高对考生预期状态的推断的准确性。研究者还在关注如何使用基于非 IRT 的分类和评估应试者反应模式的程序来补充现有基于 IRT 的方法。

第二个统计挑战是计算属性概率。给定被测者观察到的响应向量,直接计算属性概率是有用的,因为这些结果将产生关于被测者属性掌握程度的具体信息。为了估计考生拥有特定属性的概率,可以假设对一个项目 P_i 的正确响应概率是回答该项目所需的属性 p_k 的概率的乘积。利用对数,这个表达式可以写成线性形式 $\lg[P_i(u = 1) \mid \theta] = \sum_{k=1}^{K} \lg(p_i) + \text{error}$。对于形式 A1、A1→A2、A1→A2→A3 的一个简单的 $k = 1$ 的属性层次结构,其中第 1 项有相关联的属性向量(100)、第 2 项(110)、第 3 项(111),得到以下三个方程:

$$\lg P_1 = \lg(p_1)$$
$$\lg P_2 = \lg(p_1) + \lg(p_2)$$
$$\lg P_3 = \lg(p_1) + \lg(p_2) + \lg(p_3)$$

第一个方程说明,项目 1 是正确的概率的对数等于属性 A1 存在的概率的对数,因为项目 1 只涉及属性 A1。第二个方程表明,第 2 项正确概率的对数等于属性 A1 和 A2 出现的概率的对数之和。第三个等式说明,项目 3 的正确概率的对数等于属性 A1、A2 和 A3 出现的概率的对数之和。使用 $X = AB$,当 X 是一个列向量的长度包含 $[P(u = 1 \mid \theta)]$,A 是一个是减少 Q 矩阵的转置,B 未知的属性概率 P_i,如果 A 是正方形且非奇异,并且方程是一致的,则可以得到精确的解。使用这种方法产生的属性概率可以增强 AHM 的诊断价值,因为在诊断报告过程中,考生会收到有关其属性级别性能的信息。因此,似乎有必要对属性概率的计算和应用进行进一步的研究。

三、用 R 语言实现认知诊断模型的评估

认知诊断作为新兴的测量分支,目前还处于发展期,大量的研究都在集中于开发认知诊断模型的理论和方法的研究。在应用研究方面做得还比较少。

显然理论的研究要大规模付诸实践还是存在一些困难的。一般情况下,理论的研究都是高度抽象的,是对一般问题的浓缩和简化,在复杂的现实生活中操作起来可能会出现一定的偏差,对于认知诊断模型来说,我们一般看到的模型都相对比较复杂,如果没有一定的测量学和统计学的基础,是很难弄清楚相应的模型公式所代表的含义的,同时也很难对以后的模型进行技术上的改进。因此,对于教育研究人员来说,很有必要认识每个模型的特征和其使用条件,能够将模型应用到自己的问题解决中就起到了学习认知诊断模型的目的。

就目前认知诊断模型的应用而言,最困难的还不在于模型的复杂性,更重要的是模型如何实现评估。所以,认知诊断评估的拦路虎在于技术方面。因此学会用一种软件实现认知诊断模型的评估成为认知诊断评估解决教育问题的关键的环节。就目前而言,有好多软件都可以实现对认知诊断模型的评估,如 Mplus、R语言等。

R 语言是一种统计计算和图形的语言环境。它提供了广泛的统计(线性和非线性建模,经典统计测试,时间序列分析,分类,聚类……)和图形技术,并且是高度可扩展的。R 语言的优势之一是可以轻松地制作出设计良好的具有公共性的情景,包括需要的数学符号和公式。R 语言以源代码的形式作为自由软件提供[①]。可见,R 语言作为目前主流的认知诊断模型实现所应用的软件,具有很多优势。首先,这一工具是开放的,所有人都可以免费获得,使得这一工具的普及在成本上成为可能。其次,这一语言几乎可以在任何电脑平台上运行,运行环境具有高度的兼容性。再有,该软件是动态的,由于认知诊断测评在不断快速的更新中,相应的 R 包也在不断的开发中,因此,R 语言这一工具可以不断更新,不会因为软件和方法的更新而使得技术过期。R 语言是以相对独立的语言包的形式实现不同的功能的,对 R 语言本身来讲,其功能和操作相对简单易懂,以下对 CDM——认知诊断模型这一 R 包的基本功能进行说明,CDM 这一软件可以实现 DINA 和 DINO模型[②]、GDINA 模型[③]、多项选择的 DINA 模型[④]、一般认知模型(GDM)[⑤]、结构化

---

① https://www.r-project.org/about.html

② Junker B W,Sijtsma K. Cognitive assessment models with few assumptions,and connections with non-parametric item response theory. Applied Psychological Measurement,2001,25(3):258-272.

③ Torre J D L. The Generalized DINA Model Framework. Psychometrika,2011,76(2):179-199.

④ De La Torre J. A cognitive diagnosis model for cognitively based multiple-choice options. Applied Psychological Measurement,2009,33(3):163-183.

⑤ von Davier M. A general diagnostic model applied to language testing data. British Journal of Mathematical and Statistical Psychology,2008,61(2):287-307.

潜在分类模型(SLCA)[1]、正则化的潜在分类[2]等的评估[3]。

　　认知诊断模型(CDMs)是一种有约束条件的潜变量处理模型。它们代表了基于模型的分类方法,该方法旨在将应试者分配到不同的属性配置文件组。潜在对应于可能的属性配置文件,而条件项参数在马虎和猜测错误的意义上模拟非典型响应行为。核心 CDMs 特别是在使用的凝缩规则(合取/非补偿和析取/补偿)方面有所不同,在模型结构中,这两种类型的响应错误参数进入的位置以及对它们施加了什么限制。CDMs 的验证性特征在 Q 矩阵中很明显,它可以被看作一个潜在理论概念的运作化。Q 矩阵允许结合定性的先验知识,通常将项目作为行,将属性作为列,数据 1 或 0,分别取决于属性是否由项目度量。

　　与普通心理测量模型(如 IRT)相比,CDMs 包含了分类的而不是连续的潜在变量,使用 CDMs 的分析结果与在连续潜变量模型下得到的结果不同。CDMs 以一种直接的方式估计被调查者的概率属性,即在给定应答模式的情况下,拥有单个属性的条件概率的多元向量。基于这些概率,可以得到简化的确定性属性配置文件,显示一个属性是否被一应试者真正掌握。与传统的两步离散化方法相比,使用 CDMs 可以降低分类误差。

①　Formann A K. Linear logistic latent class analysis for polytomous data. Journal of the American Statistical Association,1992,87(418):476-486.

②　Chen Y,Li X,Liu J,et al. Regularized latent class analysis with application in cognitive diagnosis. psychometrika,2017,82(3):660-692.

③　George A C,Robitzsch A,Kiefer T,et al. The R package CDM for cognitive diagnosis models. Journal of Statistical Software,2016,74(2):1-24.

第二章　认知诊断测评的理论实践

认知诊断测评是在项目反应理论基础上发展起来的新兴测评方式,它已经在教育、医疗等领域得到了广泛的应用。认知诊断测评作为新型的测评手段,是高级潜变量模型,主要解决通过简单传统测评无法测量的内部能力问题,具有较强的解决内隐变量的能力。认知诊断测评将测评的目标整合到认知过程模型中,通过学生对项目的反应状况推断学生学习的心理特征或认知过程。以达到通过外部测评掌握内部能力特征的目的。

第一节　核心素养的认知诊断测评体系

核心素养是全球教育界关注的焦点问题,也是当下教育改革的风向标。我国 2016 年 9 月发布中国学生发展核心素养研究成果,标志着我国学生核心素养的基本框架确立。随着《普通高中课程标准》的颁布、各学科的核心素养出台,核心素养成为指导学科课程改革、教学改革和评价改革的重要依据。然而如何合理测评学科核心素养成为我国基础教育改革和发展的重要议题,学科核心素养的测评会更加关注各种新型评价形式[①]。现有的评价基本采用经典测量理论,这种理论下只报告测验总分,并且不能体现各学科、各知识点得分的差异。项目反应理论基于被试在项目水平上的反应,利用项目反应模型分析被试整体或多个领域上的潜在能力水平,在一定程度上避免了经典测评出现的为总分论的缺点。但无论是经典测量理论还是项目反应理论,都不能反映被试作答项目时的心理特征或认知过程,更不能获得被试在细粒度知识点上的掌握情况,然而这正是认知诊断测评的优势之所在。

在近十年中,认知诊断已经成为一种新的教育测量范式,旨在将严格的心理测量标准与形成性评估的目标相结合[②]。认知诊断测验通过认知分析,将测验目标整合到认知过程模型中,可以反映被试作答项目时的心理特征或认知过程,进而了解内部知识获得以及被试在细粒度知识点上的掌握情况。通过被试

[①]　杨向东.指向学科核心素养的考试命题.全球教育展望,2018,47(10):39-51.

[②]　RUPP A A,TEMPLIN J L,HENSON R A. Diagnostic Measurement:Theory,Methods,and Applications,New York:Guilford,2010,3:9-29.

外在反应来了解其内部知识掌握状态,通过知识链间的关系获取更恰当的学习路径和学习策略,更好地指导教学实践[①]。核心素养作为学生的必备品质和关键能力,具有内隐性和潜在性,对核心素养科学合理的测评往往存在较大的难度。认知诊断作为新兴的测评手段,可以获得学生的心理特征和认知过程,通过显性的知识链间的关系揭示隐性的素养特征。本节对认知诊断测评素养的合理性和可行性做了论述,并在此基础上,借助认知诊断测评理论,从核心素养的基本属性关系构建、认知诊断测试的编制、认知测评模型的选择与应用、测评结果的解释与补救方案的制定等方面建构起素养测评的完整体系,并以数感为例对测评体系的应用做了解析。结合核心素养测评的现状,针对认知诊断的核心素养测评给出了启示,为核心素养的测评提供了新的视角。

二、认知诊断用于素养测评的可行性分析

(一)核心素养的本质特征决定了它的可测性

可测性是素养测评的前提,如果素养仅仅是一种意识形态的产物,是空洞的、抽象的东西,那么素养就只能被描述,无法进行测量。素养的本质到底是什么?"素养是行为能力,是行为指向或实践导向的,是知识、技能、态度的统整与融合。"[②]素养是知识、技能、态度的超越和统整,是一整套可以被观察、教授、习得和测量的行为。[③] 或者说,素养是完成某一情境工作任务所必需的一系列行为模式,这些行为与绩效表现密切相关。[④] 核心素养具有可测量性,可以加以评价,核心素养的表现水平可经过推测而得知,呈一个连续体的状态,代表构成要素之高低水平[⑤]。

核心素养是在继承"三维目标"的基础上发展出来的更具有统整性的概念,它不能脱离知识而存在,是通过知识积累、技能发展及态度养成而形成的综合行为能力。将核心素养作为一种行为能力,拉近了学生远大目标和现实实践之间的距离,让核心素养能够真正抓得住、看得见,并且对核心素养的评价具有很强的操作性。核心素养应该是可教、可学、可评价的。核心素养是知识、技能和态度的统整性的概念,强调知行合一、实践力行、学以致用。核心素养导向的教育改革有助于

---

① 夏梦连,毛秀珍,杨睿.属性多级和项目多级评分的认知诊断模型.江西师范大学学报(自然科学版),2018,42(2):134-138.

② 褚宏启.核心素养的国际视野与中国立场——21世纪中国的国民素质提升与教育目标转型.教育研究,2016,37(11):8-18.

③ Mirabile R J. Everything You Wanted to Know about Competency Modeling. Training & Development,1997,51(8):73-77.

④ Woodruffe C. Competent by Any Other Name. Personnel Management,1991,23(9):30-33.

⑤ 蔡清田,陈延兴,吴明烈等.K-12中小学一贯课程纲要核心素养与各领域连贯体系研究.嘉义:中正大学课程研究所,2011.

从学生整体发展的视角看待教育问题,破解教学中只见学科知识不见整体人的问题。但这并不意味着不能把核心素养从知识、技能和态度三个方面拆分解析①。欧盟核心素养框架中,就是将行为导向的核心素养分解成知识、技能和态度三个方面进行评价的②。这种可分解性,对核心素养的评价起到至关重要的作用。

（二）核心素养与认知诊断技术都具有内隐性

核心素养相比于分科知识具有更强的综合性、内隐性、情境性和适应性等特点,显然不能够直接通过观察获得,只能将核心素养依附于具体的行为之上,通过观察人外显的行为表现来间接了解内隐的核心素养状况。核心素养的可测性表明,人的素养一定会通过行为表现出来,并能够通过适当的测评手段获得,达到测量评价的目的,如欧盟国家核心素养评价的一种思路是将核心素养转换为可观察的外显表现。③"认知诊断测评作为新型的测评手段,是高级潜变量模型,主要解决通过简单传统测评无法测量的内部能力问题,具有较强的解决内隐变量问题的能力。认知诊断测评将测评的目标整合到认知过程模型中,通过学生对项目的反应状况推断学生学习的心理特征或认知过程,以达到通过外部测评掌握内部能力特征的目的。可见利用认知诊断测评技术来测量学生的核心素养,可以较好地将核心素养内隐的特征外显化,让核心素养的测评从混沌的模糊状态转化为清晰可见的操作化过程,为了解核心素养的内部特征,甚至是结构化特点提供的新视角。

（三）认知诊断测评使素养测评更加可操作

将核心素养看作一种行为能力,并且这种能力还可以通过分解加以说明,这为核心素养的认知诊断测评提供了前提条件。认知诊断需要将这种行为能力分析成认知属性,进而通过现代心理学和测量学的手段对核心素养的内部结构、认知规律,以及在细粒度上的表现做出全面的诊断和评价。认知诊断测评不仅注重学生个性化的评价,还可以得到群体的更恰当的学习进阶和学习策略。因此认知诊断理论下的核心素养测评,可以深层次地挖掘素养背后所隐藏的内在价值,让核心素养不仅仅成为指导教育教学改革的核心理念,还能成为评价学生学业成就、考量课标教材合理性、指导教学有效有序开展的抓手。认知诊断测评不仅具

① 褚宏启.核心素养的国际视野与中国立场——21世纪中国的国民素质提升与教育目标转型.教育研究,2016,37(11):8-18.

② 裴新宁,刘新阳.为21世纪重建教育——欧盟"核心素养"框架的确立.全球教育展望.2013,(12):89-102.

③ Commission of the European Communities. Proposal for a Recommendation of the European Parliament and of the Council on Key Competences for Lifelong Learning. (2004-03-03)[2013-09-01]. http://ec.europa.eu/education/policies/2010/doc/keyrec_en.pdf.2005.

有传统的经典测评和项目反应理论无法替代的优点,作为计算机自适应性测评的理论基础,同时还让核心素养的计算机自适应测评成为可能。如美国,在认知诊断测评理论的指导下,计算机自适应测验已经以不同形式存在于州立 K-12 教育测评中。[①] 认知诊断理论是沟通核心素养评价和计算机自适应测评之间的桥梁。利用认知诊断测评核心素养,让核心素养更加具体化,师生对核心素养的理解更加深刻,同时针对性地培养学生核心素养也具有了可操作的依据。

三、核心素养测评的认知诊断体系建构

依据认知诊断的基本流程和核心素养的特点,本书构建了基于认知诊断理论的核心素养测评体系,该测评体系包括四个环节,即理论假设与基础论证、认知诊断测评编制、认知诊断模型应用和测评结果与诊断报告,具体如图 2.1.1 所示。

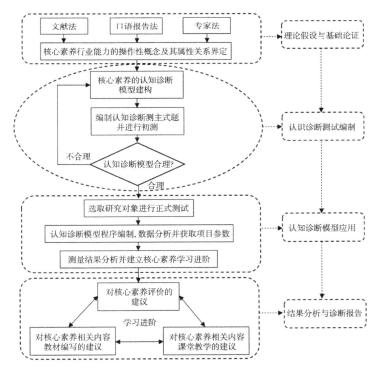

图 2.1.1 核心素养的认知诊断测评体系

(一)理论假设与基础论证

核心素养的属性层次界定是核心素养的认知诊断测评的基石,它直接影响

① 陆宏,高佳佳,胡一平.计算机自适应测验在美国州立 K-12 教育测评中的实践与探索.全球教育展望,2015,44(2):72-79.

认知诊断测评的质量。但往往对某一具体核心素养属性的界定是一个难题,属性层次既要符合学科逻辑思维,又要遵循学生认知规律。这要求属性层次建构者在理解学科的基础上,充分了解学生的认知规律,既要有丰富的学科经验,又要有大量的学生知识。有研究认为目前的认知诊断属性在达到评估和诊断目的方面存在困难[①]。为了解决这一困难,国际上较为成熟的办法就是采用学科专家、心理测评专家和一线教师的联合,来开发认知诊断属性层次。在具体操作方面,除了用传统的文献法,借鉴已有研究成果中属性的界定,利用专家论证法对属性进行修正之外,还可以采用心理研究范式来构建适合认知诊断的属性层次,如口语报告法、眼动研究等。[②]

　　属性的细粒度直接影响着结果的解析深度,由于测评目的不同,其属性的划分也存在差异。如要了解某一核心素养的整体状况,则可以进行较大粒度划分,如要较为精确地反映学生在某一具体核心素养上的个性化表现,以达到诊断补救的目的,粒度划分相对要细一些。但从数据的复杂性角度考虑,一般属性个数介于 6 到 9 个为益。若某一核心素养的属性有 6 个,那么可能的属性类型有 5 种,如图 2.1.2 所示。

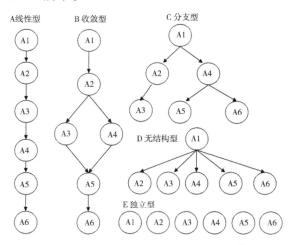

图 2.1.2　属性层次关系的基本类型[③]

　　① Leighton J P,Gierl M J,Hunka S M. The attribute hierarchy method for cognitive assessment:A variation on Tatsuoka's rule-space approach. Journal of Educational Measurement,2004,41(3):205-237.

　　② Gorin J. Manipulation of processing difficulty on reading comprehension test questions:The feasibility of verbal item generation. Journal of Educational Measurement,2005,42(4):351-373.

　　③ Gierl M J,Leighton J P,Hunka S M. Usingtheattributehierarchymethodtomakediagnostic inferences about respondents' cognitive skills//Cognitive diagnostic assessment for education:Theory and applications. Cambridge,UK:Cambridge University Press,2007:242-274.

（二）认知诊断测评编制

在认知诊断测评编制中，Q 矩阵为整个测评工具的编制起到了结构化统领的作用。Q 矩阵最早由 Embreston 提出[1]，后来 Tatsuoka 做了进一步的完善，并形成了完整的"Q 矩阵理论"[2]。Q 矩阵理论主要是要确定测验项目所测试的不可观察的认知属性，它将被试不可观察的认知状态转化为在项目上可观察的作答模式，以此来分析和推测被试的认知状态[3]。图 2.1.2 中的 C 类分支型为例，用"1"表示考查该属性，"0"表示不考察。这样，一道试题总共可能的考查模式应该有 2^6 个，但由于有图 2.1.2 中 C 类属性层次关系的限制，一道试题不可能考查该属性而未考查它的先决条件属性（如考查了 A5，而未考查 A4 或 A1）。按照这种规则可以精确地计算出在 C 类属性条件下的理想测量模式，如表2.1.1所示。

表 2.1.1　C 类分支型属性理性测量模式属性考查分布

项目	属性					
	A1	A2	A3	A4	A5	A6
1	1	0	0	0	0	0
2	1	1	0	0	0	0
3	1	1	1	0	0	0
4	1	0	0	1	0	0
5	1	0	0	1	1	0
6	1	0	0	1	0	1
7	1	1	0	1	0	0
8	1	1	0	1	1	0
9	1	1	0	1	0	1
10	1	1	1	1	0	0
11	1	1	1	1	1	0
12	1	1	1	1	0	1
13	1	0	0	1	1	1
14	1	1	0	1	1	1
15	1	1	1	1	1	1

表 2.1.1 的中列举的理想测量模式，是以用最少的题目测出学生最大的信

---

① Embreston S E. Multicomponent latent trait models for ability tests. Psychometrika，1980，45（4）：479-494.

② Tatsuoka K K. Architecture of knowledge structure and cognitive diagnosis：A statistical pattern recognition and classification approach//Cognitively Diagnostic Assessment. Hillsdale，NJ：Lawrence Erlbaum Associates，1995：327-361.

③ 涂东波，蔡艳，丁树良.认知诊断理论、方法与应用.北京：北京师范大学出版社，2012：5.

息为原则。如果学生依据认知属性,即掌握后续属性时必须掌握它的先决属性,而不出现层次断裂的现象。通俗地讲,就是排除学生做题过程中猜测的情况。在这种理想的测量模式下,可以推导出属性掌握模式和理想反应模式,如表 2.1.2 所示。

表 2.1.2　C 类分支型属性掌握模式和对应的理想反应模式

属性掌握模式（AMP）						理想反应模式（IRP）														
A1	A2	A3	A4	A5	A6	T1	T2	T3	T4	T5	T6	T7	T8	T9	T10	T11	T12	T13	T14	T15
0	0	0	0	0	0	0	0	0	0	0	0	0	0	0	0	0	0	0	0	0
1	0	0	0	0	0	1	0	0	0	0	0	0	0	0	0	0	1	0	0	0
1	1	0	0	0	0	1	1	0	0	0	0	0	0	0	0	0	1	1	0	0
1	1	1	0	0	0	1	1	1	0	0	0	0	0	0	0	0	1	1	1	0
1	0	0	1	0	0	1	0	0	1	0	0	0	0	0	0	0	1	0	0	1
1	0	0	1	1	0	1	0	0	1	1	0	0	0	0	0	0	1	0	0	1
1	0	0	1	0	1	1	0	0	1	0	0	0	0	0	0	0	1	0	0	1
1	1	0	1	0	0	1	1	0	1	0	0	0	0	0	0	0	1	1	0	1
1	1	0	1	1	0	1	1	0	1	1	0	1	0	0	0	0	1	1	0	1
1	1	0	1	0	1	1	1	0	1	0	0	1	0	1	0	0	1	1	0	1
1	1	1	1	0	0	1	1	1	1	0	0	1	0	0	1	0	1	1	1	1
1	1	1	1	1	0	1	1	1	1	1	0	1	0	1	0	1	1	1	1	1
1	1	1	1	0	1	1	1	1	1	0	1	1	0	1	1	0	1	1	1	1
1	0	0	1	1	1	1	0	0	1	1	1	0	0	0	0	0	1	0	0	1
1	1	0	1	1	1	1	1	0	1	1	1	1	0	0	0	0	1	1	0	1
1	1	1	1	1	1	1	1	1	1	1	1	1	1	1	1	1	1	1	1	1

　　表 2.1.2 中属性掌握模式(100100)表明学生只掌握了第一个和第四个属性,在这种掌握模型下,排除学生猜测的可能,学生只能够做对 T1、T4、T12、T15 测试题。

　　在理想测量模式下,可以依据不同测试题考查的属性进行试题编制。但往往试题编制中要清晰地剥离出每个题目考查的属性,有较大的难度。为了使编制的题目准确考查应考属性而没有涉及其他无关属性,可以采用反向标定法进行选题。首先,反向标定法要求试题开发者按照理想测量模式寻找或者改编已有的成熟试题,以数学学科为例,可以在 PISA、TIMSS、NAEP 等国际成熟的测试中寻找相应的题目,或者对已有成熟题目进行适当改编。其次,让学科专家、测评专家等对题目考查的属性进行反向标定。最后,依据标定的结果,选取适合理想测量模式的试题进行测试,得到测量数据,即实际反应模式。

(三)认知诊断模型选择与应用

1983 年,Tatsuoka 开发了开创性的认知诊断模型——规则空间模型(rule space methord,RSM)[①],完善了 Q 矩阵理论,使得认知诊断测评可以以结构化的形式进行精确划分。在规则空间模型及其 Q 矩阵理论的基础上,认知诊断模型得到了快速的发展。目前认知诊断测评的研究主要集中在认知诊断模型的开发上。以 RSM 为例,该模型为了将测量得到的多维度的数据降到二维空间进行分类,构建了一组序偶 $\{(\theta,\zeta)\}$,规则空间是以 (θ,ζ) 为参数的分类笛卡尔乘积二维空间,其中 θ 表示项目反应理论中计算出的被试的能力值,ζ 表示警戒指标,即能力为 θ 的被试实际反应模式偏离理想反应模式的程度[②]。因此,就可以依据理想反应模式计算出标准的规则点(纯规则点)$(\theta_{R_i},\zeta_{R_i})$ 和实际反应模型 $(\theta_{X_i},\zeta_{X_i})$。定义 ζ 的值为

$$\zeta = \frac{f(x)}{\{\mathrm{var}[f(x)]\}^{\frac{1}{2}}} = \frac{\sum_{i=1}^{n}(P_i(\theta) - T(\theta))}{\sqrt{\sum_{i=1}^{n}(P_i(\theta))(1 - P_i(\theta))(P_i(\theta) - T(\theta))^2}}$$

其中,$P(\theta) = [P_1(\theta), P_2(\theta), \cdots, P_i(\theta)](i = 1, 2, \cdots, n)$;$P_i(\theta)$ 指能力为 θ 的被试在第 i 个项目上作答正确的概率。双参数评估中,$P_i(\theta) = \frac{\mathrm{e}^{Da_i(\theta - b_i)}}{1 + \mathrm{e}^{Da_i(\theta - b_i)}}$,其中,$a_i, b_i$ 指第 i 个项目的区分度和难度;D 一般取常值 1.7;$T(\theta)$ 指正确回答项目概率的均值向量,$T(\theta) = [t_1(\theta), t_2(\theta), \cdots, t_i(\theta)](i = 1, 2, \cdots, n)$。

$$t_i(\theta) = \frac{1}{n\sum_{i=1}^{n}P_i(\theta)}$$

依据以上规则空间模型,计算出实际反应模式中的 $(\theta_{X_i}, \zeta_{X_i})$ 和纯规则点 $(\theta_{R_i}, \zeta_{R_i})$,一般采用马氏距离判别法或贝叶斯方法,按照纯规则点将被试分类

———

　① Tatsuoka K K. Cognitive Assessment:An introduction of the rule space method. Routledge,New York,2009:47-79.

　② Tatsuoka K K. Rule space:An approach for dealing with misconcepticns based on item response theory. Journal of Educational Measurement,1983,20(4),345-354.

到不同的理想掌握模式中,即可达到对被试的分类诊断的目的[1]。

(四)结果分析与诊断报告

认知诊断测评了解学生在多维、细粒度的潜在认知属性上的差异[2],是一种能充分体现学生诊断性、个性化的形成性评估;同时还可以通过知识链间的关系获取更恰当的学习路径和学习策略,关注评价统整性的总括性评价。依据认知诊断的这种特征,评价结果可以得到个体的诊断报告和总体的学习进阶。

认知诊断测评模型,也叫认知分类模型[3]。其本质就是将被试通过心理测量学手段,按照实际反应模式和理想反应模式的匹配的最大概率,划归到不同的理想掌握模式中。可以依据理想掌握模式状态对被试进行针对性的补救。图 2.1.3 展示了某学生"分数减法"的个性化学习诊断报告单。

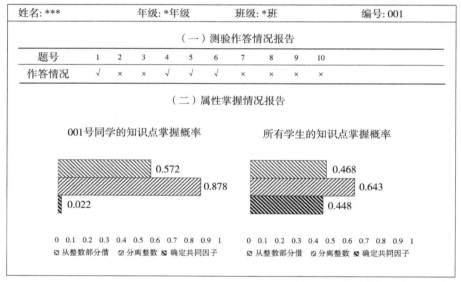

图 2.1.3　分数减法认知诊断个性化学习诊断报告单[4]

除此之外,认知诊断测评还可以获得学生某核心素养的学习进阶。学习进阶作为学生学习某一领域的认知过程和发展顺序,涉及对发展学生认知的相关

①　Hartz M C. A Bayesian Framework for the Unified Model for Assessing Cognitive Abilities: Blending. Theory With Practicality. American Journal of Gastroenterology,2002,95(4):906-909.

②　HUEBNER A,WANG C. A note on comparing examinee classification methods for cognitive diagnosis. models. Educational and Psychological Measurement,2011,71 (2):407-419.

③　RUPP A A,TEMPLIN J L,HENSON R A. ,Diagnostic Measurement:Theory,Methods,and Applications,New York:Guilford,2010:3,9-29.

④　李令青,韩笑,辛涛,等.认知诊断评价在个性化学习中的功能与价值.中国考试,2019(1):40-44.

活动的描述,对整个教育教学起到奠基作用[①]。虽然学习进阶的获得,不止认知诊断测评这一个途径,通过问卷调查、传统测验、课堂观察以及学生访谈等方式也可以获得学习进阶,但就方法的科学性和可靠性而言,认知诊断是数据驱动的产物,更加具有客观性和可验证性。这种测评方式得到的核心素养的学习进阶,为国家课程标准的修订、教材的编写、教学顺序的安排,以及对学生的测评提供了基础性的理论支持。

四、核心素养的认知诊断测评的案例分析

为了充分说明核心素养的认知诊断测评,本节选取了核心素养——数感作为案例,对核心素养的认知诊断测评体系运作过程进行说明。数感是一个关键的数学素养,对学生学习数学有着巨大的影响[②]。

(一)数感认知诊断属性模型的建构

认知诊断中属性模型的建构是整个测评的基础,本案例通过文献法,在借鉴已有研究的基础上,对参与 TIMSS 测试的六个高成就国家的教材和北京市教材进行分析,梳理得出认知诊断测评的 9 个认知属性:①理解整数的基本含义;②理解分数和小数的基本含义;③数字的多元化表示;④理解整数的相对和绝对大小;⑤理解分数的相对和绝对大小;⑥整数运算;⑦分数小数的简单运算;⑧分数小数的复杂运算;⑨整数的应用。认知诊断属性模型如图 2.1.4 所示。

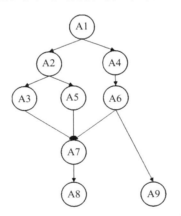

图 2.1.4　数感的认知诊断属性模型[③]

①　BATTISTA M T. Conceptualizations and issues related to learning progression,learning trajectories,and levels of sophistication. The Mathematics Enthusiast,2011(8):507-569.

②　Jordan N C,Glutting J,Ramineni C. The importance of number sense to mathematics achievement in first and third grades. Learning & Individual Differences,2010,20(2):32-88.

③　Fu Chen,Yue Yan,Tao Xin. Developing a learning progression for number sense based on the rule. space model in China. Educational Psychology,2017,37(2):128-144.

（二）认知诊断测试编制

按照图 2.1.4 的认知诊断属性模型,计算出认知诊断测评的理想测量模式为 24 个项目。测试编制邀请了 10 位数学教师、5 位数学教育专家和 5 位心理测评专家的参与,按照理想测量模式对属性考查的要求形成了测评工具,其部分样例如表 2.1.3 所示:

表 2.1.3 数感认知诊断测试样题

项目号	内容	理想掌握模式
1	哪个是最大的数？ A:2 735 B:2 537 C:2 573 D:2 753	100000000
11	$\frac{1}{8}+\frac{3}{8}=?$ A:$\frac{1}{64}$ B:$\frac{1}{8}$ C:$\frac{1}{8}$ D:$\frac{1}{8}$	110101000
24	小马星期一照顾妹妹 $\frac{1}{8}$ 小时,星期二照顾妹妹 $\frac{1}{8}$ 小时,小马一周一共照顾妹妹多少小时？ A:$9\frac{1}{3}$ B:$8\frac{2}{3}$ C:$5\frac{1}{3}$ D:$1\frac{1}{3}$	111111111

研究的样本选取某地区 3、4、5 年级的学生,按照分层抽样的办法,将该区划分为中心区、市区、近郊及远郊,抽取 15 所学校,分别用简单随机抽样得到 1 207 个研究对象。对研究对象进行测试,得到测试数据。

（三）模型运行与结果分析

测量模型选用认知诊断较为成熟的模型——规则空间模型（RSM）作为测评的方法。依据规则空间模型构建的序偶 $\{(\theta,\zeta)\}$ 的规则,依据图 2.1.4 中得出的理想掌握模式,计算出纯规则点 $(\theta_{R_i},\zeta_{R_i})$,依据 1 207 个研究对象测量的实际数据计算出实际反应模式对应的序偶 $(\theta_{X_i},\zeta_{X_i})$。再使用 Mahalanobis distance（马氏距离）来衡量学生实际反应模式的点与理想反应模式的纯规则点之间的距离,最小 Mahalanobis 距离被用来识别最可能的理想反应模式和相应的知识状态[①]。

三年级的学生主要集中在 AMPs 3,6,10,11 和 13,说明他们掌握了 A1、A2、A3、A4 和 A6 的熟练程度。四年级的学生主要集中在 5,9,11,12,15,16,18,19 和 22,表明他们在 3 年级的基础上进一步掌握了 A5 和 A9。五年级的学生主要集中在 AMPs 7,8,23 和 24,表明他们可以掌握几乎所有的属性。同时依据测评得到的学习进阶,也可对不同的学生制订个性化的补救方案,例如,对

① Birenbaum M,Tatsuoka K K. Diagnosing Knowledge States in Algebra Using the Rule-Space Model. Journal for Research in Mathematics Education,1993,24(5):442-459.

于只掌握 A1 和 A2 的学生,补救途径可以是 A3→A4→A5→A6→A9→A7→A8 或 A4→A6→A9→A3→A5→A7→A8。在第一种补救方法中,学生首先了解数字的大小,然后掌握整数的运算和应用,最后掌握分数和小数的运算。在第二种补救方法中,学生将首先提高他们对整数的数感,然后提高他们对分数和小数的数感。

表 2.1.4 数感的认知诊断分类结果①

序号	掌握模式	θ	总计(%)	三年级(%)	四年级(%)	五年级(%)
3	111000000	−4.16	8.2	25.45	0	0.23
5	110010000	−2.16	3.31	4.16	6.06	0
6	100101000	−4.16	7.37	19.74	1.26	1.88
7	111111100	3.62	5.3	0	2.27	12.91
8	111111110	5.48	5.39	0	1.77	13.62
9	100101001	−1.29	4.39	0.78	8.59	3.76
10	110100000	−3.69	6.96	20.52	0	1.17
11	110101000	−2.46	8.04	12.99	10.35	1.41
12	111101000	0.46	5.05	0.78	11.87	2.58
13	111100000	−2.46	3.81	9.61	1.52	0.7
14	111010000	0.94	3.23	4.94	4.29	0.7
15	110110000	−1.27	3.23	0	4.29	5.16
16	111101001	1.29	4.81	0.26	9.09	4.93
17	110101001	−1.03	5.47	0	12.37	3.99
18	111110000	1.94	3.31	0.52	5.05	4.23
19	110111000	−1.17	3.4	0	6.31	3.76
20	111111000	2.06	2.65	0.26	4.29	3.29
21	110111001	−0.29	3.23	0	4.8	4.69
22	111111001	2.77	3.4	0	5.05	4.93
23	111111101	3.73	5.3	0	0.76	14.32
24	111111111	6.2	4.14	0	0	11.74

五、启示与讨论

(一)启示

(1)认知诊断测评使核心素养的测评从理念性的描述转化为实践性操作。

到目前为止,学习测评的观念发生了两次重大的变革,第一次是由"学习的评价"到"为了学习的评价",第二次是从"为了学习的评价"到"评价是学习的一种方式"②。评价理念的变化要求核心素养的评价也应该强调学生使用评价去促进自己的学习,突出学生本身在学习中的主体地位和作用,能够制订个性化

① Fu Chen, Yue Yan, Tao Xin. Developing a learning progression for number sense based on the rule. space model in China. Educational Psychology, 2017, 37(2):128-144

② HARGREAVES. Assessment for learning? Thinking outside the (black) box. Cambridge Journal of. Education, 2005, 35 (2):213-224.

的评价方案和策略。然而,现有核心素养的评价仅停留在对水平的描述阶段,是一种表现性的标准,这种标准是学生被划入相应类别所需的特定表现(包括知识、技能和能力等)的最低水平描述[1]。描述性的评价在了解学生在核心素养方面的整体情况时,起到一定的作用,但很难做到个性化的评价。评价的结果主观性太强,因此,也难以提出可操作的培养措施和补救措施。核心素养的认知诊断测评将评价的目标整合到测评的体系中,依据学生的行为能力表现推测学生的素养水平,达到了通过外在表现推测内隐特征的目的。这种评价将学生的素养水平按照不同的理想掌握模型进行了细分,并且给每种掌握模式都制订了个性化的补救方案。可见,认知诊断测评技术可将核心素养评价的笼统性、混沌性转为清晰化,并且具有明确的时间操作性。为核心素养的评价,以及通过评价促进核心素养的培育起到了重要作用。

(2)核心素养的认知诊断测评兼具形成性和总括性评价的特点。

认知诊断测评通过分析学生在多维、细粒度等潜在认知属性上的差异,充分体现了学生诊断性、个性化的形成性评估,同时还通过知识链间的关系获取更恰当的学习路径和学习策略,关注统整性的总括性评价。核心素养自身的特征表明,它是一个人在某个方面的关键能力和重要品质,具有高度的抽象性和综合性,因此评价需要关注整合性,不宜将核心素养碎片化。但同时,由于核心素养的内隐性和综合性特征,在如何评价和培养学生的素养方面存在很大困难,因此,核心素养的评价还必须注重具体化和个性化等形成性评价。如 PIAS 中核心素养的评价既能够通过作答反映学生在思维品质上的差异,也可关注学生的个性化发展和创造性表现,有利于对学生进行个性化诊断[2]。核心素养的认知诊断测评可以汇报每一个学生的诊断报告,发现学生在学习中存在的问题,以及在整体中所处的水平,可以针对性地提出补救的方案和路径。在总括性评级方面,通过测评可以得到该核心素养的学习进阶,进一步为培养这一核心素养提供合理的路径和策略。学习进阶本身是修订课程标准、编写教材和教学与学习评价的重要基础,为整个教育教学的发展提供了有效的支持。认知诊断精细的过程性、个性化测评特点,为核心素养的测评提供了可操作的抓手;认知诊断对整个认知规律和学习进阶的把握,为核心素养的测评指明了整体方向。

(3)认知诊断测评为核心素养的计算机自适应测评奠定了基础。

学习测评发展的趋势是走向计算机自动化。"互联网+"时代的到来,给

---

① 刘欣颜,刘晟,刘恩山.学业质量水平等级标准设定及其启示——以小学科学学科为例.教育学报,2016(2):34-40.

② 胡典顺,雷沛瑶,刘婷.数学核心素养的测评:基于 PISA 测评框架与试题设计的视角.教育测量与评价,2018(10):40-46.

ICT 技术在学习测评中的应用提供了巨大的发展空间。美国的 ICT 测评技术已经开启了从"明确考试的范式"到"嵌入式评价范式"的转变。在"明确考试的范式"中,测评强调精准测查学生的学业表现;在"嵌入式评价范式"中,测评强调有针对性地及时反馈①。可见学习测评技术具有传统测评无法达到的众多优点,核心素养测评走向计算机自适应化是测评发展的必然局势。目前,PISA 和 NAP-SL 测试都已全部使用计算机自适应测评进行学业测评。然而,认知诊断理论作为计算机自适应测评的重要理论,为计算机自适应测评起到基础性的理论支撑。核心素养的认知诊断测评为核心素养的计算机自适应测评提供了前提条件。现有的学习测评分析工具,可通过学生的在线学习和测评,将结果以可视化形式呈现给学生,帮助学生分析自身学习的问题,促进反思,调整学习策略,以获得更大进步。"②无论学习测评的理念如何发展,都是以促进学习为目的的评价。未来核心素养测评可以通过数字化工具以及大数据、云计算等技术,将心理测量模型和具体的学科核心素养无缝嵌入到学生的学习和测评过程中,对学生的学习过程进行动态的隐形评价,以促进学生更好地学习。③

(二)讨论

核心素养的认知诊断测评无论从个性化的学生特征分析、综合性的学习进阶制定还是计算机自适应测评的理论准备方面,都具有明显的优势。但任何事物都有其两面性,我们必须看到核心素养的认知诊断测评存在的不足和需要改进的方面。首先,认知诊断测评理论强调的是对核心素养的具体化。当然,由于核心素养的抽象性和内隐形,"个体所具备的核心素养及其水平,必须借助于他们在具体任务中的实际表现加以推测④"核心素养具体化就是将其转化为"可观察的外显表现⑤",也即"具体化的学习结果⑥"。但同时,核心素养的具体化应该保持"精妙的平衡⑦"。核心素养的具体化并不意味着测评只关注局部而不考虑整体,更不可将评价碎片化。其次,认知诊断的测评基本上都是以 0 或 1 的二元状态评分,这

①　Redecker C. Systemin Johannessen. Changing assessment:Towards a new assessment paradigm using ICT. European Journal of Education,2013,48(1):79-96.

②　郭炯,郑晓俊.基于大数据的学习分析研究综述.中国电化教育,2017(01):121-130.

③　周皖婧,辛涛,刘拓."互联网＋"背景下的学生个性化学习系统开发:现状与启示.清华大学教育研究,2016,37(6):79-84.

④　杨向东.核心素养测评的十大要点.人民教育,2017,(Z1).

⑤　刘新阳,裴新宁.教育变革期的政策机遇与挑战——欧盟"核心素养"的实施与评价.全球教育展望,2014,43(4):75-85.

⑥　European Commission. Education and Training 2020 Work Programme:Thematic Working Group. Assessment of Key Competences:Literature review,Glossary and examples,2012:10:39

⑦　张华华,汪文义."互联网＋"测评:自适应学习之路.江西师范大学学报自然科学版,2016,40(5):441-455.

使得测评试题的编制有较大的局限性。核心素养的测评关注的是课程学习的"真实性学业成就"[①],真实性学业成就不只是习得事实性的学科知识和概念,还要能够运用这些知识或概念解决复杂的现实性问题[②]。因此,核心素养的测评需要在一定的情景中展开,测评项目需要有一定情境化、整合性和开放性的评价任务。当然,这一问题可能随着认知诊断测评的多级评分模型的成熟,可以得到较好的解决。认知诊断测评对技术的要求比较高,由于受技术门槛的限制,在测评的广泛普及方面受到了限制。这就需要专业人员开发普适性的核心素养测评的认知诊断测评平台,为更多的人员参与测评提供技术服务。

第二节　认知诊断学习测验项目开发

认知诊断测验可以反映被试作答项目时的心理特征和认知过程,进而了解被试在细粒度知识点上的掌握情况,成为形成性个性化测评的典范。认知诊断测验项目编制、检验与结果汇报严格遵循心理测验项目开发的范式,主要包括认知模型构建、项目编制与标定、模型选择与参数估计,以及个性化评价与学习路径等环节。详细解析认知诊断测验在各个环节的设计与操作过程,将认知诊断测验有效迁移到常态化的教育测评中,并对认知诊断理论对教育测评可能带来的改变进行深入的讨论,试图通过认知诊断测验项目开发和使用的过程分析为教育测评提供参考。

测量学经历了由传统的经典测量理论、概化理论,到 20 世纪 60 年代的项目反应理论,再到 20 世纪 90 年代的认知诊断理论的发展过程。经典测量理论一般只报告测验总分,项目反应理论基于被试在项目水平上的反应,利用项目反应模型分析被试整体或多个领域上的潜在能力水平。无论是经典测量理论还是项目反应理论均不能反映被试作答项目时的心理特征或认知过程,更不能获得被试在细粒度知识点上的掌握情况[③]。为了解决这些问题,认知诊断理论应运而生。认知诊断理论是在项目反应理论的基础上发展起来的新一代测评理论,它以项目的形式呈现给反应者,把反应者的反应结果作为诊断的数据,反应者的潜在特质作为属性,将这些属性表示为潜在变量,再用心理测评模型加

---

①　杨向东.指向学科核心素养的考试命题.全球教育展望,2018,47(10):39-51.

②　Chi M T H,Feltovich P J,Glaser R. Categorization and representation of physics problems by experts and. novices. Cognitive Science,1981,5(2):121-152.

③　夏梦连,毛秀珍,杨睿.属性多级和项目多级评分的认知诊断模型.江西师范大学学报(自然科学版),2018,42(2):134-138.

以分析,得到认知诊断结果的测评技术[①]。认知诊断测验通过认知分析,将测验目标整合到认知过程模型中,可以反映被试作答项目时的心理特征或认知过程,进而了解内部知识获得以及被试在细粒度知识点上的掌握情况。通过被试外在反应来了解其内部知识掌握状态,通过知识链间的关系获取更恰当的学习路径和学习进阶,更好地指导教学实践[②]。可见,认知诊断测试非常适合依据学生知识或技能的掌握状态对学生进行精细化的分类,采取形成性的评价手段,制订个性化的补救方案,在理论和技术上做到因材施教。但由于认知诊断技术门槛相对较高,就对认知诊断测评技术在教育中的广泛应用带了障碍。因此,本研究从教育使用者的角度,对认知诊断测验的编制和结果的分析做出详细的剖析,试图为教育工作者提供可操作的教育测量新方法。为了具体剖析认知诊断测验开发与使用的全过程,本书以 Tatsuoka 分数减法的测验为例,该测验包括 20 道试题,536 个被试,8 个属性[③]。

二、认知诊断测试项目的编制

(一)认知属性建构

属性是认知诊断理论中的一个重要概念,认知诊断本质上是对认知属性的诊断。Tatsuoka 认为认知属性就是程序性操作、产生式规则、项目类型或者一般的认知任务[④];Leighton 等人认为认知属性在教育测量中一般指完成一项任务所应具备的操作技能和知识结构[⑤]。可见,认知属性是对被试问题解决过程中心理内部加工过程的描述,是被试正确完成任务所需的知识、策略及技能等[⑥]。准备判定被测验领域的认知属性是认知诊断测验编制的第一步,也是最为重要的一步。但往往界定属性,尤其是厘清属性之间的层级关系是很困难的,属性层次既要符合学科逻辑思维,又要遵循学生认知规律。这要求属性层

①　Rupp A A,Templin J,Henson R A. Diagnostic measurement:Theory,methods,and applications. New York:Guilford,2010:92-125.

②　Tatsuoka K K. Toward an Integration of Item-response Theory and Cognitive Error Diagnosis. Frederiksen R G,et al . Diagnostic Monitoring of Skill and Knowledge Acquisition. Hillsdale:Erlbaum,1990:453-488.

③　Tatsuoka K K. Analysis of errors in fraction addition and subtraction problems. https://files. eric. ed. gov /fulltext/ED257665. pdf,1984-01-10.

④　Tatsuoka K K. Toward an Integration of Item-response Theory and Cognitive Error Diagnosis. Frederiksen R G,et al. Diagnostic Monitoring of Skill and Knowledge Acquisition. Hillsdale:Erlbaum,1990:453-488.

⑤　Leighton J P,Gierl M J. Defining and evaluating models of cognition used in educational measurement to make inferences about examinees' thinking processes. Educational Measurement:Issues and Practice,2007,26(2):3-16.

⑥　涂东波,蔡艳,丁树良.认知诊断理论、方法与应用.北京:北京师范大学出版社,2012:4.

次建构者在基于学科理解的基础上,充分了解学生的认知规律,既要有丰富的学科经验,又要有大量的学生知识。有研究认为目前的认知诊断属性在达到评估和诊断目的方面存在困难[1]。为了解决这一困难,国际上较为成熟的方法是学科专家、心理测评专家和一线教师协作,共同开发认知诊断属性层次。在具体操作方面,除了用传统的文献法,借鉴已有研究成果中属性的界定,再用专家论证法对属性进行修正之外,还可以采用心理研究方法来构建适合认知诊断的属性层次,如口语报告法、眼动研究等[2]。一般属性层级关系分为 5 种类型,如图 2.2.1 所示。

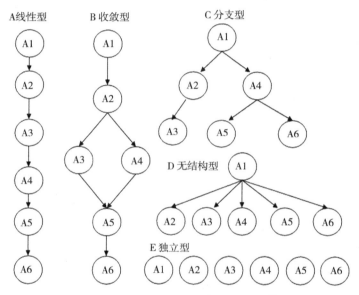

图 2.2.1 属性层次关系的基本类型[3]

Tatsuoka 将分数的减法分为 8 个属性,分别为①将整数转换为分数;②将整数与分数分开;③在相减之前进行简化;④找公分母;⑤从整数部分借位;⑥第一个分子借一位减去第二个分子;⑦分子相减;⑧化简结果。这一测试采

① Leighton J P,Gierl M J,Hunka S M. The attribute hierachy method for cognitive assessment:A variation on Tatsuoka's rule-space approach. Journal of Educational Measurement,2004,41(3):205-237.

② Gorin J. Manipulation of processing difficulty on reading comprehension test questions:The feasibility of verbal item generation. Journal of Educational Measurement,2005,42(4):351-373.

③ Gierl M J,Leighton J,Hunka S M. Using the attribute hierarchy method to make diagnostic inferences about respondents' cognitive skills. Leighton J P,Gierl M J. Cognitive diagnostic assessment for education:Theory and applications. Cambridge,UK:Cambridge University Press,2007:242-274.

用的是独立型的属性层级关系,即没有考虑属性之间的关系[1]。

(二)认知诊断测试的编制

认知诊断测试的编制依据属性结构建立的 Q 矩阵,Q 矩阵的核心功能是将被试不可观察的认知状态和在测验项目上可观察的作答反应相连接,从而达到推测被试知识状态的作用。Q 矩阵的产生首先依赖于认知属性层次关系,依据属性层次关系图,可产生邻接矩阵,得到可达矩阵。依据可达矩阵可计算出理想掌握模式、理想测验模式以及理想反应模式[2]。分数减法对应的 Q 矩阵如表 2.2.1 所示[3]。

表 2.2.1　Tatsuoka 分数减法 20 道试题属性考察表

序号	问题	属性								序号	问题	属性							
		A1	A2	A3	A4	A5	A6	A7	A8			A1	A2	A3	A4	A5	A6	A7	A8
1	$\frac{5}{3}-\frac{3}{4}$	0	0	0	1	0	1	1	0	11	$4\frac{1}{3}-2\frac{4}{3}$	0	1	0	0	1	0	1	0
2	$\frac{3}{4}-\frac{3}{8}$	0	0	0	1	0	0	1	0	12	$1\frac{1}{8}-\frac{1}{8}$	0	0	0	0	0	0	1	1
3	$\frac{5}{6}-\frac{1}{9}$	0	0	0	1	0	0	1	0	13	$3\frac{3}{8}-2\frac{5}{6}$	0	1	0	1	1	0	1	0
4	$3\frac{1}{2}-2\frac{3}{2}$	0	1	1	0	1	0	1	0	14	$3\frac{4}{5}-3\frac{2}{5}$	0	1	0	0	0	0	1	0
5	$4\frac{3}{5}-3\frac{4}{10}$	0	1	0	1	0	0	1	1	15	$2-\frac{1}{3}$	1	0	0	0	0	0	1	0
6	$\frac{6}{7}-\frac{4}{7}$	0	0	0	0	0	0	1	0	16	$4\frac{5}{7}-1\frac{4}{7}$	0	1	0	0	0	0	1	0
7	$3-2\frac{1}{5}$	1	1	0	0	0	0	1	0	17	$7\frac{3}{5}-\frac{4}{5}$	0	1	0	0	1	0	1	0
8	$\frac{2}{3}-\frac{2}{3}$	0	0	0	0	0	0	1	0	18	$4\frac{1}{10}-2\frac{8}{10}$	0	1	0	0	1	1	1	0
9	$3\frac{7}{8}-2$	0	1	0	0	0	0	0	0	19	$4-1\frac{4}{3}$	1	1	1	0	1	0	1	0
10	$4\frac{4}{12}-2\frac{7}{12}$	0	1	0	0	1	0	1	1	20	$4\frac{1}{3}-1\frac{5}{3}$	0	1	1	0	1	0	1	0

[1] Tatsuoka K K. Cognitive Assessment: An introduction of the rule space method. Routledge, New. York, 2009:41.

[2] 本书数据处理使用了江西师范大学涂冬波团队开发的认知诊断分析平台(flexCDMs). http://www.psychometrics-studio.cn

[3] Tatsuoka K K. Analysis of errors in fraction addition and subtraction problems. https://files.eric.ed.gov/ fulltext/ED257665.pdf, 1984-01-10.

二、认知诊断测验项目的检验

(一)认知诊断模型的选择

自 20 世纪 80 年代起,认知诊断理论已经开发出大量的认知诊断模型。在认知诊断测验项目检验中,选择恰当的认知诊断模型是准确检验与评估的重要前提[①]。不同模型应对不同的问题开发,因此需要依据自己的研究内容的性质,选择合适的模型进行诊断。以下依据认知诊断分析平台(flexCDMs)中给出的DINA、DINO、RRUM、ACDM、LLM、G-DINA 和 Mixed Model 等模型进行参数估计,并选择出最优化的模型。其各模型参数估计的结果如表 2.2.2 所示。

表 2.2.2　不同模型的参数统计[②]

模型	参数个数	偏差	AIC	BIC
DINA	295	8 804.908	9 394.908	10 658.73
DINO	295	9 399.068	9 989.068	11 252.89
RRUM	331	8 668.681	9 330.681	10 748.73
ACDM	331	8 577.134	9 239.134	10 657.18
LLM	331	8 539.851	9 201.851	10 619.92
G-DINA	445	8 313.038	9 203.038	11 109.49
Mixed Model	328	8 590.113	9 246.113	10 651.31

参数个数代表了该模型评估过程中的负荷,数目越小则负荷越小。AIC(akaike information criterion)指标是基于熵的、检验拟合数据优良性和模型复杂性的一种指标。AIC 的值越小,表明该模型拟合数据拟合越好。BIC(Bayesian information criterion,贝叶斯信息准则)与 AIC 相似,值越小,表明该模型拟合数据拟合越好。可见,一个好的模型这三个参数都应该相对较小。通过表 2.2.2 的比较可知,LLM 模型这三个指标都最低,该模型是相对最好的模型。

(二)测验的 Q 矩阵分析

1. 测验 Q 矩阵对项目难度参数的贡献率

Q 矩阵是整个认知诊断测验的基础,它的标定是否准确直接影响整个测验的质量。在对 Q 矩阵进行检验时,可以通过数据作答情况对 Q 矩阵作出调整。当然,更为重要的是 Q 矩阵的标定是否影响了难度,也就是看测验 Q 矩阵对项目难度参数的贡献率有多大,在一定程度上反映了 Q 矩阵的质量。首先通过数据可以计算出每道试题的难度,再通过难度对 Q 矩阵进行回归分析,依据回归

①　Rupp A A,Templin J,Henson R A. Diagnostic measurement:Theory,methods,and applications. New York:Guilford,2010:92-125.

②　涂冬波,蔡艳. 认知诊断模型的属性作用机制:R-RUM、NIDA 与 DINA 比较. http://www.paper.edu.cn /releasepaper/content/201312-128,2013-12-06.

方程的有效性可以说明测验 Q 矩阵对项目难度参数的贡献率大小。Tatsuoka 分数减法的难度对测验 Q 矩阵回归方程有效性检验如表 2.2.3 所示。

表 2.2.3 难度对测验 Q 矩阵回归方程有效性检验

模型	参数个数	偏差	AIC	BIC
DINA	295	8 804.908	9 394.908	10 658.73
DINO	295	9 399.068	9 989.068	11 252.89
RRUM	331	8 668.681	9 330.681	10 748.73
ACDM	331	8 577.134	9 239.134	10 657.18
LLM	331	8 539.851	9 201.851	10 619.92
G-DINA	445	8 313.038	9 203.038	11 109.49
Mixed Model	328	8 590.113	9 246.113	10 651.31

参数个数代表了该模型评估过程中的负荷,数目越小则负荷越小。AIC 指标是基于熵的、检验拟合数据优良性和模型复杂性的一种指标。AIC 的值越小,表明该模型拟合数据拟合越好。BIC 与 AIC 相似,值越小,表明该模型拟合数据拟合越好。可见,一个好的模型这三个参数都应该相对较小。通过表 2.2.3 的比较可知,LLM 模型这三个指标都最低,该模型是相对最好的模型。

2.属性层级一致性指标(HCI)分析

HCI 指标是用来检验被试作答模式与属性层次结构的一致性,旨在评估被试是否使用与解决测试项目时属性层次结构所指示的不同的认知技能。HCI 可用于评估观察到被试反应模式是否与认知模型一致并且确定整体模型数据拟合。尽管它是在 AHM 框架中开发的,但它适合检验 Q 矩阵的属性层次一致性。在认知诊断模型中,HCI 可以直接用于评估观察到的反应向量与 Q 矩阵的拟合,并据此确定被试的认知过程是否与 Q 矩阵中假设的认知过程一致。通过计算会对每个被试对层次的一致性给出 HCI 的值,代表了不同的被试在属性层次方面的一致性。但往往整个测验一般关注平均 HCI 值,该值代表了 Q 矩阵层次属性一致性的整体水平[1]。Cui 的研究表明,HCI 值高于 0.60 表明模型中等数据拟合,而高于 0.80 则表明拟合度非常好。一般认为 HCI 超过 0.70 就表示很好的模型-数据拟合[2]。

---

[1] Gierl M J, Hunka S M. The Hierarchy Consistency Index: A Person-fit Statistic for the Attribute Hierarchy. http://citeseerx.ist.psu.edu/viewdoc/download? doi=10.1.1.385.9771&rep=rep1&type=pdf,2006-04-12.

[2] Cui Y, Leighton J. The Hierarchy Consistency Index: Evaluating Person Fit for Cognitive Diagnostic Assessment. Journal of Educational Measurement,2009,46(4),429-449.

（三）测验的项目质量分析

1.区分度分析

项目区分度是经典测验理论和项目反应理论下重要的项目质量评价指标之一。同样，在认知诊断测验中，项目区分度也是刻画项目质量和影响属性分类准确率的重要因素[①]。对测验项目区分度的检验也可以从一定程度上反映测验的质量，必要时也可以作为选择项目优劣的评判指标之一。

在认知诊断测验中，通常将区分度 d_j 定义为

$$d_j = P_j(1) - P_j(0)$$

其中，$P_j(1)$ 是指掌握项目 j 所有属性答对该题的概率；$P_j(0)$ 是指未掌握项目 j 任一属性而答对该题的概率。通俗地讲，认知诊断测验中区分度就是完全掌握所有属性答对某一题的概率和完全靠猜测答对这一题的概率之间的差距。d_j 越小，说明是否掌握属性对作对这一道题的影响越小，即区分度小，反之，区分度大。当然，我们希望答对题目都是因为掌握属性起到关键作用，因此，较大的区分度是优质试题的标志。通过 LLM 模型计算可得出 Tatsuoka 分数减法 20 道试题的区分度如表 2.2.4 所示。

表 2.2.4　Tatsuoka 分数减法 20 道试题的区分度

项目编号	1	2	3	4	5	6	7	8	9	10
区分度	0.994 9	0.984 2	0.911 2	0.999 5	0.675 6	0.464 5	0.914 3	0.439 8	0.462 2	0.891 8
项目编号	11	12	13	14	15	16	17	18	19	20
区分度	0.934 5	0.993 9	0.743 5	0.868 8	0.954 3	0.877 4	0.926 6	0.995 7	0.910 5	0.952 6

依据表 2.2.4 对区分度的统计可以看出，这 20 道试题整体区分度较高，有四分之三的题目区分度到达了 0.8 以上，在区分度上表现优良。仅有第 6、8、9 三道试题区分度小于 0.5，区分度一般、尚有改进的空间。

2.项目拟合度分析

认知诊断模型能否拟合测验数据，直接决定诊断结果的准确性[②]，然而，传统的基于卡方的拟合检验方法不适用于认知诊断测验，这是由认知诊断的特性及卡方检验的使用条件所决定的[③]。因此，对于拟合度的分析一般有两种计算方式，一种是计算 $S\text{-}\chi^2$，$S\text{-}\chi^2$ 统计量与传统的 χ^2 统计量的不同之处在于它是根

---

① 汪文义，宋丽红，丁树良.分类视角下认知诊断测验项目区分度指标及应用.心理科学，2018，41（02）：475-483.

② 宋丽红，汪文义，戴海琦等.认知诊断模型下整体和项目拟合指标.心理学探新，2016，36（01）：79-83.

③ Rupp A A, Templin J, Henson R A. Diagnostic measurement: Theory, methods, and applications. New York: Guilford, 2010: 92-125.

据被试的能力或知识状态进行分组[1]。S-χ^2 统计量的优点是根据被试作答数据得分进行分组,克服了将在一个连续尺度上的能力进行分组的武断性,其拟合效果更符合认知诊断特征[2]。另一种是计算残差统计量,所谓的残差就是某一被试组所预期的项目反应理论成绩与该组实际成绩的差[3]。在认知诊断测验中,通常使用残差统计量 RMSEA 分析项目的拟合度。RMSEA 主要比较不同潜在分类下的观察反应和预测反应平方根误差。项目 j 的 RMSEA 计算公式为[4]

$$\text{EMSE } A_j = \sqrt{\sum_k \sum_c \pi(\theta_c) \left(P_j(\theta_c) - \frac{n_{jkc}}{N_{jc}} \right)^2}$$

其中,$\pi(\theta_c)$ 表第 c 类潜在特质水平的分类概率;P_j 表示由项目反应函数估计的概率;n_{jkc} 表示第 c 类潜在特质水平在第 j 个项目中的第 k 维度的期望人数;N_{jc} 表示第 c 类潜在特质水平的期望人数。依据以上公示计算得到 Tatsuoka 分数减法 20 道试题的残差项目拟合度,如表 2.2.5 所示。

表 2.2.5　Tatsuoka 分数减法 20 道试题的残差项目拟合度

项目编号	1	2	3	4	5	6	7	8	9	10
拟合度	0.230 7	0.135 6	0.148 2	0.216 0	0.199 6	0.255 4	0.212 6	0.229 7	0.228 4	0.200 6
项目编号	11	12	13	14	15	16	17	18	19	20
拟合度	0.152 6	0.238 9	0.169 4	0.209 9	0.128 6	0.213 8	0.149 7	0.288 8	0.145 6	0.171 9

RMSEA 的值越接近 0,说明项目拟合越好。在 Oliveri 和 von Davier 的研究中,RMSEA 的临界值被设定为 0.1,RMSEA>0.1 时说明项目拟合较差[5]。可见 Tatsuoka 分数减法在 RMSEA 拟合指标上整体表现较差。

3.项目功能差异分析

测验的公平性是大规模测验中广泛关注的问题,它直接影响测验是否公平和科学[6]。如果一项测试存在公平性问题,那么分数的解释、做出的决定及其后

---

① 谭辉晔.认知诊断项目拟合检验及其应用.江西师范大学,2015.

② Orlando M,Thissen D. Likelihood-based item-fit indices for dichotomous item response theory models. Applied Psychological Measurement,2000,24(1):50-64.

③ 漆书青,戴海崎,丁树良.现代教育与心理测量学原理.北京:高等教育出版社,2002:142-149.

④ Kunina-Habenicht O,Rupp A A,Wilhelm O. The Impact of Model Misspecification on Parameter Estimation and Item-Fit Assessment in Log-Linear Diagnostic Classification Models. Journal of Educational Measurement,2012,49(1),59-81.

⑤ Oliveri M E,von Davier M. Investigation of model fit and score scale comparability in international assessments. Psychological Test and Assessment Modeling,2011,53(3):315-333.

⑥ 关丹丹,乔辉,陈康等.全国高考英语试题的城乡项目功能差异分析.心理学探新,2019,39(01):64-69.

果都将是无效的、不合理的,甚至是有害的[1]。项目功能差异是针对测验的公平性而言的,测验项目开发者期望开发的测验项目对不同的被试是公平的,然而,在测验开发和测验过程中,难免会受到一些无关因素的影响。这些因素可能会对不同被试群体产生不同影响,使得能力相同的被试在测验上表现出不同程度的差异,这种差异被解释为项目功能差异(differential item function,简称DIF),其定义是指具有相同能力水平的被试,若在某项目上的得分因为被试组别的不同而显著不同时,则该试题可能存在DIF。具有DIF的项目可能对某一组别的考生不利而对其他组别的考生有利,从而有违考试的公平性原则[2]。如在 Tatsuoka 分数减法的测验中,利用 Wald 检验是否存在 DIF,得到表2.2.6。

表 2.2.6　Tatsuoka 分数减法测验 DIF 检验

项目编号	Wald	df	p	项目编号	Wald	df	p
1	2.711	8	0.951	11	1.433	8	0.994
2	0.066	4	1.000	12	2.854	4	0.583
3	0.424	4	0.981	13	29.733	16	0.019
4	46.445	16	0.000	14	3.693	4	0.449
5	1.602	16	1.000	15	1.036	4	0.904
6	1.719	2	0.423	16	3.768	4	0.438
7	2.015	8	0.981	17	0.770	8	0.999
8	4.620	2	0.099	18	23.736	16	0.095
9	2.233	2	0.327	19	146 034.493	32	0.000
10	28.725	16	0.026	20	65.44	16	0.000

一般认为 p 值小于 0.05 的项目存在 DIF,依据表 2.2.6 可知,第 4、10、13、19、20 试题存在项目功能差异。项目功能差异往往由不合理的测验内容所导致,因此在对测验进行检验时,应该考虑 DIF 对于学生作答的影响[3]。

4.信度分析

认知诊断测验可以从三个方面考查信度,分别为经典测评(CCT)中定义的信度、属性重测一致性指标和分类一致性指标。Templin 和 Bradshaw 提出的属性重测一致性指标与 CTT 中标准参照测验中决策一致性的 Subkoviak 方法类似,即在假设被试所掌握的属性概率不变的情况下,计算相同被试在先后两

① Allalouf A,Abramzon A. Constructing better second language assessments based on differential item functioning analysis. Language Assessment Quarterly,2008,5 (2):120-141.

② Camilli G. Test fairness[A]. Linn R L. Educational measurement. Westport, CT: American Council on Education,2006:220-256.

③ Johnson P,Tymms P. The emergence of a learning progression in middle school chemistry. Journal of Research in Science Teaching,2011,48(8):849-877.

次测量中属性掌握概率的相关性[1]。Cui 等人的分类一致性信度指标则是使用在经典测验和项目反应理论中计算分类一致性信度的思路而提出的[2]。通过计算得到表 2.2.7。

表 2.2.7 Tatsuoka 分数减法测验信度检验

CCT	Templin 信度指标		Cui 信度指标								
α 系数	分类准确性	分类一致性	A1	A2	A3	A4	A5	A6	A7	A8	Mean
0.938 8	0.241 4	0.563 4	0.953 5	0.948 1	0.686 8	0.998 6	0.993 8	0.668 8	0.99 2	0.841 3	0.885 4

通过表 2.2.7 的统计可以发现,该测验在 CCT 的信度和重测一致性指标上都体现较好。重测一致性指标平均值达到了 0.885 4,各属性的信度都在 0.6 以上,并且大部分达到了 0.9 以上。分类准确性和分类一致性指标偏低,这可能与其信度的定义方式有较大的关系。

四、认知诊断结果报告解析

(一)知识结构分析与个性化评价

对于经典测试而言,只能通过总分来体现学生的能力水平。但由于存在不同题型、不同内容以及不同学科之间的差异,不同性质的分数所代表的含义不尽一致,不同内容、不同题型存在等值性问题,所以简单的相加求总分的方式本身存在不合理的因素。然而项目反应理论虽然解决了试题和内容之间的等值性问题,将被试放在整体中来考察能力值,但是依然不能进行知识点内部的分析,做不到个性化诊断的效果。认知诊断测验了解学生在多维、细粒度的潜在认知属性上的差异[3],充分体现了学生诊断性、个性化的形成性,这是认知诊断最大的优点。认知诊断测验可以分析出每个学生在不同属性上的掌握概率,即知识结构,是一类以属性为基本分析单位的精细化测量模型。如图2.2.2所示,编号 12 和编号 31 的学生存在着不同的知识结构。

依据图 2.2.2 可以看出,编号 12 和编号 31 的被试得分相同,都为 15 分。但是他们表现出不同的知识结构。通过认知诊断 LLM 模型进行参数估计,得到编号 12 的知识状态为(00011111),这说明该被试掌握了后 5 个属性而没有掌握前 3 个属性。同样编号 31 被试知识状态为(11001110),他掌握了第 A1、A2、A5、A6、A7 属性,而没有掌握 A3、A4、A8 属性。认知诊断测验不仅可以汇

① Templin J,Bradshaw L. Measuring the reliability of diagnostic class.fication model examinee. estimates. Journal of Classification,2013,30(2):251-275.

② Cui Y,Gierl M J,Chang H H. Estimating classification consistency and accuracy for cognitive diagnostic assessment. Journal of Educational Measurement,2012,49(1):19-38.

③ Huebner A,Wang C. A note on comparing examinee classification me-hods for cognitive diagnosis. models. Educational and Psychological Measurement,2011,71(2):407-419.

报知识状态,还可以进一步得到各个属性掌握的概率。如图 2.2.2 所示,虽然编号 12 被试掌握属性 3 的概率为 0.802 3,但最终认定为未掌握;编号 31 被试掌握属性 A2 的概率为 0.788 6,但最终认定为该属性已掌握。通过不同的属性掌握模式以及属性掌握模式的概率,可以进一步了解不同学生的不同知识结构,进而为个性化的评价和进一步制订补救学习方案提供重要依据,让因材施教成为可能。

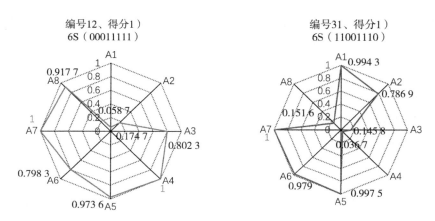

图 2.2.2　得分相同学生的知识结构比较

(二)学习路径分析与学习进阶建构

认知诊断测验作为新兴的测量理论,融合了认知心理学和现代测量学理论和方法,不仅可以对被试的微观认知结构进行诊断分析,还能对被试群体的宏观能力进行评估。对被试群体的宏观能力评估主要体现在两个方面,其一是学习路径,所谓学习路径,也就是知识状态的层级结构,刻画了存在偏序关系的知识状态之间的关系[1];其二是学习进阶,学习进阶和学习路径具有相似之处,前者更强调发展阶段,后者更强调发展轨迹。虽然学习进阶自提出到现在已有 20 多年,但仍没有统一的定义。从学生的认知发展角度分析,学习进阶是将儿童在概念方面的发展介入具体的教育领域,进而深化对儿童认知发展规律的认识[2]。学习进阶将学生抽象的概念理解过程具体化,用进阶水平表示学生的认

① Tatsuoka K K. Cognitive assessment:An introduction to the rule space method. Routledge,2009:12-34.

② 高一珠,陈孚,辛涛,等.心理测量学模型在学习进阶中的应用:理论、途径和突破.心理科学进展,2017,25(09):1623-1630.

知发展过程[①]。然而,认知诊断理论为解决学习进阶的问题提供了新的思路。首先需要通过聚类分析,依据不同知识状态的能力值建立学习路径,进一步通过能力值划分得到学习进阶。

在学习路径建立的过程中,假设学生对概念的理解是遵从先易后难的顺序的,即学生会先掌握属性层次关系中的基本属性,再掌握难度较大的高阶属性。因此,位于低水平的属性应该容易掌握,位于高水平的属性应该较难掌握。依据此特点,通过各种不同知识状态的聚类,将聚类后的知识状态按照能力值,可以绘制出学习路径,如图 2.2.3 所示,在该路径图中可以针对不同知识状态的学生选择不同的学习路径。在学习路径的基础上,可以依据能力值的不同对被试群体划分进阶水平,每一进阶水平包含了多种属性掌握模式,这些属性掌握模式便可为该进阶水平提供更丰富的信息,由此可对学习进阶各水平进行科学界定。

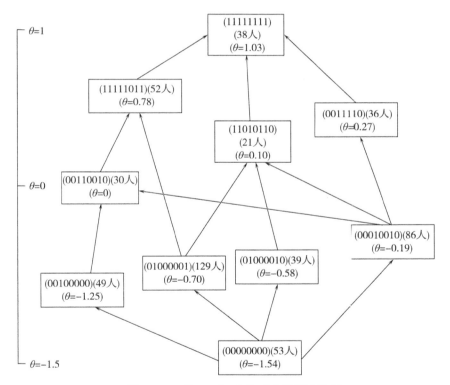

图 2.2.3　Tatsuoka 分数减法学习路径图

---

①　Duschl R,Maeng S,Sezen A. Learning progressions and teaching sequences:A review and analysis. Studies in Science Education,2011,47(2):123-182.

据图 2.2.3 可知,属性掌握模式(00010010)和(00111110)相比,位于知识状态(00111110)的被试掌握了位于知识状态(00010010)的所有属性,并且还多掌握了其他属性,可记为(00010010)≤(00111110),也就是说这两个知识状态之间存在层级关系,即存在(00010010)→(00111110)的路径。由于(00000000)≤(00010010)≤(00111110)≤(11111111),因此这些知识状态之间可以刻画出一条学习路径:(00000000)→(00010010)→(00111110)→(11111111)。学习路径从低端到顶端代表了不同的能力水平,反映了知识状态之间的能力关系,可以清楚地刻画学生的发展过程,为学生从低层次学习水平发展到高层次学习水平指出了明确的路径和方向。因此,学习路径不仅可以为学生提供个性化、精细化的诊断报告,还可以为教师补救教学提供依据。

在学习路径的基础上,还可以进一步制定学习进阶,如图 2.2.3 所示,所有知识状态所包括的能力值 $\theta \in (-1.5, 1)$,可将 θ 以 0.5 为一个单位进行划分,将整个知识状态划分为 5 个能力区间,依次从低到高。这样就形成了 5 层次水平的学习进阶。由于各个能力值范围内都包括了具体的知识状态,知识状态又对应具体的属性,因此可以通过属性包括的具体内容对学习进阶的各水平做出较为准确的界定。

五、启示与讨论

(一)启示

1. 认知诊断测验大幅度提高了测验的结构效度

认知诊断测试是将测验的目标整合在测验编制的过程中,测验的编制是严格依据属性以及属性间的层级关系的,每个项目都承载着不可替代的诊断信息,同时也追求以最少的测试项目测出学生最多的认知信息,因此认知诊断测验试题本身就具有认知诊断的功能。这与传统的依据双向细目表得到的经典测验的试题最大的区别在于,认知诊断测验具有严格的内部结构,项目的编制充分利用认知规律并将学生认知过程和项目紧密地结合在了一起。然而经典测验仅强调试题考查的覆盖面,内部结构较差。可见,将认知诊断应用到教育测验中,可以帮助教育工作者系统地设计结构效度较高的测验工具,同时可以帮助研究者和实践者分析背后影响学生作答试题的认知结构[1]。认知诊断测验依据学生行为能力表现推测学生能力水平,达到了通过外在表现推测内隐特征的目的。这种测验将学生的能力水平按照不同的理想掌握模型进行了细分,认知诊断测评技术可将教育测验的笼统性、混沌性更加清晰化,并且提供了明确

---

① 王立东,郭衎,孟梦.认知诊断理论在数学教育评价中的应用.数学教育学报,2016,25(6):15-19.

的学习路径,让测评成为学生学习的一部分。促进了学习测评观念从"为了学习的评价"到"评价是学习的一种方式"的转变[1]。

2.认知诊断测验兼具形成性和终结性测评的功能

认知诊断测评通过分析学生在多维、细粒度的潜在认知属性上的差异,充分体现了学生诊断性、个性化的形成性评估;同时还通过知识链间的关系获取更恰当的学习路径和学习进阶,关注统整性的终结性评价。因此,认知诊断是一种兼具形成性和终结性测评的功能的综合评价形式[2]。认知诊断测验可以汇报每一个学生的诊断信息,包括每个学生掌握的属性以及各个属性掌握的概率,可以依据不同知识状态之间的包含关系,为不同知识状态下的学生选择个性化的学习路径和补救方案,同时针对性地找到每位学生在学习中存在的问题,以及在整体中所处的水平,为学生准确的自我定位和自我诊断提供参考。在终结性评价方面,通过对不同知识状态的聚类分析,得到学生学习路径图,进一步通过能力水平的划分得到测验内容的学习进阶,该进阶为测验的垂直量尺化提供了可能。所谓垂直量尺化就是测试同学科的不同水平测验转换到同一分数量尺上[3]。同时学习进阶本身是修订课程标准、编写教材和教学与学习评价的重要基础,为整个教育教学的发展提供了有效的支持。认知诊断精细的过程性、个性化测评特点,为学习测评提供了可操作的抓手;建立在整体认知规律基础上的认知诊断测验为学习测评指明了方向。

3.认知诊断测验为计算机自适应测验奠定了基础

学习测评发展的趋势是走向计算机自动化。"互联网＋"时代的到来,给ICT技术在学习测评中的应用提供了巨大的发展空间。美国的ICT测评技术已经开启了从"明确考试的范式"到"嵌入式评价范式"的转变。在"明确考试的范式"中,测评强调精准测查学生的学业表现;在"嵌入式评价范式"中,测评强调有针对性的及时反馈[4],可见学习测评技术自适应性具有传统测评无法达到的众多优点,学习测评走向计算机自适应化是测评发展的必然局势。目前,PISA和NAP-SL测试都已全部使用计算机自适应测试进行学业测评,认知诊断理论作为计算机自适应测验的重要理论,为计算机自适应测验起到基础性的理

① Hargreaves E. Assessment for learning? Thinking outside the (black) box. Cambridge Journal of. Education,2005,35 (2):213-224.

② 詹沛达,陈平,边玉芳.使用验证性补偿多维 IRT 模型进行认知诊断评估.心理学报,2006,48(10):1347-1356.

③ Harris D J. Practical issues in vertical scaling. Dorans N J,Pommerich M,Holland P W. Linking and aligning scores and scales. New York:Springer-Verlag,2007:233-251.

④ Redecker C. Systemin Johannessen. Changing assessment:Towards a new assessment paradigm using. ICT. European Journal of Education,2013,48(1):79-96.

论支撑。认知诊断测评为学习测评的计算机自适应测试提供了前提条件,现有的学习测评分析工具,可通过学生的在线学习和测评,将结果以可视化的形式呈现给学生,帮助学生分析自身学习的问题,促进反思,调整学习策略,以获得更大进步[①]。无论学习测评的理念如何发展,都是以促进学习为目的的评价。未来学习测评可以通过数字化工具以及大数据、云计算等技术,将心理测量模型和具体的学科知识无缝嵌入学生的学习和测评过程中,对学生的学习过程进行动态的隐形评价,以促进学生更好地学习[②]。

（二）讨论

认知诊断测评无论是个性化的学生特征分析、综合性的学习进阶制订还是计算机自适应测验的理论准备方面,都具有明显的优势。但在利用认知诊断进行具体的学科内容测评时,首先应该依据学科特点和学生对学科知识的认知规律,清晰明确地界定属性及其属性关系。认知属性是认知诊断测评最基础性的工作,基于认知属性模型,编制反映认知加工过程的测验项目,再使用心理测量模型分析数据,就可以诊断出学生的知识状态与认知结构[③],属性的认定对整个测验起着至关重要的作用,同时属性也是心理测评和教育内容的具体结合点。其次,要解决好数据驱动与学科内涵的关系。通过认知诊断测试的编制过程可以发现,对认知诊断测试的检验有多个指标,显然,一项测试要实现所有检验指标都优良是很难的,甚至是不可能的,因此,当通过数据检验某项指标相对偏低时,应该结合具体的学科特点,重新审视该项目的合理性,不能一味地数据化,这样会损失掉很多具有学科价值的信息[④]。因此,一个高质量的认知诊断测试项目编制需要心理测量专家、教育专家和一线教师的共同合作,将认知诊断测评引入具体的学科测评中,并进行大规模的推广,还有很多工作要做。

第三节　国际大规模测试的测评框架分析

测评作为检验和监控教育质量最直接的环节,对教育教学的改革和发展起着导向作用。国际大规模测试 PISA、TIMSS 与 NAEP 为国际间的比较和交流

---

① 郭炯,郑晓俊.基于大数据的学习分析研究综述.中国电化教育,2017(01):121-130.

② 周皖婧,辛涛,刘拓."互联网＋"背景下的学生个性化学习系统开发:现状与启示.清华大学教育研究,2016,37(6):79-84.

③ 张启睿,边玉芳,陈平,等.小学低年级学生汉字学习认知诊断研究.教育研究,2019,40(01):76-85.

④ 高一珠,陈孚,辛涛,等.心理测量学模型在学习进阶中的应用:理论、途径和突破.心理科学进展,2017,25(09):1623-1630.

提供了可靠的依据。测评框架作为一项测评的最核心的主体,体现着测评最关键的要素。聚焦最新的 PISA、TIMSS 与 NAEP 数学测评框架,在梳理和分析框架的基础上,从知识领域和认知领域对这三个测评进行比较分析。得出"测评内容:聚焦发展学生的数学核心素养;测评问题:情景化导向的真实问题解决;测评技术:趋向现代测评与计算机自适应测评"的启示,为教育教学改革和测评的发展提供参考。

测评作为教育教学改革的关键环节,历来受到教育界的广泛关注。20 世纪以来,尤其是 2009 年中国上海首次参与 PISA 测试以来,国际大规模测试成为我国教育研究焦点话题。国际大规模测试为衡量国际间不同国家的教育水平提供了一个可参考的依据,让国际教育比较有了一个相对统一的标准。同时,由于国际大规模测试参与国家广泛,测试内容和框架的设计考虑到不同国家的教育实际。在一定程度上,国际大规模测试的设计框架代表了当下该学科关注的核心问题和关键能力。随着测评观念从"为了学习的评价"到"评价是学习的一种方式"的转变[①],测评与学习密不可分,"测评和学习正如同一枚硬币的两个面[②]",可见明确的测评框架对引导教学和学生的学习发展至关重要。因此,本研究选取国际上具有广泛代表性的 PISA、TIMSS 和 NAEP 三大测评为研究对象,以 PISA-2018 数学测评框架、TIMSS-2019 八年级数学测评框架及 NAEP-2017 八年级数学测评框架为载体,通过对比分析,明确学生数学学科核心特点和发展趋势,为进一步丰富数学学科核心素养的内涵和深入理解数学学科内容提供参考。

一、PIAS、TIMSS 与 NAEP 测试概述

国际学生能力评估项目(programme for international student assessment,PISA)是国际经济合作与发展组织(简称经合组织,organization for economic co-operation and development,OECD)发起和组织的国际大规模学生评估项目,旨在考查学生参与社会所具备的必备知识和关键能力。"PISA 评估 15 岁左右的学生在义务教育即将结束时获得的知识和技能的程度,这些知识和技能对于充分参与现代社会至关重要。评估不只确定了学生是否能再现知识;它还考察了学生如何从他们所学的知识中进行推断,以及如何在学校内外的陌生环

---

① Hargreaves E. Assessment for learning? Thinking outside the (black) box. Cambridge Journal of Education,2005,35(2):213-224.

② National Research Council. National Science Education Standards. Washington. DC:National Academy press,1996:67.

境中应用这些知识。[①]"该项目自 1997 年开始,每三年评估一次,起初主要集中在学校的核心科目,如阅读、数学和科学,自 2012 年开始评估学生的金融素养和全球竞争力。PISA 除认知方面的测验外,还通过问卷调查的方式收集影响学生经济、社会、文化和教育因素的指标,进一步从教育体制、学校、教学以及学习者四个层面分析这些指标与学生学习成就之间的关系。PISA 整体框架包括三个方面的指标:①主要学科领域考察的知识与技能方面的指标;②与知识技能相互联系的社会、经济、文化、人口分布和教育背景等方面的环境背景指标;③通过数据的持续收集,说明测试成绩发生变化的发展趋势指标。通过这些指标信息的收集与分析,PISA 测试主要关注四个方面的内容:①学习成果的质量;②教育过程的有效性和效率;③学习成果的等价性和学习机会的均等性;④教育对社会经济的影响。[②] 可见,PISA 提供的信息已超越了三个主要领域的国际间的排名比较,其成果涉及的范围更加广泛,如学生的学习动机、自信心以及学习策略等[③],试图通过综合学校、教师、家长和学生各方观点,从社会、经济、文化和教育等多方面因素出发,为各国政策和研究提供信息。

　　国际数学和科学趋势研究(the trend of international mathematics and science study,TIMSS)是由"国际教育成就评估协会"(international association for the evaluation of educational achievement,IEA)组织、美国波士顿学院 TIMSS 国际研究中心设计和实施的一项教育研究。TIMSS 主要衡量学生数学和科学方面的知识和能力。早在 20 世纪 60 年代初,IEA 就组织了第一次国际数学与科学测评,80 年代初又组织了第二次测评。1995 年,在美国科学基金会(national science foundation,NSF)和美国国家教育统计中心(national center for education statistics,NCES)提供的资金支持下,IEA 发起并组织了第三次国际数学和科学测评(the third international mathematics and science study,TIMSS),之后每四年测评一次。为了体现测试的延续性,将第三次(third)改为趋势(trend),因此 TIMSS 也就演变成为国际数学和科学评价趋势研究。[④] 到 2019 年,TIMSS 进入第 3 个十年和第 7 个数据收集周期,大约有 60 个国家使用 TIMSS 趋势数据来监测其教育系统在全球范围内的有效性,TIMSS 2019 约

　　① OECD. PISA 2018 Assessment and Analytical Framework. (2019-04-19)[2019-08-16]. https://www. oecd-ilibrary. org/docserver/b25efab8-en. pdf? expires = 1566117324&id = id&accname = ocid49026773&checksum=9330 51EF557DA 5C8011210DA141BEFBD.

　　② 王蕾. PISA 在中国:教育评价新探索. 比较教育研究,2008(02):7-11.

　　③ OECD. Learning for Tomorrow's World: First Results from PISA2003. Paris:OECD,2004:23-25.

　　④ 郑超超,杨涛. TIMSS 课程模型及测评框架的演变及启示. 外国中小学教育,2019(06):25-32.

70 个国家参与。因此,TIMSS 被誉为国际上规模最大、最为严密、最具综合性、持续时间最长的国际比较教育研究。[①]

美国国家教育进展评估(the national assessment of educational progress,NAEP)是美国国会授权的,由美国教育部国家教育统计中心(NCES)和教育科学研究所(IES)管理的项目,是全美代表性的、大规模的持续性学生评估。[②] NAEP 评估涵盖阅读、数学、科学、写作、美国历史、公民学、地理和其他学科,测试 4、8、12 三个年级学生的学业成就。通过收集和报告国家、州和地方各级学生的表现信息,旨在衡量美国中小学生在不同学科的学习成绩趋势。NAEP 发端于 20 世纪 60 年代,1969 年开展了第一次评估,1990 年以后确定每两年一次的测评周期[③]。NAEP 每次的评价结果都会以"国家报告卡(the nation's report card)"的形式发布,详细报告每个年级段学生的学业成就,以供社会、学校、教育领导者、决策者、课程专家、家长及研究人员等群体了解国家教育质量的总体状况。其报告结果只针对具有相似特征的学生群体(如性别、种族和民族、学校所在地),而不针对个别学生。通过 NAEP 评估,为国家教育管理和政策制定提供基础性数据,以改善教育体系决策,同时也为学校一线教学质量的改善提供有力支持,发挥着促进学生个性发展和适应社会需要的作用[④]。

二、PIAS、TIMSS 与 NAEP 数学测评框架梳理

(一)PISA 数学测评框架

1. 数学素养的定义

数学素养是一个人在各种情境下表述、运用和解释数学的能力。它包括数学推理和使用数学概念、过程、事实和工具来描述、解释和预测现象。它能帮助个人认识数学在世界上所起的作用,并为具有建设性、积极参与和善于反思的公民做出有充分根据的判断和决策[⑤]。PISA 中对数学素养的定义是和个人生活实践紧密联系的,强调了数学问题解决的情境性。其素养模型如图 2.3.1 所示。

① 赵中建,黄丹凤.教育改革浪潮中的"指南针"——美国 TIMSS 研究的特点和影响分析.比较教育研究,2008(02):1-6.

② 张迪,王瑞霖,杜宵丰.NAEP 2013 数学测评分析框架及试题特点分析.教育测量与评价,2018(03):51-56.

③ Lee J,Grigg W,Dion G. The Nation's Report Card:Mathematics2007(NCES 2007-494). National Center for Education Statistics,Institute of Education Sciences,U. S. Department of Education,Washington,D. C,2007.

④ Jago C. A History of NAEP Assessment Frameworks. (2009-03-19)[2019-08-16]. https://files. eric. ed. gov/fulltext/ED509382. pdf

⑤ OECD. PISA 2012 Assessment and Analytical Framework. (2013-04-19)[2019-08-16]. http:// www. oecd. org/ pisa/pisaproducts/PISA%202012%20framework%20e-book_final. pdf

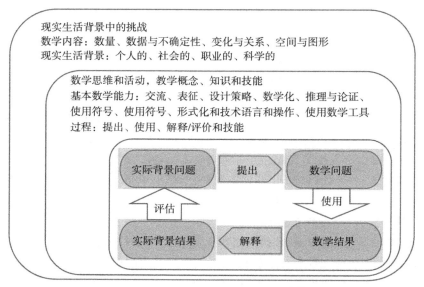

图 2.3.1 实践中的数学素养模型①

PISA 中的数学素养旨在将数学建模的概念整合到数学素养定义中。如图2.3.1 所示,数学素养体现在数学建模的全过程中,强调学生积极参与数学,包括数学推理与使用数学概念、过程、事实和工具来描述、解释和预测现象。特别是动词"提出""使用"和"解释"指出了学生作为积极的问题解决者而参与的三个过程。数学建模历来是 PISA 数学框架的基石②。当个人使用数学和数学工具在现实生活中解决实际问题时,他们的工作将经历一系列阶段,进而构成一个数学建模周期。建模周期是 PISA 学生积极解决问题概念的一个核心方面,然而,通常没有必要参与建模周期的每个阶段,特别是在评估实际问题时③。问题解决程序经常执行建模周期的一些步骤,但并不都需要所有的步骤。

2.组织数学领域

1)数学的过程与能力

PISA 中数学的过程包括按数学的方式制订方案,使用数学概念、事实、过

---

① OECD. PISA 2018 Assessment and Analytical Framework. (2019-04-19)[2019-08-16]. https://www. oecd-ilibrary. org/docserver/b25efab8-en. pdf? expires = 1566117324&id = id&accname = ocid49026773&checksum=933051EF557DA5C8011210DA141BEFBD.

② OECD. The PISA 2003 Assessment Framework: Mathematics, Reading, Science and Problem Solving Knowledge and Skills. (2004-04-15)[2019-08-16]. http://dx. doi. org/10. 1787/9789264101739-en.

③ Blum W, Galbraith P L, Henn H W, et al. Modelling and applications in mathematics education. New York: Springer, 2007:3-33.

程和推理,以及解释、应用与评估数学结果三个方面。基本数学能力包括数学交流、数学表征、推理论证、问题解决、使用符号、形式化、技术语言和操作,以及使用数学工具八种能力。不同的能力在不同的数学过程中又存在具体的表现,具体如表 2.3.1 所示。

表 2.3.1 数学过程与基本数学能力之间的关系①

数学能力	以数学的方式制定方案	使用数学概念、事实、过程和推理	解释、应用与评估数学结果
数据交流	阅读,分析,理解语句,问题,任务,对象或图像,以形成一个具体情况的认知模型	阐明一个解决方案,展示达成一个解决方案所涉及的工作,总结和展示中间数学结果	在问题的背景下构建并交流解释和论据
数学化	识别现实问题中潜在的数学变量和结构,并做出假设,以便使用它们	利用对情境理解来指导或促进数学求解过程,例如,将问题的精确度提高到适当的水平	了解由所使用的数学模型所产生的数学解的范围和限制
数学表征	创建真实世界信息的数学表示	在与问题交互时,理解、关联和使用各种表示形式	解释各种形式的结果;比较或评价两种或以上相关关的表述
推理论证	解释、辩护或为已确定的或设计的真实情况的表示提供理由	解释、辩护或提供数学结果或解决方案的过程和程序,将信息片段连接起来,得出数学解决方案,进行归纳或创建一个多步骤的参数	反思数学解决方案,并创建支持、反驳或限定情境问题的数学解决方案的解释和论据
问题解决	选择或设计计划或策略以数学方式重新构建实际问题	通过多步骤的过程激活有效和持续的控制机制,从而得到数学解决方案、结论或概括	设计并实施一项策略,以解释、评估及验证有关问题的数学解决方案
使用符号、形式化和技术语言和操作	使用适当的变量,符号,图表和标准模型,以使用符号/形式语言表示现实世界的问题	理解并使用基于定义、规则和形式化系统的形式化结构,以及使用算法	理解问题情境与数学结果表示之间的关系、在具体情境中解释解决方案,并评估方案的可行性和局限性
使用数学工具	使用数学工具来识别数学结构或描述数学关系	了解并能适当使用各种工具,以协助执行确定数学解的过程和程序	使用数学工具来确定数学解决方案的合理性,以及具体情境中的局限性

2)数学内容知识

PISA 主要涉及数量、数据与不确定性、变化与关系,以及空间与图形四大领域的知识。但 PISA-2018 与之前的 PISA 的框架不同,其内容主题与这四大

① OECD. PISA 2018 Assessment and Analytical Framework. (2019-04-19)[2019-08-16]. https://www.oecd-ilibrary.org/docserver/b25efab8-en.pdf? expires = 1566117324&id = id&accname = ocid49026773&checksum=933051EF557DA5C8011210DA141BEFBD.

领域没有进行一一对应。内容主题主要涵盖代数表达、函数、方程与不等式、坐标系、平面与立即图形以及之间的关系、测量、数与单位、算数运算、比例与比率、计数原理、评估、数据收集、数据可变性和它的描述、样本与抽样，以及机会与概率等方面的内容。

3）面临数学挑战的背景

为了应对 21 世纪的各种环境的挑战，PISA 测试使用了各种各样的背景。适当的数学策略和表示方式的选择通常取决于数学问题出现的背景。语境被广泛认为是解决问题的一个方面，它对问题解决者提出了额外的要求[①]。PISA 测试的背景主要包括四大方面，即个人的、社会的、职业的和科学的。个人背景集中在一个人的自我、家庭或同伴群体的活动上，涉及食物准备、购物、个人健康、个人交通、个人日程安排和个人理财。社会背景涉及投票系统、公共交通、公共政策、人口统计、国家统计和经济等。职业背景涉及测量、成本计算和订购建筑材料、质量控制，以及与工作相关的决策等。科学背景涉及天气或气候、生态学、医学、空间科学、遗传学、测量和数学世界本身等领域。

3. 评估数学素养

PISA 将数学素养划分为 6 个水平，每个水平的表现形式如表 2.3.2 所示。

表 2.3.2 PISA 2018 中六个数学水平的概述[②]

水平	描述
6	学生可以对复杂情境问题进行调查和建模，对信息进行概念化、概括和利用，在非标准化的环境中使用知识。这些知识可以链接不同的信息源和表示，并进行灵活的转换。学生具有高级数学思维和推理能力，可以运用符号和形式的数学运算和关系来开发新的方法和策略，以解决新的情况。学生能够反思自己的行为，依据自己的发现进行解释、论点制定并准确地传达自己的行为和反思
5	学生可以为复杂情境开发和建构模型，识别约束和指定假设。他们可以选择、比较和评估解决问题的策略来处理与这些模型相关的复杂问题。学生可以运用宽广的思维和推理技能对关系表示、符号形式表征等进行有策略、有洞见的建模。有一定的反思活动，并能进行沟通、解释和推理
4	学生通过建立直观模型处理复杂情况，这些情况可能涉及实际生活的各个方面，需要进行限制或做出假设，需要选择和整合不同的表征，包括符号。学生可以利用有限的技能范围，并可以在简单的情境中进行一些有洞察力的推理。学生可以根据自己的论点解释结果

---

① Watson J, Callingham R. Statistical literacy: A complex hierarchical construct. Statistics Education Research Journal, 2003, 2(2): 3-46.

② OECD. PISA 2018 Assessment and Analytical Framework. (2019-04-19)[2019-08-16]. https://www.oecd-ilibrary.org/docserver/b25efab8-en.pdf? expires = 1566117324&id = id&accname = ocid49026773&checksum=933051EF557DA5C8011210DA141BEFBD.

续表

水平	描述
3	学生可以执行清晰描述的过程,包括那些需要顺序决策的过程。他们能够提供简单模型以及选择和应用简单的问题解决策略的基础。学生可以根据不同的信息源解释和使用表征,并直接进行推理,有处理百分比、分数和小数以及比例关系的能力。解决策略体现基本的解释和推理
2	学生可以在不需要直接推理的情况下解释和识别情境。他们可以从单一来源中提取相关信息,并利用单一的表征模式。这个水平的学生可以使用基本的算法、公式、程序或约定来解决涉及整数的问题。他们能够对结果做出字面上的解释
1	学生可以回答熟悉情境的问题,该情境中所有相关的信息都是存在的,问题是明确的。他们能够识别信息,并在明确的情况下根据直接指示进行常规程序,能够进行明显的数学操作

(二)TIMSS 数学测评框架

TIMSS 数学测评系统将课程作为对教育结果产生影响的最重要的变量。这是 TIMSS 数学测评系统构建的核心,它既是整个测评系统设计的出发点,也是结果呈现和解释的归结点。测评系统将课程置于三个不同而又相互联系的层面进行分析,建立起一个共同或能普遍接受的概念框架,分别由预期课程、实施课程和达到课程构成[①],具体如图 2.3.2 所示。

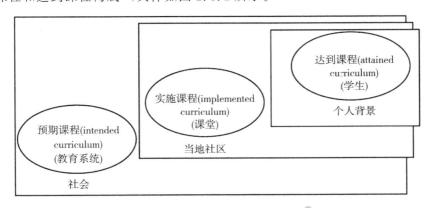

图 2.3.2　TIMSS 测评系统构架图[②]

TIMSS-2019 测评框架基本与之前的版本保持一致,但为了更好地反映参与国的课程、标准和框架,对特定主题进行了适当的调整。TIMSS-2019 侧重于向 eTIMSS 的过渡,因此数学框架适用于数字和纸质评估格式。目标是有利于

---

① 王鼎.国际大规模数学测评研究.上海师范大学,2016.

② Devid F. Robitaille & Robert A. Garden. TIMSS Monograph 1: Curriculum Frameworks for Mathematics and Science. Canada: pacific Educational Press: 1993: 26

计算机的评估,开始采用新的和更好的评估方法,特别是在应用和推理领域①。TIMSS 数学测评框架围绕两个主题展开,即数学内容和数学认知过程。内容维度指定了评估的主题,认知维度指定了评估的思维过程。表 2.3.3 和表 2.3.4 分别对这两个维度做了统计。

1. 内容维度

表 2.3.3　TIMSS2019 八年级内容维度统计表②

领域	主题	表述
数量 (30%)	整数	1.体现对数字和运算性质的理解;查找并使用倍数和因子,识别素数,求数的正整数乘方,求 144 以下的完全平方根,解决涉及整数平方根的问题; 2.用正数和负数计算和解决问题,包括通过数轴或各种模型的运动
	分数和小数	1.使用各种模型和表示,对分数和小数进行比较和排序,并确定等效分数和小数; 2.计算分数和小数,包括问题情境中的那些
	比例与比率	1.确定并找出等价比率,用比率来模拟给定的情况,根据给定的比例除以一个量; 2.解决有关比例或百分比的问题,包括百分比与分数或小数之间的转换
代数 (30%)	表达式,运算和方程式	1.求给定变量值的表达式或公式的值; 2.简化包含和、乘积和幂的代数表达式,比较表达式以确定它们是否相等; 3.写出表达式、方程或不等式来表示问题的情况; 4.解线性方程(组)和不等式,包括那些模型真实生活的情况
	关系与函数	1.用表格、图形或文字生成线性函数的表示形式,理解线性函数的斜率、截距等性质; 2.解释生成简单非线性函数(如二次函数)的表示形式,并概括序列中的模式关系
几何 (20%)	集合图像与测量	1.利用线与几何图形中角之间的关系来解决问题,包括角和线段的度量等; 2.认识平面图形并使用它们的几何性质来解决问题,如周长、面积和勾股定理的问题; 3.认识几何变换(平移、反射和旋转),全等和相似三角形和矩形,并解决相关问题; 4.认识立体图形并利用几何性质来解决问题,将立体图形与相应的平面表示联系起来
数据与概率 (20%)	数据	1.从一个或多个数据源读取和解释数据以解决问题; 2.确定收集资料的适当程序、组织和表示数据以帮助回答问题; 3.计算、使用或解释统计值,汇总数据分布;认识离散和异常值的影响
	概率	对于简单和复合事件:确定理论概率(等可能性结果)或估计经验概率(基于实验结果)

---

① Mullis I V S,Martin M O,Goh S,et al. TIMSS 2015 encyclopedia:Education policy and curriculum in mathematics and science. Retrieved from Boston College. (2016-08-12)[2019-08-21]. http://timssandpirls. bc. edu/ timss2015/encyclopedia/

② IEA. Introduction of TIMSS 2019. (2019-04-15)[2019-08-16]. http:// timssandpirls. bc. edu/ timss2019/ frameworks/framework-chapters/introduction/monitoring/.

2.认知维度

表 2.3.4　TIMSS2019 八年级认知维度统计表[①]

认知维度	子维度	描述
知道 (35%)	回忆	回顾定义、术语、数字属性、度量单位、几何属性和符号(例如,$a\times b=ab$,$a+a+a=3a$)
	认识	认识数字、表达式、数量、形状、等价关系以及简单几何图形的不同方向
	分类排序	根据常见属性对数字、表达式、数量和形状进行分类
	计算	会整数、分数、小数组合的混合运算,进行简单的代数运算
	提取	从图、表、文本或其他来源提取信息
	测量	使用计量器具;并选择合适的测量单位
运用 (40%)	明确	确定有效的、适当的操作、策略和工具,以解决常用实际问题
	表征建模	以表或图的形式表示数据,创建方程、不等式、几何图形或图表来模拟问题情况,并为给定的代数式或关系生成等效表示
	实施	执行策略和操作来解决涉及熟悉的数学概念和程序的问题
推理 (25%)	分析	确定、描述或使用数字、表达式、数量和形状之间的关系
	综合整理	联结不同的知识元素、相关的表示和过程来解决问题
	评估	评估备选的问题解决策略和解决方案
	得出结论	根据信息和证据作出有效的推论
	概括	用更一般、更广泛适用的术语表述关系
	辩驳	提供数学参数来支持策略或解决方案

(三)NAEP 数学测评框架

1.测评内容

NAEP 在测试的内容上做了详尽的描述,主要包括数字属性与操作、测量、几何、数据分析统计概率及代数等五大领域,对每个领域都进行了细致的划分和描述,表 2.3.5 列举了 NAEP-2017 八年级数学的具体信息。

---

①　IEA. Introduction of TIMSS 2019. (2019-04-15)[2019-08-16]. http:// timssandpirls. bc. edu/ timss2019/ frameworks/framework-chapters/introduction/monitoring/.

表 2.3.5　　NAEP 2017 八年级数学的测评内容描述 ①

领域	子维度	描述
数字属性与操作（20%）	数感	进位制、数的不同表示及其之间转换、绝对值、数的比较排序
	估计	估计平方根和立方根、估计结果的合理性、设计评估策略
	数字操作	有理数计算、解释运算及其关系、有数字（估值）解决实际问题
	比例推理	用比例描述问题、分数表示比例、比例（百分比）建模与解决问题
	数字运算属性	奇偶数、因子分解、素数、倍数以及解决问题、余数、使用计算属性
	数字推理	解释或证明数学概念或关系、用数学参数解释两个或以上分数的操作
测量（15%）	测量物体属性	物体属性测量与估计、解决涉及平面图形、立体图形、速度、人口密度等问题
	测量系统	选择测量单位、单位转换、实际问题中选择测量精度、解决涉及比例绘图的问题
	三角形测量	解决涉及间接测量的问题，例如通过倒影测量建筑物共度的问题
几何（20%）	面积与图形	绘制并描述点之间最短路径，描述几何形状，用平面图形描述立体关系
	图形变化与属性	识别平面图中的对称问题，非正式描述平面图形，证明相识与全等
	几何图形的关系	应用勾股定理等几何属性和关系或模型解决平面和空间中的简单问题，描述或分析平行线或交叉线的属性和关系
	解析几何	两个或多个几何图形的焦点、截面、使用平面上的直角坐标表示几何图形
	几何数学推理	制作并测试关于正多边形的几何猜想
数据分析、统计概率（15%）	数据表征	实际问题中数据的估计和计算，选用适当的数据表针形式，比较数据的不同表示
	数据集的特征	解释和辨别中位数、平均数等差异和影响，并通过散点图对数据作出预测
	实验与样本	确定抽样中可能的偏差来源，区分随机和非随机样本，评估实验的设计
	可能性	确定简单事件和复合事件的理论概率并进行模拟或估算，使用理论概率来评估或预测实验结果，确定样本空间并确定事件的可能结果，解释实际问题中的概率
代数（30%）	模式关系、函数	创建模式，序列或线性函数，将函数区分为线性或非线性关系，解释斜率或截距
	代数表征	会用不同形式的线性表达并解释，会用坐标表示并解决问题，表示函数关系及性质
	变量表达操作	会用代数表达式，方程式或不等式，用适当的工具对线性代数表达式进行操作
	方程和不等式	解线性方程和不等式，用斜率、截距描述线性关系，评估使用常用公式
	代数数学推理	制定，验证和证明有关线性关系的结论和概括

---

① NAEP. Mathematics Framework for the 2017 National Assessment of Educational Progress. (2017-02-18)〔2019-08-20〕. https://www.nagb.gov/content/nagb/assets/documents/publications/frameworks/mathematics/2017-math-framework.pdf

2.项目数学复杂性与平衡性设计

NAEP 数学测试项目旨在测量特定的思维水平(称为项目的数学复杂性),每个评估项目都与具体的数学内容区域相关联。NAEP 中的项目的数学复杂性分为基本、熟练和高级三个水平,这三个水平形成对于项目可能对学生提出的需求的有序描述。基本水平是指部分掌握必要的知识和技能,而这些知识和技能是每个年级熟练工作的基础;熟练水平是指每一个评估等级的扎实的学术表现,达到这一水平的学生已经证明了他们在具有挑战性的主题方面的能力,包括主题知识、将这些知识应用于实际情况以及适当的分析技能;高级水平是指卓越的表现。例如,基础水平要求学生回忆一个性质;在中等水平,项目可以要求学生在两个性质之间建立联系;在高层次上,项目可能要求学生分析数学模型中的假设。其排序并不表明数学的学习路径,也不代表数学的教学路径。使用复杂程度来描述每个项目的维度,可以在评估设计中平衡数学思维。

NAEP 数学评估的结构复杂,评估的设计考虑到了多个方面的平衡。项目的内容平衡充分涵盖广泛的内容,并根据每个内容区域的所需分布在每个年级;项目根据数学上的复杂程度对学生提出不同的要求,进行项目数学复杂性平衡;评估还考虑到不同项目格式之间的平衡,即多选题、简答项目和扩展性解答项目之间的平衡;同时还考虑到问题背景之间的平衡,即纯粹数学背景和现实数学背景之间的平衡。在项目的设计时除了这些平衡外,还考虑到了包括如何在 NAEP 的设计中使用抽样、使用计算器,以及使用操纵装置和其他工具。通过使用系列项目以达到所有学生的无障碍问题。

三、PIAS、TIMSS 与 NAEP 比较分析

(一)知识领域的比较

在内容的考察上,PISA 分别在数量、变化与关系、空间与图形,以及数据与可能性这四个领域进行了较为均衡的考察,比例各占四分之一。以 PISA 为基准将 TIMSS 中的代数归为变化与关系领域。在 NEAP 中,将测量归为数据与可能性领域,将代数归为变化与关系领域。这样聚类可能存在少部分内容归类不是很准确,但基本反映了这三个测评的考察情况。同时,这四个方面的考察也比较符合我国在初中阶段课程设计的要求。通过统计分析,这些领域在考察中所占的比例如图 2.3.3 所示。

依据图 2.3.3,可以看出 PIAS、TIMSS 与 NAEP 这三大测评在内容上基本保持了各大领域的平衡性。尤其是对数据与可能性这一部分的考察,都保持了相对较高的比例,这一点与我国学生的考察有较大的差异。由于受考察形式的影响,数据分析在标准化测试中往往较难考察,因此我国在这方面的考察相对

比较欠缺①。在考察内容的安排方式上,这三种测评也表现出较大的差异,PIAS 以具体情境为依托,将不同的数学内容融入情境中考察,充分体现了学生的数学素养,是一种素养导向下的内容分布体系;TIMSS 将不同领域的内容按照不同的认知层次进行了分配,关注内容和认知的有效平衡;而 NAEP 在对考察的内容做了精确的划分,对每一个考察点做了详细的说明,是一种内容导向型的考察体系。

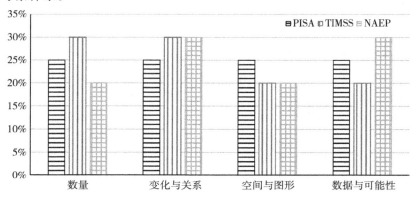

图 2.3.3　PISA、TIMSS 与 NAEP 四个内容领域考察比例

(二)认知领域的比较

在对学生的认知要求上,PIAS、TIMSS 与 NAEP 这三个测评有较为明显的差异。PISA 测试制定了明确的素养测评体系和立体化的能力、过程测评框架。素养测评框架将素养的测量和数学建模的过程融到一起,在数学模型构建的过程中体现素养测评,这样就充分考虑了测量的现实性,充分引导将数学问题融入现实生活,使得数学不再冷峻单调。PISA 测试还将数据的基本能力和数学活动的过程有效地结合起来,将每一种核心能力融入数学活动的过程中,使得测量更加明确,这为创建高质量的测评工具提供了有力的保障。同时 PISA 较为详细地划分了数学素养的六个水平,为素养的评分提供了可操作的依据。

TIMSS 测试没有明确提出数学核心素养,但测评具有明确的认知维度。将认知维度分为知道、运用、推理三个层次,并对三个层次做了详细的划分和具体的说明,也对不同认知水平的考察比例做了规定。这样的设计使得内容和认知两个维度可以双向交叉匹配,进而提高了测试的内部一致性,在知识和能力上保持了较好的张力,有助于开发符合学生认知的、较高品质的测试工具。

① 张维忠,陈虹兵.中澳数学课程标准内容深度比较——基于初中学段"统计与概率"的分析.教育学报,2012,8(05):29-36.

NAEP 相对于 PISA 和 TIMSS 来说,其对认知维度的要求较为笼统,也没有对认知水平做明确的划分,整个测试的考察仅考虑到了数学的复杂性。NAEP 是在整体上把握考察难度和考察内容的一致性。这样有助于把握测评的整体性,但很难达到较好的内部效度。

四、启示

(一)测评内容:聚焦发展学生的数学核心素养

发展学生的核心素养已经成为引领 21 世纪教育改革的风向标,对素养的重视程度已达到了前所未有的高度。PIAS、TIMSS 与 NAEP 这三大测评都把测量学生的数学核心素养放在测评的核心地位。PIAS 测试是以数学问题解决的建模过程,为基本载体构建起了数学素养的测评体系,学生在问题解决过程中体现数学的素养。PISA 话语体系中数学素养比数学过程更重要,它包含更广泛的知识和技能,能更普遍地帮助学生储备成人生活所必需的知识和技能[①]。PISA 并不希望只是纯粹地拓宽知识和技能的广度,而是想囊括未来成人生活所需的那些"重要的"(primarily)、"本质的"(essential)知识和技能[②]。TIMSS 与 NAEP 测试则是以数学的核心知识集为载体,构建起学生素养测评的框架,将学生的素养融入核心知识和基本数学能力的获得过程中[③]。《美国学校数学教育的原则和标准》强调,在日新月异的现代社会,精通数学的人将比数学能力缺乏的人拥有更多创造未来的机会和可能性,也因此有可能享有更精彩的人生。[④] 因而,学生的数学素养已不仅仅是为学好数学课程服务,已远远超越了课程教学的目的,成为未来生活的基础。TIMSS 测试的目的是为学生进入 STEM 职业领域打好基础[⑤],NAEP 的测评更是强调学生解决实际问题的能力,为更好的生活做准备。

(二)测评问题:情景化导向的真实问题解决

荷兰著名数学教育家弗赖登塔尔(Han Freudenthal)的"现实数学教育"思想,积极倡导数学必须连接现实,必须贴近学生,必须与社会相关联,要体现人的价值,所以数学的学习(包括数学的考试评价需要)与现实生活紧密联系[⑥]。

---

① 刘磊明."素养"的另一副面孔——以 PISA 为例. 比较教育研究,2019,41(08):44-51+58.

② OECD. Measuring Student Knowledge and Skills:A New Framework for Assessment. Paris:OECD Publishing,1999:16.

③ 孔企平. 国际数学学习测评:聚焦数学素养的发展. 全球教育展望,2011,40(11):78-82.

④ National Council of Teachers of Mathematics. Principles and standards for school mathematics. Reston,VA:Author,2000:8

⑤ Mulis I V S,Matin M O. TIMSS Advanced 2015 Asesment Frameworks. (2015-04-14)[2019-08-24]. http://tims. bc. edu/tims2015-advanced/downloads/TA15 _ Frameworks_FulBook. pdf.

⑥ 徐斌艳."现实数学教育"中基于情境性问题的教学模式分析. 全球教育展望,2000(4):28-33.

核心素养的测评关注的是课程学习的"真实性学业成就"[①],真实性学业成就不是仅仅习得事实性的学科知识和概念,而是能够运用这些知识或概念解决复杂的现实性问题[②]。核心素养发展所依托的真实情境,实质是个体的各种日常实践[③],也就是说,发展个体的核心素养,需要通过创设机会,让个体通过参与所处文化日常实践中的真实活动进行学习。PISA 测试强调将真实世界的信息转换至数学问题上,并建立正确的数学表征,再运用数学概念、步骤和方法解决数学问题,获得结论并做出恰当的解释,突出考查学生基于现实生活情境解决问题的能力。在 NAEP 数学试题中,问题的情境来源于学生各种实际生活场景,问题本身并不脱离现实情境,常常是学生在生活中确实能够遇到并值得思考的问题,与此同时,学生对问题的解答也并非完全抽象出数学本身,而是最终会回到问题情境中[④]。将数学问题融入真实生活情境中,不但考察了学生的数学素养,同时也使得数学更加具有实际价值,进一步拉近了数学和生活的距离。

（三）测评技术:趋向现代测评与计算机自适应测评

现代化测评理论和技术是指导未来大规模测试的方向。现有的 PISA 测试数据处理已经用到了项目反应理论、等值性测试等测评方法,其对数据的分析更加科学合理,能够更好地利用测试的数据。目前,PISA 测试已全部使用计算机自适应测试进行学业测评。这种转变不仅仅是试题呈现方式的转变。计算机测试为学生提供了更多学习和理解数学的机会,同时拓宽了考查学生能力的范围。例如,PISA 试题要求学生从测试题内嵌的网站中获取有关"身体质量指数"的有效信息,测查学生"对信息分类整理并有效地计划分类"能力等。[⑤] TIMSS-2019 更加专注于测试的计算机化,数学测评框架的设计更加适用于计算机和纸质评估格式,其目标是利用计算机评估的好处,开始采用新的、更好的评估方法,特别是在应用和推理领域[⑥]。然而,无论学习测评的理念如何发展都是以促进学习为目的的评价。未来学习测评可以通过数字化工具以及大数据、

①　杨向东. 指向学科核心素养的考试命题[J]. 全球教育展望,2018,47(10):39-51.

②　Chi M T H,Feltovich P J,Glaser R. Categorization and representation of physics problems by experts and. novices. Cognitive Science,1981,5(2):121-152.

③　Brown J S,Collins A,Duguid P. Situated Cognition and the Culture of Learning. Educational Researcher,1989 (1):32-42.

④　张迪,王瑞霖,杜宵丰. NAEP 2013 数学测评分析框架及试题特点分析. 教育测量与评价,2018 (03):51-56.

⑤　张楠. 国际数学素养测评:体系架构与实践经验——《数学素养的测评——走进 PISA 测试》评价. 数学通报,2018,57(04):60-62.

⑥　International Study Center. TIMSS 2019 Mathematics Framework. (2019-06-14) [2019-08-24]. http://timss2019. org/wp-content/uploads/frameworks/T19-Assessment-Frameworks. pdf

云计算等技术,将心理测量模型和具体的学科知识无缝嵌入学生的学习和测评过程中,对学生的学习过程进行动态的隐形评价,以促进学生更好地学习①。

第四节　职前教师数据分析素养认知诊断测评

数据分析素养作为教师数据素养的核心组成部分,不仅深刻影响着学生数据分析能力的获得,同时还关系到教育教学的科学决策。认知诊断作为新一代测评理论,在个性化测评方面有着独特的优势。本节利用该理论构建职前教师数据分析素养的认知属性,开发数据分析素养的测评工具,依据测量数据,选择合适的认知诊断模型,并对测验的拟合度和信度进行分析,进而形成职前教师数据分析素养的测评体系。利用该体系对 531 名职前教师数据分析素养进行测评,从得分与属性掌握概率、学习路径和知识状态三个方面做了分析。最后得出"认知属性结构的建构是认知诊断测评的基石;认知诊断测评使教育测评走向科学化、实证性的路线;面向用户的测试平台建设使认知诊断测评普及成为可能"的启示,为素养的测评提供了新视角。

随着大数据时代的到来,社会各个领域都发生了实质性的变革,人工智能、"互联网＋"、精准医疗及计算教育学等异军突起。一场由数据所引发的时代变革已经悄然到来②。由于数据的普及性和广泛性,数据素养已经成为未来人们生活所必须的基本素养之一,数据素养已经逐渐从部分高端技术人员拥有的专业化走向每个公民都必须具备的大众化,从特定行业领域走向全社会③,当然,也成为新时代教师必备核心素养。自 20 世纪 80 年代舒尔曼提出学科知识理论体系以来,有关教师应具备什么样的知识的问题成为教师教育研究的热点。这种知识不仅包括学科的基础理论知识,还包括教育教学观律、学生学习与发展的知识。数据素养作为教师具备的关键能力,同样成为关注的焦点。它不仅在教师课堂教学中起到重要作用,能够深刻影响学生数据分析能力的获得,在解决学生学习过程的需求方面也是重要助力,通过收集相关数据、分析解释数据,帮助教师做出科学的教学决策④。数据分析作为数据素养的核心组成部分,

---

① 周皖婧,辛涛,刘拓."互联网＋"背景下的学生个性化学习系统开发:现状与启示.清华大学教育研究,2016,37(6):79-84.

② 刘雅馨,杨现民,李新,田雪松.大数据时代教师数据素养模型构建.电化教育研究,2018,39(02):109-116.

③ 胡斌武,林山丁,沈吉.基于 KSAO 模型的教师数据素养培养研究.教育探索,2019(05):90-94.

④ MANDINACH E B. A perfect time for data use: using data-driven decision making to inform practice Educational Psychologist,2012(2):71-85.

对教师数据素养的提升起到关键作用。本研究利用新一代测评理论——认知诊断测评,构建职前教师数据分析素养的测评体系。该方法以测试项目的形式呈现给被试者,把被试的测试结果作为诊断数据,被试的潜在特质作为属性,将这种特征作为被试的潜在变量,结合心理测评模型加以分析,得到被试的诊断结果[①]。职前教师数据分析素养测评体系不但为教师数据素养的测评提供了依据,而且为其他素养的测评提供了新视角。

一、数据分析素养的认知属性建构

数据素养由特定的知识库和技能集组成,人们通过分析、理解数据,并对数据进行有效的加工,提取信息,帮助决策[②]。然而,教师的数据素养,主要在于通过将数据转化为有用的信息,最终形成可操作的技能和知识库的能力。数据素养对教师教育教学起到关键的支撑作用这一观点已成为共识,但教师的数据素养还有待进一步提升。正如 Batanero 和 Díaz 所述,职前教师在数据分析方面存在较大的问题,这从其学生对数据分析的基本原理知之甚少就可以看出[③]。许多老师在构建学生的统计知识方面遇到困难,因为他们自己没有机会发展对数据分析实践基础的原理和概念的准确知识[④]。可见,测评职前教师的数据分析素养、分析教师在数据分析素养方面存在的问题,并提出补救措施,成为提升教师数据分析素养必要的基础。

数据分析的根源可以部分追溯到传统的描述性统计,但目前数据分析的含义强调组织、描述、表示和分析数据,严重依赖于图表、图形等可视化表征。Jones 等人在梳理相关文献和认知诊断模型的基础上,形成了表征统计思维的框架并通过验证做了进一步完善。该框架由组织数据、表征数据、分析数据和解释数据四个维度构成,将每个维度划分为四个思维水平,代表了从特质到分析推理的连续过程,并对每个思维水平做了详细的操作性定义,可以据此进行编码[⑤]。该模型较为系统地分析了数据分析的过程和思维变化。Mooney 将统

---

①　Rupp A A,Templin J,Henson R A. Diagnostic measurement:Theory,methods,and applications. New York:Guilford,2010:92-125.

②　MANDINACH E B,GUMMER E. A systematic view of implementing data literacy in educator preparation. Educational Researcher,2013(1):30.

③　Batanero C,Díaz C. Training teachers to teach statistics:What can we learn from research? Statistique et Enseignement,2010(1):5-20.

④　Franklin C,Kader G,Mewborn D S,Moreno J,Peck R,Perry M,Scheaffer R. Guidelines for assessment and instruction in statistics education (GAISE) report:A pre-K-12 curriculum framework. Alexandria,VA:American Statistical Association. Retrieved February 8,2018,from http://www.amstat.org/asa/education/Guidelines-for-Assessment-and-Instruction-in-Statistics-Education-Reports.aspx,2007.

⑤　Jones G A,Thornton C A,Langrall C W,et al. A framework for characterizing children's statistical thinking. Mathematical Thinking & Learning,2000,2(4):269-307.

计思维(statistical thinking)刻画为四个维度:描述数据、整理和概括数据、表示数据,以及分析和解释数据[1]。Holmes 提出了数据分析五个方面的素养:数据的收集、数据的记录与表示,数据的提炼,概率,以及解释与推断。在此基础上,Reading 建立的统计思维框架包括:整体情况、数据收集、数据制表和呈现、数据概括,以及解释和推论[2]。这些研究成为数据分析素养属性划分的基础性文献,为数据分析素养属性划分起到了关键支持性作用。Arican 等人将数据分析素养划分为四个方面,分别为表示和解释数据、依据样本推断整体、选择适当的统计方法分析数据,以及理解和应用概率的基本概念,并对每个方面做了细致的划分还在此基础上,对职前教师数据分析素养做了认知诊断测评[3]。在上述研究基础上,结合专家访谈结果,将数据分析素养划分为以下 8 个属性。

A1:阅读,组织和表示数据。

A2:用适当的方法描述和解释数据。

A3:基于数据做出推断。

A4:用样本数据得出总体结论。

A5:解释和计算集中趋势和分散的度量。

A6:总结和描述分布。

A7:研究双变量数据中的关联模式。

A8:数据的随机性与机会。

二、职前教师数据分析素养测试编制及其属性标定

认知诊断测评最大的特点是其测评试题具有高度的内部一致性,测试依据认知诊断属性的考查进行编制。认知诊断测验编制过程通过认知属性的分析,将测验目标整合到认知过程模型中,可以反映被试作答项目时的心理特征或认知过程,进而了解内部知识获得以及被试在细粒度知识点上的掌握情况。通过被试外在反应来了解其内部知识掌握状态,通过知识链间的关系获取被试的学习信息,更好地指导学习[4]。认知属性和测试项目之间的联系已经超越了简单的双向细目表的格式,而是利用更加具有操作性和内部一致性的 Q 矩阵进行关联。Q 矩阵的核心功能是将被试不可观察的认知状态和在测验项目上可观察

① dward S Mooney. A Framework for Characterizing Middle School Students' Statistical Thinking. Mathematical Thinking and Learning,2002,4(1):20.

② Chris Reading. Profile for Statistical Understanding. ICOTS6,2002.

③ Arican,Muhammet,Okan Kuzu. Diagnosing Preservice Teachers' Understanding of Statistics and Probability:Developing a Test for Cognitive Assessment. International Journal of Science and Mathematics Education 2019,6:1-20. https://doi.org/10.1007/s10763-019-09985-0

④ Tatsuoka K K. Analysis of errors in fraction addition and subtraction problems. https://files. eric. ed. gov/ fulltext/ED257665. pdf,1984-01-10.

的作答反应相连接,从而达到推测被试知识状态的作用[①]。在认知诊断测评编制中,Q矩阵为整个测评工具的编制起到了结构化统领的作用。为了更好地提高测试的质量,本研究采取对已有成熟试题进行编码和改编的形式形成数据分析素养的认知诊断测评工具,借鉴了Arican等人的部分试题[②]和TIMSS2012的部分试题[③]。部分样题和考查属性如表2.4.1所示。

表2.4.1 数据分析素养的样题及其属性考查

项目编号	考查内容	属性考查							
		A1	A2	A3	A4	A5	A6	A7	A8
1	在一个15人的小组里,如果一个学生的成绩提高了30分,我们可以说小组学生成绩的平均值是多少? A)平均值不变　　　B)平均提高2分 C)平均提高15分　　D)平均提高30分	0	0	1	0	1	0	1	0
9	在一门外语课上,学生年龄的算术平均数是20。女生年龄的算术平均值等于男生年龄算术平均值的三分之二。对于这门课,如果男生人数是女生人数的两倍,则女生年龄的算术平均数是多少?	0	0	1	0	1	0	1	0
10	关于五个人体重的信息如下: 1.梅米特体重为72公斤,等于五个人总体重的算术平均数 2.安斯的重量比阿里轻10公斤 3.艾哈迈特比阿里重5公斤 4.艾利夫的体重等于艾哈迈特体重的三分之二 利用以上信息,计算艾哈迈特的体重	0	0	1	0	1	0	1	0

　　数据分析素养的测评工具由19道测试题目组成,该题目的编制和选取充分权衡了认知属性的考查比例。为了更好地标定不同试题属性的考查,试题的标定采用两组"背靠背"独立标定的方法,两组专家标定的结果一致性达到91.37%,有较高的一致性。对存在分歧的标定结果进行讨论,形成了以下认知属性矩阵表,如表2.4.2所示。

---

① 涂东波,蔡艳,丁树良.认知诊断理论、方法与应用.北京:北京师范大学出版社,2012:5.

② Arican, Muhammet, Okan Kuzu. Diagnosing Preservice Teachers' Understanding of Statistics and Probability: Developing a Test for Cognitive Assessment. International Journal of Science and Mathematics Education 2019,6:1-20. https://doi.org/10.1007/s10763-019-09985-0

③ TIMSS & PIRLS international study center. TIMSS 2011 Released items mathematics-eighth grade. https://timssandpirls.bc.edu/timss2011/international-released-items.html

表 2.4.2　数据分析素养的 Q 矩阵

项目编号	A1	A2	A3	A4	A5	A6	A7	A8
1	0	0	1	0	1	0	1	0
2	1	0	1	0	0	1	1	0
3	1	0	1	1	0	1	0	0
4	1	0	1	0	1	0	0	0
5	1	0	0	1	0	1	1	0
6	0	0	1	0	1	0	1	0
7	0	1	0	0	1	0	0	0
8	0	1	0	1	0	0	0	0
9	0	0	1	0	1	0	1	0
10	0	0	1	0	1	0	1	0
11	0	1	0	0	0	0	0	0
12	0	1	0	0	0	1	0	0
13	1	0	1	0	0	1	0	0
14	1	0	1	0	0	0	0	0
15	0	1	1	0	0	0	0	0
16	0	1	1	0	0	0	0	1
17	0	0	1	1	0	0	1	0
18	0	0	0	0	0	0	0	1
19	0	0	1	0	0	0	0	1

三、认知诊断模型选择与测试工具的有效性分析

（一）认知诊断模型的选择

1.测试的拟合度

认知诊断理论发展到今天，已经出现了适应不同条件和情境的多种模型。在认知诊断测验项目检验中，选择恰当的认知诊断模型是准确检验与评估的重要前提[①]。模型的选择可以依据模型的假设条件以及算法理论进行分析，甄别模型是否符合研究的具体问题情境。但认知诊断模型相对都比较复杂，要分析清楚每一个模型的原理存在较大的困难，因此，一般采取数据驱动的方式，在可获得的模型中通过数据分析对比，从中选出比较适合的模型。以下选取 DINA、DINO、rRUM、LLM、ACDM、GDM、LCDM、G-DINA 和 Mixed Model 等模型进行参数估计[②]。评估数据来自 531 名职前教师对上述 19 个项目的作答结果，通过运行数据，得到各模型参数估计的结果如表 2.4.3 所示。

---

① Rupp A A，Templin J，Henson R A. Diagnostic measurement：Theory，methods，and applications. New York：Guilford，2010：92-125.

② 本书数据处理使用了江西师范大学涂冬波团队开发的认知诊断分析平台（flexCDMs），http://www. psychometrics-studio. cn

表 2.4.3 不同模型的参数统计

模型	参数个数	偏差	AIC	BIC
DINA	293	9 840.89	10 426.89	11 679.40
DINO	293	9 856.19	10 442.19	11 694.69
rRUM	324	9 604.26	10 252.26	11 637.28
LLM	324	9 610.32	10 258.32	11 643.34
ACDM	324	9 630.05	10 278.05	11 643.07
GDM	106	9 696.11	9 908.11	10 361.23
LCDM	177	9 621.84	9 975.84	10 732.47
G-DINA	395	9 385.14	10 175.14	11 863.67
Mixed Model	316	9 583.04	10 215.04	11 565.86

在认知诊断模型的选择中,一般考虑两个标准,即赤池信息标准(Akaike information criterion,AIC)和贝叶斯信息准则(Bayesian information criterion, BIC)。$AIC = 2k - 2\ln(L)$,其中,k 表示参数个数;L 表示似然函数。一般情况下,当模型越复杂时,其参数个数和似然函数都会增加,但由于似然函数增加得更慢,因此模型越复杂,AIC 的值就会越大,模型拟合效果越差。可见,AIC 的值越小,表明拟合效果越好。BIC 与 AIC 不同之处在于,BIC 考虑到了样本容量,该模型避免样本量过大而造成信息不准确的现象。$BIC = k\ln(n) - 2\ln(L)$,其中 n 表示样本容量;k 为参数个数;L 为似然函数。同样,BIC 的数据越小,表明模型拟合的效果越好。对于参数个数而言,它代表了该模型评估过程中的负荷,数目越小则负荷越小。可见,一个好的模型应该选择参数个数、AIC 和 BIC 这三个值相对较小的[①]。通过表 2.4.3 的比较可知,GDM 模型这三个指标都最小,该模型较好地拟合了本研究数据。

2. 项目的拟合度

在认知诊断模型分析过程中,除了考查不同模型对整个测试的拟合效果外,还可以进一步考查不同模型对各个测试项目的拟合效果。这一信息不但可以为模型选择提供参考,同时也可对测试项目的选择提供主要的数据支撑。有研究表明,认知诊断模型的测试数据能否较好地拟合的测验项目,直接决定了该模型诊断效果的准确性[②]。对于常规测试项目的拟合效果,通常用卡方检验,但由于认知诊断测试的特性与卡方检验的基本假设不符,不满足卡方检验的前

---

① 涂冬波,蔡艳.认知诊断模型的属性作用机制:R-RUM、NIDA 与 DINA 比较. http://www.paper. edu. cn/release paper/content/201312-128,2013-12-06.

② 宋丽红,汪文义,戴海琦,等.认知诊断模型下整体和项目拟合指标.心理学探新,2016,36(01):79-83.

提条件，因此不能用传统的卡方检验来评估认识诊断项目的拟合效果[1]。在认知诊断测评中，可以使用残差统计量（RMSEA）来衡量测试项目的拟合效果。RMSEA 主要比较不同潜在分类下的观察反应和预测反应平方根误差。项目 j 的 RMSEA 计算公式为[2]

$$\text{RMSEA}_j = \sqrt{\sum_k \sum_c \pi(\theta_c)\left(P_j(\theta_c) - \frac{n_{jkc}}{N_{jc}}\right)^2}$$

其中，$\pi(\theta_c)$ 表第 c 类潜在特质水平的分类概率；P_j 表示由项目反应函数估计的概率；n_{jkc} 表示第 c 类潜在特质水平在第 j 个项目中的第 k 维度的期望人数；N_{jc} 表示第 c 类潜在特质水平的期望人数。通过残差信息量的计算，得出职前教师数据分析素养测试项目不同模型的残差信息量如表 2.4.4 所示。

表 2.4.4 职前教师数据分析素养测试项目的残差信息量

项目编号	DINA	DINO	rRUM	LLM	ACDM	GDM	LCDM	GDINA	Mixed
1	0.101 4	0.118 5	0.129 9	0.098 3	0.141 2	0.040 5	0.064 3	0.135 4	0.152 9
2	0.237 5	0.282 5	0.199	0.247	0.188 7	0.102	0.103 3	0.266 1	0.222
3	0.118 3	0.101 2	0.133 9	0.138 1	0.160 2	0.036 3	0.153 3	0.186 4	0.158 9
4	0.178 8	0.102 2	0.175 5	0.141	0.173 3	0.064 4	0.108 6	0.154	0.168
5	0.125 7	0.103 5	0.132 4	0.138 9	0.142 9	0.040 3	0.112 2	0.143 1	0.159 4
6	0.136 3	0.148 6	0.191 4	0.208 8	0.159 6	0.069 3	0.135 8	0.171 6	0.184 1
7	0.126 3	0.142 6	0.175 7	0.135 6	0.166 6	0.079 5	0.116 5	0.159 5	0.163
8	0.154 9	0.115 1	0.111 1	0.239 4	0.151 2	0.056 5	0.157 7	0.293 1	0.173 1
9	0.197 2	0.266 4	0.209 2	0.217 9	0.190 8	0.066 7	0.072 2	0.213 5	0.224
10	0.170 1	0.214 6	0.193 3	0.231 9	0.189	0.058 9	0.125 5	0.204 6	0.218 5
11	0.107 4	0.185	0.115 2	0.139 5	0.141 9	0.053 3	0.117 4	0.176 5	0.160 3
12	0.261	0.127 8	0.133 1	0.257 4	0.243 6	0.068 3	0.093 8	0.213	0.134 2
13	0.103 2	0.083 7	0.169 4	0.108 8	0.155 3	0.078 6	0.044 4	0.161	0.140 9
14	0.297	0.265 9	0.146 6	0.168 6	0.219 2	0.075	0.111 8	0.135	0.184 1
15	0.156 5	0.143 4	0.179 1	0.227 8	0.166 8	0.133 3	0.181 6	0.178 9	0.216 9
16	0.128 8	0.105 4	0.125 5	0.154 6	0.130 9	0.049 7	0.093 1	0.164 2	0.179 8
17	0.302 7	0.253 8	0.124 9	0.136 4	0.159 4	0.004 4	0.163 4	0.116 2	0.152 6
18	0.090 5	0.113 4	0.114 7	0.102 9	0.141 4	0.133 4	0.079 6	0.170 9	0.146 2
19	0.127 1	0.13	0.191 1	0.155	0.170 2	0.088 4	0.124 9	0.199 6	0.169 4

[1] Rupp A A, Templin J, Henson R A. Diagnostic measurement: Theory, methods, and applications. New York: Guilford, 2010: 92-125.

[2] Kunina-Habenicht O, Rupp A A, Wilhelm O. The Impact of Model. Misspecification on Parameter Estimation and Item-Fit Assessment in Log-Linear Diagnostic Classification Models. Journal of Educational Measurement, 2012, 49(1): 59-81.

RMSEA 的值越接近 0,说明拟合的偏差越小,拟合效果越好。在 Oliveri 和 von Davier 的研究中,RMSEA 的临界值被设定为 0.1,RMSEA>0.1 时说明项目拟合较差[①]。依据这一标准,可以看出职前教师数据分析素养测试项目在不同模型的拟合中,依然是 GDM 模型拟合效果最好,几乎是每个试题都小于 0.1,仅有第 2、第 15、第 18 三个试题的 RMSEA 值略大于 0.1。从测验项目拟合的角度分析,GDM 模型对本研究测试试题的具拟合最好。

3. GDM 模型及其适用性分析

上述测试的拟合度和项目的拟合度分析表明,GDM 模型为本研究认知诊断效果最好的模型。一般诊断模型(general diagnostic model,GDM)是一种适应多级反映变量且具有两个或两个以上技能水平的模型,GDM 将常用的 IRT 模型扩展到多变量,多技能分类模型中[②]。这一模型和其他认知诊断模型一样,都将 Q 矩阵作为模型的有效组成部分。其一般形式允许非整数以及多维度、多属性技能存在。它提供了一种更通用的方法来指定技能模式和 Q 矩阵如何相互作用。其模型为[③]

$$P_{ig}(x \mid a) = P(x \mid \beta_{ig}, \boldsymbol{a}, \boldsymbol{q}_i, \gamma_{ig}) = \frac{\exp\left[\beta_{xig} + \sum_{k=1}^{K} x\gamma_{ikg}q_{ik}a_k\right]}{1 + \sum_{y=1}^{m_i} \exp\left[\beta_{yig} + \sum_{k=1}^{K} y\gamma_{ikg}q_{ik}a_k\right]}$$

其中,$P(x \mid \beta_{ij}, \boldsymbol{a}, \boldsymbol{q}_i, \gamma_{1g})$ 表示观察变量 x 在给定的条件$(a_1, \cdots, a_K)$、难度系数 β_{ig}、猜测度参数 γ_{ig} 以及 $\boldsymbol{q}_i$ 矩阵条件下的分布。$q_{ik}a_k = b_k(\boldsymbol{q}_i, a)$,然而,在 IRT 中有

$$b(\boldsymbol{q}_i, a) = (q_{i1}a_1, \cdots, q_{iK}a_K)$$

因此 $\boldsymbol{b}$ 的第 k 个元素 $b_k(\boldsymbol{q}_i, a) = q_{ik}a_k$,其中 $q \in \{0,1\}$,则有

$$b_k(\boldsymbol{q}_i, a) = \begin{cases} a_k, & \text{当 } q_{ik} = 1, \\ 0, & \text{当 } q_{ik} = 0. \end{cases}$$

其中,$\{q_{ik}\}(i = 1, \cdots, I, k = 1, \cdots, K)$ 是一个 $I \times K$ 真实值为 q_i 的矩阵,该矩阵将 I 个观察变量和 K 个未观察到的(技能)变量相关联,以便在认知诊断中的特定模型中确定这些变量。GDM 是一个适用于二分和多分数据的一般诊断模型,它具有对多维潜在混合的二分和顺序技能变量进行建模的能力。

① Oliveri M E, von Davier M. Investigation of model fit and score scale comparability in international. assessments. Psychological Test and Assessment Modeling,2011,53(3):315-333.

② von Davier M,Yamamoto K. A class of models for cognitive diagnosis. In4th Spearman Conference,Philadelphia,PA 2004 Oct 21.

③ von Davier M. A general diagnostic model applied to language testing data. British Journal of Mathematical and Statistical Psychology. 2008 Nov;61(2):287-307.

（二）测试工具的信度

信度作为测评工具最重要的指标之一，它代表着测量的稳定性和可靠性。认知诊断测评与经典测评（CCT）一样，都可以用克伦巴赫 alpha 系数来衡量测量的信度。同时，认知诊断测评作为新一代测评，有着自身的独特性。它的信度还主要关注属性重测一致性指标和分类一致性指标。属性重测一致性指标是 Templin 和 Bradshaw 提出的，该指标与 CCT 标准参照测验中的决策一致性 Subkoviak 方法类似，即在假设被试所掌握的属性概率不变的情况下，计算相同被试在先后两次测量中属性掌握概率的相关性[1]。此外，Cui 等人提出了分类一致性指标，是使用在经典测验和项目反应理论中计算分类一致性信度的思路而提出的[2]。通过计算得到不同模型的信度如表 2.4.5 所示。

[1]　Templin J，Bradshaw L. Measuring the reliability of diagnostic classification model examinee. estimates. Journal of Classification，2013，30（2）：251-275.

[2]　Cui Y，Gierl M J，Chang H H. Estimating classification consistency and accuracy for cognitive diagnostic assessment. Journal of Educational Measurement，2012，49（1）：19-38.

表 2.4.5 职前教师数据分析素养测试的信度检验

模型 分类	CCT α系数	Cui 信度指标 分类准确性	Cui 信度指标 分类一致性	Temlin 信度指标 A1	A2	A3	A4	A5	A6	A7	A8	Mean
DINA	0.854 4	0.221 9	0.172 2	0.653 4	0.969 7	0.820 8	0.544 8	0.608 6	0.793 5	0.687 4	0.977 3	0.757
DINO	0.854 4	0.133 1	0.166 7	0.245 7	0.844 2	0.561 3	0.389 6	0.406 1	0.451 8	0.211 7	0.944 3	0.506 9
rRUM	0.854 4	0.511 8	0.430 1	0.955 9	0.999 9	0.878 4	0.975 2	0.840 5	0.994 8	0.990 2	0.953 4	0.948 5
LLM	0.854 4	0.345 7	0.322 7	0.861	0.936 8	0.865 6	0.818 8	0.786	0.688 1	0.985 2	0.996 8	0.867 3
ACDM	0.854 4	0.345 7	0.322 2	0.713 2	0.976 7	0.853 8	0.999 5	0.815 5	0.620 2	0.998 5	0.960 7	0.867 3
GDM	0.854 4	—	—	0.881 3	0.920 3	0.874	0.722 7	0.841 1	0.802 9	0.999 9	0.994 8	0.879 6
LCDM	0.854 4	—	—	0.848	0.920 9	0.901 3	0.890 8	0.915 2	0.959 5	0.922 8	0.984 7	0.917 9
GDINA	0.854 4	0.390 2	0.460 0	0.968 8	0.967 5	0.928 8	0.812 3	0.942 3	0.881 7	0.982 1	1	0.935 4
Mixed	0.854 4	0.532 7	0.468 8	0.824 5	1	0.884 6	0.953 5	0.861 5	0.977 7	0.992 9	1	0.936 8

据表 2.4.5 的统计可知,该测验在 CCT 的信度为 0.854 4,具有较高的可信度。在 Tenplin 提出的属性重测一致性指标中,rRUM、LLM、GDM、LCDM、DDINA 以及 Mixed 等模型,在各个属性上都表现出较高的信度。但是,在 Cui 提出的分类一致性和分类准确性等指标偏低,这可能与其信度的定义方式有较大的关系。

(三)测试工具的区分度

无论是经典测量理论、项目反应理论,还是认知诊断测评理论,测试项目的区分度都是衡量测试项目质量的重要指标。认知诊断测评通过项目区分度来衡量认知属性分析的准确性和测试项目的质量[①]。该指标可以为项目的筛查提供参考。

在认知诊断测验中,通常将区分度 d_j 定义为

$$d_j = P_j(1) - P_j(0)$$

其中, $P_j(1)$ 是指掌握项目 j 所有属性答对该题的概率; $P_j(0)$ 是指未掌握项目 j 全部属性而答对该题的概率。通俗地讲,认知诊断测验中区分度就是完全掌握所有属性答对某一题的概率和完全靠猜测答对这一题的概率之间的差距。d_j 越小,说明是否掌握属性对作对这一道题的影响越小,即区分度越小。反之,区分度越大。当然,理想的测验希望答对题目都是因为掌握属性起到关键作用,因此,较大的区分度是优质试题的标志。通过融合模型计算可得出职前教师数据分析素养测试 19 道试题的区分度如表 2.4.6 所示。

表 2.3.6　职前教师数据分析素养测试试题的区分度

项目编号	1	2	3	4	5	6	7	8	9	10
区分度	0.621 0	0.826 5	0.801 2	0.861 4	0.475 6	0.324 0	0.629 7	0.897 9	0.481 2	0.579 2

项目编号	11	12	13	14	15	16	17	18	19
区分度	0.999 1	0.976 1	0.825 2	0.833 9	0.377 1	0.388 6	0.800 8	0.999 8	0.743 4

依据表 2.4.6 区分度的统计可以看出,这一测试中有 13 道试题的区分度在 0.6 以上,占试题总数 63.16%,这些试题有较好的区分度,其中 5、6、9、15、16 等试题的区分度小于 0.5,这些试题区分度较低,依然存在较大的改进空间。

四、数据分析素养认知诊断模型的应用

美国国家教育科学研究中心(Institute of Education Sciences,简称 IES)表示,数据分析和数据使用可以提高不同地区和学校的办学质量,然而,教师在教学中进行数据分析时依然存在很大的问题,这主要是因为教师缺乏运用和处理

---

① 汪文义,宋丽红,丁树良.分类视角下认知诊断测验项目区分度指标及应用.心理科学,2018,41(02):475-483.

数据的能力[①]。尤其是对数学教师而言,更应当具备良好的数据分析素养。本研究选取某师范高校数学与应用数学专业成绩排名位于 531 名之前的学生为研究对象,其中大一 174 人,大二 172 人,大三 184 人。这些学生有 80% 左右会成为未来该地区的中小学数学教师。通过收集数据,利用认知诊断模型(GDM)分析数据,得到以下结果。

(一)被试得分与属性掌握概率的分布

从总体上分析被试得分是因为掌握了哪些属性,以及得分的多少和属性之间存在怎样的关系,可以了解学生的得分结构,以便对整个教学或者补救提供有用的信息。图 2.4.1 展示了数据分析素养的前 4 个属性以及得分的分布情况。

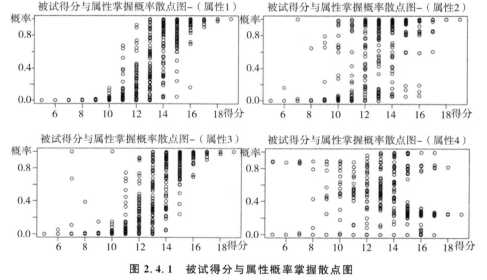

图 2.4.1 被试得分与属性概率掌握散点图

通过图 2.4.1 可以看出,属性 1 和属性 3 被试的得分基本成正态分布。得分越低,这两个属性掌握的概率较低,被试的得分积聚在 10~16 分,并且这些被试呈现出多样化趋势,既有属性掌握概率较高的,还有属性掌握概率较低的,但在 16 分以上的被试,对属性 1 和属性 2 的掌握概率都达到了 0.8 以上。对数属性 2 和属性 4 而言,在低分段也有掌握属性概率较高的被试存在,在高分段也有较多属性掌握概率较低的被试存在,说明该属性对难度的依赖性较低,被试极有可能对这两个属性存在概念不清的现象,因此才导致了较大的随机性。

---

① Mandinach E B. Data Use:What We Know about School-Level Use. Rockville:Special Education Data Accountability Center Retreat,2009:23.

(二)学习路径分析

认知诊断测评最大的优点就是可以更加深入地把握被试的认知规律,进而设计科学合理的学习和补救方案。学习路径关系到学习者认知规律的发展以及相应的学习知识和技能的安排,是严格遵循学生认知规律的学习路线图。所谓学习路径,也就是知识状态的层级结构,刻画了存在偏序关系的知识状态之间的关系[①]。在学习路径建立的过程中,假设学生对概念的理解是遵从先易后难的顺序的,即学生会先掌握属性层次关系中的基本属性,再掌握难度较大的高阶属性。位于低水平的属性应该容易掌握,位于高水平的属性应该较难掌握,依据此特点,通过各种不同知识状态的聚类分析,按照包含关系可以绘制出学习路径,如图2.4.2所示,在该路径图中可以针对不同知识状态的学生选择不同的学习路径。

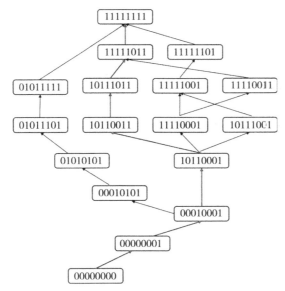

图 2.4.2 职前数据分析素养的学习路径图

依据图 2.4.2 可以得出,属性掌握模式(10111011)和(11111011)相比,属于知识状态(11111011)的被试掌握了属于知识状态(10111011)的所有属性,并且还多掌握了其他属性,可记为(10111011)⊂(11111011),也就是说这两个知识状态之间存在层级关系,即存在(10111011)→(11111011)的路径。依据图2.4.2,则有(00000000)⊂(00000001)⊂(00010001)⊂(10110001)⊂

① Tatsuoka K K. Cognitive assessment:An introduction to the rule space method. Routledge,2009: 12-34.

(10110011)⊏(10111011)⊏(11111011)⊏(11111111)。因此存在图 2 红色显示的学习路径：（00000000）→（00000001）→（00010001）→（10110001）→（10110011）→（10111011）→（11111011）→（11111111）。从图 3 可以看出，处于不同知识状态的学生可以依据自身特点和身边学习资源选择不同的学习路径，也体现了学习的多样化选择。学习路径从低端到顶端代表了不同的能力水平，反映了知识状态之间的能力关系，可以清楚地刻画学生的发展过程，为学生从低层次学习水平发展到高层次学习水平指出了明确的路径和方向。因此，学习路径不仅可以为学生提供个性化、精细化的诊断报告，还可以为教师补救教学提供依据。

（三）知识结构分析

传统的经典测试方法对结果的解读只限于总分，以总分的高低来体现不同学生的能力水平，但是由于不同内容之间以及相同内容的不同题目之间存在着考查技能的差异，所以分数所代表的含义不尽相同，因此，简单的靠相加求总分的方式本身存在不合理的因素。为了解决这一问题，项目反应理论将不同的被试放在同一尺度下，通过考查被试在总体中的位置以确定被试的能力，较好地解决了不等值的问题。但是项目反应理论依然不能解决知识结构个性化分析的问题，达不到个性化诊断的效果。认知诊断测验了解学生在多维、细粒度的潜在认知属性上的差异，[①]充分体现了学生诊断性、个性化的形成性评估。认知诊断测评可以分析出每个学生在不同属性上的掌握概率，即知识结构，它是一类以属性为基本分析单位的精细化测量模型。如图 2.4.3 所示，被试 16、119、388、304 总分都为 15 分，但是存在不同的知识结构。

依据图 2.4.3 可以看出，虽然这 4 个被试都有相同的总分。但是他们在对应的属性掌握上表现出巨大的差异，即存在不同的知识结构。16 号被试在属性 1、2、3、5、6、8 上掌握的概率基本达到了 1，而在属性 4 和 7 上掌握的概率几乎为 0；119 号被试掌握了 2、6、8 属性，其他属性的掌握概率都很低；388 号被试没有掌握 4 和 6 属性，其他属性掌握概率很高；而 304 号被试在 2、7、8 属性的掌握概率达到了 1，在属性 1 和 5 上掌握的概率在 0.8 左右，表明对这一属性有一些基本的了解，但还未能完全掌握。通过不同的属性掌握模式以及属性掌握模式的概率，可以进一步了解不同学生不同的知识结构，进而为个性化的评价和进一步制订补救学习方案提供重要依据，让因材施教成为可能。

---

① Huebner A，Wang C. A note on comparing examinee classification methods for cognitive diagnosis. models. Educational and Psychological Measurement，2011，71（2）：407-419.

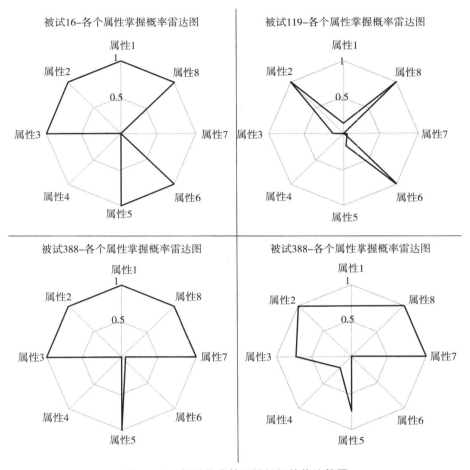

图 2.4.3　相同总分的不同知识结构比较图

五、启示

(一)认知属性结构的建构是认知诊断测评的基石

认知属性作为认知诊断测评最核心、最本质的内容,对认知诊断测评起到奠基作用。知识、素养、技能、思维等能否很好地通过认知诊断进行测评,最关键的是看其能否梳理出结构明确的认知属性,不仅如此,还需要分清认知属性之间的内在层次关系,这往往成为认知诊断测评最关键而又最困难的一个环节。Leighton 等人认为教育中的认知属性一般是指完成一项任务所必须具备的知识结构或操作技能[①]，因此，就需要明确界定这一结构和技能，才能在实际测评内容和认知诊断技术之间构建起桥梁。如本研究中所测评的教师数据分析素养，首先，明确素养是可测的，素养的内容能够通过外显的行为来体现，通过测量被试的行为特征，进而达到对内隐素养的测评。其次，要能够依据已有理论基础、文献资料及专家论证等方法整理出数据分析素养的属性，并且这些属性能够比较明确地在测试题目中反映出来。属性是否明确的一个判断指标就是能否明确界定测试项目对属性的考查，是否会存在似是而非的属性。只有有明确、清晰的属性及其结构关系，才能编制高质量的测试工具，认知诊断测评和诊断的结果才会有效。

（二）认知诊断测评使教育测评走向科学化、实证性

认知诊断测评，尤其是将认知诊断测评的技术应用到教育测评当中，是对传统教育测评根本变革。传统的教育测评在质性层面强调观察法，这种方法对观察者本身的素质要求过高，由于观察者自己的立场不同，因此观察得到的结果往往存在很大的差异，难以形成系统化的改进措施。在量化层面一般采用结构化的纸笔测试。现有的测试首先存在测试工具的结构性不强等问题，测试的内容不能很好地体现被试的能力，往往出现"高分低能"的现象。其次，对测试的数据挖掘不够，仅仅通过求总分、求平均、排名等方式来刻画被试，得到的结果往往都带有宏观性质，无法得到个性化的测评结果。认知诊断测评作为新兴的测评手段，将测评的目标整合在属性建构的认知模型中，它使得认知诊断测评的工具更加具有可靠性，大大提高了测评工具的内部结构效度。测评结果可以反映被试的认知过程和心理特征，可以进一步了解被试内部知识获得以及在不同属性掌握的概率，进而为不同被试设计个性化的学习路径。认知诊断测评严格遵循心理测量规律，对数据进行了更深层次的分析，让教育测评从经验性的描述阶段渐渐向实证性的分析阶段过渡。

（三）面向用户的测试平台建设成使认知诊断测评普及成为可能

从整个认知诊断测评的流程来看，该测评比传统的经典测评更加复杂，这种复杂性首先来自跨学科知识。传统的经典测评只需要具备所测学科知识就可以通过编制测评试题进行测评，对于测评的分析也仅限于对学科知识的解读，没有上升到被试认知层面。然而认知诊断测评需要测评者不仅拥有学科知识，还需要拥有教育心理学、测量学、统计学及数学等相关知识，因此，对于普通

---

① Leighton J P, Gierl M J. Defining and evaluating models of cognition used in educational measurement to make inferences about examinees' thinking processes. Educational Measurement: Issues and Practice, 2007, 26(2):3-16.

的教师或者学校而言,要广泛使用认知诊断测评技术还存在一定的困难。这就需要心理测量专家、统计学家、教育专家和一线教师的共同合作,开发出能够面对普通教师的教育测量开放平台,将不同的测量方式整合在平台中,教师只需要建构自己的测评内容,并按照认知诊断测评的要求建构测评工具,将测评数据提交平台运行,对测评结果进行合理的解读和应用,就能够达到认知诊断广泛应用的目的。如涂冬波等团队开发的认知诊断分析(flexCDMs)[1],该平台作为开源平台,为用户免费提供了多种认知诊断模型分析过程,有效降低了认知诊断测评的难度。如果能有更多类似的平台建设与应用,可为推动整个教育认知诊断测评起到重要作用。当然,测评也不能脱离学科本身而存在,应该结合具体的学科特点,在数据的驱动下帮助分析被测内容,不能一味地数据化,这样会损失掉很多具有学科价值的信息[2]。

第五节　PISA 数学成就的认知诊断国际比较

PISA 作为全球最具有影响力的国际大规模教育测试之一,为国际间教育的横向比较和借鉴提供了可贵的素材。认知诊断测评作为新一代测评理论,通过认知分析,能够将测量的目标整合到认知过程模型中,进而了解学生在细粒度知识点上的掌握状态。本节依据 PISA 数学测评框架,从内容、过程和情景三个方面形成 11 个认知属性,并对 12 个测试项目考查的认知属性进行标定,构建 Q 矩阵,从而确立 PISA 数学测试的认知模型。利用认知诊断模型对八个国家 16 742 名学生数据进行分析,得出八个国家在内容、过程和情景三个维度 11个认知属性中学生属性掌握表现的差异,再通过分析不同国家知识状态,梳理属性之间的先决关系,探索学生的学习路径。为进一步深入了解不同国家 PI-SA 测试结果提供了参考,同时也为深层次了解我国数学教育的优势和不足提供了依据。

1997 年国际经济合作与发展组织(简称为经合组织,Organization for Economic Co-operation and Development,OECD)发起和组织了国际学生能力评估项目(programme for international student assessment,PISA),该项目每三年评估一次,旨在评估 15 岁左右的学生在社会中的必备知识和关键能力,着重强

---

[1]　涂冬波.认知诊断分析(flexCDMs)平台.http://111.230.233.68/home.html
[2]　张启睿,边玉芳,陈平,等.小学低年级学生汉字学习认知诊断研究.教育研究,2019,40(01):76-85.

调学生依据学校知识进行推理,将知识应用到校外陌生环境中的能力[1]。PISA
作为全球最具有影响力的国际大规模测试之一,无论其测试规模之大、参与国
家之多,还是影响之广、社会关注度之高,都是其他普通测评无法比拟的。PISA
测试给全世界不同国家的教育交流、比较和借鉴提供了宝贵的资源和平台。
PISA 提供的信息已完全超越了各自领域的国家间的排名比较,其内容涉及学
生的学习动机、自信心、学习策略,以及与知识技能相关的社会、经济、文化、教
育背景及人口分布等方面的环境背景信息[2]。国际上对 PISA 的重要价值已达
成普遍共识,PISA 通过国际间的比较,为促进教育的交流和发展起到了重要作
用,同时,OECD 也通过 PISA 测试影响了不同国家的教育决策[3]。PISA 对许
多国家教育改革的主导思想和教育实践产生了实质性的影响,如在新加坡,PI-
SA 的测评方法作为国家教育测评改革的方向,改变了国家教育评估模式[4]。俄
罗斯、美国、日本等一些国家在 2000 年 PISA 结果公布后,相继制定了一系列教
育政策法规,形成了教育质量标准,以加强义务教育阶段教育质量的监测[5]。在
中国台湾地区,PISA 成为一种主要的公共现象,因为它和学校之间进行评估以
及学生能否进入理想的学校紧密相关[6]。数学作为 PISA 的核心测试内容,受
到教育界广泛的关注。尤其是中国上海地区 2009 年 PISA 数学成绩全球排名
第一并遥遥领先,使得中国数学教育成为关注和研究的焦点,在此背景下,中国
数学教材《一课一练》被英国学习和借鉴,通过 PISA 分析不同国家数学教育特
点,以促进数学教育的改革和发展显得尤为重要。正如著名数学教育家米歇尔
·阿蒂格(Michèle Artigue)认为的,PISA 的测试内容和测试形式会影响数学
教育的模式,同时也会影响数学教育政策的制定[7]。

　　由于受 PISA 试题公开性的限制,现有的关于 PISA 数学测试的研究主要

①　OECD. PISA 2018 Assessment and Analytical Framework. (2019-04-19) [2019-08-16]. https://
www. oecd-ilibrary. org/docserver/b25efab8-en. pdf? expires = 1566117324&id = id&accname =
ocid49026773 & checksum=933051EF557DA5 C8011210 DA141BEFBD.

②　OECD. Learning for Tomorrow's World: First Results from PISA2003. Paris: OECD, 2004. 23-
25.

③　陆璟. PISA 研究的意义远超排名. 教育发展研究,2019,39(22):3

④　Stacey K, Almuna F, Caraballo R M, et al. PISA's influence on thought and action in mathematics
education//Assessing Mathematical Literacy. Springer, Cham, 2015:275-306.

⑤　宋爽,曹一鸣,郭衎. 国际视野下数学考试评价的热点争鸣. 比较教育研究,2019,41(11):72-79.

⑥　Yang K L, Lin F L. The effects of PISA in Taiwan: Contemporary assessment reform//Assessing
Mathematical Literacy. Springer, Cham, 2015:261-273.

⑦　Artigue M, Shalit E D, Ralston A. Controversial issues in K-12 mathematical education. Proceed-
ings of the international congress of mathematicians (ICM), Volume Ⅲ: Invited lectures, 2006:1645-
1662.

集中在背景知识与数学成绩的关系方面,如数学焦虑[①]、年级与数学成绩的关系[②],以及非认知与数学成绩的关系等[③],对于数学测试题目本身信息的挖掘还很有限。认知诊断测评作为新一代测评理论,其最大的优点是可以对细粒度知识进行诊断,进而更深入地了解学生对知识的掌握模式。该理论将现代统计思想和认知理论应用到心理测评技术中,将测验目标整合到认知过程模型中,进而可以反映被试的心理特征和认知特点[④]。本研究借用认知诊断测评作为分析工具,试图从测试内容本身出发,对中国、美国、俄罗斯、英国、日本、芬兰、新加坡及澳大利亚等八国家的作答数据进行分析,得出不同国家在数学内容、过程及情景3个方面11个属性掌握特点,通过梳理知识状态,探索不同国家的学习路径,为进一步深入了解不同国家 PISA 测试结果提供了参考,同时也为深层次了解我国数学教育的优势和不足提供依据。

一、认知模型建构

PISA 的目的是检测学生参与未来生活所必须的知识和关键能力,因而 PISA 的测试题目都是在具体的现实情境中展开的,就数学试题而言,都是需要学生综合应用所学过的数学知识和技能,来解决一个实际问题。由于 PISA 对测试试题已有较为详细的描述,可以依据现有编码,对测评结果进行更加深入的认知诊断分析。

(一)认知属性

属性作为认知诊断最为核心的环节,为整个认知诊断测评起到关键性的奠基作用。属性划分的优劣直接关系到认知诊断测评的效果好坏。从某种程度上说,认知诊断的本质就是对认知属性的诊断。对于什么是认知属性,测评界没有统一的界定,塔素卡(Tatsuoka)认为属性就是产生式规则、项目类型、程序操作或者更加一般的认知任务[⑤]。雷顿(Leighton)等人将认知诊断过程中用到的属性界定为完成某项任务所需要的加工技能和知识结构[⑥]。可见,认知属性

---

①　Lee J. Universals and specifics of math self-concept, math self-efficacy, and math anxiety across 41 PISA 2003 participating countries. Learning and individual differences, 2009, 19(3):355-365.

②　Liu O L, Wilson M. Gender differences and similarities in PISA 2003 mathematics: A comparison between the United States and Hong Kong. International Journal of Testing, 2009, 9(1):20-40.

③　Lee J, Stankov L. Higher-order structure of noncognitive constructs and prediction of PISA 2003 mathematics achievement. Learning and Individual Differences, 2013, 26:119-130.

④　Rupp A A, Templin J, Henson R. Diagnostic measurement: Theory, methods, and applications. New York: Guilford, 2010:92

⑤　Tatsuoka K K. Toward an integration of item response theory and cognitive error diagnosis. (1987.7.15)[2020.2.14]. https://apps.dtic.mil/dtic/tr/fulltext/u2/a183189.pdf

⑥　Leighton J P, Gierl M J. Cognitive diagnostic assessment for education. Cambridge: Cambridge University Press, 2007:28.

就是为了更加精细地了解学生的知识状态,而基于某种标准形成的一种分类[1],因此属性可能是不同性质的,可以是完成任务所必须的知识、策略、技能、过程及方法等,是对学生问题解决过程中心理内部加工的一种描述[2]。依据对认知属性的界定,考虑到 PISA 测评框架对试题的界定,PISA 对每个试题通过三个方面来界定,即该试题所涉及的主要学科领域、该问题的解决所经历的主要数学过程,以及该试题基于何种情景展开[3]。可依据这三个领域的界定构建 PISA试题的认知属性。属性划分如表 2.5.1 所示:

表 2.5.1 PISA 的认知属性划分

领域	序号	属性	界定
内容	N1	关系与变化	用代数式、方程、函数及不等式等数学语言刻画数量与图像之间的关系
	N2	空间与图形	主要涉及平面与空间中点、线、面之间的关系,以及图形的虚拟旋转等
	N3	数量	数量整合了对象、关系、情境和实体在世界中的属性的量化,理解这些量化的各种表现形式,并根据数量来判断、解释和论证
	N4	数据与不确定性	对变化的感知,概率与机会,对不确定性为中心的数据表示、评估、解释等
过程	P1	数学化	用数学语言描述、解释现实生活中的问题,可将相关信息转化成数学量
	P2	数学操作	运用数学概念、事实、程序和推理对问题进行辨析、运算、推理、分析等
	P3	现实化	能够将数学求解的结果应用到现实问题中,并对结果做出评估和推断
情景	C1	个人情景	项目的涉及基于个人情景,主要集中在个人、家庭或同伴的活动上
	C2	职业情景	涉及未来工作的各个领域,职业背景可能与劳动力的任何级别有关,从非技术性工作到高级别的专业工作
	C3	社会情景	社会范畴的问题集中在一个人的社区,问题的焦点是社区视角
	C4	科学情景	科学范畴的问题涉及数学在自然界的应用,以及与科学和技术相关的问题和主题

表 2.5.1 中的知识内容领域中的四个属性囊括了义务教育阶段几乎所有数学内容,并且这种划分相对明确,各部分之间保持基本一致的粒度。在数学过程的划分的三个部分,和著名数学教育家弗莱登塔尔(Freudenthal)描述的现实、数学化及再创造三个过程基本保持一致[4]。数学操作的过程就是在数学领域进行再创造的过程,是透过表面现象看本质关系的重要方法。在情景因素中

---

① 武小鹏,张怡,张晨璐. 核心素养的认知诊断测评体系建构. 现代教育技术,2020,30(2):20-28.

② 涂东波,蔡艳,丁树良. 认知诊断理论、方法与应用. 北京:北京师范大学出版社,2012:4.

③ OECD. PISA 2021 Mathematics Framework (Draft). (2018. 11. 12)[2020. 2. 14]. https://www.oecd.org/pisa/sitedocument / PISA-202-mathematics-framework. pdf

④ Freudenthal H. Mathematics as an educational task. Springer Science & Business Media,2012:121-210.

涉及的范围包括了学生未来生活所能遇到的每一个领域,是培养学生用数学的"眼睛"看世界的重要载体。

(二)Q 矩阵

到目前为止,PISA 所涉及的测试项目很多,但是就数学测试而言,PISA 除了 2012 年公布了数学测试项目外,其他年份的测试项目都是未公开的,所以无法进行分析。为了和 PISA 公布的数据配套使用,本研究选取了 PISA 2012 中的 12 个测试项目进行认知诊断分析[①]。认知诊断测评中的 Q 矩阵是用来连接测试项目与认知属性之间的一个矩阵,矩阵中的"1"代表对应的测试项目考查了该属性,"0"则相反。Q 矩阵在学生不可观察的认知状态和可观察的作答模式之间架起了一座桥梁。依据 PISA 2012 试题手册中测验项目的标记,得到 Q 矩阵如表 2.5.2 所示。

表 2.5.2 PISA 中 12 个测试项目的 Q 矩阵

题号	属性										
	N1	N2	N3	N4	P1	P2	P3	C1	C2	C3	C4
PM00QF01	0	0	1	0	0	0	1	1	0	0	0
PM903Q03	1	0	0	0	0	1	0	0	1	0	0
PM918Q01	0	0	0	1	0	0	1	0	0	1	0
PM918Q02	0	0	0	1	0	0	0	0	0	1	0
PM918Q05	0	0	0	1	0	1	0	0	0	1	0
PM923Q01	0	0	1	0	0	0	0	0	0	0	1
PM923Q03	0	1	0	0	0	1	0	0	0	0	1
PM923Q04	1	0	0	0	1	0	0	0	0	0	1
PM924Q02	0	0	1	0	1	0	0	1	0	0	0
PM995Q01	0	1	0	0	0	1	0	0	0	0	1
PM995Q02	0	1	0	0	0	0	0	0	0	0	1
PM995Q03	0	0	1	0	1	0	0	0	0	0	1

二、模型选择与有效性检验

(一)模型选择

自认知诊断测评提出以来,研究人员已经开发了上百种测评模型。不同的测评模型基于的假设、评估的参数、使用的数学原理,以及运用的实际情景都有所不同,因此在评估过程中进行模型的比较选择成为认知诊断测评过程中重要的一环,模型的选择对数据的拟合起到至关重要的作用。大量认知诊断实践表

① OECD. Item response data file. (2018. 11. 12)[2020. 2. 14]. http://www.oecd.org/pisa/data/pisa2012database-downloadabledata.htm

明,选择恰当的认知诊断模型是对被试准确诊断或分类的重要前提[①]。为了得到拟合效果良好的模型,本研究对 DINA、DINO、RRUM、ACDM、LLM、G-DINA 和 Mixed Model 模型参数进行评估,评估过程使用 R 语言中的 CDM 语言包完成,其中模型比较所使用的数据以从八个国家分别按照 10∶1 的比例进行分层抽样,然后在每个国家内部按照 10∶1 的比例进行系统抽样的方式,得到1 674个数据,评估结果如表 2.5.3 所示。

表 2.5.3　不同模型的参数统计

模型	参数个数	偏差	AIC	BIC
DINA	2 071	19 790.77	23 932.77	35 163.74
DINO	2 071	19 773.81	23 915.81	35 146.79
RRUM	2 095	19 176.37	23 366.37	34 727.49
ACDM	2 095	19 297.78	23 487.78	34 848.91
GDM	115	19 482.38	197 12.38	20 336.21
LCDM	163	19 354.81	19 680.81	20 564.75
LLM	2 095	18 640.28	22 830.28	43 191.41
G-DINA	2 143	19 009.15	23 295.15	24 916.58
Mixed Model	2 097	18 673.47	22 867.47	34 239.44

依据表 2.5.3,其中参数的个数表示模型运行过程中的负荷,该数据与属性及其 Q 矩阵的复杂程度有密切关系,数字越小,表明模型评估过程中负荷越小。偏差代表了模型偏离实际的一个指标,偏差越小,在一定的程度上表明模型拟合越符合实际。一般情况下,在模型比较过程中,主要以 AIC(赤池信息准则)和 BIC(贝叶斯信息准则)为参考标准。AIC 是衡量统计模型拟合优良性的一种标准,它建立在熵的概念上,提供了权衡估计模型复杂度和拟合数据优良性的标准。AIC 的值越小,表明该模型数据拟合越好。BIC 与 AIC 相似,值越小,表明该模型数据拟合越好[②]。因此,在模型比较过程中,需以 AIC 和 BIC 参数为重,选择这两个值都相对较小者,再综合参考参数个数和偏差。表 2.5.3 的结果显示:GDM 模型 BIC 值最小,LCDM 模型 AIC 值最小,这两个模型相比于其他模型具有较好的拟合度,其中,LCDM 模型的偏差相对于 GDM 模型更小,倾向于选择 LCDM 模型。

(二)测试项目拟合度分析

检验测试工具中每个项目和模型的拟合效果是认知诊断测评分析的一个

重要因素,有研究表明,认知诊断模型与测试项目的拟合效果直接决定了该模型诊断效果的准确性[①]。残差(RMSEA)作为检验测项目的统计量,主要考虑不同潜在分类下观察反应与预测反应的偏差。项目 j 的 RMSEA 计算公式为[②]

$$\text{RMSEA}_j = \sqrt{\sum_k \sum_c \pi(\theta_c)\left(P_j(\theta_c) - \frac{n_{jkc}}{N_{jc}}\right)^2}$$

其中,$\pi(\theta_c)$ 表第 c 类潜在特质水平的分类概率;P_j 表示由项目反应函数估计的概率;n_{jkc} 表示第 c 类潜在特质水平在第 j 个项目中的第 k 维度的期望人数;N_{jc} 表示第 c 类潜在特质水平的期望人数。通过残差信息量的计算,得出职前教师数据分析素养测试项目不同模型的残差信息量如表 2.5.4 所示。

表 2.5.4　职前教师数据分析素养测试项目的残差信息量

项目编号	DINA	DINO	rRUM	LLM	ACDM	GDM	LCDM	GDINA	Mixed
1	0.177 3	0.151 0	0.156 4	0.167 3	0.125 4	0.156	0.028 4	0.184 2	0.137 7
2	0.101 5	0.079 0	0.149 8	0.163 1	0.089 1	0.207 9	0.030 0	0.185 6	0.132 5
3	0.148 5	0.105 3	0.168 5	0.169 9	0.144 0	0.057 7	0.037 3	0.190 9	0.157 0
4	0.135 4	0.109 2	0.150 3	0.175 0	0.171 8	0.041 3	0.044 7	0.248 0	0.130 7
5	0.129	0.134 9	0.150 4	0.172 6	0.089 5	0.177 6	0.029 4	0.203 1	0.161 6
6	0.123 5	0.124 5	0.144 7	0.172 7	0.127 9	0.165 7	0.044 9	0.187 3	0.137 7
7	0.143 6	0.154 7	0.138 0	0.173 7	0.109 6	0.088 3	0.047 0	0.215 7	0.143 5
8	0.155 0	0.104 8	0.266 9	0.159 3	0.142 5	0.034 4	0.017 0	0.219 5	0.123 7
9	0.143 3	0.148 7	0.304 5	0.176 6	0.105 2	0.211 0	0.006 1	0.192 5	0.148 2
10	0.145 5	0.204 6	0.146 9	0.170 5	0.07 5	0.177 2	0.048 0	0.172 1	0.135 0
11	0.099 9	0.114 9	0.149 4	0.177 9	0.181 9	0.072 2	0.030 5	0.219 5	0.148 9
12	0.174 0	0.155 9	0.192 2	0.175 4	0.100 7	0.152 0	0.046 7	0.227 1	0.148 0

RMSEA 的值越接近 0,说明拟合的偏差越小,拟合效果越好。在 Oliveri 和 von Davier 的研究中,RMSEA 的临界值被设定为 0.1,RMSEA>0.1 时项目拟合较差[③]。依据这一标准,通过表 2.5.4 可以得出 LCDM 中的每个项目的值都小于 0.1,因此可以得出,LCDM 对本研究的数据拟合效果最好。

---

① 宋丽红,汪文义,戴海琦等.认知诊断模型下整体和项目拟合指标.心理学探新,2016,36(01):79-83.

② Kunina-Hubenicht O,Rupp A A,Wilhelm O. The Impact of Model. Misspecification on Parameter Estimation. and Item-Fit Assessment in Log-Linear Diagnostic Classification Models. Journal of Educational Measurement,2012,49(1):59-81.

③ Oliveri M E,Von Davier M. Investigation of model fit and score scale comparability in international. assessments. Psychological Test and Assessment Modeling,2011,53(3):315-333.

（三）测评工具的有效性分析

1. 效度

1）Q 矩阵的效度

在认知诊断测评中，Q 矩阵的效度通常通过计算 Q 矩阵对项目难度参数的贡献率来衡量 Q 矩阵的有效性。首先通过数据可以计算出每道试题的难度，再通过难度对 Q 矩阵进行回归分析，依据回归方程的有效性可以说明测验 Q 矩阵对项目难度参数的贡献率大小。PISA 数学测试中难度对测验 Q 矩阵回归方程有效性检验如表 2.5.5 所示。

表 2.5.5　难度对测验 Q 矩阵回归方程有效性检验

回归方程有效性检验			决定系数		
F	df	P	R^2	调整 R^2	P
6.124	11	0.004	0.803	0.715	0.005

依据表 2.5.5 的检验结果，$F = 6.124$，说明回归方法是有效的，$R^2 = 0.715 > 0.6$，$P = 0.005 < 0.01$，表明测验 Q 矩阵对难度的贡献率较好，相对而言，Q 矩阵的标定较为合理，进一步说明 Q 矩阵的属性是影响难度的主要因素。

2）属性的效度

认知诊断通常用 HCI 指标来体现属性的一致性，该指标旨在评估被试是否使用与解决测试项目时属性层次结构所指示的不同的认知技能。HCI 可用于评估观察到的被试的反应模式与认知模型是否一致并且确定整体模型数据拟合。在认知诊断模型中，HCI 可以直接用于评估观察到的响应向量与 Q 矩阵的拟合，并据此确定被试的认知过程是否与 Q 矩阵中假设的认知过程一致。通过计算，对每个被试对层次的一致性给出 HCI 的值，代表不同的被试在属性层次方面的一致性[1]。一般认为 HCI 超过 0.70 就表示模型与数据拟合很好，大于 0.4 表明处于可接受的水平[2]。本研究中 HCI = 0.4162 > 0.4，达到可接受水平。

2. 效度

认知诊断测评的效度可以从两个方面来考察，其一是将测试看成普通测试，在经典测评理论（CTT）下计算克伦巴赫（alpha）系数；其二是计算属性的重

---

[1]　Gierl M J，Hunka S M. The Hierarchy Consistency Index：A Person-fit Statistic for the Attribute Hierarchy. 2006-04-1. http://citeseerx. ist. psu. edu/viewdoc/download? doi＝10. 1. 1. 385. 9771&rep＝rep1&type＝pdf

[2]　Gierl M J，Wang C，Zhou J. Using the Attribute Hierarchy Method to Make Diagnostic Inferences about Examinees' Cognitive Skills in Algebra on the SAT. Journal of Technology，Learning，and Assessment，2008，6（6）：53-61.

测一致性,坦普林(Templin)等人在假设被试所掌握的属性概率不变的情况下,通过计算相同被试在先后两次测量中属性掌握概率的相关性得出了该指标。[①]

其中 $\alpha = 0.7653 > 0.7$,在 CTT 理论下具有较高的信度。11 个属性的 Templin 信度指数分别为 0.951 7,0.759 4,0.869 2,0.699 2,0.743 1,0.855 9,0.838 1,0.852 0,0.915 1,0.723 5,0.911 9 和 0.829 0,这 11 个属性的信度指数除了 N4 属性为 0.699 2,略低之外,其余指标都大于 0.7,有较高的可信度。

3. 区分度

认知诊断测评通过项目区分度来衡量认知属性分析的准确性和测试项目的质量[②]。认知诊断测验的区分度 d_j 定义为

$$d_j = P_j(1) - P_j(0)$$

其中,$P_j(1)$ 是指掌握项目 j 所有属性答对该题的概率;$P_j(0)$ 是指未掌握项目 j 全部属性而答对该题的概率。d_j 越小,说明是否掌握属性对作对这一道题的影响越小,即区分度越小,反之,区分度越大。可见,较大的区分度是优质试题的标志。通过 LCDM 模型计算本研究 12 个项目的区分度,分别等于 0.901 2,0.849 7,0.690 1,0.317 4,0.575 8,0.745 7,0.771 6,0.521 3,0.591 2,0.807 8,0.614 2,0.572 1。通过这组数据可以看出,除了第 4 个项目区分度为 0.3174,较低之外,其他项目的区分度可以接受,尤其是 1、2、6、7、10 这 5 个项目,区分度都大于 0.7,有很好的区分效果。

三、研究过程与结果分析

依据以上模型选择的结果可以看出,LCDM 模型对本研究数据的拟合效果最好,因此,利用 LCDM 模型对本研究数据进行参数评估。评估过程采用贝叶斯期望后验估计(expected a Posterior estimation,EAP)。该方法的特点是使用后验分布来总结数据、得到推论。贝叶斯方法试图算出后验均值或者中值,而不是寻找一个确定极值——众数。期望后验估计具有简单、高效、稳定的特点,是能力参数估计方法中的较佳选择[③]。评估结果得到八个国家 16742 名学生对这 11 个属性掌握的分布,再对不同国家各属性掌握的分布进行统计,得出表 2.5.6。

[①] Templin J,Beadshaw L. Measuring the reliability of diagnostic classification model examinee. estimates. Journal of Classification,2013,30(2):251-275.

[②] 汪文义,宋丽红,丁树良. 分类视角下认知诊断测验项目区分度指标及应用. 心理科学,2018,41(02):475-483.

[③] Chen J,Choi J. A comparison of maximum likelihood and expected a posteriori estimation for polychoric correlation using Monte Carlo simulation. Journal of Modern Applied Statistical Methods. 2009;8(1):32.

表 2.5.6　八个国家 11 个属性掌握概率分布

国家	内容属性				过程属性			情景属性			
	N1	N2	N3	N4	P1	P2	P3	C1	C2	C3	C4
中国	0.740	0.742	0.748	0.896	0.744	0.753	0.762	0.756	0.740	0.901	0.740
新加坡	0.632	0.651	0.641	0.790	0.635	0.632	0.663	0.649	0.734	0.727	0.639
日本	0.452	0.527	0.556	0.982	0.530	0.558	0.636	0.590	0.543	0.892	0.504
英国	0.251	0.435	0.475	0.702	0.451	0.448	0.558	0.483	0.440	0.704	0.449
美国	0.401	0.342	0.434	0.682	0.263	0.351	0.468	0.429	0.420	0.696	0.392
俄罗斯	0.433	0.438	0.450	0.647	0.435	0.454	0.546	0.479	0.452	0.653	0.424
芬兰	0.262	0.490	0.586	0.759	0.524	0.553	0.599	0.559	0.440	0.761	0.521
澳大利亚	0.273	0.425	0.468	0.701	0.384	0.475	0.421	0.469	0.440	0.703	0.442

　　下面从内容、过程与情景三个维度，分别对属性掌握的概率和知识状态进行分析。属性掌握的概率可以体现出不同国家在不同属性上存在的差异。知识状态则可以了解不同国家学生在属性的掌握模式，进一步推测出学生学习的路径。

　　（一）内容维度的分析

　　1. 属性掌握概率分析

　　PISA 数学测试涉及四个方面的内容，即关系与变化、空间与图形、数量，以及数据与不确定性，这四个方面的比例各占四分之一[①]，几乎涉及了初中所有学习内容。通过统计得到八个国家在这四个属性上的掌握概率如图 2.5.1 所示。

　　从图 2.5.1 的分布可以看出，中国在 N1（关系与变化）、N2（空间与图形）、N3（数量）这三个属性中的表现最好，并且远远高于其他国家。N4（数据与不确定性）属性日本表现最好，中国仅次于日本。相比之下，中国学生在数据与不确定性的学习中，还有很大的空间需要加强。从图 2.5.1 还可以看出，中国、新加坡、日本及芬兰等国的各内容属性掌握相比于其他国家均有优势，这与 PISA 的整体排名是保持一致的[②]。在四个属性的分布上来看，所有国家在 N4（数据与不确定性）属性上的表现都优于其他三个属性。英国、芬兰和澳大利亚三个国家 N1（关系与变化）属性的掌握总体水平较低，小于 30%，掌握概率不到中国、新加坡等国家的一半，因此需要在这一属性上加强。美国在 N2、N3 属性的表现都相对较差，尤其是 N2 属性，不到中国的一半。依据该条形图，可以得出不同国家在内容维度上的差异，可以为国家制订课程方案、学习计划提供参考。

　　①　OECD. PISA 2012 Assessment and Analytical Framework：Mathematics，Problem Solving and Financial Literacy. (2013-02-11) ［2020-02-12］. http://www. oecd. org/pisa/data/pisa2012draft frameworks-mathematics problem solving and financial literacy. htm

　　②　OECD. A Profile of Student Performance in Mathematics. (2014-02-15)(2020-02-10). https://read. oecd-ilibrary. org/ education/pisa-2012-results-what-students-know-and-can-do-volume-i-revised-edition-february-2014/a-profile-of-student-performance-in-mathematics_9789264208780-6-en#page16

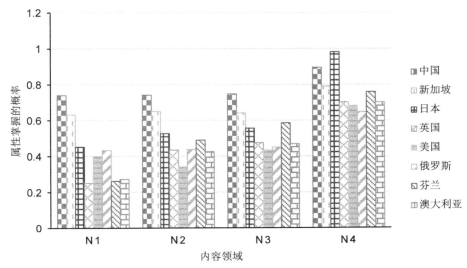

图 2.5.1　八个国家内容属性掌握概率分布图

2. 知识状态分析

知识状态是指由"0"或"1"构成的一组数组,该数组表示被试对某一领域知识、技能等的掌握情况,其中"1"表示被试掌握了对应的属性,"0"表示未掌握对应的属性[1]。例如(1111),该知识状态表明,被试掌握了所有 4 个属性,(0010)表示被试仅掌握了第 3 个属性。表 2.5.7 统计了八个国家内容属性占比排名前 5 的知识状态,并计算得到相应状态的比例。

表 2.5.7　八个国家内容属性排名前五的知识状态

国家	第一知识状态		第二知识状态		第三知识状态		第四知识状态		第五知识状态	
	状态	比例	状态	比例	状态	比例	状态	比例	状态	比例
中国	(1111)	0.735	(0001)	0.145	(0000)	0.100	(0011)	0.006	(1011)	0.002
新加坡	(1111)	0.623	(0000)	0.196	(0001)	0.170	(0101)	0.132	(0011)	0.102
日本	(1111)	0.454	(0001)	0.424	(0111)	0.088	(0000)	0.018	(1011)	0.012
英国	(0000)	0.297	(1111)	0.250	(0001)	0.232	(0111)	0.186	(0011)	0.038
美国	(1111)	0.342	(0000)	0.317	(0001)	0.248	(1011)	0.060	(0011)	0.033
俄罗斯	(1111)	0.427	(0000)	0.352	(0001)	0.197	(0111)	0.011	(1011)	0.007
芬兰	(1111)	0.253	(0000)	0.236	(0111)	0.233	(0001)	0.177	(0011)	0.088
澳大利亚	(0000)	0.298	(1111)	0.263	(0001)	0.232	(0111)	0.163	(0011)	0.031

从表 2.5.7 的统计可以看出,除美国和澳大利亚外,其他国家在(1111)知识状态,即所有属性均掌握的知识状态所占比例排名第一,也可以说明较大比

---

① Tatsuoka K K. Cognitive assessment: An introduction to the rule space method. Routledge, 2009: 87.

例的学生掌握了所有的内容属性。所有属性都没有掌握的知识状态(0000)的比例也相对较高,除了中国和日本,其他国家均排在前两位,中国这一知识状态排名第三,且比例仅占到10%,这说明在大部分国家存在相当一部分学生没有掌握任何属性。在知识状态的统计过程中可以发现,几乎所有国家的数据都支持N4(数据与不确定性)属性是其他属性掌握的前提,即只有掌握了N4才能掌握其他属性。俄罗斯的数据进一步表明了N3是N2的前提,N2是N1的前提,即存在N4→N3→N2→N1这样的线形的学习路径。新加坡的数据没有表现出明确的学习路径。所谓学习之路(learning paths),就是知识状态的层级结构,刻画了存在偏序关系的知识状态之间的关系[①]。学习路径为学习该内容提供了一种认知先后关系,为有效组织课程计划和教学安排提供了支撑。

(二)过程维度分析

PISA数学测试中涉及的数学过程分别为形成数学情景,应用数学的概念、事实、过程和推理,以及解释、应用和评估数学结果这三个方面,分别占25%、50%和25%[②]。为了方便统计,将这三个过程简记为数学化(P1)、数学操作(P2)和现实化(P3),这三个属性掌握的概率统计如图2.5.2所示。

1.属性掌握概率分析

依据图2.5.2可以看出,中国这三个属性的掌握概率都最高,并且表现平衡,都在75%左右,说明了中国学生在数学过程属性的掌握上达到了很好的水平。其次是新加坡和日本的表现较好,也相对平衡。美国在数学过程的属性表现最低,并且还存在发展不均衡现象,尤其是在数学化(P1)属性上表现最差,只达到26.3%,仅为中国的三分之一。其他国家的过程属性的掌握基本都在40%以上,有相当一部分学生掌握了过程属性。总体来看,学生在过程属性的掌握上要优于内容属性。

① Duschl R,Maeng S,Sezen A. Learning progressions and teaching sequences:A review and analysis. Studies in Science Education,2001,47(2):123-182.

② OECD. PISA 2012 Assessment and Analytical Framework:Mathematics,Problem Solving and Financial Literacy. (2013-02-11)[2020-02-12]. http://www.oecd.org/pisa/data/pisa2012draft frameworks-mathematics problem solving and financial literacy.htm

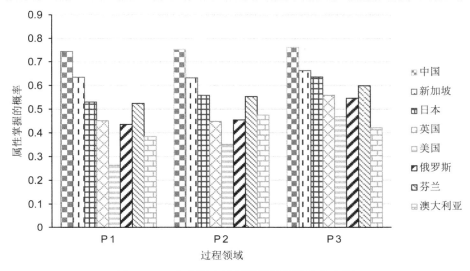

图 2.5.2　八个国家过程属性掌握概率分布图

2. 知识状态分析

表 2.5.8 统计了八个国家过程属性排名前 5 的知识状态和对应的比例。通过表 8 可以得出,除美国、俄罗斯和澳大利亚之外,其余国家(111)的知识状态排名在第一位,即较多的学生掌握了所有的过程属性。与内容属性基本保持一致。知识状态(000)所有国家都排在前两位,这说明也有一部分的学生所有过程属性都没有掌握。更值得注意的是,所有国家排名第 3 的知识状态都是(001),这说明 P3 属性在学习过程中显得尤为重要,该属性成为学习其他过程属性的前提。统计分析还发现,几乎所有的数据都支持 P3→P2→P1 这样一条线形的学习路径。

表 2.5.8　八个国家内容属性排名前五的知识状态

国家	第一知识状态		第二知识状态		第三知识状态		第四知识状态		第五知识状态	
	状态	比例%	状态	比例	状态	比例	状态	比例	状态	比例
中国	(111)	0.708	(000)	0.184	(001)	0.049	(110)	0.033	(101)	0.007
新加坡	(111)	0.635	(000)	0.338	(001)	0.032	(100)	0.003	(011)	0.001
日本	(111)	0.539	(000)	0.362	(001)	0.079	(011)	0.019	(010)	0.004
英国	(111)	0.442	(000)	0.442	(001)	0.100	(101)	0.010	(011)	0.007
美国	(000)	0.531	(111)	0.263	(001)	0.117	(011)	0.088	—	—
俄罗斯	(000)	0.453	(111)	0.432	(001)	0.089	(011)	0.023	(101)	0.004
芬兰	(111)	0.523	(000)	0.476	(001)	0.051	(011)	0.024	(010)	0.006
澳大利亚	(000)	0.360	(111)	0.221	(001)	0.091	(110)	0.091	(010)	0.084

（三）情景维度分析

PISA 数学测试中试题情景涉及四个方面，即个人、职业、社会和科学情景。这些情景都是未来学生生活所必须的，各种情景在试题中各占四分之一。通过统计得到八个国家在这四个属性上的掌握概率如图 2.5.3 所示。

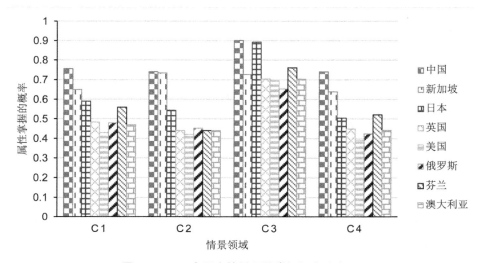

图 2.5.3　八个国家情景属性掌握概率分布图

1. 属性掌握概率分析

通过图 2.5.3 可以看出，中国在四个属性上的表现均最好，其中日本在社会情景（C3）的表现突出，几乎和中国保持一致。其中英国、美国、俄罗斯和澳大利亚四个国家在情景属性上的表现相当。从总体来看，情景属性掌握相对均衡，并且都达到了一定的水平。美国在四个属性上表现均欠佳，但仍然保持在40％以上。同时还可以发现 C3（社会情景）属性的掌握概率明显高于其他三个属性。

2. 知识状态分析

表 2.5.9 显示了八个国家在情景相关属性中排名前 5 的知识状态，通过表 2.5.9可以发现，所有国家排名第一的知识状态都是（1111），除中国外，所有国家排名第二的知识状态均为（0000），这就说明在所有国家中，有相当一部分学生掌握了情景中的所有属性，同时也有一大部分学生未掌握任何属性。对中国而言，掌握所有属性的人占到了 72.1％，没掌握任何属性的人仅占 9.8％。更重要的是，通过知识状态的统计可以发现，除新加坡外，所有国家的数据都支持 C3（社会情景）是其他情景的前提属性，这为学生学习数学问题解决提供了认知基础。学生倾向于先认知社会情景相关的问题，再解决其他情景相关的问题。

表 2.5.9　八个国家内容属性排名前五的知识状态

国家	第一知识状态		第二知识状态		第三知识状态		第四知识状态		第五知识状态	
	状态	比例%	状态	比例	状态	比例	状态	比例	状态	比例
中国	(1111)	0.721	(0010)	0.142	(0000)	0.098	(1011)	0.018	(1110)	0.017
新加坡	(1111)	0.617	(0000)	0.228	(0110)	0.052	(0100)	0.022	(0010)	0.020
日本	(1111)	0.497	(0010)	0.272	(0000)	0.107	(0000)	0.070	(0110)	0.031
英国	(1111)	0.436	(0000)	0.296	(0010)	0.220	(1010)	0.030	(1011)	0.013
美国	(1111)	0.382	(0000)	0.304	(0010)	0.236	(0111)	0.031	(0110)	0.025
俄罗斯	(1111)	0.420	(0000)	0.346	(0010)	0.170	(1110)	0.029	(1010)	0.026
芬兰	(1111)	0.425	(0000)	0.229	(0010)	0.197	(1011)	0.152	(1010)	0.034
澳大利亚	(1111)	0.428	(0000)	0.296	(0010)	0.226	(1010)	0.024	(0011)	0.014

四、结语

随着经济的全球化,教育也开始注重全球化视野,国际理解与国际间的教育借鉴使得人类能够应用最新成果促进发展[1]。PISA 作为教育全球化发展的产物,为人们了解世界基础教育,以及进行相互比较和借鉴提供了数据支撑。PISA 提供了大量的数据变量,这些数据不仅包括数学、科学、阅读三大学科中学生的成就表现,还包括教师教学方法、学生阅读兴趣、学习时间、学习效率,教育公平,以及家庭经济地位、家长情感支持和幸福感等指标,共计 3 588 个。可见,PISA 研究的意义远超排名[2]。数学作为最基础的学科,其重要性不言而喻,随着 2020 年 7 月国际数学教育大会在中国上海召开,中国数学教育走向世界成为必然选择。通过 PISA 测试了解世界基础教育,讲好中国的"数学教育故事"成为教育研究者,尤其是数学教育研究者的责任和使命。深入分析 PISA 数据,进一步认识中国数学教育的优势和不足,将世界最新成果应用到我国数学教育课程的实施和教育改革中,成为数学教育研究的一个重要方向。

---

①　武小鹏,武小霞,张怡.教师教学评估系统的构架与机制.比较教育研究,2019,41(08):59-67.
②　陆璟.PISA 研究的意义远超排名.教育发展研究,2019,39(22):3

第三章　课堂教学与内涵建设

　　课堂教学不是教师展现风采的"独角戏",而是师生互动交流、思维碰撞的"协奏曲";课堂不是学生独断专行的"修炼室",而是教师引导、教学相长的"讨论场";课堂不是知识转接的"交易所",而是师生探究知识的"研究室";课堂不是教师模式化运作的"生产线",而是师生充满智慧的"外交场"。

第一节　课堂与课堂观

　　课堂对于我们每个人来说都不陌生,我们曾在课堂中快乐成长,汲取营养,积累知识,获取经验。著名的教育家陶行知先生认为"课堂即生活",著名教授叶澜先生呼吁"让课堂焕发出生命的活力",日本学者佐藤学也将课堂教学描绘为"静悄悄的革命"。随着现代科技的高速发展,课堂教学的环境发生着巨大的变化,从传统的黑板加粉笔,到现在的多媒体技术、电子白板、数控一体机、电子书包等,智慧课堂、翻转课堂等更加人性化的课堂教学形式不断涌现。作为学生学习的主战场,课堂承载着大量的可以解读的信息,走进课堂,解决教与学中的实际问题,越来越受到教育研究工作者的关注,同时,深入分析和研究课堂,也成为一线中小学教师成长的重要途径。

一、课堂

　　对广大教育工作者,尤其是对大量的一线教师来说,课堂已经成为自己生活的一部分,然而,课堂却是其身边"最熟悉的陌生人"。"熟悉"是不言而喻的,教师在教育工作中几乎天天与课堂朝夕相处,在课堂中学习,在课堂中成长,在课堂中演绎着自己的人生。"陌生"则可谓之"不识庐山真面目,只缘身在此山中",长期的教学已经使教师产生了习惯性的套路,课堂教学产生的"火花"越来越少,从而丢失了课堂教学的部分本质,使得他们对课堂更加陌生了。当再一次被问到课堂是什么、课堂教学究竟是怎样的,却得到了莫衷一是的答案。

　　从语义学的角度分析[①],"课堂"在汉语中最初并不是作为一个专门的术语来使用的,"课"和"堂"各自有其专门的含义。"课"在汉语中有多种含义。根据《辞源》《辞海》和《汉语大词典》中的解释,"课"的含义有 20 种之多。但"课"在

---

　　① 刘志军.课堂评价论.桂林:广西师范大学出版社,2002:1-2.

我国最初只有"考核""检验"以及"赋税"等含义①，直到南北朝时期，才在"课"最初含义的基础上引申出"按规定内容和分量教授、讲习、学习以及作业"的含义。《梁书·儒林传·沈峻》中有"与舅太史叔明师事宗人沈麟士，在门下积年，昼夜自课"，白居易也在《与元九书》中称"二十已来，昼课赋，夜课书，间又课诗"，都是使用此义。近代以后，随着班级授课制的产生，"课"则成为班级授课的重要概念，它是指"把教学内容以及实现这种内容的教学手段、教学方法展开的教学活动，按学科和学年分成许多小的部分，分量不大，大致平衡，彼此连续而又相对完整，这一小部分内容和教学活动，就叫作一'课'。"②

可见，课的意义在某种程度上被泛化，如学生班级授课制的学习就是一种"课"，教师给学生授课叫作"上课"，学生常规的前往学校定时学习也叫"上课"，课堂上学生听教师讲解叫"听课"，学生无故不来学习，叫"旷课"，还有课后的补救教学叫"补课"。大学课堂中往往还有"逃课""翘课"等。其实这些用法虽然泛化，但也与我们传统意义上的课堂教学分不开。常常将重要的课称为"主课"，还有"必修课""基础课""学位课""校本课"等不同的说法。

"堂"则一直有"室""房屋"之义，其本义为殿堂，高于一般房屋，用于祭献神灵、祈求丰年等。《孟子·梁惠王上》中有"王坐于堂上"之说，又如堂上（殿堂上）、堂下（宫殿、厅堂阶下），后泛指房屋的正厅，特别是指比较正式或尊贵的房间，后来引申出"朝堂""佛堂""厅堂""堂屋"等③。

把"课"与"堂"联系起来构成"课堂"一词则是在近代，是在班级授课制这一教学组织形式传入我国以后才出现的。这一方面是由于班级授课制形式主要表现为教师在固定的场所、特定的时间内对学生授课，需要一个相对稳定的地方开展教学活动；另一方面，由于长期以来我国对教师上课的权威不容置疑，就把教师上课的地方称为"堂"。在这里，课堂最初的含义就是把"课"和"堂"二字的含义合起来，用以专指进行教学活动的教室。在实际生活中，人们常把课堂与教室同义，英文为 classroom，泛指专门进行教学活动的场所。随着教育的普及和教学观念的变化，课堂中参与主体的角色不断发生着变化，由最初相对单调的教"转"变为由教师和学生共同形成的具有多种形式和多种功能的综合形式。此时的课堂已经不能简单地被称为进行教学活动的场所，它越来越与它所承载的教学功能融为一体。由此，课堂教学这一概念应运而生，此时课堂与课堂教学所指称的内容大致相当。

① 辞源(四).北京.商务印书馆,1979:2903.
② 王策三.教学论稿.北京:人民教育出版社,1985:275.
③ 辞源(四).北京:商务印书馆,1979:615.

后来,课堂的含义在原来的基础上又有所引申,成为一个含义更广的概念。如"社会是一个大课堂",这里课堂就被理解为任何具有教育意义的场所或活动。这样,课堂就有大、中、小三种不同的范围和指称,我们称之为课堂的广义、中义和狭义理解。其中广义理解作为课堂概念的延伸,很难在学习和研究中使用。狭义则把课堂理解为无生命、无意义的物理形式,也丧失了它作为研究对象的必要条件。本书对课堂的理解取其中义,即课堂是教师、学生及环境之间形成的多种功能的综合体,是一个充满生机和意义的整体,是焕发师生生命活力的复杂系统。从这一含义来理解,课堂与课堂教学同义。

从历史的角度考察,课堂至少有三种理解:第一种是指课堂教学场所,即教室(classroom),教学论研究中曾把它作为教学环境加以研究;第二种是指课堂教学,就是发生在教室里的教学活动,由于传统的教学中课程是刚性的,课堂教学研究只是从教学内容的角度加以考虑,传统教学论重点在于研究教学活动及其构成要素;第三种是指课堂是一个学习共同体,这个共同体是学生成长、发展和教师专业提高的共同体。从实然来看,第一种课堂只是一个条件性的理解,第二种课堂是"人们专门性的知识传授场所",第三种课堂则是"人才培养的专门场所"。从"实然"到"应然"是不断发展的,"人的培养"是"传授知识"的目的,也是"传授知识"的理想;"传授知识"是"人才培养"的手段,也是"人才培养"的基础。课堂的"实然"在课堂产生与发展的历史中始终存在,而课堂的"应然"则在不同的历史时期有不同的表现,即培养什么样的人,就有相应的目的、内容与方法,就会形成相应的课堂模式①。

二、课堂观

(一)课堂是"儿童成长"的场所

教育不是单纯的习得知识、技能的学习过程,而是人格陶冶的过程。教育的本质在于人的"成长","成长"凭借的是"知识的重建"——统整每时每刻的经验的种种要素,来丰富经验的意义,从而为而后的经验提供方向。在这种经验的重构过程中,"知识"和"技能"作为知性反思的产物被习得,就是说它是探索过程所产生的副产品,"成长"的主旨终究是为了更优质的经验的重建。对于经验的重建而言,"感受"具有极大的意义。任何一种思考都是环境与人的交互作用的产物。当儿童直面生活时,必然有所观察、有所倾听、有所感悟,这就是"开放儿童的经验"。直接反映这种"人、事、物"的侧面,就是感性的侧面.这种感性尚未构成"概念",它反应的是客体的直觉,整体的意义、儿童的"探究",就是利用它作为推动力得以开展的,而这种经验的知性反思就是"理解"。儿童正是在

---

①　王鉴.论课堂的历史形态及其变革.西北师范大学学报(社会科学版),2006:3.

基于经验的学习的日积月累之中获得了对于自身潜能的信赖,从而培养起探索未知世界的勇气和自信。罗杰斯强调:"有意义的学习是兼具逻辑性直观、理性与情感、概念与经验、构思与意义的。"[①]

(二)课堂是培育"文化传递和文化创造力"的场所

文化的专递并不是以单向地从先辈传承给后辈的方式进行的,年轻的后辈必须形成自身独特的文化创造能力与态度。仅仅是单纯的培养具有知识、技能的人,并不是教育的目的。进一步说——课堂也是儿童体验"文化创造的共同体"的场域。文化传递与文化创造的统一并不是孤立的在儿童身上发生的事件。正如文化是社会的人们实现理想的人类活动的集体实践经验过程一样,教育也是集体性的文化传递与创造的过程。换言之,课堂教学是以科学、艺术、技术之类的人类的文化方式作为媒介,生成自身的意义,并在儿童之间、师生之间相互交换的意义。以学科教育的情景为例,它并不是儿童获得"标准解析""标准理解"的一种代码或是唯一的"标准答案"的过程,而是儿童以教材为媒介,了解不同于自身的另一种代码的存在,并且体验自身代码体系的相对性的过程。这样,直面意义生成的现场,儿童成为新的"意义生成的当事者",而且"参与了社会文化共同体的实践"。

课堂,绝不是寂静无声的墓地,而是交织着多重声音的世界。归根结底,学校课堂不是单纯的物理空间,而是社会的、政治的、历史的、文化的空间。

第二节　课堂评价

一、评价

评价对于每个人来说并不陌生,它频繁出现在人类生活方方面面。在人类发展的历史长河中,评价伴随着人们不断发展和进步,人类在不断地对自然、社会、他人和自我进行着评价,同时每个人也接受着他人和社会对自己的评价。评价使得社会更加有序和谐、使得个人行为更加规范。正是由于评价的普遍性,使其成为各领域研究的重要议题。

关于评价,我们可以从日常生活和哲学研究两方面进行较为深入的考量。在日常生活中,评价无处不在,父母对小孩的行为随时做出评价,鼓励、表扬,抑或是评判、指正;教师对学生的学习表现给出评价,学校对学生的学业成就通过纸笔测试进行评价,对学生的综合素质进行评价。同时学生也不时对教学的授课做出反馈评价,如学校的评学评教活动。就其评价的本质,都是为了各项活

---

① C Rogers.教育的挑战.友田不二男,主译.东京:岩崎.

动、各种行为发展得更好,更符合社会的需求。在日常生活中,显性的语言评价和隐性的暗示反馈构成了评价的主题部分。

评价到底包含怎样的含义呢? 我们可以从词源追溯。"评价(assessment)"这个词源于拉丁语"assidere",它的意思是"和某人坐在一起(to sit with)"①。由此,我们可以根据这种一个人坐在孩子身边,或许正在对一幅作品进行对话的画面推断出,评价是教师"和学生一起"以及"为学生"提供支持和帮助的过程,而不仅仅是"针对学生的"的表现做出优劣判断的一个事件。对此,斯沃菲尔德(Swaffield S.)及德拉蒙德(Drummond M.)的观点与笔者不谋而合。斯沃菲尔德认为:"坐在旁边"的评价形式是许多教师教学实践中习以为常的一件事。无论是就实际上还是就比喻意义而言,"坐在旁边"的评价都暗示着教师要收集证据、解释证据,以提供一些关于学生学习了什么、他们的教学是否成功、下一步该做什么的信息,然后给学生提供反馈,关注他们作品的质量,指出他们作品的优点和不足,进而给他们提供清晰和具体的指导建议②。德拉蒙德认为评价就是教师关注或察看学生学习,努力地去理解学生的学习,进而促进学生学习的过程③。除了词源学上的考察之外,不少评价专家也对此进行了界定。课堂评价专家阿什(Airasian P.)认为,"评价是指收集、分析、解释信息并做出决定的过程。评价不仅仅包括实施管理,给学生的纸笔考试评分和定级,评价从最真实和广泛的意义上讲,还包括教师在教室中所收集的所有信息;有助于他们了解学生的信息,监督教学进展的信息,创设一种有效的课堂文化信息,以及收集、处理、解释这些信息的各种手段和途径。④"课程评价专家马什(Marsh C.)也指出:"评价通常用来描述教师采用的收集学生的知识、技能和态度的信息活动。这些活动包括收集正式的评价数据(如通过目标性考试)或使用非正式的数据(如使用观察核查表)。⑤"对于评价的概念界定,最为全面和清楚的是贝里,她在对评价本质深刻洞察的基础上,提出评价就是教师和学生收集信息、分析和解释信息、进行推断、做出明智的决定、采取正确的行动改进教学和学习的一种有意识和有系统的活动⑥。在这个界定中不仅涵括了上述两位学者把评价看作收集学生证据的过程、将"学习证据"作为评价概念的核心,还更进一步,

---

① Saterly D. Assessment in School. New York:Basil Black well Ltd. ,1989:1.

② SwafJield S. Getting to the Heart of Authentic Assessment for Learning. Assessment in Education:Principles,Policy & Practice,2011,18(12):433-449.

③ Dnimmond M. Assessing Children's Learning. London:David Fulton,2003:13.

④ Airasian P 著. 徐士强等译. 课堂评估:理论与实践. 上海:华东师范大学出版社,2008:9.

⑤ Marsh C. Planning,Management & Ideology:Key Concepts for Understanding Curriculum. London:Falmer Press,1997:169.

⑥ Berry R. Assessment for Learning. Hong Kong:Hong Kong University Pres,2008:6.

深刻地向我们揭示了评价"关注学习""促进学习"的内在本质,为我们全面深入地理解评价的内涵奠定了良好的基础[①]。

在英语中,"evaluate"(评价)是以"value"(价值)为出发点展开的,在此基础上加了前缀"e-",该前缀具有"出""引出""出自"之义。由此看来,评价与价值是密不可分的,要了解评价的含义,就必须了解价值以及价值与评价的关系。

在哲学范畴中,价值被解释为客体满足主体一定需要的特性,也就是说,某物的价值,就是指这一事物的特性,但又不是这一事物的一般特性,而是指这一事物满足对它有一定要求的人的需要的特性。这样,在形成价值特性的过程中,就形成了一对关系,即价值主体与价值客体的关系。其中,前者表现为价值主体对价值客体的需要和要求,后者表现为价值客体满足价值主体的需要的特性,二者相互依存,形成了特定的价值关系。因此价值并不是纯粹主观的、虚无缥缈的东西,它依托的是一对现实的关系,即由价值主体与价值客体形成的价值关系[②]。

二、课堂评价

当评价应用到课堂情境中便衍生出了课堂评价这个概念。但究竟何为课堂评价? 对此,中外学者从自己的教育文化传统,依据自己的研究视角,对课堂评价的概念进行了不同的诠释。在我国,许多研究者认为课堂评价是指对教师的课堂教学评价进行价值判断的活动,具体指向是对教师教学过程、板书、师生互动情况、教学方法的评价和建议。在此,课堂评价是对教师评价的一部分,评价的对象是教师,评价的主体主要是学校的行政领导或教研人员,评价的目的主要是对教师教学效果的一种价值判断。然而,对其含义,国内也有学者提出了不同的理解,如沈玉顺认为课堂评价是指教师为了判断学生的学习情况、了解自己的教学效果、促进学生的有效学习而开展的对学生学习信息的采集、分析和利用活动[③]。谭兵认为课程评价的定义有狭义和广义之分,狭义的课堂评价是指课堂中的语言点评活动,而广义上是指对学生学习情况、参与教学活动情况的了解、总结和反馈,包括肢体语言、课堂测验及问卷调查等多种形式[④]。显然,在这里,两位学者认为课堂评价是针对学生的而不是针对教师的,评价的对象是学生,是关于对学生学习情况的评价,评价的目的也不再是单一的价值判断,而是提供反馈,促进学生的学习。在西方语境脉络下,研究者对课堂评价也有诸多不同的理解,如古斯基(Guskey T.)认为,"课堂评价是指围绕学校日

---

① 赵士果.促进学习的课堂评价研究.上海:华东师范大学,2013.
② 刘志军.课堂评价论.桂林:广西师范大学出版社,2002:1-2.
③ 沈玉顺.课堂评价.北京:北京师范大学出版社,2006:1.
④ 谭兵.课堂评价策略.北京:北京师范大学出版社,2010:5.

常教学活动的各种评价形式的总称。它包括各种课堂练习、课堂测验以及课后作业,也包括教学情境中师生问答和引导,还包括教师对学生表情、动作、学习状态和个性特征等情况随时随地的观察和判断。①"而课堂评价专家阿什却认为课堂评价是指在课堂中收集、分析、解释信息并做出决定的过程。虽然以上两位国外学者对课堂评价的解释各不相同,但其课堂评价的对象都是学生,是对学生的课堂学习情况的评价。鉴于以上分析,在本研究中课堂评价(classroom assessment)是指教师和学生为了判断学生的学习情况、了解自己的教学效果、使用某种评价工具收集、分析和利用相关学习证据的过程,课堂评价的对象是学生,更具体地来讲是学生的学习情况②。

三、课堂评价的历史演变③

课堂评价是指师生运用评价工具收集、分析和解释学生学习信息,进而对学习状况做出判断并提供建议,以改善学习的活动过程。这种活动围绕课堂中的学生学习展开,往往与教学发生关系,甚至会对教学产生影响。正确认识和处理两者的关系有助于解决"教师怎么教"和"学生怎么学"的问题,可以深入把握有效教学的实质。然而人们对两者关系的理解存在诸多误读,出现了当下较为流行的"为考而教""为考而学"的现象,遮蔽了评价和教学的真实意涵,严重弱化了课堂评价促进教学的增值功能。为了正本清源,还原评价与教学的本质关系,本研究从历史与现实两个方面来考察课堂评价与教学的关系,重估课堂评价对于教学的意义与价值。由于课堂评价具有形成性功能,人们往往把课堂评价与形成性评价联系在一起,甚至有学者认为"课堂评价其实是一种典型的形成性评价"。既然课堂评价是一种形成性评价,我们不妨梳理形成性评价进入课堂、关注学习之后的概念变化,以此考察课堂评价与教学的关系。

将形成性评价运用于课堂教学和学生学习始于布卢姆(Bloom B. S.)等人的研究。布卢姆等人在1971年出版的《学生学习的形成性和总结性评价手册》一书中明确指出形成性评价运用于课堂的各种可能和应发挥的作用。形成性评价是在课程建构、教学和学习的过程中为了改进这些过程而进行的系统性评价。形成性评价发生在形成阶段,每种努力都要利用它去改善过程,这意味着在评价某项内容时必须努力发现在过程中最有用的各种证据,寻找最有用的报告证据的方法,找到能减轻评价所产生的消极影响的路径。"形成性评价最重

---

① Guskey T. Making Standards Work. The School Administrator,1999,56 (9):44.

② 赵士果.促进学习的课堂评价研究.上海:华东师范大学,2013.

③ 郑东辉.试论课堂评价与教学的关系.课程•教材•教法,2014,34(12):33-38.

要的价值是能够为学生的学科内容学习和每个学习单元的行为表现提供帮助"①,也就是在学生学习的过程中对学习进行必要的检测,诊断学习中存在的问题,通过必要的矫正,帮助学生掌握学科知识。需要注意的是,这里的形成性评价对于教学来说主要在于补救和矫正,而不是改善教学,因为形成性评价主要由教师进行组织和实施,对所有学生提出相同的目标;在学生学习一个阶段(通常是一个单元)之后,对学生进行形成性测验,诊断、分析和解释学习结果,提供补救措施,矫正学生的学习行为,帮助被评价的学生达到预设的教学目标。可以说,这种形成性评价只面向学生过去或当下的知识学习结果,不关注学生后续学习行为的改善。

进入 20 世纪 80 年代,评价学界开始重新审视形成性评价对于教学的作用,逐渐从强调阶段性的价值判断转移到对人的学习和发展过程的了解、诊断和改善上来,把形成性评价融入整个教学过程。这种转向在纳特洛(Natriello G.)、克鲁克斯(Crooks T. J.)及萨德勒(Sadlerd D. R.)等人的研究成果里得到了充分体现。纳特洛把形成性评价运用于课堂,提出了包含八个阶段的课堂评价过程模式。这些课堂评价过程,特别是评价标准和不同的反馈形式(如分等、教师评语)会对学生的理解和学习动机产生影响。这意味着评价不再是某一阶段学习之后的测验与补救,而是伴随整个学习过程,时刻影响或作用于学生学习。那么,课堂评价到底对学生学习的哪些表现产生了什么影响呢?克鲁克斯对此做出了具体回答。他通过文献的元分析,详细论证了测验、课堂提问、反馈等课堂评价方式对学习策略、认知结果和学习动机的影响,比如引导学生判断什么是重要的学习内容,会影响学生对能力的自我认知、学习方法的调整以及学习策略和技能的发展②。克鲁克斯的贡献在于揭示课堂评价影响学习动机、学业成就的形成性机理,启发人们思考课堂评价如何支持学生的深度学习,但他仍旧关注教师对学生学习的评价,没有涉及学生的自我评价③。

将形成性评价的主体从教师扩展至师生,则要归功于萨德勒,他通过对反馈的再概念,将教师反馈和学生自我监控(self-monitoring)作为形成性评价的关键要素。他认为,反馈是形成性评价的关键要素,它不是简单地传递或记录信息,而是积极地利用信息去缩小当前实际水平和目标之间的差距,形成性评

---

① Bloom B S, Hastings J T, Madaus G F. Handbook of Formative and Summative Evaluation of Student Learning. New York: McGrae-Hill, 1971: 117G118.

② Natrielo G. The Impact of Evaluation Processes on Students. EducationalPsychologist, 1987, 22 (2): 155-175.

③ Crooks T J. The Impact of Classroom Evaluation Practices on Students. Review of Educational Research, 1988, 58 (4): 438-481.

价也便成为缩小学习者当前学习水平和预定目标之间差距的反馈循环(feed-back loop)。这个反馈循环中,必须包括学生的自我监控。只有同时满足以下三个条件,教师反馈才能转变为学生的自我监控。第一,学习者必须拥有针对标准(目标或参考水平)的概念;第二,学习者必须将实际的(或现在的)表现水平与标准进行比较;第三,学习者必须采取适当的行动,逐步缩小实际水平与标准之间的差距。很明显,萨德勒把形成性评价的焦点从教师应该做什么转移到学生应该做什么,关于学生能做什么是首要的,教师的作用不过是提供经验,为学生提供做事情的机会,这使得形成性评价与学习的关系变得紧密起来,使其成为学习过程的一部分。其问题是对学习的关注只局限于认知层面,而且从教师反馈到学生自我监控的转变强调学生的主动作为,忽视教师和学生对发生转变的三个条件的共同行动,进而使得形成性评价深入学习的同时却丢失了对教师教学反思的关注[1]。

20世纪90年代末以来,一群英国学者对课堂评价的研究推动了形成性评价新的发展。布莱克(Black P.)和威廉(Wiliam D.)于1998年发表了一项关于形成性评价的研究综述,他们发现:形成性评价是课堂活动的必要组成部分,改善形成性评价可以提升学业成就的标准[2]。要改进形成性评价,应该关注三个方面:第一,通过教师的反馈,让学生体验成功;第二,加强学生的自我评价和同伴评价;第三,形成性评价与教学融为一体,通过评价来改善教和学。在此基础上,英国评价改革小组(assessment reform group)更进一步,通过三年的研究,创造了一个新的名词——"促进学习的评价"(assessment for learning)来指代形成性评价,他们认为"促进学习的评价是发现和解释证据的过程,这些证据被学习者和教师用来决定学习者在哪个阶段学习、需要达到什么目标,以及如何最有效地实现目标[3]。

英国评价改革小组所强调的评价与先前讨论的形成性评价有了明显的不同,一方面,课堂评价融入教学和学习,完全成为一个有机整体,评价既是教学,又是学习。另一方面,教师和学生共享学习目标和评价信息,共同对评价过程和结果负责,通过教师反馈、学生的自我评价和同伴评价改善教和学。另外,教师运用反馈结果进行自我反思,进而调整、完善后续教学,也成为课堂评价的重

[1]　Crooks T J. The Impact of Classroom Evaluation Practices on Students. Review of Educational Research,1988,58 (4):438-481.

[2]　Black P,Wiliam D. Inside the Black Box:Raising Standards Through Classroom Assessment. Phi Delta Kappan,1998,80(2):139-148.

[3]　Assessment Reform Group. Assessment for Learning:10 Principles-research-based to Guide Classroom Practice. http://k1.ioe.ac.uk/tlrp/arg/CIE3.PDF,2002.

要方面。这些重要的不同,在之后威廉关于形成性评价的再概念研究中得到充分体现。威廉从教学过程的视角重新界定形成性评价,建构了促进学习的评价的过程框架,促进学习的评价的主体不仅包括教师,还增加了学生,教师和学生共同分享、理解学习目标与成功标准,并通过各自的评价达成目标或实现成功。尽管教师提供反馈表面上只是为了改善学生的学习,其实学生的学习结果及其反馈信息也为教师调整和改进教学提供了机会。换句话说,此种反馈对于教师的教学具有形成性的意义。

英国学者们关于形成性评价变革的种种努力和取得的研究成果,在世界范围内得到了广泛的关注和响应,创造了有关形成性评价的新知识,可以说,促进学习的评价作为形成性评价的最新发展和新的表现形式已得到普遍认可。

综合上述,我们大致可以厘清课堂评价与教学的关系及其变化。具体来说,两者的关系经历了从评价介入和干预教学到评价成为教学过程的一部分,再到评价、教学与学习交融于一体。在这个变化过程中,课堂评价的主体、手段与功能都发生了变化,评价主体从教师主导到师生共享,评价手段从单一的形成性测验到正式和非正式评价方法相结合(如教师反馈、学生自我评价和同伴评价),评价功能从只对学生学习结果查漏补缺到持续支持学生学习再到改善教和学。这些变化进一步表明课堂评价具有教学意义,本身就是一个教学事件。

四、课堂评价的地位与重构[①]

我国当前进行的新课程改革提倡教育应促进每个学生个性的发展,强调学生在主动探究和思考的基础上理解、建构和生成知识,实现个体生活经验与学科内容体系的统整[②]。在新课程所蕴含的理念下,学业成就评价应该是关注个别差异的、多元的、动态的和开放性的,应该是能够促进学生学习和发展的。显然,在前面所分析的学生学业成就评价体系中,只有课堂评价与学生日常的学习生活紧密相关,与教师和学校的教育活动水乳交融。在这个意义上,课堂评价才是实现新型学业成就评价的核心形式,在推进新课程所倡导的学业成就评价模式中占有极其重要的地位。

因此,在新课程改革的背景下,必须重新审视现有学生学业评价的体系与研究重心,重视课堂评价在转变现有评价理念和实践中的核心地位,通过研究在新课程理念下课堂评价的理论基础、评价形式和内容、设计开发过程以及相应的质量体系,实现我国学业成就评价以及教育评价领域变革和发展的目标。

①　杨向东.谈课堂评价的地位与重建.全球教育展望,2009,38(09):42-46.
②　钟启泉,崔允漷.新课程的理念与创新——师范生读本.北京:高等教育出版社.2008:2-17.

认清课堂评价在实现学生学业成就评价改革中的核心地位并不能直接导致课堂评价研究和实践的变革。要实现这种变革,现有课堂评价在理论基础、设计运作模式和科学化程度上都需要转型。具体而言,实现课堂评价研究的转型至少需要综合考虑以下几个方面。

第一,建立与新课程的学业成就观相一致的评价模式。新课程倡导建构学习,强调学习过程是学生质疑、思考、探究生活世界和科学世界的体验过程。在这种主动探究的过程中,学生描述事物,提出问题,探索现象,构建假设和解释,将当前问题与已有的学科知识相联系,通过思考或讨论解决问题,并交流自己的所思所得。这就要求新的课堂评价建立与该学业成就观相一致的评价模式。概言之,新的课堂评价必须降低对主要是测量学生学科内容知识和技能的传统评价模式的依赖,转而寻求对学生灵活运用学科知识去理解、探究世界的能力,以及在理解的基础上进行提出问题和解决问题的能力的评价。它要求改变传统评价中对学生通过记忆和操练所掌握的孤立、零碎的科学知识的多少和技能熟练程度的考查,转而测量学生现有的学科知识结构和组织化程度,以及基于该结构和组织化的理解、推理和知识运用情况。

第二,建立在对学生学习和认知过程以及学业成就发展过程的认识的基础上。学生学习的认知过程是指学生在具体学科领域中形成概念、表征知识、习得技能以及发展专长(competence)的理论或模型①。要形成与新课程的学业成就观相一致的评价模式,必须要充分了解在建构学习观下,学习是如何产生和发展的,学生学科知识结构形成的过程、阶段及其特征,以及问题解决能力是如何形成和培养的。它可以告诉我们学生学业成就的哪些方面是有价值的和应该评价的,高水平学业成就所具有知识结构化特征和表现形式等。它不但提供了学业成就评价如何考查这些方面的重要线索,同时也是设计有效评价任务、开发合理评分框架,以及建立结果解释与课堂教学联系的依据。

第三,在课程(包括课程标准和教材)、教学和评价三者协调一致的大背景下思考课堂评价的设计和运用。课程、教学和评价的一致性是指课堂评价的设计和检验、教学方式的选择和实施都必须与课程设计的理念以及所要达成的目标相一致。只有当课堂评价与课程标准、教材、教学相整合时,课堂评价才能提供改进教学的信息,进而实现学生从现有状态到课程目标状态的转变②。

---

① National Research Council. (2001). Knowing what students know: the science and design of educational assessment. Peligrin A J., Chudowsky, N., and Glaser, R., editors. Board on testing and assessment, Washington, DC: National Academy Press.

② Stiggins R J, Arter J A, Chappuis J, Chappuis S. Classroom assessment for student learning. ETS, Portland, OR. 2006.

第四，追求一种将评价活动整合到教学过程之中的动态的连续性评价模式。连续性评价模式能有效、准确地把握学生实际学习过程的情况，为指导学生学习提供针对性依据。它的一个重要功能是可以根据学生先后的表现来分析学生问题产生的根源，对学生的学习困难进行诊断并提供具体建议。它能帮助教师了解每个学生的兴趣、长处、经验和需求，从而有针对性地选择和修改课程内容，设计符合学生当前理解和能力水平的活动。由于测评活动是整合到教学过程之中的，教师可以随时了解学生的以上情况，根据学生的经验、已有理解和特点，学习过程中的问题、困难和进展情况等及时改进课程方案。

第五，追求多元化的评价模式。测评手段的多样化能够保证收集到有关学生理解和能力的不同方面的信息。除了正确运用传统的纸笔测验的手段，课堂评价还应运用学生的课堂表现、作业情况、学生作品、探究实验、团体合作任务以及文本分析等方式。在评价方式上，既要运用教师或者评价专家的评价方法，也要考虑学生自我评价的价值和运用。多元化的评价模式还包括评价任务或问题的多元化。新型学业成就评价模式并不是完全抛弃传统纸笔测验形式，而是一种扬弃。原有纸笔测验任务可以通过重新设计，从对孤立、零散的知识点或技能的考查转型到对基于知识的理解和运用能力上的考查。此外，创设开放性的、复杂的、没有明确解决方案的问题情境，让学生在解决具有现实意义的实际问题的过程中展示其理解、探究和解决问题的能力，在课堂评价转型中具有重要的意义。

第六，重视对课堂评价合理性和科学性的检验。课堂评价的科学性是实现其有效改进学习和教学的功能的前提。保证课堂评价的科学性是一件非常复杂、不断提高的过程。真正实现新课程所倡导的新型学业成就评价，并不是简单地从关注学习结果到关注发展过程，从封闭式问题到开放性问题，从纸笔考试到多元评价就大功告成了。开放性问题未必就能引导学生进行深层次思维活动，而纸笔考试也未必就一定不能考查复杂思维。因此，课堂评价要想真正回应新型学业成就评价的要求，必须建立相应的质量检验体系。这种质量检验，既包括对新型学业成就的学习和发展过程的深刻理解和反复验证，也包括对评价任务和情境创设的分析与反省，还包括对学生表现水平的正确界定和合理解释，以及对评价结果的合理运用等。这一过程在本质上是不断研究、假设、观察、修正和提高的过程。这其中，具体领域的学习与心理发展研究以及作为教育评价的理论和技术支撑的测量学的重要性应该引起相关人员的关注。

第七，建立评价结果与学习、教学之间的信息反馈机制。研究表明，课堂评价有效性既取决于课堂评价设计水平和结果质量，也取决于结果反馈的质量和具体机制。如果基于课堂评价的反馈信息能够引导学生重新思考问题解决或学习过程中出现的错误及产生根源,纠正错误或完善已有观念,则对改进学生学习的效果是最好的。教师根据评价结果,向学生提供反馈信息时,详细指明学生所犯错误和不当的问题解决策略,并提供相应的改进建议,对学生后继学习是非常有帮助的。一般而言,对学生描述性的、有标准以供参照的反馈信息能够有效地促进学生的理解以及后继的行为调整。

第三节 内涵式课堂教学的构建

课堂教学作为学校教育的主要场所,起源于16世纪欧洲的班级授课制,兴起于17世纪乌克兰的兄弟会学校,班级授课制起初是游离的形式,系统性和科学性不强。1632年捷克著名的教育家夸美纽斯的《大教学论》问世,班级授课制的系统化理论才得以形成。1862年班级授课制首次引入我国,在清政府颁布《奏定学堂章程》(即1903年的"癸卯学制")后,才在全国广泛推广①。虽课堂教学在我国已有数百年的历史,然而现有的课堂依然五花八门,良莠不齐,依然重形式轻实质,重结果轻过程,"标签式"的课堂教学蔚然成风。"课堂是知识流动的载体,本应是生命活力充盈的场所,但现有的课堂中,枯燥的、接受式的知识传递现象依然很明显。课堂仍然沉闷、机械和程式化,缺乏乐趣与生机,缺乏对好奇心的刺激和对智慧的挑战,师生的生命力在课堂中得不到充分发挥。"②"简单模仿、跟风、关注模式命名、缺乏实质改进的课堂比比皆是"③,近几年,我国在课堂教学改革方面取得了显著的成效,但还没有形成稳定的课堂教学系统④。因此,我国课堂出现了多种教学观念、多种教学模式并存的现状。课堂教学中花样百出,华而不实,师生热闹非凡,但课后却未留下一丝痕迹,课堂教学处于极为浮夸的时代。针对这种现象,强调课堂教学中各元素和谐统一、关注情感认知多元全面发展,以及注重深度学习的内涵式课堂教学的构建显得尤为重要。

课堂教学作为学校教育最主要的教学形式,是教育教学改革最直接的场所。内涵式课堂教学聚焦当下课堂教学的主要问题,结合学生学习认知理论基础,融入深度学习的思想,建构起以深度学习、文化渗透、情感融合和认知发展为核心的课堂教学图式,并提出了"维护课堂教学生态,注重学生可持续发展;聚焦核心素养培育,激发学生自主创新力;文化引领课堂教学,培养学生核心价

---

① 辛朋涛.道尔顿制与"菜单式"班级授课制的结合——兼论文科研究生教学组织形式的变革.学位与研究生教育,2006(5):49-53.23-29.

② 叶澜.让课堂焕发出生命活力——论中小学教学改革的.教育研究,1997(9):3-8.6(2):

③ 叶澜.课堂教学过程再认识:功夫重在论外.课程·教材·教法,2013(5):3-11

④ 徐继存."后模式时代"课堂教学的选择与重建.当代教育科学,2013(23):15-16

值观;构建课堂教学共同体,让教学焕发生命活力"的内涵式课堂教学建设的启示,试图为"标签式"的课堂向"内涵式"的课堂转变提供参考。

一、内涵式课堂教学

内涵式课堂教学强调课堂教学的内涵建设,关注课堂教学中主体价值观的构建,充分强化课堂教学的教育价值,凝练课堂教学中精髓,并建立在课堂教学的四点基本认识上,即课堂教学不是教师展现风采的"独角戏",而是师生互动交流、思维碰撞的"协奏曲";课堂不是学生独断专行的"修炼室",而是教师引导、教学相长的"讨论场";课堂不是知识转接的"交易所",而是师生探究知识的"研究室";课堂不是教师模式化运作的"生产线",而是师生充满智慧的"外交场"[①]。内涵式课堂教学就是在师生之间、生生之间建立触发学习动机的伙伴关系,引导课堂教学向深度学习目标转换的新模式[②]。深度学习兼具探究和创造的特征,释放教师、学生的动能和激情,建立师生学习伙伴关系,发现、激活和挖掘深度学习的潜能[③]。内涵式课堂教学的目标是使学生能够通过课堂教学成为一个健康全面的人,创造和贡献于世界。内涵式课堂教学需要促使教学发生本质性的转变,课堂教学从关注内容的覆盖性、知识的全面性、教学场面的活跃性到注重学习的过程性、方法的启发性、教学环境的生态平衡性,着力培养学生学习的思维独立性、活动合作性、分析深入性的持久学习力。教师和学生在完成内涵式课堂教学任务中结成合作伙伴,体现课堂教学任务的连通性、探索性、广泛性和现实世界的目的性等特征。在内涵式课堂教学中,需要明确以下关系。[④]

(一)内涵式课堂教学中的师生关系

在内涵式课堂教学中,教师的基本素质集中体现在教师的教学能力以及教师对教学策略和教学过程的熟练掌握,最终目的是形成师生间、生生间的伙伴关系,构建学习共同体。教师和学生共同创设学习环境,用来发现深层次的知识。教师在此过程中需要复杂的教学能力,具备跨越不同教学策略和持续评价学生学习进展的专业知识。

在内涵式课堂教学中,人人都是教师,人人都是学生。个体之间通过自身的鼓励和反馈建立持续学习的信心,产生更多、更高的期望和需求。通过课堂

---

①　郑金洲.重构课堂.华东师范大学学报(教育科学版),2001(3):53-63.

②　Fullan M, Langworthy M. A Rich Seam: How New Pedagogies Find Deep Learning. www. michaelfullan. ca/wp-content/uploads/…/3897. Rich_Seam_web. pdf,2016-12-23

③　Fullan M. The New Pedagogy: Students and Teachers as Learning Partners. Learning Landscapes,2013.

④　詹青龙,陈振宇,刘小兵.新教育时代的深度学习:迈克尔·富兰的教学观及启示.中国电化教育,2017(5):73-79.

教学培育学生一种新的学习状态,即更具吸引力,更紧密地连接现实生活,更好地培养学生适应现实生活和工作。

(二)内涵式课堂教学中主导体系

在内涵式教学中,课堂的主导关系发生了质的改变,不再是单一的教师主导下,学生为活动主体的课堂教学主导关系,变成了知识能力拥有者主导下的,循环流动主导关系。这种改变由内在变化驱使,在新的适切环境下迅速被采纳,以便主导课堂教学。这种主导关系的变革有效地融合了自上而下、自下而上和横向力量,从而会更快、更容易地、自发地产生变革。这种变革表现为内部能动的变革模式,这种变革最终体现在课堂教学的价值上。新的课堂主导关系的变革有助于学生回应、激励和指向"远景定向、放手尝试新鲜事物和掌握所学动态"的循环流动过程,从而可以激励学生产生新的观点和想法。在各种关系下,教师和学生合作领导,分享成效和经验,并分析由此产生的积累性的影响。这种主导关系的有效运用和传播,需要相互推动和协作反思,以便深入体会课堂教学中深层次的内涵,并以新的方式测量进展。

(三)内涵式课堂教学中生态环境

课堂教学中的生态环境首先是将课堂教学视作一个生态系统,旨在通过生态系统的和谐平衡特征及其先进理念,形成良好的生态课堂,能够做到处处以学生健康的个性化发展、良性的可持续发展为目标,使每个学生都在课堂教学活动中积极、主动、深入地参与课堂教学。课堂教学中通过教学意识、教学评价、教学内容、教学环境、教学方法及教学管理等方面的改善和调整,构建和谐环境,加强良性互动,促进多元共生,使学生主体性和差异性得到尊重,使学生主动性得到发挥,使课堂形成和谐、互动、共生的良性生态格局。通过生态课堂得到健康成长,充分发展,实现教学与学生发展的有机统一,生态和谐发展,最终达成多元共生的目标[1]。

二、内涵式课堂教学的认知理论基础

认知主义认为影响学习和教学的因素不是人们表现出来的各种行为特征,而是内隐于师生内部的心理结构本质和变化。内涵式课堂教学关注的是课堂教学之间内部的相容性,强调的是具有思考力度和深层内涵的深度学习。这种课堂教学实质上是介于结构性与非结构性知识意义的建构过程,是复杂的信息加工过程,是对新获取的知识和已有激活知识之间的深度链接,是对新旧知识进行精细化的深度加工[2]。结合内涵式教学中的主要环节和相关理论基础,得

① 曲振琳,张洋.互动·和谐·共生——生态课堂建设的实践研究.教学与管理,2017(7):102-104.

② 高文.建构主义学习的特征.外国教育资料,1999,(1):20-22.

出内涵式课堂教学的认知理论基础图式,如图 3.3.1 所示。

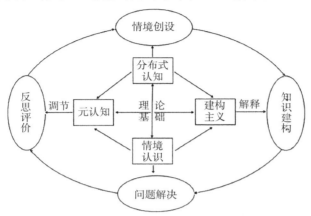

图 3.3.1 内涵式课堂教学的认知理论基础图式①

(一)分布式认知理论对内涵式课堂教学的引导

内涵式课堂教学按照人类学习的规律,一般由一个富有思考力度的、与教学内容紧密相关的有趣问题展开。通过这一问题情境,学生把思维聚焦在课堂教学的本质问题上,使得课堂进展层层递进、顺理成章。情境的创设不但能找到学生思维与课堂教学内容的固着点,同时也是课堂教学深层意义的建构,将课堂教学内容和实际生活紧密地结合到了一起,赋予其现实意义。分布式认知理论超越了传统认知理论的局限性,从认知活动的全貌出发,强调复杂的社会文化因素对认知活动的重要作用,结合了复杂计算系统基础的新认知理论模式②。内涵式课堂教学强调学习者批判性地看待教学内容,并进行自我反思,强调师生在有机的协作下利用已有经验建构新旧知识的深层意义,创设多样化的情境,促进知识间灵活的迁移,通过高阶思维的反复运用,以到达认知的高阶水平。分布式教学理论综合了学生、教师、教学环境、教学媒体及师生关系等各种相关因素,提供给学生更多的、更全面的认知工具和的认知通道,有效减轻了学生在课堂教学活动中认知负荷,为发展学生的高阶思维能力减轻了认知上的负担③。总之,分布式认知理论能够引导内涵式课堂教学向培养学生更高的认知水平发展,引导学习活动向深度学习迈进。

(二)建构主义理论对内涵式教学的深度解析

建构主义理论者认为,学习不是由教师向学生单项地传递知识的过程,而

① 张浩,吴秀娟.深度学习的内涵及认知理论基础探析.中国电化教育,2012(10):7-11.
② 乔纳森.学习环境的理论基础.上海:华东师范大学出版社,2002.347.
③ 莫雷,张卫等.学习心理研究.广州:广东人民出版社,2005.138-142.

是学习者在原有知识经验的基础上,在一定的社会文化中,通过主动地对信息进行深加工,建构知识意义的过程,其具有积极性、建构性、诊断性、目标指引性和反思性等特征。内涵式课堂教学较为充分地体现了这些特征,用建构主义的观点来解释内涵式课堂教学是适切的。

1.内涵式课堂教学过程是一个双层重建构的过程

内涵式课堂教学中知识的建构过程,是师生之间双向建构知识深层意义的过程,实际上就是同化和顺应的过程:一方面,学生对认知结构中的新旧知识建立意义上的联系,将新知识纳入已有的认知体系中,即发生了同化过程;另一方面,学生已有的认知结构中的知识与新获得的知识产生认知冲突,从而引发原有认知结构的调整和改变,即发生顺应的过程。内涵式教学是一种双向建构知识意义的教学,能够使学生获得灵活的知识和对知识深入的理解。

2.课堂教学的知识建构结果是复杂的认知结构

课堂教学的过程就是个体认知过程不断完善并趋于复杂化的过程,因而课堂教学中建构起来的知识结构也是一个复杂的认知结构。所谓认知结构就是个体在实践过程中积累起来的用来应对复杂学习情境和处理疑难问题的内在经验。内涵式课堂教学获得的不是单个的、简单的直线性知识,而是具有内部意义建构的复杂网络状知识。它不仅要求学生了解原理、概念及技能等浅层的结构化知识,更要求学生理解掌握各概念、原理之间的联系,形成认知地图,并能灵活地将获得的知识和技能运用到具体情境中以解决实际问题。因此,课堂教学的知识建构结果是一个结合了教学情感、学习经验及认知基础等诸多因素的结构性与非结构性相结合的复杂网络状认知结构体系。

3.内涵式课堂教学的实现需要创设适合的条件

内涵式课堂教学既需要独立于课堂教学之外的外部条件,如课堂教学场所中的物理条件、教学环境、教学流程等,又需要蕴含于课堂教学本身的内部条件,如课堂教学中的师生关系、情感气氛、价值取向、教学理念等。建构主义理论下的内涵式课堂教学面对的是结构不良的复杂问题,需要对话、反思、协商等深层次意义的条件为课堂教学的开展提供脚手架。

(三)情境认知对内涵式教学中的问题解决提供了内驱力

情境认知理论所倡导的教学理论可追溯到维果斯基的社会文化观和杜威的"做中学"思想。情境认知理论不是把知识作为个体内部心理的表征,而是把知识视为个人和社会或物理情境之间联系的属性以及互动的产物[①]。因而,这种理论驱使下的内涵式教学不仅仅是为了获得一大堆的事实性知识,还要将学

① 高文.情境学习与情境认知.教育发展研究,2001(8):30-35.

生置身于知识产生的特定社会和物理情境中,师生通过积极参与课堂教学中的实际情境问题来获得知识、建构意义并解决问题。只有把课堂教学过程嵌入具体的实际问题当中,才能为获得的知识赋予深层次的意义。内涵式课堂教学融合了情境认知理论的基于情境的行动、合法的边缘参与和实践共同体的建构的特征。

1.内涵式课堂教学是基于情境的教学过程

内涵式课堂教学的过程是一个生成性、条件性、分布性和情境性并存的过程,这与情境认知理论是相符的。课堂教学中师生通过参与教学情境活动,并利用已有的知识解决问题,在这一过程中,师生在已有知识经验的基础上建构新知识并迁移到相应的实际问题情境中,以达到内涵式课堂教学的深度。

2.内涵式课堂教学体现了合法的边缘参与

所谓合法的边缘参与,可以理解为学困生在实践共同体内,参与课堂教学中边缘性的活动,观察模仿学优生行为,并在他们的引导下参与活动,在实际的教学活动中,逐渐发展知识与技能,并随着技能的增长,逐渐融入课堂教学深层次的活动中[①]。课堂教学中不同层次的学生通过参与学习共同体,最终达到共同体内学生之间有效的融合、充分交流、取长补短的目的。

3.内涵式课堂教学的实现需要共同体的构建与支持

学习共同体是实现课堂教学有效参与的基础,学生以学习共同体为单位开展课堂教学中师生之间和生生之间的相互对话、彼此互动,加深对课堂教学内容的理解。在课堂教学中,建构异质的学习共同体,有助于给不同学生提供不同的"最近发展区",可以解决课堂教学中仅凭个体难以解决的复杂问题。

(四)元认知理论对内涵式课堂的调节

弗莱维尔认为,元认知是认知主体对自身心理状态、能力、任务目标及认知策略等方面的认识,同时也是认知主体对自身各种认知活动的计划、监控和调节[②]。通俗地讲,元认知就是个体对自己认知的认知,是个体通过自我觉察、自我监控与自我调节对自身学习、思维的自我认识,是自我意识发展的产物。元认知理论认为,个体有自我监控思维活动和学习过程的能力,进而拓展和深化反思的内涵。

元认知对内涵式课堂教学起到双向的调节反馈作用,一方面,元认知能促进内涵式课堂教学的纵深发展。在内涵式课堂教学中,师生利用元认知策略和知识,对自己的教学过程或学习过程进行监控和调节,可以及时发现和修正教学或学习过程中的不足,加深对深层次知识和复杂概念的理解。另一方面,内涵式课堂教学过程也在不断地完善师生的元认知能力。师生通过对自己课堂

---

① 贾义敏,詹春青.情境学习:一种新的学习范式.开放教育研究,2011(5):30-37.
② 卉爱玲.元认知理论指导下的反思型教师教育.南京:南京师范大学,2004:6.

教学过程行为的批判性反思,进一步达到对自我认知的调节,师生通过思维的过程和学习的结果进一步完善元认知策略[①]。内涵式课堂教学注重对自我元认知策略深刻反思后的进一步重建,从而对元认知起到全面的反馈作用。

三、内涵式课堂教学建设架构

内涵式课堂教学是广泛统筹和综合教学各要素、深入师生内心体验的一种"春雨润物细无声"式的课堂,是对学生进行教化和教养式的全面发展的课堂,是内隐在人心灵深处的感悟和内心的净化。现有的课堂教学由于追求高效率、追求外在表现,已经偏离了课堂教学应有的本质功能。课堂教学作为我国教育体制中最重要的一部分,已经远远偏离了育人的本职。大规模、高强度催生出来的高效课堂已经影响了学生的全面发展。课堂教学应该是一片思维碰撞、擦出火花的心灵沃土,是摒弃了丑恶、低俗的,求真、崇善、尚美的净土。目前大部分的课堂教学把学生的培养培育和大规模的粗放式的生产思想结合了起来,讲求课堂教学的高效率,讲求学生之间激烈残酷的竞争,唯成绩、唯分数是论。针对这一流行的现象,呼吁课堂教学的内涵式发展,对课堂教学的内涵式转变起到积极作用[②]。

考虑到课堂教学育人的本质,对比现有课堂教学的弊端,本书将内涵式课堂教学的核心归结为四大要素,即深度学习、文化渗透、情感融合和认知发展,并试图用创建生态课堂、聚焦核心素养、构建学习共同体和跨学科知识整合为策略,实现内涵式课堂教学建设。其结构见图3.3.2。

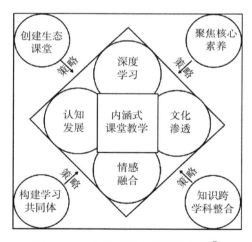

图 3.3.2 内涵式课堂教学构架图[③]

---

① 阿妮塔•伍德沃克著.教育心理学.陈红兵,张春莉译.南京:江苏教育出版社,2005;302.

② 武小鹏,张怡.国际比较视域下建立数学教师专业标准的构想.中小学教师培训,2017(5);73-78.

③ 曾小丽,田友谊.论课堂教学共同体的内涵、价值与构建.教育理论与实践,2015(25);51-55.

深度学习是和现有课堂教学中浮夸的表层学习相对的,是学生的一种高阶思维主导下的学习活动,充分体现了课堂教学求真的一面;文化渗透是站在课堂教学就是一种文化的熏陶的观点下,让文化来引领课堂教学的发展,充分体现课堂教学崇善的一面;情感融合更加注重学生课堂教学中情感态度价值观的培养,让学生在课堂教学中形成良好的人格体验,充分体现了课堂教学尚美的一面;认知发展是课堂教学前三个要素的集中体现,课堂教学的最终目的就是达成学生在各方面认知的全面发展。

四、内涵式课堂教学建设启示

（一）维护课堂教学生态,注重学生可持续发展

把课堂教学看作一个生态系统,目的就是要像维护生态系统的平衡和稳定一样维护好课堂教学的和谐发展。目前的课堂有些破坏了课堂教学这一"生态系统",产生了资源消耗式的发展,学生在课堂教学中感受不到应有的体验,大部分学生的兴趣、个性、创见等在这一系统中遭到了创伤,因而才会出现高考一结束,学生"撕书""扔书"大肆宣泄的场面,一副誓与书本绝交的态度。课堂教学到底发生了什么？很显然,学生在课堂教学中没有体会到快乐,更多的是心灵的压抑。课堂教学是以牺牲学生兴趣、个性、创见等为代价的恶性的课堂,学生丧失了继续学习的勇气和毅力,学生的可持续学习和发展的能力受阻,终身学习的理念也就变成了空想。

因此,在课堂教学中,要维护好学生的学习兴趣,要保护好学生的好奇心,让学生在快乐、愉悦、有体验的环境中度过,要让课堂教学中各个要素围绕学生可持续发展能力运转,组织师生之间,生生之间的良性互动,培养学生的合作能力,突出学生的主体地位,营造宽松的课堂教学环境,实施人性化课堂管理,建构全面发展的评价体系。要允许学生之间差异的存在,保障学生的个性发展,让课堂处于一种多元共生的状态。

（二）聚焦核心素养培育,激发学生自主创新力

核心素养成为新时期教育领域类关注的核心话题,2016 年 9 月 13 日,我国发展学生的核心素养研究成果发布,我国学生发展核心素养的改革拉开了帷幕。回顾我国历次重大的教育改革,都存在"雷声大,雨点小"的现象,偏远地区教改的风还没有刮到,又一轮教改又悄然而来。面对核心素养,怎样能将核心素养的培育落到实处,依然还有很漫长的一段路要走。内涵式课堂教学聚焦核心素养的培育,旨在直接把核心素养内化到课堂教学中,让核心素养的培育植入土壤中。课堂教学的设计以核心素养的培育为主导方向,将学生的自主创新能力作为课堂教学学生能力发展的主要方面,鼓励、激发学生自主创见。努力培养好学生的自主创新能力,就等于保留了学生自主深度学习的内驱力,学生

才能真正体会到学习的乐趣,学生的学校生活才能更加幸福。在课堂教学中,学生应体会到深厚的文化基础,文化基础的积淀奠定了学生全面、持续发展的基石。自主发展是学生面对错综复杂的社会环境的关键,要想学生有好的自主发展,就必须培养和激发学生的自主创新能力,同时,学生的自主发展也应该建立在社会参与的基础之上,不能脱离社会实践而独立存在。课堂教学中直接把核心素养基本框架作为课堂教学的依据,能够有效地提升课堂教学的内涵,为"标签式"的课堂向"内涵式"转变提供抓手。

(三)文化引领课堂教学,培养学生核心价值观

课堂教学本质是一种文化的创新和传承,文化对课堂教学的引领作用是课堂教学自身文化属性的内在要求。文化引领课堂教学,就是在课堂教学中渗入文化思想,挖掘文化内涵,实现文化对人的教化功能,树立正确的的价值观,培养符合社会主义核心价值观的人。文化课堂教学的引领体现在文化对学生精神上的导向作用,通过对教学内容的内化吸收和主体构建,促使学生去求真、崇善、尚美。在内涵式课堂教学中,这一目标需要通过对课堂教学内容的整合以及创设人文环境来实现,使课堂教学实现对学生无声的润泽。师生应在课堂教学过程中有意识地构建师生共同的愿景,创设人文环境,在文化的气氛中身心愉悦地完成学习任务,实现对体现特定文化价值和包含特定文化元素的教学内容的内化与品质的涵养。内涵式教学通过对文化课堂环境的构建,改变了知识的获取方式,实现了学生从对"死知识"的被动接收到对"活知识"的主动建构的转变①。内涵式课堂要培养的人是文化环境熏陶下全面而自由发展的人,通过培养全面自由发展的人,树立正确的价值观,为学生成功幸福的人生做好准备。

(四)构建课堂教学共同体,让教学焕发生命活力

课堂教学共同体是一个开放的环境系统,由具有自我完善和自我统一意愿的师生在特定的交互式教学活动中,通过合作、交流、对话的形式构建,目的在于建构教学的意义。构建课堂教学共同体促进了教师的自我完善和自我统一,有助于学生全面发展,让教学焕发生命的活力。内涵式课堂教学注重由内而外的建设,强调师生创见和谐的教学共同体,关注共同体创生的文化环境,厘清共同体教学的本质,搭建师生与教学的联盟②。在教育领域,杜威提出了共同体的两个标准:共同参与,共同利益;相互合作,相互作用。主张"人们因为有共同的东西而生活在一个共同体内,沟通乃是他们达占有共同的东西的方法。"③帕

---

① 曲振琳,张洋.互动·和谐·共生——生态课堂建设的实践研究.教学与管理,2017(7):102-104.

② 陈君,何泽,李森.文化引领课堂教学内涵及路径.教师教育论坛,2017(5):10-24

③ 〔美〕约翰·杜威.民主主义与教育.王承绪,译.北京:人民教育出版社,2001.92.

尔默认为,共同体是"在完整的自我中生根,是个体内部不可见的魅力的外部可见标志,是自身认同和自身完整与世界联系的交融。"①弗莱蕾认为,课堂教学应该"从传递走向对话",创建课堂教学共同体,把课堂作为一个开放的环境系统,创设一个有利于对话的环境,从而实现"交往的、合作的教学,意义动态生成的教学。"②在教学共同体内,师生共同完善教学过程,共同建构一种和谐的、文化的、社会的实践关系,学生在共同体内快乐地成长的同时,教师自身也在与学生的对话交流中得到了历练,教师和学生成为共同体的共同责任者和受益者③。在教学共同体的运营中,师生的情感得到了表达,激情得到释放,思维达到共鸣,成功得到体验,心灵得到净化,课堂教学便焕发出生命的活力。

第四节　生本视角下课堂教学评价指标体系

　　课堂教学评价标准是引领课堂教学改革的风向标和指挥棒,合理、科学、全面的评价体系是促进学生全面发展、教师能力提升的重要基础。下面从"以学评教"的内涵和课堂教学评价指标体系建构的依据出发,深入剖析有效教学的理论依据,紧密结合数学学科特点,围绕学生有效学习行为的针对性、能动性、多样性、选择性这四个维度,建立"以学评教"的数学课堂教学评价指标体系,并对"以学评教"的意义进行分析,力图通过改变教学评价方式促进课堂教学观念的转变,尊重学生个体差异,努力实现学生全体发展和全面发展。

　　课堂教学评价标准是引领课堂教学改革的风向标和指挥棒。而课堂教学评价标准的选择或制定,与课堂教学的价值取向及课堂教学的基本形态是相匹配的。传统课堂教学以追求学生知识的掌握为价值取向,这种价值取向与教师讲授为中心的课堂教学形态相契合。随着教育教学改革的推行,现代的课堂教学形态已经由以教师讲授为中心向以学生学习为中心转变,评价标准与传统课堂教学中追求知识掌握的价值取向和以教师讲授为中心的课堂形态是高度契合的。④ 课堂教学评价所特有的诊断、导向、激励的功能可以促成教师的关联性体验,帮助教师尽快摆脱传统教学的"惯性",把课堂教学改革的实践落到实处。⑤ 在这种环境下,研制设计以学习中心课堂为取向的"以学评教"的课堂教学评价标准,对学习中心课堂建构的有效推进具有重要意义。

① 〔美〕帕尔默.教学勇气:漫步教师心灵.吴国珍,余巍,译.上海:华东师范大学出版社,2005.91.
② 〔日〕佐藤学.学习的快乐——走向对话.钟启泉,译.北京:教育科学出版社,2004.
③ 张华.对话教学:涵义与价值.全球教育展望,2008,(6):7-16.
④ 陈佑清,陶涛."以学评教"的课堂教学评价指标设计.课程教材教法,2016,1(36):45-52.
⑤ 商发明.课堂教学评价新理念:以学评教.教育科学研究,2004,1:20-23.

一、"以学评教"的内涵

"以学评教"最早来源于 20 世纪 20 年代的哈佛大学,是学校组织学生对教师教学做出评价,即现在流行于各大高校的"评教"活动。但以学评教的本质不是"学生评价教师",而是"学生评价教学",是从学生在课堂教学中的实际状态来评价教师教学的成效。"以学评教"不是以评定教师教学质量好坏为目的,而是通过评教,让教师系统地听取学生的意见,改进教学方法,提高教学效率。"以学评教"是以课堂教学是否有利于学生学为评价视角,以教师引导和促成学生学习行为表现和状态为评价对象,以促成课堂教学由知识型向学习型转化为目的的教学质量和效果的评价方式。其核心是由关注教师的"教"转向关注学生的"学",以学生的"学"来评价教师的课堂教学行为,促进教师反思自己的教学行为对学生的"学"所起到的作用。其内涵包括了强调学生学习需求、尊重学生个体差异、突出学生学习成效等。[①]

(一)强调学生学习需求

"以学评教"将评价的重心转移到了学生身上,课堂充分体现学生的主体地位。要想让课堂更加高效,就必须满足学生学习的需求,学生课堂教学中的需求是多方面的,不仅仅局限于知识方面,还有情感、交流、体验及兴趣等。"以学评教"通过评价的方式将学生的需求显性化,让教师可以通过感知学生的诉求进一步满足学生学习的需要,以学定教,顺学而导,教师关注学生的情感体验和学习状态,让学生获得持续学习的意愿和感受生活的能力,引导学生成为主动的学习者和积极的生活者。

(二)尊重学生个体差异

因材施教是每一个教育工作者追求的目标,由于不同的学生在知识、能力、意志、性格及情感等多方面表现出不同的特点和发展倾向,只有足够重视并尊重这些差异,才能够促成全体学生的发展。现有的班级授课制在发展学生的个性方面受到了一定的限制,教师必须在照顾好共性的前提下发展个性。"以学评教"注重学生个体差异,基本顾及了每个学生的感受和体验,努力做到因材施教。"以学评教"注重个体差异的内涵蕴含了人文关怀,体现了人文思想。

(三)突出学生学习成效

学生在评价教学时不会单纯考虑课堂教学任务的完成情况,如果学生在课堂教学中不愿学或者学习没有收获,那么即使课堂教学中教师教得再认真、再辛苦也是无效的;同时,学生努力学习但没有得到应有的发展的教学也是无效的教学。"以学评教"本质上是将学生的进步程度纳入教学的评价。学生的学

---

① 张红梅.以学评教打造活力课堂.现代教学,2011,1:42-43.

习成效包括认知、技能、情感、态度及价值观等多个方面,教师在教学中应做到认知因素与非认知因素的统一,促进学生知识与能力、情意与态度、学习方法与策略、社会意识与能力和个性化等多方面的发展。①

二、课堂教学评价指标体系建构依据

首先,有效教学的探索为"以学评教"的取向打下了坚实的基础。自 20 世纪 30 年代开始,人们就关注教学的有效性,此时是以探讨好教师的教学特征和品质为切入点的,这种关注是建立在具有优秀品质和某些特征的教师,其教学必定是有效的这一观点的基础之上②。很快,这种观点受到了质疑和否定。其后,学者开始从教师的课堂教学行为入手来研究课堂教学的有效性,认为教师行为是决定课堂教学有效性的决定性因素。20 世纪 70 年代,这种观点被一种新的观点所取代,有效教学开始从教师的教学行为转向学生的学习行为,因为教师的教学行为只有被学生感知、接受、配合,转化为学生的学习行为,其效果才能体现出来。因而,教学的有效性就可以通过观察引起、促进学生行为的有效性来分析和判断。

其次,改革开放以来,我国课堂教学改革的成功经验,也体现出以学习为中心的追求。如卢仲衡的"中学数学自学辅导教学模式"、邱学华的"小学数学尝试教学法"、魏书生的"语文课堂结构改革实验"、黎世法的"异步教学模式"、上海育才中学的"八字教学法",等等,都体现了以学生的"学"为中心的理念。到 20 世纪 80 年代,以洋思中学和杜郎口中学为代表的课堂教学模式,改变了教与学的关系、教学组织形式、教学活动方式,已落实学生在课堂教学中的主体地位,并创造了"以学为本(少教多学)""先学后教""以学论教"等新的教学理念和教学策略。③

最后,以发展为本的教学过程,成为"以学评教"的主要依据。之所以学习为中心的教学能够得到凸显,是由当代教学的价值取向和其实现所需要的教学过程决定的。当代教学的价值取向已从以掌握知识为主向以学生发展为本转变,已经超越了单纯的认知发展,努力实现学生多方面素质发展乃至全面发展。在人全面发展的教学取向下,仅凭书本知识已经不能满足学生发展的需要。如何实现学生身心素质的发展呢?自 20 世纪 80 年代以来,我国在借鉴苏联维列鲁学派以及皮亚杰、杜威等人的相关理论的基础上,形成了"学生的身心素质发展的机制在于学生自身的能动活动,或者说,学生主要是通过自身的能动活动

① 武小鹏,张怡.基于综合评价模型的师生课堂话语权实证研究.当代教育科学,2015(12):25-27.
② 姚利民.国外有效教学研究述评.外国中小学教育,2005(8):23-27.
③ 陈佑清.教学过程的本土化探索——基于中国著名教学改革经验的分析.当代教育与文化 2011(1):60-67.

实现自身素质的发展的"的理念①。以学生发展为取向的教学过程,其焦点和中心在于学生能动学习活动的组织、激发、调动和促进。也就是说,在这种理念的指导下,要将学生能动的学习活动作为教学的目的和本体,教师的引导只能作为实现学生能动参与学习活动和促进学生有效完成学习过程的条件或手段。②因此,以发展为本的教学过程要"以学论教"。本书"以学评教"数学课堂教学评价指标体系的构建建立在以下四条假设的基础上。③

(1)"以学评教"必须体现"为了每一个学生的发展;强调教学内容需要与学生的认知水平、社会生活、科技发展等方面紧密联系;倡导主动、合作、探究的学习方式,培养学生的创新精神和实践能力,树立正确的世界观、人生观和价值观"的新课程核心理念。

(2)"以学评教"以学生的学习和发展来反映教学情况,体现教学过程本质和教师的教育理念,从而促进学生的成长和教师的专业能力提升。

(3)"以学评教"是课堂中学生主体地位能够得到突出、个性能够得到张扬、思维能够得到反复锤炼、能力能够得到提升的教学。

(4)"以学评教"是为了提升教师驾驭教材、驾驭课堂、驾驭问题的能力,引领教师在教学设计、活动组织、课堂管理及情感交流等多方面不断反思,逐步调整,为教师搭建反思实践和改正不足的平台服务的。

三、数学课堂教学评价指标体系

(一)设计思路

考虑到学生的学习行为与学习的效果或质量之间存在直接的相关性和对应性。学生学习行为的表现或状态是决定学生学习与发展效果的直接控制变量,教师的教导行为只有通过作用于学习行为才能影响学生学习和发展的质量或效果④。所以"以学评教"的指标就定义在学生的学习行为上,那么,什么样的学习行为才能实现教学的有效性呢?研究表明,能够实现教学有效性的教学行为有如下特征,见表 3.4.1。

① 田慧生.活动教育引论.北京:教育科学出版社,2000:87-89.
② 陈佑清.教学论新编.北京:人民教育出版社,2000:295-296.
③ 金新宇.以学评教,提高教学实效性的实证研究.上海师范大学,2016.5
④ 武小鹏,张怡.基于 FIAS 的高中数学课堂教学比较研究——以 2014 年全国数学教育研究会两节观摩研讨课为例.数学教育学报,2015.

表 3.4.1　有效教学的学习行为的主要特征、内涵及表现①

特征	内涵	表现
学习行为的针对性	学习行为与教学的目标、内容、条件及学情是匹配的	教学的行为是否按照教学目标、教学内容、学生情况和教学条件的实际情况来设计，不同的教学目标需要有针对性的教学行为来实现，特定的教学内容要求使用与之相适应的教学行为，不同基础的学生要求不同的教学行为，不同的时空及物质条件适用于不同的学习行为等，只有针对性的学习行为才有可能产生相应的教学结果和效率
学习行为的能动性	学生主动参与学习活动并积极进行内部信息加工	学生的主动参与是有效教学最为重要的前提条件，这一点被教学改革经验和相关理论所证实，学习行为的能动性具有内隐的和外显的两种表现形式，外显方面，学习能动性代表着学生积极、投入、专注的学习状态，这种状态可以通过学习行为显露出来，可以被教师观察到；内隐方面，表现为学生的意识形态，学生思维的积极主动、全神贯注地对学习对象进行思考、加工、建构和体验，以达到对知识的内化并转化为综合素养
学习行为的多样性	采用与多种教学目标、内容、条件相适应的多样的行为	学习行为的多样性是和学习行为的针对性一致的，在学生的学习中，学生需要达到的教学目标不是单一的，往往包括认知、情感、体验、兴趣及成就等多个方面。不仅如此，随着教学内容、教学条件、教学环境的改变，学习行为也发生改变。教学目标多面性、教学内容的多样性和教学条件的变化性都要求有多样化的学习行为与之相适应。同时，为了活跃课堂教学的气氛，吸引学生的注意，也应设计和运用多样化的学习行为
学习行为的选择性	学生可根据自己的学情进行学习行为的选择	学生是个性化的，不能将学生看成一张白纸、一个容器。学生在已有的生活经验、基础知识和思维方式上都存在着个体差异，同一个班级的学生在面对不同的学习目标、学习内容、学习条件时，采取的学习行为也是不同的。因而，在教学中，允许不同学生选择不同的学习行为，包括不同类型和方式的行为、不同时间运用这种行为、不同频次或时长地使用这种行为等。增强学生学习行为的选择性能够让教学面向全体，使教学更加有效

　　有效教学行为的针对性、能动性、多样性和选择性这四个特征是辩证统一的，构成了一个统一整体。针对性是学习行为的基础，是内在反应，针对性通过能动性、多样性和选择性表现出来。因而当学习行为相对教学目标、教学内容、教学条件和学生情况而言有了针对性时，学生的学习行为自然会具有能动性、多样性和选择性。

　　找到了有效学习行为的特征，就等于找到了"以学评价"的本质要素，因为无论是何种评价方式，最终目的都是促进学生有效的学习和健康的发展。教学的有效性是每一种教学评价方式追求的目标，要设计出合理有效的评价指标体系，只需要将

---

　　①　武小鹏.基于 FIAS 的高中数学课堂语言互动比较研究——以兰州市 X 高中专家型与新手型数学教师为例.西北师范大学,2015.10

这些有效学习行为的特征具体化,让具体化的指标能够全面可观测,同时也要将学习行为和数学学科的具体特征结合起来,充分体现数学学科教学的本质。

（二）具体内容

根据表 3.4.1 中对有效教学行为的界定,结合数学学习的特点,本节设计了"以学评教"的数学教学评价指标体系。该体系从有效学习行为的四个特征出发,设计了 11 项评价指标,再结合数学学习的特点,将这 11 项指标体系细化为 29 个观测点,具体内容见表 3.4.2。

表 3.4.2　"以学评教"的数学课堂教学评价指标体系①②

维度	指标体系	观测点	学习行为评价
学习行为的针对性	教学满足学生目标实现的需要	学习目标准确、具体、可测	
		学习行为趋向目标实现	
		学习素材支持目标达成	
	数学问题切合教学目标	情景是一个富有思考力度的数学问题	
		有深入的思考与讨论	
		学生对数学问题的表达准确	
	数学活动切合学情	学生的学习行为与已有的数学经验相适应	
		学生的学习行为与数学基础知识相匹配	
		学生的学习行为与思维能力相吻合	
	教学符合教学条件	安排了合理的问题讨论时间	
		学生有较自由的学习空间	
		学习与教学设备条件相适应	
学习行为的能动性	参与数学活动的积极性	学生在问题解决中是否专注投入	
		学生对数学问题是否有兴趣	
	数学问题思维过程的能动性	学生对数学问题是否积极思考	
		对产生的结果是否有质疑	
		学生是否提出了不同的问题解决方案	
	主动参与教学活动的全面性	是否全体学生参与教学活动	
		是否大面积学生交流发言	

① 武小鹏.基于 FIAS 的高中数学课堂语言互动比较研究——以兰州市 X 高中专家型与新手型数学教师为例.兰州:西北师范大学,2015.10

② 商发明.课堂教学评价新理念:以学评教.教育科学研究,2004,1:20-23.

维度	指标体系	观测点	学习行为评价
学习行为的多样性	满足三维教学目标的需要	数学问题是否得到全面的解决	
		学生是否体验了解决问题的全过程	
		学生是否领悟到了数学思想	
	多种信息通道刺激	教学是否提供了较丰富的文本材料	
		教学中是否有适当的教学示范和提示	
		教学中是否有多媒体的参与	
学习行为的选择性	教学材料的选择性	有无分层设计教学目标、内容、进度和作业	
		学生是否可以选择不同的教学行为	
	数学问题解决的选择性	不同学生是否留有不同的问题解决时间	
		是否提供多样化的问题解决方法供学生选择	

"以学评教"是通过观测学生的"学"来评价教学的,这种评价不仅仅评判教师的教学行为,同时也评价学生的学习行为,是对课堂教学整体效果的反思,这样的评价是进一步促进教学不断完善的评价。学生通过评价教学反思自己的学习状态,教师通过学生的学习行为评价教学,反思自己教学的问题,从而达到全面提高教学效率的目的。但是评价仅仅停留到指标体系上是不够的,学生和教师对图 3.4.2 中指标体系的认识可能各有差异,因此在教学评价中,应该做到认知一致,这样就需要教师根据评价指标体系的要求有效引导学生做出正确的评价,也可以让学生对评价体系的指标进行讨论,形成自己的理解,这样才可以将指标体系转化为评价状态的评价表。

四、"以学评教"课堂教学评价指标体系的思考

（一）积极作用

1. 教学由重视教师的"教"向重视学生的"学"转变

在"以学评教"教学评价指标体系的影响下,教师不再一味地关注课堂教学环节的完整性、教学内容的全面性、教学进步的时效性,而是把关注的焦点很自然地转移到了学生的学习状态上,这种转移是内部驱动的结果,是自发的。在教师的引导下,学生能够积极主动地参与学习,克服课堂教学中遇到的困难,学生的意志、与他人交流的能力、独立思考的能力、解决问题的能力等得到了全面的提升。"以学评教"的教学理念需要教师站在学生的角度,以学生对知识的掌握程度、情感的体验程度、学生的整体参与度等,来重新反思和审视教学的合理性、有效性和科学性。正是由于站在了学生的角度,才促使教师的教学行为不断地变化,与时俱进,才使得教师在日常教学中关注教学成效、学生的情感体验、学生对课堂的满意度,以此来调整教学。"以学评教"使得教师关注学情,不断更新教学理念,不断完善教学素材,调整教学活动的组织方式,以求达到教学成效的最大化。教师只有懂得如何与学生沟通,了解学生的需求,并引导学生主动参与教学活动,师生之间才能建立起互信、尊重、理解、彼此接纳、和谐的关系。学生主要通过和教师的相处感受,来决定是否喜欢教师所教的内容,是否愿意遵守教师提出的要求,是否积极参与教师组织的教学活动,达到预期的教学目标,进一步体现教学的功能。

2. 提高教师专业化发展水平,转变教师教学理念

"以学评教"评价指标体系构建为教师提供了一个科学合理的评价标准,有了这一指标体系,首先教师可以对自己的教学实践进行反思、审视,达到自我反馈、自我调整、自我完善的目的。通过评价使教师的教学理念落实到了具体操作上,使教师教学观念的转变由理想转变成为现实。其次,学生对教学的评价激励了教学效果,同时促使教学效果欠佳的教师改进教学。通过学生对教学效果的反馈,教师还能及时了解自己在教学中已有的优势和存在的不足,倾听学生的需要和要求[1]。所以,在"以学评教"过程中,不仅仅要关注学生如何来评定教师的教学,更重要的是要通过教师对学生学习行为的观察、反思、推敲、调整及优化等过程,探索出一种最为理想的师生合作互动的教学模式,从而挖掘出师生双方最大的潜能。

3. 达到了学生全体进步、全面发展的目的

"因材施教""面向全体学生"是每一个教育研究者和实践者永恒的话题。要在课堂上体现学生的差异性,做到不同学生有不同程度的发展,尤其在大班教学中是很难的,而"以学评教"发挥了学生学的能动性,把课堂的主动权交给了学生,每个学生在课堂上都能够体现出自己的价值。传统的课堂教学,学生总是处于被提问、被考试、被评价的地位,严重压抑了学生的创造思维和批判精神。"以学评教"为学生搭建了一个与教师交流的平台,学生以平等的地位与教师交流,主动地参与课堂,师生的关系更加融洽,营造了民主和谐、体验成功、积极向上的学习气氛,从而照顾到了学生的差异,提高了学生的参与度。

4. 起到了教学有效管理和质量监控的作用

课堂教学评价的目的不是为了评判课堂教学的好与坏,更深层次的意义是为了改进、反馈、调控。改进教学是评价工作努力的方向,评价要致力于对学习过程的促进和形成。通过"以学评教",教师可以进行自我反馈,学校也可以深入了解不同教师的教学状态。这些信息可以通过各教研组的比较分析,推动教师之间合理竞争,不断提高学校整体教学水平。

① 李慧燕.教学评价.北京:北京师范大学出版社,2013:85

（二）局限性

当然,任何理论都不可能是完美的,"以学评教"也不例外。从学生的角度出发,由于学生对教学评价可能缺乏正确的认识,从而使以学评教流于形式。学生也可能缺乏评价的相关知识和能力,难以对教师教学效果做出科学、准确、全面、有针对性的评价。主观臆断的评价可能使得评价结果与实施存在差距,同时,学生也可能由于一些心理因素对教师的评价产生一些误差,如晕轮效应误差。从教师方面看,教师如果对评价结果缺少反思,则评价对教学工作所起的作用就发挥不出来。同时,教师对评价的态度也会影响评价的效果。

总之,"以学评教"的课堂教学评价,可以充分发挥教学质量评价的导向、调控、鉴定和激励功能,以评促教,以评促学,教学相长。同时,我们应该辩证地看"以学评教"工作中出现的问题,不断完善评价体系,规范评教过程,合理运用评教结果,促进学生成长发展。

第五节　全球视域下的"数学核心素养"

"当今世界各国教育都在聚焦对于人的核心素养的培养"[①],我国也不例外,核心素养已成为当今中国最为火爆的教育热词,对于核心素养的研究更是爆炸式地增长。在核心素养的驱动下的教育体制改革、课程改革、课堂教学改革及考试评价制度改革等一系列问题蜂拥而至,学科核心素养的研制也在紧锣密鼓地进行,相应的教材编写工作也已经"在路上",教育改革呈现出一片繁荣景象。但同时,对核心素养的质疑和争鸣也此起彼伏,冷静深入地思考和分析核心素养的内涵成为一个必不可少的环节。在数学领域应该培养学生哪些素养,在诸多的数学素养中哪些又是核心素养,学界对此也争论不休。为了解决这一问题,通过梳理国内外报告和研究文献,剖析数学素养的内涵,对全面理解当前我国数学核心素养有较大的理论借鉴价值。

数学核心素养是当下数学教育界最关注的热点话题之一,但对其内涵理解不尽一致。通过梳理分析近40多年国内外有关数学素养的文献,本节提出了数学核心素养意义建构的结构框架,该框架从知识、能力、情感和经验四个维度为数学核心素养内涵的理解提供一个稳定的场域。在这一框架的基础上,通过总结和借鉴数学教育改革的经验,为数学核心素养的实施给出了建议。试图通过构建意义框架,准确把握数学核心素养内涵,为数学核心素养的实施提供参考。

---

① 顾明远.核心素养:课程改革的原动力.人民教育,2015,(13):17-18.

一、数学素养的文献梳理

数学素养的研究已有 40 多年的历史,通过分析 40 多年来国内外重要文献和重要报告,进一步厘清数学素养的内涵,全面准确地把握数学核心素养的本质,在此基础上,构建数学核心素养意义建构的理论框架,为数学核心素养内涵的理解提供一个稳定的场域。

（一）国内研究分析

我国对数学素养的研究由来已久,对学生数学素养的培育也是教育工作者常关注的话题。通过在中国全文数据库中以"篇名"为搜索范围,以"数学素养"为关键词,可以检索到 1 940 篇文献,自 1992 年到 2017 年每年都有,其数量分布如图 3.5.1 所示,在这些文献中,题目包含"数学素养内涵"的文章仅有 8 篇,并且仅有 1 篇发表在中文核心期刊上,内容多以单纯思辨和经验总结为主。题目中包含"数学核心素养"的文献仅有 6 篇,并且全部发表在普通期刊上,内容多以核心素养培育的经验总结概括为主。

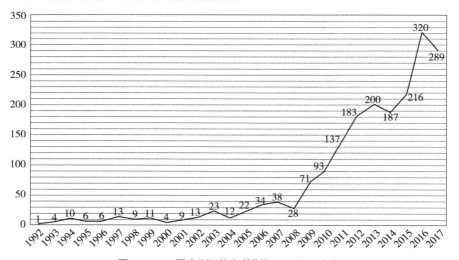

图 3.5.1　题含"数学素养"的文献分布变化

从图 3.5.1 可以看出,我国对数学素养的研究在 2008 年以前处于一个常规关注阶段,文章多以学生素养培育、教材对数学素养的体现为主,同时文章也多发在《课程·教材·教法》《数学教育学报》《数学通报》及《人民教育》等重要期刊上。近十年,数学素养的研究出现了大幅度的增加,文章内容丰富多样,除了关注学生数学素养的培育,还有数学素养与 PISA 的研究、数学素养的评价、数学素养比较研究、数学素养与数学能力、数学素养与数学文化等多方面的主题。

通过梳理国内文献,可将数学素养内涵的研究分为三个方向:(1)对核心素养描述性界定。如蔡上鹤先生认为数学素养是人们对数量关系和空间形式的认识,表现在知识技能、逻辑思维等方面①;曹才翰先生等将数学素养看成精确的定量思维和准确的定性思维,是用数学的眼光看待事物和对事物进行数学抽象的能力,应用数学的能力,对事物严谨的推理能力等②;宋乃庆等将数学素养界定为"真实情境中有意识地应用数学知识与技能理性地处理问题的行为特征"③。这些都通过高度概括的语言说明核心素养的内涵,强调数学素养在实际问题解决中的作用。(2)通过界定数学素养的要素,理解数学素养的内涵。如张奠宙先生认为数学素养应该从知识观、创造能力、思维品质和科学语言四个层面分析,应包括数学意识、问题解决、逻辑推理和信息交流四个部分④;徐斌艳从数学素养能力考查的角度认为数学核心能力包括数学地提出问题、数学表征与变换、数学推理论证、数学建模、数学问题的解决和数学交流等六大数学学科核心能力⑤;蔡金法提出数学核心素养要素包括"数学交流、数学建模、智能计算思维和数学情感"四个方面⑥,强调思维在数学素养中的核心地位;史宁中提到高中阶段的数学核心素养包括六个要素,即数学抽象、逻辑推理、数学建模、数学运算、直观想象和数据分析⑦;喻平也通过要素析取的实证研究证实了这一点⑧。(3)强调数学素养与社会生活的关系。如黄友初分析欧美研究认为,"数学素养的内涵都已从特定的范畴,逐步过渡到个体的现实生活,认为数学素养是个体、数学和社会生活三者相结合的综合体。⑨"王光明等人给出了数学素养的操作性定义,包括数学内容维度、现实情境维度和数学过程维度⑩;郑毓信则强调把"思维的发展"作为核心素养的基本含义⑪。这些主要的文献都从数学素养的某些侧面刻画了数学素养的本质内涵。

(二)国外观点梳理

1.数学素养界定的演变

1944年,美国国家教师教育协会(NCTM)举行的一次会议上最先提出数学

---

①　蔡上鹤.民族素质和数学素养——学习《中国教育改革和发展纲要》的一点体会.课程·教材·教法,1994(2):15-18.

②　曹才翰,章建跃.数学教育心理学.北京:北京师范大学出版社,1999:17-30.

③　康世刚,宋乃庆.论数学素养的内涵及特征.数学通报,2015(3):8-11.

④　数学教育研究小组.数学素质教育设计要点.数学教学,1993(3):2.

⑤　徐斌艳.数学学科核心能力研究.全球教育展望,2013,42(6):67-74.

⑥　蔡金法,徐斌艳.也论数学核心素养及其构建.全球教育展望 2016,45(11):3-12

⑦　史宁中,林玉慈,陶剑等.关于高中数学教育中的数学核心素养——史宁中教授访谈之七.课程·教材·教法,2017(4):8-14.

⑧　喻平.数学学科核心素养要素析取的实证研究.数学教育学报,2016,25(6):1-6.

⑨　黄友初.欧美数学素养教育研究.比较教育研究,2014(6):047-052.

⑩　王光明,张楠,周九诗.高中生数学素养的操作定义.课程·教材·教法,2016(7):50-55.

⑪　郑毓信.数学教育视角下的"核心素养".数学教育学报,2016,25(3):1-5.

素养（mathematical literacy）这一概念。1950 年 NCTM 在《加拿大希望报告》中再次使用数学素养[1]。到了 1989 年，NCTM 出台了标准，虽然在标准中没有明确给出数学素养的界定，但是提出了学生发展数学素养的 5 个目标，即学会重视数学、对数学能力有信心、成为数学问题的解决者、学会数学的交流和学会数学的推理[2]，为数学素养的培育提出了方向，也使得数学素养和具体的行为结合起来。1999 世界经济合作与发展组织（OECD）在制订为国际学生评估项目（PISA）框架中首次对数学素养做了界定，即"个人在不同环境下制定、使用和解释数学的能力，包括数学地使用数学概念、程序、事实和工具来描述、解释和预测现象[3]"，成为数学素养最原始的定义。尽管不同的文件或学者对数学素养有不同的解释，但他们都强调在不同场合对数学的应用和应用数学的能力对数学教育的重要作用，在数学是服务于大众而不仅仅是学术这一观点上也有共识[4]。

在数学素养的发展过程中，核心素养和核心能力的辨析也是很重要的一个内容。基尔帕特里克（Kilpatrick J. E.）等人认为"数学素养是一种解决非数学问题的工具，而数学能力包括掌握大量的数学知识，利用数学知识解决数学以及非数学问题的能力。[5]"他们认为数学能力是每个人获得成功学习数学的能力，具体包括数学概念理解，操作的流畅性、策略方法、适应性推理及积极的心理倾向，更进一步的包括个人心智、情绪和态度，对数学能力的界定更加宽泛，不仅包括数学知识内在的东西、还包含了数学知识获得过程中的认知和非认知的倾向。在丹麦数学能力与学习的项目（KOM）中，数学能力的概念得到了进一步的探索、使用和发展，认为数学能力是在以数学基础为条件的前提下，潜在地使用数学知识，有效地支配自己的行动的能力。数学能力包括八个要素：数学思考、问题提出与解决、数学建模、数学推理、数学表征、符号和公示处理、数学交流和数学工具[6]。然而，数学能力并没有专注于数学学习者和数学教学，而且这些概念也没有涉及个人特征，如把兴趣、倾向和态度等融入到数学能力的概念中。

---

① Freitag H T. A History of Mathematics Education in the United States and Canada. American Mathematical Monthly,1971,78(1):89.

② National Council of Teachers of Mathematics,Inc,Reston. Curriculum and Evaluation Standards for School Mathematics. National Council of Teachers of Mathematics,1989,47(September):2

③ OECD. PISA 2009 Assessment Framework:Key Competencies in Reading,Mathematics and Science. Paris:OECD Publishing. 2010.

④ Lerman S. Encyclopedia of Mathematics Education. Springer Netherlands,2014,4(3):391-396.

⑤ Kilpatrick J E,Swafford J E,Findell B E. Adding It Up:Helping Children Learn Mathematics. Academic Achievement,2002(5):468.

⑥ Niss M A,Højgaard T. Competencies and Mathematical Learning:Ideas and inspiration for the development of mathematics teaching and learning in Denmark. 2011.

2.数学素养的内涵背景

最初数学素养这一词的出现主要是为了解决人们对数学学科的误解,认为数学学科就是一些死记硬背公式、定理、法则的学科,认为数学是数学家们纯理论的符号游戏。为此,数学教育研究者想极力说明数学除了事实和原理以外还有其他有价值的东西。第一届国际教育成就评价协会(IEA)对数学研究的内容做出了界定,除数学事实和规则知识之外,还应该包括五点认知行为:知识和信息(定义、符号、概念的唤醒)、技术与技能(解决策略)、数据与符号的相互转化、理解(分析和推理问题的能力)和创造力(数学中创造性的推理)[①]。在美国国家教师教育协会(NCTM)发布的《行动纲要:20 世纪 80 年代学校数学的建议》中,对美国"新数学运动"和"回到基础"做了反思,认为逻辑推理、信息处理和决策的高度评价心理过程应该被认为是数学应用的基础,数学教师和数学课程应该设定目标,发展数学的逻辑过程、概念和语言[②]。部分学者反对试图通过可转移的一般能力或过程技能来获得数学素养,因为这种倾向忽略了在学习数学过程中获得的经验、兴趣和价值。这也是目前素养内涵中普遍缺失,但往往对学生作用很大的一部分。亚布隆卡(Jablonka)认为数学素养是一种社会和文化嵌套的实践经验,并且其概念随着利益相关者的文化价值观的不同而有差异。他通过文献梳理得出代表数学素养的 5 点特征:发展人力资本、维护文化认同、追求社会变革、创造环境意识和评估数学应用[③]。因此,对于数学的价值可以分为两种导向,一种强调数学知识内部结构和数学思维的能力导向,另一类强调数学在解决实际问题的应用导向,在考察数学素养时应考虑到这两者是相辅相成的。

3.数学素养的讨论

数学素养被广泛地使用在各种场合,但在不同政策文件和不同的研究中,其内涵却不太一致。例如,数学素养这一词在不同的语言间没有对等的词可以相互转化,如"mathematical numeracy"[④]"matheracy"[⑤]"mathemacy"[⑥]等词汇。

①　Margaret Brown. FIMS and SIMS:the first two IEA International Mathematics Surveys. Assessment in Education Principles Policy & Practice,1996,3(2):193-212.

②　National Council of Teachers of Mathematics,Inc,Reston. An Agenda for Action:Recommendations for School Mathematics of the 1980s. 1980:30.

③　Jablonka E. Mathematical Literacy. Encyclopedia of Mathematics Education. 2015:75-105.

④　Frankenstein M. Developing a critical mathematical numeracy through real real-life word problems. Mathematics education and society,2010:48-57.

⑤　D'Ambrosio U. The Role of Mathematics in Building a Democratic Society[J]. For the Learning of Mathematics,2003,10(3):20-23.

⑥　Madison B L,Steen L A. Quantitative Literacy:Why Numeracy Matters for Schools and Colleges. Focus,2001:29-37.

在德语和斯堪德拉维亚语中数学素养用"literacy"，被解释为一定意义上的算术和数字的最基本和最基础的方面，就像把语言素养认为是最基本的读和写的能力，但其语言素养已经超越了阅读和书写，成为具有社会语境和相关价值的能力综合体。这同样适用于数学素养的理解，现在由于人的专业方向、社会背景、职业领域、政治环境和经济条件等的不同，对数学素养的要求也发生了变化。因而对数学教育者而言，数学素养已经超出了基本技能范畴①。德兰格（De Lange）认为目前数学素养的界定没有考虑到文化差异，在数学教育中，对一个具备数学素养的公民应该获得什么没有共识，但具备数学素养的公民不一定要成为数学专家这一点是一致的②。同样，数学教育者在经验上和理论上都发现了追求数学素养的不同意图。文卡特和格雷文（Venkat 和 Graven）通过调查南非课堂，得出面对不同的挑战有不同的教学方法，体现不同的数学素养内涵③。盖勒特和雅布隆卡（Gellert 和 Jablonka）对数学素养和科学素养的关系进行了讨论④。数学素养这一概念虽然已有 40 余年的历史，但是对其内涵还没有统一的界定，需要根据具体实际加以分析。

二、数学核心素养内涵解读

2016 年 9 月 13 日，历经 3 年多，由教育部主管，北京师范大学林崇德团队牵头研究的中国学生发展核心素养研究成果发布，标志着我国核心素养的基本理论框架的形成。发展学生的核心素养是为了贯彻落实中共第十八届三中全会和党的十八大中提出的"立德树人"的总目标，进一步回应 2014 年教育部颁布出台的《关于全面深化课程改革落实立德树人根本任务的意见》而组织实施的一项浩大工程。教育部的意见指出"研究制订学生发展核心素养体系和学业质量标准"是今后一段时期内教育改革的关键领域之一，教育部要组织和研究各学段各学科学生发展核心素养体系，进一步明确适合学生终身发展和社会发展的必备品质和关键能力⑤。在这样的背景下，数学核心素养的概念开始出现

① Lerman S. Encyclopedia of Mathematics Education. Springer Netherlands, 2014, 4(3): 391-396.

② de Lange J. Mathematics for literacy. In: Madison BL, Steen LA (eds) Quantitative literacy: why numeracy matters for schools and colleges. National Council on Education and the Disciplines, Princeton, 2003: 75-89.

③ Venkat H, Graven M. Insights into the implementation of mathematical literacy. In: Setati M, Chitera N, Essien A (eds) Proceedings of the 13th annual national congress of the Association for Mathematics Education of South Africa, vol 1. UplandsCollege, Mpumulanga, 2007: 72-83.

④ Gellert U, Jahlonka E. Mathematisation demathematisation: social, philosophical and educational Rotterdam ramifications. Vietnam National University Press Hanoi, 2017: 21-34.

⑤ 刘坚，魏锐，刘晟.《面向未来：21 世纪核心素养教育的全球经验》研究设计. 华东师范大学学报（教育科学版），2016.3：17-21.

在数学教育研究者的视线中。核心素养的提出从本质上是教育哲学的本体性回归,是知识本位的教育哲学观向基于人本位的教育本体论回归。中国学生发展核心素养体系与三元教育价值分类体系形成相互对应的关系,体现了教育的个体生命性、工具性和社会性价值[①]。可见,数学核心素养和具体的数学知识,如定理、公理、公示、法则不同,也不能以知识的掌握量来衡量学生的数学素养。有研究者从教育视角分析得出,数学核心素养应该强调数学意义、数学情景、数学背景导向和数学建模导向等四个方面[②]。社会活动和社会背景也是发展学生数学核心素养需要考虑的重要部分[③]。也有研究认为,数学核心素养是数学情感态度价值观、数学知识及数学能力的综合体现[④]。

　　通过梳理国内外的研究可以得出,数学核心素养是一个高度综合和非常抽象的概念,不能将数学核心素养简简单单地等同于数学知识、数学能力和简单的数学过程等。数学素养是囊括了数学知识、数学能力、数学过程、数学经验、数学思维及数学情感的一个数学认知共同体,是数学品质的集中体现。为了摆脱单纯地考察学生数学知识和数学技能为导向的核心素养观,全面深入地理解数学核心素养的内涵,需要从知识、能力、情感和经验四个方面构建核心素养的意义。数学核心素养是这四个领域中在数学学科上的集中体现,只有学生在这四个方面达到了平衡,学生才能获得良好的数学素养。结构关系如图 3.5.2 所示。

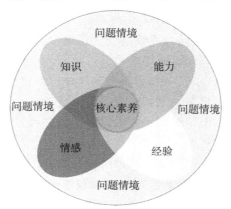

图 3.5.2　数学核心素养意义建构的结构框架

　　①　杨志成.核心素养的本质追问与实践探析.教育研究,2017(7):14-20.

　　②　LENGNINK KATJA,DARMSTADT. Reflecting mathematics:an approach to achieve mathematical literacy. ZDM the International Journal on Mathematics Education,2005(3):246-249.

　　③　Miller L D,Mitchell C E. Using quality control activities to develop scientific and mathematical literacy. School Science and Mathematics,1995(2):58-60.

　　④　桂德怀,徐斌艳.数学素养内涵之探析.数学教育学报,2008,17(5):22-24.

知识作为学生获得数学素养的载体,离开了数学知识就脱离了数学学习的物质基础,也就失去了获得数学素养的物质起点。因此数学知识在数学素养中起很重要的基础作用,是数学素养建立的基石。任何脱离了知识谈论方法和能力的构想都是空想。在核心素养主导的今天,也必须把获得基础知识作为培养学生核心素养的重要部分。

能力构成了数学核心素养认知领域的重要部分,能力是知识内化的结果。数学核心能力是有助于数学知识应用于实践领域的个人能力[1]。学生获得的知识变成解决数学问题的能力,从而构成了学生数学素养的一部分。同时能力的获得可以激发学生学习数学的兴趣,构成对数学积极的情感体验,成为形成数学情感的主渠道。当然,学生数学能力的高低不仅仅受制于知识的多少,还依赖于学生情感体验、价值取向及生活环境等诸多因素的影响。

数学核心素养除了学生获得知识层面的数学基础、认知层面的数学能力,还应该包括非认知层面的情感与态度[2]。有研究表明,积极的数学情感有助于学生更从容地迎接数学问题的挑战,更专注于数学活动,从而有助于数学成就的提高[3]。数学情感是构成数学核心素养的一部分。良好的情感体验才能较好地形成正确的数学价值观,才能用数学的眼光观看待周围的世界,最终构成数学核心素养。

经验作为我国古代数学中最为优秀的数学素养,至今也对学生影响深远。我国古典数学中的"割圆术""赵爽弦图""中国剩余定理"等一些重大的结论都是得益于经验的积累。在知识爆炸式增长的今天,创新性人才的培养不能仅靠知识的掌握和技能的获得,数学思想和活动经验也是很重要的一部分[4]。在我国长期课改经验中提炼出来的"四基"中的基本活动经验,应该成为核心素养概念指导下教学改革的重要组成部分。数学经验应该成为发展学生数学核心素养过程中最为优良的继承品。

对于数学核心素养而言,不论是知识、能力,还是情感、经验,都是在一定的问题情境中表现出来的,情境是素养培养和测量的一个基本场域,脱离了这个场域,素养就只能表现为割裂的各个部分,因此,对核心素养理解的一个基本观

---

① Turner,Ross. Exploring mathematical competencies. Research Developments. 2011,Vol. 24,Article5.

② 蔡金法,徐斌艳. 也论数学核心素养及其构建. 全球教育展望,2016,45(11):3-12

③ Cai J,Merlino F J. Metaphor:A Powerful Means for Assessing Students' Mathematical Disposition. D J Brahier & W Speer. Motivation and Disposition:Pathways to Learning Mathematics. National Council of Teachers of Mathematics 2011 Yearbook. Reston:NCTM. 147-156.

④ 顾沛. 数学基础教育中的"双基"如何发展为"四基". 数学教育学报,2012,21(01):14-16.

念就是把它放在问题情境这一场域中,构建其内部的深层意义。

三、数学核心素养实施的建议

目前我国数学核心素养的基本框架已经形成,与数学核心素养相关的一成套工作也在紧锣密鼓地开展着,如数学核心素养的评价,数学核心素养指导下的教材开发,核心素养指导下课堂教学的变革等问题。在这关键时刻,能够准确、透彻地把握数学核心素养的内涵,对数学核心素养的实施有至关重要的指导作用。通过文献梳理和对以往课改经验的总结,对数学核心素养的实施需要注意以下几点。

(一)防止概念异化,警惕"换汤不换药"

数学核心素养是一个笼统的较难理解的概念,在国外,与核心素养相关的定义、含义和用法尚未达成概念澄清阶段,也没有达成普遍的认同[1]。因而,在这种情况下,人们对数学核心素养往往会望而止步,不敢大胆尝试,墨守成规。数学核心素养的落实往往会变成形式主义,搞表面一套背后一套,反而增加了一线教师的负担,这在以往的课改中屡见不鲜。需要对核心素养的内涵有一个清晰的解读,并广泛澄清数学核心素养与"双基""三大能力""三维目标"等有显著影响力的概念的区别与联系。给数学核心素养内涵的理解规定一个稳定的场域。如图 3.5.2 所示,数学教育工作者可以将数学核心素养的要素拉到知识、能力、情感和经验这四个维度上加以考量,让数学核心素养指导下的一切工作朝着培养学生这四方面的品质的方向发展,尤其是让学生学业成就评价做出较为明显的变化。否则,数学核心素养的落实就会流于形式,浮于表面,"换汤不换药"的过程又会重现。

数学核心素养要将学生在数学方面的全面发展放在首位,要发展学生数学核心能力、核心思维、良好的数学学习习惯及丰富的数学经验等多方面的能力。不能仅仅将学生学习的重点放在数学抽象、逻辑推理、数学建模、数学运算、直观想象和数据分析这六个方面的知识的学习上。一线教师要充分认同数学核心素养的概念,并对数学核心素养的内涵有深入的理解,这样才能敢于改变,才能有效地推动数学核心素养的落实。

(二)强调认识的整体性,以防"盲人摸象"

目前提出的数学核心素养包括数学抽象、逻辑推理、数学建模、数学运算、直观想象和数据分析这六个方面,但这六个方面不是简单的相加,更不能将数学简单地割裂成这六部分的和。要将这六部分知识融入具体的情景中,进行整体化的学习。国外有研究者认为,21 世纪的知识的情境性日益增强,素养的形

---

① Lerman S. Encyclopedia of Mathematics Education. Springer Netherlands,2014,4(3):391-396.

成和发展与情境存在密不可分的关系①,一个具备素养的人置身于特定情境的时候,有满足情境之需要的"恰当性、充分性或态度"②。只有数学核心素养的六个要素整体地融入情景性的问题中,学生的数学素养才能提高,否则只能形成了简单的知识叠加。

数学核心素养的概念以基本形成,但不同的人对其概念有不同的理解,恰如"盲人摸象",不得全貌。从整体上把握概念是核心素养实施的一个重要思想,割裂了整体性对每一个部分的强调是失去数学核心素养本原的意义的。对于数学核心素养的理解,往往有人偏向于数学知识、有人侧重于数学能力,还有人强调数学思维,都只关注到了数学核心素养的一个方面。数学核心素养应该是一个认知高度整合的统一体,作为一种理念存在于数学教育工作者的观念中,用于指导数学教育实践。

(三)不折腾,让核心素养"落地生根"

近年来,我国教育领域取得了较大的成就,有目共睹。在一定的程度上,这也得益于我国不断探索的教育改革。但同时,教育改革过程中也出现了不必要的"折腾"。少一些"折腾",多一些实质也是教育变革的目标。本次数学核心素养所带来的数学教育领域的变革已经开始,怎样能让数学教育的变革走上一条务实的道路,也是数学核心素养落实的重点。

数学核心素养在众多一线工作者眼里,是一个宏大的观念,可操作性不强。要让数学核心素养落地生根,就必须在保持主体思想不变的情况下,对数学核心素养给出具体的可操作性的实施方案,这样才不至于束手无策。

数学核心素养能不能很好地引领我国数学教育良好的发展,还有一个很关键的环节就是核心素养的终极测评——高考评价,高考作为基础教育阶段最终极的评价目标,对基础教育阶段的影响不言而喻。数学核心素养在高考阶段的测评直接影响整个数学核心素养的落实,因此,研制合理、有效、能充分体现核心素养的评价方案成为落实核心素养发展的关键环节。

(四)传承优良传统,避免"水土不服"

数学核心素养主导下的数学教育改革,要和我国已有的数学教育基本理念相融合,将数学核心素养概念中国化,避免"水土不服"。有学者提出,基于数学核心素养的数学教学,要在数学教学活动中,创设合适的教学情境,感悟数学的

---

① Technological Supports for Acquiring 21st Century Skills. http://citeseerx. ist. psu. edu/viewdoc/Download? doi=10. 1. 1. 632. 1213&rep=rep1&type=pdf,2010.

② Doll W E,Trueit D. Pragmatism,Postmodernism,and Complexity Theory:The "Fascinating Imaginative Realm" of William E. Doll,Jr. Routledge,2012.

思想,积累数学思维的经验,形成和发展数学核心素养①。数学核心素养不能仅仅注重学生的知识和技能,应该充分考虑到学生对数学的兴趣,注重数学的学习过程,强调学生数学经验的积累。有研究者认为,数学核心素养不能通过短期的直接教授获得,而应该借助特定情境潜移默化地习得②。不应该只注重学习的效率,应该将传统教学中对学生知识的积累与技能的训练和数学核心素养的要素有机地结合起来,让数学核心素养有成长的土壤。

数学核心素养同样也不是对传统教学成果和经验的否定,是在已有数学教育理念上的再发展,是让注意力从知识的角度转移到人的角度,考察学生的获得,关注学生的发展。这种素养是在学习数学知识、掌握数学能力、经历数学过程、体验数学成功及操控数学的思维的循环中不断形成的,最终形成人应对未来挑战、处理各种问题的一种品质。

第六节　国际视域下的核心素养

随着经济和社会的不断发展,国际上许多国家、地区和组织开始思考怎样培养未来公民,才能够适应未来不断变化的工作和生活的需要。因此,全球教育的焦点集中在核心素养的测评和培育上,核心素养成为国家制定教育政策、开展教育改革的主导方向。在这种环境下,梳理比较各国的核心素养框架,对我国学生发展核心素养提出思考,有较大的借鉴意义。

发展学生的核心素养是 21 世纪教育改革讨论最为热烈的话题,抓住培育学生的核心素养就等于掌握了育人主渠道,对整个国家和民族的教育起着至关重要的作用。本研究对联合国科教文组织、经济合作与发展组织、欧盟、美国、日本、新加坡、澳大利亚等主要地区、国家和世界组织的核心素养框架进行了梳理,并与我国核心素养在内容上做了对比,在对比的基础上对我国核心素养的内涵给出了"立足传统文化,扎根民族本土,培育自主创新精神;针对当下困境,展望未来需求,培养引领时代人才;关注信息获取,突出自我管理,强调终身"泛在"学习;渗透国家认同,聚焦国际理解,提升教育国际竞争力"的思考,为核心素养的进一步认识提供参考。

一、核心素养的背景

从国际上看,核心素养不是我国的首创。早在 1972 年,联合国教科文组织

---

① 史宁中.试论数学推理过程的逻辑性——兼论什么是有逻辑的推理.数学教育学报,2016,25(4):1-16.

② Lengnik K. Reflecting Mathematics:An Approach to Achieve Mathematical Literacy. ZDM the International Journal on Mathematics Education,2005,37(3):246-249.

(UNESCO)在其发布的"学会生存"的报告中指出:人的完整实现是人个性内涵的全面实现,提出了全面教育;1996 年,该组织在《学习:财富蕴藏其中》提出了 21 世纪发展公民必备的四大核心素养,即学会求知、学会做事、学会共处和学会生存,后来,又将"学会学习"作为终身发展的第五大核心素养,进入了核心素养研究的萌芽期[①]。联合国教科文组织以终身学习为目标的核心素养为后期核心素养的研究奠定了坚实的基础。1997 年,经济合作与发展组织(organization for economic co-operation an development,OECD)首次提出了核心素养的理念,启动"素养的界定与遴选:理论和概念基础"项目,简称 DeSeCo,并着手构建学生发展核心素养的框架体系;2005 年,UNESCO 与 OECD 联合出版《发展教育的核心素养》,指出核心素养是个体良好生活和实现社会良好秩序所必需的基本素养;这一时期,欧盟提出的 8 项核心素养成为欧盟成员国引领教育改革和教师培训的参照体系[②];21世纪初,日本构建了该国的"21 世纪型能力"框架,从以"生存能力"为核心向以"思考力"为核心转变,强化语言力、数理力、信息力和实践力,形成日本独具特色的核心素养理论。随着终生发展和全面发展理念在全球范围内得到认同,核心素养理念得到了长足的发展,并成为当下教育改革的热议话题[③]。

受国际教育核心素养研究的影响,我国对 21 世纪核心素养的关注度也不断增强,逐步实现从理念向实践的转变[④]。中共第十八届三中全会和党的十八大中指出教育的总目标——立德树人。为了全面贯彻和落实这一目标,2014 年教育部颁布出台了《关于全面深化课程改革落实立德树人根本任务的意见》。该意见指出"研究制订学生发展核心素养体系和学业质量标准"是今后一段时期内教育改革的关键领域之一,教育部要组织和研究各学段各学科学生发展核心素养体系,进一步明确适合学生终身发展和社会发展的必备品质和关键能力[⑤]。2016 年 9月 13 日,历经 3 年多,由教育部主管,北京师范大学林崇德团队研究的中国学生发展核心素养研究成果发布,标志着我国核心素养的基本理论框架的形成。

二、国外核心素养研究综述

(一)联合国教科文组织

在"终身学习"思想指导下,联合国教科文组织(UNESCO)提出了包括学会做事、学会求知、学会共处、学会发展及学会改变在内的终身学习的五大支柱,

---

① 成尚荣. 学生核心素养之"核心". 人民教育,2015(7).

② 刘义民. 国外核心素养研究及启示. 天津师范大学学报(基础教育版),2016,4(17):71-76.

③ 彭寿清. 日本基础教育课程改革及特点. 当代教育科学,2004(18).

④ 刘坚,魏锐,刘晟.《面向未来:21 世纪核心素养教育的全球经验》研究设计. 华东师范大学学报(教育科学版),2016.3:17-21.

⑤ 孙思雨. 国内关于核心素养研究的文献综述. 基础教育研究,2016(17):14-20.

这些素养涵盖了 21 世纪社会公民必备的基本素质。其中,学会求知是终身学习的基础。学习经验的积累和学习过程的关注这两者之间的联系更加紧密,学习将变为常态,贯穿人的一生①,其结构如图 3.6.1。

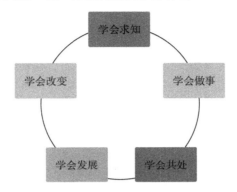

图 3.6.1　UNESCO 核心素养构建图

UNESCO 在"终身学习"理念的促使下启动了基础教育质量分析框架项目(GEQAF),该项目将核心素养作为重要的监测指标体系,作为教育质量诊断、监测和分析的依据②。2013 年 UNESCO 发布了主题为"青年,能力与工作(Youth,Skills & Work)"的《全民教育全球监测报告 2012》,报告显示,全民教育的质量依然不容乐观③。因此,基于全民教育的优质教育普及任务驱动了联合国教科文组织开启了学习结果指标体系,即核心素养指标体系的研究。指标体系如表 3.6.1 所示。

表 3.6.1　UNESCO 核心素养的框架、具体指标和内涵④

五大支柱	具体指标	内涵
学会求知	学会学习 注意力、记忆力 思维品质	学会学习的具体指标来源于学校教科书和课堂教学,而又超越课堂教学本身,包括了人在社会中获得的知识、经验,各种社会关系、社会习俗、文化观念。学会社会规则,遵守社会秩序,追求真理等

① UNESCO Asia and Pacific Regional Bureau for Education. Learning to be：A holistic and integrated approach to values education for human development. http：//unesdoc. unesco. org/images/0012/001279/127914e. pdf.

② UNESCO. General education quality analysis/diagnosis framework (GEQAF). http：//www. unesco. org/new/fileadmin/MULTIMEDIA/HQ/ED/pdf/GEQAF-_English. pdf.

③ UNESCO. EFA Global monitoring report 2012：Youth and skills：Putting education to work. 2012.

④ UNESCO Asia and Pacific Regional Bureau for Education. Learning to be：A holistic and integrated approach to values education for human development. http：//unesdoc. unesco. org/images/0012/001279/127914e. pdf.

续表

五大支柱	具体指标	内涵
学会做事	职业技能创新进取、社会行为、冒险精神团体技能	学会做事不但要求能够将所学的知识应用到实际的职业技能当中,而且强调学习者"智力化"的知识,学会适应不断变化的社会环境的综合能力,包括人际交流能力、创新思维及合作精神等。注重从人际关系和工作实践中培养社会行为技能
学会共处	认识自己的能力实现共同目标的能力、认识他人的能力同理心	能够比较全面和客观地认识自己,对出现的结果进行合理的归因分析;同时还要能够欣赏别人的优点并加以借鉴,尊重他人,包括他国的文化、习俗、信仰等,学会分享、学会关心;能够心平气和地调节矛盾,处理纠纷,在思想中构筑"和平的屏障";在参与共同目标的社会活动中获得经验
学会生存	促进自我精神多样化表达能力丰富人格特质责任承诺	学会生存体现了学习的根本目标,超越了单纯意义的知识获得和为人处世,包括了个体适应社会需要的精神、情感、交际、审美、合作、想象、体能、创造及批判性精神等;充分体现了教育的实质和目标,促进了个体和社会的全面有个性的发展
学会改变	接受改变、主动改变、适应改变引领改变	个体能够接受和适应改变,并积极主动地改变主体的成分,是个体适应社会的必备条件;在接受和适应改变的同时,还要做到引领改变的,创造改变;学习可以适应改变机制、引发改变的能力

(二)经济合作与发展组织[①]

1997 年,经济合作与发展组织(organization for economic co-operation and development,OECD)首次提出了核心素养的理念,启动"素养的界定与遴选:理论和概念基础"项目,简称 DeSeCo。该项目并列交互型如图 3.6.2 所示。

DeSeCo 报告中的核心素养是能够促进成功生活和健全社会的必备素质,其内容结构包括 3 个一级指标和 9 个二级指标[②]。一级指标包括互动地使用工具、自主行动和在社会异质团体中互动,二级指标更加细化。互动地使用工具是指个体自发地实现与社会相互作用,从而行使社会文化工具,主要包括语言、知识和信息、符号和文本、新技术等;自主行动是依据自身需要将愿景转化为目的行动的过程,主要包括复杂环境中的行动、维护自身权益、形成并执行规划的行动和自我监控活动等;在社会异质团体中,互动强调个体与他人,尤其是与异质于自身的他人的互动,包括与他人建立良好的关系、团队合作、管理与解决冲突。OECD 核心素养的结构如图 3.6.3 所示。

---

① 林崇德.21 世纪学生发展核心素养研究.北京师范大学出版社,2016,9
② 张娜.DeSeCo 项目关于核心素养的研究及启示.教育科学研究,2013(10).

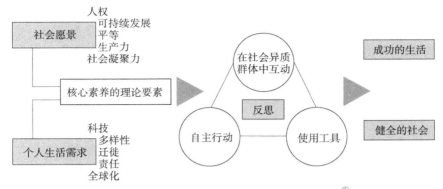

图 3.6.2　以 DeSeCo 项目为代表的并列交互型[①]

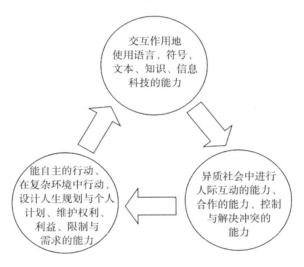

图 3.6.3　OECD 核心素养构建图

OECD 提出的核心素养的三大要素是相互依从的,彼此之间既有联系又有各自特点。虽然体系中的三大要素有各自的焦点内容,但素养的联结性和社会复杂性使得它们彼此相连,共同构成了核心素养的整体系统。

(三)欧盟

2000 年,欧盟在里斯本(Lisbon)举行的高峰会,建构了一套包括 5 项基本能力的核心素养框架,作为成员国教育的共同目标。2004 年 2 月,欧盟委员会和欧盟理事会联合发布了"ET 2010 计划",该计划将"落实终身学习"作为今后教育的三项重大工作之一,并进一步指出"使全体公民具备所需的核心素养"是

---

① 辛涛,姜宇.全球视域下学生核心素养模型的构建.人民教育,2015,9:54-58

落实终身学习的重中之重①。2005 年 11 月 10 日,欧盟委员会向欧盟理事会和欧洲议会提交了"关于推荐 8 项核心素养的提案"②,2006 年 12 月 18 日,欧洲议会和欧盟理事会通过了关于核心素养的建议案③。这标志着 8 项核心素养最终版本正式发布。欧盟核心素养的结构与内容如表 3.6.2 所示。

表 3.6.2 《终身学习的核心素养:欧洲参照框架》的结构与内容④

核心素养	概念	构成		
		知识	技能	态度
使用母语交流	使用母语进行口头或书面表达和解释的能力,运用母语进行交流的能力	母语的词汇、语法及语言功能,各种语境下的不同语言形式	运用口语和书面语进行交流,甄别和使用不同表达方式,表达观点	对批判性和建设性对话的倾向,对语言美的感悟、欣赏和追求
使用外语交流	跨文化理解、交流与协调能力,在适当情境中理解、表达与解释的能力	社会习俗与文化方面的知识,外语词汇、语法及语言表达形式等知识	阅读和理解文本、口语会话,使用辅助工具如词典自学外语的能力	领略文化多样性,对语言和跨文化交流的兴趣和好奇心
数学素养与基本的科学技术素养	发展和运用数学思维处理日常生活问题、使用数学模型和数学表征的能力	关于数、度量和结构的知识,自然科学基本原理、基本概念等基础知识	应用基本数学原理解决日常情境中的问题,运用技术手段和数据达到目标	尊重事实真相,有好奇心和批判精神,对伦理问题、可持续发展的关注
数字素养	自信和批判地使用信息技术的能力,以基本的信息技术能力为基础	有关信息技术本质、作用及操作等知识,理解信息技术如何支持创新	批判和系统地检索、鉴别、收集、处理和运用信息,并对信息作出评价	对信息的反思和批判的态度,负责任地使用交互性媒体

① Council of the European Union and European Commission. " Education & Training 2010" The Success of The Lisbon Strategy Hinges on Urgent Reforms. (2004-03-03)[2013-09-01]. http://Ec. europa. eu/education/lifelong-learning-policy/doc/nationalreport08/joint04_en. pdf.

② Commission of the European Communities. Proposal for a Recommendation of the European Parliament and of the Council on Key Competences for Lifelong Learning. (2004-03-03) [2013-09-01]. http://ec. europa. eu/education/policies/2010/doc/keyrec_en. pdf. 2005.

③ The European Parliament and the Council of the European Union. Rrecommendation of the European Parliament and of the Council of 18 December 2006 on Key Competences for Lifelong Learning. (2006-12-30)[2013-09-01]. http://eur-lex. europa. eu/LexUriServ /LexUriServ. do? uri=OJ:L:2006: 394:0010:0018:en:PDF.

④ 裴新宁,刘新阳. 为 21 世纪重建教育——欧盟"核心素养"框架的确立. 全球教育展望. 2013,12 (317):89-102.

核心素养	概念	构成		
		知识	技能	态度
学会学习	组织团队或个人学习的能力,获取新知、解决学习困难的能力	职业目标,能力知识、技能和程度的要求,学习策略,教育及培训机会	获取和吸纳新知能,批判、反思与评价,协作与自律,寻求支持的能力	终身学习的动机和信心,问题解决的态度,在求新知的好奇心和愿望
社会与公民素养	使用有效的方法处理多变的社会信息和职业生活,解决冲突的能力	保持身心健康的生活方式的知识,有关民主、正义、平等及权利的知识	在不同社会文化环境中进行建设性地交流,有效参与公共事务	协作、自信果断和诚实正直,充分尊重人权,参与各个层次的民主决策
主动意识与创业精神	个体将想法付诸实现的能力,觉知环境与把握机遇、开展活动的能力	辨识个人及职业活动机遇的知识,理解企业伦理观,把握全局的知识	积极主动地进行项目管理,有效地表达和谈判,独立工作和团队协作	积极主动精神,独立能力和创新意识,目标达成的意识和决心
文化觉识与文化表达	通过音乐欣赏、文学、表演进行思考、体验和情感的创造性表达	通过本土化知识,理解多样性文化,体验多种语言并对其有保护意识	欣赏艺术作品和表演、评价艺术作品的能力,辨别文化活动中蕴藏的机遇	对自己文化的深刻理解和良好的认同感,进行自我艺术表现的意愿

欧盟的核心素养是一个教育系统的"顶层设计",该框架系统的界定和描述了每项素养所包含的知识、技能和情感态度。这八项素养同等重要,因为它们中的每一项相互交叉和重叠,构成了有益于知识社会的成功生活经验。

(四)美国

2002年,美国正式启动了21世纪发展学生的核心素养的研究项目,旨在进一步促进美国教育系统培养出具有适应时代要求和充分应对社会挑战的人所必须的知识和技能,以使接受教育之后的学生满足美国的最新人才需要。美国21世纪建立了以核心素养为中心的学习体系,为学习型社会的构建打下了坚实的基础。其结构如图3.6.4所示。

美国21世纪核心素养发展框架中,其核心科目主要包括外语、英语、阅读和语言艺术、艺术、数学、科学、经济、历史、地理、政府与公民等,在保留传统科目的基础上,还增加了"理财素养、全球意识、公民素养、环保素养、健康素养"这5个21世纪的主题科目。该框架的具体指标如图3.6.5所示。

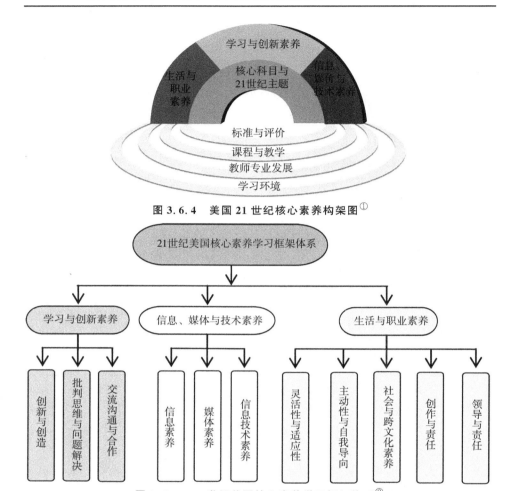

图 3.6.4　美国 21 世纪核心素养构架图[1]

图 3.6.5　21 世纪美国核心素养学习框架体系[2]

（五）日本

　　日本以"教育立国"著称，以能力为目标是其核心素养的主要特点。自 2009 年起，日本就开始了学生发展核心素养的探索，启动了"教育课程编制基础研究"项目，旨在"关注社会变化的主要动向以及如何有效地培养学生适应今后社会生活所应具备的素质与能力，从而为将来的课程开发与编制提供参考和基础性依据。"[3]日本国立教育研究所构建了本国"21 世纪型能力"框架，从以"生存

---

①　林崇德.21 世纪学生发展核心素养研究.北京师范大学出版社,2016,9

②　林崇德.21 世纪学生发展核心素养研究.北京师范大学出版社,2016,9

③　国立教育政策研究所.教育课程の编成に关する基础的研究报告书 3：社会の变化に对应する资質ゃ能力を育成する教育课程——研究开发事例分析等からの示唆.2012.

能力"为核心向以"思考力"为核心转变,强化语言力、数理力、信息力和实践力,从教育应该培养学生怎样的核心素养出发,结合社会变化的特征和国际间的比较,形成日本独具特色的核心素养理论[①]。该核心素养的模型如图3.6.6所示。

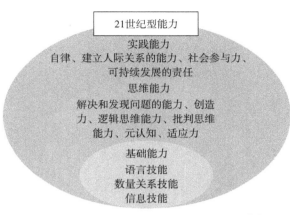

图3.6.6　21世纪日本学生核心素养模型[②③]

该模型各要素之间存在着包含关系,其实践能力构成了整个核心素养的外延,可以看出日本核心素养模型处处体现着实践的作用,将实践能力放到了一个更加广阔的空间。实践能力包括自我活动的调节能力、构建和谐人际关系的能力、与他人交流的能力、自主选择生活方式和自我行动的职业生涯规划能力,以及市民责任感和伦理道德意识等。实践能力引领和限定思维能力及基础能力的发展和应用;思维能力由创造力、解决和发现问题的能力、逻辑思维能力、批判思维能力、元认知能力及适应力等构成,处于核心素养的核心地位,为基础能力和实践能力的发展提供了思维保障;基础能力是建立良好的思维能力和实践能力的前提,对思维能力起支撑作用,学生在数量关系计算、语言交流信息技术的使用中发展思维能力;三者紧密相关,相互依存,共同构成了日本学生发展核心素养的体系。

（六）新加坡

2010年,新加坡教育部颁布了新加坡学生"21世纪素养"框架,如图3.6.7所示,该框架中核心素养主要包括尊重、正直、负责、和谐、关爱及坚毅等;社会与情绪管理技能包括自我管理、自我意识、社会意识、人际关系管理和负责任的

①　彭寿清.日本基础教育课程改革及特点.当代教育科学,2004(18).

②　国立教育政策研究所.教育課程の編成に関する基礎的研究報告書5:社会の変化に対応する資質や能力を育成する教育課程編成の基本原理.2013,15.

③　林崇德.21世纪学生发展核心素养研究.北京师范大学出版社,2016,9.

决策。公民素养是指公民活跃的社区生活和和谐的关系。全球意识和跨文化交流技能中融入了国家与文化认同、跨文化交流及其敏感性和全球意识。批判性、创新性思维要求学习者有合理的推理与决策、好奇心与创造力、反思性思维、处理复杂性和模糊性的能力。交流、合作和信息技能，包括开放、有效的交流、负责任地使用信息、信息管理等。新加坡发展核心素养最终要培养出充满自信的人、积极奉献的人、能主动学习的人、心系祖国的公民。

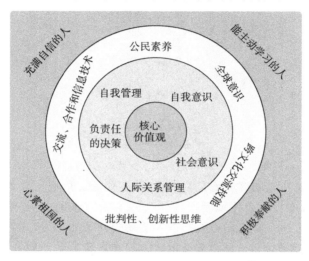

图 3.6.7　新加坡"21 世纪素养"框架[①]

（七）澳大利亚

2008 年《墨尔本宣言》（Melbourne declaration on educational goals for young Australians）发布，基于此，澳大利亚提出了七项通用能力和三大跨学科主题，七项通用能力包括公民所必须具备的读写、信息、计算和通用技术、道德行为、批判性和创造性思维、个人和社会能力及跨文化理解，三大主题是指土著居民和托雷斯海峡岛民的历史和文化、亚洲文化和澳大利亚与亚洲的可持续发展。据此，澳大利亚制定了结构清晰、思路明确的国家课程标准，在其概述部分主要从宏观上阐述了各学科要培养的通用能力、跨学科主题和其他学科的关系，并对有关核心素养的内容进行了充分的阐述与说明[②]。澳大利亚核心素养指标体系如图 3.6.8 所示。

---

①　褚宏启，张咏梅，田一. 我国学生的核心素养及其培育. 中小学管理，2015，9：4-7.

②　王烨晖，辛涛. 国际学生核心素养构建模式的启示. 中小学管理，2015，9：22-25.

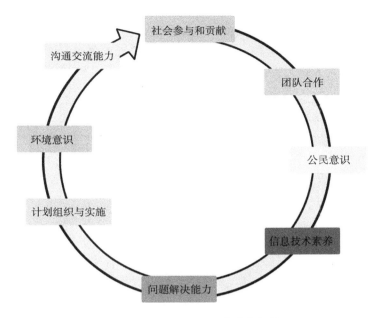

图 3.6.8　澳大利亚核心素养指标体系

　　总体来说,澳大利亚从人才需求的全局出发,确定了教育的总目标,并绘制出相应的学生发展核心素养所必需的跨学科主题和通用能力,并将这些指标细化到各个学科中。比较全面地分析了学生发展核心素养的具体实施方法。

三、核心素养的国际比较

　　为了全面贯彻立德树人教育总目标的意见,2014 年,教育部发布了《关于全面深化课程改革落实立德树人根本任务的意见》,该意见指出"研究制订学生发展核心素养体系和学业质量标准"是今后一段时期内教育改革的关键领域之一,教育部要组织各学段各学科学生发展和研究核心素养体系,进一步明确适合学生终生发展和社会发展的必备品质和关键能力[1]。2016 年 9 月 13 日,中国学生发展核心素养研究成果发布,标志着我国历时三年的核心素养框架确立[2]。

　　我国核心素养的基本原则是科学性、时代性和民族性,核心为培养"全面发展的人"。主体框架包括三个方面:"文化基础、自主发展、社会参与",六个维度:"人文底蕴、科学精神、学会学习、健康生活、责任担当、实践创新",具体细化为人文积淀、人文情怀、审美情趣、理性思维、批判质疑、勇于探究、乐学善学、勤于反思、信息意识、真爱生命、健全人格、自我管理、社会责任、国家认同、国际理

---

①　中华人民共和国教育部. 关于全面深化课程改革落实立德树人根本任务的意见. 2014.4.8.
②　林崇德. 21 世纪学生发展核心素养研究. 北京师范大学出版社,2016,9.

解、劳动意识、问题解决及技术运用 18 个基本要点。下面从这 18 个点出发，通过比较我国与联合国科教文组织（UNESCO）、经济贸易和合作组织（OECD）、欧盟、美国和日本的核心素养，进一步对我国的核心素养进行深入思考。在统计中，其中国外涉及的内容打"√"

表 3.6.3　核心素养的国际比较统计表

中国	UNESCO	OECD	欧盟	美国	日本	新加坡	澳大利亚
人文积淀			√		√		
人文情怀							
审美情趣			√				
理性思维	√		√		√	√	√
批判精神	√			√	√	√	
勇于探究	√		√	√		√	√
乐学善学	√		√				
勤于反思			√	√			√
信息意识	√	√	√	√	√	√	
真爱生命					√		
健全人格	√						
自我管理	√	√	√	√	√	√	
社会责任	√		√	√	√		√
国家认同					√		
国际理解					√		
劳动意识							
问题解决	√	√	√	√			√
技术运用	√	√		√	√		√

从表 3.6.3 可以得出，我国发展核心素养做到了既借鉴国外成功的经验，又立足于我国国情，发扬民族的优良传统；既有良好的继承，立足当下，又有国际视野，展望未来；既强调了文化知识中的人文底蕴和科学精神，又注重到关乎学生未来前途的自主发展和社会参与。

从共同要素看，国际上都重视思维能力和学习方法习惯的培养，表 3.6.3 中可以看出，国际上这 5 个重要的核心素养指标中，几乎都注重学生的自我管理和社会责任，强调问题解决和技术的运用，都涉及学生探索活动和理性思维的培养。从这一方面看，我国的核心素养和国际主流的核心素养在基本内容上保持了一致，是和国际教育的发展接轨的，顺应了国际教育发展的潮流，作为国际核心素养研究的一部分，和国际重要的核心素养研究一道构成了全球核心素养完整的体系，为国际核心素养的研究做了补充和进一步的完善。

从独特性分析，我国核心素养的研究融入了中华民族优秀的文化传统，关注到人性的培养,将人文情怀和人文积淀作为核心素养的重要部分;同时关注到了经济发展、社会进步带来的诟病——对生命和人格的淡漠,将珍爱生命和健全人格作为核心素养来培养,符合当下学生的心理特征,针对性强。我国的核心素养还站在了国际视阈和国家的高度,培养学生对国家、民族的认同,以及对国际间关系的理解,充分体现了培养学生博大的情怀这一立足点。

从总体上看,首先,以终身发展为主线,面向未来发展,呈现国际化趋势是全球主要地区、国家和国际组织核心素养发展的趋势。其中沟通交流能力和人际关系是所有国际组织、国家和地区所重视的核心素养,我国这方面的素养体现不明显,没有单独列为指标。多数国家和地区强调团队合作、信息素养、语言能力、数学素养、自主发展、实践创新能力与问题解决等核心素养。其次,核心素养集中体现了社会经济发展与科技信息的最新要求,主要表现在对信息技术素养、学会学习、团队合作、社会参与、外语能力、环境意识及持续发展意识等指标的高度重视。最后,核心素养的选取兼顾学科指向与跨学科沟通,不仅重视沟通交流、知识技能、独立自主、情感、态度和价值观等与跨学科综合有直接关系的素养,同时也强调外语语言、数学素养、科学素养和母语素养等与具体课程密切相关的核心素养[①]。

四、对我国核心素养内涵的思考

(一)立足传统文化,扎根民族本土,培育自主创新精神

核心素养根植于我国传统文化,孕育在传统哲学"顺应自然、整体与和谐、中庸与辩证"的思想与方法论中,为思考核心素养提供了新视角。老子在《道德经》中讲到"人法地,地法天,天法道,道法自然",寓意着宇宙万物均遵从效法于"道",为寻求"以不变应万变"的核心素养提出思考。简单素养的加合未必可以培养出"健全的人",应依据传统哲学中"整体与综合"的思想,对"健全的人"从整体上进行思考[②]。我国传统文化中治学、修身、济世的文化传统与核心素养中的文化基础、自主发展及社会参与相呼应,将个人、社会和国家三个层面上对学生的发展要求有效地整合起来,以达到培养社会所需要的完整的人的目的。

我国的核心素养与其他世界主要国家、地区和国际组织一样,在强调面向未来、体现时代特点的同时,也关注了本国政治、经济、文化的特殊性,有明显的本土化特色,充分体现了民族性。我国发展学生的核心素养,了解国情历史,有国家意识,能自觉捍卫国家尊严、主权和利益;有文化信仰,有为实现中华民族

---

① 黄四林,左璜,莫雷等.学生发展核心素养研究的国际分析.中国教育学刊.2016.6;8-14.
② 刘坚,魏锐,刘晟.《面向未来:21世纪核心素养教育的全球经验》研究设计.华东师范大学学报(教育科学版),2016,3;17-21.

伟大复兴的中国梦而不懈努力的信念和行动①。

（二）针对当下困境，展望未来需求，培养引领时代人才

核心素养是对"立德树人"的教育总方针的具体阐述，有效地连接了宏观教育理念、培养目标和微观教育教学实践，将国家育人总目标转化为教育教学实践可用的、易于教育工作者理解的具体要求，明确了学生今后发展必须具备的品质和关键能力，深入全面地回答了"立什么德、树什么人"的根本问题。核心素养的研究根植于中华民族优秀的文化历史土壤中，社会主义核心价值观得到了系统的落实，强调民族特点、社会责任感和国家认同，确保立足国情，具有中国特色。

核心素养充分体现了马克思主义对人的社会本质属性的观点，深刻反映新时期经济社会发展对人才培养的要求，充分地体现了先进的教育思想和教育理念，注重与时俱进和前瞻性；核心素养研究是通过梳理不同时期党和国家教育的总目标，分析传统文化，揭示了中华优秀文化传统中修身养德的思想和对人培养的要求；核心素养不是对素质教育的否定，是对素质教育的批判性继承，使得新时期素质教育目标更加明晰，内容更加丰富，更加具有指导性和可操作性。

（三）关注信息获取，突出自我管理，强调终身"泛在"学习

近十年来，教育领域在信息时代理念的激荡和冲刷下，经历了一场前所未有的变革。时代变迁的特点昭示着教育理念、教育方式和师生角色等方面的变革，引领着教育变革的趋势、畅想和展望。进入 21 世纪后，随着社会的变革、科技的发展，信息量、传播速度、处理速度及应用程度等出现了爆炸式的增长②。人类社会正处在由传统的工业社会，向高速发展和变化的信息化和知识型社会转变，人与人之间信息的广泛交流、高度协调合作等综合性技能的需求日益增长。这意味着信息化时代个体的自我管理、学习模式等出现综合化和高智能化的必然趋势③。在未来的信息时代，更加强调非常规人际互动技能和非常规分析技能，以帮助人们参与正常的人际交流与合作，信息技术取代常规性的认知技能将成为一种必然的趋势④。因此，未来学生的思维模式将发生改变，能够主动适应数字化环境的思维模式将逐渐取代以学科和知识结构为主体的思维模

---

①　张华.论核心素养的内涵.全球教育展望,2016(4):10-24.

②　傅钢善.现代教育技术.北京:高等教育出版社,2015,7:5.

③　AUTOR H DAVID,PRICE BRENDAN. The changing task composition of the US labor market:an update of Autor,Levy,and Murnane (2003). (2013-06-21)[2015-11-27]. http:// economics. mit. edu/files/9758.

④　辛涛,姜宇.以社会主义核心价值观为中心构建我国学生核心素养体系.人民教育,2015(7):26-30.

式,学生在面对新的挑战和情景时,能够表现出积极行动和开拓创新的自我发展能力[1]。要有信息意识,主要变现在能有效地使用信息,有数字化环境中的生存能力,主动积极适应"互联网＋"等社会信息化发展趋势。我国学生核心素养具体指标的选取,不仅要考虑到适应全球化与信息化时代所必需的关键素养,还应注重到自我管理和学习方式的变革,这与我国传统文化中"他律"和"考试文化"的变革有直接关系。

(四)渗透国家认同,聚焦国际理解,提升教育国际竞争力

随着世界多极化、文化多样化、经济全球化、社会信息化深入发展,将核心素养的研究放在未来人才发展的战略地位、提升教育国际竞争力、深入实施人才强国战略已是必然趋势。我国的核心素养注重国家认同和国际理解,具有全球意识和开放的心态,充分掌握世界发展的动态和人类文明的进程;尊重世界文化的差异性和多样性,能够积极参与跨文化合作与交流;关注人类面临的全球性挑战,理解人类命运共同体的价值与内涵。经济的全球化中孕育着文化的全球化。伴随着技术、资本、资源的全球化流动,人才的全球化流动、合作与竞争,不同文化之间也增加了互信,跨文化、跨民族、跨国界的文化交流和文化传播日益加剧。在各种文化交织和共存的状态下,培养能够理解和尊重文化差异,包容多样性的新时代人才成为必然趋势。同时,面对人类共同的全球化问题和挑战,如生态危机与环境恶化、全球气候变暖、资源有限和枯竭及人口老龄化等这些严重威胁人类生存和发展的问题,核心素养也应该站在国际理解的高度,建设知识型社会、建构社会共同体、推进科技创新等方式来予以应对。因此,关注国家认同、强调国际理解开拓了个人适应社会发展的全球视野,发展了合作创新和包容多元的意识,是核心素养顺应时代发展的产物[2]。

---

[1]　傅钢善.现代教育技术.北京:高等教育出版社,2015,7:5.

[2]　黄四林,左璜,莫雷等.学生发展核心素养研究的国际分析.中国教育学刊.2016.6:8-14.

第四章　课堂评价与弗兰德斯互动分析系统

语言作为思维和交流的媒介,成为社会科学关注的重要主题。其一是因为教育学界普遍承认学习的过程经由课堂互动中的语言方式展开;其二是社会语言学界认为,只有通过语言才能理解特定情境中人类互动的情境。学习在课堂教学互动中发生已成为共识,从这个意义上讲,语言是教学的载体,抓住了课堂的语言信息就等于掌握了课堂教学的本质。20 世纪 60 年代,美国著名的教育家 Flanders 提出的一种课堂教学分析技术——弗兰德斯互动分析系统(Flanders interaction analysis system,FIAS),这一理论至今深刻地影响着教育界的课堂语言行为。把课堂语言互动行为分教师语言、学生语言和沉寂或混乱三类,共 10 个编码项,分别用编码 1~10 表示。在课堂编码中,每 3 秒钟取样一次,每隔 3 秒对课堂教学的行为做出一次选择,作为观察记录。这些编码按照时间顺序构成了课堂的小片段,等于给课堂做了"切片"手术,这些片段表示教师和学生的一系列行为事件,每个事件依据先后顺序连接成一个时间序列。通过对数据的分析,可以得出课堂教学结构、行为模式和风格倾向等隐藏于课堂背后的规律。

第一节　课堂语言的测评与分析

在大数据的影响下,各行各业都发生了翻天覆地的变化。在教育领域中,数据依然蕴藏着丰富的应用价值,但是我们对数据的挖掘和应用还远远不够。正如 Anthony G. Picciano 教授所说:教学应用大数据分析处于起步阶段,尤其是利用课堂教学的相关数据来客观的评价课堂还做得很少[①]。20 世纪 60 年代,美国著名的教育家 Flanders 提出的一种课堂教学分析技术——弗兰德斯互动分析系统(Flanders interaction analysis system,FIAS),这一理论至今深刻地影响着教育界的课堂语言行为[②]。弗兰德互动分类系统自提出以来,不同的学者对其在不同的侧面做了改进,以获得持续的应用价值。在课堂教学中,语言

---

① 金陵. 大数据与信息化教学变革. 中国电化教育,2013,10(321):8-13.
② 宁虹,武金红. 建立数量结构与意义理解的联系——弗兰德互动分析技术的改进运用. 教育研究,2003(5):23-27.

是教学的载体,抓住了课堂的语言信息就等于掌握了课堂教学的本质。下面以弗兰德斯互动分析系统为理论基础,构建课堂教学语言量化综合分析框架,该框架包括矩阵分析和动态曲线分析两个维度,其中矩阵分析分为课堂结构、风格倾向、情感气氛、变项分析和提问方式五个子维度,动态曲线分为教师语言、学生语言和沉默混乱语言三个子维度。依据该框架对课堂教学语言信息进行编码,结合 PPE 课堂语言等级评价模型,得到专家型和新手型两类教师的评价等级。基于大数据的评价方式,用量化"切片"的技术,抛开传统的主观评价方式,力图充分挖掘数据背后隐藏的规律,揭露课堂教学语言的隐性问题,为教师的课堂语言提出合理可操作的改进措施,同时也为学生学习数学在语言方面提出建议,达到进一步改进课堂教学的目的,从分析全面性和隐性因素的考察方面入手,建立课堂教学语言量化综合分析框架,力求更全面地挖掘课堂中影响课堂教学质量的隐性因素,分析得出新手型和专家型教师的差异,试图从中窥探出由新手型向专家型教师发展过程中教学语言发展的一般规律。

一、研究方法

(一)研究工具

FIAS 把课堂语言互动行为分教师语言、学生语言和沉寂或混乱三类,共 10 个编码项,分别用编码 1~10 表示。[①] 具体说明见表 4.1.1。

表 4.1.1 FIAS 编码系统及其解释

分类		编码	内容	简单解释
教师语言	间接影响	1	表达情感	以平和的心情融入学生的情感中,表达自己的情感,影响学生态度
		2	鼓励表扬	教师用语言信息缓解气氛或表达幽默,表扬或鼓励学生
		3	采纳意见	采纳学生的意见,重复学生正确的看法,教师做进一步扩展、延伸
		4	提问	教师就课程内容提问学生,引发学生思考,期待学生回答
	直接影响	5	讲授	陈述事实和观点,并做出解释和引用实例,通过语言单线传递信息
		6	指令	教师通过语言要求学生做出某些行为,发出学生能够遵从的指令
		7	批评维权	为纠正或改进学生的课堂行为而批评学生,维护权威,改变学生行为
学生语言		8	应答	学生对教师的提问做出针对性的回答,在有限范围内封闭回答问题
		9	主动	学生就某问题自由地提出意见和想法,内容不一定在限定范围之内
沉默或混乱		10	无有效语言	学生讨论、学生记录、学生操练、学生静思、教师示范、无效状态

FIAS 在课堂编码中,每 3 秒钟取样一次,每隔 3 秒对课堂教学的行为按表 4.1.1 的规定做出一次选择,作为观察记录。这些编码按照时间顺序构成了课堂的系小片段,等于给课堂做了"切片"手术,这些片段表示教师和学生的一系列行为事件,每个事件依据先后顺序连接成一个时间序列。通过对数据的分析,可以得出课堂教学结构、行为模式和风格倾向等隐藏于课堂背后的规律。

---

① 焦彩珍,武小鹏.FIAS 在课堂教学评价中的应用研究.教育测量与评价,2014,9.

本书采用 FIAS 辅助编码软件编码,[①]如图 4.1.1 所示。

图 4.1.1　FIAS 辅助编码软件操作界面

(二)研究案例

专家型教师的样本课例来自 3 位甘肃省首届陇原名师展示课,陇原名师是甘肃省评选出来师德高尚、素质优良、教育教学能力与教育科研能力突出的学者型、专家型中小学教学名师。新手型教师选自工作在 3 年之内的硕士研究生,属于入职不久的新手。为了排除额外因素的干扰,让新手型教师和专家型教师选取同样课题,即"同课异构"的形式。为了得到更为普遍的规律,研究中将 3 位专家型教师和新手型教师的编码结果分别求平均,进行分析。为了研究方便,将专家型教师(expert teachers)简记为 ET,新手型教师(novice teachers)简记为 NT[②]。

二、课堂教学语言量化综合分析框架

为了能够更加深入地挖掘课堂教学语言背后的隐性因素,本节借用弗兰德斯互动分析系统,构建了课堂教学语言量化综合分析框架,该框架包括矩阵分析和动态曲线分析两个维度,其中矩阵分析分为课堂结构、风格倾向、情感气氛、变项分析和提问方式五个子维度,动态特征曲线分为教师语言、学生语言和沉默混乱语言三个子维度。其课堂教学语言量化综合分析系统如表 4.1.2 所示。

---

①　本研究中 FIAS 辅助编码软件由北京师范大学教学行为研究所张志祯提供.

②　武小鹏,张怡,彭乃霞.基于 FIAS 与 PPE 理论的课堂教学评价研究.电化教育研究,2016,37(11):93-99+107.

表 4.1.2　堂教学语言量化综合分析系统

维度	子维度	子维度说明
矩阵分析	课堂结构	课堂中教师语言比、学生语言比和沉默与混乱语言行为比可以反映课堂结构
	风格倾向	课堂教学中教师直接语言和间接语言的比可以说明教师的教学倾向和强化风格
	情感气氛	语言落在积极整合格和缺陷格的比例可以反映教师和学生的情感融合程度
	变项分析	变项分析可以挖掘教师与学生积极回应、准问、采纳、以教材为中心等隐形因素
	提问方式	反应教师的提问回答模式和教师提问的创新程度、是否能够培养学生的创造思维
动态曲线	教师语言 学生语言 沉默混乱	课堂动态特征曲线可以比较准确的反应教师和学生在整个时间序列中的课堂行为,其"高峰"和"低谷"出现的次数和持续的时间进一步说明了课堂的变化特征,恰似课堂的"心电图"

三、案例统计结果及分析

(一)课堂编码矩阵分析图

表 4.1.3　ET 平均矩阵分析①②

语言行为	教师语言总和							学生语言总和		安静	合计
	间接影响语言			直接影响语言							
类别	1	2	3	4	5	6	7	8	9	10	
1	2	2	0	7	5	0	0	7	0	5	28
2	4	5	5	14	8	3	0	7	1	4	51
3	0	0	6	11	2	1	0	4	0	2	26
4	5	20	3	57	45	6	0	47	3	8	194
5	9	4	3	54	77	5	0	13	0	12	177
6	1	3	0	5	7	3	0	2	0	5	26
7	0	0	0	0	0	0	0	0	0	0	0
8	4	14	6	30	17	2	0	47	5	6	131
9	0	2	3	4	0	1	0	0	8	0	18
10	3	1	0	12	16	5	0	4	1	156	198
合计	28	51	26	194	177	26	0	131	18	198	849
百分比	3.30%	6.01%	3.06%	22.85%	20.85%	3.06%	0%	15.43%	2.12%	23.32%	100%
	12.37%			46.76%				17.55%		23.32%	100%

---

① N A. Flanders. Analyzing teaching behavior [M]. MA:Addison—Wesley Publishing Company. 1970.

② Flanders Ned. Intent,Action and Feedback:A Preparation for Teaching. Journal of Teacher Education,1963,3(14):25-260.

表 4.1.4 NT 平均矩阵分析

语言行为	教师语言总和							学生语言总和	安静	合计
	间接影响语言			直接影响语言						
类别	1	2	3	4	5	6	7	8	9	10	
1	0	1	0	4	1	1	0	0	0	0	7
2	1	8	6	11	20	10	0	5	1	8	70
3	0	2	4	7	5	1	0	0	0	1	20
4	3	20	3	42	29	12	0	40	2	6	157
5	1	5	2	50	103	17	1	17	0	7	203
6	0	1	0	12	14	24	0	9	0	23	83
7	0	0	0	1	0	0	0	0	0	0	1
8	0	21	4	17	18	7	0	30	3	1	101
9	1	3	1	1	0	0	0	0	6	0	12
10	1	9	0	12	13	11	0	1	0	148	195
合计	7	70	20	157	203	83	1	102	12	194	849
百分比	0.82%	8.24%	2.36%	18.49%	23.91%	9.78%	0.12%	12.01%	1.41%	22.85%	100%
	11.43%			52.30%				13.43	22.85%	100%	

（二）课堂语言矩阵分析

1.课堂结构

FIAS 把课堂语言互动行为分为教师语言、学生语言和沉寂或混乱三类,这三类行为在课堂中所占的比例可以反映课堂的结构[①]。根据表 4.1.3 和表 4.1.4可得,ET 的课堂教学语言占课堂语言的 59.31%(其中包括教师直接影响语言 46.76%和间接影响语言 12.37%),累计时间约 24 分钟,这 24 分钟包括了教师的讲授、提问、引导、鼓励及表扬等,是教师所有语言行为的总和。学生语言行为占整节课的 17.55%,累计时长 7 分钟,这 7 分钟主要包括了学生提问、回答教师问题及表述自己观点,等等。沉默与混乱的行为占整节课的 23.32%,累计时长约 9 分钟,学生在这段时间里主要是进行练习、讨论、思考、探索及操作等。NT 的课堂中,教师语言行为占整节课的 63.73%(其中包括教师直接影响语言 52.30%和间接影响语言 11.43%),累计时长约 25 分钟,教师在较长的时间里主宰着课堂的语言。学生语言占整节课的 13.43%,累计时长仅有 5 分多钟,其中包括了学生被动回答问题的时间,学生在课堂上的语言较少。沉默与混乱行为占整节课的 22.28%,累计时长 9 分多钟,和 ET 相当。

---

① 焦彩珍,武小鹏.FIAS 在课堂教学评价中的应用研究.教育测量与评价,2014.9.

比较而言,在教师语言比例上 ET 小于 NT,说明 ET 将更多的话语权交给了学生,课堂上主要话语权在学生手中,学生在课堂上的主体地位得到了突显。在学生语言上,ET 高于 NT,通过视频可以明确地看出,NT 课堂中,学生被动回答问题的次数较多,占据了学生语言的大部分,主动表达的机会很少。而 ET 的课堂中,除了学生的被动应答外,也有较多的学生主动表达观点的机会,学生可以有主动支配课堂、提出问题和表达自己看法的机会。在沉默与混乱行为中,ET 的比例高于 NT,ET 给学生留了足够的练习和探索讨论的时间,学生有更多的时间和更大的空间自主获取知识,学生的主导权得到了发挥,在这一方面,明显优于 NT。总体而言,ET 的课堂中,学生参与课堂的时间明显大于 NT,学生拥有课堂的主导权,学生是课堂的主体。教师将大量的时间交给学生,供学生思考练习,学生还得到表达自己观点的机会,这种课堂已经向民主和谐的"对话中心式"课堂靠拢。而 NT 的课堂中,教师语言过多,并且基本处于教师单调的讲授中,教师有明显的语言霸权倾向,课堂灌输的特征明显。

2.教师风格与倾向

FIAS 按教师对教学的控制把教师语言分为直接语言和间接语言。编码 1~4 所代表的教师语言行为是通过鼓励表扬、情感表达、交流交谈、肯定学生和提问等,主要包括对学生态度和情绪的影响,属于间接语言。编码 5~7 主要指教师讲授、指令、维护权威和批评,属于直接语言。根据表4.1.3和表 4.1.4 可知,ET 直接语言比例为 47.76%,间接语言比例为 12.37%,教师间接语言占教师语言的 20.86%,NT 的直接语言比例为 52.30%,间接语言比例为 11.43%,教师间接语言占教师语言的 17.94%。比较而言,在教师语言中,ET 较多地使用了间接语言,以间接的方式影响学生,而 NT 直接语言相对多一些,表现为直接的指令和控制。盖奇(Nate Gage)在弗兰德斯的研究的基础上,得出"间接教学比直接教学更能促进学生能力的发展,间接教学在引发学生发言,激发学生动机、促进学生的参与、引发学生较多的发言、激发学生的动机、鼓励学生的主动与创见、减少学生的焦虑,以及提高学生成绩等方面有明显效果。[①]"两种教师在教学倾向上有比较明显的差异,ET 体现出较高的教学素养、教学智慧和教学水平。

3.课堂情感气氛

在 FIAS 矩阵图中,1~3 行与 1~3 列相交的区域是积极整合格,位于该区域内的数据越大,说明师生之间情感越融洽。8~9 行与 7~8 列相交的区域叫

---

① 钟启泉.论野教学的创造冶要与日本教育学者佐藤学教授的对话.教育发展研究,2002(8)35-36.

作缺陷格,位于该区域内数据越大,说明师生情感交流隔阂越大。因而,分析积极整合格和缺陷格的数据密集程度,可以反映课堂上的情感气氛[①]。从表4.1.3和表4.1.4可知,ET位于积极整合格内的数据为24,占总次数的2.83%,NT位于积极整合格的数据为22,占总次数的2.59%。在积极整合方面,两位教师表现相当,都比较重视和学生之间的感情融洽,表现出了积极的整合。ET位于缺陷格的数据为47,占总次数的5.41%,NT位于缺陷格的数据为30,占总次数的3.53%。ET大于NT,说明在整个课堂教学过程中,ET师生情感交流上隔阂相对比较大。

整体而言,在课堂的情感气氛上,ET和NT表现基本一致,都比较重视学生课堂上情感的体验,强调情感、态度、价值观目标维度的达成。有学者研究表明,师生之间的情感关系对学生学习结果的影响力甚至超过了认知方法的影响力。根据这一结论,充分重视学生的情感,是一位教师必不可少的素质。

4. 变项分析法[②](见表4.1.5)

表 4.1.5　FIAS 变项统计

变项	TRR	TQR	PIR	TRR89	TQR89	CCR	SSR	PSSR
ET/%	80.15	52.29	12.08	90.63	66.67	59.95	42.52	36.91
NT/%	53.59	43.61	10.62	81.09	50.00	58.42	42.99	31.86
常模	42	26	34	60	44	55	50	35

为了更加深入地分析数据,FIAS将数据细化为变项进行分析,研究者从表4.1.5中统计的8个方面对课堂加以分析:根据变项的含义,TRR统计结果说明ET能够积极快速地回应学生的观点和情感,而NT回应学生情感和观点方面相对较迟缓;TQR说明在教师主动发问方面,ET更习惯使用问题驱动,引导学生思考,相对而言,NT使用问题驱动学生的现象要少于ET;PIR项显示ET的学生主动发言的比例高于NT,课堂上学生在积极回答问题方面,ET的学生回答问题的积极性更高,可以说明学生回答问题的兴趣得到了有效的激发,而在这一方面,NT相对欠缺;TRR89表明学生停止说话时,ET更倾向于立即表扬或采纳学生观念,做到了及时的反馈,而NT会给学生留有较多的时间思考、体会、感悟,再对学生做出表扬采纳的反应,两者在对学生反馈方面表现出一定的差异;TQR89表示教师在学生停止说话时,使用追问的方式回应学生的话语

---

① James Hiebert. Teaching Mathematics in Seven Countries:Results from the TIMSS 1999 Video Study. U. S. Department of Education. Washington:DC,National Center for Education Statistics,2003.

② 武小鹏. 基于FIAS的高中数学课堂语言互动比较研究要要以兰州市X高中专家型与新手型数学教师为例. 兰州:西北师范大学,2015.

量,可以得出,ET 在追问方面表现得比 NT 要积极主动;CCR 表示教师重复前一段话语或衔接后一段话语的时间占全部教学时间的比率。该组数据反映出 ET 和 NT 在师生的语言互动以教材内容为重心方面表现相当,两位教师在以教材内容为中心、课堂发散性,以及课堂的拓宽和延伸方面表现基本一致;SSR 表示教师语言停留在同一话语类持续 3 秒以上的话语占全部教学的比率。数据的高低代表学生交谈的稳定程度,这一数据表明 NT 和 ET 在课堂的稳定性和生成性方面表现出一致性;PSSR 表示学生说话持续达 3 秒以上的话语占学生话语的比率,数据的高低代表学生言谈风格的稳定程度。根据表 4.1.3 统计,在语言上,NT 的学生相对稳定,而 ET 的学生语言多样。

5. 提问的创新程度[①](见表 4.1.6)

表 4.1.6　提问模式的统计

序对	问答模式					创造性询问模式						
	(4,4)	(4,8)	(8,4)	(8,8)	(9,9)	(3,3)	(3,9)	(8,3)	(8,9)	(9,3)	(4,9)	(4,3)
ET	55	44	30	46	8	6	0	6	5	3	3	3
NT	41	40	17	31	5	4	0	4	3	1	2	3

根据表 4.1.6 统计,整体而言,ET 各序对的频次均高于 NT,这与 ET 课堂较多地使用问题驱动的方式有关。从序对结构比较,ET 各序对的频次分布比较均匀,课堂中不同的问答方式交替使用,教师在问答模式上不停的转换角度,问答方式丰富。通过问答方式的转换,较好地引起学生的注意,激发学生回答问题的兴趣,进一步增加课堂的感染力,该问答模式属于多元化的问答模式。而 NT 的问答模式中,序对(8,4)相对较少,在 FIAS 中,序对(8,4)表示"教师在学生回答完问题之后,马上继续提问,教师可能提出新问题也可能就学生刚才的话题提问。"可见 ET 在及时追问学生方面表现不足。相比较而言,ET 的问答模式较 NT 更加丰富,而 NT 则比较单一,或者有比较明显的问答模式倾向,不能有效地变化问答模式。

在创新性询问模式上,ET 各序对出现频率都要高于 NT,除(3,9)序对频次为 0 外,其余序对均有出现,并且表现出序对的频次有所上升。在一定程度上说明 ET 教师教学基本功扎实,教学智慧丰富。创造性学问模式是针对提问的创新程度进行统计的,创造性询问模式各序对表示着不同的含义,就整体而言,其序对频次越高,说明使用创新性询问模式的次数越多,在一定程度上可以说明教师的课堂语言功底扎实,教学智慧丰富。

---

① 武小鹏,孔企平,刘雅萍.基于双编码的翻转课堂与普通课堂教学语言比较研究.现代教育技术,2018,28(10):56-63.

序对(3,9)表示"学生在教师接受或深化学生的观点之后,主动继续言语。"而两位教师统计频次均为0,说明两位教师都在引导学生主动表达,以及在学生表达后给予积极的鼓励方面相对欠缺。

(三)动态曲线比较分析

1. 教师语言分析

图4.1.2显示的是两位教师课堂上语言的分布特征,就整体而言,可以比较明确地看出NT的图像在ET的上方,NT有32次统计值高于50%,而ET仅有25次达到50%以上。从曲线的波动趋势上看,ET整节课的语言出现大的波动,几乎每次的波动都横跨50%线,说明教师在语言上留白时间比较均匀,学生在教师的一段话语后都会留有一定的时间讨论或者独立思考。NT的语言在前20分钟基本都处于50%以上,虽然呈现小的波动,但是幅度不大,说明主要以教师的语言主导,学生思考和讨论的时间较少,后20分钟出现大的波动,连续出现三次低谷,此时主要是学生在教师的主导下完成练习,可以说明NT有语言霸权的倾向。

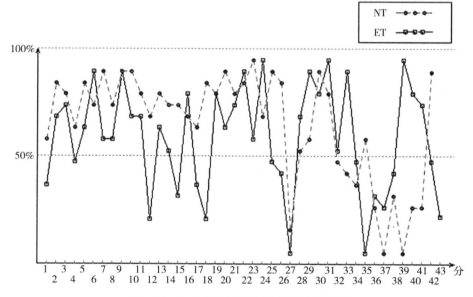

图 4.1.2　教师语言比率动态比较变化图

相比较而言,ET在语言的组织上更加科学合理,既没有出现大面积、长时间的单调讲授,又没有出现学生持续的练习,这样会使整节课更加流畅,气氛更加活跃。而NT教师前面讲授后面练习的安排更加死板。学生可能会对听课产生疲倦。

2.学生语言分析

图 4.1.3 显示,两节课中学生语言都出现了多次波动,但是波动的幅度 ET 更加明显,且呈现出 ET 大于 NT 的现象。大幅度的波动说明学生语言比较丰富并且持续时间较长,而波动幅度小,尤其是在较低的水平小幅波动,说明学生语言单一,并且持续时间短,很大程度上都是学生在被动地回答教师提出的封闭式问题。NT 曲线有 10 次统计比率低至 0,并且有 6 次连续出现,说明学生长时间内没有语言行为。学生在这段时间里在独立练习。而 ET 的统计中仅有 5 次达到 0%,几乎都是间隔式出现,并且有两次较大的峰值,说明学生有机会进行自由表达。

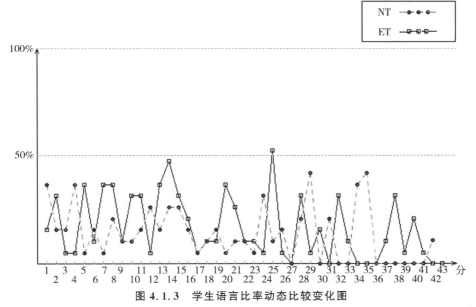

图 4.1.3　学生语言比率动态比较变化图

比较而言,ET 的学生在整节课上都表现出较为积极的语言特征,并且分布均匀,学生发言积极主动。NT 学生语言相对较少,并且在很长时间内没有学生语言,有组织断层的可能性,学生语言单一,多为被动回答。

3.沉默与混乱分析

沉默与混乱是课堂有机的组成部分,由于课堂的复杂性,不可能任何现象都可以用语言来分析,所以分析沉默与混乱现象可以在一定程度上弥补语言分析的不足。图 4.1.4 反映出在沉默与混乱这一方面,ET 曲线相继出现了 5 次大的波动,说明在这 5 次中,学生都有相对足够的时间进行思考、探索。而 NT 曲线在前 27 分钟出现了很小幅度的波动,几乎都接近于 0,说明在这一段时间里,学生几乎没有时间独立思考,都处以讲授和表达中。在后 10 分钟,沉默与混乱达到了很高的比例,说明学生在这多时间里,既没有出现教师的引导语言,也没有出现学生的交流和表达语言,课堂气氛相对沉闷。

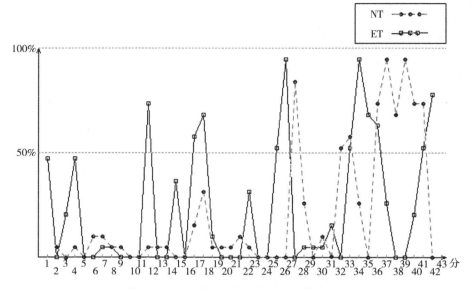

图 4.1.4 沉默与混乱比率动态比较变化图

比较而言,在课堂的留白上,ET 更加合理,学生能够在表达和听讲之后,独立思考、探索,留有余地,更加深入地分析问题和讨论问题。而 NT 则没有时间思考和讨论,可能存在学生对问题理解不深,或者出现灌输的现象。

四、PPE 课堂语言等级评价

(一)PPE 课堂语言评价模型

1. 指标体系的构建

本研究将课堂教学语言用评价等级隶属度 y 表示,y 值划分为 5 个等级,分类标准如图表 4.1.7 所示。评价维度按照 FIAS(弗兰德斯互动分析系统)中 10 个指标作为构建课堂教学等级评价的指标,各指标的课堂教学语言隶属度 $y(i)$ 如表 4.1.8 所示[①]。在区间[0,1]上等距地分别取 1.0,0.9,0.8,0.7,0.6,0.5,0.4,0.3,0.2 和 0.1。对应的评价指标值定义为 $x^*(i,j)$,其中,$i=1,\cdots,m$(m 为"课堂教学语言"隶属度的标准分割点数目,$m=10$),$j=1,\cdots,n$(n 为评价指标数目,$n=10$)。

---

① 武小鹏,张怡.PPE 模型在课堂教学语言等级评价中的应用.教育测量与评价,2015(8):32-35.

表 4.1.7 课堂教学语言评价等级分类

编码	标准划分	评判等级
1	$y > 0.85$	优秀
2	$0.85 \geqslant y > 0.75$	良好
3	$0.75 \geqslant y > 0.65$	中等
4	$0.65 \geqslant y > 0.55$	一般
5	$y \leqslant 0.55$	欠缺

表 4.1.8 课堂教学语言评价指标隶属度 $y(i)$

分割点	1	0.9	0.8	0.7	0.6	0.5	0.4	0.3	0.2	0.1
表达情感	10	9	8	7	6	5	4	3	2	1
鼓励表扬	20	18	16	14	12	10	8	6	4	2
采纳意见	20	18	16	14	12	10	8	6	4	2
教师提问	50	45	40	35	30	25	20	15	10	5
教师讲授	50	100	150	200	250	300	350	400	450	500
指令语言	1	2	3	4	5	6	7	8	9	10
批评维权	1	2	3	4	5	6	7	8	9	10
学生应答	50	45	40	35	30	25	20	15	10	5
学生主动	10	9	8	7	6	5	4	3	2	1
无声语言	200	190	180	170	160	150	140	130	120	110

2.PPE 评价模型建立[①]

为了平衡各评价指标在统计数据上单位不同所引起的差异,统一各指标的变化范围,使模型更具有普遍性,对评价指标值 $x^*(i,j)$ 进行了无量纲处理,得到标准值 $x(i,j)$[②]:

$$x(i,j) = \begin{cases} 1 & x*(i,j) \geqslant x*(1,j) \\ \dfrac{x*(i,j) - x*(m,j)}{x*(1,j) - x*(m,j)} & x*(m,j) < x*(i,j) < x*(1,j) \\ 0.1 & x*(i,j) \leqslant x*(m,j) \end{cases}$$

$$(4.1.1)$$

根据标准值建立 PPE 模型,把 n 维数据 $\{x(i,j) \mid j = 1, 2, \cdots, n\}$ 综合成以 $a = \{a(1), a(2), \cdots, a(n)\}$ 为投影方向的一维投影值 $z(i)$:

$$z(i) = \sum_{j=1}^{m} a_j x(i,j) \quad (i = 1, 2, \cdots, n) \tag{4.1.2}$$

[①] 茌国丽.PPE 模型在教学质量等级评价中的应用.教学月刊,2011,(5):1-14.

[②] 武小鹏.基于 FIAS 的高中数学课堂语言互动比较研究要以兰州市 X 高中专家型与新手型数学教师为例.兰州:西北师范大学,2015.

其中，a 为单位长度投影向量，$a(j) > 0$，$\sum\limits_{j=1}^{n} a^2(j) = 1$。

在综合投影值时，应使投影值 $z(i)$ 在客观上尽可能多地携带 $\{x(i,j)\}$ 的变异信息，因此，应取 $\{a(j)\}$ 的信息熵值最大的概率分布。基于此，投影指标函数可以构造为

$$Q(a) = S_z D_z \tag{4.1.3}$$

其中，S_z 为投影值 $z(i)$ 的标准差；D_z 为投影值 $z(i)$ 的局部密度，[①]即

$$S_z = \sqrt{\dfrac{\sum\limits_{i=1}^{n} [z(i) - E(z)]^2}{n-1}} \tag{4.1.4}$$

$$D_z = \sum\limits_{i=1}^{n} \sum\limits_{j=1}^{m} [R - r(i,j)] \times u[R - r(i,j)] \tag{4.1.5}$$

3. 优化投影指标函数

考虑到最佳投影方向能够较好地反映数据的结构特征。因此，可以根据函数的最大化来估计最佳投影方向[②]：

$$\max Q(a) = S_z D_z \tag{4.1.6}$$

$$\text{s. t.} \begin{cases} a(j) > 0 \\ \sum\limits_{j=1}^{n} a^2(j) = 1 \end{cases} \tag{4.1.7}$$

4. 课堂教学语言等级评价模型

把优化指标函数得到的最佳投影方向 a^* 代入式 (4.1.2)，可得第 i 个标准分割点的投影值 $z^*(i)$。根据 $z^*(i) \sim y(i)$ 的散点图可建立相应的课堂教学语言等级评价的数学模型。对其进行多项式拟合，可得到回归方程，即为综合评价模型：

$$y^*(i) = f(z^*(i)) \tag{4.1.8}$$

根据 $y^*(i)$ 落在 5 个子区间的具体情况，可以判断教师课堂教学语言在整节课的质量等级。

（二）模型的求解

按照表 4.1.3 和表 4.1.4 的统计结果得到两类教师的原始数据 $x^*(i,j)$，如表 4.1.9 所示。

---

① 武小鹏，张怡. 数学学科视域下课堂互动双编码模型应用研究. 数学教育学报，2017，26（05）：59-65.

② 武小鹏，张怡. PPE 模型在课堂教学语言等级评价中的应用. 教育测量与评价，2015，(8)：32-35.

表 4.1.9　教师课堂教学语言评价指标编码值

标准	表达情感	鼓励表扬	采纳意见	教师提问	教师讲授	指令语言	批评维权	学生应答	学生主动	无声语言
ET	28	51	26	194	177	26	0	131	18	198
NT	7	70	20	157	203	83	1	1C2	12	194

根据表 4.1.9 中的编码值 $x*(i,j)(i = 1,2,\cdots,m,m = 10;j = 1,2,\cdots n,$ $m = 10)$，按公式（4.1.1）进行一个无量纲处理得到标准值 $x(i,j)$。再由 $\{x(i,j)\}$ 可以得到投影指标值 $\{z(i)\}$，再结合 $\{a(j)\}$ 得到投影指标函数 $Q(a)$，通过计算得到 $\max Q(a) = 3.12$。再计算出最佳投影方向为 $a(j) = \{0.351\ 214,$ $0.356\ 412,0.353\ 214,0.349\ 124,0.361\ 214,0.342\ 143,0.351\ 965,0.339\ 647,$ $0.342\ 571,0.356\ 421\}$，将得到的 $\{a(j)\}$ 代入公式（4.1.12）中得到 10 个标准分割点的投影 $z(i) = \{3.124\ 521\ 2,3.741\ 237,2.961\ 741,4.152\ 461,3.961\ 413,$ $4.123\ 478,4.123\ 478,5.012\ 451,2.124\ 192,4.814\ 236,3.963\ 748\}$。对该教师课堂教学语言的各项评价指标的现状值 $x^*(j)$ 按公式（4.1.1）进行无量纲化处理，得到标准化值为：$x(j) = \{0.924\ 824,1.124\ 352,0.876\ 543,0.914\ 761,1.$ $021\ 753,0.854\ 127,1.231\ 491,0.791\ 453,1.143\ 174,0.742\ 159\}$ 再将上述的结果和最佳投影方向一起代入公式（4.1.2）中，得到各评价指标现状值的投影值为 3.174\ 351，进而得到 ET 课堂教学语言评价等级隶属度 $y = 0.852\ 143$，根据课堂教学语言评价等级分类，ET 的课堂教学语言等级为优秀。用同样的求解方法的到 NT 的课堂教学语言评价等级隶属度 $y = 0.749\ 417$，根据课堂教学语言评价等级分类，ET 的课堂教学语言等级为中等，还有较大改进的空间。

六、启示

通过上述研究，本节比较全面地分析了课堂教学中 ET 和 NT 的差异，并说明了这些差异所导致的教学效果。将上面的结论加以归纳、抽象，窥探到从 NT 向 ET 成长的过程中，教师的课堂教学语言呈现以下趋势：

（一）教学语言由单向线性传递到立体互动生成

通过统计发现 NT 的教学一般流程中，教师与学生的语言基本呈"T（教师）—P（学生）—T—P—T—P"模式分布，这种模式属于"传递中心教学"，其特点是教师与学生一问一答，教师主导教学过程，其实质是教师向学生单项的传递知识，学生被动接受知识。它的弊端在于："首先，教师把学生视为被动接受知识的客观存在，视为一种容器、一张白纸。片面追求灌输知识的结果使学生原本拥有的主观能动性也被消磨殆尽。其次，教师使学生丧失了学习的本来目的。学习的过程仅仅变为记忆现成的知识，学生应有的思维没有得到开发，学生的情感、态度与价值观没有得到应有的体现。"而 ET 的教学流程多表现为

"T—P—P—P—T—P—P—T—P—P—P—T"模式,这种模式属于"对话中心的教学",也叫作"师生共同探究式教学",其特点在于"学习的过程体现在师生反反复复的对话中,体现在探究和发现真理的过程里。"[①]在对话中心的教学中,直接性体验学习受到了高度重视。

教师的语言的作用在于引导和帮助学生获取知识,教师的语言应当是一个一个动态立体生成的过程,而不是事先规定的模板,教师应当通过实际的教学,根据学生的情绪、反应和教学中遇到的问题,自由灵活地调整语言表达。教师面对学生时应表现出丰富多彩的语言信息、灵活多变的思考方式,教师必须重视学生的反应,及时准确地回应学生。同时,教学言语应当根据学生的认知差异适时地进行扩展补充,尽量照顾全体学生。也要注意语言不会伤害到部分学生或者变相地引起学生不良的情绪。学生的认知水平处于认知发展的关键期,因此,教师首先要学会把学生当作学生看,对他们的思维和想法给予高度重视,同时对他们偏激行为要给予必要的宽容,尽量鼓励学生自主探索,保护他们探究的勇气,激励学生发现的热情。

(二)教学气氛由威严独裁垄断到轻松民主开放

NT往往比较重视课堂的控制性,不敢或者不能放手让学生去讨论,对课堂的生成过程没有十足的信心,在课堂上,教师扮演着绝对领导者角色,侧重于教师讲学生听、教师写学生记、教师决定学生服从,多表现为长者的种种威严,不能很好地容许学生有错误的表现和不完满观点,要求学生沿着自己事先设计的模式进行,虽然有事会采取一些讨论的环节,但往往这些环节流于形式,讨论的过程并没有解决实际问题,更没有给学生提供实质性的思考空间[②]。在这种教学状态下,学生、教师的思维都过于紧张,未能给学生提供一个心情舒畅的学习环境。学习过程是教学相长的过程,师生需构建一个学习共同体。教师的语言应当成为平等的对话语言,不能盛气凌人,高高在上,以知识的权威自居。教师言语首先要有民主平和的心态。民主,才能让学生敢言,才能让学生畅所欲言说出自己的想法,学生才不至于怕说错而闭口不言;民主,才能让学生自由地表露真实想法,以便暴露认识上的偏颇和思维过程中的不足;民主,才能唤起学生的创造热情;也只有民主开放,才能使学生在学习过程中感到轻松愉悦,才能使教师在教学过程中不断提高。[③]

---

① 钟启泉.论教学的创造性.教育发展研究,2002:7-8.
② 高巍.课堂教学师生言语行为互动研究.教育研究与实验,2009(5):19-23.
③ 钟启泉."课堂互动"研究:意蕴与课题.教育研究,2010(10):27-31.

（三）教学层次由简单注入描述到激发意义建构

教学言语不应该仅仅局限于对知识的简单注入式描述，应当引导学生通过讨论、思考、对话，启发学生对所学知识的意义建构。课堂语言的互动应是知识和能力建构的过程。钟启泉在《社会建构主义：在对话与合作中学习》中说："对话性沟通超越了单纯意义的传递，具有重新建构意义、生成意义的功能。来自他人的信息为自己所吸收，自己的既有知识被他人的视点唤起了，这样就可能产生新的思想。在同他人的对话中，正是出现了同自己完全不同的见解，才会促成新的意义的创造。"①学生只有把自己所学的知识和已有知识建立意义的联系，放在框架中进行理解，才能够体会得更加深刻，理解得更加透彻。

（四）教学情感由庄重冷淡批判到诙谐感动赏识

从两类教师的比较可知，NT 的课堂多以知识为主，属于"知识主导型"的课堂，教学的核心体现在将知识传递给学生。整节课围绕着教材内容展开教学，完整谨慎，但在学生思维的培养上有所欠缺，没有留给学生足够的思考时间，学生被动接受知识的现象比较明显，更极少出现教师情感的表达，学生情感、态度、价值观维度的目标没有很好地达成。而 ET 的课堂整体感觉波澜起伏，没有 NT 教师稳定有序，但通过分析可知，ET 的课堂属于"师生合作体构建"的课堂，学生在课堂上有比较自由的发言权，教师注重引导学生思考，注重学生数学思维的培养。教师以学生的思维为主线，寻找知识的生长点，打消学生的疑虑②，同时课堂显得轻松，教师融入了自己的情感，激发了学生学习的兴趣。NT 教会了学生课堂的知识，很完整很全面；ET 引发了学生对知识的思考，很深入很受启发。

第二节　课堂话语权实证研究

我国著名学者钟启泉在《课堂转型：静悄悄的革命》一文中描述到："整齐排列的课桌椅，学生面对黑板和讲台静静地聆听教师的讲授，然后教师问、学生答的课堂教学情景，至今在我国大多数人看来是天经地义的，但在欧美各个国家正在进入博物馆。如今，黑板和讲台从教室中消失了，课桌椅被换成 4～5 个人围坐的小台桌子，教科书成为配角，代之而起的是丰富多彩的学习资料。教师的作用已经转变为儿童学习的设计者和服务者了。"③

---

①　钟启泉. 社会建构主义：在对话与合作中学习. 上海：上海教育出版社，2001：143-151

②　Norman A. Sprint hall and Richard C. Sprint hall, Educational Psychology, Fifth Edition. McGraw Hill, Inc, 1990.

③　钟启泉. 课堂转型：静悄悄的革命. 上海教育科研，2009，3.

　　传统的课堂教学是以"三中心"（教师中心、教科书中心、课堂中心）为核心的知识灌输式的教学，而现代课堂更注重学生和教师自由、平等地交流。我国教育部发布的《基础教育课程改革纲要》（2001 年）强调新课程改革的具体目标是要实现从"灌输中心教学"向"对话中心教学"的转变[①]。在这种课堂理念的驱使下，研究师生的课堂语言，尤其是师生课堂语言的话语权问题有助于加快这一转型的速度，为课堂教学转型中出现的问题提供理论参考。

　　师生话语权是一个异常复杂而又处于不断变化调整并得以多元并从的课题。下面在 IRF 结构模型的基础之上针对"对话中心教学"建立起话语权分析的综合评价模型，依据该模型对课堂教学话语进行量化编码，并从话语分析和话权运作两个方面诠释师生话语权的深层表征。力图更加清楚、深入地认识师生课堂话语权，纵深挖掘目前课堂话语权方面存在的问题。

一、话语权综合评价模型的建立

　　梅汉（H. Mehan）从社会建构主义的角度提出了 IRF 结构模式，即教师启动提问（initiation），学生反应/回答（response），教师评价/反馈（evaluation/feed-back），是多年来传统课堂话语的典型模式[②][③]。这种模式中，教师占控制地位，决定由谁来说、说什么以及话题的长短，学生只是被动地接受信息、等待教师指令，是一种典型的非交际性语言模式。在新课改背景下，真实课堂的语言要更加复杂和富有弹性。考虑到此，笔者在 IRF 结构模式的基础上结合现代课堂语言的特点，从话语分析和话语权运作两个方面建立了课堂师生话语权的综合评价模型，其中话语分析包括教师讲授性话语、教师发问性话语、教师指令性话语、教师评价性话语、学生应答性话语及学生表达性话语六个维度；话权运作包括师生话权的掌控与占有、话权的移交与获取维度。对各维度的具体阐释如表 4.2.1 所示。

---

　　① 钟启泉.为了中华民族的复兴，为了每位学生的发展——基础教育课程改革纲要（试行）解读.上海：华东师范大学出版社，2001：4-5.

　　② 咸修斌，孙晓丽.自然模式亦或教学模式—基于大学英语优秀教师课堂话语语料的分析.外语与外语教学，2007，218(5)：37-41.

　　③ 钟启泉."课堂话语分析"刍议.全球教育展望，2013，316(11)：10-20.

表 4.2.1　课堂师生话语权的综合评价模型系统及其解释①

分类		编码	内容	简单解释
话语分析	教师话语	1	讲授性话语	提供与课程有关的事实和观点,表达自己的见解,做出解释或援引权威(非学生)的看法
		2	发问性话语	基于课堂内容方面的问题向学生提问,引发学生思考,期待学生回答
		3	指令性话语	教师通过语言要求学生做出某些行为,发出学生能够遵从的指令
		4	评价性话语	教师对学生的应答或主动回答做出评价,包括表扬、批评及采纳等
	学生话语	5	应答性话语	学生对教师的发言做出应答性反应,在有限范围内封闭回答问题
		6	表达性话语	学生自由地提出意见和想法,内容不一定在教师限定范围之内
话权运作	教师	7	掌控与占有	指教师有言说的权力并能够进行言说的行为
		8	移交与获取	是指教师通过指令或者提问等方式将话语权转接给其他人
	学生	9	掌控与占有	指学生有言说的权力并能够进行言说的行为
		10	移交与获取	是指学生通过举手或主动表达的方式获得话语权

二、课堂观察及其分析

本节选取两节"同课异构"的课堂进行对比分析,课题是高中数学必修三"几何概型",本课题作为全国数学教育研究会国际年会的观摩课,是经过精心打磨的,是整个学校集体智慧的结晶,同时也是一个学校教育教学的缩影。本研究对两节课按照话语权综合评价模型进行编码,编码方式借鉴弗兰德斯课堂语言互动分析系统编码方式,即"每 3 秒钟取样一次,对每 3 秒课堂教学的行为按表 4.2.1 规定做出一次选择,作为观察记录。按照这种编码方式,40 分钟的一堂课大约可记录 800 个左右的编码。"②最后对编码的片段出现的频次进行统计,得到表 4.2.2(为了表述方便,称两位教师分别为 S 教师和 N 教师)。

表 4.2.2　观察项目及频次统计

项目	话语分析						话权运作			
	讲授	发问	指令	评价	应答	表达	掌握与占有(师)	掌握与占有(生)	移交与获取(师)	移交与获取(生)
S 教师/次	150	162	27	197	180	3	17	41	36	3
百分比/%	20.86	22.53	3.76	27.40	25.03	0.002	17.53	44.10	37.11	3.10
N 教师/次	341	95	28	107	122	0	44	21	32	0
百分比/%	49.21	13.71	4.04	15.44	17.60	0.00	45.36	21.65	32.99	0.00

---

① 曹一鸣,王玉蕾,王立东.中学数学课堂师生话语权的量化研究——基于 LPS 项目课堂录像资料.数学教育学报,2008,17(3):1-3.

② 焦彩珍,武小鹏.FIAS 在课堂教学评价中的应用研究.教育测量与评价,2014,9.

（一）话语分析

"课堂互动"是课堂研究不可回避的论题。从"课堂控制论"走向"课堂互动论"、从"技术性实践"研究走向"反思性实践"研究,是当代课堂研究的一个重要表征[①]。新课程改革提倡师生建立合作、互助、互动的现代师生关系,促进师生之间的对话交流,构建基于师生生命主体性的新型话语权。在这种意义上来说,研究师生的话语在很大程度上可以深入挖掘课堂语言背后所隐含的问题。

1. 课堂话语结构

从表 4.2.2 可以看出,两节课中教师的话语均占主导地位,统计数据显示为:S 教师的课堂中教师话语占 74.95%,学生话语占 25.05%;N 教师的课堂中教师话语占 82.40%,学生话语占 17.60%。就两节课整体而言,教师占有课堂大量的话语量,学生在教师的主导下被动应答,几乎没有学生主动表达观点的话语量。学生参与课堂的形式单一,仅限于听教师讲解和被动回答问题。

具体而言,从教师话语分析看,S 教师的话语量主要集中在讲授、发问和评价三个维度,基本各占到了整节课话语量的四分之一。教师的话语多样均衡,基本都在学生回答后做出了评价,单调的讲授语言相对较少,以提问和评价为主,并且在教育话语中有命令式的指令性话语存在。N 教师的话语量集中在课堂的讲授上,几乎占到整节课的二分之一,评价和发问话语量较少,整节课大部分时间在于教师讲授,学生被动地听讲,教师主观地维权行为比较明显。

从学生话语来看,两节课学生的话语主要集中在被动的回答问题上,主动表达观点的机会很少,课堂没有达到民主平等的交流,学生的想法不能够得到充分的展示。显然,学生的情感态度价值观的目标没有很好的达成。比较而言,S 教师的课堂学生的话语量较多,并且试图让学生自由表达,给学生机会来表达自己的观点。

2. 课堂话语的倾向与风格

从表 4.2.2 话语分析的六个维度中,讲授、指令和应答表现出教师对教学的直接控制,反映在强化类型上属于消极强化,而发问、评价和表达维度则更多的是间接控制课堂,体现了课堂的民主性,在强化类型上,更加侧重于积极强化。

据表 4.2.2 显示,两节课都表现出来了明显的直接控制课堂的趋势,也更多地运用消极强化。但比较而言,S 教师的间接控制话语占到了 49.95%,一半的话语用来引导和启发学生,表现出明显的"课堂对话中心"倾向。N 教师间接话语仅占到整节课的 31.31%,课堂的大部分时间由教师直接控制,有较明显的

① 钟启泉."课堂互动"研究:意蕴与课题.教育研究,2010,369(10):73-80.

教师话语霸权倾向。

（二）话权运作

在课堂研究中,师生交流的话语量分析是研究课堂语言互动的重要形式,其实,课堂中除了话语量,话语权也显得极为重要。教师和学生在课堂这个教育场中是否平等、民主、和谐,就需要对课堂中的话语权利进行分析。笔者通过综合评价模型从话权的掌握与占有和话权的移交与获取两个维度对课堂做了统计,得出如下分析结果。

1.话语权的掌握与占有权[①]

从表 4.2.2 的观察记录发现,S 教师的课堂中,学生话语权的掌握与占有权利达到了 44.10％,学生是话语权利的主角。结合话语量不难看出,虽然学生课堂的话语在量上不占有优势,但是在话语的权力上有明显主动权。有理由说明,学生是课堂的主人,体现出学生在课堂上的主体地位。N 教师的课堂中,学生话语权的掌握与占有权利仅有 21.65％,明显低于 S 教师,结合话语量的分析,N 教师不但在话语量上占优势,而且有课堂话语的直接控制权。学生处于被支配地位,教师有话语霸权倾向。

2.话语权的移交与获取权

据表 4.2.2 可知,教师的移交和获取权明显高于学生,学生几乎没有权利将发言的主题移交给另外一个同学或者老师,而话语权的移交和获取几乎完全是由教师支配。在这一点上,明显表现出课堂师生并没有自由、平等、和谐的交流。师生的交流权是受教师干预和限制的。相比之下 S 教师有将移交与获取权转接给学生的倾向,有让学生支配的倾向,但力度不够。

四、思考与建议

（一）谁更应该拥有课堂的话语权?

教师在课堂上的话语权一直以来都是无可撼动的,教师在课堂上"传道授业解惑"是天经地义的。这一点无论是在以上数据中,还是在笔者的所见所闻中都是毋庸置疑的。然而,很少有人深入地思考如今的课堂到底谁拥有话语权,到底谁应该拥有话语权。随着新课改一轮轮地推进,教育思潮一波波地冲击,我们会不加思考地认为学生应当拥有课堂话语权。但真正有多少教师将课堂的话语权完全交给了学生呢?这个问题就显而易见了。学生是教育的主体,是课堂的主人,课堂上让主人说话,让主人表达自己的诉求是理所当然的。教师是服务者,服务内容包括提供良好的课堂交流环境,按照学生的需求组织课堂也是无可回避的。

---

① 黄伟.教学对话中的师生话语权——来自课堂的观察研究.教育研究与实验,2009,6.

常给学生举这个例子:体育课上体育教师不会为学生示范在操场跑10圈,都是由学生完成,教师则站在一旁;但数学课上为什么一直都是老师在做题,学生安安静静的在作观众,教师与学生的对话仅限于问问"对不对""是不是"。教师已经太多的占据了学生的话语、操作、思维权利,为学生包办了不应该包办的一切。学生的创新思维、实践能力都没能得到很好的发挥。

(二)是什么干预了对话的平等性?

课堂教学一个明显的趋势是由"灌输式地教学"向"对话中心教学"转化,课堂上师生之间要互相平等,这种平等不止是地位平等,还要有平等的话语权。一般研究课堂话语的平等性是看课堂的话语量,看教师话语和学生话语的比例。据以上分析可知,话语量是影响课堂对话平等性的一个重要因素,但更进一步的应当分析师生的话语权的运作,深层次地把握干预对话平等的因素。学生在说话并不代表学生有自由言表的权利,好多课堂学生的话语权仅仅是教师赋予的被动回答,是一种"审问式"的话语回答。因此,要让课堂得到真正的民主平等,不仅仅要给学生说话的机会,更进一步的要让学生掌握课堂的话语权利,包括话题由学生引出、讨论由学生展开、结果由学生评价,学生可以平等地获得和移交话语权利,教师的回答学生可以质疑评价等。只有这样的平等才是真正的平等,才能让学生的潜力得到充分的发挥,学生才能真正翻身成为课堂的主人。

(三)课堂教学需要彻底的"革命"吗?

在产业社会的终结与知识社会的勃兴这一背景下,今日的课堂教学发生了很大的变化,也存在着不少问题。课堂是学习课程内容的知性场域,是形成并维系多重社会关系的场域,也是制度化的场域①。由于课堂这一场域的复杂性,课堂的转型也是很困难的。要改变传统课堂的弊端,在已有的框架内进行简单的修补是达不到好的效果的。在笔者看来,无论是所谓的各种教学模式也好,还是各种教学方法也好,都有不同程度的修补之嫌。新的背景下,课堂需要走出新的路子,不仅仅是对以前方法的修补。日本东京大学佐藤学教授分析了教师不敢借助"小组学习"展开"对话式教学"(合作性学习)的原因,其一是生怕控制不了学生的讨论,会耽误教学的进度,其二是生怕学生的讨论"开无轨电车",徒然浪费了时间。所以,一些教师宁愿选择站在讲台前操控整个课堂的"灌输式教学",讲求上课的"效率"。所以应当努力克服这种放不开的弊端,彻底改变课堂现状。例如最近所倡导和推崇的翻转课堂,就是对课堂一个较为彻底的革

① 秋田喜代美,藤江康彦.教学研究与学习过程.东京:财团法人广播大学教育振兴会,2010:94-95.

命。课堂改革的变化，从 20 世纪 70 年代开始，以世界规模在缓缓地进展着。并没有谁在倡导，各国却在不约而同地展开着这场"静悄悄的革命"。可以说，面对 21 世纪的挑战，"课堂的这种变化已经是不可逆转的了"[①]。

　　课堂教学是每个教育工作者最为关注的话题，也是及其复杂的。尽管如此，不同的学者在不同的侧面对课堂教学给出了不同的建议，笔者也不例外，试图在课堂话语权这个侧面，对课堂教学给出一点自己的思考。由于观察和记录过程未免会存在主观性，因此结果可能会存在一些小的偏差。

第三节　MFIAS 双编码模型建构与翻转课堂分析

　　语言作为思维和交流的媒介，受到国内外研究者的广泛重视，目前，学习在课堂教学互动中发生已成为共识[②]。课堂教学语言研究也得到了极大的发展，成为社会科学关注的重要主题。究其原因有两个方面，其一是教育学界普遍承认学习的过程经由课堂互动中的语言方式展开；其二是社会语言学界认为，只有通过语言才能理解特定情境中人类互动的情境[③]。从这个意义上讲，语言承载了课堂教学的绝大部分信息，深入分析外显语言特征背后的隐性意义，对深入透彻地了解课堂教学有很大的意义。

　　语言是课堂教学的有效载体，承载了课堂教学的绝大部分信息，学习在课堂语言互动中发生已经成为共识。本节借助弗兰德斯互动分析系统（FIAS）和数学学科视域下弗兰德斯互动分析系统（MFIAS）作为研究工具，对初中数学翻转课堂和普通课堂两类全国性的公开课进行编码分析。考察了课堂教学语言对课堂教学结构、教师风格倾向、课堂情感气氛、提问创新程度及教学稳定性等的影响，同时，对数学学科特征下的课堂教学语言做了统计分析。再结合熵投影跟踪模型（PPE）对课堂教学给出总括性的评价。发现翻转课堂更符合"对话式"教学特征，更加注重学生数学思维的培养，为课堂教学由"传递中心"向"对话中心"转型提供了实证依据，同时，翻转课堂还有更加优良的课堂话语结构，以使学生的视角和立场与教学内容联结更加紧密。总体表明，翻转课堂已由"时序重构"模式走向"深度学习"空间。

　　翻转课堂作为一种全新的教学模式，自 2013 年起，在我国得到了广泛的关注，变成我国教育领域的研究热点问题。实验表明，翻转课堂比传统课堂环境

　　①　佐藤学. 学校的挑战. 东京：小学馆，2006.20.47.12.

　　②　肖思汉，William，A Sandoval. 如何将科学探究的主体还给学生——基于课堂互动分析的经验研究. 课程・教材・教法，2014（7）：48-54.

　　③　Gee J. Social linguistics and literacies：ideology in discourses. Routledge，2012.

中学生学习效果更好,课堂翻转已经作为一种新型的教育教学形式风靡全球[①]。翻转课堂目前的研究很多,但分析翻转课堂和普通课堂教学语言的研究还几乎没有。弗兰德斯互动分析系统(FIAS)作为课堂教学语言时间取样下典型的量化分析框架,至今还深刻影响着教育界的课堂语言行为[②]。利用弗兰德斯互动分析系统及其双边编码模型,对传统课堂和普通课堂教学语言进行统计分析,挖掘出课堂教学语言背后影响教学的隐性因素,成为本研究的主要目的。

一、文献分析

目前对于翻转课堂与普通课堂的对比研究比较少,Lage 和 Platt 研究表明[③]:翻转课堂上学生的学习风格与课程教学匹配更加良好,学生和教师之间的交互增多了,发展了学生的沟通技能,教师和学生更喜欢翻转课堂。翻转课堂教学中教师花更多的时间在个性化辅导上[④],课堂教学的反馈更加具有针对性,反馈效率更高[⑤];翻转课堂将知识内化与应用移动到课堂上,教师随时在学生身边反馈,其有效性是之前的 4 倍[⑥];翻转课堂能够更好地对学生的情感和需求做出回应[⑦];密歇根的克林顿中学发现采用翻转课堂教学法,9 年级学生的数学成绩的不及格率从 44% 降至 13%[⑧]。这些研究都在不同侧面说明了翻转课堂的优势,却尚未探索现象背后的动因。

对于课堂教学语言互动的分析是一个相对比较成熟的话题,尤其是基于弗兰德斯互动分析系统的分析,已经达成了共识。在国内的研究中,肖思汉对美国课堂话语的实证研究做了述评,着重分析了课堂教学语言如何影响学生;同

---

①　王新新.比尔·盖茨:美国可汗学院具有革命性的潜力.世界教育信息,2013(4),80.

②　Jr L H,Holzer M,Reincke M,Brendel T,Ring J,Weindl A,et al. Improvements in teaching behavior at two german medical schools resulting from a modified flanders interaction analysis feedback intervention process. Medical Teacher,2014,36(10):903-911.

③　Lage M J,Platt GJ,Treglia M. Inverting the classroom:a gateway to creating an inclusive learning environment. Journal of Economic Education,2000,31(1):30-43.

④　Greenberg B,Medlock L,Stephens D. Blend my learning:Lessons from a blended learning pilot. Oakland,CA:Envison Schools,Google,& Stanford University D. School. Retrieved from http://blendmylearning. files. wordpress. com/2011/12/lessons-learned-from-ablended-learning-pilot4. pdf

⑤　Hattie J. Visible learning:A synthesis of over 800 meta-analyses relating to achievement. New York:Routledge,2008.

⑥　Beesley A,Apthorp H(Eds). Classroom instruction that works,second edition:Research report. Denver,CO:McRel,2010.

⑦　Bergmann J,Sams A. Flip your classroom:Reach every student in every class every day. Washington,DC:ISTE;and Alexandria,VA:ASCD,2012.

⑧　Finkel E. Flipping the script in K12. DistrictAdministration. Retrieved from www. districtadmistration. com/article/flipping-script-k12.

时基于课堂教学互动分析取径,展示和论证了取径对课堂评价的价值[1];通过对视频的分析,呈现三个重要维度,个人身体、社会身体、身体与物件的互动[2];该学者从实践分析到理论建构,为课堂教学语言分析提供了重要的参考依据。学者宁虹等人对弗兰德斯互动分析系统进行了改进,绘制了教师与学生的语言动态比例曲线图,将量化统计的方法和细节性的质性研究进行了有效的融合[3];方海光等人将弗兰德斯互动分析系统中的 10 个编码项进行了扩充,增加了信息技术应用的成分,变成了 18 个编码项的基于信息技术的互动分析系统(iF-IAS)[4];李红美通过分析 ITIAS 和 i FIAS 两种编码方式的弊端,认为这种改进方式割裂了技术与教育的关系,进而构建了基于教学应答系统的课堂互动双编码分析模型 (ARSIAS)[5];武小鹏等人在此基础上,构建了基于数学学科特征的语言互动双编码模型(MFIAS)[6],这也成为本节主要的分析依据。在国外的研究中,课堂教学的语言互动分析主要集中在对语言的量化分析方面,澳大利亚墨尔本大学国际课堂研究中心(ICCR)的课堂语言分析最为典型,以 David J Clarke 为主的团队做出了丰富的成果[7]。

目前国内对课堂教学语言的研究主要归结三种价值取向:其一,从社会学角度考量课堂教学语言的话语权问题[8];其二,从伦理、思维、价值观等更加宏观的方面探讨课堂教学语言的教育活动影响[9];其三,对课堂教学语言的内部结构进行实证考察[10]。课堂教学语言的实证研究是国际研究的焦点和热点,国内在这方面的文献很少,本书聚焦课堂教学语言内部结构,强调课堂教学语言现象

[1] 肖思汉,刘畅.课堂话语如何影响学习——基于美国课堂话语实证研究的述评.教育发展研究,2016(24):45-54.

[2] 肖思汉.基于互动分析取径的课堂教学评价.教育发展研究 2007(18):22-29.

[3] 宁虹,武金红.建立数量结构与意义理解的联系——弗兰德互动分析技术的改进运用.教育研究 2003(5):23-27.

[4] 方海光,高辰柱,陈佳.改进型弗兰德斯互动分析系统及其应用.中国电化教育,2012(10):109-113.

[5] 李红美,张剑平.基于 ARS 的课堂互动双编码分析模型设计与应用.电化教育研究 2015(11):57-63.

[6] 武小鹏,张怡.数学学科视域下课堂互动双编码模型应用研究.数学教育学报,2017,26(5):59-65.

[7] Chan M C E,Clarke D J,Clarke D M,Roche A,Cao Y,Peter-Koop A. Learning from lessons:studying the structure and construction of mathematics teacher knowledge in australia,china and germany. Mathematics Education Research Journal,2017(5):1-14.

[8] 张光陆.对话教学的课堂话语环境:特征与构建.全球教育展望 2012(2):20-25.

[9] 余闻婧.从课堂话语看教师的教学关注.上海教育科研 2011(6):61-63.

[10] 李丽华,谭素群,吴新华.新手教师与专家教师课堂话语比较分析.中国教育学刊,2010(11):76-79.

背后的实证数据,符合国际课堂教学语言研究的趋势。

本节首先对 FIAS 进行了学科化处理,在保留原有 FIAS 本真意义的基础上,进行了二次学科化的编码,以更深入地分析数学学科特点,并对两次编码方案做了一致性验证。其次,针对 FIAS 不同维度的评价存在相互交错的问题,利用 PPE 模型对课堂教学给出了一个总括性的评价结果。再次,在研究对象的选择上,考察了翻转课堂和普通课堂教学语言的对比,也对课堂教学研究的范围进行了扩充,能在更广泛的维度认识课堂教学语言互动。

基于以上背景和文献,本节拟解决以下问题。

(1)翻转课堂和普通课堂教学语言在课堂教学结构、教师风格倾向、课堂情感气氛及提问创新程度等方面有何异同?

(2)翻转课堂和普通课堂在数学学科特征的语言下有何差异?

(3)通过课堂教学语言比较,探索翻转课堂教学的深层立意。

二、研究方法

(一)研究对象

本研究选取全国性的观摩展示课的视频为研究对象,授课内容为初中二年级数学"三角形的外角",其中一节是基于微课的翻转课堂,另一节为普通授课的课堂。据进一步了解,两节课上的学生数学成就水平相当,所选教材均为人民教育出版社出版。教师水平基本相似,均属于教龄 20 年左右数学教师,教育教学水平得到同行和学生的一致好评。

(二)研究工具与数据编码

1.弗兰德斯互动分析系统

20 世纪 60 年代,美国著名的教育学家弗兰德斯开发了一种课堂教学语言互动分析系统——弗兰德斯互动分析系统(Flanders interaction analysis system,简称 FIAS),该系统至今还深刻的影响着教育界的语言分析行为[1]。FIAS 把课堂语言互动行为分为教师语言、学生语言和沉默与混乱三类,共 10 个编码项,分别用编码 1～10 表示。具体阐述见表 4.3.1。

FIAS 在课堂编码中,每 3 秒对课堂教学语言行为判断一次,并编码得出相应的序号,这样就将课堂切分成由 1～10 组成的细小片段,通过分析时间序列片段可以深入剖析课堂教学特征。

---

① 武小鹏,张怡.基于综合评价模型的师生课堂话语权实证研究.当代教育科学 2012(12):65-68.

表 4.3.1　FIAS 编码系统及其解释

分类		编码	内容	简单解释
教师语言	间接影响	1	表达情感	以平和的心情融入到学生的情感中、表达自己的情感,影响学生态度
		2	鼓励表扬	教师用语言信息缓解气氛或表达幽默,表扬或鼓励学生
		3	采纳意见	采纳学生的意见,重复学生正确的看法,教师做进一步扩展、延伸
		4	提问	教师就课程内容提问学生,引发学生思考,期待学生回答
		5	讲授	陈述事实和观点,并做出解释和引用实例,通过语言单线传递信息
	直接影响	6	指令	教师通过语言要求学生做出某些行为,发出学生能够遵从的指令
		7	批评维权	为纠正或改进学生的课堂行为而批评学生,维护权威,改变学生行为
学生语言		8	应答	学生对教师的提问做出针对性的回答,在有限范围内封闭回答问题
		9	主动	学生就某问题自由地提出意见和想法,内容不一定在限定范围之内
沉默或混乱		10	无有效语言	学生讨论、学生记录、学生操练、学生静思、教师示范、无效状态

2.数学学科下弗兰德斯互动分析系统

武小鹏等人在 FIAS 的基础上,依据数学学科特征,将原始编码按照数学意义细化,构建了基于数学学科的课堂互动双编码分析模型,即 mathematics flanders interaction analysis system(MFIAS)[1],如图 4.3.1 所示。

图 4.3.1　基于 MFIAS 的课堂互动双编码分析模型

按照图 4.3.1 的模型,结合数学学科教学语言的特点,对具有数学学科特征的 24 个语言编码并给出了较为详细的操作性定义,以增加编码的可操作性。

---

[1]　武小鹏,张怡.数学学科视域下课堂互动双编码模型应用研究.数学教育学报,2017,26(5):59-65.

具体内涵如表 4.3.2 所示。

表 4.3.2 基于 MFIAS 的课堂互动双编码分析

分类		编码1	内容		编码2	内涵
教师语言	间接影响	1	接受或表达情感		1	以平和的心情融入到学生的情感中，影响学生态度
		2	教师表扬或鼓励		2	教师用语言信息缓解气氛或表达幽默，表扬或鼓励学生
		3	采纳意见	口头采纳	3	教师口头肯定和接受学生的意见，不做进一步的分析
				反馈点评	4	教师就学生的观点做进一步强调、分析、反馈、点评
		4	提问	观点判断	5	教师就某一问题让学生判断对与错，一般表达为"是不是"
				概念辨析	6	就某一概念原理发问，目的是进一步澄清公理、定理、定义
				思路探究	7	针对某一问题的解题思路发问，引起学生对解题思路的思考
	直接影响	5	讲授	内容陈述	8	教师读题，叙述命题，不代表任何观点的语言陈述客观事实
				方法演示	9	以黑板、投影、教具等教学用具演示解题思路、空间结构等
				理论概念	10	就某一定义、定理、公理的理论展开论述，发表观点
				解题思路	11	针对具体问题教师引出解题思路、并对思路做进一步分析
		6	教师指令		12	通过语言要求学生做出某些行为，发出学生能够遵从的指令
		7	批评或维护权威		13	为纠正或改进学生的课堂行为而批评学生，维护权威
学生语言		8	被动应答	群体应答	14	学生集体就某一封闭问题齐声应答，如回答"是""对"等
				个体应答	15	就某一学生针对教师的提问口头回答问题，学生被迫应答
				书面应答	16	学生由教师提出问题，在黑板上或者其他书面形式演示回答
		9	主动表达	主动提问	17	就某一内容主动向教师和其他同学单独发问，相互讨论除外
				主动补充	18	在教师或学生回答完某一问题后，其他学生的补充发言
				主动回答	19	教师提出开放性问题后学生主动回答的语言
				纠错发言	20	学生对教师或其他同学回答的结果提出质疑性的发言
沉寂混乱		10	交流讨论		21	学生交流讨论，但没有明确的语言特征，伴随有体态语言等
			运算求解		22	学生做笔记、批注、抄写板书、记录教师强调的重点等
			学生静思		23	学生独立思考、无声阅读或者对教师的提问迟疑等
			无效状态		24	课堂处于无助于教学的沉寂或混乱状态

3.熵投影跟踪模型

通俗的讲,熵投影跟踪模型(projection pursuit evaluation model,简称 PPE)就是将多维数据通过计算最大熵投影的方式,把多维信息聚集在一个综合性的评价指标上。在上述研究中,PPE 将 FIAS 产生的 10 个类别的数据通过模型运算,将课堂教学中的信息最大限度的表达在综合性评价指标上[1]。

首先将 10 类数据按照从低到高划分为 5 类,对这 5 类数据进行无量纲化处理,得到标准值 $x(i,j)$[2]。根据标准值建立 PPE 模型,把 n 维数据 $\{x(i,j) \mid j = 1,2,\cdots,n\}$ 综合成 $a = \{a(1),a(2),\cdots,a(n)\}$ 为投影方向的一维投影值 $z(i)$:

$$z(i) = \sum_{j=1}^{m} a_j x(i,j) \quad (i = 1,2,\cdots n) \tag{4.3.1}$$

考虑到最佳投影方向能够较好的反映原始数据的结构特征。因此,可以根据函数的最大值来估计最佳投影方向。

$$\max Q(a) = S_z D_z \tag{4.3.2}$$

$$\text{s. t} \begin{cases} a(j) > 0 \\ \sum_{j=0}^{n} a^2(j) = 1 \end{cases} \tag{4.3.3}$$

把优化指标函数得到的最佳投影方向 a^* 代入式(4.3.1),可得第 i 个标准分割点的投影值 $z^*(i)$。根据 $z^*(i) \sim y(i)$ 的散点图可建立相应的课堂教学语言等级评价的数学模型。对其进行多项式拟合,可得到回归方程,即为综合评价模型。

$$y^*(i) = f(z^*(i)) \tag{4.3.4}$$

根据 $y^*(i)$ 落在 5 个子区间的具体情况,可以判断教师课堂教学语言在整节课的质量等级。

(三)工具的一致性检验

为了检验上述互动分析工具的稳定性,就两类教学视频针对编码 1:FIAS 和编码 2:MFIAS,由两位不同的研究者独立进行编码,对编码的数据进行统计分析,得出研究者 1 与研究者 2 针对翻转课堂编码 1 的一致性为 92.02%,普通课堂编码 1 的一致性为 94.76%。针对翻转课堂编码 2 的一致性为 83.69%,普通课堂编码 2 的一致性为 87.17%。工具的基本稳定,MFIAS 编码的一致性略低。最终数据是将不一致的数据进行论证后,得出校正数据作为最后的分析数据。

---

① 武小鹏,张怡,彭乃霞.基于 FIAS 与 PPE 理论的课堂教学评价研究.电化教育研究 2016(11):93-99.

② 茌国丽.(2011).PPE 模型在教学质量等级评价中的应用.教学月刊,(5):12-14.

（四）分析框架

本节依据现有研究基础,进一步体现课堂教学语言的过程性和现实评价的总括性,分析框架既对课堂教学的不同方面做了较为细致的分析,同时包括课堂教学语言的数学特征,又对两类课堂基于 PPE 模型给出了总结性评价。评价框架如图 4.3.2 所示。

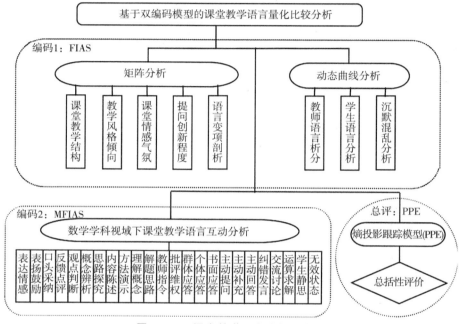

图 4.3.2 课堂教学语言分析结构图

三、研究过程与结果

（一）弗兰德斯互动分析系统——编码 1 分析

1. 矩阵分析

按照表 4.3.1 的编码原则,对两类课堂进行编码,再录入 10×10 的矩阵中,录入方式例如:数据编码序列为 8—3—5—5—5—…,每个数据先后相继使用两次,即为(8,3)(3,5)(5,5)(5,5)(5,5)…,横坐标代表行,纵坐标代表列,按频次录入矩阵中得到表 4.3.3 和表 4.3.4。为了方便表述,把翻转课堂和普通课堂简称为 FZ 和 PT。

表 4.3.3　FZ 矩阵分析

语言行为	教师语言总和							学生语言总和		安静	合计
	间接影响语言			直接影响语言							
类别	1	2	3	4	5	6	7	8	9	10	
1	3	0	0	1	0	0	0	0	0	1	5
2	1	4	0	4	1	1	0	1	1	3	16
3	0	1	33	9	11	0	0	5	0	2	61
4	0	2	1	24	22	3	0	72	0	9	133
5	0	4	2	46	213	5	0	20	0	13	303
6	0	1	1	3	5	4	0	1	0	4	21
7	0	0	0	0	0	0	0	0	0	0	0
8	0	2	19	38	40	4	0	42	0	3	146
9	0	0	2	0	0	0	0	5	4	0	6
10	1	2	3	8	11	4	0	5	1	203	240
合计	5	16	61	133	303	23	0	146	6	238	931
百分比/%	0.54	1.72	6.55	14.29	32.55	2.47	0.00	15.68	0.64	25.56	100.00
百分比/%	23.09			35.02				16.33		25.56	100.00

表 4.3.4　PT 矩阵分析

语言行为	教师语言总和							学生语言总和		安静	合计
	间接影响语言			直接影响语言							
类别	1	2	3	4	5	6	7	8	9	10	
1	8	1	0	3	3	0	0	1	0	0	16
2	1	8	8	8	4	0	0	0	0	4	33
3	0	5	41	14	6	0	0	1	0	2	79
4	2	1	6	53	7	2	0	53	4	15	153
5	3	3	0	25	73	1	0	0	0	3	108
6	0	0	0	2	0	1	0	3	1	1	8
7	0	0	0	0	0	0	0	0	0	0	0
8	2	7	9	30	8	2	0	63	2	0	123
9	0	7	13	10	0	0	0	1	193	2	227
10	0	1	2	8	6	1	0	1	7	158	184
合计	16	33	79	153	107	8	0	123	227	185	931
百分比/%	1.72	3.54	8.49	16.43	11.49	0.86	0.00	13.21	24.38	19.87	100.00
百分比/%	30.18			12.35				37.59		19.87	100.00

1)课堂教学结构

FIAS 把课堂行为分为三类,分别是教师语言、学生语言和沉默与混乱。这三类行为在课堂教学中所占的比例,可以表现出课堂教学结构。依据表 4.3.3 和表 4.3.4 可以看出,FZ 在教师语言上小于 PT,说明了 FZ 在在课堂上将话语权交给了学生,教师的主导作用和学生的主体地位得到了体现。在学生的语言上,FZ 是 PT 的两倍,并且学生的主动回答比被动应答多出近两倍,主动回答问题的比例高,学生有较多的机会表达自己的观点。而 PT 中,学生的语言量较少,被动应答远远大于主动回答,表达自己观点的机会少。在沉默与混乱行为中,FZ 和 PT 差异不大,都表现出较高的比例,能给学生较为充足的时间思考、练习和讨论。总体而言,FZ 中学生拥有较大的主动权,学生是整堂课的主体,教师将大量的时间还给学生,引导学生学习,思考,有明显的民主对话特点。PT 中教师语言过多,学生被动应答较多,有一定的课堂灌输特征[①]。

2)教师风格倾向

FIAS 根据教师对教学过程的控制力不同,将教师的课堂语言分为直接影响语言和间接影响语言。1~4 组编码代表间接语言,主要包括接受或表达情感、表扬鼓励、采纳观点、提问和肯定学生的回答等。5~7 组编码代表直接语言,主要包括教师对学生行为的直接干预、对学生的直接要求、讲授、指令、批评和维权。从表 4.3.3、表 4.3.4 可以也看出,PT 中"间接语言与直接语言影响比率"为 65.95%,小于 FZ 中 "间接语言与直接语言影响比率"244.35 %(当数据大于 100%时,表示教师使用间接语言影响的时间大于使用直接语言影响的时间)。说明 FZ 教师在中更能利用间接语言,这与学生在上课之前,学习微课视频和过程性检测有着密切的关系。依据盖奇(Nate Gage)的研究[②],以间接的方式来影响学生,可以较好地引导学生发言,使其勇于表达自己的想法,提高学生的积极性和主动性,培养学生的发散思维,激发学生的的学习动机,鼓励学生思考和发表自己的意见,提高学习成绩。翻转课堂在这一侧面体现出更加关注学生的思维,注重教学质量,强调学生深度学习。

3)课堂情感气氛

FIAS 中将 1~3 行与 1~3 列交叉的区域称作积极整合区,这一区域的数据频次占总频次比例的大小可以反映教师与学生之间情感气氛是否融洽,数据越大,说明教师和学生之间的情感气氛越融洽,反之,则表明气氛越紧张[③]。8~

---

① 皇甫素飞.课堂话语的超文本结构.教育探索,2008(7):19-20.

② 钟启泉."课堂互动"研究:意蕴与课题.教育研究,2010,(10):73-80.

③ Silverman S,Buschner C. Validity of cheffers adaptation of flanders interaction analysis system. Journal of Classroom Interaction,1990,25(1/2):23-28.

9行与7~8列交叉的区域叫做缺陷格,数据频次的多少反映教师和学生之间的情感交流是否存在隔阂,这个区域里记录的频次越密集,说明课堂上教师与学生的隔阂越明显,反之,隔阂较少。从表4.3.3和表4.3.4可以看出,两类课堂都比较注重课堂教学的整合,并且PT更加优于FZ。在缺陷格中,FZ和PT所占总频次的比例相当,FZ的缺陷格略大于PT的缺陷格,但两者缺陷都较小。

整体来说,在课堂的情感气氛上,FZ和PT中的两位教师都比较重视在课堂上与学生的情感交流,都体现了新课改重视学生的情感态度与价值观的教学目标,重视学生的非智力因素,和学生进行有效的情感交流是作为一位教师不可缺少的素养。

4)提问创新程度

在FIAS中,将提问分为问答模式和创造性询问模式。其中问答模式是教师以提问的方式来驱动学生回答问题的情况;创新性询问模式则是表示教师利用开放式提问、采纳并接受学生的意见,引导学生课堂主动发言,反映教师提问的创新性程度。FZ与PT的提问模式统计结果如表4.3.5所示。

表4.3.5　FZ与PT的提问模式统计

序对	问答模式				创新性询问模式							
	(4,4)	(4,8)	(8,4)	(8,8)	(9,9)	(3,3)	(3,9)	(8,3)	(8,9)	(9,3)	(4,9)	(4,3)
FZ	53	53	30	63	193	41	10	9	2	13	14	6
PT	24	72	38	42	4	33	0	19	0	2	0	1

根据表4.3.5可以看出,这12组序对整体来说FZ是高于PT的,这与FZ课堂中教师使用的各种提问模式有关,教师可以根据视频的知识内容以及学生观看教学视频和提出的问题,总结有探究价值的问题。在课堂中不同的问答模式交替使用,不断的转换角度,方式多样,并且提出的问题可以尽量达到学生的最近发展区,使得学生对提出的问题感兴趣,激发学生回答问题的积极性,增加课堂的感染力,属于多元化的问答模式。PT中的问答模式则以序对(4,8)为主,序对(4,8)出现的频次达到72次,说明在PT课堂教学中师生言语行为互动"问答模式"相对较为单一,课堂的问答多以学生被动回答为主,学生的回答只针对教师刚刚提出的问题。

在创新性询问模式上,FZ分布均衡,但PT中有三组序对频次为0。FZ中(9,9),(3,9),(9,3)(4,9)都远高于PT,说明FZ中教师提出问题后,学生主动连续言语多,学生在学习了微课视频以及自我检测之后,能够主动、独自、准确地表达自己对问题的观点和想法,教师能提出创造性问题,与学生互动交流。而PT中这些序对很少出现,由于教师对学生的整体学习情况了解有限,得到学生的反馈信息很少,很难把握学生的最近发展情况,而这些创造性询问模式在培养学生的大胆质疑、自主探索方面的帮助很大,在学生创造力的培养上意义重大,进一步说明翻转课堂向学生纵深思维发展,关注学生深度学习。

5)语言变项剖析

在 FIAS 中,依据编码的内部结构特征,深入剖析提炼出以下 12 个变项,见表 4.3.6。

表 4.3.6　FIAS 变项统计①

变项	教师语言比(TT)	学生语言比(PT)	安静与混乱(SC)	间接与直接影响比(I/D)	教师反应比率(TRR)	教师发问比率(TQR)	学生发问比率(PIR)	教师即时反应时间(TRR89)	教师即时发问时间(TQR89)	内容十字区(CCR)	稳定状态区(SSR)	学生稳定状态区(PSSR)
FZ/%	42.53	16.33	25.56	244.35	94.12	58.85	64.86	92.68	83.33	50.27	64.23	73.14
PT/%	58.11	37.59	19.87	65.95	78.10	30.50	3.95	85.19	48.72	60.90	56.93	30.26
常模/%	68.00	20.00	12.00	—	42.00	26.00	31.00	57.00	42.00	57.00	54.00	34.00

根据表 4.3.6 的统计的结果表明,FZ 中教师在积极回应学生的方面做得较好,更能利用发问进行教学。学生在提前学习微课并完成教师给出的任务的前提下,对内容已经有了一定的理解,所以在 FZ 中学生的积极性明显于 PT。在 FZ 和 PT 中教师都能及时地以间接形式将信息反馈给学生。FZ 中学生有更多的表达自己想法的机会。FZ 中教师追问学生的机会多,回应学生的语言量多②。FZ 与 PT 的教师都是围绕着教材内容来展开教学的,但在课堂的发散、扩展与延伸方面 FZ 相对较好。两种课堂教学师生之间的交谈互动稳定程度相当,学生的语言在 FZ 中较稳定,而在 PT 中学生的语言稳定性较低。这些也从一定的方面说明,翻转课堂能够更好地找准学生知识的生长点,抓住学生学习的需求点,注重学习的实效性和深刻性。

2.动态曲线分析

1)教师语言比较分析

图 4.3.3 中 PT 的教师语言在这一节课中出现了 5 次高峰,教师语言长时间处于较高的比率。教师大多数时间是以单方面的讲授为主。曲线出现低谷时,主要以学生做练习为主。而 FZ 中教师教学语言出现多次波动,高峰和低谷

---

①　在 FIAS 中:CCR 表示教师使用与教学直接相关的话语,重复前一段话语或衔接后一段话语的时间,占全部教学时间的比率,数据越高,表示师生的语言互动愈能以教材内容为重心;SSR 表示师生语言停留在同一话语类达 3 秒以上的话语时间,占全部教学时间的比率,数据愈高,表示师生间的交谈互动愈稳定;PSSR 为学生稳定状态区,表示学生说话持续达 3 秒以上的话语时间,占学生话语时间的比率,数据愈高,表示学生的言谈风格愈稳定.

②　黄焕,刘清堂,朱晓亮,等.不同教学风格的课堂话语特征分析及应用研究.现代教育技术,2013,23(2):27-30.

多次出现,并且时间分配均匀,整堂课教师的行为比率比较平稳。结合课堂视频可以发现,FZ 教师语言第一段低于 50% 是学生观看微课视频和做检测,另外两个时段是学生积极探索,交流讨论,与教师积极互动,学生的参与度较高。

2)学生语言比较分析

图 4.3.4 反映了两类课堂教学中学生语言的变化情况,可以明显的发现 FZ 有较大部分图像在 50% 以上,说明 FZ 中,学生语言量较多,学生能够积极的参与课堂教学活动,表达自己的观点。并且学生语言分布均匀,整节课都有学生广泛的参与。然而在 PT 中,学生语言比率偏低,语言量偏少,学生不能充分表达自己观点,语言主要集中在被动应答上。相比较而言,FZ 比 PT 能够更加注重学生表达自己的观点,能够将课堂教学的话语权交给学生,倾听学生心声。

3)沉默与混乱比较分析

课堂教学中的沉默与混乱状态是一种自然常态,也是课堂教学必不可少的部分。图 4.3.5 中可以看出,翻转课堂和普通课堂都有沉默与混乱状态,并且分布较为均衡。普通课堂有多次沉默与混乱行为达到了 50% 以上,有较多的课堂留白,但深入分析有效语言较少,无效状态居多。翻转课堂有两次较大比例的课堂留白,此时学生在进行讨论,给学生较多的自由思考时间。

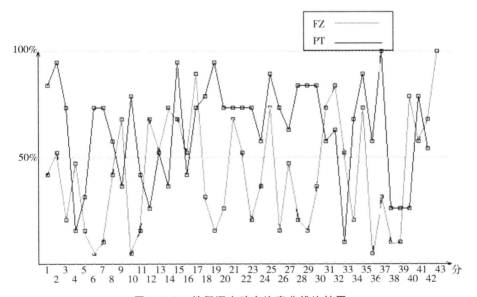

图 4.3.3　教师语言动态比率曲线比较图

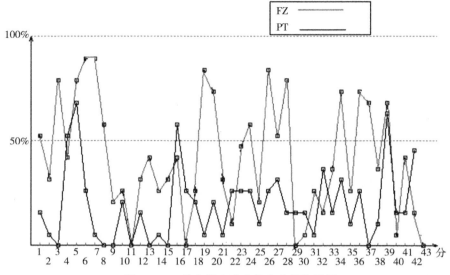

图 4.3.4 学生语言动态比率曲线比较图

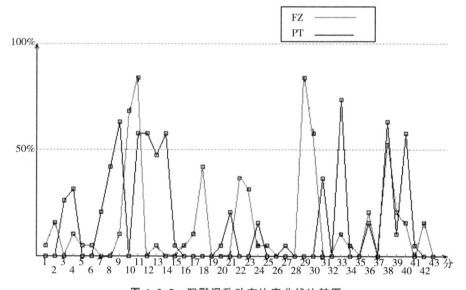

图 4.3.5 沉默混乱动态比率曲线比较图

（二）基于数学学科的弗兰德斯互动分析系统——编码 2 分析

依据表 4.3.2 中编码 2 的界定,对两类课堂进行了二次编码。通过统计得出表 4.3.7 的统计结果。

表 4.3.7　基于数学学科的弗兰德斯互动分析系统统计表

分类		编码	内容		翻转课堂（FZ）		普通课堂（PT）	
					频数	比例/%	频数	比例/%
教师语言	间接影响	1	接受或表达情感		16	1.72	5	0.54
		2	教师表扬或鼓励		33	3.54	16	1.72
		3	采纳意见	口头采纳	12	1.29	20	2.15
				反馈点评	69	7.40	41	4.40
		4	提问	观点判断	42	4.51	59	6.33
				概念辨析	30	3.22	33	3.54
				思路探究	81	8.70	41	4.40
	直接影响	5	讲授	内容陈述	10	1.07	50	5.36
				方法演示	39	4.18	65	6.97
				理论概念	23	2.47	97	10.41
				解题思路	35	3.76	91	9.76
		6	教师指令		8	0.86	23	2.47
		7	批评或维护权威		0	0.00	0	0.00
学生语言		8	被动应答	群体应答	55	5.90	93	9.98
				个体应答	61	6.55	38	4.08
				书面应答	7	0.75	15	1.61
		9	主动表达	主动提问	9	0.97	0	0.00
				主动补充	50	5.36	0	0.00
				主动回答	166	17.81	6	0.64
				纠错发言	4	0.43	0	0.00
沉寂混乱		10	交流讨论		43	4.61	0	0.00
			运算求解		105	11.27	159	17.06
			学生静思		27	2.90	58	6.22
			无效状态		9	0.97	20	2.15

依据表 4.3.7，得出不同编码的频率分布直方图，如图 4.3.6 所示。

依据图 4.3.6 和表 4.3.7 可以得出，这两类课在不同的编码水平上表现出较大的差异，FZ 中，表达情感、表扬鼓励、反馈点评、思路探究、个体应答、主动补充、主动回答、纠错发言及交流讨论等编码维度明显要高于 PT，尤其是在主动提问、主动补充、主动回答及交流讨论等环节，PT 几乎没有出现，而 FZ 表现出较高的水平。PT 在观点判断、理解概念、解题思路和运算求解等编码维度表现出较高的水平。从数学学科本质上分析，PT 的教学较为严谨，注重课堂干预，比较循规蹈矩，强调课堂规范；而 FZ 课堂则更加自由，尤其是学生表现出较多的自由思考和交流讨论行为,比较注重学生思维的培养和主动发现问题和解决问题的能力的培养。思维发展是数学课堂教学的核心,从这一意义上讲,翻转课堂更加注重学生思维的发展,强调学生的深度学习。

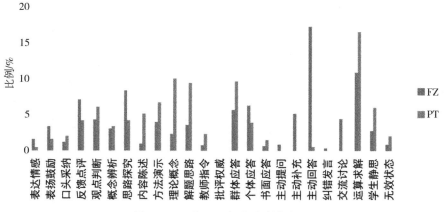

图 4.3.6 编码 2 频率分布直方图

（三）综合性总括评价——PPE 的结论

依据表 4.3.3 和表 4.3.4 的统计结果,计算出原始数据,再进行无量纲化处理,带入公式（4.3.1）得到投影方向的一维投影值 $z(i)$,再计算出 $Q(a)$,通过公式（4.3.2）（4.3.3）计算得到 $\max Q(a)=4.06$。再计算出最佳投影方向为 $a(j)=\{0.349\,213,0.350\,472,0.351\,184,0.350\,231,0.399\,432,0.340\,193,0.349\,765,0.340\,127,0.357\,231,0.351\,721\}$,再将 $a(j)$ 和最佳投影方向一起代入公式（4.3.4）中,得到 FZ 的课堂教学语言评价等级隶属度 $y=0.8714236$,按照课堂教学语言等级评价标准为优秀等次。以同样的方式,可以计算得出 PT 的课堂教学语言评价等级隶属度 $y=0.751467$,依据课堂教学语言等级评价标准为中等等次。该评价综合了各个评价指标的信息,对课堂教学做出总括性的评价提供了参考。

四、讨论与启示

通过上述研究结果,翻转课堂教学语言在各个方面都相对优于普通课堂,就其原因,可以从以下四个方面加以讨论。

（一）翻转课堂更加符合"对话中心课堂"的特征

通过以上分析,无论是课堂教学结构、教师风格倾向、课堂情感气氛、提问创新程度和语言变项剖析等矩阵分析的结果,教师、学生和沉默混乱的动态比率曲线分析,还是最后 PPE 的总括性评价,翻转课堂都表现出了较大的优势。在翻转课堂教学中,教师能把课堂教学的话语权交给学生,学生有更多的发言机会,教师和学生情感融洽,提问具有一定的创新程度,教师在追问、反馈等方面也表现出更大的优势,符合由"传递中心课堂"向"对话中心课堂"转型的特征①。学习则是一种将文化表征从外部世界内化到个人意识之中的过程,它首先发生在人与人的社会互动之间,然后才在工具与语言的中介作用下被内化为心理表征②。"对话中心课堂"正好强调了社会互动的作用,在多元化的语言对话过程中,课堂教学内容和思维方法内化为学生容易理解的心理表征,成为课堂教学追求的目标,也是深度学习的重要体现。

(二)发展学生数学思维成为翻转课堂教学关注的焦点

罗切尔将学习视为学生在话语互动中共同建构意义的行为,并将其称作"聚合式概念转换",即学生不断完善概念的思维过程③。可见.师生的话语互动与学生的思维发展密切相关。从编码 2 分析的结果可以看出,FZ 中教师更加注重学生主动表达与提问、问题解决的思路探究,教师试图通过学生自主的交流讨论发展学生的数学思维。而 PT 中更加强调传统的计算能力、对概念的理解和解题方法的演示。在学生自主思维方面有所拘束,学生的主体行为由教师主导。"学生数学思维的发展是学生数学核心素养的最基本的内涵"④。在这个意义上讲,翻转课堂在强调学生的数学思维发展的同时,培育了学生数学核心素养,翻转课堂成为落实核心素养过程中有效的课堂变革形式。

(三)优良的话语结构是保障课堂语言互动最基本形式

随着社会学的常人方法学研究(cethnom ethodology)提倡关注"参与结构"(participation fram ework)——人与人互动的感知与关系结构,课堂教学也越来越关注话语结构⑤。传统的课堂话语结构:触发-回应-反馈(teacher Initiation-student response-teacher feedback,I-R-F)是以"教师提出一个问题(触发互动),接着学生做出回应,然后教师对学生的回应进行反馈"这样的方式呈现的⑥。然而,有研究表明这种形式并不能促进学生的学习,这是因为教师作为掌控"触发互动"和"反馈"的权力方,能够主导整个话语,而学生的声音则会受到

---

①　钟启泉. 从"传递中心"走向"对话中心". 基础教育论坛,2017(2):58.

②　Vygotsky L S. The Development of Higher Psychological Processes. Harvard University Press,1978:197-214.

③　Roschelle J. Learning by collaborating:convergent conceptual change. Journal of the Learning Sciences,1992,2(3):235-276.

④　郑毓信. 数学教育视角下的"核心素养". 数学教育学报,2006,25(3):1-5.

⑤　Goffman E. Forms of Talk. Philadelphia. PA:University of Pennsylvania Press,1981:264-281.

⑥　Lemke J L. Talking Science:Language, Learning, and Values. Norwood, NJ:Ablex,1990:312-327.

压抑[①]。为了避免这种话语形式的弊端,奥康纳(Mary Catherine O'Connor)和迈克尔斯(Sarah Michael)等人提出了"回音"的话语结构,他们认为当学生做出回应之后,教师并不直接做出反馈,而是重新组织语言,将回应抛回给学生的时候,就构成了"回音"的话语形式,这种话语结构可将反馈的权力返还给学生、将学生的视角和立场与教学内容联结起来,重新分配不同学生之间的互动关系[②]。通过本文"提问的创新程度"和"语言的变项剖析"两部分内容的分析,不难看出普通课堂教学更加倾向于"触发-回应-反馈"的话语结构,而翻转课堂则更加符合"回音"的话语结构,这进一步说明翻转课堂在话语结构上的优势,能够让学生不拘泥于问答形式,而集中在深刻的思想表达,体现了学生深度学习的特征。

(四)翻转课堂:从"时序重构"模式走向"深度学习"空间

从"动态曲线分析"的研究结果可以看出,翻转课堂教学中学生的语言大幅度增加,且分布均匀,课堂教学中学生有了更多的交流讨论机会。在 MFIAS 的统计分析中,表达情感、表扬鼓励、反馈点评、思路探究、个体应答、主动补充、主动回答、纠错发言及交流讨论等特征的语言翻转课堂明显高于普通课堂,这些特征指向学生的交流体验和对意义的深层理解。可以说,翻转课堂已经由"课外自主学习,课内答疑解惑"的"时序重构"模式走向"关注学生交流体验、注重学生思维发展"的"深度学习"空间。翻转课堂旨在让学生由浅表学习走向深度学习,由初级理解向深度理解发展,深度学习的本质与翻转课堂的旨趣相契合[③]。转变以教为主的教学方式成为以学生学为中心的学习方式,能促进学生的理解和更有效的意义建构[④],而翻转课堂以学习者为中心的特性,正是对深度学习的有效支持。翻转课堂教师可以重新分配教学时间和空间,将焦点集中在学生对问题、概念及原理等的深层次理解上,促进学生认知结构的深层建构,以达到深度学习的目的。

弗莱雷曾说:"没有了对话,就没有了交流;没有了交流,也就没有了真正的

① Forman E A, Ansell E. Orchestrating the Multiple Voices and Inscriptions of a Mathematics Classroom. Journal of the Learning Sciences,2002,11(2-3):251-274.

② O'Connor M C, Michaels S. Aligning Academic Task and Participation Status Through Revoicing:Analysis of a Classroom Discourse Strategy. Anthropology & Education Quarterly,1993,24(4):318-335.

③ 祝智庭.智慧教育新发展:从翻转课堂到智慧课堂及智慧学习空间.开放教育研究,2016(1):18-26.

④ Floyd K S, Harrington S J, Santiago J. The Effect of Engagement and Perceived Course Value on Deep and Surface Learning Strategies. Informing Science:The International Journal of an Emerging Transdiscipline,2009(12):181-190.

教育"①。课堂教学通过语言传递几乎全部的信息。普通课堂教学依然没有摆脱课堂的教学模式,以教师主导下学生跟随教师的思路发展,学生的思维被局限在设定的框架之内,这也常常被称作教学"规范"。这种"规范"是普通课堂教学无法逾越的弊端,但翻转课堂从根本上推翻了这种"规范",跳出了这种教学套路,把焦点集中在了学生的需求上,不同的学生对课堂教学的需求不同,使得整个课堂教学是发散的。通过课堂教学语言分析,教师应该从传统的课堂教学框架中走出来,给学生足够的思维空间,将生生对话、师生对话作为教学的常态,学生的表达本身就是很好的获得。翻转课堂为学生在课堂中深度学习提供了一个很好途径,让深度学习由理念变成现实。

第四节 课堂教学中沉默与混乱分析

沉默与混乱是课堂教学中遇到的普遍现象,解读出无声状态所代表的信息,有助于提高教学效率,改进教学方法。以下借助 FIAS 理论,将课堂教学中的沉默与混乱状态更进一步分为学生讨论、学生记录、学生操作、学生静思、教师示范和无效状态六个维度。通过这六个维度,对全国数学教育研究会 2014年国际学术年会上提供的两节同课异构教学观摩课进行比较分析,并结合笔者的教学经验给出教学启示②。

在平时的教学中,常常会遇到有些课堂"举手林立、热闹非凡"的场面,但有些课堂又有"万马齐喑、平静如水"的景象。沉默是课程上出现的一种普遍现象,沉默代表的到底是课堂的"卡壳",还是"此时无声胜有声"呢? 在微观上研究清楚课堂上沉默和混乱现象,有助于更加清楚地认识课堂、掌握课堂规律,更有助于了解学生心理变化,提高课堂效率③。课堂是一个很复杂的教育场,沉默是这一场域中不可缺少的元素。

1. 沉默与混乱的维度分析

在 20 世纪 60 年代,美国明尼苏达大学学者 Flanders 提出了一个至今深刻影响着教育界的语言行为分类系统——弗兰德斯语言互动分析系统(Flanders interaction analysis system,简称 FIAS)。他将课堂语言分为教师语言、学生语言和沉默与混乱。教师语言又分为表达情感、鼓励表扬、采纳观点、提问、讲授、

---

① 江发文.被压迫的底层与底层的解放——读保罗·弗莱雷的《被压迫者教育学》.社会学研究,2009(6):226-238.

② 武小鹏,张怡.基于 FIAS 的高中数学课堂教学比较研究——以 2014 年全国数学教育研究会两节观摩研讨课为例.数学教育学报,2015,24(05):87-91.

③ 王鉴.课堂研究概论.北京:人民教育出版社,2007.12.

指令和批评与维护权威;学生语言分为学生主动说话和被动应答;然而沉默与
混乱状态并没有系统的划分。显然该系统主要侧重于研究教师的语言和学生
的语言,尤其是对教师的语言分类很细,关注度更高。在此基础上,有许多学者
对该系统进行了改进,但在沉默上细分的很少,有代表性的是学者陈国珍等人
发表于《全球教育展望》杂志上的"基于 FIRS 分析模型的翻转课堂师生互动行
为研究"一文,该文章中将沉默分为"静思默学、学生操练、教师示范、无效沉默
和混乱"。笔者借鉴这一分类方式,将沉默与混乱状态分为学生讨论、学生记
录、学生操练、学生静思、教师示范和无效状态六个维度[①],并对这六个维度按表
4.4.1 的方式界定。

表 4.4.1　沉默与混乱状态编码系统及其解释

编号	维度	维度界定
1	学生讨论	学生对教师提出的问题以及对课堂上不同的疑惑进行讨论,但没有明确的语言特征,伴随有体态语言等
2	学生记录	学生依据教师的指令无声阅读、做笔记(包括课本上划线、批注抄写板书),记录教师强调的重点等
3	学生操练	学生进行课堂书面练习、在黑板上板演等活动;学生独立或分组实验操作;参与演示实验、游戏活动;操练使用教学教学模型、多媒体课件等
4	学生静思	依据教师提问或指令,学生独立思考、无声阅读或者对教师的提问迟疑等
5	教师示范	教师进行演示实验,操作实验器材、模型、多媒体设备等
6	无效状态	课堂处于无助于教学的沉寂或混乱状态

二、沉默与混乱动态曲线比较分析

本节选取全国数学教育研究会 2014 年国际学术年会上提供的两节同课异
构教学观摩课为研究对象,首先借助 FIAS 理论对本课例在互动语言方面做了
分析,选取了对沉默与混乱该编码的动态曲线比较分析[②],如图 4.4.1 所示。

图 4.4.1 反映的是暂时停顿、短期的混乱和观察者无法理解的信息,在曲
线上可以反映出学生思考的时间,即课堂是不是给学生留足了空间和时间让学
生自主思考。两条曲线对比可得,S 教师的课堂出现多次波动,并且在长达 30
分钟左右的时间里,学生沉默与混乱的语言行为一直保持在一定的比例,学生
在不停地参与课堂活动,思考积极。而 N 教师的课堂中,学生沉默与混乱的语
言行为在长达 29 分钟左右都是 0%,学生没有足够的时间考虑问题,整节课堂

　　① 陈珍国,邓志文,于广瀛,李晟.基于 FIAS 分析模型的翻转课堂师生互动行为研究——以中学
物理课堂为例.全球教育展望,2014,43(09):21-33.
　　② 宁虹,武金红.建立数量结构与意义理解的联系—弗兰德互动分析技术的改进运用.教育研究,
2003,(5):23-27.

都以教师的语言主宰,学生的主动性没有得到很好的发挥。

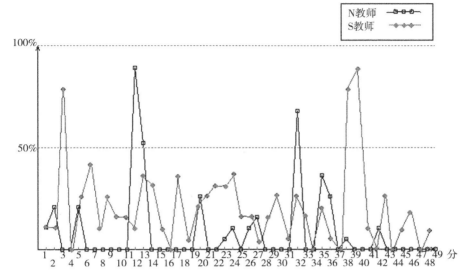

图 4.4.1　沉默与混乱状态比率动态比较变化图

据统计可知 N 教师的课堂沉默与混乱的比例为 9.26%,时间累积不足 4 分钟,而 S 教师的课堂沉默与混乱的比例达到 21.06%,累计时间达到了 8.4 分钟,可以表明,S 教师的课堂给学生留了足够的时间进行思考、自主独立学习,而 N 教师的课堂则主要以教师讲解为主,体现出课堂上教师的控制性。[1]

三、沉默与混乱各维度统计比较分析

根据 FIAS 编码理论对课堂按照每 3 秒钟对课堂编码一次,N 教师沉默与混乱选项编码共计 74 次,S 教师沉默与混乱选项编码共计 253 次,并按照文章中对沉默与混乱的 6 个维度进行统计,得到表 4.4.2。

表 4.4.2　沉默与混乱状态编码统计表

学生行为	学生讨论/次	学生记录	学生操练	学生静思	教师示范	无效状态
N 编码数量/次	5	21	10	7	25	6
S 编码数量	47	25	76	58	27	20
N 编码比率	7.43%	29.21%	15.36%	9.42%	31.91%	6.67%
S 编码比率	18.34%	9.83%	30.14%	22.57%	10.74%	7.49%

按照表 4.4.2 统计的数据,绘制出两位教师在沉默与混乱状态各个维度的统计图 4.4.2。

① 焦彩珍,武小鹏.FIAS 在课堂教学评价中的应用研究.教育测量与评价,2014.9.

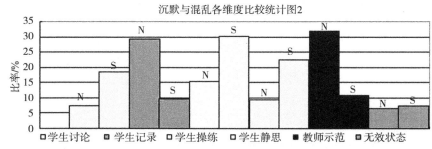

图 4.4.2　沉默与混乱各维度比较统计图

根据图 4.4.2 可以明显看出,两位教师课堂在沉默中各维度显现出很大的差异,N 教师的课堂在学生记录、教师示范方面明显高于 S 教师的课堂;在学生讨论、学生练习和学生静思这三个维度,S 教师的课堂明显优于 N 教师的课堂;在无效状态的比率,两个课堂基本相当,并且都表现出了较低的比率。

图 4.4.2 反映出,N 教师在沉默与混乱状态下主要以教师大量的示范、板书为主,而学生则以记录为主,学生表现出机械的观察和记忆,没有发挥出学生的主观能动性。学生的沉默表现是对课堂单方面的疑惑,没有达到和教师默契的配合。S 教师的课堂沉默与混乱的状态主要表现出了学生讨论、质疑、反思,学生利用的较多的时间进行实践操作、冷静思考,真正把课堂变成了思辨、讨论、解惑的场域。课堂在教师的引导下,达到了默契、和谐。在沉默与混乱状态中,学生的思维和操作占了主流,使课堂具有务实性。在无效状态维度,两种课堂都表现出较低的比率,说明学生的基本素质、基本素养和习惯很好,课堂上很少出现学生思想“开小岔”、注意力不集中的现象,表现出学生参与课堂的热情很高。

四、启示

课堂上的交流不仅包括有声的语言行为,同时也包括内容极为丰富的非言语行为,在课堂交流中除了目光、表情、动作和声音特征以外,还有一条很重要的非言语交流渠道——沉默。沉默有时与讲话相对,指没有言语的情况,课堂教学的沉默现象一般分为不伴随其他行为特征的静止沉默和伴随一些体态动作等的非静止沉默[①]。

(一)沉默与混乱状态是教学活动的有机组成部分

沉默并不代表着教学进程的“卡壳”,也不代表着教学活动的失败,更不能说沉默就等于什么都没有发生。对沉默与混乱状态应该全面理解,要允许沉默与混乱状态发生,并且要耐心地等待学生从沉默中“爆发”。教师往往在这种状

---

① 陈诗颖.正确解读课堂教学中的沉默现象提高中小学英语教学质量.基础教育外语教学研究,2012,12.

态下"耐不住寂寞",当学生一个回答不出问题时,似乎不忍心课堂上有限的时间白白流失,于是频繁"递招",一问一答,一题一议,其实效果并不理想。学生对课堂上教师提出的问题需要反应时间,需要对问题深入思考,"整齐划一,随声附和"的课堂貌似一片繁荣景象,但不代表学生真正理解了课堂。学生要在课堂上真正理解内化知识,需要冷静思考,认真操作,才能获得直接经验[①]。

(二)课堂生要有一定的时间让学生操作

通过笔者多年的课堂教学总结和对沉默与混乱状态的研究可以得出,课堂上持续的热闹场面是教学的一种假象,没有动手实际操作很难将知识内化。通常学生都有"眼高手低"的现象,想当然地认为能听懂教师讲解就完全理解了,但是让学生独立完成却往往磕磕绊绊,到处出现问题。尤其对于程序性知识,更应当重视学生的操作[②]。学生的操作过程应当是无声的,是没有教师和同伴的参与的,否则难以达到自主获取知识的效果,可以说"此时无声胜有声"。

(三)课堂教学中需要"六根清净"的状态

课堂教学一直强调一种交流的场所,需要有声的表达,沟通。但要悟出更深层次的道理,获得更多的经验,免不了冷静的思考,需要有"六根清净"的状态出现。有些学生一味地强调交流、分享和表现,忽视了对问题的冷静思考,往往停留在问题理解的表层。可以明确地发现,课程上急于回答问题的学生往往不是最优秀的学生,并且这一部分学生的答案肤浅,涉及深层次的问题往往又变成了一言不发,或者理解偏执。冷静的思考不但是课堂教学所需要的无声状态,更是每一位学生应当培养的优良品质,遇事应"三思而后行",古代著名的教育学家就早有定论。

追求课堂的高效性不但要强调学生的语言互动,分析清楚教师和学生语言所反映的课堂结构、教学风格、教学倾向及课堂的主导理念等,更应当重视课堂沉默与混乱的状态。通过这种状态的分析,了解是否给学生留有思考的空间,课堂教学是否尊重学生独立的思考。更进一步地通过对沉默与混乱各维度的分析,得出课堂的沉默状态所反映出来的学生的信息,得到学生在沉默与混乱状态下具体做了什么,在课堂上沉默是否代表有效,通过沉默与混乱状态挖掘出课堂的不足和需要改进的方面,进而最大限度地提高教学效率。

第五节　翻转课堂综合评价系统设计

2004 年,可汗学院的创始人孟加拉裔美国人萨尔曼·可汗七年级的表妹拉

---

① 陈珍国,邓志文,于广瀛.基于 FIAS 分析模型的翻转课堂师生互动行为研究.全球教育展望,2014,9:21-33.

② 王春会,陈巧茹.浅析课堂教学中的沉默现象.中国校外教育.2009,12.

蒂遇到数学难题,可汗为了帮助表妹,通过互动写字板、电话和雅虎聊天软件解答表妹的问题,随后可汗的其他亲戚朋友也以这种方式询问问题。可汗就将视频辅导资料上传到 Youtuhe 网站上来帮助他们学习。但惊奇的是,他的视频和类似的做法迅速在网上走红,受到广泛的关注。这种学生在课余通过自主视频等资源进行学习,课堂与教师互动解答疑问的教学组织方式,是将课堂内外的活动"翻转"过来,成为了翻转课堂的雏形①。

翻转课堂作为一种全新的教学模式,源于 2007 年萨尔曼·可汗成立的可汗学院——一个非营利性网站,该网站专门以视频方式讲解不同科目的内容,以供学习者学习。2011 年,这种教学模式迅速扩展到全球,并被《环球邮报》誉为影响课堂教学的重要技术变革。同年,重庆市聚奎中学率先将翻转课堂应用到我国基础教育中并结合本校教学实际,对翻转课堂做了适切性调整改进,总结得出翻转课堂的"三四五六"教学模式②。自 2013 年起,我国对翻转课堂的研究大幅提升,翻转课堂变成我国教育领域的研究热点。相关领域的研究成果较为丰富,并针对我国教育教学的特点开展了一系列本土化实践活动,提出了如"校内翻转""家校翻转"及"课内翻转"等多种翻转课堂教学模式③。实验表明,翻转课堂比传统课堂环境中学生学习效果更好。课堂翻转已经作为一种新型的教育教学形式风靡全球④。

教学是一个很复杂的系统,由于影响教学的因素繁多,课堂教学的评价也显得异常复杂,翻转课堂也是如此。目前关于翻转课堂的评价还不是很成熟,其中具有代表性的有:李馨借助国际上取得的重大成就 CDIO 教育模式评价体系,从翻转课堂教学质量评价的理论基础、基本原则等方面提出了翻转课堂体系建设路线图,对进一步建构不同层次、不同学科内容的翻转课堂评价体系奠定了基础⑤;张涛,李兆锋等人将布卢姆教学目标分类理论与 Kirkpatrick 评估模型相结合,从四个层次构建了翻转课堂学习绩效评价模型,并在问卷调查法和访谈法搜集数据资料的基础上,对该模型进行了实证研究⑥;黄美初,宋德清通过对实施翻转课堂的 24 位教师和学生采用质性研究范式,运用半开放式访谈法进行深度访谈,对访谈内容进行分析,提取出影响翻转课堂教学的五个关键要素,即课程资源、学习评价、学习支持服务、学习

①　朱宏洁,朱赟.翻转课堂及其有效实施策略刍议.电化教育研究,2013(8):79-83.

②　王东杰,戴伟芬.美国"颠倒课堂"及其在我国的运用.教育理论与实践,2014(5):42-45.

③　宋艳玲,孟昭鹏,闫雅娟.从认知负荷视角探究翻转课堂——兼及翻转课堂的典型模式分析.远程教育杂志,2014(1):105-112.

④　王新新.比尔·盖茨:美国可汗学院具有革命性的潜力.世界教育信息,2013(4):80.

⑤　李馨.翻转课堂的教学质量评价体系研究——借鉴 CDIO 教学模式评价标准.电化教育研究,2015(3):96-100.

⑥　张涛,李兆锋,胡萍.翻转课堂下学习绩效评价模型的构建.现代教育技术,2016(4):74-80.

者和课程教师,为进一步对翻转课堂的实证研究打下了基础[①];蒋立兵,陈佑清以过程性评价、发展性评价以及表现性评价为理论基础,得出翻转课堂教学评价的本体特征和应然取向,构建了翻转课堂教学评价体系[②]。据文献分析发现,现有的翻转课堂教学评价主要集中在对评价因子的提取方面,考察翻转课堂的影响因素,侧重理论的思辨,而具体可操作性的评价方法还很少。翻转课堂作为影响教育的重要技术变革,已经作为一种新型的教育教学形式风靡全球。然而对于翻转课堂的评价,尤其是基于数据的翻转课堂教学评价体系研究还很少。以下借助 AHP 模型建构法和模糊数学的相关理论,构建了翻转课堂教学评价指标体系,建立了翻转课堂综合评价模型,该模型实现了从传统的单纯依靠专家评印象打分向系统的项目化过程性评价的转变。并结合模型算法构建了基于网络平台的翻转课堂评价系统,对翻转课堂教学科学合理的评价提供参考。

一、AHP-模糊评价理论

20 世纪 70 年代初,美国著名的运筹学家 T. L. Satty 提出了一种定性与定量相结合的决策分析方法——层次分析法(the analytic hierarchy process,简称 AHP)[③],它是一种将决策者复杂的决策思维过程数量化、模型化的决策方案。决策者在运用这种方法时,通过将复杂的问题分解成若干要素和若干层次,对各层次和要素之间进行简单的计算与比较,得到不同方案的权重,从而经过选择得到最佳方案[④]。层析分析法可将决策者的主观判断和思维过程数量化、规范化,让思维按照一定的顺序和规则进行,同时也使得不确定的因素大幅降低。这种方法不仅保持了决策者思维过程和决策过程的一致性,还大幅度简化了系统分析和复杂的运算过程,尤其是涉及复杂系统的决策问题,由于系统的复杂性,难以全部量化处理,层次分析法可以得到相对优化的决策。层次分析法是一种解决复杂问题的量化的科学分析方法[⑤]。

1965 年,L. A. Zadeh 创立了模糊理论,该理论的数学模型相对简单,应用简便,易掌握。模糊理论对于复杂的多层次问题的解决效果比较好,这是其他数学模型和数学内容难以替代的。在该理论的基础上,L. A. Zadeh 进一步提出了模糊综合评价方法,该方法可多对因素影响下的事物做出总体综合评价,它

① 黄美初,宋德清.翻转课堂的质量保证关键要素研究.中国成人教育,2015(7):114-118.
② 蒋立兵,陈佑清.翻转课堂教学质量评价体系的构建.现代教育技术,2016(11):60-66.
③ Bala Chandran,Bruce Golden. Edward Wasil. Linear Programming Models For Estimating Weights in The Analytic Hierarchy Process. Computers and Operations Research,2005(32):2235-2254.
④ Wasil E,Golden B. Celebrating 25 years of AHP-based decision making. Computers and Operations Research,2003,(30):1419-1438.
⑤ Thomas L. Saaty. Decision making-the analytic hierarchy and network processes(ahp/anp). Journal of Systems Science and Systems engineering,2004,13(1):1-35.

是利用数学的理论和方法处理客观现实问题的一种良好的方法①。然而课堂教学作为一个复杂的系统,其评价过程要考虑到多方面的影响因素,因此将层次分析法和模糊数学的理论有效地引入到翻转课堂教学的评价当中,能够很好地体现课堂教学的真实性和评价的客观性。

在翻转课堂教学的评价中,影响课堂教学的因素往往是模糊的,不具有明确的界限,也无法给出十分精确的正确与否的判断,其往往也不存在清晰的外延,这也是课堂教学难以用传统的数学方法进行刻画的原因之一。AHP-模糊综合评价是一个基于分层化的聚焦评价过程的模糊评价模型,是一种非线性的评价,评价过程进行量化综合分析,提取出可比较的量化结果。对翻转课堂教学质量采用这种方法,可以最大限度地接近实际教学情况。本研究利用该方法较为全面地综合了各个评价主体的意见,客观地反映了评价对象的优劣程度。该评价过程可以简单地概括为首先确定因素集,即通过层次分析法得出影响翻转课堂教学的各个因素;其次选取评判集,从影响翻转课堂教学因素中选出不同的评审等级;然后列出模糊矩阵,即通过专家评审系统得出各影响因素对翻转课堂教学的归属程度;最后根据各因素对影响翻转课堂教学质量的权重分配,通过模糊矩阵合成,得出评价的最终结果②。

二、翻转课堂教学评价指标体系构建

(一)翻转课堂教学评价指标体系的构建原则

巴班斯基认为,教学过程由"教"与"学"两个要素构成,两者之间有着内在的一致性,不仅仅是两者之间简单的相加。教学需要把"教"和"学"在保持其特征不变的情况下有机地结合在一起③。因而,翻转课堂教学的评价也应当考虑到"教"与"学"之间的辩证关系,需要符合以下原则。④

1. 评价的整体完整性、系统构建性原则

翻转课堂虽然和传统课堂教学在形式上有很大的变化,但只是课堂的组织形式发生了变化,课堂教学的本质内涵还是一致的。因此,翻转课堂教学的评价不仅应该强调课堂上的教学活动质量,还应该包括课堂教学前学习资源的整合和优化情况,不仅要考察学生知识与技能的掌握,更应当强调学生学习过程、学生情感态度价值观及学生核心素养培育。

2. 评价的教学导向性、过程与成效并重原则

课堂教学评价所特有的诊断、导向、激励的功能可以促成教师的关联性体

---

① 商娟叶.基于 AHP 的模糊综合教学质量评价方法的系统设计及实现.电子科技大学,2009.

② 吴健峰.基于模糊规则的现代教学评价的研究与实现.华东师范大学,2007,6.

③ 何克抗,林君芬,张文兰.教学系统设计.北京:高等教育出版社,2006:248.

④ 程洋洋.翻转课堂中过程性教学评价指标体系的构建与应用研究.云南大学,2015:5.

验,帮助教师尽快摆脱传统教学的"惯性",把课堂教学改革的实践落到实处①。因而翻转课堂教学的评价应该将评价的目标细化,使得教学更有目的性、教学更加具体,达到通过评价促进课堂教学全面发展的目的,同时也应该体现课堂中心由"教师教"向"学生学"转移。

3.评价的客观、准确、可操作性原则

课堂评价是一个很复杂的系统过程,由于教学中的大多行为都是内隐的,很难用简单的判断得出结论。要将课堂教学行为量化,并且做到具体可操作,是课堂教学从理论转化为实践的关键环节。因此,在翻转课堂的教学的评价中,应当尽量在考虑到课堂教学全面性的同时做到评价的可操作,甚至易操作,这样评价才能从理论走向实践。

4.评价指标相互独立性、评价体系多元化发展的原则

作为优良的课堂教学评价指标,评价的各指标之间应该相互独立,不存在彼此间的嵌套和包含关系,每个指标都应当是相互独立的评价单元,否则会出现评价各指标之间的连锁效应。为了达到各指标之间的相互独立,首先应该清楚地划分翻转课堂教学的评价维度,再依据翻转课堂自身特点将不同维度细化为具体的观测点。

(二)翻转课堂教学评价指标体系的构建过程

翻转课堂的评价过程考虑到了以下理论。首先,翻转课堂与混合式学习理论密切相关,翻转课堂教学过程充分利用了网络视频远程学习与课堂教学相结合的形式,将网络化学习方式的优势与传统学习方式的优势结合起来②。其次,翻转课堂的评价应该基于教学成效,在教学过程中所涵盖的教学方法、学习的课程、学习环境以及评测过程都应该相互协调,基于成效的教学理论已经在美国、英国、澳大利亚、新西兰及南非等国实施并取得了良好的效果③。最后,翻转课堂的评价应该考虑到第四代评价理论,第四代评价理论将评价定位在发展的基础之上,强调评价过程中人的价值观念的体现,主张评价主体在相互作用过程中形成的"心理建构物"。第四代评价理论体现了评价的"全面参与""共同建构""价值多元化""质性与量化相结合"的评价思想和方法④。

基于以上理论,翻转课堂教学评价指标体系的构建既要处理好过程性评价与学习成效的产生之间的关系,又要将课程设计、教学项目的策划及教与学课程评估的思想进行整合,贯穿翻转课堂教学评价指标体系构建的全过程。评价指标体系要充

①　陈佑清,陶涛."以学评教"的课堂教学评价指标设计.课程教材教法,2016(36):45-52.

②　何克抗.从混合式学习看教育技术理论的新发展.国家教育行政学院学报,2005,(9):37-48.

③　Botha R J. Outcomes-Based Education and Educational Reform in South Africa. International Journal of Leadership in Education,2002,(4):361-371.

④　温萍.论"第四代评价理论"对我国本科教学评估的启示.中国成人教育,2010,(17):135-136.

分体现评价内容的全面性、评价主体的多元化、评价方法的多样化，以及评价关系的平等性。依据翻转课堂教学本身特点，首先将翻转课堂教学的评价分成了三个方面，即课前学习材料、课堂教学活动和课堂教学效果。课前学习材料主要是指教师给学生准备的包括微视频、网络在线资源、学法指导材料及自我检测试题等一系列供自主学习的材料。评价这一材料主要应考虑到内容的合理性和技术方法的可行性。课堂教学活动涉及教法、学法和学习活动设计的评价，注重评价教学的过程性。课堂教学效果的评价，按照三维目标展开，考虑学生在知识技能、过程方法和情感态度价值观三方面的全面发展。为了让评价指标体系具体可操作，又将三个方面、八个维度的内容细化成 26 个观测点，具体结构如图 4.5.1 所示。

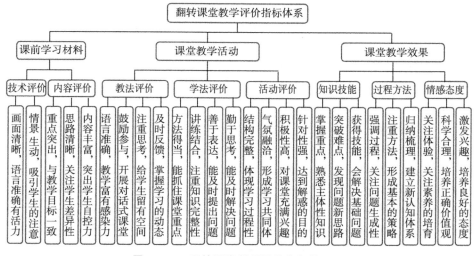

图 4.5.1 翻转课堂教学评价指标体系图

（三）翻转课堂教学评价指标体系的一致性验证

为了检验构建的 26 个评价指标是否具有内部一致性，在研究过程中采用10 位不同专家对同一课例就 26 个指标进行单独赋分，其中教育技术研究人员（高校）4 人，一线教师（高级职称以上）5 人，教研员 1 人。两两之间进行相关性分析，得到相关矩阵如表 4.5.1 所示。

表 4.5.1 专家赋分的相关矩阵分析

专家	1	2	3	4	5	6	7	8	9	10
1	1.000									
2	0.764**	1.000								
3	0.963**	0.847**	1.000							
4	0.838**	0.709**	0.782**	1.000						
5	0.865**	0.914**	0.996**	0740**	1.000					

专家	1	2	3	4	5	6	7	8	9	10
6	0.935**	0.930**	0.453**	0.965**	0.835**	1.000				
7	0.817**	0.879**	0.891**	0.937**	0.772**	0.917**	1.000			
8	0.932**	0.716**	0.954**	0.923**	0.928**	0.772**	0.918**	1.000		
9	0.781**	0.897**	0.932**	0.863**	0.931**	0.893**	0.775**	0.839**	1.000	
10	0.921**	0.192**	0.918**	0.919**	0.941**	0.936**	0.895**	0.931**	0.897**	1.000

注："*"表示在置信度(单侧)为 0.05 时,相关性是显著的。

"**"表示在置信度(单侧)为 0.01 时,相关性是显著的。

依据表 4.5.1,不同专家在 26 个指标上的评分两两之间相关性显著,这表明该评价指标体系内部具有一致性,在一定的程度上表明评价指标体系的可靠性。评分的同时,设置了开放性指标征集,如"您认为在翻转课堂教学评价中还有那些重要的指标?"还有"您认为以上 26 个指标那些对翻转课堂教学评价中作用不大?"统计结果显示,其中多数专家认为指标相对全面,无补充。部分专家反馈意见不尽统一,因而没有采纳。该系统的指标还可以在不断的评价中加以完善,可以增加和减少指标,不过在增加相应的指标后,需要对相应的权重做出界定,评价系统也会随之发生改变,但总体不会影响评价体系的整体架构。

四、AHP-模糊矩阵的翻转课堂评价模型构建

(一)确定评价因素集

按照图 4.5.1 的评价指标体系,翻转课堂共有三个一级评价指标,分别为 b_1、b_2、b_3,这样可构建一级评价因素集 $A = (b_1, b_2, b_3)$,同样可以依次建立各二级评价指标集:$B_1 = (c_{11}, c_{12})$,$B_2 = (c_{21}, c_{22}, c_{23})$,$B_3 = (c_{31}, c_{32}, c_{33})$。三级评价指标集:$C_{11} = (d_{111}, d_{112})$,$C_{12} = (d_{121}, d_{122}, d_{123})$,$C_{21} = (d_{211}, d_{212}, d_{213}, d_{214})$,$C_{22} = (d_{221}, d_{222}, d_{223}, d_{224})$,$C_{23} = (d_{231}, d_{232}, d_{233}, d_{234})$,$C_{31} = (d_{311}, d_{312}, d_{313})$,$C_{32} = (d_{321}, d_{322}, d_{323})$,$C_{33} = (d_{331}, d_{332}, d_{333})$。

(二)确定评价变量集

当评价因素集确定后,就是要给各评价指标赋值,各个评价指标赋予一定的有意义的量后,就变成了评价变量集。为了得到评价变量集,首先需要各评价者按照图 4.5.1 采取李克特 5 级评分法进行赋分。考虑到评价的目的不同,评价者会发生相应的改变。如评价是为了进行课堂教学竞赛,评比出相应的等级,那么评价者应由教育技术和课堂教学的专家构成;如果评价仅仅是为了促进课堂教学改革,评价可由学科组教师、教研员和学生组成。依据不同的评价性质,选取相应的评价专家对被评价的翻转课堂教学课例进行评判,评价专家只需要对翻转课堂教学评价指标的 26 个观测点进行相应的等级评判,在评价界面处点击选择相应的等级。然后通过评价系统内部程序对不同等级编码比例做统计运算,本研究将各观测点最终的百分比定义为评价变量值。按照上述过程便可得到评价变量集如下。

$$\boldsymbol{R}_{11} = \begin{pmatrix} a_{111} , b_{111} , c_{111} , d_{111} , e_{111} \\ a_{112} , b_{112} , c_{112} , d_{112} , e_{112} \end{pmatrix}, \boldsymbol{R}_{12} = \begin{pmatrix} a_{121} , b_{121} , c_{121} , d_{121} , e_{121} \\ a_{122} , b_{122} , c_{122} , d_{122} , e_{122} \\ a_{123} , b_{123} , c_{123} , d_{123} , e_{123} \end{pmatrix},$$

$$\boldsymbol{R}_{21} = \begin{pmatrix} a_{211} , b_{211} , c_{211} , d_{211} , e_{211} \\ a_{212} , b_{212} , c_{212} , d_{212} , e_{212} \\ a_{213} , b_{213} , c_{213} , d_{213} , e_{213} \\ a_{214} , b_{214} , c_{214} , d_{214} , e_{214} \end{pmatrix}, \boldsymbol{R}_{22} = \begin{pmatrix} a_{221} , b_{221} , c_{221} , d_{221} , e_{221} \\ a_{222} , b_{222} , c_{222} , d_{222} , e_{222} \\ a_{223} , b_{223} , c_{223} , d_{223} , e_{223} \\ a_{224} , b_{224} , c_{224} , d_{224} , e_{224} \end{pmatrix},$$

$$\boldsymbol{R}_{23} = \begin{pmatrix} a_{231} , b_{231} , c_{231} , d_{231} , e_{231} \\ a_{232} , b_{232} , c_{232} , d_{232} , e_{232} \\ a_{233} , b_{233} , c_{233} , d_{233} , e_{233} \\ a_{234} , b_{234} , c_{234} , d_{234} , e_{234} \end{pmatrix}, \boldsymbol{R}_{31} = \begin{pmatrix} a_{311} , b_{311} , c_{311} , d_{311} , e_{311} \\ a_{312} , b_{312} , c_{312} , d_{312} , e_{312} \\ a_{313} , b_{313} , c_{313} , d_{313} , e_{313} \end{pmatrix},$$

$$\boldsymbol{R}_{32} = \begin{pmatrix} a_{321} , b_{321} , c_{321} , d_{321} , e_{321} \\ a_{322} , b_{322} , c_{322} , d_{322} , e_{322} \\ a_{323} , b_{323} , c_{323} , d_{323} , e_{323} \end{pmatrix}, \boldsymbol{R}_{33} = \begin{pmatrix} a_{331} , b_{331} , c_{331} , d_{331} , e_{331} \\ a_{332} , b_{332} , c_{332} , d_{332} , e_{332} \\ a_{333} , b_{333} , c_{333} , d_{333} , e_{333} \end{pmatrix}$$

(三)确定评价权重系数

1.构造判断矩阵

权重系数的确定直接影响到翻转课堂评价体系的质量和准确性,本研究采用了 Satty 教授在 AHP 理论中提出的 9 点法对指标权重进行分配,评价专家依据 9 点法指标评分标度表(如表 4.5.2 所示)排定各指标的优劣顺序,依次构造各指标的判断矩阵。如有多位专家评分不尽一致,可以通过求平均、找近似值确定。

表 4.5.2　9 点法指标评分标度表

标度	含义
1	两指标相比,具有相同的重要性
3	量指标相比,前者比后者稍微重要
5	量指标相比,前者比后者更加重要
7	量指标相比,前者比后者明显重要
9	量指标相比,前者比后者绝对重要
$\frac{1}{3} , \frac{1}{5} , \frac{1}{7} , \frac{1}{9}$	后者比前者,对应相应的倒数

以一级指标指标为例,通过对不同专家评定求平均、找相应近似值,建立判断矩阵为

$$\boldsymbol{A} = \begin{pmatrix} a_{11} & a_{12} & a_{13} \\ a_{21} & a_{22} & a_{23} \\ a_{31} & a_{32} & a_{33} \end{pmatrix}$$

其中，a_{ij} 为 $1,3,5,7,9,\dfrac{1}{3},\dfrac{1}{5},\dfrac{1}{7},\dfrac{1}{9}$ 之一，$a_{ij}=\dfrac{1}{a_{ji}}$。

层次分析法中的判断矩阵是对人的主观判断为主的定性分析进行量化，是定性分析转化为定量分析的最关键一步[①]。

2. 计算权重系数

接下来，可按照如下步骤求得权重系数[②]。

(1)计算判断矩阵每行元素的乘积：$\boldsymbol{A}_i=\prod\limits_{i=0}^{n}a_{ij}$。

(2)计算 $\boldsymbol{A}_i$ 的 n 次方根：$\overline{\alpha_i}=\sqrt[n]{A_i}$。

(3)将 $\overline{\alpha_i}$ 标准化：$\alpha_i=\dfrac{\overline{\alpha_i}}{\sum\limits_{j=1}^{n}\overline{\alpha_j}}$。

得到 α_i 构成的向量即为一级权重系数 ω，按照同样的方法可以得到二级权重系数 $\omega_1,\omega_2,\omega_3$ 和三级权重系数 $\omega_{11},\omega_{12},\omega_{21},\omega_{22},\omega_{23},\omega_{31},\omega_{32},\omega_{33}$。

3. 一致性检验

由于判断矩阵中的值是由不同专家通过对指标进行两两对比后，依据表 4.5.2 判断所得，由于不同专家对比时的价值取向和定级技巧不同，再加上表 4.5.2 中的重要性等级赋值也很难做到等距。因此，很有必要对指标的一致性进行验证。一致性检验指标采用 CR[③]：

$$CR=\frac{\lambda_{\max}-n}{RI(n-1)}$$

其中，$\lambda_{\max}=\dfrac{1}{n}\sum\limits_{i=1}^{n}\dfrac{(A\omega_i)}{\omega_i}$；RI 为随机一致性指标(此值固定，查表可得，见表 4.5.3)。

表 4.5.3　随机一致性指标 RI 的取值表

指标个数	1	2	3	4	5	6	7	8	9
RI	0.00	0.00	0.58	0.90	1.12	1.24	1.32	1.41	1.45

如果 $CR\leqslant0.01$，则权重系数具有满意的一致性，否则需要通过专家进行核验调整，直到满意为止。

---

①　张燕,董玉琦,王炜.基于层次分析法的高中信息技术教师专业知识水平评价——以东北地区为例.中国电化教育,2014(09):34-39+58.

②　郭亮,邓朗妮,廖羚.基于 Fuzzy-AHP 的应用 BIM 教学评价研究.数学的实践与认识,2017,47(01):8-15.

③　Chiclana F,Herrera V E.Integrating three representation models in fuzzy multipurpose decision making based on fuzzy preference relations.Fuzzy Sets and Systems,1998,97:33-48.

（四）构建综合评价模型

依据模糊理论，三级评价指标集就等于三级权重系数与评价变量集构成的矩阵的乘积，即三级权重系数与专家评分比例构成的矩阵的乘积。同理，二级评价指标集等于二级权重系数与三级评价指标集构成矩阵的乘积，一级评价指标集等于一级权重系数与二级评价指标集构成的向量的乘积。因此得到一级评价指标：

$$
A = \omega \begin{pmatrix} B_1 \\ B_2 \\ B_3 \end{pmatrix} = \omega \begin{pmatrix} \omega_1 C_1 \\ \omega_2 C_2 \\ \omega_3 C_3 \end{pmatrix} = \omega \begin{pmatrix} \omega_1 \begin{pmatrix} \omega_{11} R_{11} \\ \omega_{12} R_{12} \end{pmatrix} \\ \omega_2 \begin{pmatrix} \omega_{21} R_{21} \\ \omega_{22} R_{22} \\ \omega_{23} R_{23} \end{pmatrix} \\ \omega_3 \begin{pmatrix} \omega_{31} R_{31} \\ \omega_{32} R_{32} \\ \omega_{33} R_{33} \end{pmatrix} \end{pmatrix}
$$

$$
= \omega \left(\begin{array}{l}
\omega_1 \left(\begin{array}{l}
\omega_{11} \begin{pmatrix} a_{111},b_{111},c_{111},d_{111},e_{111} \\ a_{112},b_{112},c_{112},d_{112},e_{112} \end{pmatrix} \\
\omega_{12} \begin{pmatrix} a_{121},b_{121},c_{121},d_{121},e_{121} \\ a_{122},b_{122},c_{122},d_{122},e_{122} \\ a_{123},b_{123},c_{123},d_{123},e_{123} \end{pmatrix}
\end{array} \right) \\
\omega_2 \left(\begin{array}{l}
\omega_{21} \begin{pmatrix} a_{211},b_{211},c_{211},d_{211},e_{211} \\ a_{212},b_{212},c_{212},d_{212},e_{212} \\ a_{213},b_{213},c_{213},d_{213},e_{213} \\ a_{214},b_{214},c_{214},d_{214},e_{214} \end{pmatrix} \\
\omega_{22} \begin{pmatrix} a_{221},b_{221},c_{221},d_{221},e_{221} \\ a_{222},b_{222},c_{222},d_{222},e_{222} \\ a_{223},b_{223},c_{223},d_{223},e_{223} \\ a_{224},b_{224},c_{224},d_{224},e_{224} \end{pmatrix} \\
\omega_{23} \begin{pmatrix} a_{231},b_{231},c_{231},d_{231},e_{231} \\ a_{232},b_{232},c_{232},d_{232},e_{232} \\ a_{233},b_{233},c_{233},d_{233},e_{233} \\ a_{234},b_{234},c_{234},d_{234},e_{234} \end{pmatrix}
\end{array} \right) \\
\omega_3 \left(\begin{array}{l}
\omega_{31} \begin{pmatrix} a_{311},b_{311},c_{311},d_{311},e_{311} \\ a_{312},b_{312},c_{312},d_{312},e_{312} \\ a_{313},b_{313},c_{313},d_{313},e_{313} \end{pmatrix} \\
\omega_{32} \begin{pmatrix} a_{321},b_{321},c_{321},d_{321},e_{321} \\ a_{322},b_{322},c_{322},d_{322},e_{322} \\ a_{323},b_{323},c_{323},d_{323},e_{323} \end{pmatrix} \\
\omega_{33} \begin{pmatrix} a_{331},b_{331},c_{331},d_{331},e_{331} \\ a_{332},b_{332},c_{332},d_{332},e_{332} \\ a_{333},b_{333},c_{333},d_{333},e_{333} \end{pmatrix}
\end{array} \right)
\end{array} \right)
$$

其中，二级评价指标集 B_1，B_2，B_2 计算如下：

$$\boldsymbol{B}_1 = \left(\sum_{j=1}^{2} \alpha_{1j} \sum_{i=1}^{1+j} \alpha_{1ji} \, a_{1ji} \, , \, \sum_{j=1}^{2} \alpha_{1j} \sum_{i=1}^{1+j} \alpha_{1ji} b_{1ji} \, , \, \sum_{j=1}^{2} \alpha_{1j} \sum_{i=1}^{1+j} \alpha_{1ji} c_{1ji} , \right.$$

$$\left. \sum_{j=1}^{2} \alpha_{1j} \sum_{i=1}^{1+j} \alpha_{1ji} d_{1ji} \, , \, \sum_{j=1}^{2} \alpha_{1j} \sum_{i=1}^{1+j} \alpha_{1ji} \, e_{1ji} \right)$$

$$\boldsymbol{B}_2 = \left(\sum_{j=1}^{3} \alpha_{2j} \sum_{i=1}^{4} \alpha_{2ji} \, a_{2ji} \, , \, \sum_{j=1}^{3} \alpha_{2j} \sum_{i=1}^{4} \alpha_{2ji} b_{2ji} \, , \, \sum_{j=1}^{3} \alpha_{2j} \sum_{i=1}^{4} \alpha_{2ji} c_{2ji} , \right.$$

$$\left. \sum_{j=1}^{3} \alpha_{2j} \sum_{i=1}^{4} \alpha_{2ji} d_{2ji} \, , \, \sum_{j=1}^{3} \alpha_{2j} \sum_{i=1}^{4} \alpha_{2ji} \, e_{2ji} \right)$$

$$\boldsymbol{B}_3 = \left(\sum_{j=1}^{3} \alpha_{3j} \sum_{i=1}^{3} \alpha_{3ji} \, a_{3ji} \, , \, \sum_{j=1}^{3} \alpha_{3j} \sum_{i=1}^{3} \alpha_{3ji} b_{1ji} \, , \, \sum_{j=1}^{3} \alpha_{3j} \sum_{i=1}^{3} \alpha_{3ji} c_{3ji} , \right.$$

$$\left. \sum_{j=1}^{3} \alpha_{3j} \sum_{i=1}^{3} \alpha_{3ji} d_{3ji} \, , \, \sum_{j=1}^{3} \alpha_{3j} \sum_{i=1}^{3} \alpha_{3ji} \, e_{3ji} \right)$$

为了将一级评价指标集化成对应的百分制,本研究分别给评价等级"优秀""良好""一般""合格"和"较差"赋予 $90,80,70,60,50$ 分,则评价等级参数矩阵为 $\boldsymbol{V} = (90,80,70,60,50)$,因此,翻转课堂教学 AHP-模糊矩阵综合评级结果就为

$$\boldsymbol{U} = \boldsymbol{A} \cdot \boldsymbol{V}^{\mathrm{T}}$$

（五）翻转课堂实例评价

课例选取 2016 年全国基于微课的翻转课堂教学观摩研讨会上展示的"三角形的外角",通过 14 位中学一线教师和 7 位数学教育专家单独按照表 4.5.1 进行评价,在通过计算 21 评价者不同等级的比例得到

$$\boldsymbol{R}_{11} = \begin{pmatrix} 0.810, 0.143, 0.048, 0.000, 0.000 \\ 0.762, 0.190, 0.048, 0.000, 0.000 \end{pmatrix}$$

$$\boldsymbol{R}_{12} = \begin{pmatrix} 0.857, 0.095, 0.095, 0.000, 0.000 \\ 0.714, 0.238, 0.000, 0.048, 0.000 \\ 0.952, 0.048, 0.000, 0.000, 0.000 \end{pmatrix}$$

$$\boldsymbol{R}_{21} = \begin{pmatrix} 0.905, 0.095, 0.000, 0.000, 0.000 \\ 0.762, 0.190, 0.048, 0.000, 0.000 \\ 1.000, 0.000, 0.000, 0.000, 0.000 \\ 0.857, 0.095, 0.095, 0.000, 0.000 \end{pmatrix}$$

$$\boldsymbol{R}_{22} = \begin{pmatrix} 0.857, 0.095, 0.048, 0.000, 0.000 \\ 0.857, 0.000, 0.143, 0.000, 0.000 \\ 0.905, 0.095, 0.000, 0.000, 0.000 \\ 0.714, 0.238, 0.000, 0.048, 0.000 \end{pmatrix}$$

$$\boldsymbol{R}_{23} = \begin{pmatrix} 0.857,0.000,0.143,0.000,0.000 \\ 1.000,0.000,0.000,0.000,0.000 \\ 0.905,0.095,0.000,0.000,0.000 \\ 0.810,0.143,0.048,0.000,0.000 \end{pmatrix}$$

$$\boldsymbol{R}_{31} = \begin{pmatrix} 0.857,0.095,0.095,0.000,0.000 \\ 0.810,0.143,0.048,0.000,0.000 \\ 0.762,0.190,0.048,0.000,0.000 \end{pmatrix}$$

$$\boldsymbol{R}_{32} = \begin{pmatrix} 0.762,0.190,0.048,0.000,0.000 \\ 0.714,0.238,0.000,0.048,0.000 \\ 0.714,0.190,0.095,0.000,0.000 \end{pmatrix}$$

$$\boldsymbol{R}_{33} = \begin{pmatrix} 0.714,0.190,0.095,0.000,0.000 \\ 0.810,0.143,0.048,0.000,0.000 \\ 0.714,0.143,0.095,0.048,0.000 \end{pmatrix}$$

将以上数据带入(四)中的翻转课堂教学 AHP-模糊矩阵综合评级模型,得到

$$\boldsymbol{A} = (0.927,0.102,0.011,0.003,0.000)$$

因此综合评价等级 $\boldsymbol{U} = \boldsymbol{A} \cdot \boldsymbol{V}^{\mathrm{T}} = (0.897,0.102,0.011,0.003,0.000)\begin{pmatrix} 90 \\ 80 \\ 70 \\ 60 \\ 50 \end{pmatrix} =$

83.44

五、翻转课堂评价系统架构

基于 AHP-模糊矩阵的翻转课堂评价模型设计原理虽然难度不是很大,但是如果对每位专家的评分进行人工计算统计,还是很复杂的,可行性不高。因此,本研究设计了基于网络平台的算法程序系统,可以利用程序和人性化的 Web 人机交互界面,实现翻转课堂评价系统使用的可行性和便捷性。基于 AHP-模糊矩阵的翻转课堂评价系统在充分考系统开发背景和多用户同时操作需求的基础上,利用网络资源达到支持并发控制和网络共享[1],总体设计框架如图 4.5.2 所示。

---

[1]　陈衍泰,陈国宏等.综合评价方法分类及研究发展.管理科学学报,2004,7(2):69-79.

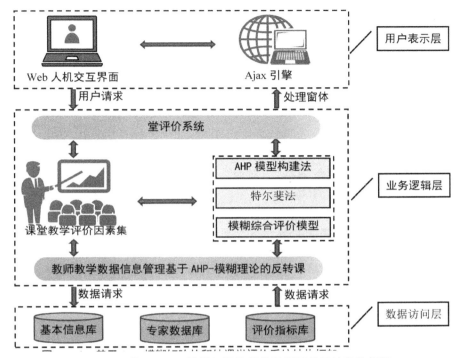

图 4.5.2 基于 AHP-模糊矩阵的翻转课堂评价系统结构框架

该系统总体采用 B/S 模式构架,由客户端和服务器端两部分组成。客户端仅需要安装普通浏览器即可,不需要安装专门设置的软件。利用异步交互式 Ajax 引擎设计,创建交互式、动态的网站开发设计,可实现服务器响应和用户异步操作,从而提高了用户操作响应速度,减低了服务器的工作压力。有效地实现了客户端借助服务端的数据按需请求和及时显示服务器端处理的结果[①]。服务器端负责对专家评分数据进行信息储存,按照程序进行数据运算,并输出评价结果。其原理采用 MVC 三层结构理论,如图 4.5.3 所示。

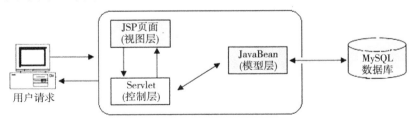

图 4.5.3 翻转课堂评价系统结构 MVC 结构原理图

---

① 李晓霞.基于模糊综合评价模型的教学评价系统的设计与实现.电子科技大学,2016.1.

视图层采用 JSP 动态网页技术,JSP 的基本原理是将 Java 程序语言和 JSP 标记加入 HTML 中。JSP 网页中的 Java 程序语言可实现网页重定向、对数据库的操作等功能,由此实现了网页动态加载技术。控制层采用 Servlet 技术,Servlet 在服务器可以完成获取客户端浏览器上通过 HTML 表单提交的数据和相关信息;创建并返回客户端的动态响应网页;访问服务器端的文件和数据库;为 JSP 页面准备动态数据,与 JSP 协作创建响应页面。模型层采用 JavaBean,通过 Java 程序语言实现数据的模型化,并最终计算出评价结果,将评价结果返回到数据库和控制层。数据库管理系统是由 MySQL 公司提供的,体积小,运算速度快,总体运行成本低,对服务器硬件要求低,并且有简单、易学、代码通用性高、支持多种语言等特点[①]。

六、讨论与展望

基于 AHP-模糊矩阵的翻转课堂评价模型及其系统设计实现了翻转课堂教学评价的信息化,该评价模型系统利用 AHP 模型构建法和特尔斐法建立评价指标体系,使得评价指标更加科学合理,实现了从传统的单纯依靠专家凭印象打分向系统的项目化过程性评价转变。评价系统将不同专家的系统化评分通过模糊数学理论建立模型,进行综合化考虑。该模型灵敏度高,与不同专家的各项指标均有相关关系,评价结果相对比较精确地体现了各个专家的不同指标的评分,使得评价结果更加体现过程性和全面性,评价结果更加符合翻转课堂教学的实际。

同时由于该评价体系在评价指标的提取上虽然采用了较为科学的层次分析理论和专家评分系统,但其可信度还需要经过较大规模的翻转课堂教学实验结果加以修正,还存在某些评价指标与实际情况吻合度不够的可能,再有,本研究在确立评价权重系数时综合了 21 位专家的权重,对于权重系数还有待于更大数据的验证,在系统实现方面根据不同评价需求进行调整。

今后的研究中,在考虑本评价系统更加适切和准确的同时,可以设计不同需求的评价方案,对翻转课堂进行不同层面的多元化的评价,如针对翻转课堂教学比赛的结果性评价方案、针对翻转课堂教学改革的诊断性评价方案,以及针对翻转课堂教学监控的过程性评价方案等。可以使多元化的评价集中于同一个评价平台,有助于对同一翻转课堂进行多元化、全方位的评价。

---

① Ryan Asleson,Nathaniel T. Schutta. Ajax 基础教程.北京:人民邮电出版社.2006:413.

第五章　教学评价系统与教师专业发展

20世纪以来,课堂研究的范式由封闭的书斋式转变为关注一线课堂教学的开放田野式。课堂教学评估的逻辑关系也随之从关注静态的增值模型(VAM)向强调动态生成的课堂实践模型转变。教学实践作为教育教学的主体环节,备受教育界的关注,它是将理想与正式的课程转化为领悟与运作的课程,进而获得有效的经验课程的过渡环节,成了历次教学改革关注的焦点。教师教学评估系统作为课堂教学改革的有效"助推器",在全球教育系统的实质性改革中起到重要作用。

第一节　数学教师专业标准

1966年国际劳动组织(ILO)和联合国科教文组织(UNESCO)在《关于教师地位的建议》中提出"教育工作应被视为一种专业"[①]。自20世纪80年代起,教师专业标准的研制和开发开始受到各国关注,并深受国家和社会的重视,成为近30年教师教育研究和教师专业发展的热点话题。2011年,我国为了面对教师教育专业化的挑战,在教育部工作中首次明确提出深化教师教育改革,规划制定我国教师专业标准的构想,旨在在制度上保障教师教育质量。经过一段时间的酝酿后,教育部于2012年2月10日颁布了三类宏观教师专业标准,分别为《幼儿园教师专业标准(试行)》《小学教师专业标准(试行)》和《中学教师专业标准(试行)》,试行稿对促进我国幼儿园、中小学教师职业专业化具有极其重大的意义[②],但我国在教师专业标准的制定上还处于初步探索阶段,还没有针对学科的教师专业标准。教师专业标准是引领教师专业化发展纲领性文件,体现着一个国家教师教育改革和发展的新动向。本节通过分析美国、英国、德国和澳大利亚数学教师专业标准,结合我国制定的教师专业标准(试行)版,对构建我国数学教师专业标准理论框架提出了构想。该构想从专业知识与认知、专业技能与实践、专业精神与理念三个方面展开,并对其内涵做了阐述。在此基础

[①]　张民选,夏惠贤.捕捉实践的智慧——教师专业档案袋.中国轻工业出版社.2005.3.
[②]　李高峰.中国与IBSTPI"教师标准"的比较——评析我国三个教师专业标准(试行).教师教育研究,2012,24(3):31-35.

上,对构建我国数学教师专业标准所涉及的几个焦点问题做了辨析,旨在引起数学教育研究者的思考,起到抛砖引玉的作用。

一、建立数学教师专业标准的必要性

（一）构建数学教师专业标准是对教师专业标准理论的再探索

我国在推进教育改革和发展的过程中,发展路径取向基本坚持标准导向的原则,在经历标准取向的课程改革的同时,也一直探索标准取向下的教师教育发展。尽管世界范围内教师专业标准已经发展了30多年,各国陆续颁布了各类各学科的教师专业标准,但我国的教师专业标准还处于初步尝试阶段。在内容和结构上,主要以借鉴国外为主,并且基本停留在理论水平,在具体实施操作上还很缺乏,在教师专业标准的本土化上还有许多工作要做。宏观的教师专业标准尚且如此,基于学科的数学教师专业标准就更无从谈起了。尝试构建基于数学学科的教师专业标准,在数学教师专业发展的层面上进一步审视教师专业标准的理念、方法和途径,有助于全面推动我国教师专业标准的发展,进一步加强教师专业标准的本土化内涵。

（二）构建数学教师专业标准为数学教师专业化发展提供了保障

由于我国受教育者数量庞大,需要大量的教育资源,尤其是需要大量的教师。在教育发展的过程中,在什么样的人才可以做教师？教师的专业发展需要达到怎样的目标？教师资格的退出机制等问题上还有很大的思考空间。2012年我国出台的三个标准,能够在宏观上回答一些问题,但针对性不强。教师是一个专业性很强的职业,没有在本专业的范畴内给出指导性的标准,很难为数学教师的专业发展起到直接的、具有可操作性的作用。数学教师的发展还需基于学科专业的教师专业标准作为指导,才能为教师的专业化发展提供保障。

（三）构建数学教师专业标准是数学教师专业发展的应然需求

纵观各国教育发展,数学教师专业标准往往诞生于特定的教育改革背景中,它与本国的教师教育发展密切相关,同时也与数学教师教育改革和数学教育发展密不可分[①]。我国从2001年开始,已经在九年制义务教育阶段和普通高中教育阶段进行了多次课程改革的尝试,在相继出台了多个版本的课程标准之后,于2017年发布。反思2017年高中课程改革,除了课程标准在理念和内容设置上有较大的不足外,在推行新课改的过程中,教师的作用也表现出良莠不齐的情况。有教师大力支持新课改理念,尝试使用新方法,组织学生探究合作,将主动权交个学生;有教师反对新课改理念,依然保持教师在课堂上的控制地位,让学生死记硬背,课堂"满堂灌"的现象大面积存在;也有教师保持观望状

---

① 徐斌艳.数学教师专业标准的国际比较研究.上海:华东师范大学出版社,2012,10.

态,表面推行新课改新方法,背后实行"老一套",不知何去何从。究其原因,和我国缺乏数学教师专业标准是分不开的。教师没有检验自己的标准,就没有发展目标,没有衡量自己好坏的准绳。教师专业标准,尤其是数学教师专业标准在数学教育改革和发展中起着主导性的作用,因此,是数学教育工作者首先应该思考的问题。

二、数学教师专业标准的国际比较

(一)基本理念

1.美国数学教师专业标准理念

1)全体数学教师专业标准理念

全美数学教育研究会(NCTM)于2003年颁布该专业标准,认为教师是学校中数学教学与学习开展的关键性人物,各种变化要求教师能够获得长期、持续且充足的资源,旨在为教师教育提供一系列更好的价值评判标准和数学教学的评价原则,强调教师在在教学中的作用。

2)杰出数学教师专业标准理念

这一专业标准由美国国家专业教学委员会(NBPTS)于2001年颁布,该标准基于教师致力于学习及其学生;教师了解他们所教的学科.了解怎样教导学生;教师负责监督学生学习;教师系统性地思考他们的教学教学实践,从教学经历中学习;教师融入学习共同体中,是学习共同体中的一员这五大理念。专业标准汇集了全美优秀教师的数学教学特色,旨在提高教师教学水平[1]。

2.英国数学教师专业标准的理念

英国卓越数学教师教学国家中心(NCETM)通过规定成为一名专业数学教师在专业品质、专业知识与理解和专业技能方面应达到的目标,提出了这一专业标准。该标准重视教师的实践能力,强调服务意识,关注教育公平民主,关注学生的特点,凸显专业伦理,强调对处境不利儿童的关注[2]。

3.德国数学教师专业标准的理念

2008年6月,德国数学会(DMV)、德国数学教育学会(GDK)以及德国数学与自然科学教育促进会(MNU)联合向文教部长会议(KMK)提交《数学教师专业教育标准》(建议版)。该标准在未来教师专业能力培养、教学环境营造和创设、评价的过程性构成和教师专业能力发展的持续性方面做出了明确的阐述。旨在为数学教师制定一套能力标准,在教师专业发展中作为参考,保证教师达到一定的专业标准,进一步提高数学教师教育质量。

① 徐斌艳.数学教师专业标准的国际比较研究.上海:华东师范大学出版社.2012,10.
② 尹秒辉、陈莉.《英格兰教师专业标准》简介.铜仁学院学报.2008.1

4.澳大利亚数学教师专业标准的理念

2006年澳大利亚数学教师协会（AAMT）制定并修改了《澳大利亚学校优质数学教学标准》，这一标准从数学教学的视角探讨对数学教师的专业要求，坚持"以学生为本，以高质量的教学发展目标，以卓越型教师的培养为重要途径"的基本理念[①]。这一标准从知识专业、专业态度和专业实践描述了优秀数学教师的知识、能力和特质。

（二）基本结构与内涵

从数学教师专业标准的基本理念的角度来看，这四个国家的专业标准侧重点各不相同。美国杰出数学教师专业标准和澳大利亚颁布的数学教师专业标准都是面向优秀数学教师设置的，同时可以作为普通数学教师的一个努力方向，作为普通数学教师自我发展的一面"镜子"。美国全体数学教师专业标准和英国数学教师专业标准则更加关注全体数学教师的专业素养，是作为评价所有数学教师专业素养、保障教师专业质量的指标体系，是教师专业的最基本要求。德国数学教师专业标准是指向数学学教师的专业能力的，目的在于保障未来教师入职时达到一定专业标准。

从数学教师专业标准的结构和内涵上看，在美国全体数学教师专业标准的中的教学法标准相当于我国标准中的学科教学知识，内容标准相当于学科知识。美国三个阶段的标准中，过程标准、领域标准和教学法标准表现出一致性，仅根据内容标准的不同划分学段。而美国杰出数学教师专业标准在从五大主题和十二个具体方面对杰出教师的各领域做了规定，没有全体数学教师专业标准那样细致，更多的是对教师观念和认知方面的要求，有更大的思考和扩展空间。英国数学教师专业标准相比美国而言，在专业知识的要求上没有那么细致，没有规定到每一点，更加强调作为一名数学教师所应具有的数学基本素养，对教师的行为知识强调得较多，更适合教师发展自己的数学教育教学能力。德国数学教师专业标准将每一项教师专业能力融入数学知识中加以叙述，没有像其他三个国家一样单独分维度叙述，这样有助于教师对每一块内容的深入把握，对教育教学内容知识的理解更加透彻，可以练就教师的专业知识水平，但对数学教师整体理念和专业素养的指导性有所削弱。澳大利亚数学教师专业标准和英国的标准在设置维度上表现出一致性，对教师三个维度中涉及到问题做了详细阐述，尤其强调了专业态度和专业实践，这是其他三个国家涉及较少的。但是作为一名优秀的数学教师，专业态度和专业实践恰恰起到了至关重要的作用，这也是我国建立数学教师专业标准所要思考的。

---

① 韩娟,周琴.卓越与高质量:澳大利亚制定和完善《全国教师专业标准》的教育价值理念.外国中小学教育,2012,(5):24-29.

表 5.1.1　美英德澳四国数学教师专业标准结构和内涵比较表①

国家	结构	内涵
美国（全体）	过程标准	数学问题解决的知识；推理与证明知识；数学交流知识；数学联系知识；数学表征知识；信息技术知识；情感倾向
	教学标准	教师应对学生怎样学习数学以及如何教学有深入理解
	内容标准	小学：数与运算、几何、代数、概率统计、数据分析、测量
		初中：数与运算、几何、代数、微积分、离散数学、概率统计、数据分析、测量
		高中：数与运算、几何、代数、微积分、离散数学、概率统计、数据分析、测量
	领域标准	数学教师要经历各种数学教学活动机会，包括探讨自己如何教、学生如何学、观察并分析数学教学的方法，关注教学任务、课程、环境和评价，与每个学生活动，与每个小组活动，与班集体活动
美国（杰出）	五大主题	教师要致力于学生及其教学；教师了解他们所教的学科和怎样教给学生；教师负责安排并监督学生学习；教师系统反思教学实践，从教学经验中学习；教师是学习共同体的成员
	十二标准	平等的学习共同体；学生知识；数学知识；教学实践知识；教学艺术；学习环境；应用数学；技术和教学资源；评价；反思和成长；家庭及社区；专业团体
英国	专业品质	与儿童和青年的关系：支持、重视、鼓励、分享、理解、信任、积极和建设的态度
		框架：知道国家文件、课程方案、数学经验、工作坊的政策和做法、数学教师标准的期望
		与他人交流与工作：交流思想、模式和关系，分享工作和数学教育各方面的内容
		个人专业发展：计划学习，评估自己，把握机会，利用资源，观察反馈，教学规划
	专业知识与理解	教与学：沟通方式，最佳时间，提供数学学习的机会和挑战，理解数学教学中的机会
		评估与监督：国家总结性评价和标准，建立评价机会，鼓励学生发展自我学习的意识
		学科与课程：了解数学间不同组成部分的区别，了解数学知识、定理和公里，数学符号
		读写计算和信息交流技术技能；积极使用核心技术使用 ICT，软件和电子信息
		成绩与多样化：数学氛围，数学文化，规划数学学习，教育需要，提供建设性的计划
	专业技能	计划：为学习者制订计划，基本经验，展示计划，计划家庭作业，计划日常生活的数学教学
		教学：应用教学策略和方法，使用资源，运用新技能，以个人、小组和全班做任务
		评价监督与给予反馈：鉴定学习者的发展技能，建立支持性和反映性的环境
		反思与教学：评估学习计划的影响，评估学习中的缺失信息，评价和改进数学教学
		学习环境：建立支持性、安全且具有挑战性的环境，支持学习者走向独立学习的道路
		团队工作：与同事讨论分享数学教学方法，确保彼此更好的发展，向导师观察和学习

① 徐斌艳.数学教师专业标准的国际比较研究.上海：华东师范大学出版社，2012,10.

续表

国家	结构	内涵
德国	内容领域	算术与代数、线性代数、随机等相关内容的理解
		几何:对形状、外形和图案的感知和绘制,以及系统变换,三维空间中的测量思想
		函数与分析:熟练掌握无限概念以及函数思维的培养都是分析的教育价值的体现,反映分析与函数有很强的应用性,有助于认识数学是一种文化成果
		数学建模与应用数学:突出数学结构和应用情景的模型特征,强调数学外部的问题,促进新数学理论的发展以及不同数理理论之间的联系,精确计算和大样本处理错误数据
	专业能力	数与结构的思维;空间与形状的结构化;线性化以及坐标化;函数思维与无限思维;数据分析。对偶然事件的建模;数学的应用
	学科教学能力	获得面向未来职业的学科反思能力;结合教学实践获得数学教学的基本能力,尤其是数学教学的诊断能力,以及理论层面反思数学课堂教学的行为能力
澳大利亚	专业知识	关于学生的知识:学生的社会和文化背景知识;了解学生使用和掌握数学知识;了解学生喜欢的学习方式和学生学习数学有无兴趣
		关于数学的知识:学生层次的、系统的数学知识;理解数学课程视野的数学知识
		关于学生学习数学的知识:了解数学学习顺序、心理表象、数学模型和数学语言;理解数学教与学的策略和技巧;鼓励学生享受数学学习、欣赏数学美
		个人品质:坚信所有学生会学会数学;给学生创造最好的学习机会;让学生成为享受数学的是自主学习者;关心和尊重学生
	专业态度	个人专业发展:强化专业成长,理解和形成数学能力;预见当前数学发展趋势
		社会责任:数学教师对与自己专业工作相关的各种社会活动积极奉献
		学习环境:建立一个给学生更多机会的环境,教师可以陈述学生的心理、情感和生理需要,响应学生个体的需求,肯定其才能,使学生能够变成独立的学习者
	专业实践	学习规划:教师结合学生原有的学习经验规划教学允许灵活的进行主动的学习
		行动中的数学教学:引起学生的好奇心,挑战学生思维,激发学生积极学习
		评价:定期在情感和认知两方面评价学生,报告学生的学习结果,考虑数学能力,知识内容,学习过程和学习态度

三、数学专业标准的框架构想

通过美、英、德、澳四国数学教师专业标准对比分析可以看出,数学教师专业标准的主体框架与本国宏观的教师专业标准是一致的,因此在构建我国数学教师专业标准时应该充分考虑和分析我国的教师专业标准。就我国已出台的教师专业标准(试行)版而言,它包含专业知识、专业理念和专业能力,这三个维度相互渗透、相互依存,共同构成了教师专业标准这一整体。以专业知识为核心,专业理念为实质,专业能力为重点。专业理念是教师区别于其他职业,达到对本职工作认同的前提,专业知识是从事教育教育工作的基础,丰富的专业知识是提高专业化程度的必备条件,而专业能力是专业知识和专业理念的具体凝结的产物,是专业知识和专业理念合力作用的结果①。从三者的内涵和外延看,我国的教师专业标准是科学合理的。

　　我国数学教师专业标准应该在借鉴国外的同时,考虑我国的具体国情,以国家出台的教师专业标准(试行)版为主要参考,发挥宏观教师专业标准的统领性作用,结合数学学科的实际,做到学科化与本土化的有机结合。将数学教师专业标准的框架构建为专业知识与认知、专业技能与实践、专业精神与理念三个维度,并将各维度细化,构建起数学教师专业标准的框架图,如图 5.1.1 所示。

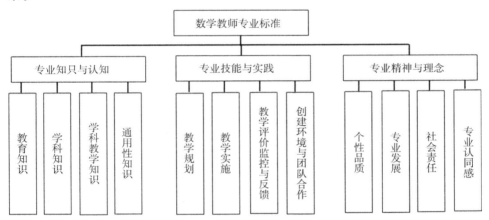

图 5.1.1　数学教师专业标准框架图

　　根据数学教师专业标准框架图的构建,通过四个国家数学标准的对比分析,对各标准的内涵进行适当的界定和阐述,得出数学教师专业标准基本框架构建表,见表 5.1.2。

---

　　①　陈文勇.高中数学教师专业标准研究——基于高中数学教师专业知识调查.华中师范大学,2013:5.

表 5.1.2　数学教师专业标准基本框架构建表①②③

维度	标准	内涵阐释
专业知识与认知	教育知识	1.掌握数学教学论相关内容并且能从中领会有关数学内容的教学教法 2.了解数学课程论相关内容，并对数学课程改革有一定的认识 3.掌握数学教育心理学的相关原理方法，并能了解学生生数学学习特点
	学科知识	1.理解数学学科的主要内容、数学的思想方法和基本解题技能 2.认识数学与其他学科的联系 3.了解数学学科中相关内容在实际生活中的具体应用
	学科教学知识	1.掌握数学课程标准的理念以及对各部分知识的要求 2.能根据数学教学内容和学生的认知水平合理的选择教学策略与方法
	通识性知识	1.理解数学内容在人文素质培养与科学素质培养上的作用 2.熟识国家数学教育的基本面貌
专业技能与实践	教学规划	1.为不同的学生制订个性化的发展规划，能够依据数学学科教学内容的最佳顺序，设计课程教学，确保学生高效学习 2.依据不同认知水平的学生，设置不同教学情境，发展学生获取信息、理解运算、推理演能力 3.进一步为学生规划设计家庭作业、课外活动、研究性学习，数学兴趣小组的活动
	教学实施	1.能够按照不同的学生，做到因材施教，保证每位学生在数学上有发展 2.能够组织形式多样的课堂教学，如参与式、合作式、探究式等，在保证学生有兴趣的前提下，提高学生的学业水平
	教学评价监控与反馈	1.综合运用观察、记录、监控、评价的策略为学生设置具有挑战性的教学目标，组织学生有效的目标达成 2.可以准确及时地汇总学生的各种信息，同时做到与学生、家长和其他学科教师沟通反馈，并为学生的进一步发展提供可参考的、具有建设性的意见 3.能够指导学生自我反思，让学生体会成功，发现不足，可为学生设立积极的前进目标，帮组学生成长为自主学习者 4.将教学评价能力作为教学能力的一个重要部分，了解学生之所需，能够积极规划教学
	创建环境与团队合作	1.能够创建一个良好的，具有支持性的、挑战性性的安全学习环境 2.能够定期为学习者提供沟通和交流的机会，并可以随时掌握学习者的期望 3.可以和谐的和同事讨论不同方式、不同层面的数学问题和数学教育问题

①　陈文勇.高中数学教师专业标准研究——基于高中数学教师专业知识调查.华中师范大学，2013:5.

②　Training and Development Agency for Schools. Professional Standards for Teachers: Why Sit Still in Your Career. http://www.tda.gov.uk/teachers/professional standards，2007-12-22.

③　The Australian Association of Mathematics Teachers，Standards for Excellence in Teaching Mathematics in Australian Schools-2006 edition，http://www.aamt.edu.au/Standards/Standards-document/AAMT-Standards-2006-edition

维度	标准	内涵阐释
专业精神与理念	个性品质	1. 对数学热情和工作中的学习特征可以引起学生的兴趣并为之提供好的学习榜样
		2. 能为每一个学生创造最好的学习数学的环境,并且对每一个学生建立有成就感的目标
		3. 能够用数学的眼光认识事物、做事严谨、科学理性、知识渊博、分析透彻
	专业发展	1. 有继续提高自己教学实践能力的意识,并寻找机会发展个人专业
		2. 在数学的教与学中,做到教学相长,有目的地强化自己的专业成长,理解和形成数学能力
		3. 能够对当前的数学发展趋势有准确的预见性
	社会责任	1. 对与自己专业工作相关的各种社会活动积极支持,积极维护学校的数学学习活动
		2. 提供在课堂之外帮助学生数学发展的策略,帮助学生参与超越课堂教学内容之外的有兴趣、适当的数学活动,如与数学有关的研究性学习等
		3. 分享数学见解、数学实践经验和数学资源,互相支持、彼此指导,及时提供教学反馈,积极参与学校的决策
	专业认同感	1. 建立一个能够体现自我价值,安全且具有支持性的课堂精神,是学习者都能为之奉献
		2. 坚信任何学生都可以学好数学,数学在学生的发展中起到至关重要的作用
		3. 能够正确引导学生认识数学,喜欢数学,并能够不时地贯穿数学的巨大文化价值
		4. 能够传播有关数学学习的"正能量",不打击学生的学习热情,认同学生学习数学的能力

以上是通过国际间的对比,再结合我国实际国情构建起的我国数学教师专业框架,没能做到对每个维度的标准细化。以上框架还需在大量的实证研究中得到证实,同时每个标准的细化还需通过多次的实验、访谈进行完善。笔者通过构建数学教师专业标准的框架,旨在引起数学教育工作者对这一问题的思考,望起到抛砖引玉的功效。

四、数学专业标准的几个辨析

(一)标准是"上限"还是"下限"的问题

教师专业标准是教师专业发展的最低要求还是教师建业发展的最高目标,这一问题历来存在争议。首先,毫无疑问,一个好的教师,教师专业标准必须具有基础性,即教师应该达到某一专业发展水平的要求。不难想象,如果所制定的教师专业标准是一个遥不可及的,对大部分教师来说都是难以实现的目标,那么,无论它如何体现时代价值和国际趋势,都不会发挥出它应有的作用。尤其我国教师专业水平地域差异性大,不同地区、不同省份的教师良莠不齐,过高或者过低的标准都会在调动教师专业发展的积极性方面受到限制。其次,教师专业标准应该具有较强的引领性。在某种意义上讲,教师专业标准可以视为一种教师评价标准,在教师专业发展中充当一面"镜子"。通过分析英美两国教师专业标准可以得出,两国都非常重视教师专业标准的评价和引领作用。英国的教师专业标准既为教师的终身专业发展搭建了阶梯,又为评价教师的专业表现及其专业发展的水平提供了的依据①。教师专业标准要成为教师专业发展的目标,因此还不能要求过低,应该引领教师改变观念,激励教师不断进步,对广大教师来说都必须是"跳一跳就够得着"的,这样,教师专业标准的引领、激励、导向作用才能发挥的更加明显。因此,兼具基础性和引领性是教师专业标准的构建的共识②。

(二)标准是"框架"还是"细节"的问题

教师专业标准应该是高屋建瓴的概括还是详尽具体的指导,在这一问题上,往往看法不尽一致。高度概括的标准将教师专业化发展看成一种动态发展的过程,给教师专业发展留有更大的思考空间。具体详尽的教师专业标准在教师专业发展的过程中起到了较强的指导性,这类标准在实施过程中有很强的操作性。通过对美、英、德、澳四个国家数学教师专业标准的比较分析可以看出,几乎每个国家的标准都对教师行为做出了具体的规定。例如在澳大利亚在数学教师专业标准中,对教师在每一维度上所应达到的基本要求做了详细的规定,操作性很强。就教师的专业品质而言,从教师工作态度、工作性质、专业发展和社会责任方面做了具体的规定,明确规定每位数学教师必须尊重和信任学生,对数学的发展有较好的预见,积极投身于与数学相关工作③。但是反思我国在一些有关教师专业发展的法律法规④上的规定,如"政治立场坚定""有牢固扎实的理论水平""有良好的身心素质",等等,这种要求虽然坚持了一定的导向,但过于抽象,过于模糊,操作性不强,很难起到引领作用,因此在制定教师专业标准时明确具体,尽量使用行为动词,以保证较强的可测性和可操作性。

(三)标准是"能力本位"还是"标准本位"的问题

在我国教师教育标准化改革中,明确提出了"师德为先""学生为本""能力为重"三大理念,"能力本位"作为我国教师教育改革的主导理念被确定下来,成为我国未来教师专业化改革发展的一大主题。教师能力是教师在实践情境中释放主体心智、灵活驾驭自我、实现实践任务的主体性力量集合;能力致上的专业价值观、能力中心的专业形成观、能力主线的专业实践观构成了这一教师专业发展观的三个纽结⑤。在教师专业化发展的过程中,有许多培训者将"教师技

---

① 王艳玲.英国"一体化"教师专业标准框架评析.比较教育研究,200(9);78-82.
② 熊建辉.教师专业标准研究——基于国际案例的视角.华东师范大学,2008,5
③ 韩娟,周琴.卓越与高质量:澳大利亚制定和完善《全国教师专业标准》的教育价值理念.外国中小学教育,2012.5;24-29.
④ 武小鹏,张怡.基于综合评价模型的师生课堂话语权实证研究.当代教育科学,2015(12);25-27.
⑤ 方杰.能力本位:当代教师专业标准建设的基石.教育研究,2014,10;79-85.

能培训"纳入教师教育的课程体系,他们认为教师能力是可以通过各种分类项目训练出来的。坚持这种观点的根源只有一个,即笃信"能力可以去情景化存在"的教育哲学。其实,任何能力都是在特定政策环境、人际关系与教育境遇中生成的,都是对一系列教育情境、教育问题的策略化反应的结果,即能力是在关系中展现的[①]。可见,教师的优劣不在于专业知识的储备、专业技能的娴熟,而在于能够游刃有余地应对各种多变、复杂、模糊的教育情境的过程中表现出来的主体性作用和专业智慧。不同的教师可能面对的教育情境是相近的,拥有的教育知识的储备是相似的,占有的教育资源是共通的,但创造的教育效果和教育业绩却大相径庭。究其根源,正是"教师能力"这一变量在起作用。在这种意义下,卓越教师是"卓越能力"的同义词,能力标准应成为判断教师质量的首要指标,将"教育教学设计能力、合作与沟通能力、评价与激励能力、组织与实施能力、反思与发展能力"这五大教师专业发展的关键能力列入教师专业标准是顺应知识经济时代的自觉响应。

(四)标准的"国际化"与"本土化"的问题

在数学教师专业标准的研制过程中,国际化和本土化是不得不思考的问题。国际化是指比较、借鉴国际上不同发展程度的国家已经建立起的成熟的数学教师专业标准。可以是对其他国家标准的不同理解,得出具有"普遍性"和"先进性"的成分。国际化的借鉴可以使数学教师专业标准的制定少走弯路。例如我国曾将教师专业标准等同于学历标准,这与国际普遍认同的专业标准相背离,这一观点的负面效应近年来已经显现。在关注国际化的同时也应当充分注重本土化,本土化要求在教师专业标准的研制中充分考虑文化性,教育是一个文化性极强的事业,不同的文化对教育有不同的解读。如东西方在"师德"的理解上就存在差异,中国、日本等东方国家认为教师应该"为人师表",强调教师在教育过程中"言传身教",要求教师有崇高的人格;但西方好多国家仅强调教师的"专业伦理",是对教师职业道德的基本底线要求[②]。从这种意义上讲,不能单纯地讲东西方的观念谁正确,这一是个文化和价值领域的问题。对于拥有丰富历史文化传统的教育大国来说,应认真梳理、研究和坚持中国教育文化、教育传统,在自己丰厚的教育文化的基础上建立起具有中国特色的、符合中国实际的教师专业标准。因此,在研制教师专业标准时,要考虑文化多元存在的合理性和现实性,要特别关注教师专业标准的国际化和本土化。要把对教育文化的

① 彭赞.能力本位·社会本位·发展本位—关于"社会主义价值观核心理念"的思考与对话.北京大学学报(哲学社会科学版),2001,(5).
② 熊建辉.教师专业标准研究——基于国际案例的视角.华东师范大学,2003,5.

尊重和认同放在教师专业标准制定的总体原则上加以考虑，鼓励不同教育文化的相互对话和独立成长，促进教育文化的"生态平衡"①。

第二节 M-Scan 教学实践评价系统

学生的成就发展几乎是每个国家和地区教育研究者和教育实践者关注的焦点，美国也不例外。有研究表明促进数学教学质量的实践是必要的，因为改进数学教学实践可以带来更好的成绩②。2013 年全美数学教师教育协会（NCTM）研制开发了共同核心州数学课程标准（以下简称 CCSS-M），成了指导K-12 数学教育的核心文件，之后相继出版了《数学教育今天：改进实践，改进学生学习》和《学校数学教育的原则和标准》，这为数学教学提供了一个愿景。尽管 NCTM 的这些举措为理想的数学课堂教学提供了清晰的视野，但对于教师来说，将所有建议用于日常工作难度很大，由于这些原则和标注不能直接指导教学，导致教师在高质量的教学指导方面差异很大，数学教学与实际数学的本质之间存在着差距。一些研究指出，这种差异源于对基于标准的数学教学实践的研究不够，以及缺乏描述数学教学实践活动特定的框架③。为了解决这些问题，弗吉尼亚大学的研究小组开发了数学扫描（M-Scan）——一种基于标准的测量数学教学质量的观察工具，它实现了从 NCTM 的各种标准到课堂教学实践的转换，以衡量课堂教学中基于标准的教学实践的质量。M-Scan 的重点是实施基于标准的高质量的教学。它提供了计划和实施数学课程或教学单元时要考虑的重要功能列表，以达到对数学教学实践的量化观察，进一步理解学生学习经验的效果。最终的目标是使用 M-Scan 措施，从标准转换为实践，提高数学职前教师和在职教师的专业发展④。

教学实践作为教育教学的主体环节，备受教育界的关注，它是将理想与正式的课程转化为领悟与运作的课程，进而获得有效的经验课程的过渡环节，成为历次教学改革关注的焦点。M-Scan 是一个专门针对数学教学实践开发的测评工具，集中体现了共同核心州数学课程标准和学校数学教育的标准与原则。

① 武小鹏，张怡. 基于 FIAS 的数学课堂教学比较研究——以 2014 年全国数学教育研究会两节观摩研讨课为例，2015，24（5）：85-90.

② Kober N. What We Know about Mathematics Teaching and Learning. (1992-08-09) [2019-03-01]. https://files. eric. ed. gov/fulltext/ED343793. pdf.

③ Ball D L，Rowan B. Introduction：Measuring Instruction. Elementary School Journal，2004，105(1)：3-10.

④ Boaler J. Learning from Teaching：Exploring the Relationship between Reform Curriculum and Equity. Journal for Research in Mathematics Education，2002，33(4)：239-258.

本节从 M-Scan 开发的背景、理论基础、基本原理以及基本框架和内涵展开分析，进一步比较 M-Scan 与 CLASS、RTOP 和 MQI 测评工具的特点。在此基础上，提出了建立我国教学实践测评工具，进一步落实课程标准和促进教师专业发展的启示，试图为落实我国新一轮课程标准、提升教师教学实践能力、发展学生数学核心素养提供参考。

二、理论基础与基本原理

（一）理论基础

对课堂教学实践的前期研究成果构成了 M-Scan 的理论基础。其中认知发展理论和相关研究表明，教师和学生在课堂上的互动对学生的发展和学习至关重要，因此，师生互动成为了课堂教学质量的核心[①②]。正如 Hamre 和 Pianta 所述，"学校环境和课程等远端特征的影响因素，尽管对学生的发展具有潜在的重要性，但很大程度上是通过课堂互动来调节和控制的[③]"。通过课堂互动，课堂教学质量被分成三种结构：情感支持、课堂组织和教学支持[④]。这些构造是全球性的，这意味着它们独立于内容并适用于所有教学，但是可以在数学背景下对它们进行理解。

在高质量的课堂上，教师为学生提供情感支持，良好的课堂气氛促进学生和教师之间的良好关系和积极互动[⑤]。在数学课堂上，目标让学生感到安全和舒适，这样他们就可以在课堂讨论和解决问题的过程中大胆猜想，更具有创造力[⑥]。高质量的教学是有组织的，教师建立和保持一致的顺序，仔细关注学生对

---

①　Pianta R C，Belsky J，Vandergrift N，Houts R，Morrison F J. Classroom effects on children's achievement trajectories in elementary school. American Educational Research Journal，2008，45(2)：365-397.

②　Rutter M，Maughan B. School effectiveness findings 1979—2002. Journal of School Psychology，2002，40(6)：451-475.

③　Hamre B K，Pianta R C. Learning opportunities in preschool and early elementary classrooms [A]. Pianta，R. C.，Cox，M. J.，Snow，K. L. School readiness and the transition to kindergarten in the era of accountability. Baltimore，MD，US：Paul H Brookes Publishing，2007：49-83.

④　Pianta R C，La Paro K M，Hamre B K. Classroom assessment scoring system manual，K-3. Baltimore，MD：Brookes Publishing Co，2008：57-.

⑤　Battistich V，Schaps E，Watson M，Solomon D. Prevention effects of the child development project：Early findings from an ongoing multisite demonstration trial. Journal of Adolescent Research，1996，11(1)，12-35.

⑥　Lampert M. When the problem is not the question and the solution is not the answer：Mathematical knowing and teaching. American Educational Research Journal，1990，27(1)，29-63.

内容的参与,并促进教学内容平稳过渡[①②]。在数学课程中,这种组织可以包括教师如何构造数学任务的方向或设置话语的期望[③]。教师在高质量的课堂上为学生提供教学支持,以学生现有的知识为基础,提供有意义的反馈,并提出适当的问题来培养更高层次的思维能力[④⑤]。数学的教学支持延伸到选择有价值的数学任务[⑥]和发起数学讨论[⑦]。基于以上研究结论,本节结合《学校数学教育的原则和标准》(以下简称《原则和标准》)描述的六项原则(公平、课程、教学、学习、评估和科技)、五项内容标准(数与运算、代数、几何、度量、数据分析与概率)及五个过程标准(问题解决、推理和证明、交流、关联和表征),构建了 M-Scan 的基本原理框架[⑧]。

（二）基本原理

M-Scan 通过评估数学任务、数学话语、数学表征和数学连贯性来衡量基于标准的数学教学实践[⑨]。为了评估任务的使用情况,M-Scan 测量了认知深度、问题解决以及联系与应用的结构。为了测量话语,M-Scan 评估了解释与论证以及数学话语共同体维度。为了测量表征,M-Scan 使用多元表征和学生对数学工具的使用程度。最后,为了测量连贯性,M-Scan 检查课堂结构和数学准确性。选择这九个维度是因为它们《原则和标准》相关联,还因为数学教育的研究

---

① Emmer E T,Stough L M. Classroom management:A critical part of educational psychology,with implications for teacher education. Educational Psychologist,2001,36(2):103-112.

② Cameron C E,Connor C M D,Morrison FJ. Effects of variation in teacher organization on class-room functioning. Journal of School Psychology,2005,43(1):61-85.

③ Yackel E,Cobb P. Socio mathematical norms,argumentation,and autonomy in mathematics. Journal for Research in Mathematics Education,1996,27(4):458-477.

④ Bransford J D,Brown A L,Cocking R R. How people learn:Brain,mind,experience,and school. Washington,DC:National Academy Press,1999:190-205.

⑤ Hamre B K,Pianta R C. Learning opportunities in preschool and early elementary classrooms. Pianta R C,Cox M J,Snow K L. School readiness and the transition to kindergarten in the era of accountability [C]. Baltimore,MD,US:Paul H Brookes Publishing,2007:49-83.

⑥ Stein M K,Smith M S,Henningsen M A,Silver E A. Implementing standards-based mathematics instruction:A casebook for professional development. New York:Teachers College Press,2000:81-90.

⑦ Hufford-Ackles K,Fuson K C,Sherin M G. Describing levels and components of a math-talk learning community. Journal for Research in Mathematics Education,2004,35(2):81-116.

⑧ 全美数学教师理事会著,蔡金法译. 美国学校数学教育的原则和标准. 北京:人民教育出版社,2004:25,206.

⑨ Walkowiak T A,Berry R Q,Meyer J P,et al. Introducing an observational measure of standards-based mathematics teaching practices:Evidence of validity and score reliability. Educational Studies in Mathematics,2014,85(1):109-128.

人员已经在课堂上发现了它们的重要性[①]。

这些结构之间的关系结构如图5.2.1所示。概念模型描述了基于标准的数学教学实践的伞式结构,它包含四个组成部分:(1)教师选择的任务以及课堂中这些任务的执行方式;(2)师生之间以及生生之间关于数学的话语;(3)教师和学生用于表达和转换数学思想方法的方式;(4)关于数学概念逻辑的教学连贯性清晰准确地呈现,并以有助于用更深入的方式进行组织。

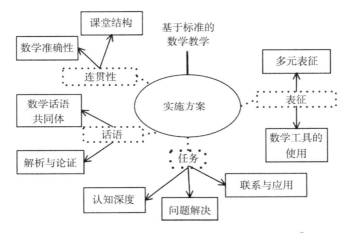

图5.2.1 基于标准的数学教学实践的概念模型[②]

以上模型基本涵盖了数学教学实践的各个方面,各维度之间既相互联系又彼此区别,构成了一个有机的整体。虽然各维度之间不是严格的互斥,但也基本可以划清各自的界限,以下将对多元表示与数学工具的使用;数学话语共同体与解析与论证;认知深度、问题解决与联系与应用这几组概念进行厘清。

首先,多元表征和数学工具的使用之间的侧重点不同。Lesh等人概述了数学概念的五种表现形式:图片、文字符号、口头语言、真实世界的情况和操纵模型[③]。在多元表征的维度中,M-Scan考虑到了其框架的所有五个组成部分,但数学工具的维度主要集中在操纵模型上。Duval指出学生在表征之间的联系和

① Stecher B M,Hamilton L S,Ryan G W,et al. Measuring Reform-Oriented Instructional Practices in Mathematics and Science. (2002-04-09) [2019-03-01]. https://www. rand. org/pubs/drafts/DRU2787. html.

② 王雪华,屈梅,赵中建. 基于项目的STEM学习——一种整合科学、技术、工程和数学的学习方式. 上海:上海教育科技出版社,2016,1:89-96.

③ Lesh R A,Post T R,Behr M J. Representations and translations among representations in mathematics learning and problem solving. Janvier. Problems of representation in the teaching and learning of mathematics[C]. Hillsdale,NJ:Erlbaum,1987:33-40.

转换的重要性,而不仅仅是使用多元表征[①]。在他的研究中,讨论了在学习和解决问题方面取得进步的关键环节是学生有能力从一种表征转变为另一种表征。在教师的数学教学中有时可以看到五种表现形式之一——操纵模型。有形的物品(例如分数条、图形块、计数器、进位积木、圆规和标尺)定义为数学工具,然而,考虑到 Beguin 和 Rabardel 的工作,这些操作只有在被学生用来理解数学思想之后才能成为工具[②]。同样,Bartolini-Bussi 和 Mariotti 描述了人工介质与教学过程中的数学概念之间的重要性[③]。虽然研究支持在数学课堂中使用操作符[④],但学生自己对数学的内在理解必须与以操作为模型的表征相联系,有时称其为客观化[⑤]。

其次,数学话语共同体和解释与论证存在着明显差异。话语是学生学习数学的核心部分。这里的话语是指交谈、表示、书写、阅读和倾听,通过与不同对象的对话达到明确数学观点的目的[⑥]。解释与论证集中在讨论推理和证明数学思想的部分,学生们不仅解释了他们如何获得解决方案,而且他们也证明了为什么他们的策略适用于这样的解决方案。解释与论证的理论基础是基于对一般论证的研究[⑦]以及数学的推测和证明[⑧][⑨]。教师的角色是学生讨论和学习数

① Duval R A. cognitive analysis of problems of comprehension in a learning of mathematics. Educational Studies in Mathematics,2006,61(2):103-131.

② Beguin P,Rabardel P. Designing for instrument-mediated activity. Scandinavian Journal of Information Systems,2000(12):173-190.

③ Bartolini-Bussi M G,Mariotti M A. Semiotic mediation in the mathematics classroom:Artifacts and signs after a Vygotskian perspective. Handbook of international research in mathematics education (2nd ed)[C]. Mahwah,NJ:Lawrence Erlbaum,2008:746-805.

④ [24]Raphael D,Wahlstrom M. The influence of instructional aids on mathematics achievement. Journal for Research in Mathematics Education,1989,20(2),173-190.

⑤ [25] Radford L. The seen,the spoken,and the written:A semiotic approach to problem of objectification of mathematical knowledge. For the Learning of Mathematics,2000,22(2),14-23.

⑥ Martin T S, Herrera T. Mathematics teaching today: Improving practice, improving student learning. Reston,VA:National Council of Teachers of Mathematics,2007:156-178.

⑦ Toulmin S. The uses of argument. Cambridge,England:Cambridge University Press,1969:89-94.

⑧ Duval R. Cognitive functioning and the understanding of mathematical processes of proof. Boero, P. Theorems in school:From history,epistemology,and cognition to classroom practice. Rotterdam,the Netherlands:Sense Publishers,2007:137-161.

⑨ Boero P,Douek N,Morselli F,Pedemonte B. Argumentation and proof:A contribution to theoretical perspectives and their classroom implementation. Pinto M M F,Kawasaki T F. Proceedings of the 34th Conference of the International Group for the Psychology of Mathematics Education. Belo Horizonte:PME,2010:179-204.

学概念的主要来源①②,在对高表现学校和低表现学校的比较研究中,研究人员发现,在高表现学校的数学教师更有可能与学生讨论数学思想,并推动任务背后的数学意义③。

第三,认知深度和问题解决的关系。认知深度主要集中在两个方面:教师为学生选择的数学任务的性质和教师任务的执行,而问题解决的重点是学生在课堂上所做的事情。当教师为学生选择任务时,他们会做出关于认知深度的初步判断,有价值的数学任务有更高层次的认知深度,包括连接过程和潜在的数学概念或完成复杂的非算法任务,而这些任务没有指定的方法来解决。认知深度较低的任务要求学生进行记忆或程序性步骤的练习,与基础的数学思想没有联系④。当教师与学生进行数学任务时,教师的促进作用会影响到认知深度的水平。

三、M-Scan 框架结构

(一)四个领域的界定

1. 第一个领域:任务

教师负责让学生参与高质量的数学任务,从而加深理解并为数学流畅性的发展做出贡献。高质量的数学任务帮助学生培养数学思维、概念和技能。认知深度、问题解决、联系与应用的维度旨在反映教师提供的任务。认知深度涉及任务选择和课堂中的制订任务,它考虑到了任务选择在多大程度上关注要求认知的任务,以及教师持续有效地提高认知深度的程度⑤。解决问题反映了教师对任务的选择,使学生能够识别、运用和适应各种策略。学生应该在解决问题的过程中使用多种解决方案,这样学生就可以澄清和扩展他们的知识。通过分析 TIMSS 的视频,研究人员发现,美国学生在数学课堂上花了 66% 的时间来练

---

① Sherin M G. A balancing act: Developing a discourse community in a mathematics classroom. Journal of Mathematics Teacher Education,2002,5(3),205-233.

② Yackel E,Cobb P,Wood T. Small-group interactions as a source of learning opportunities in second-grade mathematics. Journal for Research in Mathematics Education,1991,22(5),390-408.

③ Martin T S, Herrera T. Mathematics teaching today: Improving practice, improving student learning. Reston,VA:National Council of Teachers of Mathematics,2007:156-173.

④ Stein M K,Smith M S,Henningsen M A,Silver E A. Implementing standards-based mathematics instruction:A casebook for professional development. New York:Teachers College Press,2000:81-90.

⑤ Stein M K,Lane S. Instructional tasks and the development of student capacity to think and reason:An analysis of the relationship between teaching and learning in a reform mathematics project. Educational Research and Evaluation,1996,2(1),50-80.

习熟悉的程序,而不是去解决问题[1]。联系与应用是指教师选择的任务有助于理解数学是一种思维图式,使学生将数学与其他数学概念、自己的经验、周围的世界,以及其他学科联系起来[2]。

2. 第二个领域:话语

课堂的讨论是学生学习数学作为人类探究领域的核心。教师的角色是发起和编排话语并巧妙地利用它来促进学生的学习。当教师鼓励学生参与有关数学思想的讨论时,学生将学习以数学方式进行交流。数学话语共同体反映了课堂的社会规范在多大程度上培养了一种共同体意识,学生们可以自由地、公开地表达自己的数学思想。老师和学生们"谈论数学"的程度,以及学生们被期望用数学的语言向同伴和老师,口头和书面表达自己的数学思想。虽然话语提供了参与更高认知的机会,但 TIMSS 的结果发现,美国的大多数数学教学并不能促进话语[3]。解释和论证集中在讨论推理和证明数学思想的部分,它的重点是教师期望和学生在口头和书面作业上提供解释与论证的程度。需要学生解释的老师会问很多,如"怎么做?""和"为什么"等,问题是要了解学生的理解程度。学生们不仅解释了他们如何获得解决方案,而且他们也证明了为什么他们的策略适用于这样的解决方案。研究表明,当学生需要解释自己的想法并为自己的策略论证时,他们会形成数学概念的理解[4]。

3. 第三个领域:表征

表征是学生理解数学概念和关系的必要条件。表征能够使学生将数学方法、论证和理解传递给自己和他人。NCTM 认识概念之间的联系,建立数学模型。使用表征的重点在于教学和学习如何促进使用各种表示(如符号、图形、图片、文字、图表、图解及物理操作)来阐明观点和概念。此外,它是学生选择、使用和在数学表达中以适当的方式进行转换的程度。简单地使用数学表述并不代表高质量的数学教学。更确切地说,教师需要建立一个数学学习环境,以促进学生的发展过程,理解并在表象之间进行转换,以增加学生对数学概念的理解。学生对数学工具的使用反映了学生是否有机会使用工具来表示数学思想。

---

① Hiebert J, Stigler J W, Jacobs J K, et al. Mathematics Teaching in the United States Today (And Tomorrow):Results from the TIMSS 1999 Video Study. Educational Evaluation & Policy Analysis,2005, 27(2):111-132.

② Boaler J. Learning from Teaching:Exploring the Relationship between Reform Curriculum and Equity. Journal for Research in Mathematics Education,2002,33(4):239-258.

③ Hiebert J, Stigler J W. A proposal for improving classroom teaching:Lessons from the TIMSS video study. The Elementary School Journal,2000,101(1):3-20.

④ Berk D. The Emergence of Mathematical Meaning:Interaction in Classroom Cultures by Paul Cobb;Heinrich Bauersfeld. Teaching Children Mathematics,1996(7):438.

在小学阶段,学生正处于理解关键数学思想的初级阶段,在使用图片或符号之前,用动手工具表达想法可以提高他们的理解力[①]。尽管研究支持在数学课堂上使用工具[②],但是学生自己对数学的内部理解必须与工具的表象联系起来,这已超出了开发商制造工具意图的范围[③]。

4. 第四个领域:连贯性

数学连贯性是所有课程的一个重要组成部分,并考虑到教师选择和实施课堂活动的程度,以明确的方式引导学生加深理解。课堂结构是指课程的设计在概念上是连贯的,这样的活动在数学上是相关的,并且以逻辑的方式彼此建立联系。同时,对于高质量的数学教学,它的内容和过程的知识也是必不可少的。教师对数学知识的肯定和自信影响着他们的教学方式[④],数学知识影响了教学过程中如何制订任务、数学话语的性质,以及在课堂上使用数学表达的方式。数学的准确性反映了数学概念在整个课程中被清晰而准确地呈现的程度。M-Scan 教师实践与共同核心州数学标准对学生实践的要求存在着紧密的关系,其连贯性对应关系如表 5.2.1 所示。

表 5.2.1　M-Scan 教师实践与共同核心州数学标准中学生实践的对比

M-Scan 教师实践	共同核心州数学标准的学生实践
任务:认知深度、问题解决、联系与应用	知道问题的意思并坚持解决它、寻找和利用结构
话语:数学话语共同体、解释与论证	抽象的、定量的推理、在重复推理中寻找并表达规律、构建可行的论点和批评别人的推理。
表征:使用表征、使用数学工具	策略性地使用适当的工具、数学模型
数学连贯性:课堂结构、数学准确性	准确表达

(二)9 个维度的操作性定义

认知深度:认知深度是指对学科的中心概念或"重要思想"的指挥、从特定实例到更大概念的概括,以及数学概念之间的联系和关系。这个维度考虑认知深度的两个方面:任务选择和教师执行。也就是说,它考虑了选定任务对认知

①　Bruner J S. Toward a theory of instruction. The Belknap Press of Harvard University Press, 1966:315.

②　Sowell E J. Effects of manipulative materials in mathematics instruction. Journal for Research in Mathematics Education,1989,20(5):498-505.

③　Moyer P S. Are we having fun yet? how teachers use manipulatives to teach mathematics. Educational Studies in Mathematics,2001,47(2):175-197.

④　Hill H C,Blunk M L,Charalambous C Y,et al. Mathematical Knowledge for Teaching and the Mathematical Quality of Instruction:An Exploratory Study. Cognition & Instruction,2008,26(4):430-511.

要求的程度以及教师对认知深度的持续和有效促进程度[①]。

问题解决:教学活动在多大程度上使学生能够识别、应用和适应各种解决问题的策略。学生解决问题的程度很复杂,可以提供多种解决方案。高评分表现为问题具有新颖性、富有挑战性和具有创造性的思维。学生提出问题可以提高该领域的分数,但如果没有提出问题,分数不应该降低。学生问题的形成可能涉及学生对问题的扩展/跟进,而不是学生最初制订的问题。

联系与应用:教学在多大程度上帮助学生将数学与其他数学概念、自己的经验、周围的世界以及其他学科连接起来。教学在多大程度上帮助学生将数学应用于现实世界背景和其他学科的问题。这些体验可能是由老师生成的或由学生生成的,但它们应该与学生的实际生活情况相关。

多元表征:教学在多大程度上促进多种表示(图片、图形、符号及文字)的使用和转换,以阐述想法和概念。在表达中应该让学生理解数学思想或者扩展已经理解的内容。正如原则与标准所述,"3~5年级的学生应该养成代表问题和想法的习惯来支持和扩展他们的推理,这种表现有助于描绘、阐明或扩展数学观念[②]。"

数学话语共同体:课堂社会规范促进共同体意识的程度,学生可以公开表达他们的数学观点。老师和学生"讲数学"的程度和学生应该使用数学语言将数学思想清楚地传达给同龄人和老师,无论是口头还是书面形式。这一维度期望学生在促进话语方面发挥积极作用。该评级确实考虑了话语是否侧重于数学内容,而不是该内容的认知深度。

解释与论证:论证被认为是数学最基本的方面,在课堂上,教师要求学生解释他们的想法,并证明他们解决问题的方法是合理的。教师问题和学生反应都是这一维度的关键因素。教师期望的程度和学生提供口头和书面作业的解释是这一维度的重点。

教学结构:教学设计在概念上是一致的,这些活动在数学上是相互关联的,并以逻辑的方式彼此建立联系。教学的连贯性被定义为"课程中所有数学组成部分的内隐和外显的相互关系"。观察等级应考虑到不属于教学单元的程序性活动的中断,因为这些中断消耗的时间并不平常。

数学准确性:数学概念在整个课程中的清晰准确程度。学生误解的程度以及教师是否以澄清对概念的理解的方式处理学生的错误观念。

---

① Pianta R C, La Paro K M, Hamre B K. Classroom assessment scoring system manual, K-3. Baltimore, MD: Brookes Publishing Co, 2008: 57-64.

② 全美数学教师理事会著, 蔡金法译. 美国学校数学教育的原则和标准. 北京: 人民教育出版社, 2004: 25, 206.

（三）测评框架与水平划分

依据上述 9 个维度的操作性定义，本节按照师生在数学课堂教学中的具体行为表现，开发了 M-Scan 的测评工具。针对每一个维度中的行为表现，划分了三个等级水平，再依据 CLASS 度量的格式[①]，每一个维度都利用七分制评分。具体如表 5.2.2 所示。

表 5.2.2　M-Scan 教师教学实践测评工具

维度	子维度	低(1,2)	中(3,4,5)	高(6,7)	评分
认识深度	任务选择	本课的任务集中于记忆或程序，而不涉及基本概念；没有任何开放式的任务	其中一些任务集中于记忆或程序而不涉及基本概念，一些任务集中于基本概念或非算法复杂思维的程序；一些任务是开放的	本课程的大部分任务都集中在基本概念相关的程序或非算法复杂思维的程序上；大部分任务是开放的	①②③④⑤⑥⑦
	教师实施	老师很少提供反馈、建模或示例来促进学生的复杂思维；老师很少鼓励学生建立概念联系	老师有时提供反馈、建模或示例来促进学生的复杂思维；老师有时鼓励学生建立概念联系	老师经常提供反馈、建模或示例来促进学生的复杂思维；老师经常鼓励学生建立概念联系	①②③④⑤⑥⑦
问题解决	学生参与问题	学生们很少会遇到让他们纠结于数学概念的问题；学生们经常练习已经反复练习过的程序	学生们有时会遇到让他们纠结于数学概念的问题；学生们有时练习已经反复练习过的程序	学生们经常会遇到让他们纠结于数学概念的问题；学生们很少练习已经反复练习过的程序	①②③④⑤⑥⑦
	用多种策略解决问题	课堂活动只鼓励一种策略来解决每个问题	课堂活动有时鼓励多种策略来解决每个问题	课堂活动经常鼓励多种策略来解决每个问题	①②③④⑤⑥⑦
	学生制定问题	如果学生制定问题，他们通常是程序性的	如果学生制定问题，他们有时会用多种策略解决	如果学生制定问题，他们一般会用多种策略解决	①②③④⑤⑥⑦
联系与应用	联系	课堂教学中很少发生与其它数学概念、经验、学科或现实生活有意义的联系；课堂作业与学生的生活无关	课堂教学中有时发生与其它数学概念、经验、学科或现实生活有意义的联系；课堂作业与学生的生活有潜在的相关	课堂教学中经常发生与其它数学概念、经验、学科或现实生活有意义的联系；课堂作业与学生的生活相关	①②③④⑤⑥⑦
	应用	学生们从来没有被要求将他们学习的数学应用到周围的世界	学生们有时被要求将他们学习的数学应用到周围的世界	学生们经常被要求将他们学习的数学应用到周围的世界	①②③④⑤⑥⑦

---

① Stein M K，Lane S. Instructional tasks and the development of student capacity to think and reason：An analysis of the relationship between teaching and learning in a reform mathematics project. Educational Research and Evaluation，1996，2(1)：50-80.

续表

维度	子维度	低(1,2)	中(3,4,5)	高(6,7)	评分
多元表征	已有的表征	教师和/或学生很少使用超过一种数学概念表征	教师和/或学生有时使用超过一种数学概念表征	教师和/或学生经常使用超过一种数学概念表征	①②③④⑤⑥⑦
	教师表征转换	对于所使用的表示形式,教师不会与概念或表示之间建立联系	对于所使用的表示形式,教师与概念或表示之间建立一些联系	对于所使用的表示形式,教师常常与概念或表示之间建立联系	①②③④⑤⑥⑦
	学生表征转换	学生不会在表征之间进行转换	学生有时在表征之间来回转换,但没有解释他们的表征	学生有时在表征之间来回转换,他们也有时会解释他们的表征	①②③④⑤⑥⑦
使用数学工具	使用工具的机会	学生不使用工具和/或只允许使用工具来获得程序技能方面的帮助	学生有时会使用工具来研究概念并解决问题	学生有经常使用工具来研究概念并解决问题	①②③④⑤⑥⑦
	使用的深度	学生很少在工具和数学概念之间建立联系	学生有时在工具和数学概念之间建立联系	学生经常在工具和数学概念之间建立联系	①②③④⑤⑥⑦
数学话语共同体	话语中教师的角色	课堂中大多数讨论都是在教师的指导下进行的;从不征求学生的想法,问题和意见	课堂上的一些数学讨论包括学生参与,但有些是由教师发起的;有时征求学生的想法,问题和意见	在整个课堂数学讨论中,学生始终参与;经常征求学生的想法,问题和意见	①②③④⑤⑥⑦
	数学共同体意识形成	生生之间的话语没有或者很少发生,他们很少分享数学思想和语言	生生之间的话语偶尔发生,他们有时分享数学思想和语言	生生之间的话语频繁发生,他们经常分享数学思想和语言	①②③④⑤⑥⑦
	提问	大部分老师的提问都有已知的/正确的答案,并且很少鼓励数学思维	一些老师的提问有已知的/正确的答案,并且有时鼓励数学思维	很少有老师的提问有已知的/正确的答案,并且更多鼓励数学思维	①②③④⑤⑥⑦
解释与论证	已有的解释与论证	学生很少针对他们的推理提供解释和论证;教师很少问"什么,怎么样,为什么"的问题,也很少要求学生提供解释与论证	学生有时针对他们的推理提供解释和论证;教师有时问"什么,怎么样,为什么"的问题,也很少要求学生提供解释与论证	学生经常针对他们的推理提供解释和论证;教师经常问"什么,怎么样,为什么"的问题,也常常要求学生提供解释与论证	①②③④⑤⑥⑦
	解释与论证的深度	学生的解释经常侧重于程序步骤,很少包括对主题概念的理解	学生的解释有时侧重于程序步骤,有时包括对主题概念的理解	学生的解释很少侧重于程序步骤,经常包括对主题概念的理解	①②③④⑤⑥⑦

续表

维度	子维度	低(1,2)	中(3,4,5)	高(6,7)	评分
教学结构	逻辑序列	总的来说,数学教学的成分不符合逻辑	数学教学的有些成分是符合逻辑的,有些不符合逻辑	数学教学的所有成分都是逻辑组织的	①②③④⑤⑥⑦
	数学的连贯性	所以教学的组成部分没有数学上的联系或连贯性	一些教学的组成部分没有数学上的联系或连贯性	所以教学的组成部分都有数学上的联系或连贯性	①②③④⑤⑥⑦
	促进深度理解	教学的结构似乎并没有引导学生更深入地理解所提出的数学概念	教学的结构似乎会引导学生更深入地理解一些概念,而不是其他概念	教学的结构引导学生更深入地理解所提出的数学概念	①②③④⑤⑥⑦
数学的准确性	教师表述的准确性	老师提供给学生的一小部分概念和程序在数学上是准确的。大多数概念和程序在数学上不准确	老师提供给学生的大部分概念和程序在数学上是准确的。一小部分数学概念和程序在数学上不准确	老师向学生提出的概念和程序在数学上是准确的	①②③④⑤⑥⑦
	数学概念清晰	老师不清楚数学概念。关键数学概念的表述存在不明确性	老师清楚数学概念。关键数学概念的表述存在一些不明确之处	老师清楚数学概念。关键数学概念的呈现没有含糊之处	①②③④⑤⑥⑦
	响应学生的数学思维	学生的错误观念在本教学中很明显。教师的反应似乎会导致数学概念模棱两可或混淆	在课上观察到一个或多个学生的误解。教师的反应似乎导致了进一步的清晰,但学生可能仍然存在某些模棱两可或混乱	学生在课上可能会或可能没有观察到误解。教师的反应可以提高所有学生数学概念的清晰度	①②③④⑤⑥⑦

四、M-Scan 与其他教学测量工具的对比

现有的基于观察的测量方法来评估教师和教学质量工具的相对比较多,比较有影响力的除了 M-Scan 外,还有课堂评估评分系统(ClASS)、基于教学改革的测评工具(RTOP)、基于数学学习过程与结果的教学测评工具 MQI。这三个测量工具测评体系如表 5.2.3 所示。

表 5.2.3　CLASS、RTOP 和 MQI 的测评体系

测评工具	理论基础	评价模块	评价内容	应用项目
ClASS	1.基于依恋理论、自我决定理论等心理学理论 2.强调师生互动的重要性	情感支持	师生之间的积极关系,消极关系;教师对学生需求和学业水平变化的敏锐感知	涉及七项美国国家级和地区级研究项目,覆盖 4 431 个班级
		课堂组织	班级是否以牺牲孩子兴趣为代价过度管制;学生行为管理;教师课堂教学生产力	
		教学支持	指导学习的方式;班级混乱;高质量的反馈;教师在不同情境下应用语言刺激和语言促进的质量;教学方法的丰富性	

续表

测评工具	理论基础	评价模块	评价内容	应用项目
RTOP	1. 基于学习机会理论与课堂反应理论 2. 强调基于改革的课堂教学实践	数学特征	数学深度、广度、灵活性；数学知识相关系；数学知识的整合；数学知识的连贯性；问题解决和推理	全美共 22 个州和地区的 44 所大学
		学生的数学思维	思维的灵活性；元认知；求知欲；解决问题的过程	
		数学教学	任务选择；实践共同体；提问策略；倾听和反馈；表达与交流；搭建脚手架；学习进阶；机会公平；课堂评估，教学材料等	
MQI	1. 基于"过程－产出"理论 2. 强调数学知识以及精确解释的重要性	教学形式	讲授型教学（数学知识传授以教师讲授为主）；全班讨论（学生课堂上分享想法、推理逻辑等）；结合现实案例讲授	1."为学而教"项目（纽约市；2012 年）"数学专业发展影响力评价"项目（美国教育部；2012 年、2013 年、2014年、2015 年、2016 年） 2."探索改善教师数学教学质量的方法"项目（美国国家科学中心；2012 年、2013 年、2014年、2015 年）
		数学知识的丰富	讲授注重不同数学知识点、不同表达形式、不同案例间的连接；解释（给出想法、解题步骤、解决方案的意义）；多元解决方案；数学概念和过程的归纳总结、概念化和推广；数学语言的丰富性、清楚性	
		和学生一起学习数学	纠正学生的错误和困难；在教学中回应学生的想法	
		错误和不准确	重大错误或疏忽（解答问题错误、概念定义不准确等）；数学术语或标记上不准确；任务开展或内容呈现上不清楚	
		意义建构和推理的学生参与	学生对解题思路、过程和方法给出解释；学生提出数学问题、参与数学推理；学生参加智力要求较高的数学推理活动	

通过以上三种测评工具的梳理和分析，在将这三种测评工具和 M-Scan 进行对比，可以得到表 5.2.4。

表 5.2.4 四种工具测评维度对比表

维度	M-Scan	ClASS	RTOP	MQI
认识深度	X		X	
问题解决	X		X	X
联系与应用	X	X		
多元表征	X			X
使用数学工具	X		X	
数学话语共同体	X	X	X	X
解释与论证	X	X		X
教学结构	X			X
数学的准确性	X			X
情感支持		X		
教学支持	X	X	X	X
教学组织		X		

通过表 5.2.3 和表 5.2.4 可以看出,CLASS 主要侧重测评课堂教学互动的质量,关注课堂教学中师生互动的情感以及教学组织和支持。但由于该评价系统不针对数学学科,因而学科性不强,很难测出数学本质的东西。RTOP 强调教学的改革,关注教学过程中的变化,该测评系统更加适合对教学的纵向比较评估,可以用来挖掘教学改革过程中出现的问题。MQI 强调数学教学的质量,对数学知识的挖掘较为全面,关注到数学核心特征,但其测评的目的仅仅关注到了数学课堂教学的质量,不能很好地和整个课程实施的环节有机地联系起来。

M-Scan 开发的目的是将数学课程标准和 NCTM 提出的标准与原则系统地转化到课堂教学实践评估的行为上,是标准的具体化,同时该测评系统评估的框架也是基于标准和前期的大量研究成果得出的,在后期测量中信度、效度都相对比较高,该系统也为教师系统性地反思自己的教学行为提供了帮助。

五、启示

(一)构建我国数学教学实践测评框架成为课改的必要选择

随着当今世界各国把教育的焦点聚集在对于人的核心素养的培养上[1],教育部要求组织和研究各学段各学科学生发展核心素养体系,进一步明确适合学生终身发展和社会发展的必备品质和关键能力[2]。在这种背景下,基于核心素

---

① 顾明远.核心素养:课程改革的原动力.人民教育,2015,(13):17-18.

② 刘坚、魏锐,刘晟.《面向未来:21 世纪核心素养教育的全球经验》研究设计.华东师范大学学报(教育科学版),2016.3:17-21.

养的高中数学课程标准应用而生,随即又要研制义务阶段基于核心素养的数学课程标准。按照历次课改的经验可以得出,国家层面花费了很大的功夫在课标的研究上,但在实践层面往往出现较大的偏差。当代美国著名的教育家古德莱德将课程分为理想的课程、正式的课程、领悟的课程、运作的课程和经验的课程[①]。我国的课程改革在理想的课程(课标)和正式的课程(教材)方面做得很好,但在领悟的课程(教学设计)和运作的课程(课堂教学)方面大打折扣,这样导致经验的课程(学生获得的课程)出现较大的偏差,课程标准落实不到位。面对新一轮基于核心素养的课程标准,为了能够顺利有效地从理想课程与正式课程过渡到领悟课程与运作课程,进而获得最大化的经验课程,研制构建基于数学学科的教学实践测评工具,即符合我国数学教学的 CM-Sacn,成为教学改革的必由之路。这一测评工具不但可以有效监控课程标准的落实情况,同时也为一线教师的教学提出了可操作的教学指导方案,为课程标准落实到课堂教学实践提供了有效的途径。

(二)M-Scan 为数学课程标准的落实提够了有效的检测工具

新的课程改革为教师已有的教学实践带来挑战,作为课程改革实施的关键主体,教师对改革的接受、认可和驾驭能力在某种程度上影响着课程改革的成败[②]。教师要能够准确地把握课标的要求,并将课程标准和教材中体现的数学思想方法准确高效地实施到课堂教学实践中,这对普通教师来说难度很大。就目前状况来看,大部分教师在备课过程中没有详细阅读课程标准,设计仅凭传统经验、只推测课标对该内容的要求。目前课标的落实往往依靠大量的教师培训,就不同的培训专家而言,对课标的理解也不尽一致。因此,要让课程标准有效准确地落实到课堂教学实践中,很有必要开发基于标准的教学实践测评工具,将课程标准对教学的要求细化到教师可操作的具体行为上,通过该工具的引领和测评,达到以评促改的目的。通过教学实践的测评,可以缩小不同地区在教学实践水平上的差异,同时也让教学实践的测评有一个相对科学合理的标准,避免出现五花八门的课堂教学模式、千奇百怪课堂教学"表演秀"的乱象,让课堂教学实践的运行统一到相对比较规范的轨道上。

(三)M-Scan 为数学教师专业发展提供了可操作的途径

"教育改革包括学习如何处理新事物。从这个意义上说,如果有某种单一

① Goodlad J I. The scope of curriculum field. Goodlad J I, Associates. Curriculum inquiry: The study of curriculum practice. New York: Mc Graw-Hill, 1979: 17-41.
② 教育部"新课程实施与实施过程评价"课题组. 基础教育课程改革的成就、问题与对策——部分国家级课程改革实验区问卷调查分析. 中国教育学刊, 2003(12): 35-39.

的重要因素能够影响改革,那么只能是教师。"①教师对于教育的重要性不言而喻,其教育教学水平直接影响着教学质量。然而,教学质量重视参与并运用多样化的教学实践,教学实践对学生学习的效果和学习动机的触发有显著作用②。因此,促进教师专业发展水平成为教师教育的核心问题。M-Scan 为教师提够了自我检测和自我反思的可操作性框架,成为教师自我反思和加以提升的有效措施。反思被认为是"教师专业发展和自我成长的核心力量。"③霍顿认为:"如果你想改变人们的观念,你不应该试图从理智上说服他们。你需要做的就是把他们引入一定的情境,使其必须依赖新观念行动,而不要争辩这些观念。"④通过M-Scan 这一测评工具,首先可以对教师教学实践进行客观的评价,进一步诊断出教师教学实践中的普遍存在的问题,再采取适当的方式加以提升。其次,教师可以依据测评指标对自己的教学实践进行主观反思,达到自我提升的目的。很多研究已经表明教师评价与反馈是教师生涯发展的重要组成部分,能够提升教师的教学方法、教学实践和学生的学习效果⑤。

第三节 数学教师教学评估系统的框架、价值立场

教学评估作为促进教学质量提升、监测教育教学正常发展,以及推动教学改革的重要环节,在教育系统的实质性改革中受到广泛的关注。教学评估系统选取了美国应用较为广泛的 MQI、M-Scan、TRU 和 UTOP 等四个数学教学评估系统作为研究对象,对其基本框架和考查维度进行了系统的分析。同时借助杜波依斯(Du Bois)的"立场三角"模型构建了教学评估立场三角"理论模型,对四个系统的价值立场做了分析。在研究的基础上,提出"多元化评价指标是教学走向全面发展的必然;价值立场平衡是保障评估系统结构稳定的关键;理论与实践融合是教学评估系统生命力的保障"的启示,为构建我国数学教学评估系统提供参考。

---

① Fullan M. The New Meaning of Educational Change (third edition). Teachers College, Columbia University, New York and London. 2001:32-51.

② Shavelson S R J. Teaching Effectiveness Research in the past Decade: The Role of Theory and Research Design in Disentangling Meta-Analysis Results. Review of Educational Research, 2007, 77(4): 454-499.

③ 余文森. 论以校为本的教学研究. 教育研究, 2003, (4):53-58.

④ (美)Stephen D Brookfeld. 批判反思型教师 ABC. 张伟, 译. 北京:中国轻工业出版社, 2002.

⑤ Barber M, Mourshed M. How the Best-performing Schools Come Out on Top. (2007-01-09) [2019-03-01]. https://www. researchgate. net/publication/44838959_How_the_World's_Best-Performing _School_Systems_Come_Out_on_Top.

一、美国数学教学评估系统的开发背景

课堂教学作为教育教学的最核心环节,其质量的优劣直接影响学生的发展和教学水平的提升,同时也是教育教学理念和教育改革成果体现的直接载体。通过教学评估达到促进教育教学质量的提升,乃至整个教育改革的发展,成为教育教学发展的基本路径。20 世纪以来,教育学思维随着人类思维的变革,由实体思维逐渐转向实践思维[①],从而有越来越多的研究者走进一线课堂,关注课堂教学实践在教育变革中的重大作用。20 世纪初,实证主义开始在教育研究中萌生,研究者开始探究如何用定量的方法提升课堂教学质量。20 世纪中期,Flanders 开发了弗兰德斯互动分析系统(Flanders interaction analysis system,简称 FIAS)[②],这一系统深刻地影响着教育界的教学评估,成为了教学评估标志性成果。然而教育工作者通过课堂观察判断教学各方面的频率和价值的历史由来已久,罗森斯等人通过搜集 120 多种测量课堂过程和现象的观测系统,这些系统往往把教学的清晰、灵活性、热情等与学生的学业成绩联系起来。这些评估工具大多都集中在一般行为上,而不是特定主题的行为[③]。20 世纪 50到 70 年代,受科学主义定量化、结构化、系统化的影响,课堂教学评估系统得到了快速的发展,尤其是美国研究者开发了大量的课堂观察工具[④]。随着新一代研究人员致力于开发观察协议和工具,以帮助理解课堂实践、教师效能和学生成绩之间的关系,验证研究再次展开。[⑤]

2001 年,美国政府颁布了《不让一个孩子掉队法案》(*No Child Left Behind Act*,NCLB)的法案》后,为了检验教育中各种培训项目和学校教学的效果,涌现出多种形式的教育教学评估手段,以课堂观察为主要手段的教师教学评估系统成为研究的焦点[⑥]。美国教学评估起步早,发展和研究相对比较成熟,已形成多元化、多样化的教师教学评估系统。一般认为教学评估有两种模型:①基于标准的模型,强调明确的分析框架以评估教学质量,进一步指导课堂教

---

① Elsner E W. From episteme to phronesis to the study and improvement of teaching. Teaching and Teacher Education,2002,18(2):375-385.

② Flanders N A. Analyzing Teacher Behavior. Addison-Wesley P. C,1970:171.

③ Rosenshine B,Furst N. The use of direct observation to study teaching. //Margaret C. Wang M C. Handbook of research on teaching. New York:Macmillan,1986:122-183.

④ Brophy J,Good T L. Teacher behavior and student achievement. New York:Macmillan,1986:328-375.

⑤ Hill H C,Charalambous C Y,Kraft M A. When rater reliability is not enough:teacher observation systems and a case for the generalizability study. Educational Researcher,2012,41(2):56-64.

⑥ Weber N D,Waxman H C,Brown D B,et al. Informing Teacher Education through the Use of Multiple Classroom Observation Instruments. Teacher Education Quarterly,2016,43(1):91-106.

学实践[①];②基于结果的模型,利用学生成绩和其他相关成果来衡量教师教学的产出[②]。目前的研究趋向于两种模式的融合,注重将学生的成绩或其他相关成果与明确而详细的教学实践模式相结合[③]。更为关键的是,尽管国际上对评估和改进教学的重要性的共识日益增加,但系统的具体特征取决于一系列因素,包括模型的目标和目的假设、评估结果的利益关系和激励措施、评估领域和标准的框架或模型的定义,以及收集和分析该领域信息的方法等[④]。因此,一个科学合理的教学评估系统需要考虑多方面因素,既需要厚实理论的作为基础,也需要实践经验、成果案例作为支撑。

　　在数学教育研究领域内,课堂教学的研究注意力主要集中在两个领域[⑤],即数学教学知识和数学课堂教学实践。自舒尔曼提出了学科教学知识以来,数学教学知识的研究成为数学教育研究的一个主要领域。如美国哈佛大学教育学院学者海德希尔及其同事开发的数学教学质量评价工具 MQI(mathematical quality of instruction,简称 MQI),这一评价系统在教学理论与实践的基础上,构建了评价数学教学知识的框架。数学课堂教学实践主要关注如何构建知识的新理念,以推动课堂教学捕捉教学实践,以加强学生的学习。在大量课堂教学实践基础上,美国德克萨斯州立大学UTeach 教师中心开发的教学观察方案(UTeach observation protocol,简称 UTOP)成为课堂教学实践观察工具的代表,得到了广泛的使用。同样,有研究表明促进数学教学质量的实践是必要的,因为改进数学教学实践可以带来更好的成绩[⑥]。2013 年美国共同核心州数学课程标准(CCSS-M)颁布,作为全美数学教师教育协会(NCTM)研发的标志性文件,成为指导 K-12 数学教育的核心依据。之后相继出版了《数学教育今天:改进实践,改进学生学习》和《学校数学教育的原则和标准》,这为美国数学教育的长期持久发展提供了一个愿景。尽管 NCTM 的这些举措为理想的数学课堂教学提供了清晰的视野,但对于教师来说,将所有建议用于日常工作难度很大,由于这些原则和标注不能直接指导教学,导致教师在高质量的教学指导方面差异很大。一

①　Peterson K. Teacher evaluation:a comprehensive guide to new directions and practices. Thousand Oaks,CA:Corwin press,2000:15-16.

②　Kennedy M. Teacher assessment and the quest for teacher quality. San Francisco,CA:Jossey-Bass,2010:263-276.

③　Gathering Feedback for Teaching:Combining High-Quality Observations with Student Surveys and Achievement Gains. (2012-01-15) [2018-10-20]. https://files. eric. ed. gov/fulltext/ED540960. pdf.

④　Phelps R P. Synergies for better learning:an international perspective on evaluation and assessment. Assessment in Education:Principles,Policy & Practice,2014,21(4):481-493.

⑤　Learning Mathematics for Teaching Project. Measuring the mathematical quality of instruction. Journal of Mathematics Teacher Education,2011,14(1):25-47.

⑥　Nancy Kober. What We Know about Mathematics Teaching and Learning. (1992-08-09) [2019-03-01]. https://files. eric. ed. gov/fulltext/ED343793. pdf.

些研究指出,这种差异源于对基于标准的数学教学实践的研究不够,以及缺乏描述数学教学实践活动特定的框架[①]。为了解决这些问题,弗吉尼亚大学的研究小组开发了数学扫描(M-Scan)——一种基于标准的测量数学教学质量的观察工具。它实现了从 NCTM 的各种标准到课堂教学实践的转换,以衡量课堂教学中基于标准的教学实践的质量。美国加州大学伯克利分校与密西根大学共同研发了 TRU(teaching for robust understanding in mathematics)课堂评价模型,该模型从数学知识内容,到学习动机和机会等多方面构建了数学课堂教学评估体系。

二、教师教学评估系统的架构

(一)研究对象

美国课堂教学评估的系统相对比较全面系统。目前具有代表性的系统有 Danielson 的教学框架、Pianta 等人开发的课堂评分系统和 Junker 等人开发的评价质量检测等[②],但是这些评估系统基本都关注教学的一般行为,不针对具体的学科。如果将这些系统直接用于评价数学教学,会产生针对性不强、不能突出数学重点、评价范围不全面等问题。因此,为了更加适应数学学科教学的评估,本研究选取了在全球范围使用较为广泛的美国密西根大学希尔教授团队开发的数学教学质量评估系统(mathematical quality of instruction,MQI)[③];弗吉尼亚大学的研究小组开发的、聚焦于高质量教学的、基于标准测量的数学教学质量评估工具——数学扫描(M-Scan)[④];美国德克萨斯州立大学 UTeach 教师中心开发的、强调数学课程融合(STEM)和学习机会的教学评估方案(UTeach observation protocol,UTOP)[⑤];美国加州大学伯克利分析与密西根大学共同研发的、聚焦数学教学中理解能力的评估模型 TRU(teaching for robust understanding in mathematics)[⑥]。通过对四个评估工具系统的比较分析,试图为建立我国数学教学评估工具提供参考。

---

①　Ball D L,Rowan B. Introduction:Measuring Instruction. Elementary School Journal,2004,105(1):3-10.

②　Schoenfeld A H. Classroom observations in theory and practice. ZDM Mathematics Education,2013,45(4):607-621.

③　National Center of Teacher Effectiveness. Mathematical Quality of Instruction . (2014-06-20)[2019-02-28]. http://isites. Harvard. Edu/icb/icb. do? keyword=mqi_training.

④　Walkowiak T A,Berry R Q,Pinter H H. et al. Utilizing the M-Scan to measure standards-based mathematics teaching practices:affordances and limitations. ZDM Mathematics Education,2018,50(3):461-474.

⑤　Walkington C,Arora P,Walker M. Development of the UTeach Observation Protocol:A Classroom Observation Instrument to Evaluate Mathematics and Science Teachers from the UTeach Preparation Program. (2014-11-11)[2019-02-28]. https://www. researchgate. net/publication/265478444.

⑥　Schoenfeld A H. The Teaching for Robust Understanding Project. An Introduction to the Teaching for Robust Understanding (TRU) Framework. (2016-02-12)[2019-02-28]. http://map. mathshell. org/trumath. php or http://tru. berkeley. edu.

（二）基本架构

教学评估标准的基本架构是评估系统实体内容,同时也是研究评估系统最为可靠和可操作的资料。为了更为系统地了解评估系统,下面从评估理念、评估维度、评估内容和应用项目对四个评估系统进行系统梳理,得到如表 5.3.1 所示的内容。

表 5.3.1　数学教学评估系统基本内容统计

评估系统	评估理念	评估维度	评估内容	应用项目
数学教学质量评估系统（MQI）	基于"过程—产出"理论。强调数学知识以及精确解释的重要性	教学形式	讲授型教学;全班讨论;结合现实案例讲授	1."数学专业发展影响力评价"项目(美国教育部;2012—2016 年)　2."探索改善教师数学教学质量的方法"项目(美国国家科学中心;2012—2015 年)
		数学知识的丰富	讲授注重不同数学知识点、不同表达形式;多元解决方案;数学概念和过程的归纳总结、概念化和推广;数学语言的丰富性、清楚性	
		学生行为处理	纠正学生的错误和困难;在教学中回应学生的想法	
		错误和不准确	重大错误或疏忽;数学术语或标记上不准确;任务开展或内容呈现上不清楚	
		意义建构和推理的学生参与	学生对解题思路、过程和方法给出解释;学生提出数学问题、参与数学推理;学生参加智力要求较高的数学推理活动	
数学扫描（M-Scan）	采用综合有效性概念和认知发展理论的标准化测量,聚焦课堂教学实践	认识深度	任务选择记忆、程序或概念,以及开放程度;教师如何促进学生思维和鼓励建立概念联系	1.响应式课堂效能研究（RCES）项目(美国教育科学研究所;2012 年)　2.数学教学实践测量项目(美国教育部国家科学基金会,NSF;2017 年)
		问题解决	学生参与问题的程度;用多种策略解决问题;学生指定问题是程序性还是多策略性	
		联系与应用	是否发生与概念、经验、现实生活有意义联系;是否要求学生将数学应用到周围世界	
		多元表征	课堂中适用表征的多样性;概念和表针之间是否建立联系;学生在表征之间是否会转换	
		使用数学工具	学生实用工具的频率和机会;是否在数学工具与概念之间建立意义联系	
		数学话语共同体	课堂话语中师生的主导角色;学生之间是否形成数学共同体;提问开放性和是否鼓励学生	
		解释与论证	学生是否推理进行解释论证;学生的解释论证侧重于程序步骤还是概念理解	
		教学结构	数学教学的成分是否符合逻辑;教学内容是否连贯;教学结构是否促进学生理解数学概念	
		数学的准确性	教师表达的准确性;教师对数学概念的清晰程度;教师是否明确响应学生的数学思维	

续表

评估系统	评估理念	评估维度	评估内容	应用项目
教学评估方案（UTOP）	基于社会建构注意理论的以概念理解为目的教学活动,关注学习机会	课堂环节	课堂参与;课堂互动;课堂对话;学生专注;课堂管理;课堂布置;课堂公平性	UTOP评价系统项目(美国自然科学基金会UTeach中心:2010—2016年)
		课堂结构	课程顺序;重点突出;及时评价;课程探索;课程资源;课程反馈	
		执行效果	教师提问;学生参与;内容调整;时间分配;课程连贯性;课程与安全	
		教学内容	课程内容的意义与水平;深刻理解与流畅性;内容的准确性;教师评估学生;知识的抽象性;知识的交互性;课程的社会影响	
TRU课堂评价模型	基于形成性评价理论,关注数学稳健理解教学	数学内容	课堂数学内容在多大程度上提供了广博知识,灵活且丰富的数学思想。概念,定理,法则之间的联系是否表述清楚,恰当	1.数学评估项目(诺丁汉大学与英国政府、伯克利与TRU项目:2012—2016年) 2.改进社区数学网络项目(盖茨基金会资助:2015年)
		认知需求	课堂教学能够为学生提出具有一定挑战性的问题,妈祖学生最近发展区的需要,在一定程度上促进学生认知的发展	
		学习机会	课堂教学活动是否照顾到全体学生,是否为不同的学生提供了不同的学习条件和机会。每个学生是否都有成功参与课堂教许的可能	
		学生的地位、权利和身份	学生能够有机会表达自己的观点以赢得别人的肯定和认同,学生的主体身份能够得到体现,学生能够认同课堂教学属于自己	
		形成性评价	教师是否可以引起学生思考和互动,能够给学生及时有效的反馈,提出有价值的意见,提供给学生深入理解的机会	

从表5.3.1的统计可以得出,这四个评估系统都基于一定的理论体系设计,建立在科学的理论基础之上。从应用项目来看,每个评估体系除了强大的理论指导外,还有大型的项目支持,为评估系统的开发提供了翔实的数据信息和经验积累。这两方面成为开发科学合理的教学评估系统关键。评估为了具可操作,每个系统都有明确的分析维度和具体的观察点,这为评估系统的量化评价提供了可能。

（三）比较分析

评估系统的学科性主要体现在具体的考察维度上,为了更清楚地分析美国数学教学评估系统的共性特征,本研究对以上四个系统的各评估维度按照其考查内容进行聚类,将考查内容相同和相近的维度合并,并保留评估系统最大信息,最终得到 12 个考查维度,并对四个评估系统是否考查到这些维度进行了统计,得到如表 5.3.2 所示的结果。

表 5.3.2　四个教学评估评估维度对比表

维度	MQI	M-Scan	UTOP	TRU
教学内容的流畅性和连贯性	√		√	√
教学内容与表达的准确性	√	√	√	√
学生的学习机会	√	√	√	√
学生行为纠正与教学反馈	√		√	√
学生数学交流	√		√	√
数学多元表征与灵活性	√	√		√
推理论证与问题解决	√	√		
联系实际与具体应用		√	√	
话语共同体与身份认同		√		√
教学效果与评价			√	√
使用数学工具		√		
课堂教学形式	√			

　　从表 5.3.2 中 12 个考查维度来分析,所有的评估标准都考查了"数学内容流畅性和连贯性""教学内容与表达的准确性"和"学生的学习机会",可见,这三个方面是数学教学中具有共识的重要内容。CCSS-M 指出,教学的连贯性是将不同主题和行为活动按照一定的逻辑顺序连接在一起,同时能够体现数学学科内容的层次性和顺序性[1],数学学科具有内在逻辑相关性,因此教师在教学时要特别强调教学内容之间的连贯性,这种要求已远远超出了课程编制中"衔接性"的要求[2]。数学的高度形式化要求数学教学必须进行学术形态向教育形态的转化[3],这种将学术语言转化成学生自然语言的过程中,往往会存在表达上的失切,因此数学内容和表达的准确性是数学教学必备的素质。除此之外,这四个评估系统都强调学生课堂教学中的学习机会。学习机会是体现教育微观公平的一个有效评价指标,学习机会的基本假设是学生只有有机会学习测试的全部后,才可能有良好的表现[4]。随着教育公平的不断受到重视,作为微观视域下的

　　[1]　Common Core State Standards Initiative. Common core state standards for mathematics. (2014-11-11) [2019-02-28]. http://www.corestandards.org/Math.
　　[2]　严虹. 六国基础教育阶段数学课程内容的衔接性研究. 数学教育学报,2016,25(4):63-68.
　　[3]　武小鹏,张怡. 数学的学术形态到教育形态的思考. 数学教学研究,2017,36(11):10-13.
　　[4]　O'Day J A,Smith M S,Fuhrman S. Systemic Reform and Educational Opportunity. Designing Coherent Education Policy:Improving the System. San Francisco:Josey-Bas,1993:250-312.

教育公平,学习机会来越来越受到社会和教育界的关注,这在以上评估系统中就有明显的体现。除了在"连贯性""准确性"和"学习机会"这三个维度四个评估系统均进行了考查外,"行为纠正与教学反馈""数学交流"和"数学的多元表征与灵活性"也得到了评估系统的广泛关注。从认知机制分析,教学反馈能够使学生获得现有水平和目标水平之间的差距,从而将学习的焦点集中在差距的弥补上,激发学习动机,针对差距寻找问题解决策略。同时,反馈在一定程度上降低了学生学习数学的认知负荷,尤其是对于学困生而言[1],能为学习者提供信息,从而纠正其不适当的解决策略、不正确的解决过程以及错误观念[2]。数学交流更是表达数学思想、沟通问题解决策略更加有效的手段,通过表达,师生之间、生生之间能够引起共鸣,并通过吸收、批判、反思他人的想法和策略进一步更新自己的知识[3]。我国数学课程标准中,数学交流虽有体现,但强调得还不够。数学的多元化表征体现了数学的形式的多样性和本质的统一性的辩证关系,是深入理解数学概念的标志,多元化表征与学生问题解决的灵活性,以及高层次问题的解决能力有着密切的关系。

除了上述比较有共性的维度外,个别评估系统在考查维度上体现出了独特性,如 M-Scan 和 TRU 对话语共同体和身份认同的考查。课堂社会规范促进了共同体意识的程度,学生在课堂中公开表达他们的数学观点成为习惯和主体意识,师生之间、生生之间的交流表达数学成为数学教学的常态。话语共同体的发展则会进一步促进学生对学习数学的身份认同,让自己的身份、地位、权利等融入共同体内,这是形成良好学习风气的必备要素。M-Scan 还特别强调了学生对数学工具的使用。数学工具在辅助理解数学概念、甚至进行某些问题的解决方面起到了重要作用,尤其是在低年级阶段,用动手工具表达想法可以提高他们的理解力[4]。尽管研究支持在数学课堂上使用工具[5],但是学生自己对数学内部的理解必须与工具的表象联系起来,这已超出了开发商制造工具意图的

① Paas F,Renkl A,Sweller J. Cognitive load theory and instructional design:Recent developments. Educational Psychologist,2003,38(1):1-4.

② Baron R A. Negative effects of destructive criticism:Impact on conflict,self-efficacy,and task performance. Journal of Applied Psychology,1988,73(2):199-207.

③ Common Core State Standards Initiative. Common core state standards for mathematics. (2014-11-11) [2019-02-28]. http://www. corestandards. org /Math.

④ Bruner J S. Toward a theory of instruction. The Belknap Press of Harvard University Press,1966:315.

⑤ Sowell E J. Effects of manipulative materials in mathematics instruction. Journal for Research in Mathematics Education,1989,20(5):498-505.

范围①。技术的发展同时也带动了数学工具的大量增加,并且其功能也发生了本质的改变,如几何画板、图形计算器等多样化、高性能的工具的合理使用,成为了数学教学探讨的重要话题。

三、教学评估系统的价值立场

(一)"立场三角"模型

"立场三角"(stance triangle)模型是美国社会文化学家杜波依斯(Du Bois)从社会交际互动的角度构建的立场分析模型。他认为立场是由社会角色做出的一项公开行为,由对话中的显性交际方式实现,该行为同时评价了客体,定位了主体,并与其他主体取得一致或者不一致的决定。这种行为与社会文化领域的各维度有密切关系②。该模型能有效地分析互动双方立场的表达、立场意义的解读和立场在互动中发挥的作用。立场三角理论将立场行为分为三个方面:①立场表达者评价一个客体,赋予其某些特有的价值和特征;②立场表达者通过立场表达对自身进行定位,设置自身身份,承担立场背后的社会文化价值责任;③立场表达者与其他主体间的协同,通常被看作两个立场主体间交互主观性生成的过程,在实际话语交际中可能体现为趋同或趋异的身份和立场③。其结构如图 5.3.1 所示。

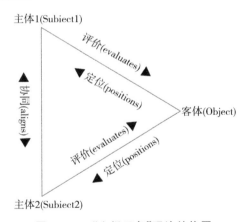

图 5.3.1 "立场三角"理论结构图

在图 5.3.1 的模型中,客体、主体 1 和主体 2 分别构成了三角形的三个顶点,三角形的三条边则分别由评价、定位、协同三个具体的行为构成,集中体现

---

① Moyer P S. Are we having fun yet? how teachers use manipulatives to teach mathematics. Educational Studies in Mathematics,2001,47(2):175-197.

② 陈禹. 作为反意外范畴标记的"还不是". 世界汉语教学,2018,32(04):53-64.

③ Du bois J W. The Stance Triangle // Englebretson,R. Stance taking in Discourse:Subjectivity, Evaluation,Interaction. Amsterdam:John Benjamins,2007:139-182.

立场行为的主体、客体之间的关系①。评价是指立场主体对客体具体的价值行
为特征做出描述并加以判断的过程;定位是用来确定立场主体身份与其形象适
切性的手段;协同是不同行为主体对客体的描述与评判,以表达主体之间身份
类别和价值立场②。"立场三角"模型呈现出一个立场行为的顶层架构,为分析
立场要素和各要素之间的关系提供了依据,可以让话语参与者和立场分析者通
过此三角模式从外显的立场要素中推断其内在的立场意义③。

(二)教学评估的"立场三角"理论构建

教学评估和一般评价活动一样,都是一种明显的价值取向活动,其价值立
场不可回避。语言是课堂教学信息最主要的载体,要评判教学的立场,就必然
要和课堂教学语言建立联系④。杜波依斯(Du Bois)的"立场三角"理论模型是
基于对日常会话交际的分析构建的,并且将其放到更大的社会文化语境下,"立
场三角"同样能揭示出语篇中的隐性立场表达⑤。因此,将"立场三角"理论模
型迁移到教学评估的立场分析中,具有一定的适切性。

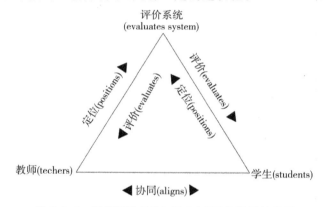

图 5.3.2 教学评估的"立场三角"理论模型结构图

在图 5.3.2 的模型中,评价系统、教师和学生构成了作为评估活动的主客

① 孟炳君."站位三角"理论视角下埃及国家形象构建的话语策略研究——以埃及总统第 70 届联
大演讲为例.外语研究,2017,34(1):1-5.

② Du bois J W. The Stance Triangle//Englebretson,R. Stance taking in Discourse:Subjectivity,E-
valuation,Interaction. Amsterdam:John Benjamins,2007:139-182.

③ 马倩.习近平 2018 年博鳌亚洲论坛主旨演讲分析——"立场三角"理论和评价理论融合视角.北
京化工大学学报(社会科学版),2018,105(04):60-66.

④ 武小鹏,张怡,彭乃霞.基于 FIAS 与 PPE 理论的课堂教学评价研究.电化教育研究,2016,37
(11):93-99.

⑤ 孟炳君."站位三角"理论视角下埃及国家形象构建的话语策略研究——以埃及总统第 70 届联
大演讲为例.外语研究,2017,34(1):1-5.

体成分,构成了三角形的三个顶点。三角形的三条边则依然由评价、定位、协同三个具体的行为构成,集中体现教师、学生以及评估系统之间的相互关系。评估系统—教师之间,评估系统通过评估指标评价教师教学,教师则通过评估系统进行自我反思,定位自己教学水平;评估系统—学生之间,评估系统可以通过评价学生的指标评估学生的学习状态,如是否积极参与课堂、是否进行有效交流等,学生通过评价系统进一步定位自己的学习状态,进而提出改进的策略;学生—教师之间,教师和学生构成了典型意义上的协同关系,教学相长,教师和学生是同一系统中并行发展的共同体,存在着共生关系,教学相长才能构成理想的教学。

（三）评估系统的价值立场分析

依据图 5.3.2 建构的教学评估"立场三角"理论模型,可从三个方面对教学评估的立场进行分析,即定位、评价和协同。具体细分为对教师的评价、对学生的评价、对教师的定位、对学生的定位以及师生之间的协同作用 5 个维度,再通过对考查指标的对比分析,就可以基本确定各评估系统的立场。通过梳理得到如表 5.3.3 的结果。

表 5.3.3　教学评估系统立场分析统计表

立场		考查内容			
		MQI	M-Scan	UTOP	TRU
评价	教师	知识多样性,不同表达,多元化方案,语言丰富、清楚	任务选择,开放程度,促进思维,建立概念,多样表征,表达准确,概念清晰,教学符合逻辑,连贯性	课程探索、资源、课堂公平性、课堂布置、课程顺序、重点突出、内容调整、时间分配、连贯性、流畅性、准确性、内容意义、评估学生、知识交互、社会影响	知识广博,数学思想,各知识联系清楚,营造挑战氛围,引起思考互动
	学生	数学推理,高水平参与	学生参与,表征转换,使用工具,推理论证,学生解释论证方式	学生参与,课堂互动,课堂对话	照顾所有学生,学生参与积极
定位	教师	错误,疏忽,术语不当,任务、内容不清楚	现实联系,数学应用,促进学生理解	教师提问,及时评价	任务难度适中
	学生	提问,参与活动	解决问题策略的多样性	学生专注,知识抽象	学生理解概念
协同	师生	纠正行为,回应学生	话语共同体,角色定位	课程反馈	学生主体,师生平等表达,评价反馈,帮助理解

通过表 5.3.3 的统计可以发现,四个评估系统都强调对教师的评价,同时

反映了教师在教育教学中的主导作用。以教师为价值主体的评价将教师的教放在首位,这一价值取向和教师在教育教学活动中的身份地位紧密联系。随着教师成为教育教学的研究者这一观念的盛行,教师的角色由知识的传授者转变为教育教学问题的实践者和探索者,教师承载着对课程实践的反思与批判,并寻求具体情境下教育教学实践问题的解决责任[①]。按照教学评估"立场三角"的理论模型这种评价存在着不稳定性,评价还不够全面。教师评价为主导的立场,使得教学更加注重教师的行为,没有全面地照顾到学生在教学的表现。从"定位"的角度考虑。评价系统在师生对自身行为进行定位的支持系统方面不够完善,教师和学生不能够通过评估系统进行自我反思和改进。从"协同"的角度考虑,教学就是教师和学生高度协同的过程,教师和学生配合的默契程度直接影响课堂教学的质量,因此评估系统需要在这一方面加大评估。

当然,部分评估系统在"定位"和"协同"方面已经有所体现。如 MQI 在教师定位方面已经注意到了教师有没有出现错误和疏忽,自己的表达、内容是否清楚等,为教师的自我反馈和改进提供了依据。M-Scan 在学生评价方面关注较多,涉及"学生参与,表征转换,使用工具,推理论证,学生解释论证方式"等评估点的考查,体现了教学面向全体学生,学生的主体地位得到提升。TRU 在师生协同方面,注重到了"学生参与,表征转换,使用工具,推理论证,学生解释论证方式"等评估点,为促进课堂教学中的师生配合起到重要作用。可见,一个优良的评估系统,需要站在价值立场平衡的角度设计,照顾到评价的各个方面,才能使课堂健康发展。

四、对建立我国教学评估系统的启示

(一)多元化评价指标是教学走向全面发展的必然

我国的教育一直把人的全面发展作为教育目的、宗旨或教育方针[②]。这与马克思主义对人的全面发展的理论分不开,马克思认为:"人以一种全面的方式,也就是说,作为一个完整的人,占有自己全面的本质。"马克思主义关于人的全面发展理论的基本内涵就是人的能力的全面发展[③]。然而,教育则承载着人全面发展的最主要责任,课堂教学则成为人全面发展的一线阵地。教学形式的多样化对学生的全面发展起着至关重要的作用,教学评估则在教育教学改革中起到引领作用,教学的多样化还需要教学评估系统的多样化评价指标,有怎样

---

① Carol M S,John L S. Teacher as researcher. Journal of Behavior,1995,27(3):439-451.

② 胡定荣.全面发展·综合素质·核心素养.新疆师范大学学报(哲学社会科学版),2018,39(06):61-78.

③ 王策三.马克思关于个人全面发展的理论//王策三教育论集.北京:人民教育出版社,2002:84-150.

的教学评价方式就会催生出怎样的课堂教学形态。本研究通过对美国四个数学教学评估系统的分析,可以发现一个共同的特征——力求评价指标的多元化。评价指标在注重核心知识和关键能力的同时还照顾到了学生发展的各个方面。如学生的交流表达、社会参与、身份认同、情感体验,课程的社会教育意义,教学与学生安全,以及学生的学习机会等多个方面。全面发展理念下的教学摒弃了以学生知识的获得为唯一指标来衡量教学质量的方式,而是将学生作为全面发展的人,教师为学生的全面发展做好服务工作,教学资源成为学生发展有效的支持系统。多元化的评价指标也就必然导致评价方式的改变,进而将评级的终极选拔功能、甄别功能向教学评价的诊断功能、反馈功能和促进功能转化。在教学评估系统中设计多元化的评价指标体系,可以有效地引导教学评价向照顾学生全面发展的方向推进,最终实现教学实践的转变,进而推动课程和教学改革,落实教育理念。

(二)价值立场平衡是保障评估系统结构稳定的关键

教学评价与教育教学理论的转变、课程改革的落实等有着密切的关系,同时也与利益分配和权力制约格局相连。教学评价的价值立场是教学评估系统的隐性骨架,它直接决定着评估系统能否健康发展,有没有较长生命力。从价值立场单一转变为价值立场平衡是每一项评估活动最基本的宗旨,教学评估也不例外[①]。依据教学评估立场三角模型对美国四个评估系统的分析可以发现,教学评估系统虽然在评价指标中注意到了评价的多元化,但大多评估系统主要集中在对教师评价的立场上,有部分内容涉及对学生的评价。然而教师和学生通过评价系统对自己的教学行为和学习行为进行定位的价值没有得到充分的体现,因此,评估系统在辅助教师反思自己的教学、找准自己存在的问题等方面的自我测评功能不强,学生也不能通过教学评估系统诊断自己的病灶。同时,在师生协调方面强调得不够,师生的有效沟通和配合是提高课堂教学质量的关键要素,然而教学评估若在协调方面强调不够,就不能有效促进配合的效果,使课堂有效发展失去了动力。"评价""定位""协同"作为教学评估立场三角的三个方面,只有这三个方面共同发展,才能使教学评估系统保持平很和稳定,进而健康发展。

(三)理论与实践融合是教学评估系统生命力的保障

教学评估系统的形成受教育政策、评价体制及社会文化等多个因素的影响,但是评估系统的核心方面存在着共性。如评估系统在注重学生思维的发展、教学内容的准确性和流畅性,注重学生学习机会的公平等多方面是一致的。尽管可以

---

① Berman R A, Ragnarsdottir H, Stromqvist S. Discourse stance: Written and spoken language. Written Language and Literacy,2002,5(2):255-289.

找到评估系统的共性,但由于其基础结构的复杂性,这些共同维度的不同重点和操作给教学评估系统的设计留出了更大的空间。美国的系统往往注重教师的行为焦点,一般注重教学实践和教学内容的狭义方面,依据个体实践与学生成就联系起来的实证数据来评估[①]。美国的教学实践评估系统以其多元化和多样性引领整个测评系统的发展方向,其最大的亮点有二,其一是强调扎根理论的重要性,在坚实理论的基础上构建测评框架,保证测评人员资质,做大限度的保证测评的信效度;其二是教学评价建立在为学而教的理念下,通过实证研究对有效课堂教学行为进行识别,进而优化测评框架,以更好地发挥评价对教学的诊断和促进作用[②]。Danielson 团队按照美国新教师评价与支持联盟的教师专业发展标准,扎根建构主义教学理论,开发出教学评估系统[③]。Pianta 团队扎根依恋理论、自我决定理论等心理学理论,开发出由教师情感支持、课堂组织以及教学支持三个模块的评估体系[④]。可见,教学评估系统是源自于课堂教学实践,扎根于深厚的理论基础而开发出来的具有广泛使用性的评估模型。课堂教学实践解决了系统开发中个性的问题,使得系统更加符合当地的背景与文化;扎根理论基础解决系统开发中共性的问题,使得系统更加具有普遍性和生命力。

第四节　图尔敏论证模型与数学概念教学

推理论证能力作为数学的关键能力,受到数学教育界的广泛关注。美国《学校数学课程原则与标准》明确指出从学前至高中阶段的数学教育[⑤],要使所有学生能够"认识推理和证明是数学的基本方面,提出和调查数学猜想,发展和评价数学论点和证明,选择和使用各种推理和证明方法。[⑥]"我国 2017 版《普通高中数学课程标准》提出了六大核心素养,在"逻辑推理"这一核心素养中指出

①　Martineza F,Tautb S,Kevin Schaafa. Classroom observation for evaluating and improving teaching:An international perspective. Studies in Educational Evaluation,2016,49(6):15-29.

②　梁文艳,李涛. 基于课堂观察的教师教学质量评价:框架、实践与启示. 教师教育研究,2018,30(01):64-71.

③　Kennedy M. Teacher assessment and the quest for teacher quality. San Francisco,CA:Jossey-Bass,2010:263-276.

④　Pianta R C,Hamre B K. Conceptualization,Measurement,and Improvement of Classroom Processes:Standardized Observation Can Leverage Capacity. Educational Researcher,2009,38(2):109-119.

⑤　黄荣金. 香港与上海数学课堂中的论证比较——验证还是证明. 数学教育学报,2003(04):13-19.

⑥　National Council of Teachers of Mathematics (NCTM). Principles and Standards for School Mathematics. Reston:VA,2000:56.

"逻辑推理主要表现为掌握推理的基本形式和规则,发现问题和提出命题,探索和表述论证过程,理解命题体系,有逻辑地表达与交流。形成重论据、有条理、合乎逻辑的思维品质和理性精神。[1]"在数学概念的教学方面,要提高抽象概括、推理论证能力[2]。由此可见,数学概念的学习不应该只停留在记忆和理解概念上,掌握数学概念的论证过程、体会概念论证过程中所蕴含的数学思想方法也是数学概念学习中不可或缺的部分。

虽然我国中学数学教师在"数学证明"素养上的基本功还是很扎实的[3],但目前的课堂教学活动对概念的论证探究多流于形式,大多数教师都会在概念教学中按照"提出问题—组织讨论—形成概念"的模式进行程式化教学。这样的教学往往过于注重探究的形式而忽视了探究实质,造成物质性目标和功能性目标的双重缺失[4]。数学是一门逻辑极其严密的学科,现有的中学数学课堂缺乏实质性的论证,即使课堂教学中形式化的讨论也不能常态化,在这种情况下,将图尔敏论证模型引入中学数学课堂,尤其是以图尔敏论证模型为依据强化数学概念的教学,可以对概念进行结构化的剖析,让学生不但能掌握概念论证的过程,而且能体会其中所蕴含的数学思想方法[5]。本节通过专家型教师和新手型教师课堂论证过程的对比,试图回答专家型教师和新手型教师在图尔敏论证模型各要素上有何差异、在论证水平上有何异同的研究问题。

推理论证能力是数学学习过程中的关键能力,尤其在重要概念的学习中,更应当强化概念的系统论证过程。图尔敏论证模型可将概念的论证过程加以结构化剖析,可以更明确的深入分析教师概念教学的论证过程,掌握教师课堂教学的论证水平。本节选取5组专家型和新手型教师的高中函数概念课例为研究对象,以图尔敏论证模型为研究工具,从概念的论证要素数量和概念的论证水平两个维度对两类教师的课堂教学论证过程进行了统计分析。得出新手型教师无论在概念论证要素的丰富性,还是在论证的深刻性方面,都与专家型教师存在较大差距。试图从中得到概念教学论证的一些启示,为改进概念教学论证水平提供参考。

一、理论基础

（一）文献综述

数学是一门形式化极强的学科,数学教育的一个重要价值就在于其无法替代

---

① 中华人民共和国教育部.普通高中数学课程标准.人民教育出版社,2017.

② 李讳,曹益华.函数概念的本质与定义方式探究.数学教育学报,2013,22(6):5-8.

③ 周超,鲍建生.对中学数学教师证明素养的一次调查.数学教育学报,2009,18(6):42-44.

④ 李吉宝数.学概念教学应该帮助学生形成七种数学观念.数学教育学报,2011,20(2):88-89.

⑤ 任红艳,李广州.图尔敏论证模型在科学教育中的研究进展.外国中小学教育,2012(9):28-34.

的形式训练作用,数学的美也体现在严密的逻辑推理当中,离开了推理论证就脱离了数学的本质和核心。而图尔敏论证模型从逻辑学的角度分析了论证的内部构建,为数学概念的论证提供了可借鉴的新视角,让学生对数学概念的理解更加全面。Aufschnaiter 认为,从建构主义视角来看,进行论证必然有助于学科知识的建构,提高学生概念理解水平。他们以初中学生为被试,发现论证教学能够有效完善和巩固学生认知结构中的已有相关知识,使其更加精确化、精细化和抽象化[①];Jimenez-Aleixandre 等人对 17~21 岁学生关于环境问题的论证教学结果也表明,论证的主要作用在于能够帮助学生将已有知识应用到实际情境中,将生态化知识和综合概念知识及价值判断相结合[②];Cross 等人对中学生开展了为期两周的 4 个单元(20 个活动)的教学干预,结果表明,论证不仅有利于对已有概念的进一步理解,还可以帮助学生将新概念纳入到已有知识体系中,同时消除错误概念。另外,Cross 的研究结果还发现,论证对学生认知结构的影响程度与知识理解程度有关,如论证对知识掌握好的学生的认知结构的影响更为明显[③]。

　　Lewis 和 Leach 通过对中学生进行短期的知识教学干预(提供知识储备),证实了中学生开展论证学习的可行性[④];类似的,Aufschnaiter 等人的研究结果也认为,具体领域知识及已有知识是开展课堂论证活动的关键因素[⑤]。图尔敏论证模型在科学教育中应用较多,但在数学教育领域的研究还很少。如 Krummheuer[⑥] 与 Knipping[⑦] 等人分别利用图尔敏论证模型对小学和初中学生数学

　　① Aufschnaiter V,Erduran C,et al. Arguing to Learn and Learning to Argue:Case Studies of How Students 'Argumentation Relates to their Scientific knowledge [J]. Journal of Research in Science Teaching,2008,45(1):101-131.

　　② Jimenez-Aleixandre M P,Pereiro-Munoz C. Knowledge Producers or Knowledge Consumer? Argumentation Management and Decision Making about Environmental. International Journal of Science Education,2002,24(11):1171-1190.

　　③ Cross D,Taasoobshirazi G,et al. Argumentation:A Strategy for Improving Achievement and Revealing Scientific Identities. International Journal of Science Education,2008,30(6):837-861.

　　④ Lewis J,Leach J. Discussion of Socio-scientific Issues:The Role of Science Knowledge. International Journal of Science Education 2006,28(11):1267-1287.

　　⑤ Aufschnaiter V,Erduran C,et al. Arguing to Learn and Learning to Argue:Case Studies of How Students 'Argumentation Relates to their Scientific knowledge. Journal of Research in Science Teaching,2008,45(1):101-131.

　　⑥ Krummheuer G. Methods for Reconstructing Processes of Argumentation and Participation in Primary Mathematics Classroom Interaction. Approaches to Qualitative Research in Mathematics Education. Springer Netherlands,2015:51-74.

　　⑦ Knipping C,Reid D. Reconstructing Argumentation Structures:A Perspective on Proving Processes in Secondary Mathematics Classroom Interactions. Approaches to Qualitative Research in Mathematics Education. Springer Netherlands,2015:75-101.

教学过程中的推理论证交流进行分析,以考察学生的推理论证交流水平。Metaxas 以图尔敏论证模型作为分析工具,观察分析了一位教师 8 周的的教学过程,考察了该教师对函数、微积分等核心概念的论证水平[①]。国内还没有将图尔敏论证模型应用于数学教育的研究。图尔敏模型展现了一个由主张、根据、资料、支援、限定词和反驳六个要素构成的论证模式,可以借此摸型组织课堂教学,对数学概念进行论证,为数学概念的论证提供一个可参考的范式,学生对论证的充分性也有了明确的认识。同时,也可按照图尔敏论证模型将概念的论证通过情境转化,显化为具体实例的论证,将抽象论证问题具体化,为学生深入理解概念提供可能。

(二)研究框架——图尔敏论证模型

图尔敏论证模型是英国哲学家斯蒂芬·图尔敏在 20 世纪 50 年代提出的,他在专著《论证的运用》中打破传统的数字化的论证模式,在与法学类比的基础上,提出了一个由主张、资料、根据、支援、限定词和反驳等六个功能要素构成的过程性模式,称为图尔敏论证模型(Toulmin's argument pattern,TAP)[②]。其结构如图 5.4.1 所示。

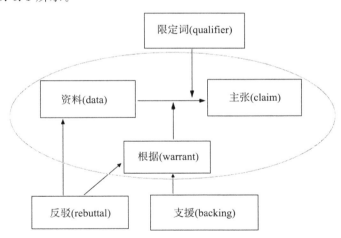

图 5.4.1　图尔敏论证模型

在图尔敏论证模型中,主张、资料和根据是论证模型的核心成分,即图中虚线部分,也将其称为基本模式。基本模式连同周围的支援、限定词和反驳三个成分构成了图尔敏论证模型完整模式,也叫拓展模式。表 5.4.1 说明了各要素的含义。

---

① Metaxas N,Potari D,Zachariades T. Analysis of a teacher's pedagogical arguments using toulmin's model and argumentation schemes. Educational Studies in Mathematics,2016,93(3):1-15.

② 任红艳,李广州.图尔敏论证模型在科学教育中的研究进展.外国中小学教育,2012(9):28-34.

表 5.4.1　图尔敏论证模型各要素含义①

模型性质	要素	含义
基本模型	主张 claim	主张是一个断言或断定,是指说话者所陈述的、试图在论证中证明为正确结论的术语。它阐述了"我们正在讨论什么? 我们站在什么立场上"的问题
	资料 data	说话者必须提供作为主张的事实根据,用来回答"凭什么这么说"或者"主张建立在什么基础上"的问题
	根据 warrant	主张和材料之间的联系问题,用来回答"如何证明从这些资料到那个主张的运动"或者"采取什么道路从这个出发点到那个目的地"的问题
扩展模型	支援 backing	根据的附加性论证材料,用来回答"为什么要我相信这个根据是有道理的"等问题。
	限定词 qualifier	反映说话者赋予该主张能够让人信服的说服力程度的词,如必然、一定、可能、大概、大约等。
	反驳 rebuttal	指出从资料到主张的运动被看成是不合理的、必须取消的情况,承认某些反对论证的异议的存在,从而使主张只能在有限的范围和方式运用。

二、研究方法

(一)研究对象

研究选取 10 名教师的高中函数概念课教学作为研究对象,其中 5 名专家型教师,5 名新手型教师。专家型教师的样本课例来自 5 位甘肃省首届陇原名师展示课,陇原名师是甘肃省评选出来师德高尚、素质优良、教育教学能力与教育科研能力突出的学者型、专家型中小学教学名师,这些教师在一定程度上代表了专家型教师的教学能力。新手型教师选自工作在 3 年之内的硕士研究生,属于入职不久的新手。为了排除额外因素的干扰,让新手型教师和专家型教师选取同样课题,即"同课异构"的形式。为了研究方便,将专家型教师(expert teacher)简记为 ET,新手型教师(novice teacher)简记为 NT。②③

(二)研究工具

本研究的分析工具是在图尔敏论证模型的基础上,结合 Erduran 等人的评价论证质量的分析框架得到,Erduran 等人从图尔敏论证模型各成分的不同组

---

①　Metaxas N, Potari D, Zachariades T. Analysis of a teacher's pedagogical arguments using toulmin's model and argumentation schemes. Educational Studies in Mathematics,2016,93(3):1-15.

②　基于 FIAS 的高中数学课堂教学比较研究——以 2014 年全国数学教育研究会两节观摩研讨课为例. 数学教育学报,2015,24(5):87-91.

③　基于 FIAS 与 PPE 理论的课堂教学评价研究. 电化教育研究,2016,283(11):93-99.

合出发,将论证分为了 5 个水平[①],具体划分见表 5.4.2。

表 5.4.2　Erduran 评价论证质量的分析工具

等级	规定
水平 1	由一个单一的主张和一个反对主张构成或者由单一主张和另一个主张构成
水平 2	论证由主张＋资料、主张＋根据或者主张＋支援构成,论证中没有出现反驳
水平 3	论证由多个主张、资料或支援构成,构成要素的个数不是单一的,很少出现反驳
水平 4	论证出现明确的反驳。同时可能还出现多个主张和反对主张
水平 5	论证由多个具有反驳的主张构成

(三)数据收集

按照图尔敏论证模型的论证规则,结合函数概念教学,依据表 5.4.2 界定,通过对课堂教学视频的语言进行编码,可以得到函数概念的论证过程的统计数据。针对函数概念的某些知识点,按论证要素多少的原则,分成不同的论证水平,以下是编码举例。

案例主题:函数概念的理解

背景:学生在高中阶段刚接触到函数概念的集合定义方式,多数学生在理解上都存在困难,或者理解不够深刻等。

论证水平 1:

主张:函数是由集合 A 到集合 B 的一种对应关系。

论证水平 2:

主张:函数是由集合 A 到集合 B 的一种对应关系。

资料:函数 $f(x)=x^2$ 就是集合 $(-\infty,+\infty)$ 到集合 $[0,+\infty)$ 的一种对应关系。

论证水平 3:

主张:函数是由集合 A 到集合 B 的一种对应关系。

资料:函数 $f(x)=x^2$ 就是集合 $(-\infty,+\infty)$ 到集合 $[0,+\infty)$ 的一种对应关系。

根据:函数定义表明,设 A,B 为两个非空数集,如果按照某种确定的对应关系 f,使集合 A 中的任意一个元素 x 在集合 B 中都有唯一确定的元素 $f(x)$ 和它对应,那么就称 $f:A\to B$ 为集合 A 到集合 B 的一个函数。

① Erduran S,Simon S,Osborne J. Tapping into argumentation:developments in the application of toulmin's argument pattern for studying science discourse. Science Education,2004,88(6):915-933.

论证水平 4：

主张：函数是由集合 A 到集合 B 的一种对应关系。

资料：函数；$f(x) = x^2$；就是集合；$(-\infty, +\infty)$；到集合；$[0, +\infty)$；的一种对应关系。

根据：函数定义表明，设 A, B 为两个非空数集，如果按照某种确定的对应关系 f，使集合 A 中的任意一个元素；x；在集合 B 都有唯一确定的元素 $f(x)$ 和它对应，那么就称 $f: A \to B$ 为集合 A 到集合 B 的一个函数。

支援：函数是由自变量引起因变量变化的一种对应关系。

论证水平 5：

主张：函数是由集合 A 到集合 B 的一种对应关系。

资料：函数；$f(x) = x^2$；就是集合；$(-\infty, +\infty)$；到集合；$[0, +\infty)$；的一种对应关系。

根据：函数定义表明，设 A, B 为两个非空数集，如果按照某种确定的对应关系 f，使集合 A 中的任意一个元素；x；在集合 B 中都有唯一确定的元素；$f(x)$；和它对应，那么就称 $f: A \to B$ 为集合 A 到集合 B 的一个函数。

支援：函数是由自变量引起的因变量变化的一种对应关系。

反驳：所有的对应关系都是函数吗？

限定词：并非所有的由集合 A 到集合 B 的对应关系都是函数，比如对应方式是"一对多"时，就不能构成函数。

依据以上方式，可以搜集到 10 位数学教师在论证要素数量和论证水平上的相关统计数据。

三、研究过程与结果

（一）论证要素比较分析

按照图尔敏论证模型各要素含义对课堂中的论证过程进行编码统计，为了更加准确地统计出各论证要素出现的频次，本书将每位教师的课堂录制成视频资料，然后以句为单位对教师的论证语言做详细记录，并按照表 5.4.1 的界定进行统计。例如视频中教师说："那么；$y = \pm\sqrt{x}\,(x \geqslant 0)$ 是函数吗？为什么？"根据函数的概念，这不是一个函数，是老师举了一个反例，按照图尔敏论证模型各要素的含义，属于反驳要素，按此进行统计。按这种方法得到以下频数统计见表 5.4.3。

表 5.4.3　课堂论证要素频数统计

要素	专家型教师(expert teacher)					新手型教师(novice teacher)				
	ET1	ET2	ET3	ET4	ET5	NT1	NT2	NT3	NT4	NT5
主张(claim)	20	23	19	21	20	12	11	9	10	11
资料(data)	17	14	11	13	12	9	13	12	11	10
根据(warrant)	19	17	18	19	20	10	9	10	8	12
支援(backing)	8	9	7	8	6	5	6	5	4	7
反驳(rebuttal)	7	6	5	6	5	2	1	1	0	2
限定词(qualifier)	1	2	1	1	2	0	0	0	0	0

根据表 5.4.3,从整体上看,两类教师在高中函数概念教学中都有论证,从图尔敏论证模型各要素的统计来看,专家型教师各要素的统计频数要明显高于新手型教师。

从主张要素上看,专家型教师提出的主张明显要高于新手型教师,基本都为新手型教师的 2 倍左右。教师能在课堂上提出较多的论断,让学生在此论断下进行科学合理的论证,这充分说明教师能在整体上把握课堂,对课堂内容的研究更加深入透彻。再从教学效果的预测来看,专家型教师的课堂中学生通过论证大量的主张,对函数概念的感悟更深,记忆更牢固,理解更全面。可见,新手型教师通过挖掘教学内容,提出更多关于函数概念的主张,或者让学生通过查阅资料提出更多的主张,以待验证,这样,学生才能看到函数的全貌,才能提供给学生更广阔的视角认识函数,这是新手型教师提高函数概念教学论证水平的一项措施。

资料是教师对自己提出主张的事实依据,为主张提供了一定的资料支持,资料越多,说明自己提出主张的合理性越高。根据是用于说明主张和资料之间的联系,可以进一步说明自己的资料可信程度,如果资料很多,但根据较少,说明资料的可信度差,论证效果不足。

从总体数量而言,在这两个要素上,都表现出专家型教师的频次要高于新手型教师。再从资料和根据的比例来看,专家型教师都提供了更多的依据来解释主张和资料之间的联系,而新手型教师提出几乎和资料相等的根据。资料和根据的数量在一定的程度上说明了论证的充分程度,就此分析,对于新手型教师,增加论证资料和根据,是提高论证水平的一个重要方面。

支援是根据的附加性材料,从这一要素上看,无论是专家型教师还是新手型教师,支援的数量相对根据和资料的数量都有所减少,但是专家型教师在支援数量上明显要高于新手型教师,说明专家型教师对自己的论证补充较多,补充性材料更丰富,专家型教师对自己给出的根据提供了更充分的理由,对根据的可靠性给予了较多支援,增加了根据的说服力和可靠性。专家型教师为自己的主张提供了尽可能多的理由,使学生能够在较多材料的支援下真正理解函数概念的本质。

专家型教师在课堂上使用的反驳数量明显高于新手型,说明专家型教师在对函数概念的论证上思考更深入,提出了较多的疑问来引发学生思考,调动学生对概念深入理解。有研究表明,反驳的数量在一定程度上表明了论证的质量,反驳的数量越多,结构越复杂,则论证的水平越高[①]。从表5.4.3的统计数据上看,专家型教师的论证质量明显高于新手型教师。

从表5.4.3中可以得到,在关键词的使用上,两类教师都比较少地使用了限定词,新手型教师甚至没有使用限定词。限定词是用来说明主张能够让人信服的说服力程度的词,这说明两类教师都选择了说服力较好的资料。但是新手型教师直接没用使用限定词,这在一定程度上说明新手型教师的论证过于绝对,很有可能对特殊情况考虑不周。

(二)论证水平比较分析

按照Erduran评价论证质量的分析框架表5.4.3的分析,对函数概念教学的内容进行论证水平统计,为了得到明显有效的对比,笔者给统计水平赋予了分值,赋值方法是水平等级乘以该水平上的统计总频数,例如专家型教师水平2的统计频数分布为6,5,7,因此其总分就为$(6+5+7)\times2=36$分,得到统计表5.4.4。

表 5.4.4　课堂论证水平统计

对象 等级	专家型教师(expert teacher)						新手型教师(novice teacher)					
	ET1	ET2	ET3	ET4	ET5	总分	NT1	NT2	NT3	NT4	NT5	总分
水平1	0	1	0	0	1	2	0	0	1	1	0	2
水平2	6	5	7	4	8	60	7	2	3	5	4	42
水平3	11	9	14	9	12	165	4	5	2	3	4	54
水平4	4	1	3	2	3	52	1	0	1	0	1	12
水平5	1	0	1	2	1	25	0	0	0	0	0	0
总分合计	304						110					

根据表5.4.4的统计可以看出,专家型教师各个水平的论证次数都要比新手型教师多,从总分上看,水平1的得分两者相同,水平2上专家型教师和新手型教师分别为60和42分,比例为3:2,差距不是很大,说明两类教师在低水平的论证上表现基本一致。在水平3上可以看出,专家型教师的论证水平得分是

---

① 唐剑岚.概念多元表征的教学设计对概念学习的影响.数学教育学报,2010,19(2):28-33.

新手型教师的 3 倍多,水平 4 上更是达到了 4 倍多,水平 5 新手型教师没有出现,这些数据表明专家型教师和新手型教师在高水平论证上表现出明显的差异。

四、结论与启示

(一)结论

通过利用图尔敏论证模型对专家型教师和新手型教师函数教学的对比,较为系统地剖析了新手型教师在函数教学论证方面存在的不足,为新手型教师进一步提升课堂教学论证能力提供了参考。Newton 等人指出限制教师进行论证教学的因素有两种:外在因素和内在因素。外在因素主要指教学时间的不足、教学内容过多以及评价方式的限制;内在因素主要指教师本身对教学方法的适应,包括在开展论证方面所面临的诸多困难(如论证教学过程中的角色定位与师生关系、论证所使用的教材与教学自信等)以及教师的数学教育观等,都会影响论证教学效果①。然而,图尔敏论证模型将数学概念的论证进一步精细化和系统化,让教师在概念教学论证方面有法可依,有据可循。分析结果显示:新手型教师在论证要素数量上和论证水平上都相对低于专家型教师。新手型教师不能提供充分的观点供学生辨别论证,对于提出的主张也没有充分的素材、依据加以佐证。在扩展性论证方面,论证的反驳、支援和限定词使用明显较少,整体论证水平相对较低。

(二)启示

1. 观点主张是课堂教学的主体

观点的丰富性体现了对概念理解的广度和深度,全方位、多角度分析是教师引导学生思考问题的方式。论证是否充分,学生对概念论证的感受是否深刻也体现在观点的丰富性上。课堂教学,尤其是概念性的课堂教学中,教师能够提出多元化的观点或者给学生提供不同的探究视角,可以为概念的建构支撑起清晰的框架。观点可以由教师直接给出,也可以用问题的形式提出,让学生在回答该问题的过程中形成对概念的整体架构。通过以上研究可以发现专家型教师提出的主张明显多于新手型,因此,新手型教师在教学中增加观点和主张是十分有必要的。

2. 论证素材是课堂教学的血肉

在进行概念论证的过程中,提出观点和问题只是论证的一个方面,针对不同的观点能给出合理科学的解释也是至关重要的。在概念教学中,教师要引导

---

① Paul Newton,Rosalind Driver,Jonathan Osborne. The place of argumentation in the pedagogy of school science. International Journal of Science Education,1999,21(5):553-576.

学生将论证的焦点集中在论证素材的搜集、整理、加工上。因此,要使概念理解更加透彻,只增加观点和主张显然是不够的,如果给出的观点没有得到很好的材料和根据支援,那么仅仅是观点的堆砌,就不能让学生深入地理解概念,反而增加了学生的负担。在观点给出后一定要充分地加以解析说明,最好利用事实材料或者已有原理加以说明,这样可以增强学生的迁移意识,让学生在大的背景下理解概念,内化概念。丰富的素材让概念教学的论证更加饱满,学生在对论证素材搜集、整理、加工的过程,也充分体现了概念的形成过程,课堂教学中过程与方法目标得到了有效的落实。

3.反驳质疑是课堂教学的灵魂

培养学生的创新意识,是课堂教学承载的一项重要任务,反思质疑正是培养创新思维的抓手。学生通过对论证过程中诸环节的反思质疑,进一步对论证过程升华,从论证中培养学生善于思考、乐于发现的品质。Osborne 等人认为,反驳的出现更能提升论证的品质,提高论证空间质量[1]。概念教学一般都涉及本原性问题,学生在学习概念时往往存在较多的疑惑,教学中抓住这一特点可以激活课堂,培养学生的创新意识。同时,要深入地理解概念,反驳和质疑成为了课堂中不可或缺的要素。本研究中主要分析了教师对概念提出的质疑,但在现实课堂中,更多的反驳和质疑是学生提出的。学生通过和教师的对话,消除自己对概念理解上的疑虑,由于不同的学生对概念的理解不同,产生的疑虑也不同,教师通过解除不同学生的疑虑过程,能够更全面地了解学生,使课堂教学面向全体学生。

4.高水平论证是课堂教学的追求

Aufschnaiter 等人认为,从建构主义视角来看,进行论证必然有助于学科知识的建构,从而提高学生概念理解水平[2]。图尔敏论证模型中,根据论证的要素以及要素间关系对论证水平进行了划分,高水平的论证可以较好地促进学生抽象概括能力和推理论证能力的培养。因此,数学概念课的教学,教师要引导学生向高水平的论证发展,充分展现论证的丰富性和多元化,促进学生复杂思维的训练。在教师论证水平的统计中可以得到,高水平的论证是教师教学素质的直接体现。增加论证的复杂性和全面性,有助于学生更加深刻地理解概念和运用概念解决实际问题。高水平的教学可以更进一步增强学生的探索意识,强化

① Simon,Shirley. Using Toulmin's Argument Pattern in the evaluation of argumentation in school science. International Journal of Research & Method in Education,2008,11:277-289.

② Aufschnaiter V,Erduran C,et al. Arguing to Learn and Learning to Argue:Case Studies of How Students 'Argumentation Relates to their Scientific knowledge. Journal of Research in Science Teaching,2008,45(1):101-131.

学生的创新精神,提升学生的创造力。研究表明,提高学生的科学论证能力必须通过具体的论证教学,让学生有机会参与论证活动。明确的论证教学(学生参与具体的论证活动与有明确论证教学目标的教学)能促进学生对科学概念的理解,有益于学生论证能力的提高①。

(三)展望

注重课堂的论证过程是课堂教学发展的必然趋势,是提高学生科学素养、培养适应现代社会及未来需要的全面发展的人才的必然要求②。目前国内对论证教学法的研究还比较少,已有的研究大多是对国外研究现状的综述,而基于图尔敏论证模型课堂教学研究更少,仅有的研究也只是对该模型的简单介绍。国内的论证式教学研究并没有实证性的教学研究成果,因此,利用图尔敏论证模型进行指导课堂论证教学在国内具有广阔的研究前景,如能将图尔敏模型的论证过程和具体现实情境相整合,让抽象的论证过程直观化、生活化,将对学生理解抽象的论证过程起到辅助作用。同时,图尔敏论证模型也同样是问题论证的一种思路、一个视角,这种逻辑学的论证观点可以将抽象的论证过程和现实生活拉得更近,有助于培养学生严谨、求真、善思、明辨的可贵品质。

第五节　教师教学评估系统的构架与机制

20世纪以来,课堂研究的范式由封闭的书斋式转变为关注一线课堂教学的开放田野式③,课堂教学评估的逻辑关系也随之从关注静态的增值模型(VAM)向强调动态生成的课堂实践模型转变。近一个世纪以来,尤其在教育与教学改革快速发展的今天,越来越多的教育工作者走进课堂,研究课堂,直接观察课堂,这也成为研究教师教育教学活动的主要方式,其中以课堂观察为主导的评估研究已成为国际教育研究的焦点④。然而,在这种热潮背后,教育研究者需要冷静思考如何透视课堂和凭何种工具解读课堂的问题,这就需要研究教育工作者和政策制定者如何通过评估性语境来收集课堂信息,以推断教师教学水平并及时向教师提供反馈。教师教学评估系统作为课堂教学改革的有效"助推器",在全球教育系统的实质性改革中起到重要作用。本研究中,教师教学评估系统选取了七个国家的18个评估系统作为研究对象,从基本构架和运作机制出发,

①　魏亚玲.基于图尔敏论证模型的高中化学课堂教学分析.南京师范大学,2014.5.

②　陆珺个体CPFS结构与概念构图能力的相关性研究,数学教育学报,2011,20(4):13-15.

③　王鉴.课堂研究概论.北京:人民教育出版社,2017:19.

④　OECD. Teachers for the 21st century:using evaluation to improve teaching. (2013-09-13)[2018-10-18]. www.oecd.org/site/eduistp13/TS2013 Background Report.pdf.

对评估目标、评估方法、评估指标、利益关系、权利角色与问责模式六个维度进行了比较、分类和剖析,结果表明评估指标趋于标准化,评估目标指向教师专业发展,评估方法注重形成性评价,评估的利益关系倾向于低风险,评估在教师成长中起诊断作用和学校在问责体制中自主性增大,这将为构建新的教师教学评估系统提供参考。本书通过分析全球具有代表性的七个国家,其中包括中国课堂观察 LICC 范式(learning、instruction、curriculum、culture)[①],美国的数学学科教学评估系统数学扫描(M-Scan)等 18 个教师教学评估系统[②]。聚焦如何应用课堂观察来指导教师评价和专业发展,以比较视角进行数据搜集和分析,从架构和机制两个方面帮助决策者全面考察课堂观察系统设计中应涉及的关键问题。

一、理论背景

20 世纪初,教育研究开始渐渐迈入实证主义研究的大门,人们开始有意识地探索如何将系统定量的观察方法用于课堂研究。20 世纪 50 到 70 年代,受科学主义定量化、结构化及系统化的影响,课堂教学评估系统得到了快速的发展,尤其是美国研究者开发了大量的课堂观察工具[③]。近年来,各国教师教学评估研究表现出一个共同的特征——关注形成性评价。这一转变使得教学评估由终结性评价转化为形成性诊断,关注课堂教学的生成将成为课堂教学活动的重点。即便如此,不同的评估系统在目标和目的假设、评估结果的利益关系和激励措施、评估领域和标准的框架构建、模型的定义,以及收集和分析信息的方法等方面表现出很大的差异[④]。然而对教学评估系统而言,首要问题就是建立理论、厘清概念,进而形成基本构架,其次需关注评估过程中不同群体的角色、评估结果产生的利益关系以及评估之后的问责模式等运行机制问题。如果说课堂教学评估系统的构架属于显性躯体的话,那么其运行体系就构成了评估系统的隐性灵魂,因此,本研究将从这两个方面展开论述。

二、教师教学评估系统的构架

教师教学评估系统的基本构架作为系统的最主要内容,是一个评价系统的物质外壳,只有基本架构科学合理,评价的结果才可能有较高的信效度。本研

---

① 崔允漷. 论课堂观察 LICC 范式:一种专业的听评课. 教育研究,2012(5):79-83.

② Walkowiak T A,Berry R Q,Pinter H H,et al. Utilizing the M-Scan to measure standards-based mathematics teaching practices:affordances and limitations. ZDM,2018,50(3):461-473.

③ Brophy J,Good T L. Teacher behavior and student achievement. New York:Macmillan,1986:328-375.

④ Phelps R P. Synergies for better learning:an international perspective on evaluation and assessment. Assessment in Education:Principles,Policy & Practice,2014,21(4):481-493.

究从评估目标、评估方法和评估指标三个方面对评估系统的架构展开分析。评估目标主要考察了观察重点、对象和频次；评估方法考察了观察主体、观察者的培训以及数据分析，其内容如表 5.5.1 所示。

表 5.5.1　教学评估系统评估目标与评估方法考察点统计

系统 （国家地区）	观察重点	对象与频次	观察主体	观察者的培训	观测数据质量分析
教学研讨 （澳大利亚维多利亚）	取决于"实践问题"的指导方向	课堂和策略方案（取决于每所学校的实践问题）	学校内部评估绩效，外部完成教学认证	依据澳大利亚教学与学校领导学会（AI-TSL)计划对参与者培训和认证，评估员必须接受进修式的培训	在计划试点中进行
LICC 模式 （中国）	学生学习、教师教学、课程性质与课程文化	每位教师、非定期	教学研究人员或普通教学	评估前进行一定数量的培训，并进行预评估	内部进行讨论或会议专题讨论
教师职业表现评估系统 （智利）	学习环境、课程结构、教学互动	公立学校教师从服务第三年开始	外部挑选和培训的教师评价者	24 小时，3 天试用期（评分主管培训 64 小时）	概括性研究、因素分析、群体比较研究、VAM 的相关性、结果效度
学校教师评估系统 （德国汉堡）	根据项目的数量，强调的是动机性和主动学习	所有晋升的老师；以专业成长为本；学校课程随机检查	外部，作为学校视察访问的一部分	检查员每 3 个月进行一次培训，检查组的外部成员每年两次视频培训，并监测每个检查员的观察质量	可靠性研究可以在学校检查机构的年度报告中找到，使用学生成绩作为验证标准
校外评估系统 （德国萨克森州）	没有侧重点，同等重视	所有晋升的老师；以专业成长为本；学校随机检查	外部，作为学校视察访问的一部分	学校检查员每年接受两次培训；这些人员几乎把所有时间都花在学校的检查上	检查员协议和可靠性的内部未公布报告；一项检查员对学校影响的研究
绩效评估体系 （日本福冈）	咨询技能、教学技能、其他	所有教师	内部校长与有关副校长	教育局制作手册并句校长示范，校长接受培训	学校内部
增强绩效管理系统 （新加坡）	培养所有孩子	所有教师	行领导、高级教师、校长	每年累计 100 多小时的培训，主要集中在通过课堂视频案例观察，改进教学发展上	学校内部

续表

系统 （国家地区）	观察重点	对象与频次	观察主体	观察者的培训	观测数据质量分析
全美专业教学标准委员会（美国）	重点因年级和主题而异	有3年以上经验的教师申请	外部，每次有19名评估人员申请获得批准	新成员培训3天，必须有3年教学经验和有效证书，培训师随机检查	评估完成的教学：高级认证项目
领导绩效教学体系（美国）	目标、计划、实行、不懈地工作	教师职业生涯的前两年	教师发展管理人员，来自外部	培训方式灵活，通常采用网络研讨会、小型务虚会等进行视频或文本案例分析	内部：分析过程中对框架进行修订
数学扫描（美国）	数学课堂教学环境与结构	所有教师、非定期	数学教研员和专业教师	评估前评估员需要进行一定数量的培训	内部进行交流讨论
卓越教学体系（美国芝加哥）	课堂环境与教学	终身教职和非终身教师	1～2个校长，有少部分的检查员	50小时：1）框架＋协议的能力测试、视频评级评判；2）沟通和制定计划的能力	内部：与主要评估者在维度、VAM、定性分析方面达成一致
教师评价体系（美国辛辛拉提）	评估者决定优先顺序的自由裁量权	非终身职位：每年；终身：定期	接受过特殊培训的教师评估员和管理员	培训包括评估视频案例以检查可靠性；根据标准评估视频示例以进行认证	利用学生成绩数据确定有效的课堂实践
教育成长发展周期（美国洛杉矶）	因教师而异，预观察会议决定	所有教师、每隔一年	校长和外部测评人员	30小时，需要和专家评价达成一致，评估可采用视频或现场培训的方式	—
专业绩效考核（美国纽约）	主要关注六个核心维度	所有教师、每年	校领导在试点学校进行评估。有异议可换第三方评估	在线水平认证测试，以达到评估规范并与丹尼尔森框架达成协议以掌握分数，评估员每年动态调整	学校检查异常值；对所有教师调查，以了解工作情况，两个工作小组审查试点结果
基于研究的包容性评估体系（美国匹兹堡）	同行评审选择一个重点；正式观察包括所有方面	终身教员：每年4次；非终身职位：每年8次	校内管理者（不一定是校长）	用丹尼尔森集团采用培训培训者的方法进行培训	有效研究的部分措施

续表

系统 （国家地区）	观察重点	对象与频次	观察主体	观察者的培训	观测数据质量分析
基于标准的教师评估系统（美国圣塔莫尼卡）	见习：所有标准；在职：教师与校长各选一个标准	见习教师：每年两次；在职教师：每次2～3年	见习：校长，在职：校长和专业人员	每年累计30个小时培训，老培训员第二年进行复习	—
美国田纳西州教育家加速模型	计划、教学、环境	学徒与专业教师	两个校长、普通人员和20％外部人员	32小时培训认证，包括对视频的评级一致性检验	开发人员研究：与主要评估者达成协议、与VAM的相关性
托莱多实习计划（西班牙托莱多）	教学管理、学科知识、专业素养	1～2个指定干预教师	涉及外部教师顾问和校长	退休教员进行临时培训；新老教师一起分析结果	劳动管理与协作的分析方式

（一）评估目标

评估目标作为考察课堂教学评估系统的一项重要指标，在整个评估系统中起导向作用。通过对评估目标的分析，可以大致了解评估系统设计的初衷和该系统的侧重点。依据表5.5.1，如果属于常规监控，一般评估对象为全体教师，并且每年都进行一次或多次评估。倘若评估属于监测抽查，则评估频次不定期。如果评估的目的为晋升，评估对象会有专门指定。与此同时，跨系统观测目标的重点和广度也存在差异。新加坡和日本的课堂观察通过全年观察课堂练习获取信息，进而推断其他潜在的能力和态度（例如培养所有孩子、赢得心灵和思想、重视学生的价值观和人权，以及获取学生信任）。而在美国的框架中，教学的技术和程序方面发挥的作用更大（例如提问技巧、课堂管理及确定小组进展）[①]。在新加坡，主要检测教师在目标能力上的进展，在一年中经常与教师进行非正式观察和协商（并在需要时提供反馈和指导）。对学生成长和兴趣领域的重视和关注也有所不同，新加坡广泛指导教师与学生分享价值观并以他们的最佳利益行事（例如，认识个人潜力和培养自信心）[②]。丹尼尔森（Danielson）

---

①　Martineza F，Tautb S，Kevin Schaafa. Classroom observation for evaluating and improving teaching：An international perspective.（2017-09-018）［2018-10-29］. https：//www. onacademic. com/detail/journal_ 1000038868651410_153c. html♯

②　Beyond Singapore's Mathematics Textbooks：Focused and Flexible Supports for Teaching and Learning.（2009-06-20）［2018-10-22］. https：//www. aft. org/sites/default/files/periodicals/wang-iverson. pdf

将学生的知识作为高质量教学计划的一部分,然后有效地使用提问策略[1]。日本福冈三分之一的框架以学生的发展和咨询为中心,涉及价值观、信任、语言、健康和安全[2]。然而中国的教学监控更加注重教师的课堂教学行为和学生的课堂表现,而对学生身心健康发展、学生学习机会等方面的强调较少。

(二)评估方法

依据表 5.5.1,从观察的主体上看,多数评估过程有学校主要负责人,尤其是校长的参与。同时第三方评估机构介入是目前教学评估的一个发展趋势。在课堂评估前是否告知教师预先安排的表现形式上也有一定的差异,有些是提前告知,如洛杉矶和智利,有些采用告知与未告知的组合,如田纳西州、纽约州、新加坡,可见这种选择与评价的目的有紧密的联系。从观察的形式来看,不同国家和地区差异很小,因为在大多数系统中,可以在课堂中直接观察,就像目前美国大多数地区的情况一样。样本中只有两个系统——智利教师评估系统和美国全美专业教学标准委员会——使用课堂教学的录制视频。随着不同地区开始承担大规模课堂观察,录像作为现场课堂观察的替代方式正在被越来越多的人关注[3]。视频对于支持高风险的推理和决策非常重要,并且还可以凭借远程异步审查来节省成本,特别是可以降低视频摄像的成本。

在对观察者的培训方面,几乎所有的评估系统都对观察人员进行定期和不定期的培训,为了扩大观察员的数量,通常采用培训培训师的方法。在对结果的分析和处理方面,少数系统已大规模实施标准化的课堂观察,也为推断决策提供大量有效的实证数据[4]。如智利、芝加哥、全美专业教学标准委员会(NBPTS)等,毫无疑问为其指标提供了最广泛、最具可靠性和有效性的经验证据[5]。这些系统往往具有更完善的专业技术和更强的生命力,可以使用现代心理测量技术,如概化理论或项目反应理论来研究指标的属性,以及加强对验证的全面理解[6]。

① Danielson C. Enhancing Professional Practice:A Framework for Teaching. 2nd Edition. Association for. Supervision & Curriculum Development,2007,9(1):2-18.

② Tay J Y. The JET Programme:A Great Way to Experience Japan. (2014-02-12)[2018-10-29]. https:/ /www. japan. go. jp/_src/200018/40-41. pdf

③ Gates B. Teachers need real feedback. TED conferences,LLC. (2013-05-10)[2018-10-29]. http://www. ted. com/talks/bill_gates_teachers_need_real_feedback. html.

④ Taut S,Santelices V,Araya C,Manzi J. Theory underlying a national teacher evaluation program. Evaluation and Program Planning,2010,33(4):477-486.

⑤ Taut S,Santelices V,Stecher B. Validation of a national teacher assessment and improvement system. Educational Assessment Journal,2012,17(4):163-199.

⑥ Ho A D,Kane T J. The reliability of classroom observations by school personnel. (2013-08-21) [2018-10-29]. https://files. eric. ed. gov/fulltext/ED540957. pdf

（三）评估指标

通过分析归纳，可将 18 个系统提炼出五种典型模式，具体如表 5.5.2 所示。

表 5.5.2 教师教学评估系统各维度的内容

日本 （PES）	新加坡 （EPMS）	美国 （TFA）	美国 （danielson）	中国 （LICC）
1.健康发展 考虑学生的语言、价值观和人权保障；建构信心和学生心理发展；解决学生突发事件，考虑健康和安全；改善学习环境、提供适当的咨询、支持课余活动	1.兴趣 培养全体学生、与学生分享价值观、培养学生兴趣	1.确定目标 设置一个大的目标（雄心勃勃的，可行的，一致的目标）用于指导整个教学方向	1.计划和准备 知识（学科内容＋教育学）、学生的知识、选择教学目标、资源的知识、设计连贯的教学、评估学生的学习	1.学生学习 准备、倾听、互动、自主、达成
2.教学技能 基于标准开发课程年度计划；促进教学组织；设置合理的目标；促进创造性的学习；了解学习条件；为学生提供支持、以评促学	2.沟通 赢得心灵和思想、了解环境、自我和他人、发展能力；提高情商	2.建立信心 灌输"我能"和"我会"的信息、鼓励自我努力和加强知识掌握；为自己成功创造一个受欢迎的环境，注重状态的持久性	2.环境 课堂环境、创造庄重的环境、建立学习文化、管理教学过程、管理学生行为、组织物理空间	2.教师教学 环节、呈示、对话、指导、机智
3.教学知识 提高重要的内容知识；扩充相关联的内容。	3.合作 与他人一起工作、与父母做搭档、团队合作	3.设定计划 有目的有计划、评估朝着大目标进展；设计长期和单元计划、开发一致的课程计划、区分度、制定规则和程序	3.教学 清晰的沟通使用提问策略、学生参与学习	3.课程性质 目标、内容、实施、评价、资源
4.社会实践 合作与协作以完成学校的目标；与社区和父母建立关系、进行风险管理、作为公职人员履行职责	4.能力 领会知识、掌握主题、分析思维、主动性、创造性的教	4.提高效率 有效的实施、清楚地表达学生对教学内容的理解、规则和后果；不断提高效率、确定关键行动、强化优势；有效工作、坚持面对挑战、解决时间和资源的约束	4.反馈 灵活敏锐、职业责任、教学反思、保持准确的记录与家庭沟通、专业精神	4.课程文化 思考、民主、创新、关爱、资源

依据表 5.5.2，各个模式虽有不同的领域和维度，并且对教学实践的定义也具有各自的文化特征。但归纳起来都可以总结成 4 个方面，并且不同模式之间

有交集。如所有系统都考虑到教师的学科内容知识,以及规划和设定教学目标的能力。同样,每个模式都考虑到学生的特征,以及在课堂上使用适当的评估实践作为高质量教学实践的关键维度①。

三、教学评估系统的评价机制

教学评估系统的评价机制是开发一个系统需要考虑的核心环节,通过从问责制模式、控制点、参与教师的利益关系,以及专业发展中的权利角色等方面对18个系统的要点做了分析,试图通过对比,厘清评价机制中涉及的利益关系、权利角色和问责模式等问题。

(一)利益关系

教学评估系统的利益关系体现了评估的基本立场,同时也体现了评估过程中给利益相关者带来的风险。对于这18个评估系统而言,教师评估所带来的风险或牵涉的利益关系因系统而异。即使在同一系统中,新手和终身教师的观察频率和风险也可能不同,新手教师经常被更频繁地观察,例如田纳西州和芝加哥的系统。在托莱多、纽约、圣莫尼卡的系统中,教师教学生涯的最初几年,以任期决定的形式面临更高的风险②。此外,整体评估的风险并不一定总是与课堂观察的风险相同。例如,在美国领导绩效教学体系(为美国而教)的评估系统中,观察在评估中没有总结性权重,仅用于形成性评估,即以有利于改善感兴趣的关键结果的方式改进教学③。对于经验丰富的教师来说,新加坡、德国和圣莫尼卡的评估都会产生非惩罚性后果,通过观察收集的信息主要用于形成性评价,这与田纳西州或芝加哥这样的高风险系统形成鲜明对比④。事实上,大多数系统都结合了形成性和总结性目的,但它们所附带的利益在多大程度上是惩罚或奖励,各有不同。新加坡制度提供了一个有趣的案例:虽然惩罚性风险很低,但评估结果可能对教师产生重要的积极影响⑤。总体而言,评估系统趋向低风

①　Brookhart S M. Educational assessment knowledge and skills for teachers. educational measurementIssues and practice,2011,30(1):3-12.

②　Kane M T. Validation,In R. L. Brennan (Ed.),Educational measurement. Washington,DC:The National Council on Measurement in Education & The American Council on Education,2006:17-64.

③　Teach For America. Teaching as Leadership. About the TAL Rubric. (2018-05-02)[2018-10-29]. http://www. teachingasleadership. org/sites/default/files/About％20the％20Teaching％20As％20Leadership％20Rubric. pdf

④　Sanders W L,Horn S P. The Tennessee value-added assessment system (TVAAS):Mixed-model methodology in educational assessment[J]. Journal of Personnel Evaluation in education,1994,8(3),299-311.

⑤　Sclafani S,Edmund L. Rethinking Human Capital in Education:Singapore as a Model for Human Development. (2011-02-09)[2018-10-30]. http://www. aspeninstitute. org/sites/default/files/content/docs/ education％20and％20society％20program/SingaporeEDU. pdf

险,更加注重评估过程的促进功能。

（二）权利角色

教学评估系统在评价过程中拥有的权利和扮演的角色也是整个评价机制中的重要环节。通过分析这 18 个评估系统发现,大部分评估系统在评估结束后都会给教师提供反馈,以达到改进教学和提高教师专业发展的目的。虽然所有评估系统都关注改进教学的形成性评估话语,但在专门用于教师专业发展提供信息的观察中,却表现出较大差异。在智利,教师在评估后可以收到一份书面报告单,描述他们在七个评估维度和各个指标上的表现,这些信息来自于书面的证据和录制的视频。智利学区利用这些结果将联邦资金分配给不同教师,用于教师专业发展[1]。在日本,校长可以自由地使用通过标准化观察搜集的数据信息,来确定每个教师专业发展需求和计划[2]。在德国,这种评估关联在学校层面操作运行,而不通过个别教师。检查员可以向学校委员会提供反馈,协调课堂评估中观察到的问题,然后校长可以与教师进行讨论,以制订学校教师专业发展规划[3]。美国大多数新的大规模观察系统要求训练有素的观察员和学校管理者在观察之前与教师会面,以讨论、评估重点,每次评估完成,观察会议用于向教师汇报观察结果,并讨论制订推动教师发展的计划,例如在芝加哥、田纳西州和洛杉矶就是这种情况[4]。另一方面,托莱多这样的传统同伴援助模式依靠训练有素的资深教师,使用他们通过课堂观察收集的信息来指导和评估新手型教师群体[5]。评估系统在整个教学评估中的诊断性功能更加突显,扮演着辅助教师专业化成长的角色。

（三）问责模式

问责模式主要体现在对评估结果的应用分配上,进一步体现了评估在不同层面所起到的作用。问责模式一般分为专业模式和组织模式。通过分析 18 个评估系统,他们所采用的问责模式有着较为明显的差异。例如,新加坡和托莱

---

[1]　Santelices V, Taut S. Convergent validity evidence regarding the Chilean standards-based teacher evaluation system. Assessment in Education: Principles, Policy & Practice, 2011, 18(1), 73-93.

[2]　Taut S, Santelices V, Stecher B. Validation of a national teacher assessment and improvement system. Educational Assessment Journal, 2012, 17(4): 163-199.

[3]　Pietsch M. Evaluation von Unterrichts standards. Evaluation of classroom teaching standards. Zerziehungswiss, 2010(12): 121-148.

[4]　Martineza F, Tautb S, Kevin Schaafa. Classroom observation for evaluating and improving teaching: An international perspective. (2017-09-018)[2018-10-29]. https://www.or.academic.com/detail/journal_1000038868651410_153c.html#.

[5]　Koppich J. Toledo: Peer Assistance and Review. (2009-06-10)[2018-10-22]. https://www.wested.org/wp-content/uploads/par-recruiting.pdf.

多的评估系统在问责制的专业模式中运行,这些模型的标准化程度较低,通常附带较低(惩罚性)的利益,并为当地专业团体提供灵活性[1]。近年来,在美国各大学区开发的观察系统反映了问责制的组织模式,这种模式提高了教师的利益,旨在尽可能地使这个过程标准化,以减少自由裁量权[2]。毫无疑问,这些系统最重视的是建立观测过程的可靠性和由此产生的措施。与此相关的是,系统的不同之处在于对学校层面的观察过程的控制程度以及确定方法细节的中央权威机构的控制程度。例如,校长担任评估员在日本和纽约市有截然不同的意义:在日本,校长决定如何进行观察,而在纽约市,他们必须完成在线培训并通过认证测试,以确保校准。在智利,教育部将评估的实施分包给专门的大学中心,但在评估过程中各区都参与了各个步骤。当地评估委员会有权批准或修改其教师的最终评估结果,同时考虑到本国标准化评估系统无法考虑的背景信息[3]。在维多利亚州、澳大利亚的每个地区甚至每个地区的每所学校都定义了如何利用所谓的"教学回合"方法进行课堂观察,以获得益处和改进,因此这里对观察目的、方法和用途的控制完全取决于地方或学校[4]。学校成为评估的主体,评估的结果学校可以自由使用,增大了学校在评估过程中的自主权,成为教师教学评估系统的趋势。

四、结语

教师教学评估系统作为课堂教学改革的有效"助推器",不仅保障了教学的健康运行,同时推动了整个教育实践的发展。通过上述分析,18个评估系统表现出以下三个基本趋向。①评估系统的落脚点:指向教师技能提升和教师专业发展。教师技能提升可为学生提供优质的教学,专业发展则为教师成长提供了动力。②评估系统的设计路径:立足课堂实践与扎根理论相结合。课堂教学实践解决了系统开发中个性的问题,使得系统更加符合当地背景与文化;扎根理论基础解决了系统开发中共性的问题,使得系统更加具有普遍性和生命力。③评估系统的结果:由高风险的总结性向低风险形成性转化,关于形成性评价

① Mona M,Chijioke C,Barber M. How the world's most improved school systems keep getting better. (2011-02-09)[2018-10-29]. http://www.avivara.org/images/How_School_Systems_Keep_Getting_Better.pdf

② Milanowski A. The relationship between teacher performance evaluation scores and student achievement:Evidence from Cincinnati. peabody Journal of Education,2004,79(4):33-53.

③ Avalos B,Assael J. Moving from resistance to agreement:The case of the Chilean teacher performance evaluation. International Journal of Educational Research,2006,45(4):254-266.

④ State Government of Victoria. Department of Education and Early Childhood Development. Towards Victoria as a Learning Community(2013-09-28)[2018-10-30]. http://www.education.vic.gov.au/Documents/about/department/learningcommunity.pdf.

在促进学生学习方面的重要意义,各种相关研究已广泛达成一致①,但在实践中如何成功实现形成性和终结性评价的并行仍然是一个悬而未决的问题②。总之,对于一个好的教学评估系统,既要有科学的构架,又要有良好的运行机制,最好也符合三个趋向。

第六节　教学评估系统的国际化趋势与启示

教学评估是促进教育教学改革的基本动力,在教育系统的实质性改革中受到广泛的关注。本节从评估指标、评估目标、评估方法、利益关系、权利角色与问责模式六个维度对美国、德国、中国、日本、澳大利亚、新加坡及智利等七个国家的 18 个教学评估系统进行分析,得出评估指标趋于标准化,评估目标指向教师专业发展,评估方法注重形成性评价,评估的利益关系倾向于低风险,评估在教师成长中起诊断作用和学校在问责体制中自主性增大等趋势。最后提出了教师教学评估系统的落脚点:指向教师技能提升和教师专业发展;评估系统的设计路径:立足课堂实践与扎根理论相结合;评估系统的结果:由高风险的总结性向低风险形成性转化的启示,以帮助决策者系统地考虑教师评估系统设计中涉及的关键问题。

一、研究背景

20 世纪以来,人类思维(包括教育学思维)正在"从追问世界和事物的本源或始基的传统实体思维转变为强调主体及其实践在关系中的主导地位的实践思维。③"被誉为"社会学之父"的法国哲学家奥古斯丁•孔德(Auguste Comte)将人类思维划分成为神学阶段、形而上学阶段和实证阶段三个阶段,即人类思维发展的"三阶段法则"。其中以科学观察和合理预测为主要特征的实证阶段是人类社会发展的最高级阶段④。实践思维的发展,尤其是实证研究的兴起,为人类科学探寻自然规律和社会想象提供了有力的保障。基于此,教育研究者相信通过系统的课堂观察和分析,能够预判学习者学业成就和社会行为的发展。

---

① Black P, Wiliam D. Assessment and Classroom Learning. Assessment in Education: Principles, Policy and Practice, 1998. 5(1): 7-74.

② Herman J, Baker E. Assessment policy: making sense of the babel. Handbook of education policy research. New York: Routledge, 2009: 176-190

③ ELsner E W. From episteme to phronesis to the study and improvement of teaching. Teaching and Teacher Education, 2002, 18(2): 375-385.

④ Comte A. The Positive Philosophy of Auguste Comte-The Law of the Three Stages. (2000-04-12)[2018-10-20]. http://www.enotes.com/topics/positive-philosophy-auguste-com-e#in-depth-the-law-of-the-three-stages

课堂研究的范式也由封闭的书斋式研究转变为关注一线课堂教学的开放田野式[①]。除了思维与研究范式的转变外,课堂教学评估的逻辑关系也正在发生着转变。以美国为例,常规的教师评价是在联邦指导方针的要求下,地区和州制定评估教师效率的综合方法,这种方法是由教育工作者、统计学家和教育决策者讨论制定的,以学生成绩的总量来评估教师,即所谓的增值模型(VAM)[②]。然而,研究表明学生成绩很少是教师评价的驱动指标[③]。在大多数情况下,以教师在课堂上的直接观察为基础的教师实践措施得到了更大的权重,世界上大多数教师评估系统的一个普遍假设是,课堂实践是教育政策和学生成绩之间的关键中介[④],而课堂观察仍然是在自然环境中了解这些实践的最佳选择,[⑤]基于观察的教师课堂评价被视为理解课堂过程与学生成绩预期改善之间的联系机制的关键,同时也为通过形成和发展课堂教学反馈来指导改进教师教学提供了抓手[⑥]。可见课堂教学评估的逻辑从关注静态的增值模型向强调生成的课堂实践观察转变。

20世纪初,教育研究也开始借鉴自然科学的研究范式,实证研究的方法越来越被更多的学者所接受,课堂研究也注重系统定量的观察方法。尤其是教育与教学改革快速发展今天,越来越多的教育工作者走进课堂、研究课堂,直接观察课堂成为研究教师教育教学工作的主要方式,以课堂观察的方法研究课堂教学评估成为国际教育研究的热点[⑦]。随着新一代研究人员致力于开发观察协议和工具,以帮助理解课堂实践、教师效能和学生成绩之间的关系,验证研究再次展开[⑧]。课堂教学评估和普通的评价一样,都因评价的具体系统和环境而异,但每一个评价系统都有清楚的基本构架和运行机制。教学评估系统设计的首要

① 王鉴.课堂研究概论.北京:人民教育出版社,2017:19.

② Baker E L,Barton P E,Darlinghammond L,et al. Problems with the use of student test scores to evaluate teachers. (2010-08-27) [2018-10-18]. https://www. epi. org/publication/bp278/

③ Martineza F,Tautb S,Kevin Schaafa. Classroom observation for evaluating and improving teaching:An international perspective. Studies in Educational Evaluation,2016,49:15-29.

④ OECD. Building a high-Quality teaching profession:lessons from around the world. (2012-02-16) [2018-10-18]. http://asiasociety. org/files/lwtw-teachersummit. pdf

⑤ Kennedy M. Teacher assessment and the quest for teacher quality. San Francisco,CA:Jossey-Bass,2010:263-276.

⑥ Phelps R P. Synergies for better learning:an international perspective on evaluation and assessment. Assessment in Education:Principles,Policy & Practice,2014,21(4):481-493.

⑦ OECD. Teachers for the 21st century:using evaluation to improve teaching. (2013-09-13) [2018-10-18]. www. oecd. org/site/eduistp13/TS2013 Background Report. pdf

⑧ Hill H C,Charalambous C Y,Kraft M A. When rater reliability is not enough:teacher observation systems and a case for the generalizability study. Educational Researcher,2012,41(2):56-64.

问题就是要建立理论、厘清概念，进而形成基本构架。为了较好地达到这一目的，许多教育系统正在将他们的课堂观察方法标准化，使其与这些框架保持一致。期望清晰明确的教学标准、匹配的观察规则，为教师和管理者理解和促进高质量的教学提供有益的指导①。课堂教学评估标准的运行机制进一步关注评估过程中不同群体的角色、评价结果产生的利益关系，以及评价之后的问责模式等问题。

　　然而，面对多个教学评估系统，我们需要冷静思考如何透视课堂和凭何种工具解读课堂的问题，也就是需要研究教育工作者和政策制定者如何通过评估性语境来收集课堂信息，以及如何使用它来向教师推断和反馈。本研究通过分析世界不同国家和地区的教育系统是如何应用课堂观察来指导教师评价和专业发展的，通过比较的方法进行归纳和分析，从基本架构和运行机制两个方面，评估指标、评估目标、评估方法、利益关系、权利角色与问责模式六个维度帮助决策者全面地考虑课堂观察系统设计中涉及的关键问题。

二、研究对象及其特征分析

　　研究对象选取了全球具有代表性的七个国家的 18 个教师教学评估系统。具体如表 5.6.1 所示。

表 5.6.1　国际教学评估系统样本信息

系统	国家（地区）	系统	国家（地区）
教学研讨	澳大利亚（维多利亚州）	数学扫描（M-Scan）	美国
LICC 模式	中国	卓越教学体系	美国（芝加哥）
教师职业表现评估系统	智利	教师评价体系	美国（辛辛拉提）
学校教师评估系统	德国（汉堡）	教育者成长与发展周期	美国（洛杉矶）
校外评估系统	德国（萨克森州）	年度专业绩效考核	美国（纽约）
绩效评估体系	日本（福冈）	基于研究的包容性评估体系	美国（匹兹堡）
增强的绩效管理系统	新加坡	基于标准的教师评估系统	美国（圣塔莫尼卡）
全美专业教学标准委员会	美国	田纳西州教育家加速模型	美国（田纳西）
领导绩效教学体系	美国	托莱多实习计划	美国（托莱多）

　　以上样本包括了美国最大的三个学区：纽约、洛杉矶和芝加哥。近年来，这些地区重新设计了教师评估系统，以符合美国竞争法案的指导方针。这些系统

---

　　①　Darling-Hammond L. Getting teacher evaluation right: what really matters for effectiveness and improvement. New York: Teachers College Press, 2013: 20-24.

全面地集成了学生学业成长、教师实践表现以及其他指标[①]。田纳西州没有将学生指标添加到系统中，但广泛应用了国家卓越教育研究所的 TAP™模型[②]。辛辛那提和托莱多的评估系统依赖于课堂观察，并集中反映同行、专家和管理者三个因素，成为教师晋升和评聘的高风险总结性评价模型[③]。尽管这一模型没有将学生成绩作为高风险评估的因素，但是相关研究数据表明系统的观察分数是与教师效率的增值指数高度相关的[④]，这是因为观察过程导致教师增值分数的提高。同样，匹兹堡的评估系统将课堂观察的形成性评估纳入教师培训、晋升等与教师密切相关的利益中[⑤]。圣莫尼卡联合学区的系统体现了美国中小型地区的通用模式，学校具有相当的自由裁量权，详细的标准化观察结果可以为教师及时提供反馈[⑥]。如全美专业教学标准委员会（NBPTS）给教师提供不同年级和不同学科的评估标准，依据标准识别和认定最优秀的教师[⑦]。领导绩效教学体系强调学生群体以改善教师的合格率。数学扫描（M-Scan）是一个专门针对数学教学实践开发的测评工具，集中体现了共同核心州数学课程标准和学校数学教育的标准与原则[⑧]。

对于中国而言，课堂教学评价的探索和研究不甚枚举，但基于标准的专业教学评估系统还屈指可数。本研究中选取了在国内有一定影响力，且适用范围比较广的专业听课模式——课堂观察 LICC 范式。该系统由"学生学习（learning）""教师教学（instruction）""课程性质（curriculum）"与"课堂文化（culture）"

① Danielson C. Enhancing Professional Practice: A Framework for Teaching. 2nd Edition. Association for Supervision & Curriculum Development, 2007, 9(1): 2-18.

② National Institute for Excellence in Teaching. TAP Research Summary: Examining the Evidence and Impact of "TAP: The System for Teacher and Student Advancement". (2014-3-20) [2018-10-20]. https://files.eric.ed.gov/fulltext/ED556331.pdf

③ Koppich J. Toledo: Peer Assistance and Review. (2009-06-10) [2018-10-22]. https://www.wested.org/wp-content/uploads/par-recruiting.pdf

④ Milanowski A. The relationship between teacher performance evaluation scores and student achievement: evidence from Cincinnati. Peabody Journal of Education, 2014, 79(4): 33-53.

⑤ Taylor E, Tyler J. The effect of evaluation on teacher performance. American Economic Review, 2012, 102 (7): 3628-3651.

⑥ Loup K S, Garland J S, Ellet C D, Rugutt J K. Ten years later: Findings from a replication of a study of teacher evaluation practices in our 100 largest school districts. Journal of Personnel Evaluation in Education, 1996, 10(3): 203-226.

⑦ Hakel M D, Koenig J A, Elliott S W. Assessing accomplished teaching: advanced-level certification programs. Washington, DC: National Academy Press, 2008: 246-252.

⑧ Walkowiak T A, Berry R Q, Pinter H H, et al. Utilizing the M-Scan to measure standards-based mathematics teaching practices: affordances and limitations. ZDM, 2018, 50(3): 461-473.

四个要素构成,并细化为 20 个视角,68 个观察点①。智利的教师职业表现评估系统收集教师档案,其中包括书面的工作证据和一节课的视频,以及主管问卷调查、同伴访谈和自我评估,对教师的形成性反馈在很大程度上依赖于专业录像课程②。澳大利亚选取了维多利亚州的教学研讨这一评价系统,该系统主要以团队的形式,通过定期课堂观察,以直接和情境化的方式支持教师改进工作③。新加坡的教育体系以其学生在国际评估中的高水平成就而闻名,其教师评估方法以其低风险和双重关注卓越和专业发展而著称,其增强绩效管理系统(EPMS)作为课堂实践和教师能力的主要参考模型④。在德国,堂观察用于学校评估或检查,这种方法依赖于系统评价标准,如本研究选取的汉堡的学校教学评估系统和德克森州的校外评估系统,都有明确的评价标准⑤。

三、教师教学评估系统的趋势分析

为了最大限度地综合 18 个评估系统,并将评估系统的比较放在统一的框架下比较。本节将教师教学评估系统划分为基本架构和运行机制两个方面,这两个方面又各划分为三个维度。因此,教学系统的分析从评估指标、评估目标、评估方法、利益关系、权利角色和问责模式这六个维度展开。基本架构中涉及的评估指标、评估目标和评估方法是一个评估系统的主体内容,构成了评估系统的物质外壳,成为评估系统有效可信的前提。然而运作机制承担着将物质性目标转化成具体的实践性目标的任务,构成了教师教学评估系统的软件环境,是有效落实教育教学评估的有力保障。通过分析 18 个评估系统得出如下发展趋势。

(一)评估指标趋向于标准化

一般认为教学评估有两种不同的模式——基于标准的模式和基于结果的模式。基于标准的模式强调明确的分析框架以评估教学质量,进一步指导课堂

①　崔允漷. 论课堂观察 LICC 范式:一种专业的听评课. 教育研究,2012(5):79-83.

②　Taut S,Sun Y. The development and implementation of a national,standards-based,multi-method teacher performance assessment system in Chile. Education Policy Analysis Archives,2014,22(7):1-33.

③　City E A,Elmore R F,Fiarman S,Teitel L. Instructional rounds in education:a network approach to improving teaching and learning. Cambridge,MA:Harvard Education Press,2009:412-426.

④　Sclafani S,Lim E. Rethinking human capital in education:Singapore as a model for teacher development. (2008-06-21)[2018-10-22]. https://files. eric. ed. gov/fulltext/ED512422. pdf

⑤　Müller S,Pietsch M,Bos W. Schulinspektion in Deutschland:Eine Zwischenbilanz aus empirischer Sicht. (2011-08-01)[2018-10-22]. https://www. amazon. de/Schulinspektion-Deutschland-Zwischenbilanz-empirischer-Sicht/dp/3830925425.

教学实践[①]；基于结果的模式利用学生成绩和其他相关成果来衡量教师教学的产出[②]。这两种模式有其各自的特点，基于标准的模式注重评价的统一性，强调教学的覆盖率和教学容量。基于结果的模型则更加强调教学目标的达成和学生绩效的增加。然而现有的研究趋势趋于两种模式的融合，注重将学生的成绩或其他相关成果与明确而详细的教学实践模式相结合[③]。对18个评估系统评估指标的梳理可以发现，几乎所有系统都注重将评估指标进行标准化。标准化的评估指标在一定的程度上降低了对评估人员素质的要求，增加了评估的一致性。尤其是近年来各国课程标准的实施，基本形成了一个标准化导向下的教育发展模型，制定标准，按照标准实施教学，成为教学发展的主要形式。如美国各大学区开发的观察系统，旨在尽可能地标准化过程，以减少自由裁量权[④]。教学评估系统的标准化本质上是受课程标准化的影响的，随着各个国家课程标准的出台，使得教学内容安排、教学过程设计、学生学业评价都更加趋向于标准化。在分析中发现，所有系统都考虑教师的内容知识，以及他们规划和设定教学目标的能力。同时，每个模型都考虑到学生的特征，以及在课堂上使用适当的评估实践作为高质量教学实践的关键维度[⑤]。并且标准化的教学评估指标设计也为教学的自动化评估和采用更加合理的数据处理手段提供了前提，在标准化评估的促使下也催生了各种计算机自适应评估软件的发展。

（二）评估目标指向教师专业发展

每一项评估活动都关涉到其价值取向的问题，教学评估也不例外。教学评估的目标最终透射出该评估系统的价值取向。评估目标往往通过一些具体的指标来体现。在这些评估系统中，主要通过评估的频次以及评估的对象、评估结果为谁所用等信息反映评估的目标。通过梳理这18个评估系统，发现如果评估是为了对常规教学进行监测，评估的对象一般为全体教师，并且评估可在一年中进行一次或多次。如果评估是为了了解个别对象的深入信息，则评估会进行不定期多次观察。有些评估结果也用于教师选拔和支撑的晋升。总体而

---

① Peterson K. Teacher evaluation：a comprehensive guide to new directions and practices. Thousand Oaks，CA：Corwin press，2000：15-16.

② Kennedy M. Teacher assessment and the quest for teacher quality. San Francisco，CA：Jossey-Bass，2010：263-276.

③ Gathering Feedback for Teaching：Combining High-Quality Observations with Student Surveys and Achievement Gains. (2012-01-15)[2018-10-20]. https：//files. eric. ed. gov/fulltext/ED540960. pdf

④ Milanowski A. The relationship between teacher performance evaluation scores and student achievement：evidence from Cincinnati. Peabody Journal of Education，2014，79(4)：33-53.

⑤ Brookhart S M. Educational assessment knowledge and skills for teachers. educational measurement Issues and Practice，2011，30(1)：3-12.

言,这 18 个评估系统大部分都注重教师的专业化发展,将教师的发展放在评估的主要地位。评估的目的是进一步改进教师教学,提高教师的教学业务能力。例如在全美专业教学标准委员会的框架中,评估过程更加关注教学技术和程序的能力,注重教师的提问技巧、课堂管理能力,以及组织学生进行小组合作等方面的能力①。在新加坡的系统中,教学评估更加注重教学目标的达成,注重教师在各个目标上的进展,评估的结果会及时反馈给被评估教师,并与其进行深入探讨,针对性地改进教师教学的技能。同时,新加坡的教学评估系统特别关注学生成长过程中兴趣的培养,包括教师引导学生建立自信、为学生树立正确的价值观、学生和教师一起分享成长的快乐等②。相比之下,中国的课堂则更加强调教学规则、教学监控,评估的目标聚焦在学生的课堂表现和教师的课堂教学行为上,如教师语言表达是否流畅、教学是否按照预定的计划实施等,很少关注课堂教学中学生的学习机会,也很少照顾到学生身心健康发展,但评估目标指向教师专业发现已基本成为教师教学评估系统的共识。

（三）评估方法注重形成性评价

不同的评估系统虽然在具体的测评体系方面存在较大的差异,但近年来各国教师教学评估的研究表现出一个共同的特征——关注形成性评价。如美联邦竞选法案要求数据系统"告知教师和校长他们如何改进教学"③;而在澳大利亚,全国教师绩效协议旨在促进专业对话,提高教学④;同样,智利立法建立了一个形成性的教师评估系统,重点是"改善教师的教学工作,促进他们持续的专业发展"⑤。在每次评估完成后,评估人员都会给参评教师提供一份详细的报告单,反馈给教师评估的结果,为教师自我诊断进而提升教学水平提供参考⑥。在

① Martineza F,Tautb S,Kevin Schaafa. Classroom observation for evaluating and improving teaching:An international perspective. Studies in Educational Evaluation,2016,49:15-29.

② Beyond Singapore's Mathematics Textbooks:Focused and Flexible Supports for Teaching and Learning.（2009-06-20）［2018-10-22］. https://www. aft. org/sites/default/files/periodicals/wang-iverson. pdf

③ U. S. Department of Education. Race to the top program.（2011-11-04）［2018-10-20］. http://www2. ed. gov/programs/racetothetop/executive-summary. pdf

④ Australian Institute for Teaching and School Leadership（AITSL）. National partnership agreement on improving teacher quality.（2012-12-28）［2018-10-20］. http://www. aitsl. edu. au/docs/default-source/default-document-library/ national_partnership_on_improving_teacher_quality.

⑤ Law 19. 961［Ministry of Education］. Sobre Evaluación Docente［About Teacher Evaluation］. Diario Oficial de la República de Chile.（2004-8-14）［2018-10-20］. https://www. leychile. cl/Navegar? idNorma=228943.

⑥ Santelices V,Taut S. Convergent validity evidence regarding the Chilean standards-based teacher evaluation system. Assessment in Education:Principles,Policy & Practice,2011,18(1):73-93.

这些政策条文的影响下,教师教学评估系统更加注重形成性的评价。在美国,领导绩效教学体系(为美国而教)的评估系统仅用于形成性评估,即以有利于改善感兴趣的关键结果的方式改进教学[1]。新加坡、德国和圣莫尼卡的系统,通过观察收集的信息主要用于改进教师教学实践的形成性评价[2]。之所以形成性评价如此重要,还与课堂教学这一活动有着紧密的关系。课堂教学是一个思维不断变化、情景不断生成的场所,课堂教学的不断变化性决定了课堂教学的评价不应该只关注结果,应当关注课堂教学的评价过程,注重形成性评价。可见,通过一节课或者某些教学片段来终结性地评价教师的评估方法已经渐渐被形成性评价所取代,形成性评价能够更加全面地帮助教师改进教学,提升教学技能。

(四)教师在评估中的风险降低

通过评估以及评估结果的不同用途,对被评估教师带来影响被称为评估风险。在这 18 个评估系统中,大部分评估都是为了更进一步地帮助教师维持良好的教学状态、改进教师在教学过程中遇到的问题,进而整体提升教学质量。例如,芝加哥和田纳西州的系统在新手和终身教师的评估方面存在明显差异,新手教师往往被更频繁地观察,承担更高的风险。同样,在托莱多、圣莫尼卡和纽约的评估系统中,新入职教师会因任期决定的方式面临较高的风险[3]。此外,部分评估系统采用多次课堂观察的结果进行对教学的总体评估,这样降低了被评估教师的风险。如美国匹兹堡的评估系统每年对教师进行多次的测评,同行教师再进行讨论,为教师技能提升提供支持,并未给教师带来评估压力,教师在评估中的风险较低[4]。新加坡、德国和圣莫尼卡的系统在评估过程中注重师生兴趣,会依据师生感兴趣的方式改进教学,这样给教师带来的后果是非惩罚性的,主要趋向于改进教师的教学实践,以及低风险性地提示教师改进教学[5]。新

①　Teach For America. Teaching as Leadership. About the TAL Rubric. (2018-05-02)〔2018-10-29〕. http:// www. teachingasleadership. org/sites/default/files/About％20the％20Teaching％20As％20Leadership％Rubric. pdf

②　Sanders W L, Horn S P. The Tennessee value-added assessment system (TVAAS): Mixed-model methodology in educational assessment. Journal of Personnel Evaluation in education, 1994, 8(3): 299-311.

③　Kane M T. Validation, In R. L. Brennan (Ed.), Educational measurement. Washington, DC: The National Council on Measurement in Education & The American Council on Education, 2006: 17-64.

④　Hakel M D, Koenig J A, Elliott S W. Assessing accomplished teaching: advanced-level certification programs. Washington, DC: National Academy Press, 2008: 246-252

⑤　Sanders W L, Horn S P. The Tennessee value-added assessment system (TVAAS): Mixed-model methodology in educational assessment. Journal of Personnel Evaluation in education, 1994, 8(3): 299-311.

加坡评估系统的案例表明,越是低风险惩罚,越会对教师产生更加积极的影响[1]。事实上,大部分评估系统都兼具形成性和总结性评价的功能,形成性的评价更加有利于被教师所接受,从而降低了评估的风险,进而督促教师进行教学改革,以至于提升教师专业发展水平。

(五)评估系统发挥诊断性功能

在评估系统的运行机制中,其扮演的角色和拥有的权力是评估有效运作的根本保障。通过对 18 个评估系统的分析发现,大部分评估系统的数据和信息会以不同的方式反馈给教师,以达到教师自我反思和调节的作用。评估系统扮演着诊断教师教学行为的角色,这种诊断性功能在各评估系统中达到了共识,但对教师反馈信息的方式存在较为明显的差异。例如在智利的评估系统中,评估者依据教师书面材料(教案、笔记及作业反馈等)和课堂视频获得信息,再以书面报告单的方式反馈给教师,这一报告单详细地描述了教师在七个不同维度上的行为表现信息,同时他们也会通过评估的结果来决定联邦资金的分配,用于教师专业发展[2]。在德国,检查员可以向学校委员会提供反馈,协调课堂评估中观察到的问题,然后校长可以与教师进行讨论,以描绘学校教师专业发展规划[3]。田纳西州、芝加哥和洛杉矶的评估系统在评估前会与被评估教师进行沟通,以协商评估的重点。评估完成后会向被评估教师针对性地反馈评估结果,进一步具体讨论改进计划,包括未来发展方向等[4]。另一种方式如托莱多的系统,以新教师和专家型教师互相结对的同伴互助模式收集信息,依据在教学中收集的信息帮助新教师成长[5]。总之,评估系统的诊断功能已经是其最重要的功能之一,在众多评估系统中都得到了凸显。

(六)学校在问责中的自主权增大

问责模式涉及谁有权进行评估、评估结果为谁所用、谁是评估主体等问题。一般将问责制模式分为两种,即问责制的专业模式和组织模式。专业模式的标

① Sclafani S,Lim E. Rethinking human capital in education:Singapore as a model for teacher development. (2008-06-21)[2018-10-22]. https://files. eric. ed. gov/fulltext/ED512422. pdf

② Santelices V,Taut S. Convergent validity evidence regarding the Chilean standards-based teacher evaluation system. Assessment in Education:Principles,Policy & Practice,2011,18(1):73-93.

③ Pietsch M. Evaluation von Unterrichtsstandards. Evaluation of classroom teaching standards. Zerziehungswiss,2010(12):121-148

④ Martineza F,Tautb S,Kevin Schaafa. Classroom observation for evaluating and improving teaching:An international perspective. Studies in Educational Evaluation,2016,49:15-29.

⑤ Mona M,Chijioke C,Barber M. How the world's most improved school systems keep getting Better. (2011-02-09)[2018-10-29]. http://www. avivara. org/images/How_School_Systems_Keep_Getting_Better. pdf

准化程度较低,因此评估者有较大的主动权,这种模式下产生的评价结果往往具有较低的惩罚性利益,通常依据专业团体灵活地提供问责,美国托莱多和新加坡的系统就采用这种模式①。而问责制的组织模式则尽可能地提供标准化问责结果,在一定程度上减少了评估者的自由裁量权②,这在美国各大学区开发的观察系统中表现得比较明显。组织模式在一定程度上提高了问责的一致性,并可以产生较为系统的改进措施。总体来看,学校在问责制中扮演着更加重要的角色,有更大的自主权。例如,在日本的评估系统中,校长在评估过程中可以通过标准化的观察自由搜集数据信息,以便确定教师在今后专业发展中的计划和需求③。然而在纽约市,评估人员包括校长在测评之前都必须进行培训,并通过网络测试才能参加评估。将评估任务委托第三方实施,也成为教学评估的一种主要方式。智利教育部会将评估任务委托大学评估中心来完成,在评估的过程中,评估委员会可以参与监督,并且有权批准和修改评估结果。在澳大利亚,不同的学校都制订了具体的课堂观察计划,即所谓的"教学回合",从而进一步获得整体教育的提升④,这样,学校在可以自由决定观察的方法、目的以及观察结果的用途,评估自主权增大。可见,将评估的主动权交给学校,评估的过程和结果由学校自由支配,在一定程度上提高了教育的自主性。

四、启示

（一）评估系统的落脚点:指向教师技能提升和教师专业发展

教师教学评估系统虽在评价维度和方式上有很大的差别,但大部分都将评估结果反馈给教师。如智利的教学评估系统在每次评估完成后,会给参评教师提供一份详细的报告单,反馈给教师评估的结果信息,从而达到教师自我诊断和改进教学的目的⑤。美国匹兹堡的评估系统更是对教师进行每年多次的测评,再通过同行教师进行讨论,为教师技能提升提供支持。对大部分教师而言,

---

①　Milanowski A. The relationship between teacher performance evaluation scores and student achievement:evidence from Cincinnati. Peabody Journal of Education,2014,79(4):33-53.

②　Taut S,Sun Y. The development and implementation of a national,standards-based,multi-method teacher performance assessment system in Chile. Education Policy Analysis Archives,2014,22(7):1-33.

③　Taut S,Sun Y. The development and implementation of a national,standards-based,multi-method teacher performance assessment system in Chile. Education Policy Analysis Archives,2014,22(7):1-33.

④　State Government of Victoria. Department of Education and Early Childhood Development. Towards Victoria as a LearningCommunity(2013-09-28)[2018-10-30]. http://www. education. vic. gov. au/Documents/about/department/ learningcommunity. pdf

⑤　Santelices V,Taut S. Convergent validity evidence regarding the Chilean standards-based teacher evaluation system. Assessment in Education:Principles,Policy & Practice,2011,18(1):73-93.

都有自我提升的愿望和空间,但是多数教师缺乏自我反思和改进的支持系统。德国教育家施奈德的自我研究表明,个体之所以要重构自我,是由于自我和世界概念的形成来自于本体内在的"影像",由于个体的"现实影像"永远处于不成熟状态,与"理想影像"存在一定的差距,因此,不断地追逐"理想影像"是个体的常态[1]。这可以理解为教师技能提升和专业发展的原始动力,但这种动力要有持续不断的能量和正确的发展方向,就必须有较为稳定的支持系统。好的教学评估系统能够为教师提供发现问题、诊断教学的有力工具,为改进教师的教学技能提供支持。结合观察对象与频次,除以职称晋升和评聘为目的的评估系统外,较多的评估系统针对全体教师,且关注终身评估。较为宏观和长期的评估数据,更能为教师专业发展提供较为明确的方向,给出具体的措施。我国目前在教师教学评估和促进教师教学技能的提升上还处于经验阶段,大部分还是利用专家主观的建议进行改进,对教师专业发展多以培训的形式提供支持,但这种方式针对性不强,操作性不够,收效甚微。教学评估只有及时准确地为教师提供长期的支持,才能起到保障教师教学质量稳步提升的目的。因此,让教学评估工具为教师教学技能提升和专业发展服务,是系统开发的基本理念。

(二)评估系统的设计路径:立足课堂实践与扎根理论相结合

教师教学评估系统的构架取决于当地的背景和文化,其评价机制和审查过程也是如此。然而,评估系统的核心方面存在着共性。如评估系统的学生导向性、教学效果与教学技能、教师的专业职责等方面是一致的。尽管可以找到评估系统的共性,但由于其基础结构的复杂性,这些共同维度的不同重点和操作给教师教学评估系统的设计留出了更大的空间。如美国的系统往往注重教师的行为焦点,一般注重教学实践和教学内容的狭义方面,依据个体实践与学生成就联系起来的实证数据来评估。相比之下,新加坡的系统将评估重点放在创造性教学等广义的定义维度上,这些维度是通过归纳教师的教学特征后,被同行和专家认可的关键指标[2]。TFA框架通过考虑心理特征来平衡对课堂行为的重视,它是通过对学生成绩最大化的教师的投入进行研究而得到的[3]。在诸多评估系统中,美国的教师教学实践评估系统以其多元化和多样性引领整个测评系统的发展方向,其最大特点有二,其一是强调扎根理论的重要性,在坚实的

① Schneider K. The subject-object transformations and"Bildung". Educational Philosophy and Theory,2012,44(3):302-311.

② Martineza F,Tautb S,Kevin Schaafa. Classroom observation for evaluating and improving teaching:An international perspective. Studies in Educational Evaluation,2016,49:15-29.

③ Farr S. Teaching as leadership:the highly effective teacher's guide to closing the achievement gap. San Francisco,CA:Jossey-Bass,2010:119-136.

理论基础上构建测评框架,保证测评人员资质,做大限度地保证测评的信效度;其二是教学评价建立在为学而教的理念下,通过实证研究对有效课堂教学行为进行识别,进而优化测评框架,以更好地发挥评价对教学的诊断和促进作用[①]。"Danielson 团队按照美国新教师评价与支持联盟的教师专业发展标准,扎根建构主义教学理论,开发出教学评估系统[②]。Pianta 团队扎根依恋理论、自我决定理论等心理学理论,开发出由教师情感支持、课堂组织以及教学支持三个模块的评估体系[③]。目前教师在实践方面有了长足的积累,大部分教学评估仅停留在经验的评判上,没能上升到一定的理论高度,因此导致教学评估缺乏专业性,仁者见仁,智者见智,评估结果难以形成系统的评估方案,进而指导教学。评估也自然成为了简单检验的交流,很难上升到理论高度,难以形成系统的评价。但教学评估应该是全面系统的、有坚实的理论基础的诊断过程,评估的结果应形成教学改进的方案,为教学提供可操作的改进措施。可见,教师教学评估系统是源自于课堂教学实践,扎根于深厚的理论基础而开发出来的具有广泛使用性的评估模型。课堂教学实践解决了系统开发中个性的问题,使得系统更加符合当地的背景与文化;扎根理论基础解决系统开发中共性的问题,使得系统更加具有普遍性和生命力。

(三)评估系统的结果:由高风险的总结性向低风险形成性转化

关于形成性评价在促进学生学习方面的重要意义,各种相关研究已达成基本共识[④]。教学评估的宗旨和其根本目的就是更好地促进教学,进一步帮助教师专业化发展。这种目的决定教学评估必然由高风险的总结性向低风险形成性转化。然而,通过上述研究,尤其是对评估系统中"利益关系"的分析,可以明显地看出,对教师教学质量的评价也由高风险的总结性评估向低风险形成性评估转化。在这 18 个评估系统中,大部分评估系统的目标是低风险的,是有助于教师专业能力提升的,只有少部分系统评估的结果存在高风险的用途,用于教师晋升和评聘。可见整个教师教学评估系统的导向是对教师的形成性评价,评价的目标要向诊断教师教学问题、引领教师教育教学能力提升、明确教师专业

① 梁文艳,李涛. 基于课堂观察的教师教学质量评价:框架、实践与启示. 教师教育研究,2018,30(01):64-71.

② Kane T,J Taylor E S,Tyler J H,et al. Identifying effective classroom practices using student achievement data. Journal of human Resources,2011,46(3):587-613.

③ Pianta R C,Hamre B K. Conceptualization,Measurement,and Improvement of Classroom Processes:Standardized Observation Can Leverage Capacity. Educational Researcher,2009,38(2):109-119.

④ Black P,Wiliam D. Assessment and Classroom Learning. Assessment in Education:Principles,Policy and Practice,1998.5(1):7-74.

发展方向转变。评估的立场要以教师为价值主体,把教师的发展放在评估的首要地位。评估的机制最大限度地为教师服务,问责模式不能挫伤教师发展的积极性,充分突显教师在教学评估过程中的重要地位。形成性理念指导下的教师教学质量评估,可以让教师在评估过程中轻松地展现真实的自我,能够最大限度地反映教师教学过程中存在的问题。这就需要降低教师在评估过程中的利益纠葛,把矛盾的焦点集中在课堂教学质量的提升和教师专业发展上,这样不仅有益于参与评价的教师本体,同时也有益于课堂教学过程中的学生群体。虽然从理论上分析,在同一评估系统中结合形成性评估和总结性评估是合乎逻辑的,但在实践中如何成功实现这两种评价方式并行仍然是一个悬而未决的问题。尤其是形成性评估如果不借助其他技术手段,仅凭借普通的课堂观察很难实施,因此,形成性评估还需要借助信息技术手段,利用大数据分析,采集跟多课堂信息和数据,进行较为全面的评价[①]。形成性评价固然重要,但总结性评价也是整个教育体系中不可缺少的一部分,有时为了教师职级晋升、职位评聘,必须使用总结性评价的结果。显而易见的是形成性评价的确切数据可为总结性评价提供更可靠的支持,让总结性评价的结果更加客观、可靠,进而达到内部的统一。

---

① Herman J,Baker E. Assessment policy:making sense of the babel. Handbook of education policy research. New York:Routledge,2009:176-19.

第六章　教材与试题评价

教育测评作为一项非常重要且又十分复杂的教育活动,它对整个教育起到"牛鼻子"的引领功能。测试作为学习者学习结果检测和教育教学效果监测的重要方法,在整个教育过程中得到广泛的使用。测试项目的难易程度直接影响着测试的质量和测量的公平性,综合难度系数模型能够在测试前对试题的整体难度做出评估,为有效合理的测量提供保障,同时它为结构化分析试题提供了可操作的理论依据。

第一节　美国高中数学教材评估标准

美国国家层面的高中数学审查标准有《共同核心州立标准·高中数学出版商标准》《教学材料评价工具·高中数学》《高质量教学材料工具·高中数学》和《高中数学课程与单元规定》,本节从不可妥协标准和一致性标准两个方面对这四个标准的各个指标进行统计,并结合我国教材实际加以剖析,基于价值取向,对不同评价标准的立场进行分析。得出"教材评估的价值取向:从立场单一转变为立场平衡;发展路径:从实体思维转向到实践思维;评价过程:从封闭集中发展为开放普适"的启示,试图的完善我国教材评估体系提供参考。

一、美国数学教学材料评估标准开发背景

不论是二战以后的"新数运动",还是后来"回到基础"的数学教育改革,美国国家报告都在呼吁加大对数学教育的关注。TIMSS 和 PISA 等其他国际性的大规模测试均已表明美国数学教育是广而不深的。这种教育带来的弊端是学生不能在每个主题上深入学习,导致基础不牢,会影响学生后续的学习。经过三十多年的经验积累,在美国两党的倡议下,美国国家教育主管和各州州长共同领导制定了共同核心州数学课程标准(CCSS-M)。该标准体现了来自各地的数百名教师、教育研究者、数学家和美国国家课程专家的集体智慧。这一标准综合了已有标准的优点,建立在大量美国国内和国际比较的实证数据基础上,为学生进入大学学习或职业技能提升打下坚实的基础。但是该标准本身无法提高学生的成就,也很难直接指导教师进行教学设计,也不能确保学生都能很好地学习。来自美国 40 多个州的经验表明,简单地采用共同核心标准或者

仅仅在教学上发生改变,不能直接提高学生的成就[1]。同样有研究表明,教学材料对学生成绩有显著影响[2]。正如哈佛大学的理查德·埃尔莫尔所指出的那样,为了进入教学核心并提高学习规模,必须将优质内容交到教师和学生手中[3]。

随着数学教育的普遍重视和共同核心州课程标准的不断推动,美国各教材出版商正在更新他们的教材、独立的课程提供商出现、教师们也开发了丰富的教学材料。美国国家、州和组织对共同核心州课程标准进行了广泛的发展和传播。但是如何保证教材和课标的一致性呢?传统的方法是一种机械式的内容对比,尽管这样保证了内容上较好的一致性,但有可能掩盖了课标的整体理念和主旨思想,导致课标与教材之间内容相符但理念差异迥然。因此在选择和决定教材方面,现在比任何时刻都重要。从国家层面到学校层面都必须使课程标准变成指导教师选择材料的可实施方案。随着多样化的教学产品被引入快速变化的市场,州和地方领导者、教育工作者都需要有一个标准来判断和审查教学材料的质量,以做出明智的购买决定。随着学生不断的发展变化,针对不同程度的学生选择符合他们的教学材料。在这样的背景下,各种教材审查标准应运而生。

二、美国数学教学材料评估标准的目的和意义

数学教学材料评估工具的设计目的是帮助数学教育工作者确定教学材料是否与共同核心州国家标准(以下简称 CCSS)的变化和主要特征相一致。CCSS 主要体现了以下变化。[4]

聚焦性:关注标准的焦点所在。

连贯性:强调跨年级思维,并将不同年级的主题连接起来。

精确性:在主要的主题中,追求概念上的理解,过程技巧和流畅性,以及同等强度的应用。

一般来说,判断教学材料和课程标准的一致性已经成为教材评估共识性的操作。但是这种共识性的操作仅仅保证了两者在表面文本上的一致性,在更深

---

[1]　Whitehurst G. Don't Forget Curriculum. Washington, DC: Brown Center Letters on Education Publishing, 2009:57.

[2]　CHINGOS M, WHITEHURST G. Choosing Blindly: Instructional Materials, Teacher Effectiveness and the Common Core. Washington, DC: Brown Center on Education Policy at Brookings, 2012:214-227.

[3]　Elmore R. Improving the Instructional Core. Cambridge, MA: Harvard Graduate School of Education, 2008:218.

[4]　Fan L. Applications of arithmetic in the United States and Chinese tex-books: A comparative study. Lond-on: Falmer Press, 1999:63.

层次的核心理念和基本思想上,不能保证教材完全体现了课程标准的意图[①]。教学材料评估标准可使这种一致性更加清晰可见,从而追求本质上的一致。美国在不同层面、不同角度有多样化、多元化的教材审查标准,这些标准为指导教学材料的评估、教科书的采购和选用及指导课程开发等起到了至关重要的作用。有证据表明,过去十年来,美国国家层面的课程标准已经变得更具有针对性,但是由于各州之间在教材审查方面缺乏一致性的沟通,教学材料并没有有效地与之匹配。而且,在共同核心州课程标准之前,美国高中数学课程标准在连贯性方面进展甚微:国家没有通过组织数学内容来促进学生的成就,因此教材审查标准——这个主题意义重大。这些审查工具可以为数学教育工作者、利益相关者和领导者提供有关教材质量的有用信息[②]。美国构建的教材审查体系已经相对比较完善,并且构成了一个全方位、多元化的评价体系,为后续高中数学课程的发展提供了保障,同时也为课程开发提供了有效参考。

三、美国高中数学教学材料评估标准评价体系

（一）分析对象

美国目前关于教材审查的标准大致分为全国性和地方性两类。全国性的教材审查标准主要由一些非盈利性教育组织和机构或出版行业组织召集相关人员研发;地方性的教材审查标准往往会参考全国性教材审查标准的结构、原则,再结合本州课程政策和实际情况制定相应的教材审查标准。如加利福尼亚州、犹他州等均发布了数学教材审查标准供当地在选择教材时使用。本书选取以下审查标准作为分析研究对象。

2013 年美国共同核心州数学课程标准正式修订发布,紧接着由全美教育委员会(NASBE)、全美州长协会(NGA)和州立学校首席官员委员会(CCSSO)等多部门联合研发了《共同核心州立标准·高中数学出版商标准》(*High School Publishers' Criteria for the Common Core State Standards for Mathematics*)[③];2016 年学生成就合伙伙伴(Student Achievement Partners)发布了《教学材料评价工具》(*Instructional Materials Evaluation Tool*,简称 IMET)[④];2017

① Remillard J T, Bryans M B. Teachers' Orientations Toward Mathematics Curriculum Materials: Implications for Teacher Learning. Journal for Research in Mathematics Education, 2004, 35(5): 352-388.

② Collopy R. Curriculum materials as a professional development tool: How a mathematics textbook affected two teachers' learning. The Elementary School Journal, 2003, 103(3): 287-311.

③ High School Publishers' Criteria for the Common Core State Standards for Mathematics. (2018-01-02)[2018-05-06]. https://achieve the core. org/page/227/revised-publishers-criteria-for-Mathematics.

④ Instructional Materials Evaluation Tool (IMET) Mathematics, High School. (2016-02-23)[2018-05-06]. https://Achieve the Core. org/page/1946/instructional-materials-evaluation-tool.

年 EdReports. org 发布的《高质量教学材料工具·高中数学》(*Quality Instruc-tional Materials Tool*)[①];教育者评价教学产品质量(EQuIP)发布的《高中数学课程与单元规定》[②]。以上标准除了高中阶段的以外,还有 K-8 的标准。本研究综合分析以上 4 个高中阶段的数学教材审查标准。

(二)评估步骤

EdReports. org 为了开发《高品质教学材料工具·高中数学》,开展了常用词汇的使用研究,在全美范围内收集了 500 多名教育工作者对标准的意见,邀请了数学家、数学教育家和出版商成立了锚教育工作组(AEWG),以开发该工具。该工具的审查步骤如图 6.1.1 所示

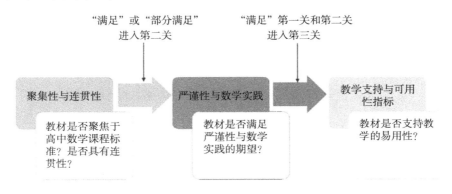

图 6.1.1　评估数学教材的流程图[③]

(三)标准内容分析

1. 不可妥协标准

共同核心州高中数学课程标准规定了所有学生为了进入大学和职业生涯而应该学习的数学。这成为高中不同教材必须广泛适用的先决条件。在高中课程中,课程的不断缩小和深化,形成了一种将话题联系在一起的结构。因此,材料必须一致地集中在广泛适用的先决条件上。聚焦性和连贯性是高中数学课程标准两个主要的基于证据的设计原则。为了保证高中数学的教材能够达

　　① Ed Reports. org Quality Instructional Materials Tool: High School Mathematics. (2016-08-30)[2018-4-13]. https://www. edreports. org/files/EdReports%20Quality%20Instructional%20Materials%20Tool%20HS%20Math%20Revised%208-30-16. pdf.

　　② EQuIP Rubric for Lessons & Units: Mathematics. (2013-06-17)[2018-04-13]. https://www. a-chieve. Org /files/EQuIPmathrubric-06-17-13_1. pdf.

　　③ Ed Reports. org Quality Instructional Materials Tool: High School Mathematics. (2016-08-30)[2018-4-13]https://www. edreports. org/files/EdReports%20Quality%20Instructional%20Materials%20Tool%20HS%20 Math %20Revised%208-30-16. pdf. /

到课标提出的这一目标,所有高中教材都必须满足聚焦性和连贯性,这构成了教材的不可妥协标准。为了统计方便,将《共同核心州立标准·高中数学出版商标准》简记为 PU,将《教学材料评价工具》简记为 IM,将《高中数学课程与单元规定》简记为 EQ,将《高质量教学材料工具·高中数学》简记为 ED。通过总结、统计美国国家层面的这四大教材审查标准,得到表 6.1.1。

表 6.1.1　不可妥协标准各指标对比统计表

标准	指标	证据举例(解释)	指标来源			
			PU	IM	EQ	ED
聚焦性	数学教材的大部分时间应该聚焦于广泛使用的先决条件,以便为大学和后续事业做好准备。	可以从教材的质量上来衡量师生是否将大部分时间投入到某部分内容,以此来说明是否满足先决条件	√	√	√	√
	材料体现 CCSSM 数学建模的完整意图	材料包括大量的情境问题,为实践提供机会,并促使学生解决问题。材料包括学生必须做出假设或简化的问题,以便以数学方式模拟实际情况。材料涉及多步骤、多环节的现实过程	√		√	√
	教材的设计适合高中学生的认知复杂度要求	材料涉及学生学习的核心概念以及与核心概念有关的问题解决,有一定的认知复杂度				√
	材料的设计可以让学生充分了解每个标准的要求	通过材料的学习学生可以获得标准的相关要求,能够充分体现标准				√
	材料的设计符合学生使用媒体和技术	教材中所给的内容可以和学生现有的技术紧密相连,进一步用技术解决问题			√	
	材料有明确和充分的指导,以支持目标标准的教学和学习	如教材中例题的设计要有规范性和严谨性,能为学生提供普遍的指导作用			√	
连贯性	教材设计考虑到 6～8 年级的数学知识、基本技能	初高中教材在内容上、逻辑上以及学生的认知上是连续的,学生的学习不会出现倒序和漏缺的知识	√	√		√
	材料在数学上是连贯的,各部分、各章节和各知识点之间建立了有意义的联系	教材内部的安排应该具有逻辑顺序性,有效地形成知识铺垫,不会出现认知断层现象			√	√
	内容的设计是基于在已有知识理解的基础上推理新概念而发展的	概念的诞生不是凭空的,要有知识的生长点,知识的生成要有理有据			√	
	内容的设计给学生进行跨单元、跨领域、跨知识的学习提供了机会	在强调连续性的同时,也要注意不同知识模块之间的相互独立性,以便促进学生跨模块、跨章节学习			√	

通过表 6.1.1 的指标统计可以看出,美国国家教材审查标准在聚焦性上主

要体现在两个重要方面,其一,教材的设置能保证将学生的大量时间和精力都集中在为进一步的大学学习和后续事业做准备的先决条件上,这也充分说明了该课程标准考虑到不同程度的高中学生对数学的不同要求;其二,要求教材集中体现《共同核心州高中数学课程标准》对数学运用,尤其是数学建模的完整意图,强调数学理论与实践的紧密结合,并将这种结合以项目化——数学建模的形式有效地连接起来①。除此之外,部分标准还强调学生的认知复杂度,材料与媒体技术的融合以及对学生的指导方面。这也说明美国数学教材更加强调学生的可读性,能够支持学生独立自主的学习,不仅是教师教学的教材,还是学生学习的"学材"②。

在连贯性上,美国国家教材审查标准主要强调了学段的衔接性,都强调高中教材的设置要考虑到6～8年级的数学基础知识和基本技能,这一点也是我国以往教材的弊端。但我国2017版《普通高中数学课程标准》也注意到这一弊端,强调"以义务教育阶段数学课程内容为载体,结合集合、常用逻辑用语、相等关系与不等关系、从函数观点看一元二次方程和一元二次不等式等内容的学习,为高中数学课程做好学习心理、学习方式和知识技能等方面的准备,帮助学生完成初高中数学学习的过渡。"③同时,美国教材审查标准还有涉及数学知识内部各章节的有效衔接、数学概念的连贯性演变过程,以及数学内容与其他学科内容之间有效的协调配合等。我国教材在数学与科学课有效衔接方面还存在不足④,如在三角函数这一部分,与高中物理中天体运动周期、角速度等内容的结合还有待改善。

2.一致性标准

一致性标准相比不可妥协标准,该标准规定的内容不再具有强制性,为各种版本教材的编写和审查提供可协商的依据,因此一致性标准相对具有灵活性。通过统计美国国家层面四个教材评估标准中的一致性标准,得到如表6.1.2所示的统计结果。

---

①　Cambridge Assessment. Could do better: Using international comparisons to refine the National Curriculum in England. (2016-10-28)[2018-06-06]. http://www. camhridgeassessment. org. uk/Images/124223-time-pates-paper-could-do-better-using-international-comparisons-to-refine-the-national　curriculum-in-england. pdf.

②　Fan L, Zhu Y, Miao Z. Textbook research in mathematics education: development status and directions. ZDM Mathematics Education, 2013, 45: 633-646.

③　中华人民共和国教育部制定. 普通高中数学课程标准(2017版). 北京:人民教育出版社,2017: 13.

④　邓友平. 科学主义与美国基础教育课程改革——"科学主义"作为美国课改驱动力的原因分析. 外国教育研究,2014,41(06):86-91.

表 6.1.2　一致性标准各指标对比统计表

标准	指标	证据举例（解释）	指标来源			
			PU	IM	EQ	ED
严谨性与平衡性	教材支持学生有意识的发展对关键数学知识的概念理解	在数量关系的不同数学表示之间确定对应关系的问题，方程与其图形之间的对应关系问题	✓	✓	✓	✓
	教材为学生提供有意识的机会来培养程序技能和流畅程度	流利程度和程序技能是否与学生对有关技能的概念理解的发展交织在一起	✓	✓		✓
	允许教师和学生使用所设计的材料花费足够的时间处理应用程序	是否有单步和多步的情境问题为实践提供机会，让学生参与解决问题	✓			✓
	教材能够在概念理解、程序应用与流畅程度之间保持平衡	这三个方面的内容在课时、重要性等多方面基本相当				✓
内容标准与实践标准	根据标准中规定的内容开设课程，有意识发展总体数学实践，强调课程的重点	材料是否在重复推理中使用规律性来阐明形式代数和函数？特别是函数的递归定	✓	✓		
	为所有学生提供广泛的课程等级问题	通过圆的方程来表达和处理关于方程式与其图表之间的对应关系	✓	✓		
	将课程级别的概念明确地与早期成绩和课程的已有知识相关联	关注函数的基本概念，明确定义域、值域。通过数字计算扩展为符号对象	✓			
	教材在标准规定的每个指标都有充分的练习	在反复练习中找到规律，如在函数 $f(x)$ 中用 $x-k$ 替换 x，则函数图像右平移 k 个单位			✓	
	材料支持标准强调数学推理和数学论证的发展	材料是否支持学生构建可行的论点，并批判关于课程水平的数学论证	✓	✓		✓
	材料支持标准强调有意识发展数学建模和使用数学工具	支持学生不仅提供答案和解决方案，而且强调解释、图表、数学模型	✓		✓	✓
	材料支持标准强调学生数学知识的整体结构和有意识的发展概括能力	材料明确地关注数学的专门语言、讲授方法、解决问题的方法和数学解释				✓
教学支持和可用性指标	材料必须同时为英语学习者和其他特殊人群提供支持	材料不应具有专门针对英语学习者的语言习惯，以及存在语言偏见、文化偏见等	✓	✓		
	使用和设计促进学生学习：材料设计良好，考虑到有效的课程结构和节奏	材料应区分问题和练习，数学任务设计成序列，多样化的数学表征方式，抽象和具体结合以及良好视觉设计	✓			✓
	支持教师发展和深入理解标准的学习进阶	有大量的注释，有教师用书，有教学计划安排、有教学方法、教学策略	✓			✓
	材料为教师提供资源和工具，以收集有关学生学习进展的持续数据	资料提供策略，以收集学生的先验知识，为学生在学习概念和技能方面不断的复习和实践提供了支持，提供持续的评估，鼓励学生自己监控		✓		
	差异化教学：材料支持教师区分不同学习者在课程内和跨课程的教学	教材有多个切入点，提供给不同学生学习，有多种策略，提供多样化的机会，材料为高水平学生提供更深入地研究数学内容提供支持		✓		✓
	有效的技术使用：材料支持有效利用技术来提高学生的学习效果。数字材料可以在多个平台上访问和使用	材料引导学生使用交互工具，材料具有网页等多平台支持，材料包括使用技术评估学生数学理解和程序技能知识的机会				✓

　　依据表 6.1.2 统计，美国数学教材评估标准中的一致性标准有三个方面，即严谨性与平衡性、内容标准与实践标准，以及教学支持与可用性。严谨性与平衡性要求学生参与并展示具有挑战性的数学任务，并在数学应用、数学概念理解和程序技能与流畅程度方面进行适当的平衡①。这一标准主要集中在有意识地培养学生对数学关键概念的理解，培养学生有意识的技能和数学流畅性以及学生花费足够的时间处理数学应用问题这三个指标方面。在数学关键概念的理解方面，我国的教材已经得到了充分的重视，但在数学流程性和数学应用方面，尤其是高中阶段还有待于继续优化。

　　共同核心州数学课程标准指出："课程评估和专业发展的设计师都应该关注将数学实践与数学教学中的数学内容联系起来的需要。"②内容标准与实践标准不是机械或随机的关联，而具有支持聚焦性和一致性，教材必须保证内容标准和实践标准之间的真实联系。从表 6.1.2 的统计来看，主要集中在三个指标，首先，在总体上支持聚焦性和一致性的前提下，依据课程标准有意识地发展数学实践，并且突出课程重点；其次，在课程内容上，强调数学推理和数学论证过程；最后，教材强调学生有意识地发展数学建模和使用数学工具。除此之外，部分教材评价标准还提到课程等级、教材中的练习、知识的整体结构和数学概括能力等有关的指标。结合我国目前的教材可以发现，我国普通高中数学教材在内容上比较完善，尤其在数学的推理和论证方面做得较好③。在实践环节虽有涉及，但未落实到位，尤其是数学建模和数学工具的使用方面还有待进一步的发展。2017 版课标已经将数学建模和数学工具的使用作为一个重点知识加以强调。

　　教学支持与可用性指标作为数学教材开放性和可读性的评价指标，在现代多媒体环境下显得尤为重要。依据表 6.1.2 的统计可以发现美国国家层面高中数学教材标准主要强调教材语言的公平性、设计的合理性、促进教师教学、适应差异化教学和教材的技术支持等多个方面。这在教材的未来发展方面会越来越受到重视。尤其是教材的技术层面，已经由单一的文本材料发展成为多文

---

　　① Remillard J T. Examining key concepts in research on teachers' use of mathematics curricula. Review of Educational Research, 2005, 75(2): 211-246.

　　② Common Core State Standards for Mathematics. (2017-12-03) [2018-05-06]. http://www.coreStandards.org/wp-content/uploads/Math_Standards1.pdf.

　　③ 史宁中, 孔凡哲, 严家丽, 崔英梅. 十国高中数学教材的若干比较研究及启示. 外国教育研究, 2015, 42(10): 106-116.

本、多媒体交互的综合性教材[①]。

四、美国高中数学教学材料评价标准的立场分析

评价作为一种明显的价值取向活动,其价值立场不可回避。"评价的主体是谁?""评价代表谁的利益?""评价的结果为谁所用"等问题,是一项评价活动需要解决的基本问题,教学材料的评价也不例外。就目前美国教学材料评价标准而言,其评价方式呈现多样化和多元化。从校级到州级,再到国家级的评价标准都相对比较完善。评价活动开放,评价主体宽泛。有以政府、社会媒体、学术团体及出版商等政策制定者和倡导者为主体的评价立场,也有学校教育工作者、学生及家长等实践参与者为主体的评价立场。有研究认为教材的评价可分为管理者立场、教师立场和学生立场[②]。依据这三种立场的划分,可对上述四个评价标准进行价值取向的分析。

以管理者为价值主体的教学材料评价标准认为教学材料是国家正式课程在课程实施过程中的物质载体,是国家教育主管部门意志的具体化。教材能够起到课程内容安排、课程进度控制及教学方法改变等多方面的管理功效。据此分析,由全美教育委员会(NASBE)、全美州长协会(NGA)和州立学校首席官员委员会(CCSSO)等多部门联合研发的《共同核心州立标准·高中数学出版商标准》(*High School Publishers' Criteria for the Common Core State Standards for Mathematics*)主要体现了管理者的立场。结合表6.1.1和表6.1.2的统计分析可以得出,该标准作为教学材料出版发行的具体准则,集中体现了美国共同核心州数学课程标准(CCSS-M)的具体要求和相关精神,也间接地反映了官方课程制定者的意志。管理者立场价值取向下的教材评价往往由教育管理者或者教育管理部分组织和任命的专家构成,评价内容虽然可以照顾到不同方面,但这种评价主要考虑教材的选用,评价往往反映社会性质,关注不同人群在政治、阶级、种族、性别、文化等方面的需求[③]。例如在《共同核心州立标准·高中数学出版商标准》中就更加关注"英语学习者和非英语学习者对使用数学教材的平衡,强调"材料必须同时为英语学习者和其他特殊人群提供支持"。同时也考虑到了"差异化教学",强调"材料支持教师区分不同学习者在课程内和跨课程的教学"。但管理者立场的评价过于重视教材的管理和实施,忽视教材实

---

① Tarr J E,Reys R E,Reyes B J,Chavez O,Shih J,Osterlind S J. The impact of Middle-grades Mathematics Curricula and the Classroom Learning Environment on Student Achievement. Journal for Research inMathema-Tics Education,2008,39(3):247-280.

② 柳叶青.方法论视角下国内外教材评价研究立场与路径评析.基础教育,2018,15(03):66-75.

③ Farr R,Tulley M A. Do adoption committees perpetuate mediocre textbooks?. Phi Delta Kappan,1985(7):467-471.

施过程中的实际效果。

　　以教师为价值主体的教材评价将教师的教放在首位,这一价值取向和教师在教育教学活动中的身份地位紧密联系,在某种程度上反映了教师角色的转变。随着教师成为教育教学的研究者这一观念的盛行,教师的角色由知识的传授者转变为教育教学问题的实践者和探索者,教师的研究主要体现在课程实践中积极反思、批判与探究,在具体的问题情境中寻求问题解决的途径[①]。通过表6.1.2的统计分析,可以发现学生成就合伙伙伴(student achievement partners)发布了《教学材料评价工具》(Instructional Materials Evaluation Tool,简称IMET)和 EdReports. org 发布的《高质量教学材料工具•高中数学》(Quality Instructional Materials Tool)均以教师评价为主,体现教师立场。如"材料为教师提供资源和工具,以收集有关学生学习进展的持续数据"和"允许教师和学生使用所设计的材料花费足够的时间处理应用程序"都从教师立场出发,强调教师在教材评估中的主体地位。显然,教师立场的评价可能会出现评价不够客观等问题。同时也不利于形成课堂教学中师生平等民主的身份地位

　　以学生为价值取向的教材评价从学习者的角度出发,评价教材是否适应于学生的学。Rezat 通过分析学生使用教材的情况,发现学生的问题解决程式和教材中的例题有着紧密的联系,学生参照例题完成练习和习题任务,也可依据例题预习下一节课的内容,并形成思维定式[②]。教材为学生提供了学习最为重要的文本类信息,教材是否适应学生的需求,成为学生立场最为关注的焦点。Begle 认为"大部分学生的学习是由文本定向的,而不是教师教导的,文本是我们可以控制的一个变量。"[③]所以,学生的学习状态可以间接反映教材的质量,通过评价学生学习状态来评估教材成为教材评估的间接方式,这种方式也正好体现了从实体思维向实践思维的转变。在表 6.1.1 和表 6.1.2 的统计中,教育者评价教学产品质量(EQuIP)发布的《高中数学课程与单元规定》这一标准体现了学生立场。例如"材料的设计符合学生使用媒体和技术""材料有明确和充分的指导,以支持目标标准的教学和学习""内容的设计给学生进行跨单元,跨领域、跨知识的学习提供了机会"等评价指标都是从学生学习的角度出发,评价教材是否适合学生学习。学生立场的教材评价虽然和"学生为主体"教育教学观念相契合,但同样存在较大的问题,因为教材不能直接影响学生的学习效果,若仅以学生的学习效果来评价教材,势必出现逻辑关系的偏差。这样就忽略了教

　　① Carol M S,John L S. Teacher as researcher. Journal of Behavior,1995(3):439-451.
　　② Rezat S. The utilization of mathematics textbooks as instruments for learning//Proceedings of CERME6. Lyon,France:28 January-01 February,2009.
　　③ Begle E G. Some lessons learned by SMSG. Mathematics Teacher,1973(3):207-214.

师、家庭、社会环境等对学生学习效果的影响,显然存在评价的科学性问题。

五、结论与启示

(一)教材评估的价值取向:从立场单一转变为立场平衡

教材审查制度是一个国家教育制度中非常重要的一部分,与国家的教育行政管理制度和教材管理体系密切相关,同时也与利益分配和权力制约格局相连。美国在教材的编审和选用中具有一套比较成熟的体系,国家层面和地方各州都有系统的评价制度和评价标准。然而,教学材料评估标准的价值取向成为教材评价的根本性问题,这一问题直接关系到整个课程的实施、教学观念的转变,以及教育教学活动的开展。就目前的教材评级标准而言,主要有三种立场,即管理者立场、教师立场和学生立场[1]。综合分析国内外教材研究现状,管理者立场的教材评估占据整个教材评估的主体地位。如美国各州早在 1890—1920 年,就以立法的形式规定了教材的审查及选用程序,具有各自的“州选政策”,保证了所选取教材的质量[2]。我国教育部也于 2001 年 6 月正式颁布了《中小学教材编写审定管理暂行办法》(教育部 2001 第 11 号令),其中的第二十四条从政治性、基础性、科学性、特色性以及技术质量标准等 5 个方面对教科书审定的原则做出了规定。在具体的审查工作中考虑到教材内容、教材体系、教材文字插图、教材作业和练习以及教学软件、音像软件和挂图等[3]。这都体现了管理者立场的评价,这种立场显然忽略了教材使用者“教师”和“学生”的感受,以教材的科学合理性来代替教材有效性的做法难以立足,教材需要从以使用者为主体的角度来评估其实际效用。因此,从教师教和学生学的角度评估教材的适切性和有效性成为重要的研究趋势[4]。例如美国促进科学协会联合美国科学院、联邦教育部等 12 个机构启动的“2061”计划,其教材评价包括内容(广度、深度、连贯性、案例、呈现等)和教学(强化目标意识、考虑学生观点、提高学生参与性、开发和使用科学概念、促进学生思考现象、经验和知识、评价进步、强化科学学习环境等)两个维度,采用等级量表,细化到每个等级对应的分数[5],这样就保证了评估的一致性和可操作性,为教育群体评估教材提供了依据。弗罗里达州《教材评价优先考虑的领域》的文件也强调了“内容”“表述”和“学习”三个方面的评价

① 柳叶青.方法论视角下国内外教材评价研究立场与路径评析.基础教育,2018,15(03):66-75.

② 王岳.美国中小学教材出版现状透视.课程·教材·教法,2001.(4):72

③ 王郢,孙霄兵.教材审查中的几个问题探微.中国教育学刊,2009(5):68-71.

④ Herbel-Eisenmann B. From intended curriculum to written curriculum:Examining the "voice" of a mathematics textbook. Journal for Research in Mathematics Education,2007,38(4):344-369.

⑤ The American Association for the Advancement of Science. Project 2061 Analysis Procedure. (2014-12-18)[2018-05-16]. http://www. project 2061. org/publications/ textbook/hsbio/report/analy-sis. Html.

指标①。总的来说,目前的教材评估立场比较单一,主要以管理者立场为主,但为了科学有效地评价,需要将管理者立场、教师立场和学生立场加以平衡,做到评价标准更加科学合理有效。

(二)教材评估的发展路径:从实体思维转向到实践思维

教材评价价值取向的转变,立场的多元化平衡,其背后也正体现着教材评价思维方式的转变。20 世纪以来,人类思维(包括教育学思维)正发生深刻变革,从追问世界和事物的"本源"或"始基"的"传统实体思维"转变为强调"主体"及其实践在"关系"中的主导地位的"实践思维"②。所谓教材评价中的实体思维,可以诠释为以静态为主、去情境、无主题的"元素分析法"。教材最重要的,不在于它固有的属性特征多么完美,而在于它能否被师生有效使用,师生主体是否能够与教材发展出一种积极、动态的意义关系。教材评价研究最终指向教学改进和个体发展,而不仅是教材质量提升③。随着基于课程标准的教育教学改革的发展,教材和课标的一致性问题越来越受到人们的关注。在这种情况下,更容易从实体思维出发,抛开学生具体实践效果,而只注重文本的元素分析来评价教材,导致教材逻辑科学合理、结构完整全面,但实际效果不佳的问题。"这种以元素分析法为主评价出来的好教材是僵化的,它是一种实体式的思维方式,常常不能用于教学实际。"④实践思维从教材使用者的立场出发,分析教材的适切性。以教材的使用效果和满意程度来衡量教材的优劣。用实践思维看待教材评价,能把主观和客观、本质和现象、关系和过程视为主客体互动中不可分割的动态整体,进而真正理解与把握教材评价的本真意义⑤。教材评价思维范式的转型与价值取向的转变密不可分,互为条件。教材研究从注重管理者立场转变为以教师、学生立场为主,兼顾管理者立场,这种转变促进了教材评估的发展,更加倾向于实践。同时,向实践思维转变,教材评估势必会将焦点集中在教材的直接使用者——教师和学生的身上,为立场的转变提供了基础。当然,教材评价的发展路径是从实体思维向实践思维转变,并不意味着实践思维取代

①　Policies and procedures 2003-2007 Florida instructional mare rials adoption. (2006-11-20)[2018-05 -20]. http://www. firn. edu/doe/instmat/pdf/poloro06. pdf.

②　ELsner E W. From episteme to phronesis to the study and improvement of teaching. Teaching and Teacher Education,2002,(18):375-385.

③　柳叶青. 从实体思维到实践思维:当前教材评价研究的新趋势. 课程·教材·教法,2017,37 (12):24-30.

④　Knight P. A systemic approach to professional development:leaming as practice. Teaching and Teacher Education,2002,(18):229-241.

⑤　姜勇. 从实体思维到实践思维:国外教师专业发展新取向. 外国教育研究,2005(03):1-4.

实体思维,这种转变仅强调了对实践的重视,还需实体思维参与[1]。

（三）教材评估的评价过程:从封闭集中发展为开放普适

通过对美国国家层面的《高中数学教材评估标准》的分析可以看出,教材评价标准已经成为评价各种教学材料的重要依据,除教科书以外,还包括各种教学辅助材料,都可通过教材评估标准进行评价。近年来,国家对教材的重视达到了空前的高度,2017年专门成立了国家教材委员会和教育部教材局,对普通高中课程标准进行了修订。但相比于美国,我国还没有专门针对学科的教材评估标准,广大教师还不能参与教材的评估,成为教材多样化发展及质量提升的一个重要制约因素。我国的教材审查与评估制度还有待进一步完善。目前我国高中数学教材实行"一标多本"的形式,[2]但是这些教材如何审查和评估,以及相应的评估体系和审查流程还不是很明晰。现有的教材不能很好地符合各地学生发展实际,教材与学生自主学习的适应性较差,教材与现有考评体制脱节,教辅资料繁杂,因此,在教材审和评估中,扩大评估的主体,让作为教材使用者的师生参与到教材的评估中,赋予其教材评估权利,将有利于教材质量的提升,以更好地服务于教师教学及学生成长。教材评价应该是一个开放的系统,从教师和学生的立场出发,在教育教学实践中检验教材的优劣,将教材的使用权和评价权还给教育教学的实践者,这样不但教师和学生能够选用适合的教材,同时也为教材市场提供了一种"优胜劣汰"的自然评价法则。当然,凡事都有两面性,这种"放手"不是无标准、无目标的任其自由发展,应该是在国家课标的指导下,科学合理有秩序地发展;应该是兼顾管理者立场、教师立场和学生立场的多元化价值取向的发展;应该是实体思维指导下重视实践思维的发展。

第二节　中韩高考数学试题综合难度比较

中韩同为儒家文化圈下典型的国家,在高考制度上有着共同的特点,具有相互借鉴的价值。笔者依据高考数学试题的特点,对传统的综合难度系数模型做了改进,再利用改进后的综合难度系数模型,对中韩两国近三年的高考数学试题从"背景因素、是否含参、运算水平、推理能力、知识含量、思维方向、知识水平"7个因素做了分析,比较得出"中韩数学试题'背景因素'有明显差异,韩国试题更加注重问题情境;韩国试题'推理因素'难度水平偏低,注重演绎推理与合情推理的结合;我国高考数学试题'综合难度'偏高,要求考生有一定的数学基

---

① 孙美堂.从实体思维到实践思维——兼谈对存在的诠释.哲学动态,2003(9):6-11.

② 马云鹏.基于教材,高于教材.山东教育,2018(7):1-2.

础"的结论,为我国高考数学试题的命制提供参考。

从文化背景上看,全球分为三大国际性文化圈,即伊斯兰教文化圈、基督教文化圈和儒家文化圈。伊斯兰文化圈主要分布在亚洲南部、西部和北非等地,基督教文化圈主要分布在美洲、欧洲、澳洲等地,儒家文化圈主要分布在东亚等地。儒家文化圈是以儒家文化作为基础构建起来的社会圈层[1]。中国和韩国作为儒家文化圈的代表性国家,有着相似的文化背景,通过比较分析中韩两国高考数学试题,能够为我国高考数学试题的命制和改革提供参考。

韩国历来高度重视教育,自建国以来,先后进行了多次高考制度改革,高考制度一直不断完善和健全。从 1994 年始,韩国高考实施大学学业能力测试(대학수학능력시험 或 college scholastic ability test,以下均简称为 CSAT),CSAT 具有学科测验与升学适应性测验相结合的性质,旨在对考生高中及其以前学校教育阶段学力和是否具备进入高一阶段学习能力潜质的考查,强调学科间的知识渗透,它在选拔自律性高、多样化和有特长的学生方面取得了一定的成效[2]。韩国数学试题时限为 100 分钟,试卷总分为百分制,在试卷组织形式上并没有单独列第Ⅰ卷和第Ⅱ卷。在试题类型上单选题采用了 5 选 1 的形式,试题总量增加到 30 题,并没有设置选考内容,其中 21 道选择题,9 道解答题,每题分值较小,都是 2 分、3 分或 4 分。试卷分 A、B 卷平行卷[3]。

一、理论基础

(一)文献综述[4]

有关综合难度系数模型的研究,源于 Nohara(2001)提交给美国国家教育统计中心的一份报告,该报告首次提出了总体难度的概念,认为总体难度由"扩展性问题""实际背景""运算"和"多步推理"四个要素构成,鲍建生(2002)在该理论的基础上提出了数学习题评价的综合难度系数模型,具体如表 6.2.1 所示;史宁中,孔凡哲等人(2005)从影响课程难度的三个主要因素:课程时间、课程难度和课程深度入手,构建了刻画课程难度的定量模型 $N = \alpha S/T + (1 - \alpha)G/T$,该模型只界定在对课程难度的评价上,不适合标准化考试试题,尤其是高考试题的评价[5];张维忠和黄丽虹结合鲍建生提出的试题难度综合评价模型

① 徐小洲.韩国高考改革的动向及启示.教育研究,2003,287(12):66-82.
② [韩]金真.韩国古代考试制度与中国文化.考试研究,2015,49(2):106-110.
③ 武小鹏,彭乃霞,张怡.韩国 CSAT 数学试题考点与结构评析.数学通报,2017,56(3):46-53.
④ 鲍建生.中英两国初中数学期望课程综合难度的比较.全球教育展望,2002,31(9):48-52.
⑤ 史宁中,孔凡哲,李淑文.课程难度模型:我国义务教育几何课程难度的对比.东北师大学报,2005,218(6):151-155.

和史宁中的提出的课程难度模型对新教材"三角形"课程难度做了对比分析[①]。

表 6.2.1　综合难度因素的水平划分

因素	水平一	水平二	水平三	水平四
探究	识记	理解	应用	探究
背景	无实际背景	个人生活	公共常识	科学情境
运算	无运算	数字运算	简单符号运算	复杂符号运算
推理	无推理	简单推理	复杂推理	
知识含量	单个知识点	两个知识点	三个以上知识点	

有关课程和试题的国际比较方面,卢建川和廖运章等人对英国数学英才选拔考试 MAT 综合难度做了分析,为中国培养英才提供了参考[②];王建磐和鲍建生选取中国、美国、法国、俄罗斯和澳大利亚的六套教材,对例题中的难度系数做了分析,为我国教材编写提出了建议[③];Yu Jaehyuk 和 Lee Daehyun 对中韩中小学教材中的几何部分做了比较分析,以便寻找更有效的学习几何知识的方法,以发展韩国教材中的几何知识[④];Suh 和 Bo Euk 对中韩两国数学课程改革做了对比研究,从四个方面对两国课改的异同做了分析[⑤];武小鹏等人对中韩两国高考数学试题的考点和结构做了对比分析,得出两国高考试题在试题结构和考察内容上的异同,为相互借鉴提供参考[⑥]。

就目前研究而言,中韩高考试题的对比研究较少,尤其是对中韩高考数学试题难度的比较更是少之又少。结合已有研究,在鲍建生等人提出的综合难度系数模型的基础上进行改编,形成高考试题的难度的评价模型,使之更符合标准化考试的评价。因此通过建立难度模型,对中韩高考数学试题进行比较分析,为进一步优化两国高考数学试题质量有一定的参考借鉴意义。

(二)研究框架

目前传统的综合难度系数模型主要针对教材中的习题评价,教材更加强调学生素养的评价,相对因素比较齐全。而标准化考试的试题,更加强调可测性

①　张维忠,黄丽虹.新教材"三角形"课程难度的对比分析.数学教育学报,2009(4):61-64.

②　卢建川,廖运章,王华娇.英国数学英才选拔考试 MAT 综合难度分析.数学教育学报,2015(6):31-34.

③　王建磐,鲍建生.高中数学教材中例题的综合难度的国际比较.全球教育展望,2014,43(8):101-110.

④　Yu Jaehyuk,Lee Daehyun. Yu J,Lee D. Comparative Analysis of Elementary Mathematics Textbooks in Korea and China:Focused on the area of Geometry. Education of Primary School Mathematics,2013(1):57-70.

⑤　Suh,Bo Euk. A Comparative Study on 2011 Reformed Elementary School Mathematics Curriculum Between Korea and China. Education of Primary School Mathematics,2015(1):1-16.

⑥　武小鹏,彭乃霞,张怡.韩国 CSAT 数学试题考点与结构评析.数学通报,2017,56(3):46-53.

和区分度,因此,传统的难度系数模型在评价标准化考试试题,尤其是高考数学试题时,适切性不够。为了让模型更加适切,综合高考数学试题的特点,将模型的因素修订成背景因素、是否含参、运算水平、推理能力、知识含量、思维方向和知识水平这 7 个方面[①]。为了体现高考试题中思维方式的重要性,本节在原有因素的基础上加入了"思维方向"因素,并对各因素的水平按照高考试题的特点做了具体划分和界定,让试题的编码过程更加可操作,如表 6.2.2 所示。

表 6.2.2　基于高考试题的综合难度系数模型结构与内涵[②]

因素	水平	编码	内涵
背景因素	无背景	A1	试题中没有出现具体背景,就数学知识本身展开问题
	生活背景	A2	数学问题融入到实际生活背景之中,与解决实际生活问题有关
	科学背景	A3	试题不是直接展开,而是利用其它科学知识,包括有数学图形、图象等背景
是否含参	无参数	B1	试题中还有未知参数运算,其中包括常值参数、参数变量
	有参数	B2	试题中没有相关的参数变量,都是静态数值运算,没有涉及到变化
运算水平	简单数值运算	C1	试题中的运算是常规数字运算,一般只包括加、减、乘、除、乘方、开方等运算
	复杂数值运算	C2	运算具有创新性,一般只包括指数、对数、三角等具有复杂环境当中的数值运算
	简单符号运算	C3	运算包含了简单的数理逻辑推理,如三角值计算,二项式计算,简单概率运算等
	复杂符号运算	C4	试题中有复杂的逻辑推理,如涉及复杂关系的证明、复杂轨迹的方程等
推理能力	简单推理	D1	推理涉及的数学知识背景比较熟悉,推理步骤较少(一般在 3 步之内)
	复杂推理	D2	推理涉及的数学知识背景比较抽象,推理步骤较多(一般多于 3 步)
知识含量	单个知识点	E1	以独立的知识单元为知识点的划分单位,试题就仅包括一个独立的知识单元
	两个知识点	E2	以独立的知识单元为知识点的划分单位,试题就仅包括两个独立的知识单元
	大于等于三	E3	以独立的知识单元为知识点的划分单位,试题就仅包括多个独立的知识单元
思维方向	顺向思维	F1	试题的思路是按照现有的知识安排顺序,顺向直接解决问题
	逆向思维	F2	试题的思路是逆向现有的知识安排顺序,逆向间接解决问题
认知水平	理解	G1	试题仅仅是对某一知识的直接考察,仅需要理解该知识就可以解决问题
	运用	G2	试题是在某一知识的基础上通过不同数学情景做了构造,属于知识的应用
	分析	G3	试题暗含的条件较多,需要深入分析和综合应用题目各个条件,才可以解题

依据表 6.2.2 的综合难度系数框架,可以建立各因素的难度系数模型 d_i:

$$d_i = \frac{\sum_j n_{ij} d_{ij}}{n} \quad (\sum_j n_{ij} = n; i = 1, 2, 3, \cdots, 7) \tag{1}$$

其中,$d_i (i = 1, 2, 3, 4, 5, 6, 7)$ 表示不同的维度,d_{ij} 为第 i 个维度中的第 j 个水

①　张怡,武小鹏.综合难度系数模型在 2016 年高考数学试题评价中的应用.教育测量与评价(理论版),2016(12):47-53.

②　濮安山,徐慧敏.PEP(A)版与 IBID 版数学教材中平面向量例题难度的比较.数学教育学报,2016,25 (03):10-13.

平的权重(依据不同水平分别取 $1,2,3,\cdots$);n_{ij} 则表示这组题目中属于第 i 个维度中的第 j 个水平的题目的个数;n 代表题题目总个数[①]。

因此,整套试题的综合难度系数就应该是各因素综合难度系数的加权平均,设 k_i 为各因素在整个试题中所占的权重系数,可以得出整套试题的总的综合难度系数 D:

$$D=\sum_{i=1}^{7}d_ik_i=\frac{\sum\limits_{i=1}^{7}(\sum\limits_{j}n_{ij}d_{ij})k_i}{n}(\sum_{j}n_{ij}=n;i=1,2,3,4,5,6,7)$$

$$(6.2.2)$$

该模型采用了对影响试题不同因素进行解构的方式,使得对试题难度的分析更加深入。在计算综合难度系数时,考虑到每各因素不同水平的影响权重,综合难度的计算是不同水平的加权平均运算,难度计算更加科学合理。

二、研究方法

(一)研究对象

韩国试题选取 2014、2015、2016 年大学修业能力考试(CSAT)数学试题 A[②],中国试题选取 2014、2015、2016 普通高等学校统一入学考试全国 I 卷。其中,全国卷试题的分析包括 3 道选做题。

(二)数据收集与处理

按照表 6.2.2 不同因素的界定,对中韩 6 套试题进行分类编码。为了方便,不妨设 CA 表示全国卷,KA 表示韩国卷。如例1,例2,可编码如下。

例1:《九章算术》是我国古代内容极为丰富的数学名著,书中有如下问题:"今有委米依垣内角,下周八尺,高五尺。问:积及为米几何?"其意思为:"在屋内墙角处堆放米(如下图,米堆为一个圆锥的四分之一),米堆底部的弧长为 8 尺,米堆的高为 5 尺,问米堆的体积和堆放的米各为多少?"已知 1 斛米的体积约为 1.62 立方尺,圆周率约为 3,估算出堆放斛的米约有(　　　　)。

(A)14 斛　　　　(B)22 斛　　　　(C)36 斛　　　　(D)66 斛

---

① 高文君,鲍建生.中美教材习题的数学认知水平比较——以二次方程及函数为例.数学教育学报.2009,18(4):57-60.

② 韩国 CSAT 数学试题来源:http://www.kice.re.kr/boardCnts/list.do? boardID=1500234&m=0403&s=suneung&searchStr.

　　此题属于生活背景、无参数、简单数字运算、简单推理、单个知识点、顺向思维、理解水平的试题。

　　例 2：韩国高考数学试题举例[①]

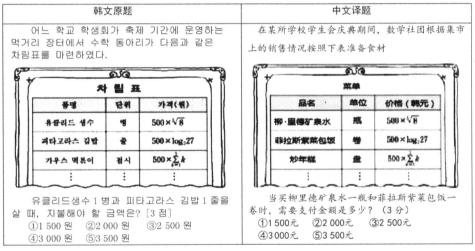

韩文原题	中文译题
어느 학교 학생회가 축제 기간에 운영하는 먹거리 장터에서 수학 동아리가 다음과 같은 차림표를 마련하였다.	在某所学校学生会庆典期间，数学社团根据集市上的销售情况按照下表准备食材

차림표		
품명	단위	가격(원)
유클리드 생수	병	$500 \times \sqrt{8}$
피타고라스 김밥	줄	$500 \times \log_3 27$
가우스 떡볶이	접시	$500 \times \sum_{k=1}^{8} k$

유클리드생수 1병과 피타고라스 김밥 1줄을 살 때, 지불해야 할 금액은? [3 점]
①1 500 원　②2 000 원　③2 500 원
④3 000 원　⑤3 500 원

菜单		
品名	单位	价格（韩元）
柳·里德矿泉水	瓶	$500 \times \sqrt{8}$
菲拉斯紫菜包饭	卷	$500 \times \log_3 27$
炒年糕	盘	$500 \times \sum_{k=1}^{8} k$

当买柳里德矿泉水一瓶和菲拉斯紫菜包饭一卷时，需要支付金额是多少？（3分）
①1 500元　②2 000元　③2 500元
④3 000元　⑤3 500元

　　此题属于生活背景、无参数、复杂数字运算、简单推理、两个知识点、顺向思维、理解水平的试题。

　　韩国高考数学试题题目总数 30，分值基本为 3 到 4 分，个别题目 2 分，分值相差不大；但中国高考数学试题选择题、填空题每题 5 分，而解答题为 10 或 12 分，题目分值相差较大，为了平衡分值带来的误差，中国高考数学试题解答题进行双重编码，即分层进行编码，因此每套试题有 32 个编码。按照表 6.2.2 中试题编码内涵的界定对 2013—2016 年中韩 6 套高考数学试题进行编码（为方便起见，编码的不同水平用 1，2，3 等数字代替），最终形成原始编码数据，见附件 1

　　①　武小鹏，张怡，张钧波.韩国高考制度的演变及思考.教育测量与评价，2017（5）：52-57.

和附件 2。再通过统计得到表 6.2.3,其中综合难度系数按照公式(6.2.1)进行计算。

表 6.2.3　中韩高考数学试题综合统计①

因素	水平	题目数		百分比/%		综合难度系数	
		CA	KA	CA	KA	CA	KA
背景因素	无背景	84	65	87.50	72.22	1.20	1.44
	生活背景	5	10	5.21	11.11		
	科学背景	7	15	7.29	16.67		
有无参数	无参数	31	30	32.29	33.33	2.35	2.33
	有参数	65	60	67.71	66.67		
运算水平	简单数值运算	13	33	13.54	36.37	2.24	2.02
	复杂数值运算	13	5	13.54	5.55		
	简单符号运算	34	17	35.42	18.89		
	复杂符号运算	36	35	37.50	38.89		
推理能力	简单推理	45	48	46.88	53.33	2.06	1.93
	复杂推理	51	42	53.12	46.67		
知识含量	单个知识点	41	48	42.71	53.33	1.68	1.62
	两个知识点	43	28	44.79	31.11		
	大于等于三	12	14	12.50	15.56		
思维方向	顺向思维	24	37	25.00	41.11	2.50	2.18
	逆向思维	72	53	75.00	58.89		
认知水平	理解	32	43	33.33	47.78	1.99	1.80
	运用	33	22	34.38	24.44		
	分析	31	25	33.29	27.78		

三、研过程与结果

　　根据表 6.2.3 的统计结果,以下对中韩高考数学试题在背景因素、有无参数、运算水平、推理能力、知识含量、思维方向和认知水平 7 个因素进行对比分析,最后对各因素之间的综合难度系数做对比说明②。

①　张瑞炳,倪明.中国和俄罗斯高考数学考查内容比较研究.数学教育学报,2016,25(02):32-35.
②　王建波.中美澳初中数学统计课程难度的比较研究.数学教育学报,2017,26(04):50-55.

（一）背景因素

在背景因素上的统计结果如图 6.2.1 所示。

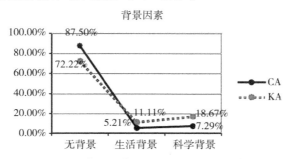

图 6.2.1　背景因素不同水平变化折线对比图

从图 6.2.1 可以看出，中国试题中，生活背景仅占题目总数的 5.21％，而韩国试题生活背景占到了 11.11％，韩国试题在生活背景这一水平远高于中国试题，是中国试题的 2 倍多；在科学背景方面，中国试题占 7.29％，而韩国试题为 16.67％，依然是韩国试题远高于中国试题。总之在背景因素方面，中国试题和韩国试题表现出较大的差异，中国试题中有背景知识的题目远低于韩国试题。

（二）有无参数

在有无参数水平的统计结果如图 6.2.2 所示。

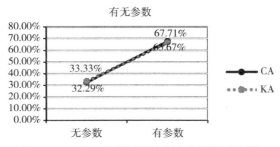

图 6.2.2　有无参数不同水平变化折线对比图

依据图 6.2.2 可以发现，两国试题在"有无参数"这一因素上表现出一致性，几乎没有差异，都有较高比例的有参数题目，有参数的题目占到了三分之二左右，两国试题在参数这一指标的考察上具有一致性。

（三）运算水平

运算水平的统计结果如图 6.2.3 所示。

从图 6.2.3 可以看出，简单数值运算水平在中国试题中仅占 13.54％，而在韩国试题中则占到了 36.37％，几乎是中国试题比例的 3 倍，韩国试题在低水平运算方面占有较大的比例。在复杂数值运算和简单符号运算这两个水平，中国试题占有较大的比例，都比韩国试题高出 2 倍左右。两国试题在复杂符号运算水平上都有较高比例的试题,这一水平的试题占到整个试题三分之一以上。

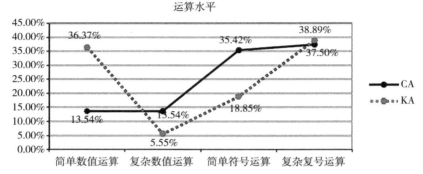

图 6.2.3　运算因素不同水平变化折线对比图

(四)推理因素

推理因素的统计结果如图 6.2.4 所示。

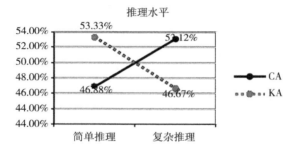

图 6.2.4　推理因素不同水平变化折线对比图

依据图 6.2.4 可以明显地看出,中韩两个试题在推理因素上存在明显的差异,中国试题的复杂推理水平的试题要明显高于韩国试题,在推理因素上,中国试题更侧重于复杂推理的考查,对学生逻辑推理能力要求较高。韩国试题有部分推理属于“合情推理”,从而降低了推理水平。

(五)知识含量

知识含量的统计结果如图 6.2.5 所示。

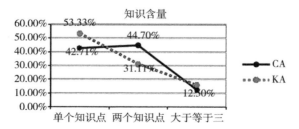

图 6.2.5　知识含量不同水平变化折线对比图

据图 6.2.5 显示,高考试题中有一半以上的题目考查两个及以上的知识点,这也说明了两国试题都有相当程度的综合性。相比较而言,中国试题中含有两个知识点的试题比例较大,而韩国试题知识含量的比例随着水平增加依次递减,三个及以上知识点的比例略高于中国试题,这也说明了韩国试题注重学生综合分析能力的考查。

（六）思维方向

思维方向的统计结果如图 6.2.6 所示。

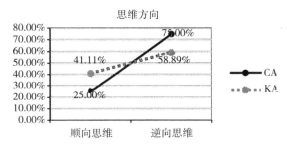

图 6.2.6　思维方向不同水平变化折线对比图

高考试题除了多含参数之外,还有一个最大的特征就是多考查学生的逆向思维,这一点在图 6.2.6 中体现得比较明显,两国试题都有较大比例的逆向思维水平的考查。但相比较而言,中国试题逆向思维水平试题占 75.00%,而韩国试题占 58.89%,中国试题在逆向思维水平上的考查要大于韩国试题。说明中国试题在考查学生逆向思维、发散思维方面有高的要求。

（七）认知因素

认知因素的统计结果如图 6.2.7 所示。

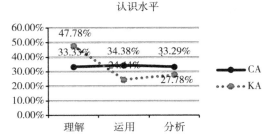

图 6.2.7　认知因素不同水平变化折线对比图

图 6.2.7 表明,中国高考数学试题在三个认知水平的考查相对平衡,都占整个试题的三分之一。而韩国试题在理解水平的试题占到整个试题的一半,运用和分析水平所占比例相对偏少。可以说明,韩国试题在认知因素上的难度要低于中国试题,中国试题更加强调各认知水平的全面考查。

（八）综合难度分析

表 6.2.3 中已经对各因素按照公式（6.2.1）计算得到了综合难度系数，为了进一步给出整个试卷的总括性难度系数评价指标，按照公式（6.2.2），首先应该确定各因素的权重系数，本研究采取专家评分系统的方式得到难度系数，从全国选取了 20 位专家对这 7 个因素对高考试题的难度进行权重评分，打分以"背景因素"权重为 1.00 作为参考标准，这 20 为专家包括知名的数学教育专家 5 人、各省市教研员 5 人，资深一线数学教师 10 人构成。然后将各专家的权重计算平均值得到表 6.2.4 的权重系数，再按照公式（6.2.2），计算得到整套试题总的综合难度系数 D，其统计表如表 6.2.4 所示。

表 6.2.4　中韩高考数学试题不同因素综合难度系数

因素	背景因素	有无参数	运算水平	推理能力	知识含量	思维方向	认识水平	总难度系数（D）
k_i	1.00	1.21	1.19	1.53	0.91	1.17	1.35	—
CA	1.20	2.35	2.24	2.06	1.68	2.50	1.99	17.00
KA	1.44	2.33	2.02	1.93	1.32	2.18	1.80	15.80

依据表 4，得到不同因素综合难度系数雷达图，如图 6.2.8 所示。

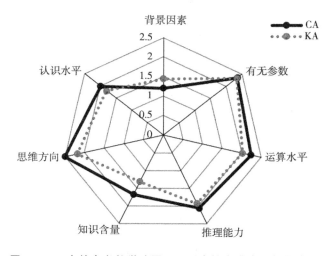

图 6.2.8　中韩高考数学试题不同因素综合难度系数雷达图

从图 6.2.8 可以看到，除背景因素外，其余各因素中国试题的综合难度系数均高于韩国试题，其中运算水平、思维方向、知识含量和认知水平四个因素，综合难度系数差距均在 0.2 以上，有无参数因素两者表现出了一致性，几乎没有差异。而韩国试题在背景因素的难度系数为 1.44，中国试题仅为 1.20，相差 0.24，韩国试题更加强调试题背景因素的考查。

依据表 6.2.4，在总的综合难度系数上看，中国试题的综合难度要高于韩国试题,总体高出 2.2。在综合难度系数模型的理论下,有理由说明,中国高考数学试题难度更大。但由于试题难度因素除了以上列举的 7 种外,还可能有其他影响因素,因此本数据仅在综合难度系数模型这一理论下成立,仅供参考。

四、讨论与研究结论

（一）讨论

1.本研究是对中韩高考试题研究的拓展

已有学者对中韩高考试题在考查的知识点、考查的能力维度、试卷结构和排列方式等方面做了较为系统的分析,但还没有对试题难易程度做总括性的分析。试题的难易程度是学生、家长和教师关注的焦点,这方面的研究可以为高考试题在难度方面的控制提供参考。

2.本研究为综合难度系数模型的运用提供了新视角

现有研究中的综合难度系数模型主要针对教材和课程的比较,然而,将综合难度系数模型通过有效的调整,引入标准化考试的试题评价中,使得综合难度系数模型有了更广阔的应用范围,同时也为试题的事先难度评判提供了一种科学的依据。

3.研究的局限和展望

综合难度系数模型是建立在影响试题难度的因素的基础上的,因此,影响难度系数的因素是否准确直接影响到评价的信度和效度。本研究在因素的提取方面虽参考和借鉴了大量已有成果,但还缺乏可靠的数据支撑,有待进一步论证和改善。除此之外,影响综合难度系数的因素较为复杂,如韩国试题的选择题选项为 5 选 1,而中国试题选择题选项为 4 选 1,这种因素带来的难度未能考虑在内,有待进一步完善。

在今后的研究中,如能将量化分析的综合难度系数模型和调查访谈、内容分析等质性研究材料相结合[1],对高考试题进行综合、全面的考查,预计会得出更加适切的结论。

（二）结论

（1）中韩数学试题"背景因素"有明显差异,韩国试题更加注重问题情境

依据研究结果,我国高考数学试题涉及实际生活背景和科学背景的题目明显低于韩国,背景因素水平偏低。而韩国试题中有较多的试题涉及实际生活背景和科学背景,例如韩国试题中的路径最短的问题,准备食材的问题,生活住宿、天气变化、生病服药以及商品打折等问题,都与学生实际生活背景和熟悉的科学背景有紧密关系。试题的情境对考察学生的"数学素养"有重要作用,在

---

[1] 王建波.中美澳初中数学统计课程难度的比较研究.数学教育学报,2017·26(04):50-55.

TIMSS 和 PISA 等国际学业测评中,重视情境设置已成为数学测评工具研发的新传统,"学以致用"成为试题设计和编制的价值导向,问题与情境也成为评价测试题的形式要件①。增加高考数学试题和实际生活、社会生产等的联系,使得数学更加贴近现实生活,从而拉近了学生和数学之间的距离,培养了学生应用数学的意识。因此,我国高考数学试题在未来改革中需要考虑增加数学知识融入实际生活背景的试题,以提升学生解决实际问题的能力②。

(2)韩国试题"推理因素"难度水平偏低,注重演绎推理与合情推理的结合

依据图 6.2.4 可以看出,我国高考数学试题复杂推理水平比例明显高于韩国试题,这也和我国长期以来重视演绎推理有直接的关系。当然,演绎推理在数学中起着很重要的作用,可以逻辑严密地论述数学试题的证明过程,赋予了数学严格的形式化体系。但同时,一味地形式化会使数学与现实的鸿沟越来越大,使数学变得更加"冰冷"。波利亚认为合情推理是数学发现与创造的源泉。我国数学课程标准中也指出:"在解决问题的过程中,合情推理具有猜测和发现结论、探索和提供思路的作用,有利于创新意识的培养。③"因此,为了激发学生数学创造力和培养学生的数学创新意识,可以考虑适当降低我国高考数学试题的演绎推理水平,加入合情推理的成分。

(3)我国高考数学试题"综合难度"偏高,要求考生有一定的数学基础

根据综合难度的分析结果,我国高考数学试题的综合难度要明显高于韩国试题,如果仔细分析试卷即可发现,韩国试题有一定量的基础题,这类试题要求最基础的数学知识,考察学生最基本的数学运算能力和对数学的理解能力,可以认为是对数学常识的考察,代表了最基本的数学素养。而我国试题每个题目都有一定的难度,学生思维水平和知识储备如果达不到一定的水平,往往很难获得一定的成绩,这给数学学困生带来了较大的困扰,也就造成了有相当一部分学生成绩很低,使得数学成为了"抽象""复杂""高难度"的代名词,学生对数学只有敬畏之感,这对数学学科的发展和学生基本数学素养的培育是不利的。因此,建议将高考试题的高难度的选拔功能和引领基础教育的"指挥引导"功能有机结合,适当降低试题难度,以增强学生基本数学素养的考察。

---

① 陈志辉,刘琼琼,李颖慧等.PISA 影射下数学学业水平考试的问题情境比较研究——以上海三年中考和新加坡 O-Level 试题为例.比较教育研究,2015,37(10):98-105.

② 陈昂,任子朝.数学高考中实践应用能力考查研究.数学教育学报,2017,26(03):15-18.

③ 普通高中数学课程标准研制组.普通高中数学课程标准.北京:人民教育出版社,2003.

第三节　基于 AHP 理论的综合难度系数模型

　　测试项目的难易程度直接影响着测试的测试的质量和测量的公平性,综合难度系数模型能够在测试前对试题的整体难度做出评估,为有效合理的测量提供了保障。综合难度系数模型认为影响试题难度的因素分为背景、是否含有参数、运算水平、推理能力、知识含量、思维方向及认知水平七个因素,各因素之间分为不同水平。研究选取 16 位学科专家对综合难度系数各维度难度做出比较评判,在此基础上采用层次分析理论(AHP)对不同因素的权重和同一维度中不同水平的权重进行求解,进而建立了更为贴和实际的综合难度系数模型。利用该模型对 2019 年理科数学全国(Ⅰ)和全国(Ⅱ)卷进行评价,并对该模型的应用和未来研究的方向进行了讨论。

　　教育测评作为一项非常重要且又十分复杂的教育活动,它对整个教育起到"牛鼻子"的引领功能[1]。测试作为学习者学习结果检测和教育教学效果监测的重要方法,在整个教育过程中得到广泛的使用。一项测试项目的质量往往受到多个因素的影响,如测试的信度、效度、区分度和难度等。在这些因素中,试题的难度引起了社会的关注。试题的难度在一定程度上影响着测试的公平性,尤其是在高利害性的测试中,难度更加能够决定应试者的成败,如中考、高考及研究生入学考试等。然而,目前对难度的计算都是在测试完成后,基于测试数据得到的,虽然这种计算难度的方法比较科学,但是大多高利害性的测试都不允许提前大规模试测,以免对试题进行曝光,导致试题泄漏。现有的评价注重综合性,在评价的意义上分析,已超越了仅仅依靠定量评价的自然方法论[2]。综合难度系数模型从影响测试项目的因素出发,依据学科特点对测试项目进行深入的逻辑分析,能对测试项目的难易程度提前做出预判,能够较大幅度地提升测试的质量。虽然综合难度系数模型已有较多的研究者在不同的学科领域做了研究,如数学[3]、物理[4]、地理等[5],但是对于难度系数模型中各因素之间的权重和同一因素中不同水平之间的权重计算存在很大的弊端。各因素之间一般采

　　① 谢维和. 教育评价的双重约束——兼以高考改革为案例. 教育研究,2019,40(09):4-13.

　　② John W,et al. The Greenwood Dictionary of Education. Greenwood press,2003,130.

　　③ 王建磐,鲍建生. 高中数学教材中例题的综合难度的国际比较. 全球教育展望,2014,43(08):101-110.

　　④ 仲扣庄,郭玉英. 高中物理课程标准教科书内容难度定量分析——以"量子理论"为例. 课程·教材·教法,2010,30(04):67-71.

　　⑤ 王冰,揭毅. 基于综合难度系数模型的 2018 年高考地理试题评析. 教育测量与评价,2018(12):40-48.

取简单相加,不同水平之间也采用简单的 1,2,3 分的主观记分方式。本研究采用专家评分的方式,借用 AHP 理论对该模型中权重进行计算,进一步完善了综合难度系数模型,使得模型更加贴近实际情况。

一、综合难度系数模型

综合难度这一概念最先出现在美国国家统计中心(NCES)的报告中,在其中,Nohara 将总体难度划分为"实际背景""问题扩展""运算水平"和"推理过程"四个部分[①]。此后,鲍建生在其工作的基础上,构建了数学课程综合难度系数模型,该模型由"探究""背景""运算""推理"和"知识含量"五个要素构成[②]。除此之外,史宁中等人构建了课程难度定量模型 $N = \alpha S/T + (1-\alpha)G/T$,该模型由课程时间、课程难度和课程深度三个要素构成[③]。廖伯琴等人从实验广度和实验深度两方面出发,提出了计算科学实验的难度模型[④]。这些模型在课程难度和实验难度方面刻画得较好,但在标准化测试,尤其是高利害性的中考、高考等测试中,还存在不足。武小鹏在分析标准化测试特点的基础上,借助鲍建生等人的综合难度系数模型,构建了基于测试项目的综合难度系数模型[⑤]。该模型由 7 个要素构成,各要素依据自身特点划分为不同的水平,具体如表 6.3.1 所示。

表 6.3.1 测试项目的综合难度系数模型界定

因素	水平	编码	内涵
背景因素	无背景	A1	试题中没有出现具体情景,主要针对学科知识本身展开,不需要进行学科化
	生活背景	A2	学科知识与实际生活背景相关联,需要进行学科化并进行还原以分析实际问题
	科学背景	A3	该类项目包括多学科的情景,需要通过分析科学背景特征进而解决学科问题
是否含参	无参数	B1	项目中没有出现参数,问题仅存在现有静态数据之间的运算和分析,
	有参数	B2	项目中至少出现一个参数,需要对参数进行分析,项目处于动态变化中

① Nohara D,Goldstein A A. A comparison of the national assessment of educational progress (NAEP),the third international mathematics and science study repeat (TIMSS-R),and the programme for international student assessment (PISA). US Department of education,National center for education statistics (NCES),2001:97-110.

② 鲍建生. 中英两国初中数学期望课程综合难度的比较. 全球教育展望,2002,31(09):48-52.

③ 史宁中,孔凡哲,李淑文. 课程难度模型:我国义务教育几何课程难度的对比. 东北师大学报,2005,218(6):151-155.

④ 廖伯琴,左成光,苏蕴娜. 国际中学科学教材实验内容难度比较——以高中物理为例. 全球教育展望,2017,46(04):23-29+108.

⑤ 武小鹏,张怡. 中国和韩国高考数学试题综合难度比较研究. 数学教育学报,2018,27(03):19-24+29.

因素	水平	编码	内涵
运算水平	简单数值运算	C1	在运算水平上,项目仅存在数值上的加、减、乘、除及其混合运算
	复杂数值运算	C2	运算不存在符号参与,但存在复杂运算,如三角、指数、对数、微积分等
	简单符号运算	C3	运算涉及简单符号的推导,基本公示的变形,代数式的运算等
	复杂符号运算	C4	运算涉及复杂关系的逻辑演绎,如运动轨迹,参数方程等的计算
推理能力	简单推理	D1	推理过程较为明确,逻辑相对简单,并能在 3 步之内得到推理结果
	复杂推理	D2	推理涉及导复杂关系的解析和多种转化,一般存在 3 步以上的推导
知识含量	单个知识点	E1	项目仅围绕 1 个知识单元展开,不存在跨章节和跨学科的知识参与
	两个知识点	E2	依据学科单元划分,项目涉及不同的两个单元知识参与,连个知识点的交叉
	大于等于三	E3	项目的设计包括 3 个及其以上知识点,可能存在跨章节和跨学科知识
思维方向	顺向思维	F1	问题的解决符合学科思维的特点,按照学科逻辑顺序展开
	逆向思维	F2	问题的解决需要对思维过程进行转化,存在逆向思考问题的过程
认知水平	理解	G1	项目涉及对某一学科概念或者原理的理解,能够对其过程进行描述和简单说明
	运用	G2	这一水平要求能够将学科原理和概念应用到具体的问题解决过程中
	分析	G3	分析水平需要在复杂环境中找到问题解决路径,并对结果进行解释

综合难度系数模型就是通过对以上因素和水平进行有效的加权,聚合成一个指标的过程。因素的难度系数为 d_i:

$$d_i = \frac{\sum\limits_{j=1}^{m} n_{ij} k_{ij}}{n} \qquad \sum_{j=1}^{k} n_{ij} = n_1 (i = 1,2,3,4,5,6,7) \qquad (6.3.1)$$

其中,$d_i (i = 1,2,3,4,5,6,7)$ 表示综合难度系数的因素;k_{ij} 为第 i 个因素中的第 j 个水平的权重;n_{ij} 表示测试项目中第 i 的因素中第 j 个水平的项目数量;m 为因素中水平的个数;n 代表测试中的项目总数量[1]。再通过对不同因素之间加权,可以得到整个测试项目的综合难度系数 D:

$$D = \sum_{i=a}^{7} d_i k_i = \frac{\sum\limits_{i=1}^{7} \sum\limits_{j=1}^{m} n_{ij} k_{ij}}{n} \qquad \sum_{j=1}^{k} n_{ij} = n \quad (i = 1,2,3,4,5,6,7)$$

$$(6.3.2)$$

其中,k_i 是指第 i 个因素的权重系数。

该模型充分考虑到了不同影响因素对整个测试项目难变的影响。但在模型求解过程中,其中不同因素的权重系数 k_i 和同一因素中不同水平的权重系数 k_{ij} 是未知的。已有研究的做法是方便权重,即认为 k_i 都等于 1,k_{ij} 则按照从低到高的水平分别为 $1,2,3$ 等。这种计算方法显然存在较大的问题,权重的大小

① 张怡,武小鹏.综合难度系数模型在 2016 年高考数学试题评价中的应用.教育测量与评价(理论版),2016(12):47-53.

没有科学依据。以下研究以及专家评判的方式,利用 AHP 理论计算得出 k_i 与 k_{ij} 的值。从而较为科学地完善了综合难度系数模型。

二、基于 AHP 的权重计算方法

1990 年,Satty 教授《如何做决定——层次分析的过程》一文中提出了计算不同影响因素权重的方法[1]。该方法归结起来由以下 4 个过程构成[2]。

(一)构造判断矩阵

在计算不同影响因素的权重系数之前需要给不同的指标进行重要性排序,排序通常该用 9 点法评分,评分表度表如表 6.3.2 所示。

表 6.3.2　指标评分标度表

标度	含义	标度	含义
1	两指标相比,具有相同的重要性	1	两指标相比,具有相同的重要性
3	两指标相比,前者比后者稍微重要	$\frac{1}{3}$	两指标相比,后者比前者稍微重要
5	两指标相比,前者比后者更加重要	$\frac{1}{5}$	两指标相比,后者比前者更加重要
7	两指标相比,前者比后者明显重要	$\frac{1}{7}$	两指标相比,后者比前者明显重要
9	两指标相比,前者比后者绝对重要	$\frac{1}{9}$	两指标相比,后者比前者绝对重要

依据以上评分规则,可建立判断矩阵 $\boldsymbol{A}$:

$$\boldsymbol{A} = \begin{pmatrix} a_{11} & a_{12} & \cdots & a_{1n} \\ a_{21} & a_{22} & \cdots & a_{2n} \\ \cdots\cdots \\ a_{n1} & a_{n2} & \cdots & a_{nn} \end{pmatrix}$$

其中,a_{ij} 表示第 i 个指标与第 j 个指标相比得到的标度。

(二)权重系数的计算[3]

(1)对判断矩阵做行求积运算:$A_i = \prod_{i=0}^{n} a_{ij}$。

① Saaty T L. How to make a decision: the analytic hierarchy process. European journal of operational research,1990,48(1):9-26.

② 张怡,武小鹏.基于 AHP-模糊矩阵的翻转课堂综合评价系统设计.现代远距离教育,2018(05):19-26.

③ 郭亮,邓朗妮,廖羚.基于 Fuzzy-AHP 的应用 BIM 教学评价研究.数学的实践与认识,2017,47(01):8-15.

（2）求 A_i 的 n 次方根：$\overline{\alpha}_i = \sqrt[n]{A_i}$。

（3）对 $\overline{\alpha}_i$ 进行标准化处理：$\alpha_i = \dfrac{\overline{\alpha}_i}{\sum\limits_{j=1}^{n} \overline{\alpha}_j}$。

（4）计算权重系数 k_i：$k_i = m\alpha_i$。

（三）权重系数的一致性检验

通常一致性检验指标采用 CR[①]

$$CR = \frac{\lambda_{\max} - n}{RI(n-1)} \tag{6.3.3}$$

其中，RI 为随机一致性指标；$\lambda_{\max} = \dfrac{1}{n}\sum\limits_{i=1}^{n}\dfrac{(Ak_i)}{k_i}$。

表 6.3.3　RI 的取值表

指标数量	1	2	3	4	5	6	7	8	9
RI	0.00	0.00	0.58	0.90	1.12	1.24	1.32	1.41	1.45

当 $CR \leqslant 0.01$，权重系数具有可接受的一致性。

三、综合难度系数模型中各权重系数的建构

为了较为合理地获得权重系数，本研究专家法构建评判矩阵。专家组由 16 人组成，其中 6 人为具有多年教学经验的教学名师，对试题有深入的一线教学经验和应试能力，10 人为具有试题研究经历的博士研究生，部分博士具有奥赛研究和辅导经历。通过专家组评判得到评分标度数据。

（一）各因素的权重系数计算

依据上述计算方法，通过对 16 位教师计算的结果求平均找近似的方法得到了如表 6.3.4 所示的数据。

表 6.3.4　各因素标度值

代码	a_{12}	a_{13}	a_{14}	a_{15}	a_{16}	a_{17}	a_{23}	a_{24}	a_{25}	a_{26}	a_{27}	a_{34}	a_{35}	a_{36}	a_{37}	a_{45}	a_{46}	a_{47}	a_{56}	a_{57}	a_{67}
平均数	1.28	1.24	0.54	1.23	1.21	0.41	2.35	0.91	1.83	1.67	1.09	1.51	2.37	1.25	1.13	4.38	2.79	2.53	1.28	1.72	1.52
近似值	1	1	$\frac{1}{3}$	1	1	$\frac{1}{3}$	3	1	1	1	1	1	3	1	1	3	1	3	1	1	1

因此，不同因素的判别矩阵 A 为

① Chiclana F，Herrera F，Herrera-Viedma E. Integrating three representation models in fuzzy multipurpose decision making based on fuzzy preference relations. Fuzzy sets and Systems，1998，97（1）：33-48.

$$A = \begin{pmatrix} 1 & 1 & 1 & \frac{1}{3} & 1 & 1 & \frac{1}{3} \\ 1 & 1 & 3 & 1 & 1 & 1 & 1 \\ 1 & \frac{1}{3} & 1 & 1 & 3 & 1 & 1 \\ 3 & 1 & 1 & 1 & 3 & 1 & 3 \\ 1 & 1 & \frac{1}{3} & \frac{1}{3} & 1 & 1 & 1 \\ 1 & 1 & 1 & 1 & 1 & 1 & 1 \\ 3 & 1 & 1 & \frac{1}{3} & 1 & 1 & 1 \end{pmatrix}$$

在层次分析法中,判别矩阵的计算方法可以将人主观评判进行定量化的分析,这是将定性描述转化为定量计算的重要方法[①]。依据 A 进一步计算得到

$$A_i = \begin{pmatrix} \frac{1}{9} \\ 3 \\ 1 \\ 27 \\ \frac{1}{9} \\ 1 \\ 1 \end{pmatrix}, \bar{a}_i = \begin{pmatrix} 0.481 \\ 1.442 \\ 1.000 \\ 3.000 \\ 0.481 \\ 1.000 \\ 1.000 \end{pmatrix}, a_i = \begin{pmatrix} 0.057 \\ 0.172 \\ 0.119 \\ 0.357 \\ 0.057 \\ 0.119 \\ 0.119 \end{pmatrix}$$

因此得到 7 个要素的权重系数为 $k_i = (0.40, 1.20, 0.83, 2.50, 0.40, 0.83, 0.83)$,依据一致性检验指出计算方法得到 CR=0.008 13<0.01,因此,该结果具有满意的一致性。

(二)不同水平的权重系数计算

依据专家对不同水平的评判结果和 AHP 理论对权重的计算方法,得到不同水平权重系数计算信息表,如表 6.3.5 所示。

---

①　张燕,董玉琦,王炜.基于层次分析法的高中信息技术教师专业知识水平评价——以东北地区为例.中国电化教育,2014(09):34-39+58.

表 6.3.5　不同水平权重系数计算数据表

因素	背景因素			是否含参	运算水平						推理能力	知识含量			思维方向	认知水平		
代码	a_{12}	a_{13}	a_{23}	b_{12}	c_{12}	c_{13}	c_{14}	c_{23}	c_{24}	c_{34}	d_{12}	e_{12}	e_{13}	e_{23}	f_{12}	g_{12}	g_{13}	g_{23}
众数	$\frac{1}{5}$	$\frac{1}{5}$	$\frac{1}{3}$	$\frac{1}{5}$	$\frac{1}{3}$	$\frac{1}{3}$	$\frac{1}{5}$	1	$\frac{1}{3}$	$\frac{1}{3}$	$\frac{1}{5}$	$\frac{1}{3}$	$\frac{1}{5}$	$\frac{1}{3}$	$\frac{1}{3}$	$\frac{1}{5}$	$\frac{1}{3}$	$\frac{1}{3}$
平均值	0.23	0.26	0.65	0.25	0.27	0.43	0.27	1.28	0.38	0.30	0.24	0.31	0.26	0.32	0.42	0.43	0.57	0.54
近似值	$\frac{1}{5}$	$\frac{1}{5}$	$\frac{1}{3}$	$\frac{1}{5}$	$\frac{1}{3}$	$\frac{1}{3}$	$\frac{1}{5}$	$\frac{1}{3}$	$\frac{1}{3}$	$\frac{1}{3}$	$\frac{1}{5}$	$\frac{1}{3}$	$\frac{1}{5}$	$\frac{1}{3}$	$\frac{1}{3}$	$\frac{1}{5}$	$\frac{1}{3}$	$\frac{1}{3}$

A（各因素判断矩阵）：

背景因素 $\begin{pmatrix} 1 & \frac{1}{5} & \frac{1}{5} \\ 5 & 1 & \frac{1}{3} \\ 5 & 3 & 1 \end{pmatrix}$　是否含参 $\begin{pmatrix} 1 & \frac{1}{5} \\ 5 & 1 \end{pmatrix}$　运算水平 $\begin{pmatrix} 1 & \frac{1}{3} & \frac{1}{3} & \frac{1}{5} \\ 3 & 1 & 1 & \frac{1}{3} \\ 3 & 1 & 1 & \frac{1}{3} \\ 5 & 3 & 3 & 1 \end{pmatrix}$

推理能力 $\begin{pmatrix} 1 & \frac{1}{5} \\ 5 & 1 \end{pmatrix}$　知识含量 $\begin{pmatrix} 1 & \frac{1}{3} & \frac{1}{5} \\ 3 & 1 & \frac{1}{3} \\ 5 & 3 & 1 \end{pmatrix}$　思维方向 $\begin{pmatrix} 1 & \frac{1}{3} \\ 3 & 1 \end{pmatrix}$　认知水平 $\begin{pmatrix} 1 & \frac{1}{5} & \frac{1}{3} \\ 5 & 1 & \frac{1}{3} \\ 3 & 3 & 1 \end{pmatrix}$

A_i	$\frac{1}{25}$	$\frac{5}{3}$	15	$\frac{1}{5}$	5	$\frac{1}{45}$	1	1	49	$\frac{1}{5}$	5	$\frac{1}{15}$	1	15	$\frac{1}{3}$	3	$\frac{1}{15}$	$\frac{5}{3}$ 9
$\bar{a}_i$	0.09	0.30	0.61	0.25	0.75	0.05	0.17	0.17	0.61	0.25	0.75	0.10	0.26	0.64	0.32	0.68	0.11	0.32 0.57
权重编码	k_{11}	k_{12}	k_{13}	k_{21}	k_{22}	k_{31}	k_{32}	k_{33}	k_{34}	k_{41}	k_{42}	k_{51}	k_{52}	k_{53}	k_{61}	k_{62}	k_{71}	k_{72} k_{73}
权重	0.27	0.9	1.83	0.5	1.5	0.2	0.68	0.68	2.44	0.5	1.5	0.3	0.78	1.92	0.64	1.36	0.33	0.96 1.71

再依据一致性检验指出计算方法得到 $CR_1 = 0.008\,12$，$CR_2 = 0.007\,38$，$CR_3 = 0.004\,09$，$CR_4 = 0.000\,93$，$CR_5 = 0.006\,17$，$CR_6 = 0.009\,01$，$CR_7 = 0.003\,9$。其值均小于 0.01 的标准，因此，不同水平的权重系数存在较好的一致性。

四、综合难度系数模型的模型的应用

为了验证以上建立的综合难度系数模型的有效性。选取了 2019 年全国高考理科一卷和二卷作为分析对象。对试题依据表 6.3.2 的界定，从 7 个因素共 19 个水平进行编码统计。考虑到试题分值带来的影响，编码过程中将解答题进行分布编码，即作为两道独立的题目编码两次，以达到分值的平衡。同时为了检验编码的一致性，编码采用两组研究人员分别编，编码一致性为 89.17%，再通过讨论得到最终编码结果。

（一）各因素不同水平对比分析

通过对每个影响因素不同水平编码数量进行统计，计算在整个测试中的比例，并绘制出如图 6.3.1 所示的水平对比折线图。由于对于"是否含参"这一因素，卷一和卷二的数据完全一致，因此，这一图象没有呈现。

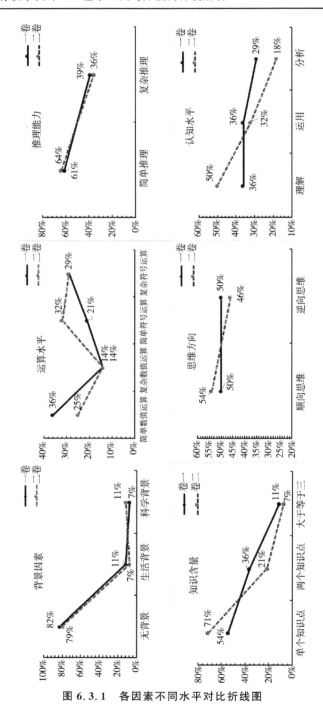

图 6.3.1　各因素不同水平对比折线图

图 6.3.1 反映了两个测试在各因素不同水平上考察的对比结果,从上图可以看出,除了"是否含参"因素完全保持一致并且有参数和无参数各占一半外,"背景因素""推理水平""思维方向"这三个因素也基本保持一致。"背景因素"中无背景的题目占据绝大多数,占整个题目的 80% 左右,实际生活背景和科学背景的题目很少,仅不到 20%。这说明项目考察中情景性很低,没有将试题融入具体情境中考察,数学问题的考察仅仅围绕学科本身,降低了试题的趣味性。现有对核心素养的测评认为,项目的考察需要关注的是课程学习的"真实性学业成就"[①],真实性学业成就不只是习得事实性的学科知识和概念,还是能够运用这些知识或概念解决复杂的现实性问题[②]。在"推理能力"这一因素中,可以看出简单推理和复杂推理的比例基本在 6∶4,说明试题的考察在注重基本推理的基础上,保证了复杂推理的考察,因此,也符合选拔性考试的特征。"思维方向"的影响因素中,卷一的逆向思维项目略高于卷二,逆向思维开始于高级推理,是创新思维的基础,属于高阶思维水平[③]。可见卷一在思维方向难度略高于卷二。

在"运算水平""知识含量"和"认知水平"三个因素上,卷一和卷二有较大的差异。卷二的运算水平相对要高于卷一,尤其是卷一占有较大比例的简单数值运算,但在简单符号运算方面卷二高于卷一。运算水平在一定的程度上体现了试卷的复杂程度,尤其是作答需要的时间,在这个方面来看,卷二要略高于卷一。在"知识含量"因素上,卷一在两个知识点和三个及其以上知识点的水平上表现出更高的难度,数据均高于卷一。但两个测试项目在知识含量方面多集中在单个知识点的考察,跨章节、跨领域知识的考察很少。从"认知水平"因素来看,卷一在高认知水平上的比例同样要大于卷二,尤其是在分析层次水平上的项目明显高于卷二。在这一因素上,卷二有更高的难度。

(二)各因素综合难度分析

利用上述研究获得的权重系数,将编码数据带入公式(6.3.1),可以得到各个因素的难度系数。各因素的难度系数得到的雷达图如图 6.3.2 所示。

①　杨向东.指向学科核心素养的考试命题.全球教育展望,2018,47(10):39-51.

②　Chi M T H,Feltovich P J,Glaser R. Categorization and representation of physics problems by experts and. novices. Cognitive Science,1981,5(2):121-152.

③　王佑镁.设计型学习:探究性教学新样式——兼论尼尔森的逆向思维学习过程模型.现代教育技术,2012,22(06):12-15.

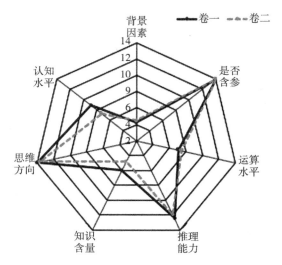

图 6.3.2　卷一和卷二不同因素综合难度系数雷达图

图 6.3.2 在一定的程度上反映了整个测试的难度构成以及不同测试在各因素上难度差异。从综合难度系数来分析,整个测试的难度主要集中在"思维方向""推理能力"和"是否含参"这三个因素上,并且这三个因素远远高于其他因素。学生要突破难点则需要在思维的灵活性,尤其是逆向思维思维的培养训练方面下功夫。教师也应该多关注学生逆向思维的培养。推理能力是数学教育的最核心问题之一,在数学的学习过程中起到至关重要的作用[①]。这一因素成为影响试卷难度的重要部分,是符合数学学科本质特点的。参数作为由"静态"到"动态"转变的关键指标,对测试难度也起到至关重要的作用。由不含参数到含参数的变化,是由静态知识向动态能力提升的过程。"背景因素"承载的难度最小,这于高考试题中很少出现实际生活背景和科学背景的原因有直接关系。"认知水平"和"知识含量"的难度系数处于中间地位,在一定的程度上影响了试题的难度。

从两个测试的难度系数的差异上分析,两者基本保持难度分布的一致性,仅有个别因素有一定的差异,如在"认知水平""知识含量"这两个维度上,卷一难度明显高于卷二,在"运算水平"上卷二反而要高于卷一,但总体来看,卷一的难度系数的不同程度要高于卷二,这也符号高考测试中卷一相对难于卷二的特点。

① 吴亚萍.美国数学教育的核心问题——推理能力的培养.外国教育资料,1999(05):59-55.

五、讨论与展望

（一）讨论

1.综合难度系数模型大幅度提升了测试的内容效度和结构效度

综合难度系数模型从学科特点和影响学生问题解决的因素出发，就测试项目本身进行多维度深层次的分析，并将分析结果通过加权聚类的方式进行量化处理。这一模型打破了只有测试后才能得到试题难度这一壁垒，能够有效地对测试项目测前预测试题难度。尤其是在大规模和高厉害性考试中有很重要的作用，由于试题从 7 个方面分析了 19 个水平对试题做了分析，因此试题在内容上和结构上有了进一步的保障，使得测试更加具有实践可行性。综合难度系数模型是对学生问题解决的认知障碍进行量化分析，这种分析过程在帮助教师了解教学重点、帮助学生提升问题解决能力等方面起到了一定的作用。教师通过分析测试考查情况（如对高考试题的分析），可以进一步有针对性地对学生提出补救教学的方案。学生通过对试题的分析和自己的作答结果对比，可以更深层次地进行反思，提升自己的不足。

2.综合难度系数模型对学生的认知诊断测评提供了基本架构

综合难度系数模型，有着明显的结构化特征，可以对测试项目进行较为严格的编码分析。虽然综合难度系数模型仅仅是对试题的难度做出前期的预测。但如果这种编码分析和学生的作答建立联系，其本质上讲，综合难度系数模型的编码框架就构成了学生测试的认知模型，就可以和认知诊断测评过程进行有效的衔接。认知诊断理论是在项目反应理论的基础上发展起来的新一代测评理论，它是以项目的形式呈现给反应者任务，把反应者的反应结果作为诊断的数据，以反应者的潜在特质作为属性，将这些属性表示为潜在变量的变量，再用心理测评模型加以分析，得到认知诊断结果的测评技术[1]。通过综合难度系数模型的分析，可以将一个传统的测试改编成一个具有现代测量特征的认知诊断测评，这样可以依据认知诊断测评的结果对学生做出个性化的补救方案，大幅度提升因材施教的能力。

3.综合难度系数模型为测试项目的自动化评判和自适应测评提供了基础

从本研究分析的过程来看，对于综合难度系数模型的计算有一定的复杂性，如果仅仅依靠手工计算存在一定的难度，同时也降低了综合难度系数模型的可操作性和应用价值，因此可以对综合难度系数模型的操作过程进行计算机辅助处理，将计算过程程序化。不仅如此，更进一步的，可以将综合难度系数模

---

[1]　Rupp A A，Templin J，Henson R A. Diagnostic measurement：Theory，methods，and applications. New York：Guilford，2010：92-125.

型的过程嵌入计算机自适应测评系统中,达到对测试项目综合难度分析和自适应测评的双重目的。现有的学习测评分析工具,可通过学生的在线学习和测评,将结果以可视化形式呈现给学生,帮助学生分析自身学习的问题,促进反思,调整学习策略,以获得更大进步。[①]"学习测评技术自适应性具有传统测评无法达到的众多优点,学习测评走向计算机自适应化是测评发展的必然局势。

（二）展望

综合难度系数模型虽然在预测测试项目的难度和分析测试内容的量化处理方面有着较大的优势,但任何测评模型都会存在不同程度的不完善之处,综合难度系数模型也不例外。因此,要完善综合难度系数模型还有许多工作可做。首先,虽然本研究对综合难度系数模型的各个影响因素和不同因素水平的权重进行了计算,较大幅度地提升了综合难度系数模型的可信度,但是在综合难度系数模型中对测试难度影响因素的产生仅凭理论分析,还缺乏数据支撑,后期可以通过探索性因子分析和验证性因子分析对影响因素进行校正,再通过结构方程模型建构测试项目难度影响因素的结构框架,其结果应该会更加合理;其次,综合难度系数模型的影响因素虽然具有共同性,但肯定还存在学科差异,需要针对不同学科进行调整,才会更加具有适应性;最后,综合难度系数模型的程序化处理和认知诊断测评、计算机自适应测评的结合还会有很多的问题有待研究。

第四节　认知诊断视角下的补救教学

认知诊断视角下的高中数学补救教学是一种全新理念下促进全面发展的教育教学方式。下面运用认知分析的方法了解学生心理活动的内在机制,设计测验来诊断学生的认知水平,为数学补救教学提供基本思路和依据。在综合梳理和深入剖析认知诊断和补救教学的基础上,结合高中一线数学课堂教学案例,提出"明确补救对象;诊断补救病灶;实施补救过程;评价补救结果"的高中数学补救教学策略,为全体学生共同达到教学目标提供可能。

一、研究背景

《数学课程标准》指出,数学教学要实现"人人学有价值的数学;人人都能获得必需的数学;不同的人在数学上得到不同的发展"的目的,学生的全面发展和教师面向全体学生成为教育工作者的主题。现有高中阶段的学生,由于学生的学习基础、学习兴趣等的差异,学生在数学学科的学习状况千差万别。同时,由

---

① 郭炯,郑晓俊.基于大数据的学习分析研究综述.中国电化教育,2017(01):121-130.

于初高中之间学习方式、学习内容有较大的差异，也为好多学生在高中阶段的学习带来了较大的困难。

2006 年初，台湾教育行政部门为了全面改变中小学因文化背景差异、经济地位低落、缺乏平等的学习机会等原因造成的学习差异，从而达到减小学生学习差距、确保每一位学生的基本学力的目的，出台了"教育优先区——学习辅导""携手计划——课后扶助"及"国民小学及国民中学补救教学实施方案"等教育改革方案，"补救教学以提升低成就学生的学习能力与效果为目标，以弱势优先、公平公正及个别辅导为实施原则，发扬教育有爱、学习无碍的精神，达到有教无类、因材施教的教育愿景。"[①]以"及早介入"与"教育公平"为基本理念的补救教学成为台湾地区一项免费的福利而全面展开。

在西方国家，大量学者提出学校和政府应该建立三级补救教学系统[②]。在中国大陆，没有明确的补救教学的提法，更多的是作为学习辅导的一个环节或者教学矫正的一个反馈环节，校内教师的补救教学常表现为教师在课堂或课后的个别辅导，校外则以家教、辅导班或者家长协助辅导为形式展开。但高中数学教学是一个很复杂的过程，纵使高中数学教学以教学目标为导向，但受诸多因素的影响，学生还是难以同时达成教学目标，因而会在一定时间内形成数学学困生。鉴于以上背景，本研究从认知心理学的角度分析学生在题目作答过程中所采用的知识与技能，获得关于学生知识与技能掌握上的优势与不足等诊断信息，结合补救教学理论，提出合理可行的高中数学补救策略，对于提高整个数学教育质量、实现面向全体学生的教育愿景、促进教育公平具有一定意义。

二、补救教学的内涵

20 世纪 90 年代，著名的教育心理学家布鲁姆最早提出了补救教学，他认为补救教学是按照一定的目标实施该单元的教学后，通过对这一单元做诊断性测试，以了解学生的学习状态，再花费一定的时间掌握学生的诊断结果，进行针对性的补救措施，最后对补救的结果做出总结性评价，以达到整体提升的效果[③]。后续的研究者对补救教学有相似的看法，基本都认为补救教学是在对学生学习状况诊断的基础上，实施的一系列诊疗式教学活动[④]。

补救教学作为一种事后的诊疗式教学，强调教学测评和教学施救的紧密结

①　台湾教育部. 国民小学及国民中学补救教学实施目标. http://priori. moe. gov. tw/index. php? mod＝about/index/index/content/purpose. 2014-08-11.

②　陈淑丽, 宣崇慧. 带好每一个学生：有效的补救教学. 台北：心理出版社, 2014：13-14.

③　陈雅惠. 电子书及 GeoGebra 计算机辅助教学用于补救教学之研究——以国中相似形相关概念为例. 台湾：中华大学, 2012：12

④　蔡慧燕. 达用图解数学及计算机辅助教学于四年级除法补救教学之行动研究. 台湾：2014：16

合,通过"测评—施救—再测评"的循环模式,加深对学生学习状况的了解,并实施针对性的补救措施,进一步缩小不同学生在学习上的差异,发扬学习无碍、教育有爱的精神,达到因材施教、有教无类的教育目标。本研究将数学补救教学理解为教师在发现数学学困生后,通过针对性的认知诊断,发现学生在数学上的学习问题,针对发现的问题有针对性地设计教学活动,帮助学生克服困难,进一步通过测评,促使学生实现教学目标的过程,即是一种"测评—施救—再测评"的循环教学过程。数学补救教学蕴含了弥补过失、矫正错误的过程,同时也包括完善补偿、调整教学的环节。根据图 6.4.1,数学补救教学是为了帮助未达成教学目标的学生提高学习效果,以达成各阶段教学目标,从而整体提升数学教育质量。同时,可以进一步提供给学生多元化的学习方式和多样化的学习时间,满足不同学生在数学上多样化学习的目的。数学补救教学从不等量的教育公平视角出发,以"弱势优先""公平公正"为原则,通过积极性差别待遇补偿学业达成度低的学生,缩小学生数学学业成就的落差,从课堂教学的微观角度促进教育公平[①]。

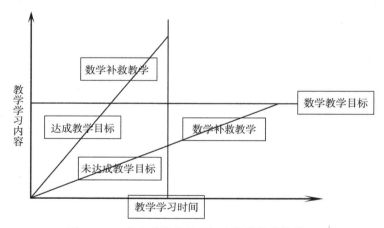

图 6.4.1 高中数学教学目标和补救教学的关系

三、认知诊断与补救教学

　　数学补救教学又叫数学诊断式教学,是一个积极的、对症下药的教学活动系统,该系统中每个环节紧密相连,一环扣一环,每个环节都为下一环节提供支撑[②]。诊断是补救的基础,补救为诊断提供反馈,只有得到良好的诊断结果才能对症下药,进行好的补救;同时也只有有效的补充,才能反馈准确的信息,达到

　　① 刘学梅,李家清.认知诊断视角下高中地理补救教学的策略研究.课程教材教法 2016,36(5):110-117.
　　② 李咏吟.学习心理辅导.广州:广东世界图书出版公司,2003:249.

准确的诊断。一般认为,影响补救教学的因素包括学生和环境,其中学生是核心因素,环境最终也要通过学生起作用。学生因素包括认知因素和情意因素,然而因情意困扰所造成的问题,往往会随着认知问题的解决而消散。因此,补救教学的诊断工作就集中在认知诊断上。认知诊断是一个复杂的过程,仅仅凭教师的教学经验进行问题诊断容易出现不准确、片面化的倾向,因此需要对学生的认知过程和认知水平进行全方位的科学诊断。认知诊断是对个体知识结构、加工技能和认知过程的诊断测评,它结合了认知心理学和现代测量学的知识,对个体测评不再局限于宏观能力层面,而是深入到微观认知结构,以进一步揭示个体内部心理加工过程[①]。它从认知心理学的角度分析学生在问题解决过程中所采用的知识与技能,获得关于学生知识与技能掌握上的优势与不足等诊断信息,从而对学生的学习状况做出测评。可见,认知诊断这种运用认知分析的方法来描述心理活动的内在机制,通过设计各种测验来诊断学生的认知水平的方法,能够很好地为高中数学补救教学提供科学依据和基本思路[②]。

四、认知诊断视域下高中数学补救教学的基本策略

高中数学补救教学按照补救教学的一般过程,先选择研究的对象,一般是针对某一章节的数学学困生,然后对选定的补救对象实施认知诊断,诊断过程一般采用测试的形式,而后根据诊断的结果,精心设计教学活动,使其契合学生的特殊需要,以达到数学补救教学的目的。具体补救策略见图 6.4.2。

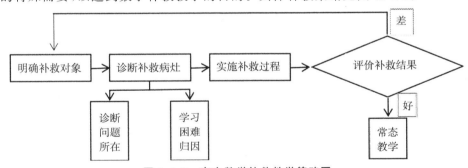

图 6.4.2　高中数学补救教学策略图

（一）明确补救对象

高中数学补救教学的对象为未达成教学目标的学生,其中包括章节教学目标、单元教学目标、阶段教学目标及课程教学目标等未达成的学生,由于数学学科的前后延续性,学生长期未达成数学教学目标就会很容易产生学习困难,后

---

①　涂冬波,蔡艳,丁树良.认知诊断理论、方法与应用.北京:北京师范大学出版社,2012:2-3.

②　刘学梅,李家清.认知诊断视角下高中地理补救教学的策略研究.课程教材教法,2016,36(5):110-117.

续章节无法进行,最终导致学习兴趣缺失,甚至导致数学厌学的现象。由于学困的复杂性,这里暂不考虑因身体、智力以及其他身心障碍等原因造成的数学学困生。

数学教学中确定未达成教学目标学生的方法因补救教学的类型不同而不同。如即时性数学补救教学要求教师通过课堂现场观察学生的学习状况,及时对学生学习做出评价,通过询问问题、对话交流或是捕捉学生非语言信息,透视学生的困惑,鼓励学生语言表达,确定语言背后的思维方式,也可以让学生书面表达,进行简单的书面测试来发现补救的对象,从而采取应对措施,迅速回应学生。系统性的数学补救教学则要求教师通过标准化的学业能力测评积分、测验分数以及其他学习监控材料,通过与其他学科教师和家长共同协作,找出需要系统化补救教学的对象,再通过系统化的组织,合理规划教学目标,精心设计教学内容,巧妙安排教学活动,以提升这类长期未达到数学教学目标的学生的学习水平[1]。

(二)诊断补救病灶

数学诊断教学属于“二次教学”,具有补偿辅导性质,但这种辅导不同于传统意义上的辅导,也并非对教学内容的简单重复,而是在准确找到学生需要补救的“病灶”的基础上,对症下药的积极性的教学活动,诊断是二次教学的基础,诊断“病灶”是补救教学的重要环节。教师观察到学生在学习中存在困难,并能够准确找到学生困难之所在,这就是诊断[2]。因此,我们可以将诊断补救“病灶”这一环节分为两个步骤,其一是诊断问题所在,其二是学习困难归因。

1.诊断问题所在

在数学教学中,对于简单的问题,经验丰富的教师可以迅速找到学生问题之所在,但是对于复杂问题,如“学生不会做两列数据的回归分析问题”,不能以“学生忘记线性回归公式”简单概括,一言以蔽之。学生不会做两列数据的回归,分析其原因可能是多方面的,可能由于学生没有很好地理解最小二乘法而没能准确记忆公式,可能是因为学生不会画散点图;找不到用何种曲线去拟合;也可能是学生不会残差分析和相关系数计算,或者没能对相关系数表达的含义准确解释所致。因此,需要通过系统的任务分析,透过“不会做两列数据的回归分析”这一现象,深入准确地找出学生表现出此现象的原因。多数认知诊断模型由于综合了现代教育心理学和测量学的理论,使用比较复杂,但任务分析作

---

① 武小鹏.基于 FIAS 的高中数学课堂语言互动比较研究——以兰州市 X 高中专家型与新手型数学教师为例.西北师范大学,2015.5.

② LH 克拉克,IS 斯塔尔,等.中学教学法(下册).赵宝恒,蔡竣年,等,译,北京:人民教育出版社,1985:289.

为认知诊断的一个变式,有着简单易行可操作的特点。任务分所就是将复杂的问题肢解成各个组成部分的过程。认知分析可以给学生描绘出从认知起点到达成教学目标的详细过程,当学生未能达成教学目标时,可以按图索骥,准确定位出问题之所在[①]。

1)教学目标层次分析

教学目标的层次分析是找到学生数学障碍的一种比较有效的方法,学生获得某一知识,必须先习得那些预备知识,就像数学证明的分析法一样,从大的目标出发,一步步回溯到具体的问题上,直到教师完全把握学生的学习状况为止[②]。例如要了解"学生为什么不会两列数据的回归分析"这一问题,可以按照图 6.4.3 的思路逐步查找,这一目标可分为 5 个递进的层次:S1 是能画出散点图并初步判断增长曲线,这是完成这一问题的最基本条件,S2~S4 是统计分析的具体原理和操作技术以及熟练应用的过程,S5 是对统计分析的综合理解。显然这种设计是以学生学习这一内容的先后步骤和由浅入深的认知规律为前提的。但在这五个目标中,要准确定位还需要通过具体的认知诊断测验才能完成。

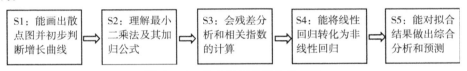

图 6.4.3 教学目标的层次分析图

2)认知诊断测试

认知诊断的试题根据教学目标层级分析的结果而制定,题目从最底层的目标开始查起,逐个向上一层目标检测,直到检测出学生不能达成的目标为止。这种方法的一个基本假设是如果学生能够达成该目标则一定可以达成该目标一下层次的所有目标,但这一基本假设也并非绝对,所以在检测时需要教师按照实际诊断的情况,做到全面检测。另外,根据任务分析诊断学生的学习情况时,如果目标之间的层次跨度过大,也可以从某一中间层次检测起,直到检测出学生不能达成的教学目标为止。认知诊断检测如要得到较准确的测量数据,就一定要确保测试题目的信度和效度。效度是指测验题目与测量维度的匹配性程度。信度是指测量能够测出该目标的可信程度,为了达到较高的信度,每个

① EGGENP,KAUCHAKD. Educational Psychology:Windows on classrooms(5thed). New jersey:Merrill Prentice hall,2001:526.

② 王小明.教学论:心理学的取向.上海:上海教育出版社:2005,10:246.

子目标的测量一般需要 4～5 个题目[①]。如以"做两列数据的回归分析"为例,可以设定出教学目标对应的认知诊断测验如下。

(1)相关性问题是确定性问题吗?

(2)残差就是误差,对吗?

(3)最小二乘法是一种优化方法吗?

(4)非线性回归可以由线性回归转化吗?

(5)残差图能看出异常数据吗?

(6)散点图可以判断拟合曲线的类型吗?

(7)回归分析可以预测数据的变化吗?

(8)散点图每个点的横纵坐标代表什么?

(9)怎样计算回归直线的斜率和截距?

(10)相关指数的含义是什么?

(11)回归模型计算出来的数据与实际数据有什么区别?

(12)如何准确的计算出残差并画出残差图?

(13)相关指数与相关系数有什么区别?

(14)怎样准确的画出散点图?

(15)如何将线性回归模型转化为二次模型、指数模型和对数模型?

(16)怎样知道某一数据适合用哪一种模型?

(17)如何评价一个模型的拟合效果?

(18)如何根据拟合模型对数据作出预测?

(19)回归分析过程中出现异常点应该如何处理?

(20)如何准确评价回归分析的优劣?

表 6.4.1　子目标与对应测试题目

子目标	题号
S1:能画出散点图并初步判断增长曲线	1,6,8,14
S2:理解最小二乘法及其回归公式	3,7,9,11
S3:会残差分析和相关指数的计算	2,5,12,19
S4:能将线性回归转化为非线性回归	4,10,15
S5:能对拟合结果做出综合分析和预测	17,13,16,18,20

---

①　NITKO A J. Educational Assessment of students (3rded.). New jersey:Merrill Prentice hall,2001:298-307.

3）实施测试

经过教师观察或者同其他学科教师、家长的协作，确定需要数学补救教学的学生，按照以上题目进行测试，让学生独立完成设定的 20 个题目。

4）厘定"病灶"

通过对学生测试题目分析，在对照相应的子目标，可以准确地找出学生的弊病之所在。如学生在 1,6,8,14 题目的作答中出现问题，可以得出该学生没有掌握"散点图的相关知识"，以此类推。当然，为了确保测验的信度和效度，还需要教师在与学生的交流中确定学生的病灶。数学教师可以参照任务分析诊断的方式，有目的、有计划地向学生提出一系列问题，要求学生口头回答和解释，并从中收集信息，以确定诊断结果。

2. 学习困难归因

发现问题并能够对问题进行合理的归因是补救教学的先决条件，认知因素是影响学生学习效率和结果的最主要因素，而学生未达成数学教学目标的原因可以归结为以下几点。

1）学生认知发展阶段的影响

根据著名的心理学家皮亚杰的认知发展阶段理论，高中阶段的学生正处于形式运算阶段，其逻辑概括思维由经验水平向理论水平转化。然而，在高中数学教学中，抽象性和复杂性已经上升到了一定的阶段，已经由形象思维转化成较为复杂的抽象思维。数学教学已经不再过多地强调计算和记忆，更多的是对数学概念、数学定理的深入理解。所以有部分学生在认知的转化上还存在缺陷，需要进一步引导、体验、感知。

2）没有形成数学认知地图

数学认知地图是一系列由数学的基本元素（如定义、定理、公里）构成，内化在学习者头脑中的一环扣一环的观念和组织形式。认知结构理论认为，学习就是认知地图的形成和改组过程[①]。形成良好的认知地图是学习的核心任务，已经形成的认知地图是后续认知结构发展变化的核心条件[②]。学生之所以没有达成教学目标，与学生数学认知地图的形成有必然关系。

奥苏泊尔认为影响学生学习的唯一重要因素是已有的知识[③]。高中数学知识相对繁杂，由于各部分知识之间的衔接问题，导致学生在建立认知结构时缺乏知识的有效迁移。学生不会求解抽象函数的问题，可能仅仅是对函数 $y=$

①　陈琦,刘儒德.教育心理学.北京:高等教育出版社,2011:126.
②　施良方.学习论——学习心理学的理论与原理.北京:人民教育出版
③　皮连生.学与教的心理学(第五版).上海:华东师范大学出版社,2009:268,49,156.

$f(x)$ 这一符号的理解有误所致。数学知识前后内容衔接紧密,因此知识结构的梳理不到位可能导致数学知识的结构化程度下降。认知心理学表明,知识的数量固然重要,但知识之间缺乏联系或者联系程度不够,导致知识堆积越多越乱,反而不利学生的信息提取。所以数学上强调对每一个知识的深入理解和知识之间的紧密联系,以强化数学认知地图。除此之外,缺乏数学学习的元认知策略也是没有形成数学认知地图的原因之一,数学元认知是指对数学认知活动的监控和调节过程,监控和指导着数学认知策略的运行。数学学习中不能很好地总结、反思、提炼方法,不能有意识地自我监控,出现问题后不能很好地找出认知偏差,适时地调整和补救,不能自觉地使用有效的数学学习策略,都是数学元认知缺乏的表现。

3)认知过程中缺乏数学化

弗兰登塔尔认为,数学化就是人们在观察、认识和改造世界的过程中,运用数学思维和方法分析和研究客观世界的种种现象并加以整理和组织的过程①。缺乏数学化使得学生在数学学习的认知过程中仅仅停留在数学的原始问题上,不能将数学问题盘活。认知过程中只出现知识的碎片,很难形成一个完整的系统。如在解决回归分析问题时,如果将问题肢解成一个个小的部分,学生能够很好地解决,但是面对一个整体问题,由于数学化程度不够,很难做出完整的解答。

4)学生认知风格与数学教师教学方式的不匹配

每个学生都有自己喜好和适合的学习类型和学习方式,认知风格会影响学生的数学学习效果。认知通道的选择是学生认识风格差异的主要表现,任何认知活动都需要通过听觉、视觉或触觉通道来实现②。研究表明,30%的人是听觉学习者,40%的人是视觉学习者,15%的人是触觉学习者,15%的人是动觉学习者。"触觉-动觉学习者"在传统的学校中面临的学习困难最多③。常规的数学教学主要适合听觉和视觉学习者,对于触觉学习者考虑不多,这也是造成数学目标未能达成的原因之一。

(三)实施补救过程

虽然认知诊断视角下的高中数学补救教学是针对有数学认知缺陷的学生采取的补救措施,但同时也需要激发学生的学习动机和兴趣,让每一个学生都有体验成功的机会。课堂教学之所以要补救,很大的可能是教学方式方法低效

①　张奠宙,宋乃庆. 数学教育概论(第二版). 北京:高等教育出版社,2014,12:44-49.
②　皮连生. 学与教的心理学(第五版). 上海:华东师范大学出版社,2009:268,49,156.
③　顾瑞荣.《学习的革命》导读与实践. 北京:科学技术文献出版社,1999:48-49.

或者无效,所以调整课堂教学方法是补救教学的重要内容。此外,由于学习具有连贯性的积累性,只有及时实施补救,才能达到较好的效果。根据学生不同的病灶,认知诊断视角下的高中数学补救教学有以下类型。

1.数学补偿性教学

数学补偿性教学主要采用差异化教学形式,补全学生因认知方法和教学方法不一致所导致的学困部分,重点在于改变教学方法,根据学生的不同情况提供不同的学习机会,如涉及不同层级的教学目标、开展不同方式的教学活动、安排不同水平的课堂作业,通过多元化的评价方式,促进多样化的符合学生自身的学习方式,直到学生达成教学目标为止。如对于上述动觉型学生实施补救教学,可以充分发挥学生的动手实践能力,让学生多参与操作性比较强的程序性知识的学习活动,为其提供较多的表现机会,充分调动学生的积极性,满足其表现欲。如在线性回归问题中,可以让学生先做最简单的两列数据的回归分析,感受操作过程,再进一步强化。

2.数学复习性教学

复习是对教学过程的延伸,对于学习时间不足,需要更多的时间练习和反思的学生来说,这是一种不错的补救方法。与常规的数学教学不同,在复习性教学中,摒弃了细枝末节的引入、过渡等环节,提纲挈领地抓住学习的核心主题展开,为学生搭建起认识的主体,为学生勾勒出知识的主线。复习性教学还可以通过列举更加丰富的实例,充实学生对数学原理、定理、定义的深入理解。对教材中列举的背景较为陌生的事例,多做引申说明或者更换新事例。可以将本土文化背景融入课堂教学事例中,增加学生对问题的亲切感,进一步激发学生学习的动机和兴趣。在复习教学中,开展教师辅导和同伴辅导相结合的方式。如当某位学生解答某问题出现错误时,可组织全班学生互帮互学,教师进行有计划的监督与指导。

3.数学补缺性教学

目前,数学补缺性教学成为数学补救教学的一种普遍形式,数学补缺型教学一般分为三类:第一类,由于初中数学基础知识薄弱或初高中衔接造成的学困,需要在高一阶段进行补救;第二类,初高中学习方法和认知水平不同造成的对数学知识理解不透,思维狭窄,看问题片面等问题,可以通过学习方法的引导进行补救;第三类,部分学生为提高自己的成绩,顺利通过高考而请家教或参加各类辅导班进行查漏补缺。总之,数学补缺性教学的补救对象为数学认知结构缺陷的学生,其具体策略有以下五项。

1)丰富数学表象,强调数学概念和原理的学习

数学教学的基本任务就是数学概念和数学原理的掌握,但数学概念和数学

原理的掌握又离不开数学表象的积累。数学表象是数学知识在人脑中的再现，它是理解数学概念、掌握数学原理的基础。形成数学表象的具体方法可归纳为三种，其一，丰富的数学体验，尽可能地组织学生进行数学知识的再发现，还原数学知识发现的过程，让学生体会到知识产生的缘由，在脑海中形成表象[①]；其二，形象的语言描述，强调学生对数学知识的表达，数学表达能力是数学问题深入理解的有效方法，学生组织严密准确的语言、安排合理的顺序、梳理逻辑间关系的过程是获得新的数学表象主要方法；其三，深入的问题思考，学生通过对某一问题深入的探讨、解析、总结、提炼的过程，是对抽象的数学问题在头脑中建立数学原型的过程。学生今后对此类问题的解决基于这一原型展开，为学生提供了一个可供参考的数学表象。

2）创设实际情景，促进数学认知结构的发展

学习是由一系列顺应和同化过程构成的。顺应和同化之间不断地建立平衡，构成了认知本身以及认知发展过程[②]。其一，数学问题尽量做到生活化，或者做到和原有知识紧密联系，以促进新知识的同化。如在学习数学归纳法时，将数学归纳法原理和实际生活传递信息的问题相结合，学生将某一信息按照班上学生学号，从 1 号到最后一号逐个一对一地传递，和数学归纳法进行类比，以促进对数学归纳法原理的理解。其二，精心设计"问题串"，以促进数学知识的顺应。顺应是已有经验无法对新知识产生同化时对认知结构做出的调整，这种调整既包括对已有认知结构的纠错，也包括对现有认知结构的延伸拓展。尽量将问题设置在学生的"最近发展区"上，引发学生认知冲突，促进学生认知结构升级。

3）强化数学学科结构，构建数学认知图式

数学认知地图是对错综复杂的数学知识建立意义联系的知识网络结构。正如著名教育学家布鲁纳在他的著作《教育过程》中提到的："所获得的知识，如果没有完满的结构把它联系在一起，那是一种多半会遗忘的知识。一串不连贯的论据在记忆中仅有短促的可怜的寿命。"数学逻辑具有严密性、语言具有抽象性、表达形式具有优美性，不同层次的数学问题，不同复杂程度的数学知识，只有对其进行分类处理，梳理清楚知识间的关系，厘清数学不同知识间的层次化、结构化和网络化的数学图式表征，学生的记忆才会持久，理解才会深刻，迁移才会自然。为了学生数学认知图式的构建，教师可以利用概念图、结构图、思维导

① 武小鹏,张怡.基于 FIAS 的高中数学课堂教学比较研究——以 2014 年全国数学教育研究会两节观摩研讨课为例.数学教育学报,2015(5):87-91.

② 石向实.认识论与心理学.北京:东方出版社,2006:67-68.

图的结构化方式把数学知识串起来,形成结构化、模块化、网络化的数学认知图式,例如可以将不等式的知识归结为图 6.4.3。

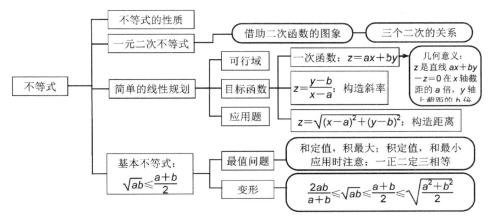

图 6.4.3　不等式知识结构图

4)淡化数学形式,注重数学实质

数学教学中,教师要不断提升学生的数学应用意识,强调数学地看待问题,形成数学视角。数学的形式化有助于数学理论体系的简单化、严格化和系统化,可以为探索和确定未知的数学形式结构提供猜想、类比的基础和借鉴的模型[1]。但是数学毕竟不是形式,生动活泼的数学内涵不能淹没在形式主义的海洋里。形式化固然是数学的本质特征,但走极端,使数学变得粗燥乏味、远离大众、脱离现实。过分地强调数学的抽象语言而忽视其思想内容,就会把光彩照人的"数学女王"拍成 X 光照下的一副"骨架"[2]。所以课堂上注重现实生活和数学知识的融合是很有必要的,如有学者将少数民族地域文化中的数学元素和数学课程进行了整合,不仅弘扬了少数民族文化,同时也增进了数学与学生的距离,让学生和数学课堂更加亲近,培养了学生的学习兴趣。

5)组织变式训练,促进数学知识的迁移

学生理解了数学的定义、定理,并不等于学生会应用数学知识,这二者之间还有一个知识转化的心理操作过程。通过数学变式训练,可以较好地提高学生认知结构的稳定性和灵活性,促进数学知识之间的转化和迁移。变式训练是指在其他有效条件不变的情况下,数学的例证的变化[3],即在保证数学原理不变的前提下,适当地改变数学知识的非本质性特征,如背景、条件性知识等。常见的

①　弗赖登塔尔.作为教学任务的数学.上海:上海教育出版社,1992:76.
②　张奠宙,宋乃庆.数学教育概论(第二版).北京:高等教育出版社,2014,12:44-49.
③　皮连生.学与教的心理学(第五版).上海:华东师范大学出版社,2009:268,49,156.

数学变式训练分为两类,第一,数学条件变式练习。改变一道试题的一些条件,以促进学生对数学概念的深入理解,如在计算概率问题时,可以将"放回抽样"改为"不放回抽样",让学生重新计算概率。第二,数学表述变式训练。由于数学符号的高度抽象性,所以同样的问题可以用不同的方式做出表述,以使学生能够透过表述这种现象看到数学原理这一本质。如可以用语言表述函数 $f(x)$ 单调递增,同时也可以表述成 $\forall x \in d, (x_1 - x_2)(f(x_1) - f(x_2)) > 0$。当然,数学的变式训练也应该在强调形式多样化的同时,注意度的把握。

(四)评价补救效果

评价作为数学补救教学的一部分,在数学补救教学中发挥着重要作用。教学和评价融合,形成"以评促教,以评促改"的教学模式,对提升整体数学教学质量、推动数学课堂教学改革有重要意义。评价同时也促进了教师深入的反思,帮助其找出课堂教学中的缺点,系统化地加以改进。评价数学补救教学效果有两个标准:一是数学教学目标的达成度,二是数学学习进步度。前者可以依据数学教学目标参照测量,后者通过动态的数学课程本位测量来评价。所谓课程本位测量是指以学生现有课程内容学习的持续表现为对象,来决定学生教学需求的评估方式①。而数学动态测量是通过前侧和后侧的比较,分析数学补救教学后学生认识结构和认知过程的变化来测量的。

数学补救教学是数学常规教学的有效组成部分,为常规教学提供补充。必要的补救教学为常规教学的良好运行提供了保障,常规教学在补救教学的基础上才能做到面向全体学生,不过分迁就学困生,常规教学才能良性发展。同时,教师只有提升了数学常规教学的质量,才能减少补救教学的人数和次数,才能让数学补救教学的资源得到有效的应用,这样,常规教学和补救教学相互依存、相互促进,才能真正让高中数学教学朝着良性的方向发展,最终达到学生进步和教师成长的双丰收。

第五节　中韩高考数学试题能力考察

中韩两国同属于儒家文化圈的代表性的国家,都具有悠久的历史和文化渊源,功名观的影响可谓根深蒂固,这种特性不免折射到高考制度上②。两国的高考无论是在规模、社会的关注程度上,还是在考生的重视程度上都是比较相近的。由于对高考的重视,高考在引领课程和基础教育改革方面自然起到了主导

---

① 张旭,张海丛.课程本位测量及其在学习障碍评估与干预中的应用.中国特殊教育,2009:56-62.

② 徐小洲.韩国高考改革的动向及启示.教育研究,2003(12):66-82.

性的因素。笔者通过对两个国家试题的比较,可以进一步借鉴优势,取长补短。全面系统地考察学生的数学综合能力是高考试题不断追求的目标,笔者首先对中韩两国高考试题的试卷结构、考点分布及其试题特点进行比较分析,再将数学的综合能力划分为运算求解、推理论证、应用意识、数据处理、空间想象、创新意识和抽象概括 7 个维度,进一步通过 7 大能力维度的考察统计,获得试卷内部不同能力维度之间的相关性以及考生不同维度的能力参数,为深层次地剖析高考试题和提升命题质量提供了参考。

一、试题结构

试题结构设计是命题设计、试题作答和试题评价的先导。在试卷设计过程中,试题结构起着提纲性的指导作用;在被试答题和试题评价上,其具有统摄作用[1]。首先,一份高质量的试题,它的形式和内容是统一的,只有具备了良好的试卷结构这一形式作为保证,才能呈现高质量的内容[2]。因此,为了全面认识、理解和评价一份试卷,首先要对试卷的整体结构进行分析。2016 年全国理科数学(Ⅰ)卷和 2016 年韩国的大学修学能力考试数学试题(A)卷考试时间、试卷分值及组题形式等方面的分布如表 6.5.1 所示[3]。

表 6.5.1　2016 年全国(Ⅰ)卷和 2016 年韩国试题的题型结构统计表

评析指标	考试时间	试卷总分	组卷形式	试题类型	试题数量	试题分值
2016 全国(Ⅰ)卷	120 分钟	150 分	第Ⅰ卷、第Ⅱ卷	选择(单选、4 选 1)非选择(必做、选做)	单选 12 题,填空 4 题 解答必做 5 题和选作 3 选 1	单选 60 分(5 分/题)填空 20 分(5 分/题)解答 70 分必做 60 分 选做 10 分
2016 年韩国卷	100 分钟	100 分	选择卷、非选择卷	选择(单选、5 选 1)非选择(必做、选做)	单选 21 题,解答必做 9 题	单选 68 分 解答 32 分

从表 6.5.1 可以看出,相比全国卷(Ⅰ)卷,韩国试题的考试时间较长,为 100 分钟,试卷为百分制,在组卷形式上并没有单列第Ⅰ卷和第Ⅱ卷。在试题类

① 李金海,曾兵芳.2012 年高考化学卷的特点与思考——基于江苏、海南、上海 3 省市化学卷的统计分析.教育测量与评价(理论版),2013,(2):49-53.

② 任子朝,王蕾,朱乙艺等.标准参照考试理论在高考中的应用——以 H 省 2010—2012 年高考理科数学为例.数学教育学报,2013,22(3):1-4.

③ 普通高等学校招生全国统一考试大纲(理科•课程标准实验•2016 年版).2016 年教育部考试中心,2016.2.

型上,单选采用了 5 选 1 的形式,试题总量为到 30 题,并没有设置选考内容。

二、考点分布

为了比较准确地比较中韩试题的差异,笔者对两套试题的考查要点、考题分布,考题分值以及所占比例等方面做了统计,得到结果如表 6.5.2 所示。

表 6.5.2　2016 年全国(Ⅰ)卷和 2016 年韩国试题的考点分布统计表

卷别	评析指标			
	考查要点	考题序号	考题分值	分值比例
2016 全国 (Ⅰ)卷	集合、复数、程序框图	1、2、9	15	10.00%
	函数及其应用、导数	7、8、21	22	14.67%
	直线与圆锥曲线	5、10、20	22	14.67%
	概率统计、二项式	4、14、19	22	14.67%
	三角函数、向量	12、13、17	22	14.67%
	不等式、线性规划	8、16、24	20	13.33%
	立体几何、几何证明、推理	6、11、18、22	32	21.33%
	坐标系与参数方程	23	10	6.67%
	数列	3、15	10	6.67%
2016 年 韩国卷	指数的运算	2	2	2%
	极限运算、导数、积分	3、5、8、10、14、15、20、23、28、29	30	30%
	矩阵运算、矩阵理论应用	1、18、24	9	9%
	概率极其应用、排列组合	6、9、12、25	12	12%
	数列及其应用	7、17、19、22	14	14%
	函数及其应用	4、11、13、16、21、26、27、30	33	33%

表 6.5.2 的统计结果显示,中韩试题在考点分布方面有着明显的差异,同时又具有共性。全国(Ⅰ)卷的知识点分布比较全面,主要知识点有函数、立体几何、解析几何、概率统计、导数及微积分等。韩国卷的知识点分布相对集中,主要集中在微积分、矩阵理论、函数与数列、排列组合与概率等内容上,并且试题背景丰富,信息量大,如下图中考察到的数列综合应用问题。

韩语原题

그림과같이한변의길이가5인정사각형 $ABCD$ 의대각선 BD 의 5 등분점을점 B 에서가까운순서대로각각 P_1 , P_2 , P_3 , P_4 라하고, 선분 BP_1 , P_2P_3 , P_4D 를각각대각선으로하는정사각형과선분 P_1P_2 , P_3P_4 를각각지름으로하는원을그린후,

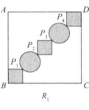 모양의도형에색칠하여얻은그림을 R_1 이라하자.그림 R_1 에서선분 P_2P_3 을대각선으로하는정사각형의꼭짓점중점 A 와가장가까운점을 Q_1 , 점 C 와가장가까운점을 Q_2 라하자. 선분 AQ_1 을대각선으로하는정사각형과선분 CQ_2 를대각선으로하는정사각형을그리고,새로그려진 2 개의 정사각형안에그림 R_1 을얻은것과같은방법으로

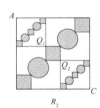 모양의도형을각각그리고색칠하여얻은그림을 R_2 라하자.그림 R_2 에서선 AQ_1 을대각선으로하는정사각형과선분 CQ_2 를대각선으로하는정사각형에그림 R_1 에서그림 R_2 를얻은것과같은방법으로

 모양의도형을각각그리고색칠하여얻은그림을 R_3 이라하자.n 번째얻은그림 R_n 에색칠되어있는부분의넓이를 S_n 이라할때, $\lim_{x \to \infty} S_n$ 의값은?[4 점]

中文译题

如图所示，边长为 5 的正方形 $ABCD$ 的对角线 BD 的五分点以顶点 B 的距离远近分别命名为 P_1 ， P_2 , P_3 , P_4 分别画出以线段 BP_1 , P_2P_3 , P_4D 作为对角线的正方形和分别以 P_P_2 , P_3P_4 作为直径的圆之后，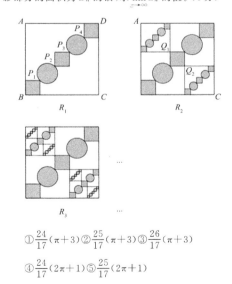 模样的图形中填上阴影后获得的图形以 R_1 表示。顶点 A 和图形 R_1 中以线段 P_2P_3 作为对角线的正方形的最近的点 Q_1 ，顶点 C 和最近的点 Q_2 ，画出以线段 AQ_1 作为对角线的正方形和以线段 CQ_2 作为对角线的正方形，新画出的这两个正方形中以得到图形 R_1 的方法分别画出 模样的图形中填上阴影后获得的图形以 R_2 表示。

图形 R_2 中以线段 AQ_1 作为对角线的正方形和以线段 CQ_2 作为对角线的正方形中以获得图形 R_1 和 R_2 的相同方法在 模样的图形中填上阴影后获得的图形以 R_3 表示。

若重复此方法 n 次之后得到的图形 R_n 中的阴影部分的面积为 S_n 的话，求 $\lim_{x \to \infty} S_n$ 的值。（4 分）

① $\frac{24}{17}(\pi + 3)$ ② $\frac{25}{17}(\pi + 3)$ ③ $\frac{26}{17}(\pi + 3)$

④ $\frac{24}{17}(2\pi + 1)$ ⑤ $\frac{25}{17}(2\pi + 1)$

① $\frac{24}{17}(\pi + 3)$ ② $\frac{25}{17}(\pi + 3)$ ③ $\frac{26}{17}(\pi + 3)$

④ $\frac{24}{17}(2\pi + 1)$ ⑤ $\frac{25}{17}(2\pi + 1)$

图 6.5.1

相比较而言,韩国卷更加注重矩阵理论和微积分,而矩阵理论在全国卷中没有出现。在我国的普通高中教材中,矩阵理论虽然在选修 4 系列中有所体现,但是各地试题在选考方面并未涉及此内容。

三、能力考察

(一)能力维度考查统计

高考数学试卷对于能力的考核有着明确的要求,2016 年教育部考试中心颁布的《普通高等学校招生全国统一考试大纲》(理科·课程标准实验·2016 年版)明确规定了数学学科试卷考核的能力要求包括七项,分别为运算求解能力(A1)、推理论证能力(A2)、应用意识(A3)、数据处理能力(A4)、空间想象能力(A5)、创新意识(A6)以及抽象概括能力(A7)。图 6.5.3 是对能力维度的界定。

表 6.5.3 数学能力维度界定表①

能力维度	界定说明
运算求解	试题中涉及加、减、乘、除、乘方、开方的数据的运算和各种算式的求解
推理论证	主要是指该题目利用了数学的基本原理进行了推导演化,涉及数学定理、推论
应用意识	题目和实际生活有紧密联系,涉及利用数学原理解决生活和生产中的实际问题
数据处理	试题中涉及大量的统计数据,该题目主要与数据的统计分析有关
空间想象	是指题目涉及三位空间的想象,主要和立体几何中得点线面的位置关系有关
创新意识	试题有意设置新的背景,对常规题目进行了深层次的加工
抽象概括	是指将实际问题通过数学表征,概括出数学问题,进一步解决问题

按照表 6.5.3 的界定说明,对 2016 年全国(Ⅰ)卷和 2016 年韩国卷试题能力考查做了统计,整理成表 6.5.4 的形式,其中"1"表示考核了某项能力,"0"表示没有考核某项能力。其中某些题目可能同时考察几种能力,CA 表示全国卷,KA 表示韩国卷。

---

① 赵思林,翁凯庆.高考数学命题"能力立意"的问题与对策.数学教育学报,2013,22(4):83-89.

表 6.5.4 **2016 年全国(Ⅰ)卷和 2016 年韩国卷试题能力考查统计表**[①]

题号	运算求解		推理论证		应用意识		数据处理		空间想象		创新意识		抽象概括	
	CA1	KA1	CA2	KA2	CA3	KA3	CA4	KA4	CA5	KA5	CA6	KA6	CA7	KA7
T1	1	1	0	0	0	0	0	0	0	0	0	0	0	0
T2	1	1	0	0	0	0	0	0	0	0	0	0	0	0
T3	0	1	1	0	0	0	0	0	0	0	0	0	0	0
T4	1	1	1	0	0	1	0	0	0	0	0	0	0	0
T5	1	1	0	1	1	0	0	0	0	0	0	0	0	0
T6	0	1	1	0	0	0	0	0	0	0	0	0	0	0
T7	1	1	1	0	0	1	0	0	0	0	0	0	0	0
T8	1	1	1	0	0	0	0	0	0	0	0	0	0	0
T9	1	1	0	1	0	0	0	0	0	0	0	0	1	0
T10	1	1	1	0	0	1	0	0	0	0	0	0	0	1
T11	1	0	0	1	0	0	0	0	0	0	0	0	1	0
T12	1	0	0	0	0	1	0	1	1	0	0	0	0	0
T13	1	1	0	1	0	0	0	0	0	0	0	0	0	1
T14	0	0	1	1	0	0	0	0	0	0	0	0	0	1
T15	1	1	1	0	0	0	0	0	0	0	0	0	0	1
T16	1	1	1	0	0	0	0	0	0	0	0	0	0	1
T17	1	1	1	1	0	1	0	0	0	0	1	1	0	1
T18	1	1	0	1	1	0	1	0	0	0	0	0	0	0
T19	1	0	0	1	0	0	0	0	1	0	0	0	0	1
T20	1	1	1	1	0	0	0	0	0	0	0	0	0	1
T21	1	1	1	1	0	0	0	0	0	0	0	1	0	0
T22	0	1	1	0	0	0	0	0	0	0	0	0	0	0
T23	1	1	1	0	0	0	0	0	0	0	0	0	0	0
T24	0	1	1	1	0	0	0	0	0	0	0	0	0	0
T25	—	1	—	1	—	0	—	0	—	0	—	0	—	0
T26	—	1	—	0	—	0	—	0	—	0	—	0	—	1
T27	—	0	—	0	—	1	—	0	—	0	—	1	—	1
T28	—	1	—	1	—	0	—	0	—	0	—	0	—	0
T29	—	0	—	1	—	0	—	0	—	0	—	0	—	0
T30	—	1	—	1	—	1	—	0	—	0	—	1	—	1
合计	19	24	15	16	2	10	1	1	2	0	1	3	4	11
比例/%	79.2	80	62.5	53.3	8.3	33.3	4.2	3.3	8.3	0	4.2	10	16.7	36.7

　　根据表 6.5.4 的统计结果,将两种试题的个能力考查按照考查比例绘制成折线对比图 6.5.2,在此图中可以看出不同试题在能力考查上的变化[②]。

---

　　① 许志勇,丁树良,钟君.高考数学试卷多维项目反应理论的分析及应用.心理学探新,2013(5):438-443.

　　② 任子朝,章建石,陈昂.高考数学新题型测试研究.数学教育学报,2015,24(1):21-25.

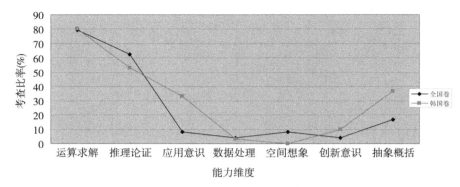

图 6.5.2　2016 年全国(1)卷和 2016 年韩国试题能力考查比率折线对比图

根据折线图 1 可以看出,两国试题在运算求解能力和数据处理能力方面考查比例相当,

在对推理论证能力和空间想象能力的考查中全国卷比韩国卷比例高,而对推理论证能力、应用意识、创新意识和抽象概括能力的考查,韩国卷要高于全国卷。就两国试卷整体而言,都注重对运算求解能力、推理论证能力和抽象概括能力的考查,以及对数据处理能力、空间想象能力和创新意识的考查比例较低。

(二)能力维度相关分析

根据表 6.5.4 的统计数据,对各个能力维度的做了相关分析,得到能力维度相关矩阵如表 6.5.5 和表 6.5.6 所示[①]。

表 6.5.5　全国(Ⅰ)卷不同能力维度之间的相关矩阵

能力维度	CA1	CA2	CA3	CA4	CA5	CA6	CA7
CA1	1.000						
CA2	0.814	1.000					
CA3	−0.156	0.324	1.000				
CA4	0.683	0.283	0.182	1.000			
CA5	0.312	0.513	0.279	0.194	1.000		
CA6	−0.247	−0.201	−0.173	−0.415	−0.316	1.000	
CA7	0.519	0.713	−0.213	0.224	0.136	0.147	1.000

---

① 闫成海,杜文久,宋乃庆.高考数学中考试评价的研究——基于 CTT 与 IRT 的实证比较.华东师范大学学报(教育科学版),2014(3):10-18.

表 6.5.6　韩国卷不同能力维度之间的相关矩阵①

能力维度	KA1	KA2	KA3	KA4	KA5	KA6	KA7
KA1	1.000						
KA2	0.713	1.000					
KA3	−0.156	−0.427	1.000				
KA4	0.517	0.339	0.172	1.000			
KA5	0.291	0.317	0.413	0.315	1.000		
KA6	−0.337	−0.271	−0.193	−0.517	−0.361	1.000	
KA7	0.332	0.723	−0.421	−0.174	0.219	0.308	1.000

表 6.5.5 和表 6.5.6 提供的试卷内部结构数据信息可以得到创新意识（A6）与其他五种能力维度均是负相关，可以说创新能力的培养与其他能力的培养相对独立；运算求解能力（A1）与推理论证能力（A2）有着强正相关，只有具备了好的运算能力才能具有较高的推理水平，同时推理的过程也是对运算能力的培养过程。从其余的相关系数来看，相关程度很强，没有明确的依赖关系②。

四、结论与启示

（一）结论

1. 两国考查的内容有所不同

中韩在高考试题的考察中，大部分内容是相同的，基本强调了函数作为考察的主线。韩国试题中融入了我国初中的一些复杂内容，如一元二次方程的解法及韦达定理的应用等，同时也包括了我国大学中的部分简单知识，如高等代数中的多项式除法，线性变换，高等数学中的不定积分及定积分，线性代数的矩阵及概率中的连续性随机变量和概率分布，统计中的区间估计，以及样本均值的检验。同时在考察的侧重点上也存在较大的差异，我国试题主要以函数理论、空间几何和解析几何这三大块内容为主体，而韩国试题主要以函数的相关知识统领整个试题，包括极限、微积分、数列及概率等，无不体现函数的思想。

2. 考题的考查方式存在差异

两国考题的内容的差异，体现在考查方式上也各有侧重。首先，韩国试题考察量比较大，要在 100 分钟时间内完成 30 道试题，因此，其中有好多试题就相对比较简单，主要考察学生简单的运算能力和数学基本知识。但同时，个别解答题题干很长，包含了大量的信息，需要学生较好的数据处理能力和信息处

① 叶晶，陈清华.基于内外部表征的数学高考应用题分析.数学教育学报，2014,23(4):92-95.
② 邵志芳，李二霞.中高考数学试题难度的认知任务分析.华东师范大学学报(教育科学版),2010(3):48-52.

理能力。我国每道试题的综合度都比较高,内容分布均衡,考察知识全面,很注重知识的覆盖面。同时韩国数学高考试题的赋分方式是不等距的,试题的难度很难在赋分上有所区别,很难的试题最多也就 4 分,最简单的试题也要 2 分,而我国的试题基本做到了难度和试题分值的等距。因而中国试题注重覆盖面、考点的覆盖率,每一章节的内容基本都可以在试题中体现,而韩国试题比较注重试题的背景、试题的应用性,讲求试题的深入性[①]。

3.试题的能力考查存在差异

通过对能力考查的统计和相关分析可知,中国试题的能力考查主要集中在运算能力和逻辑推理能力,在应用意识和抽象概括能力考查方面,中国试题要远远低于韩国试题。这说明目前的国内试题在考查学生的应用意识方面还存在着欠缺。同时,韩国试题缺少空间立体几何的内容,因而在空间想象能力的考察方面还很欠缺。

(二)启示

高考"指挥棒"的作用不免会对学生能力的培养起到关键的导向作用,高考对学生能力的考察不全面,直接影响着学生综合能力的全面发展,从以上结论我们可以得出,韩国试题在能力的考察方面相对比较全面。从整体上分析,我国试题中对应用意识、创新能力及数据处理能力等与实际生活紧密联系的能力考察还是比较欠缺,因而会使很多学生在抽象的推导和繁杂的计算中失去学习数学的兴趣。因此建议在高考试题的考察中增加试题的实际背景,加大试题的信息量,以达到对学生信息处理能力和数据处理能力的培养,通过在实际问题中抽象出数学模型,可以有效地提升学生的抽象概括能力。

我国高中数学内容仍有诸多调试改进的空间,如可以借鉴韩国课程的设置,将现代矩阵的内容引入高中课程体系。这一做法,可以从以下两方面考虑:其一,是因为矩阵理论和微积分一样,是现代代数的核心内容,在计算机和信息时代高速发展的今天,其在现实生活中有广泛的用途;其二,是学生在学习了基本的线性方程组等相关知识的同时,有进一步学习矩阵理论的基础。在后续的我国高中数学课程标准修订过程中,可以考虑论证这一点[②]。

---

① 倪明,龚为民.中俄高考数学评价细则的比较研究.数学教育学报,2006,15(4):52-55.

② 武小鹏,张怡.基于 FIAS 的高中数学课堂比较研究——以 2014 年全国数学教育研究会两节观摩研讨课为例.数学教育学报,2015,24(5):87-91.

参考文献

[1] Allalouf A,Abramzon A. Constructing better second language assessments based on differential item functioning analysis[J]. Language Assessment Quarterly,2008,5 (2):120-141.

[2] American Educational Research Association (AERA),American Psychological Association, National Council on Measurement in Education. (1999) Standards for educational and psychological testing. Washington, DC:AERA.

[3] Anderson JR,Shunn C D. Implications of the ACT-R learning theory:No magic bullets[A]. In R. Glaser (Ed.),Advances in instructional psychology[C]. Mahwah:Erlbaum. Anderson,2000:1-33

[4] Anderson J R,Bothell D,Byrne M D,et al. An integrated theory of the mind[J]. Psychological Review,2004,111(4):1036-1060.

[5] Anderson J R. Cognitive psychology and its implications[M]. New York: W. H. Freeman,1990.

[6] Anderson J R. Human symbol manipulation within an integrated cognitive architecture[J]. Cognitive Science,2005,29,313-341.

[7] Artigue M,Shalit E D,Ralston A. Controversial issues in K-12 mathematical education[J]. Proceedings of the international congress of mathematicians (ICM),Volume III:Invited lectures,2006:1645-1662.

[8] Assessment Reform Group. Assessment for Learning:10Principles-research-based to Guide ClassroomPractice[EB/OL]. http://k1. ioe. ac. uk/ tlrp/arg/CIE3. PDF,2002.

[9] Aufschnaiter V,Erduran C,et al. Arguing to Learn and Learning to Argue:Case Studies of How Students 'Argumentation Relates to their Scientific knowledge. Journal of Research in Science Teaching,2008,45(1):101-131.

[10] Australian Institute for Teaching and School Leadership (AITSL). National partnership agreement on improving teacher quality [EB\OL]. ht-

tp://www. aitsl. edu. au/docs/default-source/default-document-library/national_partnership_on_improving_teacher_quality.

[11] AvalosB, Assael J. Moving from resistance to agreement: The case of the Chilean teacher performance evaluation[J]. International Journal of Educational Research, 2006, 45(4):254-266.

[12] Baddeley A D. Working memory[M]. Oxford, UK: Oxford University Press, 1986.

[13] Baker E L, Barton P E, Darlinghammond L, et al. Problems with the use of student test scores to evaluate teachers [EB\OL]. https://www. epi. org/publication/bp278/

[14] Ball D L, Rowan B. Introduction: Measuring Instruction[J]. Elementary School Journal, 2004, 105(1):3-10.

[15] Barber M, Mourshed M. How the Best-performing Schools Come Out on Top [EB/OL]. https://www. researchgate. net/publication/44838959_How_the_World's_Best-Performing_School_Systems_Come_Out_on_Top.

[16] Baron R A. Negative effects of destructive criticism: Impact on conflict, self-efficacy, and task performance [J]. Journal of Applied Psychology, 1988, 73(2):199-207.

[17] Bartolini-Bussi M G, Mariotti M A. Semiotic mediation in the mathematics classroom: Artifacts and signs after a Vygotskian perspective[A]. Handbook of international research in mathematics education (2nd ed) [C]. Mahwah, NJ: Lawrence Erlbaum, 2008:746-805.

[18] Batanero C, Díaz C. Training teachers to teach statistics: What can we learn from research? Statistique et Enseignement, 2010 (1):5-20.

[19] Battista M T. Conceptualizations and issues related to learning progression, learning trajectories, and levels of sophistication[J]. The Mathematics Enthusiast, 2011 (8):507-569.

[20] Battistich V, Schaps E, Watson M, Solomon, D. Prevention effects of the child development project: Early findings from an ongoing multisite demonstration trial[J]. Journal of Adolescent Research, 1996, 11(1), 12-35.

[21] Beesley A, Apthorp H. (Eds.). Classroom instruction that works, second edition: Research report[J]. Denver, CO: McRel, 2010.

[22] Begg I, Harris G. On the interpretation of syllogisms. Journal of Verbal

Learning and Verbal Behavior,1982,21:595-620.

[23] Begle E G. Some lessons learned by SMSG[J]. Mathematics Teacher, 1973(3):207-214.

[24] Beguin P,Rabardel P. Designing for instrument-mediated activity[J]. Scandinavian Journal of Information Systems,2000(12):173-190.

[25] BergmannJ,Sams A. Flip your classroom:Reach every student in every class every day[J]. Washington,DC:ISTE; and Alexandria,VA:ASCD, 2012.

[26] Berk D. The Emergence of Mathematical Meaning:Interaction in Classroom Cultures by Paul Cobb; HeinrichBauersfeld[J]. Teaching Children Mathematics,1996(7):438.

[27] Berman R A,Ragnarsdottir H,Stromqvist S. Discourse stance:Written and spoken language[J]. Written Language and Literacy,2002,5(2):255-289.

[28] Berry R. Assessment for Learning [M]. Hong Kong:Hong Kong University Pres,2008.

[29] Beyond Singapore's Mathematics Textbooks:Focused and Flexible Supports for Teaching andLearning[EB\OL]. (2009-06-20) [2018-10-22]. https://www. aft. org/sites/default/files/periodicals/wang-iverson. pdf

[30] Birenbaum M,Tatsuoka K K. Diagnosing Knowledge States in Algebra Using the Rule-Space Model[J]. Journal for Research in Mathematics Education,1993,24(5):442-459.

[31] BlackP,Wiliam D. Assessment and Classroom Learning [J]. Assessment in Education:Principles,Policy and Practice,1998. 5(1):7-74.

[32] Black P,Wiliam D. Inside the Black Box:Raising Standards Through Classroom Assessment[J]. Phi Delta Kappan,1998,80 (2):139-148.

[33] Bloom B S,Hastings J T,Madaus G F. Handbook of Formative and Summative Evaluation of Student Learning[M]. New York:McGrae-Hill, 1971:117-118.

[34] Blum\ W,Galbraith P L,Henn H W,et al. Modelling and applications in mathematics education[M]. New York:Springer,2007.

[35] Boaler J. Learning from Teaching:Exploring the Relationship between Reform Curriculum and Equity[J]. Journal for Research in Mathematics Education,2002,33(4):239-258.

[36] Boero P,Douek N,Morselli F,Pedemonte B. Argumentation and proof:A contribution to theoretical perspectives and their classroom implementation[A]. Pinto M F,Kawasaki T F. Proceedings of the 34th Conference of the International Group for the Psychology of Mathematics Education [C]. Belo Horizonte:PME,2010:179-204.

[37] Botha R J. Outcomes -Based Education and Educational Reform in South Africa[J]. International Journal of Leadership in Education,2002,(4): 361-371.

[38] Bransford J D,Brown A L,Cocking RR. How people learn:Brain,mind, experience,and school[M]. Washington,DC:National Academy Press, 1999.

[39] Brookhart S M. Educational assessment knowledge and skills for teachers [J]. educational measurement Issues and practice,2011,30(1),3-12.

[40] Brophy J,Good T L. Teacher behavior and student achievement[M]. New York:Macmillan,1986.

[41] Brown JS,Collins A,Duguid P. Situated Cognition and the Culture of Learning[J]. Educational Researcher,1989 (1):32-42.

[42] Brown M. FIMS and SIMS:the first two IEA International Mathematics Surveys[J]. Assessment in Education Principles Policy & Practice,1996, 3(2):193-212.

[43] Bruner J S. Toward a theory of instruction [M]. The Belknap Press of Harvard University Press,1966.

[44] Cai J,Merlino F J. Metaphor:A Powerful Means for Assessing Students' Mathematical Disposition[A]. D. J. Brahier & W. Speer. Motivation and Disposition:Pathways to Learning Mathematics [C]. National Council of Teachers of Mathematics 2011 Yearbook. Reston:NCTM. 147-156.

[45] Cameron C E,Connor C M D,Morrison F J. Effects of variation in teacher organization on classroom functioning[J]. Journal of School Psychology, 2005,43(1):61-85.

[46] Carol M S,John L S. Teacher as researcher[J]. Journal of Behavior,1995, 27(3):439-451.

[47] Chan M C E,Clarke D J,Clarke D M,et al. Learning from lessons:studying the structure and construction of mathematics teacher knowledge in australia,china and germany[J]. Mathematics Education Research Jour-

nal2017,(5):1-14.

[48] Chandran B,Golden B,Wasil E. Linear Programming Models For Estimating Weights in The Analytic Hierarchy Process[J]. Computers and Operations Research,2005 (32):2235-2254.

[49] Chen F,Yan Y,Xin T. Developing a learning progression for number sense based on the rule. space model in China[J]. Educational Psychology,2017,37(2):128-144

[50] Chen J Choi J. A comparison of maximum likelihood and expected a posteriori estimation forpolychoric correlation using Monte Carlo simulation. Journal of Modern Applied Statistical Methods. 2009;8(1):32.

[51] Chen Y,Li X,Liu J,et al. Regularized latent class analysis with application in cognitive diagnosis[J]. psychometrika,2017,82(3):660-692.

[52] Chi M TH,Feltovich P J,Glaser R. Categorization and representation of physics problems by experts and. novices[J]. Cognitive Science,1981,5(2):121-152.

[53] Chi M T H,de Leeuw N,Chiu M H,LaVancher C. Eliciting self-explanations improves understanding. Cognitive Science,1994,18:439-477.

[54] Chi M T H,Feltovich P J,Glaser R. Categorization and representation of physics problems by experts and. novices[J]. Cognitive Science,1981,5(2):121-152.

[55] Chi M T H,GlaserR,Farr M. The nature of expertise[M]. Hillsdale,NJ:Erlbaum,1988.

[56] Chi M T H,VanLehn K A. The content of physics self-explanations. Journal of the Learning Sciences,1991,1:69-105.

[57] Chi M T H. Quantifying qualitative analyses of verbal data:A practical guide. Journal of the Learning Sciences,1997,6:271-315.

[58] Chiclana F,Herrera F,Herrera-Viedma E. Integrating three representation models in fuzzy multipurpose decision making based on fuzzy preference relations[J]. Fuzzy sets and Systems,1998,97(1):33-48.

[59] Chingos M,Whitehurst G. Choosing Blindly:Instructional Materials,Teacher Effectiveness and the Common Core[M]. Washington, DC:Brown Center on Education Policy at Brookings,2012.

[60] Chris Reading. Profile for Statistical Understanding [R]. ICOTS6,2002.

[61] City E A,Elmore R F,Fiarman S,Teitel,L. Instructional rounds in edu-

cation: a network approach to improving teaching and learning[M]. Cambridge, MA: Harvard Education Press, 2009.

[62] Collopy R. Curriculum materials as a professional development tool: How a mathematics textbook affected two teachers' learning[J]. The Elementary School Journal, 2003, 103(3): 287-311.

[63] Commission of the European Communities. Proposal for a Recommendation of the European Parliament and of the Council on Key Competences for Lifelong Learning[EB/OL]. (2004-03-03)[2013-09-01]. http://ec. europa. eu/education/policies/2010/doc/keyrec_en. pdf. 2005.

[64] Common Core State Standards for Mathematics [EB/OL]. (2017-12-03) [2018-05-06]. http://www. core Standards. org/wp-content/uploads/Math_Standards1. pdf.

[65] Common Core State Standards Initiative. Common core state standards for mathematics [EB/OL]. http://www. corestandards. org /Math.

[66] Comte A. The Positive Philosophy of Auguste Comte-The Law of the Three Stages [EB\OL]. http://www. enotes. com/topics/positive-philosophy-auguste-comte♯in-depth-the-law-of-the-three-stages

[67] Council of the European Union and European Commission. " Education&. Training 2010" The Success of The Lisbon Strategy Hinges on Urgent Reforms[EB/OL]. (2004-03-03)[2013-09-01]. http://Ec. europa. eu/education/lifelong-learning policy/doc/nationalreport08/joint04_en. pdf.

[68] Cronbach LJ, Meehl P E. Construct validity in psychological tests. Psychological Bulletin, 1955, 52: 281-302.

[69] Crooks T J. The Impact of Classroom Evaluation Practices on Students [J]. Review of Educational Research, 1988, 58 (4): 438-481.

[70] Cross D, Taasoobshirazi G, et al. Argumentation: A Strategy for Improving Achievement and Revealing Scientific Identities[J]. International Journal of Science Education, 2008, 30(6): 837-861.

[71] Cui Y, Gierl M J, Chang H H. Estimating classification consistency and accuracy for cognitive diagnostic assessment[J]. Journal of Educational Measurement, 2012, 49 (1): 19-38.

[72] Cui Y, Leighton J P, Gierl M J, Hunka S.. A person-fit statistic for the attribute hierarchy method: The hierarchy consistency index. Paper presented at the annual meeting of the National Council on Measurement in

Education,San Francisco,2006.

[73] Cui Y,Leighton J. The Hierarchy Consistency Index: Evaluating Person Fit for Cognitive Diagnostic Assessment [J]. Journal of Educational Measurement,2009,46(4),429-449.

[74] D'Ambrosio U. The Role of Mathematics in Building a Democratic Society[J]. For the Learning of Mathematics,2003,10(3):20-23.

[75] Danielson C. Enhancing Professional Practice: A Framework for Teaching. 2nd Edition[J]. Association for. Supervision & Curriculum Development,2007,9(1):2-18.

[76] Darling-Hammond L. Getting teacher evaluation right: what really matters for effectiveness and improvement[M]. New York: Teachers College Press,2013.

[77] de la TorreJDouglas J. Higher-order latent trait models for cognitive diagnosis. Psychometrika,2004,69:333-353

[78] De La Torre J. A cognitive diagnosis model for cognitively based multiple-choice options[J]. Applied Psychological Measurement,2009,33(3): 163-183.

[79] de la Torre J. The generalized DINA model framework. Psychometrika, 2011,76:179-199.

[80] de Lange J. Mathematics for literacy[A]. In: Madison BL,Steen LA (eds) Quantitative literacy: why numeracy matters for schools and colleges[C]. National Council on Education and the Disciplines, Princeton, 2003: 75-89.

[81] Desimone L M,LeFloch K C. Are we asking the right questions? Using cognitive interviews to improve surveys in education research[J]. Educational Evaluation and Policy Analysis,2004,26:1-22.

[82] Devid F. Robitaille,Robert A. Garden. TIMSS Monograph 1:Curriculum Frameworks for Mathematics and Science[M]. Canada:pacific Educational Press:1993.

[83] DiBello L,Stout W,Roussos L. Unified cognitive/psychometric diagnostic assessment likelihood-based classification techniques[A]. In P. D. Nichols S F. ChipmanR L Bren-nan (Eds.),Cognitively Diagnostic Assessment [C]. Hillsdale,NJ,Lawrence Erlbaum Associates. 1995:327-361

[84] Dnimmond M. Assessing Children's Learning[M]. London: David Ful-

ton,2003.

[85] Doll W E,Trueit D. Pragmatism,Postmodernism,and Complexity Theory:The "Fascinating Imaginative Realm" of William E. Doll,Jr[M]. Routledge,2012.

[86] Duschl R,Maeng S,Sezen A. Learning progressions and teaching sequences:A review and analysis. Studies in Science Education,2011,47 (2):123-182.

[87] Duval R A. cognitive analysis of problems of comprehension in a learning of mathematics[J]. Educational Studies in Mathematics,2006,61(2):103-131.

[88] Duval R. Cognitive functioning and the understanding of mathematical processes of proof[A]. Boero,P. Theorems in school:From history,epistemology,and cognition to classroom practice [C]. Rotterdam,the Netherlands:Sense Publishers,2007:137-161.

[89] Ed Reports. org Quality Instructional Materials Tool:High School Mathematics [EB/OL]. https://www. edreports. org/files/EdReports% 20Quality% 20Instructional% 20Materials% 20Tool% 20HS% 20Math% 20Revised%208-30-16. pdf.

[90] Educause. 2020 Educause Horizon Report:Teaching and LearningEdition[EB/OL]. https://library. educause. edu/-/media/files/library/2020/3/2020horizonreport. pdf? la =en&hash=DE6D8A3EA38054FDEB33C8E28A5588EBB913270C

[91] Educause. Emerging Technologies & Practices and Influential Trends, 2020 [EB/OL]. https://er. educause. edu/-/media/files/library/2020/3/ horizonr2020infographic. pdf

[92] Elmore R. Improving the Instructional Core[M]. Cambridge,MA:Harvard Graduate School of Education,2008.

[93] ELsner E W. From episteme to phronesis to the study and improvement of teaching[J]. Teaching and Teacher Education,2002,18(2):375-385.

[94] Embreston S E. Multicomponent latent trait models for ability tests[J]. Psychometrika,1980,45(4):479-494.

[95] Embretson S E. Cognitive psychology applied to testing[A]. In F T Durso R S,Nickerson R W,Schvaneveldt S T et al. (Eds.),Handbook of applied cognition[C]. New York:Wiley,1999:629-666.

[96] Embretson S. A general latent trait model for response processes. Psy-

chometrika,1984,49:175-186.

[97] Embretson S. Construct validity:Construct representation ver-sus nomo-thetic span. Psychological Bulletin,1983,93:179-197.

[98] Emmer E T,Stough L M. Classroom management:A critical part of educational psychology,with implications for teacher education[J]. Educational Psychologist,2001. 36(2):103-112.

[99] EQuIP Rubric for Lessons & Units:Mathematics[EB/OL]. https://www. achieve. Org /files/EQuIPmathrubric-06-17-13_1. pdf.

[100] Erduran S,Simon S,Osborne J. Tapping into argumentation:developments in the application of toulmin's argument pattern for studying science discourse[J]. Science Education,2004,88(6):915-933.

[101] Ericsson K A,Simon H A. Verbal reports as data. Psychological Review,1980,87:215-251.

[102] European Commission. Education and Training 2020 WorkProgramme:Thematic Working Group. Assessment of Key Competences:Literature review,Glossary and examples[R]. 2012:10:39

[103] Fan L,Zhu Y,Miao Z. Textbook research in mathematics education:development status and directions[J]. ZDM Mathematics Education,2013,45:633-646.

[104] Fan L. Applications of arithmetic in the United States and Chinese textbooks:A comparative study[M]. Lond-on:Falmer Press,1999.

[105] Farr R,Tulley M A. Do adoption committees perpetuate mediocre textbooks? [J]. Phi Delta Kappan,1985 (7):467-471.

[106] Farr S. Teaching as leadership:the highly effective teacher's guide to closing the achievement gap[M]. San Francisco,CA:Jossey-Bass,2010.

[107] Feldstein M,Hill P. Personalized Learning:What It Really Is and Why It Really Matters [EB/OL]. https://er. educause. edu/articles/2016/3/personalized-learning-what-it-really-is-and-why-it-really-matters

[108] Finkel E. Flipping the script in K12[C]. DistrictAdministration. Retrieved from www. districtadmistration. com/article/flipping-script-k12

[109] Fischer G. The linear logistic test model as an instrument in educational research[J]. Acta Psychologica,1973,37:359-374.

[110] Flanders N A. Analyzing teaching behavior [M]. MA:Addison—Wesley Publishing Company. 1970.

[111] Flanders, N. Intent, Action and Feedback: A Preparation for Teaching [J]. Journal of Teacher Education, 1963, 3(14): 25-260.

[112] Floyd K S. , Harrington SJ, Santiago J. The Effect of Engagement and Perceived Course Value on Deep and Surface Learning Strategies[J]. Informing Science: The International Journal of an Emerging Transdiscipline, 2009(12): 181-190.

[113] Forman E A, Ansell E. Orchestrating the Multiple Voices and Inscriptions of a Mathematics Classroom [J]. Journal of the Learning Sciences, 2002, 11(2-3): 251-274.

[114] Formann A K. Linear logistic latent class analysis for polytomous data [J]. Journal of the American Statistical Association, 1992, 418(87): 476-486.

[115] Frankenstein M. Developing a critical mathematical numeracy through real real-life word problems[J]. Mathematics education and society, 2010: 48-57.

[116] Franklin C, Kader G, Mewborn D S, et al. Guidelines for assessment and instruction in statistics education (GAISE) report: A pre-K-12 curriculum framework. Alexandria, VA: American Statistical Association. Retrieved February 8, 2018, from http://www. amstat. org/asa/education/Guidelines-for-Assessment-and-Instruction-in-Statistics-Education-Reports. aspx.

[117] Frederiksen N, Glaser R, Lesgold A, Shafto M G. (Eds.). Diagnostic monitoring of skill and knowledge acquisition[M]. New Jersey: Lawrence Erlbaum Associates, 1990.

[118] Freitag H T. A History of Mathematics Education in the United States and Canada[J]. American Mathematical Monthly, 1971, 78(1): 89.

[119] Freudenthal H. Mathematics as an educational task[M]. Springer Science & Business Media, 2012.

[120] Fullan M. The New Pedagogy: Students and Teachers as Learning Partners[J]. Learning Landscapes, 2013,

[121] FullanM. The New Meaning of Educational Change (third edition)[M]. Teachers College, Columbia University, New York and London. 2001.

[122] FullanM, Langworthy M. A Rich Seam: How New Pedagogies Find Deep Learning [DB/OL]. www. michaelfullan. ca/wp-content/up-

loads/.../3897. Rich_Seam_web. pdf,2016-12-28

[123] Gates B. Teachers need real feedback. TED conferences,LLC[EB\OL]. http://www. ted. com/talks/bill_gates_teachers_need_real_feedback. html.

[124] Gathering Feedback for Teaching:Combining High-Quality Observations with Student Surveys and Achievement Gains [EB\OL]. https:// files. eric. ed. gov/fulltext/ED540960. pdf.

[125] Gee J. Social linguistics andliteracies:ideology in disccurses[M]. Routledge,2012.

[126] Gellert U,Jahlonka E. Mathematisation demathematisation:social,philosophical and educational Rotterdam ramifications [J]. Vietnam National University Press Hanoi,2017:21-34.

[127] George A C,Robitzsch A,Kiefer T,et al. The R package CDM for cognitive diagnosis models[J]. Journal of Statistical Software,2016,74(2): 1-24.

[128] Gierl M J,Bisanz J,Li Y Y. Using the multidimensionality-based DIF analysis framework to study cognitive skills that elicit gender differences [C]. Paper presented at the annual meeting of the National Council on Measurement in Education,San Diego,2014.

[129] Gierl M J,Hunka S M. The Hierarchy Consistency Index:A Person-fit Statistic for the Attribute Hierarchy[EB/OL]. http://citeseerx. ist. psu. edu/viewdoc/download? doi=10. 1. 1. 385. 9771&rep=rep1&type =pdf

[130] Gierl M J,Leighton J P,Hunka S M. Usingtheattributehierarchy-methodtomakediagnostic inferences about respondents' cognitive skills [C]//Cognitive diagnostic assessment for education:Theory and applications. Cambridge,UK:Cambridge University Press,2007:242-274.

[131] Gierl M J,Leighton J,Hunka S M. Using the attribute hierarchy method to make diagnostic inferences about respondents' cognitive skills[A]. Leighton J P,& Gierl M J. Cognitive diagnostic assessment for education:Theory and applications[C]. Cambridge,UK:Cambridge University Press,2007:242-274.

[132] Gierl M J,Wang C,Zhou J. Using the Attribute Hierarchy Method to Make Diagnostic Inferences about Examinees' Cognitive Skills in Alge-

bra on the SAT[J]. Journal of Technology, Learning, and Assessment, 2008,6(6):53-61.

[133] Girotto V. Task understanding[A]. In J. P. Leighton & R. J. Sternberg (Eds.), Nature of reasoning [C]. New York: Cambridge University Press,2004:103-128.

[134] Gitomer D, Yamamoto K. Performance modeling that integrates latent trait and class theory. Journal of Educational Measurement,1991,28: 173-189.

[135] Goffman E. Forms of Talk. Philadelphia[M]. PA: University of Pennsylvania Press,1981.

[136] Goodlad J I. The scope of curriculum field[A]. Goodlad. J. I., Associates. Curriculum inquiry: The study of curriculum practice[C]. New York: Mc Graw-Hill,1979:17-41.

[137] Goodman DP, Hambleton R K. Student test score reports and interpretative guides: Review of current practices and suggestions for future research. Applied Measurement in Education,2004. 145-220.

[138] Gorin J. Manipulation of processing difficulty on reading comprehension test questions: The feasibility of verbal item generation[J]. Journal of Educational Measurement,2005,42(4):351-373.

[139] Guskey T. Making Standards Work[J]. The School Administrator, 1999,56 (9):44.

[140] Haertel E. Using restricted latent class models to map the skill structure of achievement items. nal of Educational Measurement,1989,26: 333-352.

[141] Hakel M D, Koenig J A, Elliott S W. Assessing accomplished teaching: advanced-level certification programs[M]. Washington, DC: National Academy Press,2008.

[142] Hamilton L S, Nussbaum E M, Snow R E. Interview procedures for validating science assessments. Applied Measurement in Education,1997, 10:181-200.

[143] Hamre B K, Pianta R C. Learning opportunities in preschool and early elementary classrooms[A]. Pianta R C, Cox M J, Snow K L. School readiness and the transition to kindergarten in the era of accountability [C]. Baltimore, MD, US: Paul H Brookes Publishing,2007:49-83.

[144] HARGREAVES Assessment for learning? Thinking outside the (black) box[J]. Cambridge Journal of. Education,2005,35（2）:213-224.

[145] Harris D J. Practical issues in vertical scaling[A]. Dorans N J,Pommerich M,Holland P W. Linking and aligning scores and scales[C]. New York:Springer-Verlag,2007:233-251.

[146] Hartz M C. A Bayesian Framework for the Unified Model for Assessing Cognitive Abilities:Blending. Theory With Practicality[J]. American Journal of Gastroenterology,2002,95(4):906-909.

[147] Hartz S,Roussos L,Stout W. Skills Diagnosis:Theory and Practice [M]. Princeton,NJ:ETS. 2002.

[148] Hattie J. Visible learning:A synthesis of over 800 meta-analyses relating to achievement[M]. New York:Routledge,2008.

[149] Healy A F. Experimental cognitive psychology and its applications[M]. Washington,DC:American Psychological Association,2005.

[150] Herbel-Eisenmann B. From intended curriculum to written curriculum: Examining the "voice" of a mathematics textbook. Journal for Research in Mathematics Education,2007,38(4),344-369.

[151] Herman J,Baker E. Assessment policy:making sense of the babel. Handbook of education policy research [M]. New York:Routledge, 2009.

[152] Hiebert J,Stigler JW. A proposal for improving classroom teaching: Lessons from the TIMSS video study[J]. The Elementary School Journal,2000,101(1):3-20.

[153] Hiebert J,Stigler J W,Jacobs J K,et al. Mathematics Teaching in the United States Today (AndTomorrow):Results from the TIMSS 1999 Video Study[J]. Educational Evaluation & Policy Analysis,2005. 27 (2):111-132.

[154] Hiebert J. Teaching Mathematics in Seven Countries:Results from the TIMSS 1999 Video Study [M]. U. S. Department of Education. Washington:DC,National Center for Education Statistics,2003.

[155] High School Publishers' Criteria for the Common Core State Standards for Mathematics [EB/OL]. https://achieve the core. org/page/227/revised-publishers-criteria-for-Mathematics.

［156］Hill H C, Blunk M L, Charalambous C Y, et al. Mathematical Knowledge for Teaching and the Mathematical Quality of Instruction: An Exploratory Study[J]. Cognition & Instruction, 2008, 26(4): 430-511.

［157］Hill H C, Charalambous CY, Kraft M A. When rater reliability is not enough: teacher observation systems and a case for the generalizability study[J]. Educational Researcher, 2012, 41(2): 56-64.

［158］Ho A D, Kane T J. The reliability of classroom observations by school personnel [EB\OL]. https://files. eric. ed. gov/fulltext/ED540957. pdf

［159］Hong H, Wang C, LimY, Douglas J. Efficient models for cognitive diagnosis with continuous and mixed-type latent variables. Applied Psychological Measurement, 2015, 35: 8-26. doi: 10. 1177/0146621614524981

［160］Huebner A, Wang C. A note on comparing examinee classification methods for cognitive diagnosis. models[J]. Educational and Psychological Measurement, 2011, 71 (2): 407-419.

［161］Huff K L, Sireci S G. Validity issues in computer-based testing. Educational Measurement: Issues and Practice, 2001; 20(4): 16-25.

［162］Hufferd-Ackles K, Fuson K C, Sherin M G. Describing levels and components of a math-talk learning community[J]. Journal for Research in Mathematics Education, 2004, 35(2): 81-116.

［163］Hunt E. Where and when to represent students this way and that way: An evaluation of approaches to diagnostic assessment. In P. D. Nichols, S. F. Chipman, & R. L. Brennan (Eds.), Cognitively diagnostic assessment. Hillsdale, NJ: Erlbaum, 1995: 422-429.

［164］IEA. Introduction of TIMSS 2019[EB/OL]. http:// timssandpirls. bc. edu/ timss2019/ frameworks/framework-chapters/introduction/monitoring/.

［165］Instructional Materials Evaluation Tool (IMET) Mathematics, High School [EB/OL]. . https://Achieve the Core. org/page/1946/instructional-materials-evaluation-tool.

［166］InstructionalDesign. org. ADDIE Model [EB/OL]. https://www. instructionaldesign. org/models/addie/

［167］International Council for Open and Distance Education. Global guidelines: Ethics in Learning Analytics [EB/OL]. https://static1. squarespace. com/static/5b99664675f9eea7a3ecee82/t/5ca37c2a   24a

694a94e0e515c/1554218087775/Global＋guidelines＋for＋Ethics＋in＋Learning＋Analytics＋Web＋ready＋ March＋2019. pdf

[168] International Study Center. TIMSS 2019 MathematicsFramework[EB/OL]. http://timss2019. org/wp-content/uploads/frameworks/T19-Assessment-Frameworks. pdf

[169] Jablonka E. Mathematical Literacy[M] Encyclopedia of Mathematics Education. 2015.

[170] Jaehyuk Y,Lee D,Yu J. Comparative Analysis of Elementary Mathematics Textbooks in Korea and China:Focused on the area of Geometry [J]. Education of Primary School Mathematics,2013(1):57-70.

[171] Jago C. A History of NAEP Assessment Frameworks[EB/OL]. (2009-03-19)[2019-08-16]. https://files. eric. ed. gov/fulltext/ED509382. pdf

[172] Johnson C,Zoon E. Want Adaptive LearningTo Work? Encourage Adaptive Teaching. Here's How[EB/OL]. https://www. edsurge. com/news/2016-09-23-want-adaptive-learning-to-work -encourage-adaptive-teaching-here-s-how

[173] Johnson P,Tymms P. The emergence of a learning progression in middle school chemistry[J]. Journal of Research in Science Teaching,2011,48 (8):849-877.

[174] Johnson,D. Opening the Black Box of Adaptivity [EB/OL]. https://er. educause. edu/ blogs/2017/6/opening-the-black-box-of-adaptivity

[175] Johnson-Laird P N. Mental models. Towards a cognitive science oflanguage,inference,and consciousness[M]. Cambridge,MA:Harvard University Press,1983.

[176] Jones G A,Thornton C A,Langrall C W,et al. A framework for characterizing children's statistical thinking. [J]. Mathematical Thinking & Learning,2000,2(4):269-307.

[177] Jordan N C,Glutting J,Ramineni C. The importance of number sense to mathematics achievement in first and third grades[J]. Learning & Individual Differences,2010,20(2):82-88.

[178] Jr L H,Holzer M,Reincke M,Brendel T,et al. Improvements in teaching behavior at two german medical schools resulting from a modified flanders interaction analysis feedback intervention process[J]. Medical Teacher,2014,36(10): 903-911.

[179] Junker B W, Sijtsma K. Cognitive assessment models with few assumptions, and connections with nonparametric item response theory[J]. Applied Psychological Measurement, 2001, 25(3): 258-272.

[180] Junker B. Some Topics in Nonparametric and Parametric IRT, with Some Thoughts about the Future. Unpublishedmanuscrip[M]t. Pittsburgh, PA: Carnegie Mellon University, 2000.

[181] Kane M T. Current concerns in validity theory. Journal of Educational Measurement, 2001, 38: 319-342.

[182] Kane T J, Taylor E S, Tyler J H, et al. Identifying effective classroom practices using student achievement data[J]. Journal of human Resources, 2011, 46(3): 587-613.

[183] Kauchakd E. Educational Psychology: Windows on classrooms(5thed)[M]. New jersey: Merrill Prentice hall, 2001.

[184] Kelley D. Design thinking is a process for creative problemsolving[EB/OL]. https://www. ideou. com/pages/design-thinking♯ldt

[185] Kennedy M. Teacher assessment and the quest for teacher quality[M]. San Francisco, CA: Jossey-Bass, 2010.

[186] Kilgore K. UX to LX: The Rise of Learner ExperienceDesign[EB/OL]. https://www. edsurge. com/news/2016-06-20-ux-to-lx-the-rise-of-learner-experience-design

[187] Kilpatrick J E, Swafford J E, Findell B E. Adding It Up: Helping Children Learn Mathematics[J]. Academic Achievement, 2002(5): 468.

[188] Knight P. A systemic approach to professional development: leaming as practice[J]. Teaching and Teacher Education, 2002, (18): 229-241.

[189] Knipping C, Reid D. Reconstructing Argumentation Structures: A Perspective on Proving Processes in Secondary Mathematics Classroom Interactions[M]. Approaches to Qualitative Research in Mathematics Education. Springer Netherlands, 2015.

[190] Kober N. What We Know about Mathematics Teaching and Learning[EB/OL]. https://files. eric. ed. gov/fulltext/ED343793. pdf.

[191] Koppich J. Toledo: Peer Assistance and Review [EB\OL]. https://www. wested. org/wp-content/uploads/par-recruiting. pdf

[192] Krummheuer G. Methods for Reconstructing Processes of Argumentation and Participation in Primary Mathematics Classroom Interaction

[M]. Approaches to Qualitative Research in Mathematics Education. Springer Netherlands,2015.

[193] Kuhn D. Why development does (and does not occur) occur: Evidence from the domain of inductive reasoning. In J. L. McClelland & R. Siegler (Eds.), Mechanisms of cognitive development: Behavioral and neural perspectives (pp. 221-249). Hillsdale,NJ,Erlbaum,2001:221-249.

[194] Kunina-Habenicht O,Rupp A A,Wilhelm O. The Impact of Model. Misspecification on Parameter Estimation and Item-Fit Assessment in Log-Linear Diagnostic Classification Models. Journal of Educational Measurement,2012,49(1):59-81.

[195] Lage M J,Platt GJ,Treglia M. Inverting the classroom:a gateway to creating an inclusive learning environment[J]. Journal of Economic Education,2000,31(1):30-43.

[196] Lampert M. When the problem is not the question and the solution is not the answer:Mathematical knowing and teaching[J]. American Educational Research Journal,1990,27(1):29-63.

[197] Learning Mathematics for Teaching Project. Measuring the mathematical quality of instruction[J]. Journal of Mathematics Teacher Education,2011,14(1):25-47.

[198] Lee J,Grigg W,Dion G. The Nation's ReportCard: Mathematics2007 (NCES 2007-494)[S]. National Center for Education Statistics,Institute of Education Sciences,U. S. Department of Education,Washington, D. C,2007.

[199] Lee J,Stankov L. Higher-order structure of noncognitive constructs and prediction of PISA 2003 mathematics achievement[J]. Learning and Individual Differences,2013,26:119-130.

[200] Lee J. Universals and specifics of math self-concept,math self-efficacy, and math anxiety across 41 PISA 2003 participating countries[J]. Learning and individual differences,2009,19(3):355-365.

[201] Leighton J P,Gierl M J,Hunka S M. The attribute hierarchy method for cognitive assessment: A variation on Tatsuoka's rule-space approach [J]. Journal of Educational Measurement,2004,41(3):205-237.

[202] Leighton J P,Gierl M J,Hunka S. The attribute hierarchy model:An approach for integrating cognitive theory with assessment practice. Jour-

nal of Educational Measurement,2004,41:205-236.

[203] Leighton J P,Gierl M J. Cognitive Diagnostic Assessment for Education. Cambridge,UK:Cambridge University Press,2007.

[204] Leighton J P,Gierl M J. Defining and evaluating models of cognition used in educational measurement to make inferences about examinees' thinking processes[J]. Educational Measurement:Issues and Practice, 2007,26(2):3-16.

[205] Leighton J P. Teaching and assessing deductive reasoning skills. Journal of Experimental Education,2005,74:109-136.

[206] Lemke J L. Talking Science:Language,Learning,and Values[M]. Norwood,NJ:Ablex,1990.

[207] Lengnik K. Reflecting Mathematics:An Approach to Achieve Mathematical Literacy[J]. ZDM the International Journal on Mathematics Education,2005,37 (3):246-249.

[208] Lerman S. Encyclopedia of Mathematics Education[J]. Springer Netherlands,2014,4(3):391-396.

[209] Lesh R A,Post T R,Behr M J. Representations and translations among representations in mathematics learning and problem solving[A]. Janvier. Problems of representation in the teaching and learning of mathematics[C]. Hillsdale,NJ:Erlbaum,1987:33-40.

[210] Lewis J,Leach J. Discussion of Socio-scientific Issues:The Role of Science Knowledge International Journal of Science Education 2006,28 (11):1267-1287.

[211] Linder K,Dello Stritto M E. Research Preparation and Engagement of Instructional Designers in U. S. Higher Education[D]. Corvallis,OR: Oregon State University Ecampus Research Unit. ,2017. 9

[212] Liu H,You X,Wang W,et al. The development of computerized adaptive testing with cognitive diagnosis for an English achievement test in China[J]. Journal of Classification,2013,30:152-172.

[213] Liu O L,Wilson M. Gender differences and similarities in PISA 2003 mathematics:A comparison between the United States and Hong Kong [J]. International Journal of Testing,2009,9(1):20-40.

[214] Loevinger J. Objective tests as instruments of psychological theory[J]. Psychological Reports,1957,3:635-694.

[215] Lohman D F. Complex information processing and intelligence. In R. J. Sternberg (Ed.), Handbook of intelligence. New York: Cambridge University Press. 2005:285-340.

[216] Loup K S, Garland J S, Ellet C D. et al. Ten years later: Findings from a replication of a study of teacher evaluation practices in our 100 largest school districts[J]. Journal of Personnel Evaluation in Education, 1996, 10(3):203-226.

[217] Luecht R M. From design to delivery: Engineering the mass production of complex performance assessments[C]. Paper presented at the annual meeting of the National Council on Measurement in Education, New Orleans, 2002.

[218] Lukin L E, Bandalos D L, Eckhout T J, et al. Facilitating the development of assessment literacy. Educational Measurement: Issues and Practice, 2004, 23:26-32.

[219] Madison B L, Steen L A. Quantitative Literacy: Why Numeracy Matters for Schools and Colleges[J]. Focus, 2001:29-37.

[220] Mandinach E B, Gummer E. A systematic view of implementing data literacy in educator preparation [J]. Educational Researcher, 2013(1):30.

[221] Mandinach E B. A perfect time for data use: using data-driven decision making to inform practice Educational Psychologist, 2012(2):71-85.

[222] Mandinach E B. Data Use: What We Know about School-Level Use [R]. Rockville: Special Education Data Accountability Center Retreat, 2009:23.

[223] Manyika J, Chui M, Brown B. Big data: The next frontier for innovation, competition and productivity [EB/OL]. https://www. mckinsey. com/business-functions/digital-mckinsey/our-insights/ big-data-the-next-frontier-for-innovation.

[224] Maris E. Estimating multiple classification latent class models. Psychometrika, 1999, 64:187-212.

[225] Maris E. Psychometric latent response models. Psychometrika, 1995, 60: 523-547.

[226] Marsh C. Planning, Management & Ideology: Key Concepts for Understanding Curriculum[M]. London: Falmer Press, 1997.

[227] Martin TS, Herrera T. Mathematics teaching today: Improving practice, improving student learning [M]. Reston, VA: National Council of

Teachers of Mathematics,2007.

[228] Martineza F,Tautb S,Schaafa K. Classroom observation for evaluating and improving teaching:An international perspective[J]. Studies in Educational Evaluation,2016,49(6):15-29.

[229] Mckenzie L. OER Adoptions on the Rise [EB/OL]. https://www.insidehighered. com/news/2017/12/19/more-faculty-members-are-using-oer-survey-finds

[230] Messick S. Educational measurement[M]. New York:American Council on Education/Macmillan,1989.

[231] Metaxas N,Potari D,Zachariades T. Analysis of a teacher's pedagogical arguments using toulmin's model and argumentation schemes[J]. Educational Studies in Mathematics,2016,93(3):1-15.

[232] Milanowski A. The relationship between teacher performance evaluation scores and student achievement:Evidence from Cincinnati[J]. peabody Journal of Education,2004,79(4),33-53.

[233] Miller L D,Mitchell C E. Using quality control activities to develop scientific and mathematical literacy[J]. School Science and Mathematics,1995(2):58-60.

[234] Millman J,Greene J. The specification and development of tests of achievement and ability[A]. In R. L. Linn (Ed.),Educational measurement [C]. New York:American Council of Education/Macmillan,1989:335-366.

[235] Mirabile R J. Everything You Wanted to Know about Competency Modeling[J]. Training & Development,1997,51(8):73-77.

[236] Mislevy R J,Steinberg L S,Almond R G. On the structure of edu-cational assessments. Measurement:Interdisciplinary Research and Perspectives,2003,1:3-62.

[237] Mislevy R J. Test theory reconceived[J]. Journal of Educational Measurement,1996,33:379-416.

[238] Mislevy R. Evidence and inference in educational assessment[J]. Psychometrika,1994,59:439-483.

[239] Mona M,Chijioke C,Barber M. How the world's most improved school systems keep getting Better [EB\OL]. http://www. avivara. org/images/How_School_Systems_Keep_Getting_Better. pdf

［240］ Mooney S. A Framework for Characterizing Middle School Students'
Statistical Thinking ［J］. Mathematical Thinking and Learning，2002，4
（1）：20.

［241］ Moyer P S. Are we having fun yet? how teachers use manipulatives to
teach mathematics［J］. Educational Studies in Mathematics，2001，47
（2）：175-197.

［242］ Mulis I V S，Matin M O. TIMSS Advanced 2015 Asesment Frameworks
［EB/OL］. htp：//tims. bc. edu/tims2015-advanced/downloads/TA15 _
Frameworks_FulBook. pdf.

［243］ Müller S，PietschM，Bos W. Schulinspektion in Deutscnland：Eine Zwis-
chenbilanz aus empirischer Sicht. ［EB\OL］. https：//www. amazon. de/
Schulinspektion-Deutschland-Zwischenbilanz-empirischer-Sicht/dp/
3830925425.

［244］ Mullis I V S，Martin M O，Goh S，et al. TIMSS 2015 encyclopedia：Edu-
cation policy and curriculum in mathematics and science. Retrieved from
Boston College. http：//timssandpirls. bc. edu/ timss2015/encyclopedia/

［245］ NAEP. Mathematics Framework for the 2017 National Assessment of
Educational Progress ［EB/OL］. https：//www. nagb. gov/content/
nagb/assets/documents/publications/frameworks/mathematics/2017-
math-framework. pdf

［246］ National Center of Teacher Effectiveness. Mathematical Quality of In-
struction ［EB/OL］. http：//isites. Harvard. Edu/icb/icb. do? keyword
= mqi_training.

［247］ National Council of TeachersOf Mathematics，Inc，Reston. Curriculum
and Evaluation Standards for School Mathematics. ［J］. National Council
of Teachers of Mathematics，1989，47（September）：2

［248］ National Council of Teachers of Mathematics. Principles and standards
for school mathematics［M］. Reston，VA：Author，2000：8.

［249］ National Institute for Excellence in Teaching. TAP Research Summary：
Examining the Evidence and Impact of "TAP：The System for Teacher
and Student Advancement"［EB\OL］. https：//files. eric. ed. gov/full-
text/ED556331. pdf

［250］ National Research Council （NRC）. Knowing what students know：The
science and design of educational assessment［M］. Washington，DC：Na-

tional Academy Press,2001.

[251] National Research Council. Knowing what students know; the science and design of educational assessment[A]. Peligrin A J. ,Chudowsky, N. ,and Glaser,R. ,editors. Board on testing and assessment[C],Washington,DC; National Academy Press,2001.

[252] National Research Council. National Science Education Standards[M]. Washington. DC:National Academy press,1996.

[253] Natrielo G. The Impact of Evaluation Processes on Students[J]. EducationalPsychologist,1987,22 (2):155-175.

[254] Newell A,Simon H A. Human problem solving. Upper Saddle River [M]. NJ:Prentice Hall,1972.

[255] Nichols P. A framework of developing cognitively diagnostic assessments[J]. Review of Educational Research,1994,64:575-603.

[256] Nisbett R,Wilson T D. Telling more than we can know:Verbal reports on mental processes[J]. Psychological Review,1977,84:231-259.

[257] Nitko A J. Educational Assessment of students (3rded.)[M]. New jersey:Merrill Prentice hall,2001.

[258] Nohara D,Goldstein A A. A comparison of the national assessment of educational progress (NAEP),the third international mathematics and science study repeat (TIMSS-R),and the programme for international student assessment (PISA)[M]. US Department of education,National center for education statistics (NCES),2001:97-110.

[259] Norman A. Sprint hall and Richard C. Sprint hall,Educational Psychology,Fifth Edition [M]. McGraw Hill,Inc,1990.

[260] Norris S P,Leighton J P,Phillips L M. What is at stake in knowing the content and capabilities of children's minds? A case for basing high stakes tests on cognitive models. Theory and Research in Education, 2004,2:283-308.

[261] Notar C E,Zuelke D C,Wilson J D,et al. The table of spec-ifications:Insuring accountability in teacher made tests. Journal of Instructional Psychology,2004,31(2),115-129.

[262] O'Connor MC,Michaels S. Aligning Academic Task and Participation Status Through Revoicing:Analysis of a Classroom Discourse Strategy [J]. Anthropology & Education Quarterly,1993,24(4):318-335.

[263] O'Day J A,Smith M S,Fuhrman S. Systemic Reform and Educational Opportunity. Designing Coherent Education Policy:Improving the System [M]. San Francisco:Josey-Bas,1993.

[264] OECD. A Profile of Student Performance in Mathematics [EB/OL]. https://read. oecd-ilibrary. org/ education/pisa-2012-results-what-students-know-and-can-do-volume-i-revised-edition-february-2014/a-profile-of-student-performance-in-mathematics_9789264208780-6-en#page16

[265] OECD. Building a high-Quality teaching profession:lessons from around theworld[EB\OL]. http://asiasociety. org/files/lwtw-teachersummit. pdf

[266] OECD. Item response data file [EB/OL]. http://www. oecd. org/pisa/data/pisa2012database-downloadabledata. htm

[267] OECD. Learning for Tomorrow's World:First Results from PISA2003 [R]. Paris:OECD,2004:23~25.

[268] OECD. Measuring Student Knowledge andSkills:A New Framework for Assessment[R]. Paris:OECD Publishing,1999:16.

[269] OECD. PISA 2012 Assessment and Analytical Framework:Mathematics,Problem Solving and Financial Literacy [EB/OL]. http://www. oecd. org/pisa/data/pisa2012draft frameworks-mathematics problem solving and financial literacy. htm

[270] OECD. PISA 2018 Assessment and Analytical Framework [EB/OL]. https://www. oecd-ilibrary. org/docserver/b25efab8-en. pdf? expires = 1566117324&id = id&accname = ocid49026773&checksum = 9330 51EF557DA 5C8011210DA141BEFBD.

[271] OECD. PISA 2021 Mathematics Framework (Draft)[EB/OL]. https://www. oecd. org/pisa/sitedocument / PISA-202-mathematics-framework. pdf

[272] OECD. Teachers for the 21st century:using evaluation to improveteaching[EB\OL]. www. oecd. org/site/eduistp13/TS2013 Background Report. pdf

[273] OECD. The PISA 2003 Assessment Framework:Mathematics,Reading,Science and Problem Solving Knowledge andSkills[EB/OL]. http://dx. doi. org/10. 1787/9789264101739-en.

[274] OECD. PISA 2009 Assessment Framework:Key Competencies in Reading,Mathematics and Science[R]. Paris:OECD Publishing. 2010.

［275］Oliveri M E,Von Davier M. Investigation of model fit and score scale comparability in international. assessments［J］. Psychological Test and Assessment Modeling,2011,53(3):315-333.

［276］Organisation for Economic Co-operation and Development（OECD）. (2004). Learning for tomorrow's world:First results from PISA 2003. Paris:Author.

［277］Orlando M,Thissen D. Likelihood-based item-fit indices for dichotomous item response theory models［J］. Applied Psychological Measurement, 2000,24(1):50-64.

［278］Paas F,Renkl A,Sweller J. Cognitive load theory and instructional design:Recent developments［J］. Educational Psychologist,2003,38(1):1-4.

［279］Paul Newton P,Rosalind Driver R,Jonathan Osborne. The place of argumentation in the pedagogy of school science［J］. International Journal of Science Education,1999,21(5):553-576.

［280］Payne J W,Braunstein M L,Carroll J S. Exploringpredecisional behavior:An alternative approach to decision research［J］. Organizational Behav-ior and Human Performance,1978,22:17-44.

［281］Pellegrino J W,Baxter GP,Glaser R. (1999). Addressing the "two disciplines" problem:Linking theories of cognition and learning with assessment and instructional practices. In A. Iran-Nejad & P. D. Pearson (Eds.),Review of Research in Education (pp. 307-353). Washington, DC:American Educational Research Association.

［282］Pellegrino J W. Understanding how students learn and inferring what they know:Implications for the design of curriculum,instruction,and assessment［A］. In M. J. Smith (Ed.),NSF K-12 Mathematics and Science Curriculum and Implementation Centers Conference Proceedings ［C］. Washington,2002,76-79.

［283］Peterson K. Teacher evaluation:a comprehensive guide to new directions and practices［M］. Thousand Oaks,CA:Corwin press,2000.

［284］Phelps R P. Synergies for better learning:an international perspective on evaluation and assessment［J］. Assessment in Education:Principles,Policy & Practice,2014,21(4):481-493.

［285］Pianta R C,Belsky J,Vandergrift N,Houts R,et al. Classroom effects on children's achievement trajectories in elementary school[J]. American Educational Research Journal,2008,45(2):365-397.

[286] Pianta R C,Hamre B K. Conceptualization,Measurement,and Improvement of Classroom Processes:Standardized Observation Can Leverage Capacity[J]. Educational Researcher,2009,38 (2):109-119.

[287] Pianta R C,La Paro K M,Hamre B K. Classroom assessment scoring system manual,K-3[M]. Baltimore,MD:Brookes Publishing Co,2008.

[288] Pietsch M. Evaluation vonUnterrichtsstandards. Evaluation of classroom teaching standards[J]. Zerziehungswiss,2010(12):121-148

[289] Pomerantz J. Learning in Three Dimensions:Report on the EDU-CAUSE/HP Campus of the FutureProject[EB/OL]. https://library. educause. edu/resources/2018/8/learning-in-three-dimensions-report-on-the-educause-hp-campus-of-the-future-project

[290] Pressley M,Afflerbach P. Verbal protocols of reading:The nature of constructively responsive reading[M]. Hillsdale,NJ:Erlbaum,1995.

[291] Radford L. The seen,the spoken,and the written:A semiotic approach to problem of objectification of mathematical knowledge[J]. For the Learning of Mathematics,2000,22(2):14-23.

[292] Raphael D,Wahlstrom M. The influence of instructional aids on mathematics achievement[J]. Journal for Research in Mathematics Education, 1989,20(2):173-190.

[293] Redecker C. Systemin Johannessen. Changing assessment:Towards a new assessment paradigm using. ICT[J]. European Journal of Education,2013,48(1):79-96.

[294] Remillard J T,Bryans M B. Teachers' Orientations Toward Mathematics Curriculum Materials:Implications for Teacher Learning[J]. Journal for Research in Mathematics Education,2004,35(5):352-388.

[295] Remillard J T. Examining key concepts in research on teachers' use of mathematics curricula[J]. Review of Educational Research, 2005, 75 (2):211-246.

[296] Rezat S. The utilization of mathematics textbooks as instruments for learning[C]//Proceedings of CERME6. Lyon,France: 28 January-01 February,2009.

[297] Roberts M J. Heuristics and reasoning I:Making deduction simple[A].

In J. P. Leighton & R. J. Sternberg (Eds.), Nature of reasoning[C]. New York:Cambridge University Press,2004:234-272.

[298] Roschelle J. Learning by collaborating:convergent conceptual change [J]. Journal of the Learning Sciences,1992,2(3):235-276.

[299] Rosenshine B,Furst N. The use of direct observation to study teaching [M] //Margaret,C. Wang,M. C. Handbook of research on teaching. New York:Macmillan,1986.

[300] Royer J M,Cisero C A,Carlo M S. Techniques and procedures for assessing cognitive skills. Review of Educational Research,1993,63:201-243.

[301] Rumelhart D E. Schemata:The building blocks of cognition[A]. In R. J. Spiro,B. C. Bruce, & W. F. Brewer (Eds.),Theoretical issues in reading comprehension[C]. Hillsdale NJ:Erlbaum,1980:33-57.

[302] Rupp AA,Templin J,Henson R. Diagnostic measurement:Theory, methods,and applications[M]. New York:Guilford,2010.

[303] Rutter M,Maughan B. School effectiveness findings 1979-2002[J]. Journal of School Psychology,2002,40(6):451-475.

[304] Saaty T L. How to make a decision:the analytic hierarchy process[J]. European journal of operational research,1990,48(1):9-26.

[305] Sanders W L,Horn S P. The Tennessee value-added assessment system (TVAAS):Mixed-model methodology in educational assessment[J]. Journal of Personnel Evaluation in education,1994,8(3):299-311.

[306] Santelices V. Taut S. Convergent validity evidence regarding the Chilean standards-based teacher evaluation system[J]. Assessment in Education:Principles,Policy & Practice,2011,18(1):73-93.

[307] Saterly D. Assessment in School[M]. New York:Basil Black well Ltd. , 1989.

[308] Schipper D. Time To Act-Emergency care:practicing the ABCDE approach in virtualreality [EB/OL]. https://www. centre4innovation. org/stories/time-to-act-emergency-care-practising-the-abcde-approach-in-virtual-reality/

[309] Schneider K. The subject-object transformationsand "Bildung"[J]. Educational Philosophy and Theory,2012,44 (3):302-311.

[310] Schoenfeld A H. Classroom observations in theory and practice [J]. ZDM Mathematics Education,2013,45(4):607-621.

[311] Schoenfeld, A H. The Teaching for Robust Understanding Project. An Introduction to the Teaching for Robust Understanding (TRU) Framework. [EB/OL]. http://map. mathshell. org/trumath. php or http:// tru. berkeley. edu.

[312] Sclafani S, Edmund L. Rethinking Human Capital in Education: Singapore as a Model for Human Development[EB/OL]. http://www. aspeninstitute. org/sites/default/files/content/docs/ education％20and％ 20society％20program/SingaporeEDU. pdf

[313] Sclafani S, Lim E. Rethinking human capital in education: Singapore as a model for teacher development [EB\OL]. https://files. eric. ed. gov/ fulltext/ED512422. pdf

[314] Scriven M. Evaluation thesaurus (4th ed.). Newbury Park, CA: Sage, 1991.

[315] Shavelson S R J. Teaching Effectiveness Research in the past Decade: The Role of Theory and Research Design in Disentangling Meta-Analysis Results[J]. Review of Educational Research, 2007, 77(4):454-499.

[316] Sheehan K. A tree-based approach to proficiency scaling and diagnostic assessment. Journal of Educational Measurement, 1997, 34:333-352.

[317] Sherin M G. A balancing act: Developing a discourse community in a mathematics classroom[J]. Journal of Mathematics Teacher Education, 2002, 5(3):205-233.

[318] Shirley S. Using Toulmin's Argument Pattern in the evaluation of argumentation in school science[J]. International Journal of Research & Method in Education, 2008, 11:277 -289.

[319] Silverman S, Buschner C. Validity of cheffers adaptation of flanders interaction analysis system[J]. Journal of Classroom Interaction, 1990, 25 (1/2):23-28.

[320] Sinharay S, Almond R G. Assessing fit of cognitive diagnostic models: A case study[J]. Educational and. Psychological Measurement, 2007, 67 (2):239-257.

[321] Sireci S G, Zenisky A L. Innovative item formats in computer-based testing: In pursuit of improved construct representation[A]. In S. M. Downing & T. M. Haladyna (Eds.), Handbook of test development. Mahwah, NJ: Erlbaum, 2006:329-348.

[322] Snow R E,Lohman D F. (1989). Implications of cognitive psychology for educational measurement[A]. In R. L. Linn （Ed. ），Educational measurement[C]. New York:American Council on Education /Macmillan,1989:263-331.

[323] Sowell E J. Effects of manipulative materials in mathematics instruction [J]. Journal for Research in Mathematics Education,1989,20(5):498-505.

[324] Stacey K,Almuna F,Caraballo R M,et al. PISA's influence on thought and action in mathematics education[M]//Assessing Mathematical Literacy. Springer,Cham,2015.

[325] State Government of Victoria. Department of Education and Early Childhood Development. Towards Victoria as aLearningCommunity [EB/OL]. http://www. education. vic. gov. au/Documents/about/department/ learningcommunity. pdf

[326] Stecher B M,Hamilton L S,Ryan G W,et al. Measuring Reform-Oriented Instructional Practices in Mathematics and Science. [EB/OL]. https://www. rand. org/pubs/drafts/DRU2787. html.

[327] Stein M K,Lane S. Instructional tasks and the development of student capacity to think and reason:An analysis of the relationship between teaching and learning in a reform mathematics project[J]. Educational Research and Evaluation,1996,2(1):50-80.

[328] Stein M K,Smith M S,Henningsen M A,et al. Implementing standards-based mathematics instruction:A casebook for professional development [M]. New York:Teachers College Press,2000.

[329] Steinberg L S,Mislevy R J,Almond R G,et al. Introduc-tion to the Biomass project:An illustration of evidence-centered assessment design and delivery capability （CRESST Technical Report 609）. Los Angeles:Center for the Study of Evaluation,CRESST,UCLA,2003.

[330] Stephen DBrookfeld. 张伟,译,批判反思型教师 ABC[M]. 北京:中国轻工业出版社,2002.

[331] Sternberg R J. What psychology can （and cannot） do for test development[A]. In B. S. Plake （Ed. ），Social and technical issues in testing: Implications for test construction and usage [C]. Hillsdale, NJ:Erlbaum,1984:39-60.

[332] Sternberg RJ. Metaphors of mind:Conceptions of the nature of intelligence[M]. Cambridge,UK:Cambridge University Press,1990.

[333] Stiggins R J,Arter J A,Chappuis J,et al. Classroom assessment for student learning. ETS,Portland,OR,2006.

[334] Stockton J. Opening up a new world for individuals with disabilities through virtual reality [EB/OL]. https://www. unr. edu/nevada-today/stories/walking-with-reality.

[335] Stout W. Skills diagnosisasing IRT-based continuous latent trait models. Journal of Educational Measurement,2007,44:313-324.

[336] Suh,BoEuk. A Comparative Study on 2011 Reformed Elementary School Mathematics Curriculum Between Korea and China[J]. Education of Primary School Mathematics,2015(1):1-16.

[337] SwafJield S. Getting to the Heart of Authentic Assessment for Learning [J]. Assessment in Education:Principles,Policy & Practice,2011,18 (12):433-449.

[338] Tarr J E,Reys R E,Reyes B J,et al. The impact of Middle-grades Mathematics Curricula and the Classroom Learning Environment on Student Achievement[J]. Journal for Research inMathematics Education,2008, 39(3):247-280.

[339] Tatsuoka K K. Analysis of errors in fraction addition and subtraction problems (Final Report for Grant No. NIE-G-81-0002). Urbana: University of Illinois, Computer-Based Education Research Laboratory (CERL),1984.

[340] Tatsuoka K K. Architecture of knowledge structure and cognitive diagnosis:A statistical pattern recognition and classification approach[A]. In P. D. Nichols,S. F. Chipman, & R. L. Bren-nan (Eds.),Cognitively Diagnostic Assessment [C]. Hillsdale, NJ:Lawrence Erlbaum Associates,1995:327-361.

[341] Tatsuoka K K. Cognitive Assessment:An introduction of the rule space method[M]. Routledge,New. York,2009.

[342] Tatsuoka K K. Rule space:An approach for dealing with misconceptions based on item response theory[J]. Journal of Educational Measurement, 1983,20(4),345-354.

[343] Tatsuoka K K. Toward an Integration of Item-response Theory and

Cognitive Error Diagnosis[A]. Frederiksen R G,et al [C]. Diagnostic Monitoring of Skill and Knowledge Acquisition. Hillsdale: Erlbaum, 1990:453-488.

[344] Tatsuoka M M,Tatsuoka K K. Rule space[A]. In S. Kotz & N. L. Johnson (Eds.),Encyclopedia of statistical sciences[C]. New York: Wiley, 1989:217-220.

[345] Taut S,Santelices V,Araya C,er al. Theory underlying a national teacher evaluation program[J]. Evaluation and Program Planning,2010,33 (4):477-486.

[346] Taut S,Sun Y. The development and implementation of a national, standards-based,multi-method teacher performance assessment system in Chile[J]. Education Policy Analysis Archives,2014,22(7):1-33.

[347] Tay J Y. The JETProgramme:A Great Way to Experience Japan [EB\OL]. https:/ /www. japan. go. jp/_src/200018/40-41. pdf

[348] Taylor E,Tyler J. The effect of evaluation on teacher performance[J]. American Economic Review,2012,102 (7):3628-3651

[349] Taylor KL,Dionne J-P. Accessing problem-solving strategy knowledge: The complementary use of concurrent verbal protocols and retrospective debriefing. Journal of Educational Psychology,2000,92:413-425.

[350] Teach For America. Teaching as Leadership. About the TAL Rubric [EB\OL]. http://www. teachingasleadership. org/sites/default/files/About%20the%20Teaching%20As%20Leadership%20Rubric. pdf

[351] Templin J L,Henson R A. Measurement of psychological disorders using cognitive diagnosis models[J]. Psychological Methods,2006,11: 287-305.

[352] Templin J,Bradshaw L. Measuring the reliability of diagnostic classification model examinee. estimates[J]. Journal of Classification,2013,30 (2):251-275.

[353] The American Association for the Advancement of Science. Project 2061 Analysis Procedure [EB//OL]. http://www. project 2061. org/publications/ textbook/hsbio/report/analysis. Html.

[354] The European Parliament and the Council of the European Union. Rrecommendation of the European Parliament and of the Council of 18 December 2006 on Key Competences for Lifelong Learning [EB/OL]. ht-

tp://eur-lex. europa. eu/LexUriServ /LexUriServ. do? uri = OJ:L:
2006:394:0010:0018:en:PDF.

[355] The University of Waterloo. The Spongy Bog 360 VR Field Trip Project
[EB/OL]. https://uwaterloo. ca/open/find-open-materials/open-envi-
ronment

[356] Thomas L. Saaty. Decision making-the analytic hierarchy and network
processes(ahp/anp)[J]. Journal of Systems Science and Systems engi-
neering,2004,13(1):1-35.

[357] TIMSS & PIRLS international study center. TIMSS 2011 Released i-
tems mathematics-eighth grade. [EB/OL]. https://timssandpirls. bc.
edu/timss2011/international-released-items. html

[358] Torre J D L. The Generalized DINA ModelFramework. [J]. Psy-
chometrika,2011,76(2):179-199.

[359] Toulmin S. The uses of argument[M]. Cambridge,England:Cambridge
University Press,1969.

[360] Training and Development Agency for Schools. Professional Standards
for Teachers:Why Sit Still in Your Career [EB/OL]. http://www. tda.
gov. uk/teachers/professional standards,2007-12-22.

[361] Turner,Ross. Exploring mathematical competencies[J]. Research Devel-
opments. 2011,Vol. 24,Article5.

[362] Tyton Partners and Babson Survey Research Group. Time for Class
Toolkit [EB/OL]. https://www. everylearnereverywhere. org/time-
for-class-toolkit

[363] U. S. Department of Education. Race to the top program [EB\OL]. ht-
tp://www2. ed. gov/programs/racetothetop/executive-summary. pdf

[364] UNESCO Asia and Pacific Regional Bureau for Education. Learning to be:A ho-
listic and integrated approach to values education for human development [EB/
OL]. http://unesdoc. unesco. org/images/0012/001279/127914e. pdf.

[365] UNESCO. EFA Global monitoring report2012:Youth and skills:Putting
education to work [Z]. 2012.

[366] UNESCO. General education quality analysis/diagnosis framework (GEQAF)
[EB/OL]. http://www. unesco. org/

[367] University of California at Berkeley. Berkeley Online Advising (BOA):
A Cohort-Based Student Success & Learning AnalyticsPlatform[EB/

OL]. (2018-11-06) [2020-03-10]. https://rtl. berkeley. edu/sites/default/files/ general/boa_ platform_ overview. pdf

[368] University of California, Irvine. Comprehensive Analytics for Student Success [EB/OL]. https://compass. uci. edu

[369] University of Iowa. Student Success Using Learning Analytics [EB/OL]. https://teach. uiowa. edu/student-success-using-learning-analytics

[370] University of Waterloo. User Experience Design for Learning (UXDL) [EB/OL]. https://cms. cel. uwaterloo. ca/honeycomb/index. aspx

[371] Venkat H, Graven M. Insights into the implementation of mathematical literacy[A]. In: Setati M, Chitera N, Essien A (eds) Proceedings of the 13th annual national congress of the Association for Mathematics Education of South Africa[C]. UplandsCollege, Mpumulanga, 2007: 72-83.

[372] vonDavier M, Yamamoto K. A class of models for cognitive diagnosis. In4th Spearman Conference, Philadelphia, PA 2004 Oct 21.

[373] vonDavier M. A general diagnostic model applied to language testing data[J]. British Journal of Mathematical and Statistical Psychology, 2008, 61(2):287-307.

[374] Vygotsky L S. The Development of Higher Psychological Processes [M]. Harvard University Press, 1978.

[375] Wagner E, Barr A, Blake-Plock S, et al. Things You Should Know About Learning Engineering [EB/OL]. https://library. educause. edu/resources/2018/9/7-things-you-should-know-about-learning-engineering.

[376] Wakefield. VitalSource SurveyQuickRead Report [EB/OL]. https://get. vitalsource. com/hubfs/2018%20Wakefield/Wakefield%20Research%20QuickRead%20Report%20for%20VitalSource. pdf

[377] Walkington C. , Arora P, Walker M. Development of the UTeach Observation Protocol: A Classroom Observation Instrument to Evaluate Mathematics and Science Teachers from the UTeach Preparation Program [EB/OL]. https://www. researchgate. net/publication/265478444.

[378] Walkowiak T A, Berry R Q, Meyer J P, et al. Introducing an observational measure of standards-based mathematics teaching practices: Evidence of validity and score reliability[J]. Educational Studies in Mathematics, 2014, 85(1):109-128.

[379] Walkowiak T A,Berry R Q,Pinter H H,et al. Utilizing the M-Scan to measure standards-based mathematics teaching practices: affordances and limitations[J]. ZDM Mathematics Education,2013,50(3):461-474.

[380] Walkowiak,T. A,Berry,R. Q,Pinter,H. H,et al. Utilizing the M-Scan to measure standards-based mathematics teaching practices:affordances and limitations[J]. ZDM,2018,50(3):461-473.

[381] Wang C,Nydick S W. Comparing Two Algorithms for Calibrating the Restricted Non-Compensatory Multidimensional IRT Model[J]. Applied Psychological Measurement,2014,39(2):119-134.

[382] Wang C,Shu Z,Shang Z,XuG. Assessing Item-level Fit for the DINA Model[J]. Applied Psychological Measurement,2015,39:525-538.

[383] Wasil E,Golden B. Celebrating 25 years of AHP-based decision making [J]. Computers and Operations Research,2003,(30):1419-1438.

[384] Watson J,Callingham R. Statistical literacy:A complex hierarchical construct[J]. Statistics Education Research Journal,2003,2(2):3-46.

[385] Weber N D,Waxman H C,Brown D B,et al. Informing Teacher Education through the Use of Multiple Classroom Observation Instruments [J]. Teacher Education Quarterly,2016,43(1):91-106.

[386] Whitehurst G. Don't Forget Curriculum[M]. Washington,DC:Brown Center Letters on Education Publishing,2009.

[387] Whitely S. Multicomponent latent trait models for ability tests[J]. Psychometrika,1980,45:479-494.

[388] Willis G B. Cognitive interviewing:A tool for improving questionnaire design[M]. Thousand Oaks,CA:Sage,2005.

[389] Wish-Baratz S,Gubatina A P,Enterline R,et al. A new supplement to gross anatomy dissection:HoloAnatomy[J]. Medical education,2019,53 (5):522-523

[390] Woodruffe C. Competent by Any Other Name[J]. Personnel Management,1991,23(9):30-33.

[391] Yackel E,Cobb P,Wood T. Small-group interactions as a source of learning opportunities in second-grade mathematics[J]. Journal for Research in Mathematics Education,1991,22(5):390-408.

[392] Yackel E,Cobb P. Socio mathematical norms,argumentation,and autonomy in mathematics[J]. Journal for Research in Mathematics Educa-

tion,1996,27(4):458-477.

[393] Yang K L, Lin F L. The effects of PISA in Taiwan: Contemporary assessment reform［M］//Assessing Mathematical Literacy. Springer, Cham,2015:261-273.

[394] Yates, H. Machine Learning and HigherEducation［EB/OL］. https://er. educause. edu/ articles/2017/12/machine-learning-and-higher-education

[395] Yong, J. R. As Instructure Changes Ownership, Academics Worry Whether Student Data Will Be Protected［EB/OL］. https://www. ed-surge. com/news/2020-01-17-as-instructure -changes-ownership-academics-worry-whether-student-data-will-be-protected

[396] Young J R. As Instructure Changes Ownership, Academics Worry Whether Student Data Will Be Protected［EB/OL］. https://www. ed-surge. com/news/2020-01-17-as-instructure-changes-ownership-academics-worry-whether-student-data-will-be-protected

[397] Zeide E. Artificial Intelligence in Higher Education: Applications, Promise and Perils, and Ethical Questions［EB/OL］. https://er. educause. edu/-/media/files/articles/2019/8/er193104. pdf

[398] 阿妮塔·伍德沃克著,陈红兵、张春莉译. 教育心理学［M］. 南京:江苏教育出版社,2005. 302.

[399] 鲍建生. 中英两国初中数学期望课程综合难度的比较［J］. 全球教育展望, 2002,31(9):48-52.

[400] 蔡慧燕. 达用图解数学及计算机辅助教学于四年级除法补救教学之行动研究［D］. 台湾:2014:16

[401] 蔡金法,徐斌艳. 也论数学核心素养及其构建,［J］. 全球教育展望,2016, 45(11):3-12

[402] 蔡清田,陈伯璋,陈延兴等. 十二年国民基本教育课程发展指引草案拟议研究［R］. 嘉义:国立中正大学课程研究所,2013:2-12.

[403] 蔡清田,陈延兴,吴明烈等. K-12 中小学一贯课程纲要核心素养与各领域连贯体系研究［R］. 嘉义:中正大学课程研究所,2011.

[404] 蔡上鹤. 民族素质和数学素养——学习《中国教育改革和发展纲要》的一点体会［J］. 课程·教材·教法,1994(2):15-18.

[405] 曹才翰,章建跃. 数学教育心理学［M］. 北京:北京师范大学出版社,1999.

[406] 曹一鸣,王玉蕾,王立东. 中学数学课堂师生话语权的量化研究--基于

LPS 项目课堂录像资料[J].数学教育学报,2008,17(3):1-3.

[407] 曾小丽,田友谊.论课堂教学共同体的内涵、价值与构建[J].教育理论与实践,2015(25):51-55.

[408] 陈昂,任子朝.数学高考中实践应用能力考查研究[J].数学教育学报,2017,26(03):15-18.

[409] 陈君,何泽,李森.文化引领课堂教学内涵及路径[J].教师教育论坛,2017(5):10-24

[410] 陈琦,刘儒德.教育心理学[M].北京:高等教育出版社,2011.

[411] 陈诗颖.正确解读课堂教学中的沉默现象提高中小学英语教学质量[J].基础教育外语教学研究,2012,12.

[412] 陈淑丽,宣崇慧.带好每一个学生:有效的补救教学[M].台北:心理出版社,2014.

[413] 陈文勇.高中数学教师专业标准研究——基于高中数学教师专业知识调查[D].华中师范大学,2013.5

[414] 陈雅惠.电子书及 GeoGebra 计算机辅助教学用于补救教学之研究——以国中相似形相关概念为例[D].台湾:中华大学,2012:12

[415] 陈衍泰,陈国宏等.综合评价方法分类及研究发展[J].管理科学学报,2004,7(2):69-79.

[416] 陈佑清,陶涛."以学评教"的课堂教学评价指标设计[J].课程教材教法,2016(36):45-52.

[417] 陈佑清.教学过程的本土化探索——基于中国著名教学改革经验的分析[J].当代教育与文化 2011(1):60-67.

[418] 陈佑清.教学论新编[M].北京:人民教育出版社,2000.

[419] 陈禹.作为反意外范畴标记的"还不是"[J].世界汉语教学,2018,32(04):53-64.

[420] 陈珍国,邓志文,于广瀛,李晟.基于 FIAS 分析模型的翻转课堂师生互动行为研究——以中学物理课堂为例[J].全球教育展望,2014,43(09):21-33.

[421] 陈珍国,邓志文,于广瀛.基于 FIAS 分析模型的翻转课堂师生互动行为研究[J].全球教育展望,2014,9:21-33.

[422] 陈志辉,刘琼琼,李颖慧等.PISA 影射下数学学业水平考试的问题情境比较研究——以上海三年中考和新加坡 O-Level 试题为例[J].比较教育研究,2015,37(10):98-105.

[423] 成尚荣.学生核心素养之"核心"[J].人民教育,2015(7).

[424] 程洋洋.翻转课堂中过程性教学评价指标体系的构建与应用研究[D].云南大学,2015,5

[425] 苫国丽.PPE 模型在教学质量等级评价中的应用[J].教学月刊,2011,(5):1-14.

[426] 褚宏启,张咏梅,田一.我国学生的核心素养及其培育[J].中小学管理,2015,9:4-7.

[427] 褚宏启.核心素养的国际视野与中国立场——21 世纪中国的国民素质提升与教育目标转型[J].教育研究,2016,37(11):8-18.

[428] 崔允漷.论课堂观察 LICC 范式:一种专业的听评课[J].教育研究,2012(5):79-83.

[429] 邓友平.科学主义与美国基础教育课程改革——"科学主义"作为美国课改驱动力的原因分析[J].外国教育研究,2014,41(06):86-91.

[430] 方海光,高辰柱,陈佳.改进型弗兰德斯互动分析系统及其应用[J].中国电化教育 2012,(10):109-113.

[431] 方杰.能力本位:当代教师专业标准建设的基石[J].教育研究,2014,10:79-85.

[432] 弗赖登塔尔.作为教学任务的数学[M].上海:上海教育出版社,1992.

[433] 傅钢善.现代教育技术[M].北京:高等教育出版社,2015.

[434] 高巍.课堂教学师生言语行为互动研究[J].教育研究与实验,2009(5):19-23.

[435] 高文.建构主义学习的特征[J].外国教育资料,1999,(1):20-22.

[436] 高文.情境学习与情境认知[J].教育发展研究,2001(8):30-35.

[437] 高文君,鲍建生.中美教材习题的数学认知水平比较——以二次方程及函数为例[J].数学教育学报.2009,18(4):57-60.

[438] 高一珠,陈孚,辛涛等.心理测量学模型在学习进阶中的应用:理论、途径和突破[J].心理科学进展,2017,25(09):1623-1630.

[439] 顾明远.核心素养:课程改革的原动力[J].人民教育,2015,(13):17-18.

[440] 顾沛.数学基础教育中的"双基"如何发展为"四基"[J].数学教育学报,2012,21(01):14-16.

[441] 顾瑞荣.《学习的革命》导读与实践[M].北京:科学技术文献出版社,1999.

[442] 关丹丹,乔辉,陈康等.全国高考英语试题的城乡项目功能差异分析[J].心理学探新,2019,39(01):64-69.

[443] 桂德怀,徐斌艳.数学素养内涵之探析[J].数学教育学报,2008,17(5):

22-24.

[444] 郭炯,郑晓俊.基于大数据的学习分析研究综述[J].中国电化教育,2017(01):121-130.

[445] 郭亮,邓朗妮,廖羚.基于 Fuzzy-AHP 的应用 BIM 教学评价研究[J].数学的实践与认识,2017,47(01):8-15.

[446] 国立教育政策研究所.教育課程の編成に関する基礎的研究報告書 5:社会の変化に対応する資質ゃ能力を育成する教育課程編成の基本原理[R].2013.15.

[447] 韩娟,周琴.卓越与高质量:澳大利亚制定和完善《全国教师专业标准》的教育价值理念[J].外国中小学教育,2012,(5):24-29.

[448] 何克抗,林君芬,张文兰.教学系统设计[M].北京:高等教育出版社,2006.

[449] 何克抗.从混合式学习看教育技术理论的新发展[J].国家教育行政学院学报,2005,(9):37-48.

[450] 胡斌武,林山丁,沈吉.基于 KSAO 模型的教师数据素养培养研究[J].教育探索,2019(05):90-94.

[451] 胡典顺,雷沛瑶,刘婷.数学核心素养的测评:基于 PISA 测评框架与试题设计的视角[J].教育测量与评价,2018(10):40-46.

[452] 胡定荣.全面发展·综合素质·核心素养[J].新疆师范大学学报(哲学社会科学版),2018,39(06):61-78.

[453] 皇甫素飞.课堂话语的超文本结构[J].教育探索 2008(7),19-20.

[454] 黄焕,刘清堂,朱晓亮等.不同教学风格的课堂话语特征分析及应用研究[J].现代教育技术,2013,23(2):27-30.

[455] 黄美初,宋德清.翻转课堂的质量保证关键要素研究[J].中国成人教育,2015(7):114-118.

[456] 黄荣金.香港与上海数学课堂中的论证比较——验证还是证明[J].数学教育学报,2003(04):13-19.

[457] 黄四林,左璜,莫雷,等.学生发展核心素养研究的国际分析[J].中国教育学刊.2016.6:8-14.

[458] 黄伟.教学对话中的师生话语权—来自课堂的观察研究[J].教育研究与实验,2009,6.

[459] 黄友初.欧美数学素养教育研究[J].比较教育研究,2014(6):047-052.

[460] 卉爱玲.元认知理论指导下的反思型教师教育[D].南京:南京师范大学,2004,6.

［461］郸超超,杨涛.TIMSS课程模型及测评框架的演变及启示［J］.外国中小学教育,2019(06):25-32.

［462］贾义敏,詹春青.情境学习:一种新的学习范式［J］.开放教育研究,2011(5):30-37.

［463］江发文.被压迫的底层与底层的解放——读保罗·弗莱雷的《被压迫者教育学》［J］.社会学研究,2009(6),226-238.

［464］姜勇.从实体思维到实践思维:国外教师专业发展新取向［J］.外国教育研究,2005(03):1-4.

［465］蒋立兵,陈佑清.翻转课堂教学质量评价体系的构建［J］.现代教育技术,2016(11):60-66.

［466］焦彩珍,武小鹏.FIAS在课堂教学评价中的应用研究［J］.教育测量与评价,2014.9.

［467］教育部“新课程实施与实施过程评价”课题组.基础教育课程改革的成就、问题与对策——部分国家级课程改革实验区问卷调查分析［J］.中国教育学刊,2003(12):35-39.

［468］金陵.大数据与信息化教学变革［J］.中国电化教育,2013.10(321):8-13.

［469］金新宇.以学评教,提高教学实效性的实证研究［D］.上海师范大学,2016,5.

［470］金真.韩国古代考试制度与中国文化［J］.考试研究,2015,49(2):106-110.

［471］康世刚,宋乃庆.论数学素养的内涵及特征［J］.数学通报,2015(3):8-11.

［472］克拉克,斯塔尔,等.中学教学法(下册)［M］.赵宝恒,蔡竣年,等,译,北京:人民教育出版社,1985.

［473］孔企平.国际数学学习测评:聚焦数学素养的发展［J］.全球教育展望,2011,40(11):78-82.

［474］李高峰.中国与IBSTPI“教师标准”的比较——评析我国三个教师专业标准(试行)［J］.教师教育研究,2012,24(3):31-35.

［475］李红美,张剑平.基于ARS的课堂互动双编码分析模型设计与应用［J］.电化教育研究2015(11),57-63.

［476］李讳,曹益华.函数概念的本质与定义方式探究［J］.数学教育学报,2013,22(6):5-8.

［477］李慧燕.教学评价［M］.北京:北京师范大学出版社,2013.

［478］李吉宝.数学概念教学应该帮助学生形成七种数学观念［J］.数学教育学报,2011,20(2):88-89.

[479] 李金海,曾兵芳.2012 年高考化学卷的特点与思考——基于江苏、海南、上海 3 省市化学卷的统计分析[J].教育测量与评价(理论版),2013,(2):49-53.

[480] 李丽华,谭素群,吴新华.新手教师与专家教师课堂话语比较分析[J].中国教育学刊,2010(11),76-79.

[481] 李令青,韩笑,辛涛等.认知诊断评价在个性化学习中的功能与价值[J].中国考试,2019(1):40-44.

[482] 李晓霞.基于模糊综合评价模型的教学评价系统的设计与实现[D].电子科技大学,2016.1.

[483] 李馨.翻转课堂的教学质量评价体系研究——借鉴 CDIO 教学模式评价标准[J].电化教育研究,2015(3):96-100.

[484] 李艳,姚佳佳.高等教育技术应用的热点与趋势——《地平线报告》(2018高教版)及十年回顾[J].开放教育研究,2018,24(06):12-28.

[485] 李咏吟.学习心理辅导[M].广州:广东世界图书出版公司,2003.

[486] 梁文艳,李涛.基于课堂观察的教师教学质量评价:框架、实践与启示[J].教师教育研究,2018,30(01):64-71.

[487] 廖伯琴,左成光,苏蕴娜.国际中学科学教材实验内容难度比较——以高中物理为例[J].全球教育展望,2017,46(04):23-29+108.

[488] 林崇德.21 世纪学生发展核心素养研究[M].北京师范大学出版社,2016.

[489] 刘复兴.论教育与机器的关系[J].教育研究,2019,40(11):28-38.

[490] 刘坚,魏锐,刘晟.《面向未来:21 世纪核心素养教育的全球经验》研究设计[J].华东师范大学学报(教育科学版),2016.3:17-21.

[491] 刘磊明."素养"的另一副面孔——以 PISA 为例[J].比较教育研究,2019,41(08):44-51+58.

[492] 刘欣颜,刘晟,刘恩山.学业质量水平等级标准设定及其启示——以小学科学学科为例[J].教育学报,2016,(2):34-40.

[493] 刘新阳,裴新宁.教育变革期的政策机遇与挑战——欧盟"核心素养"的实施与评价[J].全球教育展望,2014,43(4):75-85.

[494] 刘学梅,李家清.认知诊断视角下高中地理补救教学的策略研究[J].课程教材教法,2016,36(5):110-117.

[495] 刘雅馨,杨现民,李新,田雪松.大数据时代教师数据素养模型构建[J].电化教育研究,2018,39(02):109-116.

[496] 刘义民.国外核心素养研究及启示[J].天津师范大学学报(基础教育

版),2016,4(17):71-76.

[497] 刘志军著.课堂评价论[M].桂林:广西师范大学出版社,2002.

[498] 柳叶青.从实体思维到实践思维:当前教材评价研究的新趋势[J].课程.教材.教法,2017,37(12):24-30.

[499] 柳叶青.方法论视角下国内外教材评价研究立场与路径评析[J].基础教育,2018,15(03):66-75.

[500] 卢建川,廖运章,王华娇.英国数学英才选拔考试 MAT 综合难度分析[J].数学教育学报,2015(6):31-34.

[501] 卢克·多梅尔.算法时代:新经济的新引擎[M].北京:中信出版集团,2016.

[502] 陆宏,高佳佳,胡一平.计算机自适应测验在美国州立 K-12 教育测评中的实践与探索[J].全球教育展望,2015,44(2):72-79.

[503] 陆璟.PISA 研究的意义远超排名[J].教育发展研究,2019,39(22):3

[504] 陆珺.个体 CPFS 结构与概念构图能力的相关性研究[J],数学教育学报,2011,20(4):13-15.

[505] 马倩.习近平 2018 年博鳌亚洲论坛主旨演讲分析——"立场三角"理论和评价理论融合视角[J].北京化工大学学报(社会科学版),2018,105(04):60-66.

[506] 马云鹏.基于教材,高于教材[J].山东教育,2018(7):1-2.

[507] 孟炳君."站位三角"理论视角下埃及国家形象构建的话语策略研究——以埃及总统第 70 届联大演讲为例[J].外语研究,2017,34(1):1-5.

[508] 莫雷,张卫等.学习心理研究[M].广州:广东人民出版社,2005.

[509] 倪明,龚为民.中俄高考数学评价细则的比较研究[J].数学教育学报,2006,15(4):52-55.

[510] 宁虹,武金红.建立数量结构与意义理解的联系——弗兰德互动分析技术的改进运用[J].教育研究,2003,(5):23-27.

[511] 帕尔默.教学勇气:漫步教师心灵[M].吴国珍,余巍译.上海:华东师范大学出版社,2005.

[512] 裴新宁,刘新阳.为 21 世纪重建教育——欧盟"核心素养"框架的确立[J].全球教育展望.2013,12(317):89-102.

[513] 彭寿清.日本基础教育课程改革及特点[J].当代教育科学,2004(18):46-48.

[514] 彭赞.能力本位·社会本位·发展本位——关于"社会主义价值观核心理念"的思考与对话[J].北京大学学报(哲学社会科学版),2001,(5).

［515］皮连生.学与教的心理学（第五版）［M］.上海：华东师范大学出版社，2009.

［516］濮安山,徐慧敏.PEP(A)版与 IBID 版数学教材中平面向量例题难度的比较［J］.数学教育学报,2016,25（03）:10-13.

［517］漆书青,戴海崎,丁树良.现代教育与心理测量学原理［M］.北京：高等教育出版社,2002.

［518］乔纳森.学习环境的理论基础［M］.上海：华东师范大学出版社,2002.

［519］秋田喜代美,藤江康彦.教学研究与学习过程［M］.东京：财团法人广播大学教育振兴会,2010.

［520］曲振琳,张洋.互动·和谐·共生——生态课堂建设的实践研究［J］.教学与管理,2017(7):102-104.

［521］全美数学教师理事会著,蔡金法译.美国学校数学教育的原则和标准［M］.北京：人民教育出版社,2004.

［522］任红艳,李广州.图尔敏论证模型在科学教育中的研究进展［J］.外国中小学教育,2012(9):28-34.

［523］任子朝,王蕾,朱乙艺等.标准参照考试理论在高考中的应用——以 H 省2010—2012 年高考理科数学为例［J］.数学教育学报,2013,22(3):1-4.

［524］任子朝,章建石,陈昂.高考数学新题型测试研究［J］.数学教育学报,2015,24(1):21-25.

［525］商发明.课堂教学评价新理念：以学评教［J］.教育科学研究,2004,1:20-23.

［526］商娟叶.基于 AHP 的模糊综合教学质量评价方法的系统设计及实现［D］.电子科技大学,2009.

［527］邵志芳,李二霞.中高考数学试题难度的认知任务分析［J］.华东师范大学学报（教育科学版）,2010（3）:48-52

［528］沈玉顺编著.课堂评价［M］.北京：北京师范大学出版社,2006.

［529］施良方.学习论——学习心理学的理论与原理［M］.北京：人民教育出版,1994.

［530］石向实.认识论与心理学［M］.北京：东方出版社,2006.

［531］史宁中,孔凡哲,李淑文.课程难度模型：我国义务教育几何课程难度的对比［J］.东北师大学报,2005,218(6):151-155.

［532］史宁中,孔凡哲,严家丽,崔英梅.十国高中数学教材的若干比较研究及启示［J］.外国教育研究,2015,42（10）:106-116.

［533］史宁中,林玉慈,陶剑等.关于高中数学教育中的数学核心素养——史宁

中教授访谈之七[J].课程·教材·教法,2017(4):8-14.

[534] 史宁中.试论数学推理过程的逻辑性——兼论什么是有逻辑的推理[J].数学教育学报,2016,25(4):1-16.

[535] 数学教育研究小组.数学素质教育设计要点[J].数学教学,1993(3):2.

[536] 宋丽红,汪文义,戴海琦等.认知诊断模型下整体和项目拟合指标[J].心理学探新,2016,36(01):79-83.

[537] 宋爽,曹一鸣,郭衎.国际视野下数学考试评价的热点争鸣[J].比较教育研究,2019,41(11):72-79.

[538] 宋艳玲,孟昭鹏,闫雅娟.从认知负荷视角探究翻转课堂——兼及翻转课堂的典型模式分析[J].远程教育杂志,2014(1):105-112.

[539] 孙美堂.从实体思维到实践思维——兼谈对存在的诠释[J].哲学动态,2003(9):6-11.

[540] 孙思雨.国内关于核心素养研究的文献综述[J].基础教育研究,2016(17):14-20.

[541] 台湾教育部.国民小学及国民中学补救教学实施目标[EB/OL].http://priori. moe. gov. tw/index. php? mod = about/index/index/content/purpose. 2014-08-11.

[542] 谭兵.课堂评价策略[M].北京:北京师范大学出版社,2010.

[543] 谭辉晔.认知诊断项目拟合检验及其应用[D].江西师范大学,2015.

[544] 唐剑岚.概念多元表征的教学设计对概念学习的影响[J],数学教育学报,2010,19(2):28-33.

[545] 田慧生.活动教育引论[M].北京:教育科学出版社,2000.

[546] 涂冬波,蔡艳,丁树良.认知诊断理论、方法与应用[M].北京:北京师范大学出版社,2012.

[547] 涂冬波,蔡艳.认知诊断模型的属性作用机制:R-RUM、NIDA 与 DINA 比较 [EB/OL]. http://www. paper. edu. cn/release paper/content/201312-128,2013-12-06.

[548] 涂冬波.认知诊断分析(flexCDMs)平台[EB/OL].http://111.230.233.68/home. html

[549] 汪文义,宋丽红,丁树良.分类视角下认知诊断测验项目区分度指标及应用[J].心理科学,2018,41(02):475-483.

[550] 王冰,揭毅.基于综合难度系数模型的 2018 年高考地理试题评析[J].教育测量与评价,2018(12):40-48.

[551] 王策三.《教学论稿》.北京:人民教育出版社,1985:275.

[552] 王策三.马克思关于个人全面发展的理论[M]//王策三教育论集.北京：人民教育出版社,2002.

[553] 王春会,陈巧茹.浅析课堂教学中的沉默现象[J].中国校外教育.2009,12.

[554] 王鼎.国际大规模数学测评研究[D].上海师范大学,2016.

[555] 王东杰,戴伟芬.美国"颠倒课堂"及其在我国的运用[J].教育理论与实践,2014,(5):42-45.

[556] 王光明,张楠,周九诗.高中生数学素养的操作定义[J].课程·教材·教法,2016(7):50-55.

[557] 王建波.中美澳初中数学统计课程难度的比较研究[J].数学教育学报,2017,26(04):50-55.

[558] 王建磐,鲍建生.高中数学教材中例题的综合难度的国际比较[J].全球教育展望,2014,43(08):101-110.

[559] 王鉴.课堂研究概论[M].北京：人民教育出版社,2017.

[560] 王鉴.论课堂的历史形态及其变革[J].西北师范大学学报(社会科学版),2006:3.

[561] 王蕾.PISA在中国：教育评价新探索[J].比较教育研究,2008(02):7-11.

[562] 王立东,郭衎,孟梦.认知诊断理论在数学教育评价中的应用[J].数学教育学报,2016,25(6):15-19.

[563] 王小明.教学论：心理学的取向[M].上海：上海教育出版社:2005.

[564] 王新新.比尔·盖茨：美国可汗学院具有革命性的潜力[J].世界教育信息,2013(4):80.

[565] 王雪华,屈梅,赵中建.基于项目的STEM学习——一和整合科学、技术、工程和数学的学习方式[M].上海：上海教育科技出版社,2016.

[566] 王艳玲.英国"一体化"教师专业标准框架评析[J].比较教育研究,200(9):78-82.

[567] 王烨晖,辛涛.国际学生核心素养构建模式的启示[J].中小学管理,2015,9:22-25.

[568] 王郢,孙霄兵.教材审查中的几个问题探微[J].中国教育学刊,2009(5):68-71.

[569] 王佑镁.设计型学习：探究性教学新样式——兼论尼尔森的逆向思维学习过程模型[J].现代教育技术,2012,22(06):12-15.

[570] 王岳.美国中小学教材出版现状透视[J].课程·教材·教法,2001,(4):72.

[571] 魏亚玲.基于图尔敏论证模型的高中化学课堂教学分析[D].南京师范大学,2014,5.

[572] 温萍.论"第四代评价理论"对我国本科教学评估的启示[J].中国成人教育,2010,(17):135-136.

[573] 吴健峰.基于模糊规则的现代教学评价的研究与实现[D].华东师范大学,2007,6.

[574] 吴亚萍.美国数学教育的核心问题——推理能力的培养[J].外国教育资料,1999(05):59-55.

[575] 武小鹏,孔企平,刘雅萍.基于双编码的翻转课堂与普通课堂教学语言比较研究[J].现代教育技术,2018,28(10):56-63.

[576] 武小鹏,彭乃霞,张怡.韩国CSAT数学试题考点与结构评析[J].数学通报,2017,56(3):46-53.

[577] 武小鹏,武小霞,张怡.教师教学评估系统的构架与机制[J].比较教育研究,2019,41(08):59-67.

[578] 武小鹏,张怡,彭乃霞.基于FIAS与PPE理论的课堂教学评价研究[J].电化教育研究,2016,283(11):93-99.

[579] 武小鹏,张怡,张晨璐.核心素养的认知诊断测评体系建构[J].现代教育技术,2020,30(2):20-28.

[580] 武小鹏,张怡,张钧波.韩国高考制度的演变及思考[J].教育测量与评价,2017(5):52-57.

[581] 武小鹏,张怡.基于FIAS的高中数学课堂教学比较研究——以2014年全国数学教育研究会两节观摩研讨课为例[J].数学教育学报,2015,24(5):87-91.

[582] 武小鹏,张怡.PPE模型在课堂教学语言等级评价中的应用[J].教育测量与评价,2015,(8):32-35.

[583] 武小鹏,张怡.国际比较视域下建立数学教师专业标准的构想[J].中小学教师培训,2017(5):73-78.

[584] 武小鹏,张怡.基于FIAS的高中数学课堂教学比较研究——以2014年全国数学教育研究会两节观摩研讨课为例[J].数学教育学报,2015,24(05):87-91.

[585] 武小鹏,张怡.基于综合评价模型的师生课堂话语权实证研究[J].当代教育科学2012(12):65-68.

[586] 武小鹏,张怡.数学的学术形态到教育形态的思考[J].数学教学研究,2017,36(11):10-13.

[587] 武小鹏,张怡.数学学科视域下课堂互动双编码模型应用研究[J].数学教育学报,2017,26(5):59-65.

[588] 武小鹏,张怡.中国和韩国高考数学试题综合难度比较研究[J].数学教育学报,2018,27(03):19-24+29.

[589] 武小鹏.基于 FIAS 的高中数学课堂语言互动比较研究——以兰州市 X 高中专家型与新手型数学教师为例[D].西北师范大学,2015.10.

[590] 夏梦连,毛秀珍,杨睿.属性多级和项目多级评分的认知诊断模型[J].江西师范大学学报(自然科学版),2018,42(2):134-138.

[591] 咸修斌,孙晓丽.自然模式亦或教学模式——基于大学英语优秀教师课堂话语语料的分析[J].外语与外语教学,2007,218(5):37-41.

[592] 肖思汉,William,& A. Sandoval.如何将科学探究的主体还给学生——基于课堂互动分析的经验研究[J].课程.教材.教法,2014(7),48-54.

[593] 肖思汉,刘畅.课堂话语如何影响学习——基于美国课堂话语实证研究的述评[J].教育发展研究,2016(24),45-54.

[594] 肖思汉.基于互动分析取径的课堂教学评价[J].教育发展研究 2007(18),22-29.

[595] 谢维和.教育评价的双重约束——兼以高考改革为案例[J].教育研究,2019,40(09):4-13.

[596] 辛朋涛.道尔顿制与"菜单式"班级授课制的结合——兼论文科研究生教学组织形式的变革[J].学位与研究生教育,2006(5):49-53,23-29.

[597] 辛涛,姜宇.全球视域下学生核心素养模型的构建[J].人民教育,2015,9:54-58.

[598] 辛涛,姜宇.以社会主义核心价值观为中心构建我国学生核心素养体系[J].人民教育,2015(7):26-30.

[599] 熊建辉.教师专业标准研究——基于国际案例的视角[D]华东师范大学,2008,5

[600] 徐斌艳."现实数学教育"中基于情境性问题的教学模式分析[J].全球教育展望,2000(4):28-33..

[601] 徐斌艳.数学教师专业标准的国际比较研究[M].上海:华东师范大学出版社,2012.

[602] 徐斌艳.数学学科核心能力研究[J].全球教育展望,2013,42(6):67-74.

[603] 徐继存."后模式时代"课堂教学的选择与重建[J].当代教育科学,2013(23):15-16.

[604] 徐士强等译.Airasian,P 著,课堂评估:理论与实践[M].上海:华东师范

大学出版社,2008.

[605] 徐小洲.韩国高考改革的动向及启示[J].教育研究,2003,287(12):66-82.

[606] 许志勇,丁树良,钟君.高考数学试卷多维项目反应理论的分析及应用[J].心理学探新,2013(5):438-443.

[607] 闫成海,杜文久,宋乃庆.高考数学中考试评价的研究——基于CTT与IRT的实证比较[J].华东师范大学学报(教育科学版),2014(3):10-18.

[608] 严虹.六国基础教育阶段数学课程内容的衔接性研究[J].数学教育学报,2016,25(4):63-68.

[609] 杨向东.核心素养测评的十大要点[J].人民教育,2017,(Z1).

[610] 杨向东.谈课堂评价的地位与重建[J].全球教育展望,2009,38(09):42-46.

[611] 杨向东.指向学科核心素养的考试命题[J].全球教育展望,2018,47(10):39-51.

[612] 杨志成.核心素养的本质追问与实践探析[J].教育研究,2017(7):14-20.

[613] 姚利民.国外有效教学研究述评[J].外国中小学教育,2005(8):23-27.

[614] 叶晶,陈清华.基于内外部表征的数学高考应用题分析[J].数学教育学报,2014,23(4):92-95.

[615] 叶澜.课堂教学过程再认识:功夫重在论外[J].课程·教材·教法,2013(5):3-11.

[616] 叶澜.让课堂焕发出生命活力——论中小学教学改革的[J].教育研究,1997(9):3-8.6(2).

[617] 尹秒辉,陈莉.《英格兰教师专业标准》简介[J].铜仁学院学报.2008,1.

[618] 尤尔瓦·赫拉利.未来简史[M].北京:中信出版集团,2017.

[619] 友田不二男,主译.C.Rogers.教育的挑战[M].东京:岩崎岩崎学术出版社,1984.

[620] 余文森.论以校为本的教学研究[J].教育研究,2003,(4):53-58.

[621] 余闻婧.从课堂话语看教师的教学关注[J].上海教育科研2011(6),61-63.

[622] 喻平.数学学科核心素养要素析取的实证研究[J].数学教育学报,2016,25(6):1-6.

[623] 约翰·杜威.民主主义与教育[M].王承绪译.北京:人民教育出版社,2001.

[624] 詹沛达,陈平,边玉芳.使用验证性补偿多维IRT模型进行认知诊断评估

[J].心理学报,2006,48(10):1347-1356.

[625] 詹青龙,陈振宇,刘小兵.新教育时代的深度学习:迈克尔·富兰的教学观及启示[J].中国电化教育,2017(5):73-79.

[626] 张迪,王瑞霖,杜宵丰.NAEP 2013数学测评分析框架及试题特点分析[J].教育测量与评价,2018(03):51-56.

[627] 张奠宙,宋乃庆.数学教育概论(第二版)[M].北京:高等教育出版社,2014,12.

[628] 张光陆.对话教学的课堂话语环境:特征与构建[J].全球教育展望,2012(2),20-25.

[629] 张浩,吴秀娟.深度学习的内涵及认知理论基础探析[J].中国电化教育,2012(10):7-11.

[630] 张红梅.以学评教打造活力课堂[J].现代教学,2011,1:42-43.

[631] 张华.对话教学:涵义与价值[J].全球教育展望,2008,(6):7-16.

[632] 张华.论核心素养的内涵[J].全球教育展望,2016(4):10-24.

[633] 张华华,汪文义."互联网+"测评:自适应学习之路[J].江西师范大学学报自然科学版,2016,40(5):441-455.

[634] 张民选,夏惠贤.捕捉实践的智慧——教师专业档案袋[M].中国轻工业出版社,2005.

[635] 张娜.DeSeCo项目关于核心素养的研究及启示[J].教育科学研究,2013(10):39-45.

[636] 张楠.国际数学素养测评:体系架构与实践经验——《数学素养的测评——走进PISA测试》评介[J].数学通报,2018,57(04):60-62.

[637] 张启睿,边玉芳,陈平等.小学低年级学生汉字学习认知诊断研究[J].教育研究,2019,40(01):76-85.

[638] 张瑞炳,倪明.中国和俄罗斯高考数学考查内容比较研究[J].数学教育学报,2016,25(02):32-35.

[639] 张涛,李兆锋,胡萍.翻转课堂下学习绩效评价模型的构建[J].现代教育技术,2016(4):74-80.

[640] 张维忠,陈虹兵.中澳数学课程标准内容深度比较——基于初中学段"统计与概率"的分析[J].教育学报,2012,8(05):29-36.

[641] 张维忠,黄丽虹.新教材"三角形"课程难度的对比分析[J].数学教育学报,2009(4):61-64.

[642] 张旭,张海丛.课程本位测量及其在学习障碍评估与干预中的应用[J].中国特殊教育,2009:56-62.

[643] 张燕,董玉琦,王炜.基于层次分析法的高中信息技术教师专业知识水平评价——以东北地区为例[J].中国电化教育,2014(09):34-39+58.

[644] 张怡,武小鹏.基于 AHP-模糊矩阵的翻转课堂综合评价系统设计[J].现代远距离教育,2018(05):19-26.

[645] 张怡,武小鹏.综合难度系数模型在 2016 年高考数学试题评价中的应用[J].教育测量与评价(理论版),2016(12):47-53.

[646] 赵士果.促进学习的课堂评价研究[D].华东师范大学,2013.

[647] 赵思林,翁凯庆.高考数学命题"能力立意"的问题与对策[J].数学教育学报,2013,22(4):83-89.

[648] 赵中建,黄丹凤.教育改革浪潮中的"指南针"——美国 TIMSS 研究的特点和影响分析[J].比较教育研究,2008(02):1-6.

[649] 郑东辉.试论课堂评价与教学的关系[J].课程·教材·教法,2014,34(12):33-38.

[650] 郑金洲.重构课堂[J].华东师范大学学报(教育科学版),2001(3):53-63.

[651] 郑毓信.数学教育视角下的"核心素养"[J].数学教育学报,2006,25(3),1-5.

[652] 中华人民共和国教育部.关于全面深化课程改革落实立德树人根本任务的意见[Z].2014.4.8.

[653] 中华人民共和国教育部制定.普通高中数学课程标准(2017 版)[S].北京:人民教育出版社,2017:13.

[654] 钟启泉,崔允漷.新课程的理念与创新——师范生读本[M].北京:高等教育出版社.2008.

[655] 钟启泉.从"传递中心"走向"对话中心"[J].基础教育论坛,2017(2):58.

[656] 钟启泉."课堂互动"研究:意蕴与课题.[J].教育研究,2010(10):27-31.

[657] 钟启泉."课堂话语分析"刍议[J].全球教育展望,2013,316(11):10-20.

[658] 钟启泉.课堂转型:静悄悄的革命[J].上海教育科研,2009,3.

[659] 钟启泉.论教学的创造性[J].教育发展研究,2002:7-8.

[660] 钟启泉.论野教学的创造冶要要与日本教育学者佐藤学教授的对话[J].教育发展研究,2002(8):35-36.

[661] 钟启泉.社会建构主义:在对话与合作中学习[M].上海:上海教育出版社,2001.

[662] 钟启泉.为了中华民族的复兴,为了每位学生的发展——基础教育课程改革纲要(试行)解读[C].上海:华东师范大学出版社,2001,4-5.

[663] 仲扣庄,郭玉英.高中物理课程标准教科书内容难度定量分析——以"量

子理论"为例[J].课程·教材·教法,2010,30(04):67-71.

[664] 周超,鲍建生.对中学数学教师证明素养的一次调查[J].数学教育学报,2009,18(6):42-44.

[665] 周皖婧,辛涛,刘拓."互联网+"背景下的学生个性化学习系统开发:现状与启示[J].清华大学教育研究,2016,37(6):79-84.

[666] 朱宏洁,朱赟.翻转课堂及其有效实施策略刍议[J].电化教育研究,2013(8):79-83.

[667] 朱彦明.后人类主义对教育的挑战与重塑[J].南京社会科学,2018(11):47-62.

[668] 祝智庭.智慧教育新发展:从翻转课堂到智慧课堂及智慧学习空间[J].开放教育研究,2016(1):18-26.

[669] 佐藤学.学习的快乐——走向对话[M].钟启泉译.北京:教育科学出版社,2004.

[670] 佐藤学.学校的挑战[M].东京:小学馆,2006.